Jutta Ditfurth

ULRIKE MEINHOF

Die Biografie

Ullstein

2. Auflage 2007

Ullstein ist ein Verlag
der Ullstein Buchverlage GmbH

ISBN 978-3-550-08728-8

Dabei wissen wir ja:
Auch der Hass gegen die Niedrigkeit
Verzerrt die Züge.
Auch der Zorn über das Unrecht
Macht die Stimme heiser. Ach, wir
Die wir den Boden bereiten wollten für Freundlichkeit
Konnten selber nicht freundlich sein.

Ihr aber, wenn es soweit sein wird
Dass der Mensch dem Menschen ein Helfer ist
Gedenkt unsrer
Mit Nachsicht.

aus: Bertolt Brecht, »An die Nachgeborenen«[1]

Inhalt

Gefangenenbefreierin
Westberlin, 14. Mai 1970

Sie hatte ihre Zwillingstöchter bei Freunden untergebracht, jetzt
wartete die 35-jährige Ulrike Meinhof an einem großen Tisch im
Lesesaal des *Deutschen Zentralinstituts für soziale Fragen* im
Westberliner Stadtteil Dahlem. In Jeans und Pullover saß sie zwischen Stühlen und halbhohen Schränken mit Karteikarten. Ihre
Handtasche enthielt einen Hypothekenbrief über 40 000 D-Mark.
Nervös rollten ihre Finger die Banderole einer Zigarettenschachtel. Manchmal warf sie einen Blick aus dem hohen Fenster in den
Garten der Gründerzeitvilla. Ihre Finger rollten die Banderole
enger und enger. Wegen des Mannes, mit dem sie eine Verabredung hatte, war das Institut für andere Besucher geschlossen. Als
sie an diesem Donnerstag, den 14. Mai 1970, um acht Uhr ge-
klingelt hatte, war sie erwartet worden. Seitdem blätterte sie hastig in Karteikästen und ließ sich ab und an Bücher bringen. Sie
rauchte und gab vor zu lesen.

Ulrike Meinhof hatte den linken Verleger Klaus Wagenbach
überzeugt, mit Andreas Baader und ihr einen Vertrag über ein
Buch zum Thema »Organisation randständiger Jugendlicher«
abzuschließen. Sie war eine bekannte linke Journalistin, die seit
Jahren eindrucksvolle Reportagen und Rundfunksendungen
über Heimkinder verfasste. Aber in Wirklichkeit ging es diesmal
um etwas anderes: »Wir wollen Andreas aus dem Knast befreien«, hatte Ulrike Meinhof Klaus Wagenbach erklärt. Und er
hatte Ja gesagt, denn die Befreiung politischer Gefangener war
ihm wie den meisten Linken sympathisch. Mithilfe dieses Buch-
vertrags setzte Andreas Baaders Rechtsanwalt Horst Mahler bei
der Gefängnisleitung der Justizvollzugsanstalt (JVA) Berlin-Tegel
durch, dass sein Mandant in das Institut in Dahlem ausgeführt

wurde, um mit der Journalistin am Manuskript arbeiten zu können.

Ulrike Meinhof war an der Planung dieser Aktion von Beginn an beteiligt. Sie hatte mitentschieden, dass die Befreierinnen – anfänglich handelte es sich ausschließlich um Frauen – Waffen trugen, um sich Respekt gegenüber den ebenfalls bewaffneten Begleitern von Andreas Baader verschaffen zu können. Aber sie wollten, so war es vereinbart worden, bei der Aktion nur drohen, nicht schießen. Und Ulrike Meinhof hatte Geld beschafft für die Waffen.

Der Kreis um Ulrike Meinhof, Gudrun Ensslin, Andreas Baader, Horst Mahler und andere Linke hatte monatelang diskutiert, wie es mit der Linken weitergehen sollte; die außerparlamentarische Bewegung lag danieder; viele Gruppen waren zerstritten; die Spaßguerilla war erschöpft und der Republikanische Club (RC), einige Zeit ein Aktionszentrum der Linken, inzwischen wieder zu akademisch. Viele Genossen kehrten am vorläufigen Ende der Revolte zurück ins bürgerliche Leben und konzentrierten sich auf ihre Karriere an Universitäten oder in Parteien. Der SDS hatte sich sechs Wochen zuvor aufgelöst. Aber in Vietnam vergifteten nach wie vor Wolken des Entlaubungsmittels Agent Orange aus Maschinen der US-Air-Force Millionen von Menschen; auch in anderen Staaten der sogenannten Dritten Welt gingen die Stellvertreterkriege weiter. Worte und Aufklärung schienen nicht zu fruchten.

Viele Oppositionelle wollten diesen Niedergang ihrer Rebellion, die einmal so verheißungsvoll begonnen hatte, nicht akzeptieren. Mit unterschiedlichen Schlussfolgerungen: Die einen gründeten kommunistische Organisationen verschiedener Ausrichtungen, andere führten die antiautoritäre Konzeption in Basisgruppen weiter. Nach langen Diskussionen waren sich Ulrike Meinhof und ihre politischen Freunde einig geworden, eine Stadtguerilla nach dem Vorbild der uruguayischen Tupamaros aufzubauen. Meinhof wusste genau, dass ihr Entschluss, auch illegale Aktionen durchzuführen und dabei gelegentlich Waffen zu benutzen, auf ein Leben hinauslief, das sie wenigstens zeitweilig in den Untergrund führen würde. Die Gruppe hatte aber jetzt noch nicht vor, in die Illegalität zu gehen. Alle wollten so lange wie möglich ihr bürgerliches Leben weiterführen.

Im Gegensatz zu ihren meist jüngeren Freunden hatte Ulrike Meinhof erlebt, was Illegalität bedeuten konnte, da sie einige Jahre der verbotenen und verfolgten Kommunistischen Partei Deutschlands (KPD) angehört hatte. Dieses Mal würde es anders sein. Andere Zeitumstände. Ein schrofferer Schnitt. Sie bereitete sich vor. Sie sortierte ihren Bekanntenkreis. Sie brach Kontakte zu Menschen ab, die ihre Entscheidung nicht guthießen. Andere, die zwar nicht mitmachen, sie aber auch nicht verraten würden, warnte sie. Zu einer Freundin sagte sie:»Komm nicht mehr in die Küche, wenn du bei uns bist. Du hast nichts mit dem zu tun, was wir dort besprechen, denn du nimmst keine Waffe in die Hand.«

Ursprünglich sollte Ulrike Meinhof rund eine halbe Stunde vor der Befreiung das Institut verlassen, Andreas Baader allein im Lesesaal sitzen. Sie sollte unbeteiligt erscheinen, damit sie vorerst weiter in der Legalität leben konnte. Dafür gab es gute Gründe: Sie genoss einiges Ansehen und erreichte mit ihrer publizistischen Arbeit viele Menschen. So hätte sie mit ihren politischen und beruflichen Verbindungen einer illegal operierenden Linken von Nutzen sein können.

Aber wenige Tage vor der Befreiung von Andreas Baader platzte Horst Mahler mit schlechten Nachrichten in ein Vorbereitungstreffen. Der Leiter der Justizvollzugsanstalt habe plötzlich angeordnet, dass Baader nur so lange in der Bibliothek bleiben dürfe, wie auch Meinhof dort anwesend wäre. Die Gruppe vertraute Horst Mahler, niemand überprüfte seine Angaben. Die Aktion hing jetzt davon ab, ob Ulrike Meinhof bereit wäre zu bleiben. Sie entschied sich mitzumachen. Vier Jahre später rechtfertigte sie die Befreiung Andreas Baaders als die eines Revolutionärs, der für den Aufbau der Metropolenguerilla unentbehrlich war.

Ein paar Tage vor der Gefangenenbefreiung hatte sie ihre drei Jahre ältere Schwester Wienke in Hessen besucht. Die Schwestern, Kriegskinder und Vollwaisen, blickten auf eine gemeinsame politische Vergangenheit in der Adenauer-Ära zurück. Ulrike Meinhof wollte um jeden Preis verhindern, dass ihre Töchter in die Hände ihres geschiedenen Ehemannes Klaus Rainer Röhl gerieten, genauso wenig sollten sie bei Renate Riemeck leben. Zu der Professorin für Geschichte, ihrer früheren Pflegemutter, hielten beide aus persönlichen und politischen Gründen längst entschiedene Distanz.

Auch Wienke hatte zwei Töchter. Die beiden Schwestern hatten einander versprochen, jeweils für die Kinder der anderen zu sorgen, sollten es die Umstände erfordern. Ulrike Meinhof war beruhigt, als ihre Schwester jetzt ihr Versprechen bereitwillig erneuerte. Sie erzählte nichts von der geplanten Aktion und ihre Schwester fragte nicht.

Gegen halb zehn stoppte der Gefangenentransporter vor dem Dahlemer Institut. Andreas Baader stieg aus, blass, mittelgroß, dunkelhaarig. Seine rechte Hand war an einen Beamten gefesselt, ein zweiter klingelte an der Eingangstür. Beide trugen Waffen. Der Angestellte Georg Linke öffnete. Im Lesesaal entfernte der Oberwachtmeister Andreas Baaders Handschellen und dieser setzte sich zu Ulrike Meinhof. Die beiden sprachen leise und hastig miteinander, während der Hauptwachtmeister überprüfte, ob die zweite Tür des Lesesaals abgesperrt war. Anschließend schloss er die hohen Fenster zum Garten, öffnete aber schon bald eines, weil Ulrike Meinhof und Andreas Baader sehr viel rauchten.

Wieder klingelte es an der Haustür. Folgt man verschiedenen Quellen, stellte sich der Ablauf so dar: Vor Georg Linke standen die beiden jungen Frauen, denen er am Tag zuvor erklärt hatte, dass der Lesesaal heute Vormittag geschlossen sein würde. Aber die beiden ließen sich nicht abwimmeln und so gab Linke nach und wies ihnen Plätze an einem Tisch in der großen Diele der Villa zu. Dass sie bewaffnet waren, hatte er nicht bemerkt, bevor er wieder in seinem Büro verschwand. Mit der 19-jährigen Irene G. und der 26-jährigen Ingrid Schubert war die Gruppe noch nicht vollständig. Kurz darauf klingelte es erneut. Als Linke diesmal in die Diele trat, hatten die beiden Frauen die Haustür schon geöffnet. Ein Mann lief ins Haus, das Gesicht durch eine Wollmütze verdeckt, eine Gaspistole in der einen und eine Beretta mit Schalldämpfer in der anderen Hand. Hinter ihm betrat die 30-jährige Gudrun Ensslin mit einem Kleinkalibergewehr bewaffnet das Institut. Jetzt war das Befreiungskommando komplett.

Der Maskierte wollte Georg Linke mit einem Schuss aus der

Gaspistole einschüchtern. Er schoss mit der scharfen Waffe, versehentlich, wie er später sagte, und verletzte ihn. Mit zwei Kolleginnen floh Linke zurück in die Büros, aus deren Fenstern alle drei ins Freie kletterten. Auf der Miquelstraße riefen sie um Hilfe. Vergeblich. Niemand hörte sie in der ruhigen Wohnstraße mit den großen Gärten.

Gudrun Ensslin war unterdessen als Erste in den Lesesaal gehastet, ihr folgten Irene G., Ingrid Schubert und der Mann. Es kam zu einem Gerangel mit den Wachtmeistern und zu weiteren Schüssen, diesmal von beiden Seiten. Niemand wurde mehr getroffen. Andreas Baader und hinter ihm Ulrike Meinhof sprangen aus dem offenen Fenster in den Garten, die anderen drei hinterher. – Im Aschenbecher lag eine eng zusammengerollte Banderole. Während der Fahndung in den darauffolgenden Jahren zeigte die Polizei im Fernsehen konspirative Wohnungen und konnte oftmals die Frage, wer von den Gesuchten dort übernachtet hatte, nicht beantworten. Wer Ulrike Meinhof kannte und Banderolenröllchen auf Fernsehbildern entdeckte, wusste Bescheid. – Kurz danach heulten die Motoren zweier Autos auf. Dann war es, bis auf ein paar Vogelstimmen, wieder still.

In Hamburg feierte Ulrike Meinhofs Ex-Ehemann Klaus Rainer Röhl genau an jenem Tag das 15-jährige Jubiläum der Zeitschrift *konkret*. Alle seine Gäste kannten die frühere Chefredakteurin und Kolumnistin des Blattes und viele schätzten Ulrike Meinhof mehr als den Gastgeber. Auf der Party verbreitete sich plötzlich die Nachricht, dass und warum die Polizei nach Ulrike Meinhof fahndete. Die Stimmung kippte. Jürgen Holtkamp, ein ehemaliger *konkret*-Redakteur und nun Autor bei Radio Bremen, schwieg. Er verabschiedete sich rasch und fuhr nach Bremen zurück, weil er wusste, wer zu Hause auf ihn wartete.

Marianne H. und Jan-Carl Raspe, von Ulrike Meinhof dringend gebeten, hatten die siebenjährigen Zwillinge Regine und Bettina von Westberlin nach Bremen zu den Holtkamps gebracht. Am Abend der Gefangenenbefreiung aßen H. und Raspe mit Lilli Holtkamp und den drei Holtkamp-Kindern sowie Ulrike Meinhofs Töchtern zu Abend. Lilli Holtkamp schaltete die Fernsehnachrichten an, aber als der Nachrichtensprecher verkündete, dass der Kaufhausbrandstifter Andreas Baader mit Waffengewalt befreit worden sei und sich die Täter auf der Flucht befänden, machte sie rasch den Fernsehapparat aus. Die Mädchen sollten den Namen ihrer Mutter nicht hören. Die Kinder aßen unbekümmert weiter, nur die Erwachsenen wurden plötzlich hektisch. Marianne H. und Jan-Carl Raspe brachen nach Westberlin auf.

Tage später bestand die Gefahr, dass sich die Fahndung nach Bremen ausdehnte. Da packten die Holtkamps die Koffer und fuhren mit allen fünf Kindern an die Nordsee. Sie mieteten sich in einem Bauernhaus südwestlich von Cuxhaven ein.

Wienke Zitzlaff war Rektorin an der Sonderschule in Lollar/ Hessen und besuchte eine Lehrerfortbildung in Weilburg an der Lahn, als sie im Radio von der Gefangenenbefreiung hörte. Obwohl Ulrike Meinhofs Name zunächst nicht genannt wurde, ahnte sie, dass ihre Schwester zu den Gesuchten gehörte. Sie verließ Weilburg, fuhr nach Staufenberg bei Lollar, wo sie wohnte, denn Ulrike sollte sie jederzeit erreichen können. Sie selbst bereitete sich darauf vor, ihre Nichten aufzunehmen, so wie sie es versprochen hatte.

Aber am nächsten Tag drang die Polizei mit einem Durchsuchungsbefehl in ihr Haus ein und drohte: »Wir werden Ihre Schwester eines Tages bei Ihnen finden!« Sie begriff, dass Ulrike Meinhofs Kinder, bis alles geregelt war, erst einmal nicht zu ihr gebracht werden konnten. Die Gefahr, dass die Zwillinge von der Polizei als Erpressungspotenzial gegen ihre Mutter genutzt werden würden, war zu groß. Von jetzt an unterbrach Wienke jeden, der sie anrief, um diesem unverzüglich mitzuteilen, dass die Polizei damit rechnete, Ulrike Meinhof bei ihr zu finden; sie hoffte, dass ihre Schwester auf diese Weise davon erfahren würde. Eines Tages klingelte das Telefon, aber diesmal fiel die Anruferin ihr ins Wort; eine sehr vertraute, sanfte Stimme sagte: »Mach dir keine Sorgen, Wienke, es ist alles in Ordnung.«

Ulrike Meinhof besaß das alleinige Sorgerecht für ihre Töchter. Sie hoffte berechtigterweise, es auch in der Illegalität behalten und durchsetzen zu können, dass die Mädchen vorerst bei Wienke leben konnten. Schließlich verloren sogar verurteilte und inhaftierte Frauen keineswegs das Aufenthaltsbestimmungsrecht für ihre Kinder. Keine Sekunde dachte sie daran, sich für immer von ihren Kindern zu trennen. Kurz vor der Baader-Befreiung hatte sie noch Kinderpässe für die Zwillinge beantragt. Sie kalkulierte den schlimmsten Fall ein: dass sie von der Polizei gefasst werden würde. Sie konnte sich aber nicht vorstellen, dass eine Gefängnisstrafe für eine Gefangenenbefreiung länger als ein halbes oder ein Jahr dauern würde. Wenn es ihr aber rechtzeitig gelänge zu fliehen, könnte sie zum Beispiel im Ausland mit ihren Kindern zusammenleben. Sie glaubte, verschiedene Optionen zu haben.

Dass ein Westberliner Gericht binnen 48 Stunden nach der Baader-Befreiung Klaus Rainer Röhl das vorläufige Sorgerecht zusprechen würde, war für sie unvorstellbar und ein solches Urteil damals auch nicht üblich. Hinter dem plötzlichen Anliegen des Vaters, der sein Besuchsrecht nur lückenhaft ausgeübt hatte, stand vielleicht das Interesse der Polizei. Denn nur weil das Gericht die Kinder – ohne Anhörung von Ulrike Meinhofs Anwalt oder ihrer Schwester – vorläufig Röhl zusprach, konnte die Polizei offiziell sogar per Interpol nach den Kindern fahnden und damit vielleicht der Mutter näher kommen, sie auf jeden Fall aber unter Druck setzen. Die Kinder wurden, was Ulrike Meinhof hatte vermeiden wollen, zum Spielball.

Ulrike Meinhof ahnte von all dem nichts. Um sieben Uhr morgens an jenem 14. Mai hatte, nur etwa einen Kilometer Luftlinie vom Institut entfernt, die 32-jährige Schauspielerin Barbara Morawiecz im Flur ihrer Wohnung in der Heiligendammer Straße einen Zettel gefunden, den Ulrike Meinhof unter der Eingangstür hindurchgeschoben hatte: »Wir kommen zum Frühstück. Anna«. Das war der Spitzname, den sich die Freundinnen nach der Figur der Anna aus Brechts Oper *Mahagonny* gegenseitig gegeben hatten.

Spontane Selbsteinladungen von Freunden und Genossen waren nichts Außergewöhnliches für Barbara Morawiecz. In ihrer großen Altbauwohnung trafen sich oft Westberliner Linke wie Rudi Dutschke, Erich Kuby oder Bahman Nirumand sowie Künstler, die im Republikanischen Club verkehrten oder dessen Schachklub angehörten. Sie kaufte, nachdem ihre Kinder zur Schule gegangen waren, frische Brötchen und was sonst noch für ein üppiges Frühstück nötig war.

Ulrike Meinhof, Gudrun Ensslin, Ingrid Schubert, Irene G.,

Andreas Baader, der Schütze und die beiden Fahrerinnen der Fluchtwagen ließen die gestohlenen Autos nicht weit vom Dahlemer Tatort stehen und machten sich zu Fuß auf den Weg. Im Treppenhaus begegneten sie einer alten Nachbarin der Morawiecz. Ulrike Meinhof ahnte nicht, dass die Antifaschistin angeblich schon bei Fritz Kortners Flucht ins Schweizer Exil geholfen hatte und der Polizei gegenüber später eisern bestreiten würde, die Gesuchten jemals gesehen zu haben.

Sie waren ausgelassen und freuten sich über die gelungene Aktion. Dass der Schuss Georg Linke in die Leber getroffen hatte, wussten sie noch nicht, denn Linke war ja geflohen. Sie erfuhren es erst, als sie am Abend die Nachrichten hörten.

Ulrike Meinhof hatte in all der Aufregung ihre Handtasche am Tatort liegen lassen. Der Hypothekenbrief über 40 000 D-Mark war ebenso weg wie Bargeld und Ausweise. Barbara Morawiecz lief rasch zu ihrer Bank und hob für Ulrike 40 von 41 D-Mark ab, die sie noch auf dem Konto hatte. Als ihre beiden Kinder aus der Schule kamen, erklärte sie ihnen: »Wir spielen Indianer.« Weil die Kinder einige der Gäste kannten, mahnte sie eindringlich: »Ihr dürft niemandem davon erzählen, dass die hier waren, sonst komme ich in den Knast!« Die Kinder hielten ihr Versprechen.

»So könnt ihr draußen nicht herumlaufen«, stellte die Schauspielerin fest und überredete Andreas Baader, sich im Badezimmer auf den Klodeckel zu setzen, um sich die Haare schneiden zu lassen. Dann frisierte, schminkte und kostümierte sie noch diejenigen, die bei der Befreiung unmaskiert gewesen waren. Ulrike Meinhof war mit offenen Haaren und in Jeans und Pulli gekommen. »So kriegen sie dich gleich!«, schimpfte Barbara Morawiecz und holte ihr einziges feines Kleidungsstück aus dem Schrank.

Am frühen Nachmittag stieg eine junge Frau mit altmodischem Dutt im Nacken, im blauen Schneiderkostüm mit engem Rock, taillierter Kostümjacke und weißer Bluse in den Bus Nummer 10. Ulrike Meinhof kaufte sich eine Fahrkarte und fuhr nach Charlottenburg, wo sie sich mit den anderen in der Wohnung des Kabarettisten Wolfgang Neuss treffen wollte.

An diesem Abend und in den nächsten Tagen war die Befreiung Andreas Baaders in vielen linken Wohngemeinschaften und Kneipen der Bundesrepublik Deutschland das einzige Thema. Was für ein Coup! Man amüsierte sich und applaudierte.

Binnen eines Tages wurde Westberlin mit ihrem Fahndungsfoto überschwemmt. Es war die größte Fahndung seit 1945. Nach keinem NS-Mörder, nach keinem Kriegsverbrecher war jemals vergleichbar intensiv gefahndet worden. In kürzester Zeit hingen an sämtlichen Litfaßsäulen Plakate mit der Schlagzeile: »Mordversuch in Berlin 10 000 DM Belohnung!« Darauf ausschließlich Ulrike Meinhofs Name, nicht etwa der des geflohenen Gefangenen Baader oder des Schützen. Mordversuch? Ulrike Meinhof hatte nicht einmal mit einer Gaspistole geschossen, das wusste auch die Polizei. Unter ihrem großen Foto stand: »35 Jahre alt, 165 cm groß, schlank, längliches Gesicht, langes mittelbraunes Haar, braune Augen ... Die Gesuchte hat am Tattage ihren Wohnsitz in Berlin-Schöneberg, Kufsteiner Straße 12, verlassen und ist seitdem flüchtig. Wer kann Hinweis auf ihren jetzigen Aufenthalt geben?«

Eine sehr deutsche Familie
Oldenburg, bis 1936

Zwei Welten trafen aufeinander, als sich die Eltern von Ulrike Meinhof kennenlernten: Die Guthardts waren überzeugte Sozialisten und die Meinhofs deutschnationale evangelische Christen, die bald glühende Nazis werden sollten.

Der Lehrer Johannes Guthardt, Ulrike Meinhofs Großvater mütterlicherseits, wurde 1884 im hessischen Borken als fünftes Kind eines Schneidermeisters geboren. Er heiratete 1906 die 20-jährige Erzieherin Martha Kluge, Tochter eines Schuhmachermeisters. Drei Jahre später wurde in Schwiebus (heute Świebodzin/Polen) das einzige Kind der Guthardts geboren: Ingeborg Marie Elise, die Mutter von Ulrike Meinhof.

Johannes Guthardt brachte es bis zum Schulrektor. Als der Erste Weltkrieg ausbrach, wurde er eingezogen. 1918, während der Novemberrevolution, bildete sich auch in Schwiebus ein Arbeiter- und Soldatenrat zur Unterstützung der Republik mit Ulrike Meinhofs Großvater als Vorsitzendem. Später wurde der Leutnant in die Stadtverordnetenversammlung sowie den Kreistag gewählt und er trat der SPD bei. In der altmärkischen Kleinstadt Osterburg bei Magdeburg wurde er dann Schulrat und ließ sich in den Kreisausschuss wählen. Aber die Guthardts galten in der nationalkonservativen Gesellschaft Osterburgs als »rote Außenseiter«. Ulrike Meinhofs Mutter war die einzige Schülerin der Deutschen Oberschule, die der Sozialistischen Arbeiterjugend angehörte. Schließlich wurde Guthardt nach Schleswig versetzt und dort Regierungsrat.

Der Großvater väterlicherseits, Johannes Meinhof, wurde 1859 im hinterpommerschen Barzwitz geboren. Er war Pastor der Laurentiusgemeinde, einflussreicher Superintendent in Halle an

der Saale und ein klassischer Vertreter des christlichen Antijuda-
ismus, der als Burschenschaftler des 19. Jahrhunderts die »falsch-
gläubigen« Juden missionieren wollte. In den 1930ern wandte er
sich einem aggressiven Antisemitismus zu. Bei einer Versammlung mit dem Gauleiter der Bayerischen Ostmark Hans Schemm
ging Johannes Meinhof nach eigenen Worten das Herz auf: »Gott
segne und leite Adolf Hitler!« Hans Schemm, der sich wünschte,
»dass an jedem Laternenpfahl ein Jude baumeln« sollte, hatte in
evangelischen Kreisen enormen Einfluss. Ulrike Meinhofs Großvater trat 1933 zeitweilig den Deutschen Christen bei, der »SA
Jesu Christi«, wie er sie nannte. Verheiratet war er mit Mathilde
Köstlin, der 1860 geborenen Tochter eines Theologieprofessors.
Sie hatten zusammen zehn Kinder, deren jüngstes, Werner Kurt
Armin, 1901 geboren, Vater von Ulrike Meinhof werden sollte.
Die Brüder von Werner Meinhof und auch viele andere
Meinhof'sche Verwandte waren, immer im Namen Gottes, früh
überzeugte NS-Faschisten. Sogar private Briefe wurden unter den
»Meinhofianes«, wie sie sich gern nannten, unterschrieben mit:
»Gott befohlen, Heil Hitler!«

Werner Meinhof brach die Schule ab und wurde Kunst- und
Bauschlosser. Aber die Familie setzte ihn so lange unter Druck,
bis er das Fachabitur nachholte und in Halle Kunstgeschichte
studierte. Wie seine Brüder wurde er Mitglied der reaktionären
Deutschnationalen Volkspartei (DNVP). Er »bewährte« sich
1920 bei der blutigen Niederschlagung der »kommunistischen
Unruhen in und um Halle« durch die Reichswehr und den Frei-
korps, wofür ihm das Silberne Nothelferzeichen verliehen wurde.
Bei diesen Aufständen hatten Arbeiter nach dem Lüttwitz-Kapp-
Putsch von der sozialdemokratischen Reichsregierung die Niederschlagung des rechten Militarputsches und die Verwirklichung versprochener Sozialreformen gefordert. Viele Arbeiter
wurden ermordet.

Der 24-jährige Werner Meinhof war schmal, besaß nur ein ge-
ringes Selbstvertrauen und hatte etwas von einem aus dem Nest
gefallenen Vogel, als er 1925 die 16-jährige Ingeborg Guthardt
kennenlernte, die sich Hals über Kopf in den jungen Mann verliebte. Zum Entsetzen ihrer Eltern wollte sie die Schule abbrechen und sofort heiraten. Die Guthardts hatten sich, nach eige-

nem mühseligen Aufstieg und aus politischer Überzeugung, für ihre Tochter das Abitur und ein Studium gewünscht. Aber Ingeborg rang ihren Eltern einen Kompromiss ab: Abitur ja, aber statt Studentin wollte sie lieber Ehefrau werden. 1926 verlobten sich Ulrike Meinhofs Eltern.

Mithilfe seines Vaters fand Werner Meinhof eine Stelle als Zeichenlehrer in Halle, promovierte in Kunstgeschichte und bekam, wiederum dank familiärer Beziehungen, eine Anstellung als Zeichenoberlehrer an einem Realgymnasium in Danzig. Inzwischen hatte ihn der Ehrgeiz gepackt, sein Ziel war es, Museumsdirektor zu werden. Unermüdlich, aber erfolglos bewarb er sich an vielen bedeutenden Museen, bis er im März 1928 schließlich wissenschaftlicher Assistent am Landesmuseum für Kunst- und Kulturgeschichte in Oldenburg wurde. Damit stand seiner Heirat nichts mehr im Weg. Die wenigen Guthardts und Ingeborgs Schulfreundin Hanni, Johanna Meyer, eine Medizinstudentin, wirkten zwischen den rund 30 Meinhofs nicht nur zahlenmäßig ziemlich verloren, als Ulrike Meinhofs Eltern am 28. Dezember 1928 in Halle heirateten. Johannes Guthardt befürchtete, dass seine Tochter in ein ihm höchst unsympathisches Milieu abglitt, und er betrank sich auf der Hochzeit fürchterlich.

Im darauffolgenden Januar zog Ingeborg zu ihrem Ehemann nach Oldenburg, einer der frühen braunen Hochburgen in Deutschland: Bei der Reichstagswahl 1930 errang die NSDAP dort 27,3 Prozent, das waren neun Prozent mehr als im Reichsdurchschnitt.

Der Bekanntenkreis der beiden wuchs. Otto Borchers, Student und enger Vertrauter Meinhofs, gehörte genauso dazu wie der »Blut und Boden«-Dichter Friedrich Griese oder völkische Künstler wie der Bildhauer Günter Martin und NSDAP- und SA-Mitglied Franz Radziwill, den Werner Meinhof förderte und der bald ein berühmter NS-Maler wurde. Außerdem lernten sie den faschistischen Kunstideologen Paul Schultze-Naumburg kennen. Aus ideologischen, aber auch aus Karrieregründen schloss sich Ulrike Meinhofs Vater spätestens 1930 dem »Kampfbund für deutsche Kultur« des NSDAP-Chefideologen Alfred Rosenberg an. Das war ein »Sammelbecken für die geistigen Berufe nationalvölkischer Gesinnung«, in der »die kulturpolitische Kadertruppe des neuen Reichs herangebildet« wurde (Hildegard Brenner[3]), die in Wort und Schrift, rasch aber auch mit Schlagring und Knüppel gegen »jüdisch-bolschewistische« Kunst vorging.

Werner Meinhof war einer von jenen Kunsthistorikern, die den Weg in den NS-Faschismus mitgestalteten. Sein ästhetischer Maßstab war das »saubere« und »ordentliche« deutsche Handwerk, er propagierte die »wahre« Volkskunst. Jede moderne, avantgardistische, emanzipatorische, sozialkritische oder gar revolutionäre Kunst stieß ihn ab. Kunst akzeptierte er nur, wenn sie national, völkisch und christlich daherkam.

Am 1. Mai 1933 wurde Ulrike Meinhofs Vater Mitglied der NSDAP (Mitgliedsnummer 285 63 34). Er hatte ehrgeizige Pläne: Er bemühte sich um den Posten seines Chefs, des Museumsdirektors Professor Walter Müller-Wulckow. Müller-Wulckow, ein Anhänger der Moderne, förderndes Mitglied der SS und ein paar Jahre später ebenfalls Parteimitglied, war seinem Assistenten nie gewogen, hielt ihn für wenig intelligent, wissenschaftlich unqualifiziert und pedantisch – schlicht für unfähig. Es begann ein Machtkampf, in dem beide Männer sämtliche verfügbaren politischen Mittel einsetzten. Auf dem Höhepunkt des Konflikts wurde Müller-Wulckow durch eine Intrige Meinhofs über Nacht als Museumsdirektor abgesetzt und an seiner Stelle Meinhof ernannt. Aber nach einigen NSDAP-internen Auseinandersetzungen wurde die alte Hierarchie wiederhergestellt.

Meinhof bemühte sich weiter um den sozialen Aufstieg – und er hatte Freunde. Immer wieder zwang die mächtige Gauleitung Weser-Ems den Museumsdirektor, dem Parteigenossen Meinhof bezahlte Sonderurlaube zu gewähren, »zur Förderung jeder artdeutschen Kunst«. Zum Beispiel im Mai 1933 in Berlin und im August am Museum Folkwang in Essen, wo er die Eröffnungsrede zur Ausstellung der Künstlerinitiative »Die Gemeinschaft« hielt. Der Ausstellungsplan in Berlin war mit Goebbels' Reichsministerium für Volksaufklärung und Propaganda abgesprochen. Der *Völkische Beobachter* lobte Meinhofs Rede und bewunderte als künstlerische »Quintessenz« der Ausstellung den »wundervollen Hitler-Kopf« des Künstlerpaars Magdalena Müller-Martin und Günter Martin.

Trotz aller politischen Anstrengungen, auch seines Vaters und seiner Brüder, wurde Werner Meinhof kein Museumsdirektor, nicht in Oldenburg und auch nicht anderswo.

Im Juli 1931 hatte Ingeborg Meinhof ihr erstes Kind bekommen, eine Tochter namens Wienke. Drei Jahre später war sie wieder schwanger. Im Frühjahr 1934 teilte sie der Familie erfreut mit, dass sie eine schöne Wohnung im Marschweg gefunden hätten, mit vier Zimmern, einem kleinen Balkon und einem großen Garten. Ulrike Meinhof wurde am 7. Oktober 1934 geboren. Auf der Karte an Verwandte und Freunde stand: »Wir zeigen dankbar die Geburt eines Mädchens an: Ulrike Marie * 7. Okt. 1934. Dr. Werner Meinhof und Frau Ingeborg Meinhof geb. Guthardt, Oldenburg i. O., Marschweg 2«.

Einen Monat zuvor waren die Meinhofs einer winzigen christlichen Gemeinschaft mit einem langen Namen beigetreten: »Renitente Kirche Ungeänderter Augsburgischer Konfession in Niederhessen«. Die Oldenburger Gruppe hatte acht Mitglieder, darunter Werner, Ingeborg und Wienke Meinhof, Otto und Regine Borchers und Grete Ulrich. Werner Meinhof missfielen lediglich einige Einmischungen des Staates in kirchliche Angelegenheiten. Er wollte, dass sein bewunderter, ja »genialer Führer« Adolf Hitler die Deutsche Evangelische Kirche (DEK) ernst nahm und sie »in seinen politischen Kalkulationen« berücksichtigte. Der »Nationalsozialismus« hatte in Werner Meinhofs Augen kein Recht, den Anspruch zu erheben, »Religion« zu sein. Da die DEK aber vor Parteifunktionären kuschte, suchte und fand Meinhof eine Nische in der, wie er selbst zugab, etwas »engstirnigen« und »sektiererischen« Renitenz, die sich im 19. Jahrhundert als Antwort auf die Eingriffe des Staates in innere Angelegenheiten der Kirche gebildet hatte. Die Bekennende Kirche und das von ihr geforderte »Notrecht« gegen staatliche Übergriffe lehnte er allerdings als »verhängnisvoll« ab.

Ansonsten war Meinhof mit den politischen Verhältnissen zufrieden: Er lobte die große persönliche Leistung Hitlers bei der Niederschlagung Röhms und die Beseitigung der »verrotteten« SA-Führung durch ihre Konkurrenzorganisationen Reichswehr und SS. Der »Führer« besitze ein immenses Gefühl für wirkliche Realitäten dieser Welt, mit seinem unter schwierigen Verhältnissen erprobten Propagandaapparat und mit seinen Erziehungsinstitutionen Hitlerjugend, SA und Geheime Staatspolizei.

Am 18. November 1934 wurde die sechs Wochen alte Ulrike Meinhof als jüngstes Mitglied in die winzige Oldenburger Gruppe der Renitenz aufgenommen. Pfarrer Karl Adalbert Wicke taufte den Säugling.

Das Baby entwickelte sich prächtig. Mit neun Monaten saß Ulrike aufrecht im hochrädrigen Kinderwagen und lachte ohne Scheu in die Kamera. Am Hals trug sie ein Kettchen mit einem christlichen Kreuz. Der Juli 1935 war sehr heiß. Jüdische Kinder durften »im Interesse der Ruhe, Ordnung und Sicherheit« (Stadtverwaltung) nicht mehr in der Hunte baden.

Kinderjahre
Jena, 1936–1940

Sobald Ulrike allein laufen konnte, war sie kaum noch einzufangen. Sie flitzte durch alle Räume. Sah sie irgendwo in der Wohnung Werner Meinhofs »Klampfe«, forderte sie: Papa, ting! ting! Papa, sing! Noch wohnten die vier Meinhofs in Oldenburg.

Seit Ende 1929 war die NSDAP in Thüringen an der Landesregierung beteiligt. Bald wurden unerwünschte Lehrer verjagt, moderne Kunstwerke in »Schandausstellungen« verächtlich gemacht und aus der Jenaer Universität sollte eine SS-Universität werden. Seit 1930 leitete in Jena die erste deutsche Museumsdirektorin das Stadtmuseum und den Kunstverein: Dr. Johanna Hofmann-Stirnemann. Sie hatte mit Werner Meinhof in Halle bei dem jüdischen Kunsthistoriker Professor Paul Frankl studiert und war eine eher unpolitische Frau, die, um ihren Job zu behalten, 1933 einen Aufnahmeantrag bei der NSDAP gestellt hatte, der abgelehnt wurde. Obwohl sie sich mit Ausstellungen wie »Ein Jahr nationalsozialistische Aufbauarbeit in Jena« (1934) anzupassen versuchte, war sie der Partei ein Dorn im Auge, denn sie machte keinen Hehl daraus, dass sie moderne Kunst liebte, indem sie Werke von Chagall, Kandinsky, Kirchner, Klee, Modersohn-Becker, Munch und jungen Bauhaus-Malern ankaufte und ausstellte. Ihr Ehemann Otto Hofmann, ehemals Schüler von Paul Klee am Bauhaus, behauptete Jahrzehnte später zornig, dass Werner Meinhof seine Frau 1935 denunziert habe: »Der hatte tüchtig Ahnenforschung betrieben und herausbekommen, dass [sie] ›jüdisch versippt‹ war. Und da wurde sie entlassen, und Herr Meinhof, der auch Kunsthistoriker war, der übernahm das Museum und den Kunstverein.«[4] Der Vorwurf ist nicht belegt. Stirnemanns Biografin Birgit Hellmann fand den Brief eines Kreisper-

26

sonalamtsleiters vom 14. Februar 1935, in dem als Denunziantin ein »Fräulein von Maltzahn« genannt wird.

Freunde erzählten von der freien Stelle, dieser »schönen Hoffnung« (Ingeborg Meinhof). Ihr Mann bewarb sich sofort beim Jenaer Oberbürgermeister Armin Schmidt, der als NSDAP-Kreisleiter auch verantwortlich für die »Bücherverbrennung« vom 26. August 1933 gewesen war. Als Werner Meinhof nicht sofort zum Vorstellungsgespräch nach Jena eingeladen wurde, halfen erneut Familie und Partei. Der Gau Weser/Ems machte sich für Werner Meinhof stark und auch der Kulturwart des Gaus Halle/Merseburg schrieb: »Die Familie Meinhof ist mir seit langen Jahren bekannt. Der Bruder des Bewerbers, Dr. Walter Meinhof, ist langjähriger Vorkämpfer für die Bewegung im Gau Halle/Merseburg.« Werner Meinhofs zwei Jahre älterer Bruder Walter trat spätestens seit 1930 in vielen Wahlkämpfen als Redner und Agitator für die NSDAP auf, der Arzt war Kreisleiter in Torgau gewesen, Vorsitzender der NSDAP-Stadtverordnetenfraktion und SA-Brigadearzt.

Ende Januar 1936 kam endlich die Zusage aus Jena. Schon Mitte Februar sollte Werner Meinhof seine Stelle als neuer Leiter des Stadtmuseums und des Kunstvereins antreten. Die Stadt konnte ihm aber noch keine Wohnung für seine Familie bieten und so zog Ingeborg Meinhof mit der knapp fünfjährigen Wienke und der anderthalbjährigen Ulrike vorübergehend zu ihren Eltern nach Berlin-Reinickendorf in die Bernerstraße 50. Ulrikes Großeltern Guthardt lebten dort, seitdem der Sozialdemokrat Johannes Guthardt mithilfe des »Gesetzes zur Wiederherstellung des Berufsbeamtentums« entlassen worden war, was die Gestapo Magdeburg in ihrem Lagebericht von 1934 mit Genugtuung vermerkt hatte. Er schlug sich als Vertreter für die Concordia-Versicherung durch.

Am 17. Februar 1936 wurde Ulrike Meinhofs Vater als angestellter Museumsleiter vereidigt. Sein Monatsgehalt betrug, wie zuletzt in Oldenburg, 452,40 Reichsmark. Acht Monate lang leitete er die NSDAP-Kreiskulturstelle. Überall hielt er Vorträge, auch vor der Fachschaft der Kunsterzieher im Nationalsozialistischen Lehrerbund. Werner Meinhof hatte es geschafft.

Mitte Mai 1936 kamen Ulrike und Wienke mit ihrer Mutter

nach Jena. Die alte Stadt liegt, umgeben von Wäldern, in einem weiten Tal an der Saale, die sich in einem Halbkreis um die Altstadt und nach Süden und Norden damals noch durch Auen und Gärten wand. Das wilde Ufer des Flusses schmückten große Wiesen mit alten Bäumen. Fast überall schaute man auf kleine Berge mit Burgen und Türmen. In dieser landschaftlichen Idylle lebten mehr als 60 000 Menschen, unter ihnen nur noch wenige Juden und kleine, hochgefährdete sozialdemokratische und kommunistische Widerstandsgruppen. Im Zentrum der Stadt lagen die Zeiss-Werke, das Rathaus und der Marktplatz, nicht weit davon entfernt das Stadtmuseum.

Die neue Wohnung der Meinhofs in der obersten Etage eines ehemaligen Altersheims in der Straße Am Anger 15, am Rand der Innenstadt, besaß sieben frisch renovierte Zimmer, von denen sie eines untervermieteten, Küche, Bad, einen langen Flur, Keller und Boden und einen sehr großen Garten, nicht weit von der Saale. Sie zahlten inklusive Heizung 110 Mark Miete. Ingeborg schrieb begeistert nach Oldenburg, dass die Wohnung schöner und größer sei, sodass sie sich überhaupt nicht zurücksehnten, sondern sich hier in Jena »unglaublich wohl« fühlten. Sie sei stolz, wie sehr ihr Mann, der das Museum neu einrichte, von allen Seiten nur gelobt würde.

Jena, im Herbst 1936: Ulrike war zwei Jahre alt und stapfte an der Hand des neuen Hausmädchens Bakka den Hausberg hinauf. Der Bund Deutscher Mädel (BDM) lud zu Militärmusik. Im Deutschen Haus wurde *Der Bettelstudent* gegeben. Im Stadtmuseum eröffnete Oberbürgermeister Schmidt die Ausstellung des neuen Direktors Meinhof über die Schlacht von Jena von 1806. Sie zeigte Schlachtengemälde, Generäle im Kupferstich, Prinzen in Öl, Karikaturen von Napoleon. Schmidt pries das Soldatisch-Erzieherische der Ausstellung. Die einflussreichen Bürger der Stadt sangen gemeinsam Soldatenlieder. Direktor Meinhof erinnerte an die »tiefste Erniedrigung«, als die »Machthaber der Französischen Revolution« das Heilige Römische Reich Deutscher Nation beendeten und die »alte Kultur« stürzten. Der Wehrmachtskommandant fand Meinhofs Gedenkraum »prachtvoll«. Alle riefen dreimal »Sieg Heil«, sangen das Lied vom guten Kameraden und »Volk ans Gewehr«. Im Kino Astoria lief *Ein*

Lied klagt an und im Capitol *Liebeserwachen*. In 13 Monaten würden die ersten 149 Gefangenen im 32 Kilometer entfernten KZ Buchenwald eintreffen; der alte Name »Konzentrationslager Ettersberg« war auf Wunsch der NS-Kulturgemeinde geändert worden. Im Reich waren mehr als 11 000 Kommunisten und über 1000 Sozialdemokraten verhaftet worden. Viele Tausend Menschen hatten Deutschland verlassen, darunter die meisten bekannten jüdischen Künstler. Der Großteil der Deutschen war zufrieden, in ihren Augen herrschte Ordnung im Herbst 1936.

Als Ulrike drei Jahre alt war, begann ihre Mutter eine leidenschaftliche Affäre mit dem Dichter Friedrich Griese, in den sie sich schon in Oldenburg verliebt hatte. Nur ihrer früheren Schulfreundin Johanna Meyer erzählte sie davon. Die arbeitete mittlerweile als Ärztin im Krankenhaus Moabit in Berlin und liebte selbst einen verheirateten Mann. Das wusste Ingeborg. Was sie nicht wusste, war, dass es sich dabei um den Arzt Georg Groscurth handelte, der eine antifaschistische Widerstandsgruppe gegründet hatte, die »Gruppe Groscurth«, später »Europa-Union« genannt. Wie konnte Johanna Meyer auch politisches Vertrauen zu Ingeborg Meinhof haben, wenn die ihr voller Begeisterung NS-Literatur empfahl, Bücher von Moritz Jahn als einem »ganz echten Nazi« oder, noch euphorischer, *Das Labyrinth* der glühenden Hitler-Verehrerin Ina Seidel als das beste Buch, das sie von Lebenden kannte?

Als Griese nach einer Weile Werner Meinhof über die Beziehung informierte, kam es zu schrecklichen Auseinandersetzungen. Ingeborg Meinhof wollte ihren Mann verlassen, er verbot ihr strikt, die Kinder mitzunehmen, sie erwog, dennoch fortzugehen.

Im Sommersemester 1937 beauftragte Professor Paul Schultze Naumburg Werner Meinhof mit kunsthistorischen Vorlesungen an der Staatlichen Hochschule für Baukunst, bildende Kunst und Handwerk Weimar – dem zerschlagenen Bauhaus. Der einflussreiche faschistische Kulturideologe war so zufrieden mit seinem Gastdozenten Meinhof, dass er dessen Vertrag verlängerte und erweiterte. Auch den Ende 1938 frei gewordenen Lehrstuhl für Kunstgeschichte an der Universität Jena wollte er mit Meinhof besetzen, was aber misslang, vermutlich weil dieser nicht habilitiert war.

Im Juli 1937 beendete Friedrich Griese mit einem »sehr hässlichen« Brief die neun Monate andauernde Beziehung zu Ingeborg Meinhof, seiner Frau zuliebe. Ingeborg Meinhof brach zusammen und fantasierte vom Sterben, das sie sich »sehr schön« vorstellte, weil ihr Leben bisher gut gewesen sei, aber von jetzt an nur noch »schwer und enttäuschungsreich« werden könne.

Im Frühjahr desselben Jahres hatte Goebbels den Professor der Münchner Kunstakademie Adolf Ziegler beauftragt, »die im deutschen Reichs-, Länder- und Kommunalbesitz befindlichen Werke deutscher Verfallskunst seit 1910 auf dem Gebiet der Malerei und der Bildhauerei zum Zwecke einer Ausstellung auszuwählen und sicherzustellen«, und alle Institutionen zur Mithilfe angewiesen. In 101 Museen wurden rund 17 000 Kunstwerke einkassiert, es gab Museumsdirektoren, die sich wehrten. Werner Meinhof aber lieferte mindestens 273 Kunstwerke aus dem Kunstverein und dem Stadtmuseum, darunter fast das gesamte grafische Werk Ernst Ludwig Kirchners. Der Mitbegründer der Künstlergemeinschaft »Die Brücke« erschoss sich am 15. Juni 1938 in seinem Schweizer Exil.

Im Frühjahr 1938 wurde das Haus Am Anger 15 von der Stadt Jena an die Heeresverwaltung verkauft. Die Meinhofs mussten umziehen. Ulrike, das quirlige kleine Mädchen mit den dunkelblonden Zöpfen und den großen braunen Augen, war knapp vier Jahre alt, als ihre Familie im Juli 1938 in die Beethovenstraße 11 zog, ihre letzte gemeinsame Wohnung am Fuß der Sonnenberge, fünf Zimmer im Erdgeschoss einer vierstöckigen Villa mit Fachwerk, Türmchen und Erkern sowie direktem Zugang zum Garten.

Die kleine Ulrike war öfter krank. Doppelseitige Mittelohrentzündung im Oktober 1936, Masern im Sommer 1937, starke Bauch- und Ohrenschmerzen und hohes Fieber im Herbst. Ihre Eltern brachten sie zu dem prominenten Chef der Universitätsklinik Professor Jussuw Ibrahim, einem hoch angesehenen Vertreter der Jenaer Stadtgesellschaft. Ibrahim war bis 1945 Ulrikes Kinderarzt. Die kleine Tochter des Museumsdirektors gehörte zu den Kindern, die seine Betreuung überlebten, denn ab 1942 schickte Ibrahim »lebensunwerte« Kinder in die Euthanasieeinrichtung in Stadtroda. Einige NSDAP-Funktionäre »entsorgten« sogar ihre behinderten Kinder bei Ibrahim. Er trug oft so unverblümte Euthanasieempfehlungen in Patientenakten ein, dass vorgesetzte Behörden seine Offenheit kritisierten, denn »der Führer« wollte keine öffentliche Diskussion über die Euthanasie.

Der letzte Sommer, den die Familie Meinhof vor dem Krieg gemeinsam verbrachte, war ein schöner Sommer. Ingeborg Meinhoff hoffte, dass sie wenigstens »im Herzen Deutschlands von Angriffen« verschont bleiben würden. Sie kochte Gelee und Apfelmus ein. In Berlin vermittelte die Ärztin Johanna Meyer der illegalen »Gruppe Groscurth« einen neuen Mitarbeiter namens Johannes Guthardt.

Städtische Angestellte wie Werner Meinhof bekamen nun außerordentliche Arbeiten zugewiesen. Er wurde Abteilungsleiter für Zusatzbedarf im Ernährungsamt und musste Gaststätten, Heime, Kliniken, Heer- und Schwerstarbeiter versorgen. Der Krieg schlich sich in die Spiele der Kinder ein, sie spielten »Luftschutz und Krieg«. Das Beste sei, plapperte Ulrike, dass ihr Vater nicht totgeschossen werde, ein Bein ab, »das ist ja nicht so schlimm«. Als sie einmal aus dem Kindergottesdienst zurückkam, sagte sie, Adolf Hitler mache auch nicht alles, sondern der liebe Gott.

Am 19. September 1939 wurde Ulrike Meinhofs Vater mit großen Schmerzen in die Universitätsklinik eingeliefert. Die Diagnose änderte sich ständig und er wurde von einer Abteilung in die nächste verlegt. Die Ärzte äußerten den Verdacht auf Magenkrebs, dann auf eine Gallenentzündung, sie schälten die Mandeln heraus, diagnostizierten mal Rheuma, mal Probleme an der Wirbelsäule, aber kamen den Ursachen der Schmerzen nicht auf die Spur. Werner Meinhof brach körperlich und psychisch zusammen. Sein ältester Bruder, Dr. med. Heinrich Meinhof (NSDAP-Mitgliedsnummer 227 90 09), besuchte ihn auf Kurzurlaub von einer historisch bedeutsamen Mission. Der 48-jährige Wehrmachtsoffizier hatte seit dem 16. August 1939 Sanitätseinrichtungen in der Nähe der polnischen Grenze installiert und nach dem Angriff der Deutschen auf Polen am 1. September, wie er seiner Familie stolz berichtete, »die Ehre«, als Erster einmarschieren zu dürfen »in Feindesland«. Der Arzt ohne Menschlichkeit beschrieb der Meinhof'schen Großfamilie voller Genugtuung die qualvoll sterbenden Polen auf den Feldern.

Einmal, Ende September 1939, zog die knapp fünfjährige Ulrike allein los, um ihren kranken Vater zu besuchen. Sie lief in die große Universitätsklinik, suchte und fand ihn, verbrachte einige Zeit an seinem Bett, unterhielt ihn mit ihren Geschichten und lief wieder nach Hause, stolz, dass sie alles ohne fremde Hilfe geschafft hatte.

Ingeborg Meinhof entdeckte, dass Friedrich Griese in seinem Roman *Bäume im Wind* ihre gemeinsame Liebesgeschichte verarbeitet hatte. Aufgewühlt schrieb sie Griese einen Brief, um am anderen Morgen im strömenden Regen den Postboten anzuflehen, ihr den Brief zurückzugeben, was dieser auch tat. In den zweieinhalb Jahren seit ihrer Trennung von Griese erfüllte sie, was sie für ihre Pflicht hielt. Sie versorgte ihren Ehemann mitfühlend, obwohl er ihr fremd geworden war. An Weihnachten 1939 durfte Werner Meinhof nach Hause. Am 5. Januar 1940 meldete er sich zum Museumsdienst zurück, aber »unerträgliche Schmerzen, Schlaflosigkeit und Erbrechen« zwangen ihn rasch erneut ins Krankenhaus. Zu spät diagnostizierten die Ärzte Bauchspeicheldrüsenkrebs. Am 7. Februar 1940 starb Werner Meinhof, Wienke war acht, Ulrike fünf Jahre alt.

Oberbürgermeister Armin Schmidt kondolierte der 31-jährigen Witwe, dankte dem Verstorbenen mit Todesanzeigen in allen drei Jenaer Tageszeitungen, einem »Kranz mit Hakenkreuzschleife« und dem Aufdruck »Ihrem Museumsleiter – die dankbare Universitätsstadt Jena« und lobte Werner Meinhof, der »mit vollster Hingabe [...] wertvollste Aufbauarbeit geleistet« habe. Auf die Bitte von Johannes Meinhof wurde die Leiche seines Sohnes im mit Kerzen und Blumen geschmückten Museum aufgebahrt. Die Trauergäste hörten Mozart und Ansprachen des Oberbürgermeisters, des Leiters der NSDAP-Ortsgruppe und eines Vertreters des Museumsvereins. Danach wurde der Sarg nach Halle überführt.

Nach der Beerdigung fuhr Ingeborg Meinhof mit den Kindern zu ihren Eltern nach Berlin. Binnen Kurzem entschied sie sich zu studieren, wie es sich ihre Eltern zwölf Jahre zuvor gewünscht hatten. Als Witwe eines städtischen Angestellten, der nicht mehr als 13 Jahre im öffentlichen Dienst gearbeitet hatte, erhielt sie nur eine kleine Rente. Sie wandte sich an den Jenaer Oberbürgermeister. Sie wolle ein dreijähriges Studium beginnen, um danach ihre Kinder selbst ernähren zu können. Die Großväter Meinhof und Guthardt könnten kaum etwas beisteuern. Ob man ihr helfen könne?

OB Schmidt war sehr rührig und lud sie oft zum Gespräch. Aufgrund der »außergewöhnlichen Leistungen des Dr. Meinhof« sei es ihm »eine Ehrenpflicht«, ihr zu helfen. Er beschaffte ihr eine städtische Zusatzrente »bei weitester Auslegung von bestehenden Bestimmungen«. Auf Schmidts Antrag bewilligte die Thüringische Waisenstiftung weitere Mittel. Der OB ließ eigens für Ingeborg Meinhof den städtischen Haushalt in der Etatstelle »Verfügungsmittel des Oberbürgermeisters/Außerplanmäßige Ausgaben« erhöhen. Er selbst bezog aber auch außerplanmäßige Einnahmen. Clara Rosenthal, Witwe des jüdischen Sozialreformers Professor Eduard Rosenthal, hatte der Stadt Jena 1926 ihre Villa übereignet, sich aber ein lebenslanges Wohnrecht in einer der Wohnungen vorbehalten. Nun sagte OB Schmidt, »arischen Mietern« in einem »arischen Haus« könne eine Jüdin nicht zugemutet werden. Clara Rosenthal wurde in eines der »Judenhäuser« gesperrt, wo sie angesichts ihrer drohenden Deportation 1941 Selbstmord beging. Ihr restliches Vermögen, 20 000 Reichsmark, sollte auf keinen Fall der Stadt Jena zufallen. Aber der Oberbürgermeister erklärte: »Der Besitz eines Juden gehört am Ende dem Gastvolk, in dem er diesen Besitz sich angeeignet hat. Wir sind also bereit, den vermachten Betrag anzunehmen.«

Ingeborg Meinhof bezog ab März 1940 zuzüglich einer Rente der Reichsversicherungsanstalt (RVA) über 74,70 Reichsmark (diese Rente stieg regelmäßig) Zuschüsse, eine Beihilfe und ein Stipendium von insgesamt 193 Reichsmark. Sie verschwieg den Behörden, dass sie darüber hinaus monatlich 150 Reichsmark von ihren Eltern und 50 Reichsmark von den Meinhofs bekam. Damit verfügte sie über beinahe so viel Geld wie zu der Zeit, als ihr Mann Museumsdirektor war. Hinzu kamen kleinere, unregelmäßige Zuwendungen aus der Verwandtschaft und von den Borchers. Ihre materielle Situation blieb während des gesamten Krieges stabil. Sie konnte die Miete weiter bezahlen und sich für 45 Reichsmark monatlich ein Hausmädchen leisten. Sie fand sogar eine zahlende Untermieterin, eine 19-jährige Studentin aus Stettin (Szczecin) namens Renate Riemeck.

Volksschülerin
Jena, 1940–1945

Ulrike liebte es, mit den Nachbarskindern durch Straßen und Gärten zu toben und auf Bäume zu klettern. Sie sprach einen Dialekt mit weichem Klang, sie sagte »de Häuser«, »eene Maus« und »fertsch«. Jensch sei »ordinär«, mahnte die Mutter. Ulrike zog sich vergnügt am Gartentor hoch und schwang hin und her. Wenn fremde Leute vorbeikamen, rief sie ihnen im Chor mit den anderen Kindern »schmutzige« Wörter hinterher. Aber wenn zu viele Kinder auf den kleinen Reinhard, genannt »Bubi«, losgingen, beschützte sie ihn. Bubi wohnte gegenüber. Sein Vater war, so hieß es, bei der SS, sein Arbeitsplatz im KZ Buchenwald.

Ingeborg Meinhof schrieb sich im April 1940 an der Philosophischen Fakultät für die Fächer Deutsch, Geografie, Kunstgeschichte und Geschichte ein. In einer Lehrveranstaltung am Historischen Seminar lernte sie Renate Katharina Riemeck, eine »prächtige Studentin«, kennen, gleichfalls im ersten Semester, die im September desselben Jahres zu ihr zog. Sie empfand sie als eine Wohltat für sich: phänomenal klug und belesen. Nicht hübsch, aber prächtige Augen. Gänzlich ohne Männergedanken und -gefühle.

Renate Riemeck wurde 1920 in Breslau geboren, ihre Eltern waren Kaufleute. Der evangelische Vater stand in der Weimarer Republik dem rechtsextremen, republikfeindlichen »Stahlhelm, Bund der Frontsoldaten« nah. Die katholische Mutter baute eine Kette von 13 Kolonialwarenläden auf und verehrte Rudolf Steiner. Schon als Neugeborene im Krankenhaus, so behauptete Riemeck später, sei sie durch »jüdische Muttermilch« gegen Antisemitismus geimpft worden, weil »die Frau eines jüdischen Rechtsanwalts«, Bettnachbarin ihrer Mutter im Krankenhaus, sie hilfsweise gestillt habe.[5] Die Riemecks schickten ihre Tochter in eine katholische Klosterschule und 1932 in die Hitlerjugend, wo das Mädchen rasch zur Jungmädelführerin aufstieg.

Als Max Riemeck herausfand, dass er nicht Renates leiblicher Vater war, ließ er sich scheiden. Mutter und Tochter zogen in die pommersche Kleinstadt Plathe (Ploty), etwa 80 Kilometer nordöstlich von Stettin, wo Agnes Riemeck sich und ihre Tochter mühsam mit Näharbeiten und einem kleinen Kolonialwarenladen ernährte. Auch die junge Renate Riemeck verehrte wie ihre Mutter Rudolf Steiner, den Begründer der okkulten, elitären und rassistischen Anthroposophie. Sie las seine Bücher und reiste mehrfach in das anthroposophische Zentrum im schweizerischen Dornach, wo sie 1938 Mitglied der Anthroposophischen Gesellschaft wurde. Sie würde ihr Leben lang Anthroposophin bleiben.

Sie war begeistert von Jena: »Was konnte man nicht alles in Jena sehen und erleben!«[6] Die Deportation der Jenaer Juden hatte begonnen. Sie steckte sich stolz ihr Goldenes HJ-Abzeichen an. Nach 1945 würde sie behaupten, das habe ihr »bis in die Kriegszeit Schutz vor Belästigung durch die NSDAP« gewährt.[7]

Am Historischen Seminar der Universität Jena, wo Ingeborg Meinhof und Renate Riemeck studierten, hatte 1933 kein Dozent entlassen werden müssen, denn es gab dort schon lange keine Juden, Linken und bürgerlichen Demokraten mehr. Rektor war Karl Astel, Professor für »Menschliche Züchtungslehre und Vererbungsforschung« an der Medizinischen Fakultät und zugleich Präsident des Thüringer Landesamtes für Rassewesen. Gemeinsam mit dem Rasseideologen Hans F. K. Günther – seit 1930 auf dem Lehrstuhl für Sozialanthropologie – hatte Astel früh den Plan verfolgt, die Universität von Jena zu einer SS-Universität zu machen.

Die Leitung des Historischen Seminars teilten sich Professor Erich Maschke, Oberleutnant der Wehrmacht, NSDAP und SA-Mitglied, und Professor Günther Franz, SS-Rottenführer im Rasse- und Siedlungshauptamt (RSHA) sowie Berater von Alfred Rosenberg. Ingeborg Meinhof und Renate Riemeck erhielten von ihren Professoren nur die besten Bewertungen.

Und sie verliebten sich ineinander. Homosexuelle Männer wurden von Himmlers »Sonderdezernat Homosexualität« verfolgt und bereits für die Absicht einer homoerotischen Handlung mit Zuchthaus oder KZ bestraft. Aber NS-Juristen plädierten gegen die Aufnahme weiblicher Homosexualität in den Paragrafen 175 des Strafgesetzbuches, weil die »widernatürliche Unzucht« von Frauen »nicht so verbreitet« war wie die der Männer und lesbische Liebe wegen der »weniger maßgebenden Stellung« der Frauen in der Gesellschaft eine »verhältnismäßig geringe Rolle« spielte. Lesben galten auch, im Gegensatz zu Schwulen, als »nicht für immer als Zeugungsfaktoren verloren«. Sie profitierten also auf paradoxe Weise davon, dass sie, weil sie Frauen waren, so wenig ernst genommen wurden wie ihre Sexualität. Gleichwohl konnten Frauen, die Frauen liebten, unter gewissen Umständen als »Asoziale« oder »Kriminelle« verfolgt werden.

So zielstrebig, wie die beiden Frauen studierten, organisierten sie auch ihr Leben. SS-Rottenführer Professor Franz half der ehrgeizigen Studentin Renate Riemeck. Sie musste keine Studiengebühren bezahlen und erhielt pro Trimester einen Zuschuss zu den Lebenshaltungskosten in Höhe von 240 bis 300 Reichsmark. Ab Dezember 1940 bekam sie außerdem ein Stipendium der Karl-August-Köhler-Stiftung in Meiningen. Ulrike Meinhofs Mutter stand jetzt finanziell besser da als vor dem Tod ihres Ehemannes. Renate Riemeck lernte die gesamte Großfamilie Meinhof kennen, und falls sich jemand Gedanken über die Art der Beziehung der beiden Frauen machte, äußerte er sie nicht.

Deutschland besetzte Dänemark und Norwegen. Die Niederlande und Belgien kapitulierten. Paris fiel und gleichzeitig wurde ein großer Teil Frankreichs besetzt. Die Wehrmacht wütete auf dem Balkan. Am 24. Juli 1940, gegen zwei Uhr morgens, warf ein britischer Bomber eine Leuchtmine über Jena ab. Die Flak feuerte. Nach 75 Minuten war die Nacht wieder ruhig. Das Jahr 1940 zählte noch 21 weitere Fliegeralarme. Aber nur einmal, im August, wurden Sprengbomben auf das Stadtgebiet abgeworfen. Niemand wurde verletzt, nichts beschädigt.

Zusammen mit der Tochter des Malers Oswald Baer bekam Ulrike Blockflötenunterricht. Ihre Mutter schilderte sie als fürsorglich, zutraulich und zugleich jungenhaft. Ulrike schnitt gern Papiersoldaten aus und wollte unbedingt einen Offizier heiraten und Kinder bekommen.

Ingeborg Meinhof beschloss, zusammen mit Renate Riemeck ein Semester in München zu studieren – ohne die Kinder. Der offizielle Grund war, dass beide Frauen die Vorlesungen bestimmter Professoren hören wollten. Für die Zeit ihres Münchenaufenthalts wurden Wienke und Ulrike in einem Kinderheim untergebracht.

Das private Kinderheim Punzenlehen in Schönau am Königssee, nicht weit entfernt von Berchtesgaden und dem Obersalzberg, wurde von den Schwestern Elisabeth und Rike von Blücher geleitet, die hier etwa 20 Kinder betreuten. Das Bauernhaus war umgeben von einer großen mit Schlüsselblumen übersäten Spielwiese. Die von Ulrike erhofften Tiere gab es auch: Kühe, Schweine und Hühner. Ulrike strahlte, aber sie mochte die »Frolleins von Blücher« nicht und hatte bald Heimweh nach ihrer Mutter.

Freunde von Werner Meinhof hatten seine Vorträge und Aufsätze im Buch *Lebendige Anschauung* versammelt und vom Honorar des gut verkauften Werks konnte sich Ulrike Meinhofs Mutter alle Extraausgaben samt Kinderheim leisten. Am 6. Juli 1941, zwei Wochen nach dem Überfall Deutschlands auf die Sowjetunion, beantragte Renate Riemeck von München aus die Mitgliedschaft in der NSDAP.

Weil an der »Heimatfront« die Lehrer knapp geworden waren, durfte Johannes Guthardt in Berlin von Dezember 1940 an als Aushilfslehrer arbeiten, wofür er dem Nationalsozialistischen Lehrerbund (NSLB) beitreten musste (Mitgliedsnummer 43 95 60). Aber in diesem Fall war die Mitgliedschaft tatsächlich nur dem Zweck geschuldet, sein Doppelleben zu verbergen. Ulrikes Großvater war Kurier der antifaschistischen »Gruppe Groscurth« geworden, wovon seine Tochter Ingeborg nichts wusste.

Ende Juli 1941 war die gesamte »Familie« wieder in Jena. Renate Riemeck musste ab August sieben Wochen lang täglich neun Stunden Arbeitsdienst bei Zeiss absolvieren. Am 1. Oktober, drei Tage vor ihrem 21. Geburtstag, wurde sie in die NSDAP aufgenommen (Mitgliedsnummer 891 51 51).

Ulrike war seit der Rückkehr aus dem Kinderheim glücklich, sie hatte ihre Mutter wieder und durfte Anfang September endlich zur Schule. Die knapp Siebenjährige mit dem Bubikopf wurde an einem Spätsommertag in der Westschule eingeschult. Aber das neugierige und aufgeweckte Kind langweilte sich dort schnell. An Weihnachten 1941 bekam sie wieder Ausschneidebögen mit Soldaten. Ingeborg Meinhof schrieb an Verwandte, dass es Ulrikes Ideal sei, ein Junge zu sein. Die Kleine kommandierte ihre Papiersoldaten in sanftem Ton und sagte bei jedem Befehl »bitte«.

Im Frühsommer 1942 kam Ulrikes Patentante Grete Ulrich aus Leipzig zu Besuch. Sie war eine zum Christentum konvertierte Jüdin und hatte der Oldenburger Renitenz-Gruppe angehört. Ihr Mann, ein christlicher Theologe, hatte sich von ihr getrennt. Als Partnerin in einer »Mischehe« musste sie keinen Judenstern tragen. 1938 wurde der Literaturwissenschaftlerin Berufsverbot erteilt und nun arbeitete sie als Packerin und Verkäuferin. Ulrikes Mutter nahm ihre Freundin und die beiden Töchter mit zum Bahnhof, um Grete Ulrich abzuholen, abends brachten sie sie wieder zurück. Grete Ulrich starb später in Auschwitz.

Bürgerliche, christliche und linke Antifaschisten fanden in Jena ein breites Aktionsfeld. Je nach Fähigkeit und Mut steckten sie Zwangsarbeitern Lebensmittel zu, ließen den in »Judenhäusern« zusammengepferchten Menschen Informationen und Arzneimittel zukommen, versteckten unter Lebensgefahr Juden oder entflohene KZ-Häftlinge oder sabotierten bei Zeiss oder den Jenaer Glaswerken die Kriegsproduktion. Zivilcourage zeigten Arbeiter und Rentner, Geschäftsleute und Handwerker, Frauen und Männer, Junge und Alte. Eine couragierte kleine Minderheit, aber es gab sie.

Ingeborg Meinhof und Renate Riemeck gehörten nicht dazu. Sie arbeiteten strebsam für ihr Studium. Die Kinder lernten, artige Mädchen zu sein, Rücksicht zu nehmen und im Haushalt mitzuhelfen. Glücklich waren sie, wenn Rucksäcke und Proviant gepackt wurden und sie mit ihrer Mutter und Renate loswandern konnten.

Nach der Anthologie *Lebendige Anschauung* (1940) war 1941 Werner Meinhofs Buch *Der Glaube* erschienen. Innerhalb eines Jahres verkaufte der Verlag 8000 Exemplare. Ingeborg Meinhof jubelte, dass Werners *Glaube* ihr »maßloses Geld« bringe, und träumte davon, in Berlin-Frohnau ein eigenes Haus zu bauen.

Auch andere Veröffentlichungen von Texten ihres Mannes verschafften ihr unerwartete Einnahmen. Ab September 1942 quartierte sie ihre Töchter für zwei Monate wieder im Kinderheim Punzenlehen in Schönau ein. Die meiste Zeit des Jahres 1942 verbrachten die beiden in Kinderheimen oder bei Verwandten.

Im November 1942 wurde die 6. Armee in Stalingrad von der Roten Armee eingekesselt. Die Kapitulation erfolgte am 31. Januar und 2. Februar 1943. Mindestens 146 000 deutsche Soldaten waren gefallen, rund 90 000 gingen, unterernährt und im eisigen Winter unzureichend gekleidet, in sowjetische Kriegsgefangenschaft, unter ihnen Ulrike Meinhofs Onkel Walter Meinhof, der »NS-Vorkämpfer«. Sie kam am 3. Februar aus der Schule nach Hause und wollte aufgeregt wissen, ob wahr sei, was die Lehrerin erzählt habe, die Russen hätten in Stalingrad gewonnen. »Stalingrad« war der erste große Einbruch in die Moral der deutschen Bevölkerung. Joseph Goebbels antwortete am 18. Februar 1943 mit dem »totalen Krieg«.

Ingeborg Meinhof begann ihre Dissertation »Mittelalterliche und neuzeitliche Gestaltung in der bildenden Kunst«. Ihre Töchter lernten, noch mehr Rücksicht auf die Mutter zu nehmen. Auch an diesem Weihnachten bekam Ulrike Meinhof viele Soldaten und eine Kanone, Wienkes schönstes Geschenk war eine BDM-Jacke.

Die achtjährige Ulrike war eine Leseratte. Wenn sie Halsschmerzen hatte und nicht rausdurfte, vergaß sie ihren Ärger, sofern sie etwas zu lesen hatte. Sie verschlang *Die Kinderfarm*, ein Buch über eine Kindheit im kolonialen Deutsch-Südwestafrika, das den Hans-Schemm-Preis des NS-Lehrerbundes bekam, sie las *Der Riese Ohl und das Hannesle* und *Grimms Märchen*.

Die Rote Armee war in der Offensive. In Afrika wurde die Wehrmacht zum Rückzug gezwungen. Die USA und Großbritannien waren auf Sizilien gelandet. Ihre Flugzeuge griffen Tag und Nacht deutsche Städte an. Deutschland verlor den U-Boot-Krieg. Der Krieg, den die Deutschen in die Welt getragen hatten, kam zu ihnen zurück.

Nach einem kriegsbedingt kurzen Studium von nur drei Trimestern und vier Semestern promovierte Renate Riemeck im März 1943 über »Die spätmittelalterlichen Flagellanten Thüringens und die deutschen Geißlerbewegungen. Ein Beitrag zur Geschichte des deutschen Ketzertums«. Ihr Doktorvater war Professor Maschke, jener völkische Historiker, der das Institut leitete und den Riemeck als ihren »eigentlichen Lehrer« bezeichnete. Der Zweitgutachter war gleichfalls ein leidenschaftlicher Nazi. Beide Prüfer waren von ihrer Dissertation begeistert. Sie galt inzwischen als »eine überdurchschnittlich begabte Persönlichkeit«, wie der Dekan der Philosophischen Fakultät im April 1943 an Universitätsrektor Karl Astel schrieb. Die Philosophische Fakultät der Universität Jena setzte 1943 nur zwei Personen auf die »Liste geeigneter Kandidaten für die Besetzung deutscher Hochschul-Lektorate im [besetzten] Ausland«, eine von ihnen war Renate Riemeck. Die ehrgeizige junge Historikerin fiel auch der Arbeitsgemeinschaft Nationalsozialistischer Studentinnen (ANSt) auf, in der sich die Frauen des Nationalsozialistischen Deutschen Studentenbundes (NSDStB) organisierten. Etwa im Juni 1943 trat sie in die ANSt ein.

Papier war knapp. Renate Riemeck musste sich schriftlich verpflichten – andernfalls würde ihr der Doktortitel entzogen werden –, spätestens innerhalb von anderthalb Jahren nach Kriegsende ihre Dissertation drucken zu lassen. Das tat sie nie. Die Dissertation gilt als verschollen. Niemand konnte überprüfen, ob, wie sie nach 1945 behauptete, das heimliche Thema ihrer Doktorarbeit der Widerstand gegen die Nazis gewesen ist.

Ingeborg Meinhof bat Oberbürgermeister Schmidt, sie noch ein weiteres Jahr zu unterstützen. Sie wollte promovieren und dann, nach dem Staatsexamen für das höhere Lehrfach, eine Anstellung finden und sich selbst versorgen. Er bewilligte das Geld. Sie promovierte im Mai 1943 in Kunstgeschichte mit der Note »Sehr gut«. »Sehr gut« verliefen auch die mündlichen Prüfungen in Kunstgeschichte, Geschichte und Deutsch. Im Februar 1944 bestand sie außerdem ihr Staatsexamen für das höhere Lehramt in Geschichte, Geografie und Deutsch »mit Auszeichnung«; Philosophie und »Weltanschauung«: »sehr gut«.

1943 war der Krieg zwar noch weit weg, aber immerhin gab es 50 Fliegeralarme in Jena in diesem Jahr. Immer öfter musste die Familie für ein paar Stunden in den Keller. Im Mai starben zwölf Menschen bei einem Angriff von britischen Bomberverbänden auf das Südwerk des Rüstungsbetriebs Zeiss, 120 Menschen wurden verletzt. Auch eine Schule wurde getroffen.

Im Sommer 1943 fuhr Ingeborg Meinhof mit Renate Riemeck und den Kindern ins schlesische Wüstewaltersdorf, den Geburtsort ihrer Mutter Martha Guthardt. Ulrike war beeindruckt, wie sich ihrer Mutter alle Türen öffneten, sobald sie sagte: »Ich bin eine Enkelin vom Schuster Kluge.« Ulrike harkte, schnitt, goss, wollte gerne Gärtnerin werden und freute sich plötzlich aufs Großwerden. Vorher war ihr das nicht erstrebenswert erschienen, denn sie fand ihre Kindheit zu schön. Der Krieg schien wie ein fernes Grauen, wären da nicht das Radio, die Zeitung und die Berichte der fliehenden Hamburger oder evakuierten Berliner gewesen. 30 000 Menschen waren bei den Luftangriffen in Hamburg gestorben.

Nach 14 Stunden Bahnfahrt gelangten sie Ende August wieder nach Jena. Gleich in der ersten Nacht heulten die Sirenen. Alle vier zogen sich »startbereit« an und legten sich auf ihre Betten. Der Motorenlärm verzog sich, die feindlichen Bomber warfen ihre Last anderswo ab.

Im KZ Buchenwald experimentierten die Deutschen seit über einem Jahr mit Testimpfstoffen der Behring-Werke Marburg/Lahn, des Robert-Koch-Instituts Berlin und des Instituts für Fleckfieber- und Virusforschung des Oberkommandos des Heeres Krakau, seit April 1943 auch mit Produkten der Firma Hoechst. Die Hälfte der »Patienten« starb unter Qualen. Der Rüstungsbetrieb Gustloff in Weimar baute das erste KZ-Außenkommando. Die SS Buchenwald lieferte Häftlinge in Euthanasieanstalten ein oder erhängte sie sogar an den Straßen. Aus allen Himmelsrichtungen Europas rollten Züge mit den Opfern der Deutschen heran. Im Südharz wurden unterirdische Produktionsanlagen für die Massenanfertigung der »Wunderwaffen« V1 und V2 errichtet (KZ Dora-Mittelbau). Hier starben Zehntausende von Zwangsarbeitern und KZ-Häftlingen aus Buchenwald.

Ulrike Meinhof kam im September 1943 in die dritte Klasse der Westschule. Sie war fast neun Jahre alt, die Haare waren jetzt streng gescheitelt und zu straffen Zöpfen geflochten. Im Oktober fuhr sie mit dem neuen Hausmädchen Martha zu den Lenks nach

Orlamünde, erntete Äpfel und beide schleppten 65 Pfund per Eisenbahn zurück nach Jena.

Renate Riemeck trat nach ihrer Promotion sofort eine Stelle als Assistentin am Historischen Seminar an und wurde die rechte Hand des Institutsdirektors und SS-Obersturmbandführers Professor Johann von Leers, der ein fanatisch antisemitischer Publizist war und der Generalsekretär des deutschen PEN-Clubs. Als er Renate Riemeck an seine Seite holte, arbeitete er gerade an seinem neuesten Werk: *Die Verbrechernatur der Juden* (1944).

Renate Riemeck wurde seine Vertraute. Sie machte sich unentbehrlich und durfte »bei allen Seminarangelegenheiten mitreden«, »sogar bei Berufungen«.[8] Weihnachten 1943 unterzeichnete sie gemeinsam mit Leers den Brief an die »lieben Kameraden« im Feld. Dafür holte sie sich Hilfskräfte, die die Feldpostbriefe adressierten: Wienke und Ulrike. Dass der Krieg mit Toten- und Vermisstenmeldungen nach Deutschland drang, schien Renate Riemecks Weltbild nicht zu erschüttern. Sie schrieb im Dezember 1943: »Empedokles hat die Liebe und den Hass als die beiden Weltprinzipien bestimmt, die sich in ihrer Herrschaft ablösen. Wir sind jetzt wohl dem Hass ausgeliefert in seiner ganzen Unersättlichkeit.«

Ingeborg Meinhof trat weder in die NSDAP noch in die ANSt ein, sie blieb politisch im Schatten ihrer Lebensgefährten. Nach dem Krieg wurde sie von manchen als eher gegen das Regime eingestellt beschrieben. Sie ließ ihre älteste Tochter Wienke zwar in die Hitlerjugend eintreten, verbot ihr aber, Jungmädelführerin zu werden. Ereignisse oder Briefe, die ihre explizite NS-Gegnerschaft belegen, sind jedoch nicht bekannt.

Während die beiden Frauen sich auf ihre Staatsexamina vorbereiteten, wurden die Kinder zu ihren Großeltern nach Berlinchen/Neumark (Barlinek) geschickt, wohin die Guthardts 1943 evakuiert worden waren. Die beiden Mädchen besuchten im Januar und Februar 1944 die Volksschule von Berlinchen, an der Hannschen Guthardt unterrichtete. Die Guthardts lebten in zwei Zimmern, die man ihrer Wirtin entzogen hatte, was diese mit Unfreundlichkeit quittierte. Vielleicht hatte die erzwungene Evakuierung den Guthardts auch Glück gebracht, denn die Gestapo hatte 55 Frauen und Männer aus der »Gruppe Groscurth«

und ihrem Umfeld verhaftet. Der Volksgerichtshof unter dem Präsidenten Roland Freisler verurteilte im Dezember 1943 Georg Groscurth, Robert Havemann, Herbert Richter und Paul Rentsch zum Tod. Im Mai 1944 wurde Groscurth geköpft. Die Bundesrepublik verweigerte später seiner Witwe die Anerkennung als Opfer des Naziregimes. Nur Robert Havemann entging 1944 der Hinrichtung und wurde im Zuchthaus Brandenburg-Görden mit »kriegswichtigen Arbeiten« beschäftigt.

Endlich wieder zu Hause in Jena, wollten die Kinder nichts mehr vom Verreisen wissen. Jeden Vormittag begleiteten sie ihre Mutter und Renate Riemeck ins Historische Seminar. Sie halfen beim Büchersortieren und -schleppen und machten zur Freude ihrer Mutter tiefe Knickse vor Professoren und Studenten.

Nachdem Renate Riemeck im Februar 1944 auch die Prüfungen für das Lehramt an höheren Schulen bestanden hatte, waren ihre Bezüge als Assistentin am Historischen Seminar verdoppelt worden. Ingeborg Meinhof bat Oberbürgermeister Schmidt im Mai 1944 ein weiteres Mal um finanzielle Unterstützung. Der Kohlhammer Verlag in Stuttgart, zu dem Meinhof'sche Verwandte den Kontakt hergestellt hatten, hatte ihr angeboten, eine kunstgeschichtliche Abteilung aufzubauen. Nach Stuttgart könne sie aber ihre Kinder nicht mitnehmen, weil alle Schulen evakuiert seien. Sofern sie sich aber für den Schuldienst entscheide, beginne das Referendariat im Oktober 1944. Auch dann brauche sie finanzielle Unterstützung, denn die Bezahlung der Studienreferendare sei sehr gering. Schmidt half ihr auch dieses Mal. Sie entschied sich gegen Kohlhammer, weil sie wollte, dass die Kinder bei ihr blieben.

Ab 1944 gab es schließlich auch in Jena durchschnittlich jede zweite Nacht Fliegeralarm. Wenn die Sirenen heulten, stiegen die Meinhofs in den Keller des Hauses, meistens für ein oder zwei Stunden. Nur einzelne Bomben fielen auf das Stadtgebiet, ohne sichtbaren Schaden anzurichten. Manchmal warfen alliierte Flugzeuge Flugblätter ab.

Der Alltag ging weiter: Schulaufgaben und sonnige Tage im Garten, Wanderungen durch den Thüringer Wald, Schlittenfahren, Geburtstagsfeste, Besuche. Aber es starben oder verschwanden Menschen aus dem Leben der kleinen Ulrike: Ihr Vater war an einer Krankheit gestorben. Tante Grete Ulrich wurde deportiert. Die jungen Onkel Friedrich und Hans-Christfried Meinhof, die beiden Söhne aus Johannes Guthardts zweiter Ehe, waren gefallen. Onkel Walter Meinhof wurde seit Stalingrad vermisst. Der Vater einer Schulfreundin war verschwunden. Ulrike verstand oft nicht oder nicht genau, was mit diesen Menschen geschehen war und warum. Auch vieles andere war sonderbar. Renate Riemeck trug ein Hakenkreuz, die Mutter nicht. Wenn die Lehrer das Klassenzimmer betraten, mussten die Kinder strammstehen. Zum Lehrplan der Volksschulen gehörte der Kampf gegen die »jüdische Weltverschwörung«. Menschen kommandierten und brüllten herum und waren dann plötzlich wieder freundlich zu dem sensiblen Mädchen. Widersprüche, die das Kind nicht lösen konnte.

Durch Jenas Straße liefen Gefangene, denen es offensichtlich schlecht ging und die Hunger hatten. 13 239 Sklavenarbeiterinnen und Sklavenarbeiter wurden in 158 großen und kleinen Jenaer Betrieben – die größten Gruppen bei Zeiss und Schott –, in kommunalen Einrichtungen und in Privathaushalten ausgebeutet. Sie kamen aus 26 Nationen. Viele lebten in Außenlagern des KZ Buchenwald in Jena, bewacht von SS-Wachmannschaften. Ingeborg Meinhof beobachtete, wie unbefangen und mitfühlend ihre Töchter auf hungrige Zwangsarbeiter reagierten, die nach zehn Stunden Dienst noch Arbeit im Haushalt suchten, um dafür etwas zu essen zu bekommen. Am 31. Mai 1944 brachte Wienke eine Umherirrende mit nach Hause. Ulrike nannte es »Völkerversorgung«, als sie sich mit italienischen Zwangsarbeitern anfreundete und ihnen ihre Schulbrote gab. Ihre Mutter schmierte mehr Brote.

Die wenigen Widerständler in Jena trafen sich in konspirativen Wohnungen, in Schrebergärten, in Wäldern und an ihren Arbeitsstätten bei Zeiss und den Jenaer Glaswerken (JGW). Sie riskierten ihr Leben, indem sie die Produktion sabotierten, um den Krieg zu behindern. Sie schmuggelten Maschinenteile aus dem Zeiss-Werk und bauten eine Vervielfältigungsmaschine für Flugblätter, die in Jena, Berlin und sogar im KZ Buchenwald verteilt wurden. 1943 übernahm der Jenaer Kommunist Magnus Poser die gesamte thüringische Organisation.

Ingeborg Meinhof und Renate Riemeck erholten sich ohne die Kinder im Thüringer Wald. Anfang Juni wanderten die beiden Frauen am Schneekopf über eine Anhöhe. Auch andere Spaziergänger waren unterwegs und alle schauten zu den alliierten Bombern hoch, die plötzlich auftauchten und Richtung Erfurt dröhnten. Während sich manch einer Gedanken machte, wo die Bomben heute fallen würden, zog eine Gruppe HJler vorbei und sang schallend: »Wir werden weiter marschieren / Wenn alles in Scherben fällt / Denn heute, da hört uns Deutschland / Und morgen die ganze Welt!« Die Ostfront war zusammengebrochen. Die Alliierten waren in Italien gelandet und bereiteten ihre Landung in der Normandie und in Südfrankreich vor. Der Krieg galt, außer in den Köpfen fanatischer Anhänger des NS-Regimes, als verloren. Eine andere Wanderin, Charlotte Wieczorek, registrierte den Missmut der beiden Frauen. Sie und ihr Mann waren kommunistische Aktivisten in Jena, sie suchten Bündnispartner für eine bessere Zukunft. Charlotte Wieczorek sprach die beiden vorsichtig an. Das Gespräch entwickelte sich so, dass Ingeborg Meinhof und Renate Riemeck die Wieczoreks auf ihr Hotelzimmer in Gehlberg einluden, wo sie bis zum Morgengrauen diskutierten. »Wir sahen unsere Chance«, erinnerte sich die DDR-Bürgerin Charlotte Wieczorek später, zwei »bürgerliche Historikerinnen« von der Lage Deutschlands und vom notwendigen gemeinsamen Kampf aller Hitlergegner zu überzeugen. Es folgten weitere Treffen in Jena. Man lieh ihnen marxistische Literatur, und sie lernten andere Antifaschisten kennen, die ihnen »unseren marxistischen Standpunkt, wie der mörderische Krieg zu beenden sei und die Zukunft aussehen muss, klarzumachen«[9] versuchten. Aber so recht ging es nicht voran. Dennoch halfen die Gespräche Ingeborg Meinhof, manches etwas anders zu sehen als bisher. Aber weder sie noch Renate Riemeck schlossen sich dem Widerstand an, und die Wieczorcks hatten existenziellere Probleme als die politische Schulung zweier unentschlossener »bürgerlicher Historikerinnen«. Kurz nach dem Urlaub im Thüringer Wald wurden zwei zentrale Figuren des thüringischen Widerstandes, Theodor Neubauer und Magnus Poser, verhaftet. Poser wurde gefoltert und starb im KZ Buchenwald. Neubauer wurde im Februar 1945 hingerichtet.

Am 6. Juni 1944, dem »D-Day«, hatten die westlichen Alliierten mit Tausenden von Flugzeugen, Kriegsschiffen und 150 000 Soldaten die schwer befestigten deutschen Stellungen in der Normandie überrannt. Zehn Wochen später war Paris befreit und bald darauf ganz Frankreich. Aber der Krieg war noch nicht zu Ende. In Kellern, Baracken und Lagern mussten die noch lebenden Opfer Deutschlands weitere zehn endlose Monate auf die Befreiung warten.

Manchmal gab es noch Kindheit. Am Tag nach einem Fliegeralarm im Oktober 1944 schrieb Wienke: »Gestern war ich mit Ulrike auf dem Landgrafen und habe mit ihr den Drachen steigen lassen. Er steigt wunderbar [...] Da war eine Großmutter, die lief verzweifelt mit dem Drachen herum, sobald sie aber stehen blieb, ging der Drachen wieder herunter. Da nahm ich ihr ihn ab und ließ ihn mit Ulrike steigen, das ging schon viel besser. Der Enkel war glücklich und ebenso die Großmutter – die mal nicht rennen brauchte.«

Ingeborg Meinhof arbeitete inzwischen ebenfalls für Professor von Leers im Historischen Seminar. Von März bis August 1944 erhielt sie als wissenschaftliche Hilfskraft für täglich drei Stunden 75 Reichsmark monatlich. Professor von Leers verlängerte ihren Vertrag. Sie kündigte allerdings zum 1. September, um als »Kriegshilfskraft« – sie hatte noch kein Referendariat absolviert – an der Moritz-Arndt-Oberschule in Jena zu unterrichten. Einen Monat später begann auch Renate Riemeck als Kriegshilfskraft an der Moritz-Arndt-Oberschule, sie behielt aber ihren Arbeitsplatz am Historischen Seminar. Die Philosophische, die Juristische und die Theologische Fakultät wurden geschlossen.

Im Osten hatte längst die große Flucht begonnen. Menschenströme zogen durch Jena, viele Flüchtlinge blieben eine Zeit lang. Ingeborg Meinhof gelang es, eine Einquartierung zu verhindern, »trotz tiefen Mitleids«. Zu dieser sechsten Kriegsweihnacht bekam Ulrike einen Füller, einen Geigenbogen, Bücher und diesmal – keine Soldaten. Anfang 1945 unterrichtete Ingeborg Meinhof ihre Schüler bei sich zu Hause, in der Schule fehlten die Kohlen. Sie verdiente mehr, als sie brauchte, und bekam immer noch alle Zuschüsse.

Bei den Bombenangriffen im Februar, März und April 1945

starben Hunderte von Jenaern. Die Alliierten zielten auf die kriegswichtigen Betriebe Zeiss und Schott. 20 Prozent der Stadt waren nun zerstört, Gasversorgung und Schienenverkehr zusammengebrochen, Wasser- und Stromleitungen beschädigt.

Die Familie überstand die Luftangriffe körperlich unversehrt. Auch ihre Wohnung blieb intakt. Die Bombenteppiche hatten die Innenstadt zerstört. Ingeborg Meinhof, die sich in den politischen Konflikten zwischen ihren sozialdemokratischen Eltern und ihrem nationalsozialistischen Ehemann stets auf seine Seite gestellt hatte, war dem NS-Regime angesichts der kommenden Niederlage von der Fahne gegangen. Sie schimpfte, als ihr Schuldirektor beim Schlussappell zu den Schülerinnen sagte: »Ihr seid meine Schülerinnen, Mädchen der Ernst-Moritz-Arndt-Schule, ich verlange, dass ihr an den deutschen Sieg glaubt. Adolf Hitler hat noch nie die Unwahrheit gesprochen, wir können ihm wieder auch dies Mal unser volles Vertrauen schenken.«

Seit zwei Tagen wummerte die Artillerie. Die Stadt wartete auf »die Amerikaner«. Andere thüringische Städte brannten. Vor dem Kinderzimmer blühte ein Aprikosenbaum. Die 13-jährige Wienke Meinhof notierte: »Auf den Bergen ist alles blau von Veilchen, Leberblümchen und Kuhschellen. In allen Gärten blühen die Osterblumen und andere Frühlingsblumen. Die Natur ist in ihrer schönsten Zeit.« An Mauern klebten kleine Antikriegsplakate. Am 29. März 1945 sprengten Antifaschisten das Haus der NSDAP-Kreisleitung in die Luft. Am 4. April 1945 erschoss sich Uni-Rektor Karl Astel. Professor von Leers verlängerte Riemecks Arbeitsvertrag am Historischen Seminar vom 1. Mai bis Ende August 1945, obgleich der Lehrbetrieb eingestellt war. Oberbürgermeister Schmidt floh. Der Krieg war vorbei. Es galt, die letzten Tage zu überleben. Ulrike Meinhof war zehn Jahre alt.

Anfang April 1945 trieb die SS halb tote KZ-Häftlinge auf dem Weg von Buchenwald ins bayerische KZ Flossenbürg durch Jena. 12 000 bis 15 000 Menschen starben auf diesen Todesmärschen, einige von ihnen brachen mitten in Jena zusammen. Am 11. April hissten antifaschistische Zeiss-Arbeiter weiße Bettlaken auf dem Dach des Zeiss-Hochhauses, Zwangsarbeiter taten Gleiches auf den Dächern ihrer Baracken in der Talstraße und in der Mühlenstraße. So übergaben sie, wie das von Kommunisten, Sozialisten und politisch organisierten Zwangsarbeitern heimlich vorbereitet worden war, die Stadt kampflos und ohne weitere Opfer. Am 12. April 1945 marschierte die US-Army in Jena ein. Der Zweite Weltkrieg, dem durch deutsche Schuld 60 Millionen Menschen zum Opfer gefallen waren, war – jedenfalls in Europa – vorbei.

Die 24-jährige Historikerin Dr. Renate Riemeck wurde aufgrund ihrer Jugend und vielleicht weil sie eine Frau war, als »unbelastet« eingestuft und damit beauftragt, die Personalakten der Professoren der Philosophischen Fakultät auf deren Beziehung zum NS-Regime zu durchforschen, also die Akten der Lehrer und Kollegen, die sie ausgebildet und gefördert hatten. Ihr war diese Aufgabe unangenehm: »Die Amerikaner, die ich als ›Befreier‹ empfunden hatte, schienen mir nun nicht anders als die Nationalsozialisten zu sein, wenn sie jetzt von mir verlangten, dass ich etwas tun sollte, was ich in der NS-Zeit tief verachtet hatte, nämlich andere Menschen zu denunzieren.« Sie hatte offensichtlich große Angst, mit ihrer eigenen Personalakte konfrontiert zu werden.

Am 9. Juni 1945 musste sie einen Fragebogen der alliierten Militärregierung ausfüllen, »unrichtige oder unvollständige Angaben werden«, stand da drohend, »gerichtlich verfolgt«. Auf die Frage: »Waren Sie jemals ein Mitglied der NSDAP?«, log Riemeck: »Nein.« Sie gab nur zu, ein Jahr – genaue Daten nannte sie nicht – Mitglied der ANSt gewesen zu sein und viereinhalb Jahre im BDM als Jungmädelschaftsführerin. Bald zog sich die US Army aufgrund alliierter Übereinkünfte aus Thüringen zurück. Das Land gehörte künftig zur sowjetischen Besatzungszone.

Die Abreise von Ingeborg Meinhof und Renate Riemeck glich einer Flucht. Ein Zufall hatte ihnen eine Alternative in der Westzone beschert. Der neue Landrat des bayerischen Landkreises Bayreuth, von den Alliierten aus einem Lager befreit, suchte in Jena nach zwei Freunden und erfuhr, dass beide tot waren. Auf der Straße begegnete er zufällig Ingeborg Meinhof. Sie kamen ins Gespräch. Ihr bot er an, was er für seine Freunde vorbereitet hatte: eine große Wohnung im oberfränkischen Berneck und Arbeitsplätze als Lehrerinnen für sie und Renate Riemeck. Am 30. Juni 1945 verließen Renate Riemeck, Ingeborg, Wienke und die zehnjährige Ulrike Meinhof Jena. Drei Tage später traf dort die Rote Armee ein.

Zwischenzeit
Berneck, 1945

Sie erreichten die bayerische Kleinstadt Berneck noch am selben Abend. Seit Monaten zogen Flüchtlingstrecks durch das oberfränkische Städtchen am westlichen Rand des Fichtelgebirges. Kraft- und Pferdewagen, Traktoren und Handkarren füllten die Landstraße, die sich zwischen den steilen, dicht bewaldeten Berghängen in die Altstadt windet. Flüchtlinge meldeten sich im Rathaus zur Unterbringung in Notunterkünften. Die drei Meinhofs und Renate Riemeck waren samt ihrem Hab und Gut in einem Lkw auf der Autobahn, insgesamt nur etwa 130 Kilometer, aus der sowjetisch besetzten in die amerikanisch besetzte Zone gefahren worden. Der Landrat hatte ihnen, wie versprochen, eine schöne große Wohnung am Südhang der Stadt in der Eisenleite 51 (heute Nummer 16) freigehalten. Sie bekamen eine Etage. In den anderen wohnten Angehörige der US-Army, der sich die Stadt am 15. April 1945 kampflos ergeben hatte. Die »außerordentlich wichtige Aufgabe« (Renate Riemeck) in der Bernecker Schule, für die die beiden Frauen Jena so überstürzt verlassen hatten, sollte erst fast drei Monate später beginnen. Bis Anfang Oktober 1945 war schulfrei, denn auch die Schulgebäude waren mit Flüchtlingen belegt.

Sie richteten sich in ihrer neuen Wohnung ein und reisten anschließend mit den beiden Kindern zurück in den Osten, nach Jena, Halle und Berlin. Ulrike Meinhofs Mutter sorgte sich um ihre Eltern, von denen sie seit Februar nichts mehr gehört hatte. Ihr Vater war seit Langem der Überzeugung, dass Deutschland den Krieg nicht gewinnen werde und vor allem nicht gewinnen dürfe. Sie fand ihn in seiner alten Wohnung in Berlin-Reinickendorf. Er war allein. Er hatte ihre kranke Mutter im Februar 1945 zurückgelassen, um Medikamente einzukaufen. Dabei war er zum Volkssturm eingezogen und dann von den Alliierten gefangen genommen worden. Als er 14 Tage später nach Hause kam, war Martha Guthardt tot. Das traf Ulrike sehr. Ihre Großmutter war die Erste, die ihr Märchen erzählt hatte. Von ihr hatte sie Stricken gelernt. Es war das erste Mal, dass sie fühlte, wie grausam und endgültig es ist, wenn jemand stirbt. Als ihr Vater starb, war sie noch zu klein gewesen.

Es war für die Alliierten nicht einfach, zwischen den Millionen kleiner und großer Nazis diejenigen herauszufinden, die in der neuen Zeit geeignet waren, in Deutschland Kinder und Jugendliche zu unterrichten. So misstrauten sie anfangs auch Johannes Guthardt, weil er 1940 wieder als Lehrer hatte arbeiten dürfen. Er unterrichtete zunächst nur als Lehrer an der 12. Volksschule in Berlin-Wittenau, während seine Vergangenheit überprüft wurde. Die Alliierten – Reinickendorf lag im französischen Sektor – befragten Leumundszeugen. Johanna Meyer und andere bezeugten Guthardts sozialistische Gesinnung und seine Teilnahme am antifaschistischen Widerstand durch die Mitarbeit als Kurier für die »Europa-Union«. Schon bald wurde er von allen zuständigen Ämtern, auch vom Magistrat der Stadt Berlin, für eine höhere Position vorgeschlagen. Am 22. August 1946 ernannte die Section Éducation der französischen Militärregierung Johannes Guthardt zum Schulleiter der Gabriele-von-Bülow-Schule in Berlin-Tegel.

Ein paar Tage verbrachten die vier auch in Jena. Sie fanden fast alles so vor, wie sie es zurückgelassen hatten. Ingeborg Meinhof verkaufte, was sie nicht mehr brauchte. Die vier besuchten auch die Großeltern in Halle. Johannes Meinhof war inzwischen 86 Jahre alt, seine zweite Frau Dora 61. Wie stolz war er einst darauf gewesen, dass so viele Meinhof-Männer bereit waren, »für das Vaterland« in den Ersten Weltkrieg zu ziehen und auch in den Zweiten. Seine beiden Söhne aus zweiter Ehe waren gefallen. Dr. Walter Meinhof war seit Stalingrad in sowjetischer Kriegsgefangenschaft. Oberstfeldarzt Dr. med. Heinrich Meinhof begriff die neue Zeit nicht. US-Offiziere hatten ihm noch im Juni 1945 den Hitlergruß verbieten müssen und ihm befohlen, »Führerbilder« und andere Nazisymbole von den Wänden zu nehmen. Im Dezember 1947, auch Sachsen-Anhalt gehörte inzwischen zur sowjetisch besetzten Zone, wurde er vor der Großen Strafkammer in Halle wegen Kriegsverbrechen (unter anderem der Misshandlung von serbischen Kriegsgefangenen) angeklagt. Strafmildernd bewertete das Gericht, dass er sich inzwischen »im Seucheneinsatz« bewährt hatte. Im September 1948 wurde er zu einer Geldbuße von 20 000 D-Mark verurteilt und musste zwei Jahre lang »an gefährdeter Stelle« Dienst tun. Heinrich Meinhof wurde in der 1949 gegründeten DDR ein angesehener Arzt. Die Presse feierte ihn an seinen Jubiläen. Nach seinem Tod 1978 stand im Nachruf der Familie Meinhof: »Sein Leben war erfüllt von liebevoller Fürsorge für uns und seine Mitmenschen.«

Die Volksschule in Berneck war auf zwei Gebäude verteilt. Vier Klassenzimmer lagen in der Bahnhofstraße 77, hier ging Ulrike in die 5. Klasse – die Klassenlehrerin war ihre Mutter. Sechs Unterrichtsräume lagen in der Bahnhofstraße 93, dort lernte ihre Schwester – ihre Klassenlehrerin war Renate Riemeck. Beide Frauen unterrichteten in allen Klassen alle Fächer, außer Sport. Sie hatten das Zeugnis für das höhere Lehramt in der Tasche, aber »von Volksschularbeit hatten wir keine Ahnung«. »Den Amerikanern war das gleichgültig, sie suchten nach ›unbelasteten‹ Lehrern, von denen es nur sehr wenige gab. Wir gehörten zu ihnen.«[10] Ihr gesellschaftlicher Bezugspunkt war die evangelische Kirche. Ingeborg Meinhof nahm Kontakt zum Pfarrer auf, der beide Frauen in seinen Lesekreis einlud. Zu diesem gehörte das Ehepaar Lilli und Adalbert Bischoff, die im Bärnreuther Weg das Kneipp-Sanatorium »Quelle« eröffnet hatten, sowie dessen Töchter Ilolde (25) und Gertrud (23). Gemeinsam lasen sie romantische Gedichte und andere literarische Texte.

Weihnachten rückte näher. Renate Riemeck dichtete ein Krippenspiel und übte es mit ihrer und Ingeborgs Klasse ein. Wienke spielte den Joseph, Ulrike einen Hütejungen, der furchtbar fror. Sie konnte sich nicht vorstellen, dass irgendetwas mehr Spaß macht, als einen frierenden Hirten zu spielen. An Silvester durfte Ulrike zum ersten Mal bis Mitternacht aufbleiben. Sie lehnte sich weit aus dem Fenster und sog alles in sich auf: die Kirchenglocken, den klaren Sternenhimmel mit dem leuchtenden Mond, das

Feuerwerk der US-Angehörigen und deren fröhliches Geschrei. Sie hoffte, dass das neue Jahr keine »neuen Schrecken« brachte.

Ingeborg Meinhof und Renate Riemeck fühlten sich als Volksschullehrerinnen unterfordert, die Zeit schien ihnen davonzurennen. Professor Ottmar Kerber half und vermittelte den Kontakt zum Alster Verlag Curt Brauns in Wedel bei Hamburg. Kerber, bei dem Ulrike Meinhofs Mutter in Jena promoviert hatte, war im Dezember 1945 aufgrund seiner Mitgliedschaft in der NSDAP aus den Diensten der Friedrich-Schiller-Universität entlassen worden und lebte jetzt im hessischen Hanau. Renate Riemecks Biografie *Adrian Ludwig Richter. Künstler und Mensch* erschien 1947 im Alster Verlag. Finanziell ging es den beiden so gut, dass Ingeborg Meinhof den »Neid der Götter« fürchtete.

Renate Riemeck legte sich die Großfamilie Meinhof mit all ihren einflussreichen Mitgliedern wie einen warmen Mantel um die Schultern. Die alten evangelischen Beziehungsgeflechte waren nie zerrissen. Ende Januar 1946 reiste Ingeborg Meinhof für drei Wochen nach Schleswig, Bremen, Oldenburg, Kassel, Frankfurt. Sie nutzte alle Beziehungen und kam mit einer Handvoll Angebote zurück. Aber überall wurde das fehlende Referendariat verlangt, weder die Hilfslehrerpraxis noch die Volksschulmonate wurden angerechnet. Die besten Bedingungen bot Oldenburg.

Dort half Edo Osterloh, Schwiegersohn von Mathilde »Tilla« Hübner, einer Schwester von Werner Meinhof. Osterloh war 36 Jahre alt, Pfarrer der evangelisch-lutherischen Kirche in Oldenburg und soeben in den Oberkirchenrat gewählt worden. Der ehemalige Artillerieoffizier im Generalstab der Heeresgruppe Mitte (NSDAP-Mitgliedsnummer 318 72 51) hatte exzellente Beziehungen in die Hierarchie der evangelischen Kirche. Durch seine Vermittlung erhielten die beiden Frauen eine Zuzugsgenehmigung und vermutlich auch die Anstellung an einer höheren Schule. Renate und Otto Borchers suchten schon nach einer Wohnung.

Ulrike lernte Geige spielen. Die Lehrerin gab ihr den Unterricht umsonst, um das Kind zu fördern und weil es ihr Freude machte. Ulrike genoss das Landleben und die umliegenden Wälder. Nach nur neun Monaten in Berneck, Ende März 1946, brachen alle vier, wieder in einem vollbepackten Lkw, nach Oldenburg auf.

Wenn sie weiß, dass sie nichts weiß,
dann weiß sie genug.

Nachkriegsjahre
Oldenburg, 1946–1949

Ulrike Meinhof war elf Jahre alt, als sie nach Oldenburg zurückkam. Für das wissbegierige Mädchen war alles ein Abenteuer.
Keinen Fliegeralarm mehr, dafür Ausflüge an die Nordsee. Keine
zerbombten Häuser, dafür den »Kramermarkt«, wo es für Le-
bensmittelmarken heiße Würstchen und Fischbrote gab. Und
bald eine richtige Schule.

45 000 Flüchtlinge hatten die Einwohnerzahl auf 125 000 an-
schwellen lassen; die britische Militärregierung hatte im Januar
1946 eine Zuzugssperre verhängt, die aber nicht für Ingeborg
Meinhof und Renate Riemeck galt, denn diese gehörten zu den
politisch »unbelasteten« Lehrern, die die Briten suchten. 1945
waren die Schulen geschlossen und alle Lehrer entlassen worden,
die vor dem 1. Mai 1933 Mitglied der NSDAP geworden waren.
Als jetzt die Schulen wieder geöffnet wurden, waren die meisten
Lehrer ehemalige Mitglieder von NS-Organisationen; es gab
kaum andere.

Viele Vertriebene aus dem Osten lebten in den Baracken der
Zwangsarbeiter, nicht wenige profitierten davon, dass hier keiner
ihre Vergangenheit kannte. Auch die Einheimischen konnten ihr
Glück kaum fassen, als zuerst die britischen Kontrolleure, dann
die deutschen Entnazifizierungsausschüsse kaum noch Nazis in
Oldenburg aufspürten. Es gab keine Juden mehr, aber viele Wohnungen schmückten »Holland-Möbel« und anderer jüdischer
Besitz, den die Gauleitung Weser/Ems in Tausenden von Eisen-
bahnwaggons aus den besetzten Nachbarstaaten herbeigeschafft
und billig an die »Volksgenossen« verkauft hatte. Das Bürgertum
besaß nach wie vor seine Betriebe, Häuser und Gärten. Auch die
sozialen Beziehungen funktionierten. Äußerlich war Oldenburg

kaum zerstört, die Synagoge fehlte, aber ihr Schutt war ordnungsgemäß beseitigt worden.

Am 1. Mai 1946 bezogen die vier ihre neue Wohnung in der Ackerstraße 4, einer schmalen, kopfsteingepflasterten Straße, in deren Mitte eine Fahrradspur aus Ziegelsteinen verlief, auf der Ulrike bald zur Schule radelte. Das Haus gehörte drei älteren unverheirateten Schwestern. Und dann wohnte da noch eine Flüchtlingsfamilie. Kinder aus der Ackerstraße erzählten, dass eine der Schwestern, die Lehrerin und Pg. war, von den Briten vier Wochen eingesperrt worden sei. Man habe ihr Bilder gezeigt und sie habe dann zu Hause gerufen: »Das haben wir ja alles nicht gewusst!«

Die drei Meinhofs und Renate Riemeck bezogen im ersten Obergeschoss viereinhalb Zimmer. Die beiden Frauen teilten sich ein Schlaf- sowie ein Arbeitszimmer. Den dritten Raum bewohnte ein Hausmädchen. Der vierte war das Zimmer der Mädchen, wurde aber außerdem als Wohn- und Esszimmer genutzt. Sie wuschen sich in der Küche, das Klo lag im Treppenhaus. Über die neuen Mitbewohnerinnen wurde heftig getratscht. Wer waren sie, dass die Behörden ihnen so viel Platz zugewiesen hatten? Üblicherweise lebten Neuankömmlinge doch auf allerengstem Raum.

Ingeborg Meinhof und Renate Riemeck wurden Referendarinnen am Studienseminar und unterrichteten an der Cäcilienschule, einem staatlichen Mädchengymnasium. Dort wurde zwar Wienke als Schülerin aufgenommen, aber die fünfte Klasse war überfüllt und so musste Ulrike in das einzige andere Mädchengymnasium ausweichen, in die private katholische Liebfrauenschule in der Auguststraße.

Am ersten Schultag stand sie vor drei Nonnen, dem kompletten Lehrerkollegium: Schwester Maria Cordula, Schwester Maria Leopolde und Schwester Maria Ambrosine. Deren rabenschwarze Tracht gab bloß einen Ausschnitt des Gesichts mit Augen, Nase und Mund frei; nur der kleine Kragen war weiß sowie eine steife Stoffkante, die wie ein auf den Kopf gestelltes Hufeisen die Gesichter umschloss. Als die Nazis die Schule 1938 schlossen, machten die Nonnen daraus ein Damenstift. Jeder Schulraum wurde in drei Kammern aufgeteilt, in jeder wohnte eine alte Frau mit lebenslangem Wohnrecht. Erst wenn eine Stiftsdame starb, wurde wieder ein Drittel eines Schulraums frei. Die Liebfrauenschule hatte aus diesem Grund 1946 bloß ein Klassenzimmer und nur eine einzige Klasse, die mit 26 Mädchen überfüllte fünfte.

Ulrike ging gern zur Liebfrauenschule, ihre Mutter sah das mit Skepsis, weil ihr die Erziehung eindeutig zu katholisch war. Das Mädchen musste auch am katholischen Religionsunterricht und am katholischen Schulgottesdienst teilnehmen und glaubte ihren Großvater Meinhof damit beruhigen zu können, dass es in der evangelischen Kirche doch viel schöner sei.

Ihre Klassenlehrerin war die 40-jährige Schulleiterin Schwester Maria Ambrosine. Die Nonne war konservativ, energisch und warmherzig. Sie unterrichtete Ulrike drei Jahre lang in Deutsch und Mathematik, sie liebte das Mädchen und förderte es. Die Zuneigung war beidseitig, rund 30 Jahre später wird Ulrike Meinhof aus Stammheim an Ambrosine schreiben, dass sie ihr die liebste Lehrerin ihrer Schulzeit gewesen sei.

Sie war eine auffallend gute Schülerin. Ihre Mitschülerinnen fanden sie »fair und gerecht«, denn sie verteidigte andere, widersprach Lehrerinnen und verschaffte sich Respekt. Hinter ihr saß das Flüchtlingsmädchen Josefa Ansmann, die überzeugt war: »Ulrike brauchte keine Stütze. Sie kam aus einem ganz anderen Hause als ich, war sehr selbstbewusst und sicher in ihrem Auftreten.«

Ingeborg Meinhof zahlte für ihre Tochter monatlich 60 Mark Schulgeld, was etwa der Miete für eine kleine Wohnung entsprach. Von Montag bis Samstag wurde von 8 Uhr bis 13 oder 14 Uhr unterrichtet. Am Ende jeder großen Pause postierte sich eine Nonne mit einer Glocke auf dem kleinen Schulhof, die Mädchen stellten sich in Zweierreihen auf. Ein zweites Bimmeln forderte »Ruhe« und die Schülerinnen wurden in ihr Klassenzimmer zurückgeführt. Es gab nur die Fächer Deutsch, Erdkunde, Englisch, Sport, Musik, Zeichnen und »Nadelarbeiten«; kein Französisch, weder Latein noch Physik oder Chemie. An der Cäcilienschule wurden in manchen Fächern Schulbücher mit geschwärzten und überklebten Stellen benutzt. Den Geschichtsunterricht hatten die Alliierten verboten, bis es neue Schulbücher gab. Die

Klasse machte Ausflüge nach Dangast an der Nordsee und zum Farnhüttenbauen in den Bloher Wald, wo noch 15 Monate zuvor ein Transparent »Hunden und Juden« den Zutritt verwehrt hatte.

Schwester Maria Ambrosine schrieb am Ende des ersten Halbjahrs in Ulrikes Zeugnis: »Führung: gut«, sie ist »ordentlicher« geworden, »Beteiligung am Unterricht: sehr gut«. Das Mädchen habe als einzige Schülerin ein »feines Verständnis für Deutsch«. Bei Aufsätzen zeige Ulrike viel Fantasie, aber manchmal verkompliziere sie ein Thema. Sie sei zwar »allseitig interessiert«, aber sie »muss straffer im Denken« werden, »nicht so sprunghaft, sondern konzentrierter«.

Ein Nachbarsjunge fand die neue Hausbewohnerin langweilig, weil sie, statt mit ihm draußen herumzutoben, lieber auf dem Fensterbrett im ersten Stock hockte und stundenlang las oder in die Wolken guckte. Außerdem rannte sie dauernd in die Kirche. Sonntags sammelte sie die kleineren Kinder aus der Ackerstraße ein und brachte sie zum evangelischen Kindergottesdienst in die Auferstehungskirche. Die Kirchengemeinde unterstand Bischof Wilhelm Stählin, Vorsitzender des Oberkirchenrats, dem auch Edo Osterloh angehörte. Stählin hatte mit den faschistischen Deutschen Christen zusammengearbeitet und zeitweilig dem rechten »bischöflichen« Flügel der im Umfang ihres Antifaschismus heute überschätzten Bekennenden Kirche angehört. 1944 war er mit der Duldung der NSDAP zum neuen Bischofskandidaten der evangelisch-lutherischen Kirche auserkoren worden. Nach dem Gottesdienst erklärte Ulrike den Kindern die Predigt, sprach über christliche Werte und verteidigte den Pfarrer, der einen starken Sprachfehler hatte, gegen deren Spott. Sie nahm auch an Arbeitskreisen der Auferstehungskirche teil und blieb Stählins »Berneuchener Kreis« bis in ihre Studienzeit verbunden.

Oldenburg gehörte zum neuen Bundesland Niedersachsen. Hier hatte sich wieder die nationalkonservative Ideologie der Weimarer Zeit oldenburgischer Prägung breitgemacht. Die britische Besatzungsmacht war nicht nur mit den vielfältigen Verwaltungsaufgaben überfordert, sondern sie scheiterte auch an der Durchsetzung einer umfassenden Demokratisierung.

Im Winter 1946/47 wurden Lebensmittel knapp. Viele Menschen waren unterernährt. Die Tuberkulose breitete sich aus. Sogar in Krankenhäusern herrschte Wassermangel. Ulrike Meinhofs Mutter legte die Lebensversicherung ihres Mannes »in Fett«, Kartoffeln, Steckrüben und Möhren an. Alle vier waren sehr schlank. Oft wurde die Selbstbeherrschung der Schülerinnen auf eine harte Probe gestellt. In einem Nebengebäude kochte man jeden Vormittag für die Stiftsdamen und der Geruch von Essen zog – wie der Dampf der hauseigenen Wäscherei – über den Schulhof ins Klassenzimmer. Die Mädchen warteten mit knurrendem Magen auf die mittägliche Schulspeisung der Militärregierung. In der Zeughauskaserne gab es meistens Suppe: Mais- oder Erbsen-, Kakao- oder Kekssuppe und Reissuppe mit Fleisch. Selten Schokolade. Das Geld kam von Hilfsorganisationen aus den USA, Großbritannien und Dänemark.

Renate Riemeck schrieb und edierte ein Schul- und Lesebuch und einen pädagogischen oder historischen Beitrag nach dem anderen. Sie leitete – auf Wunsch der Militärregierung – eine Arbeitsgemeinschaft, die das künftige Programm des Theaters entwickeln sollte, und beteiligte sich auch sonst an der Oldenburger Kulturpolitik; sie lehrte an der Volkshochschule und hielt bald auch in anderen Städten und auf Konferenzen Vorträge. Nach einem ihrer gut besuchten Vorträge – »Romantische Landschaftsmalerei von Runge bis Richter« – fand Ingeborg Meinhof stolz, dass sie gewissermaßen auf Werners Schultern stehe. Emigrierte Schriftsteller wie Thomas Mann, Bertolt Brecht oder Anna Seghers interessierten Riemeck nicht. Auch die Maler, mit deren Bildern sie ihre Texte illustrieren ließ, hätte Werner Meinhof aussuchen können: Runge, Schwind, Richter, Thoma, Friedrich, Riemenschneider.
Renate Riemeck hatte eine höchst widersprüchliche Wirkung. Ungewöhnlich und für junge Mädchen attraktiv war, wie selbst bewusst und unkonventionell sie auftrat. Sie konnte einem Mädchen das Gefühl geben, dass sie ihm allein ihre ganze Aufmerksamkeit schenkte, und stellte vieles auf die Beine, was ihren Schülerinnen Spaß machte. Ihre guten Kontakte zu den Education Officers halfen ihr, Militär-Lkws für Klassenausflüge an die Nordsee zu organisieren. Neid und Spießertum boten den Boden

für einen »Skandal« in der Cäcilienschule, kurz bevor Renate Riemeck 1948 an die Pädagogische Akademie wechselte: Man erwischte die junge Lehrerin, als sie ihre Schülerinnen duzte.

Hätte sie den neuen Entnazifizierungsfragebogen am 28. April 1947 wahrheitsgemäß ausgefüllt, wäre möglicherweise ihre vorteilhafte Verbindung zu den Briten getrübt worden. Sie wiederholte, niemals Mitglied der NSDAP gewesen zu sein. Diesmal aber leugnete sie auch, was sie noch 1945 in Jena eingestanden hatte: ihre Mitgliedschaft in der Arbeitsgemeinschaft Nationalsozialistischer Studentinnen (ANSt). Dabei hatte die 27-Jährige nichts zu befürchten, denn sie fiel unter die »Jugendamnestie«, mit der auch aktive NSDAP-Mitglieder pauschal begnadigt wurden, sofern sie – wie Renate Riemeck – nach dem 1. Januar 1919 geboren worden waren. Sie behauptete Jahre später, sie habe sich vor 1945 gegenüber NS-Opfern, vor allem Juden, »heldenhaft« verhalten. Kein einziger der von ihr aufgeführten Fälle hält der Überprüfung stand.

Die Selbstauskünfte in den Fragebogen mussten nicht belegt werden. Alle begriffen schnell, dass die Angaben fast nie kontrolliert wurden. In den Entnazifizierungsausschüssen saßen sich oft Leute gegenüber, die viel voneinander wussten. Wollte man nicht wieder miteinander Geschäfte machen? War man nicht auch irgendwie nur ein Opfer? Gab es nicht den viel wichtigeren Kampf gegen den Kommunismus?

Renate Riemeck und Ingeborg Meinhof wurden in dieser Zeit Mitglieder der SPD. Während Renate Riemeck an der Pädagogischen Akademie Karriere machte, hoffte Ulrike Meinhofs Mutter auf die von der evangelischen Kirche geplante Gründung einer Konfessionsschule und versuchte bis dahin an der Cäcilienschule zu beweisen, dass man mit Freundlichkeit besser erziehen kann als mit Strafe und Drohen. Sie bestand die Prüfung für das höhere Lehramt und füllte ihren Entnazifizierungsfragebogen wahrheitsgemäß aus, sie war schließlich kein NSDAP-Mitglied gewesen. Aber sie machte falsche Angaben über ihre Einkünfte vor 1945: Sie verschwieg fast alle Renten, Zuschüsse und Beihilfen, die sie bezogen hatte, und behauptete, sie habe sich und ihre Kinder fast ausschließlich von Zuwendungen ihrer Eltern und Schwiegereltern ernährt. Im Mai 1947 übernahm die Stadt Oldenburg die 38-jährige Studienassessorin Ingeborg Meinhof ins Angestelltenverhältnis.

Ulrike Meinhof schwänzte oft die Schule. Mitschülerinnen verrieten Schwester Ambrosine, dass sie Brennmaterial und Lebensmittel in die Flüchtlingsbaracken schleppte, wo vor 1945 die Zwangsarbeiter eingesperrt gewesen waren. Die Lehrerin schnappte sich die Schulschwänzerin. »Was ich tue«, verteidigte sich Ulrike, »ist wichtiger als Schule!« – »Selbstverständlich muss man bei großer Not helfen, aber an erster Stelle steht deine Pflicht, zur Schule zu gehen!«, entgegnete ihr Ambrosine. Das Mädchen widersprach. Ambrosine schimpfte: »Ulrike, du landest mal entweder im Kloster oder in der Gosse!«

Die Zwölfjährige unterlief gern Regeln, die ihr nicht einleuchteten. Manchmal vergnügten sich die Nonne und ihre Lieblingsschülerin vor der Klasse mit Wortgefechten. Einmal zitierte Ambrosine: »Ich weiß, dass ich nichts weiß«, und beobachtete, wie Ulrike wieder ihre »großen braunen Augen« bekam und schließlich entgegnete: »Dann weiß ich genug.« Das Mädchen kam oft zu spät, weil sie die Nacht hindurch gelesen hatte, sie schlief manchmal im Unterricht ein oder sah träumend aus dem Fenster. Ambrosine bestrafte sie nie. Denn wenn etwas passierte, was sie interessierte, war sie sofort hellwach und mischte sich ein.

Ulrike liebte die Oper. Wegen Stromknappheit wurde der erste Teil von *Figaros Hochzeit* bei Tageslicht gespielt, wegen Stromsperre wurde die Aufführung abgebrochen. Die Großeltern Meinhof schenkten ihr die Noten und die Enkelin jubelte.

Renate Riemeck freundete sich mit Franz Radziwill an. Auch Ingeborg Meinhof hielt Radziwill nach wie vor für einen »ganz Großen und Starken« und sie empfand ihn als »wahr«. Mit der Wahrheit war das so eine Sache. Radziwill veränderte im Nachhinein nicht nur seine Biografie, sondern auch die Bilder, die seine NS-Vergangenheit allzu offensichtlich hätten werden lassen. Er übermalte Werke, sodass sie eine entgegengesetzte Aussage erhielten.

Die Cäcilienschule war seit Weihnachten 1946, weil es nicht genug Kohlen gab, geschlossen, aber die Liebfrauenschule wurde, der alten Stiftsdamen wegen, beheizt und es wurde weiter unterrichtet. Ostern 1947 kam Ulrike in die sechste Klasse. »Durch den Tod von Stiftsdamen ist ein weiterer Klassenraum frei geworden«, schrieb Schwester Ambrosine in die Schulchronik. Eine Lehrerin für Englisch, Französisch und Sport kam hinzu. Die war keine Nonne.

Im Frühling 1947 stellten Ärzte bei Ulrike Meinhofs Mutter Brustkrebs fest. Eine Brust wurde amputiert. Es war ein weit fortgeschrittenes Karzinom, Metastasen drohten. Ingeborg Meinhof erholte sich bei Edo Osterlohs Familie. Sie war gerührt, als ihre Schülerinnen ihr nicht nur Geschenke brachten, sondern für sie Torfstechen gingen, um ihren Winteranteil zu erarbeiten.

Manchmal verbrachte Ulrike in jener Zeit ihre Ferien bei einer befreundeten Familie mit vier Kindern auf dem Land. Sie tobten über die Felder, kletterten auf Bäume, stopften sich die Bäuche mit Obst voll, bauten sich ein Baumhaus, bewarfen sich mit Matsch aus dem Bach, wenn sie nicht gerade erfolglos versuchten, Fische zu fangen. Wenn Ulrike keine Lust zum Stromern hatte, las sie Erich Kästners *Pünktchen und Anton*, Kapitän Scotts *Letzte Fahrt* und das Kinderbuch des national-konservativen Autors Karl Tanera von 1910 *Vom Nordkap zur Sahara*.

Ab Ostern 1948 besuchten 90 Schülerinnen die drei Klassen der Liebfrauenschule. Ulrike Meinhof führte sich »sehr gut«, schrieb Schwester Ambrosine in ihr Zeugnis, aber sie »träumt« zu viel. Wohl nicht ausschließlich, denn sie organisierte und leitete eine Versammlung der Schülerinnen. Die evangelische Ulrike Meinhof wurde die erste Schulsprecherin der katholischen Schule.

Pastor Heinrich Albertz war Landtagsabgeordneter der SPD, ein »Genosse«, sagte Ingeborg Meinhof, und ein entfernter Meinhof'scher Verwandter. Anfang Februar 1948 kam er zu einer Versammlung für Flüchtlingsfragen nach Oldenburg. Ingeborg Meinhof ging hin, um ihn kennenzulernen. Sie bot ihm an, in der Ackerstraße zu übernachten. Er berichtete von den Anfeindungen als SPD-Pastor. Sie waren sich einig, dass die SPD viel zu bürgerlich und viel zu wenig radikal sei und dass die KPD, wenn sie nicht so marxistisch wäre, viel sympathischer sei.

Nach wie vor war der Bedarf an neuen Schulbüchern riesig. Renate Riemeck gab im Gerhard Stalling Verlag Oldenburg, der sich zeitweilig Oldenburger Verlagsanstalt nannte, die Zeitschrift

Die Laterne heraus, mit der sie geschichtliche »Arbeitsmittel für Volks-, Mittel- und Oberschulen« sehr konservativ-christlichen Inhalts verbreitete. Ingeborg Meinhof unterstützte sie tatkräftig. In den Jahren 1946 bis 1949 erschienen unter anderem die Hefte *Die alte Stadt, Die Hanse* oder *Das bürgerliche Mittelalter*. In der *Laterne*-Serie »Freunde und Helfer der Menschheit« erzählten sie Geschichte als – verkitschte – Geschichte heldenhafter Männer.

Ulrike Meinhof war 14 Jahre alt, als die oldenburgische Regierung im Februar 1949 das erfolgreiche Ende der Entnazifizierung verkündete. Tatsächlich war die Entnazifizierung gescheitert und zur Entlastungsmaschinerie verkommen. »Unter Aufsicht und Duldung der britischen Militärbehörden« ging »eine groß angelegte Rehabilitierung vonstatten, die im Endeffekt alle überprüften Einwohner Oldenburgs als politisch entlastet gelten ließ [...] Der Wunsch der Gegner und Opfer des Nationalsozialismus nach historischer Gerechtigkeit und Bestrafung der Täter, Unterstützer und Dulder des NS-Terrors wurde in der Stadt Oldenburg nicht erfüllt«.[11]

Ingeborg Meinhof war im Januar 1949 stolz, dass es an Renate Riemecks Seite immer die Möglichkeit zu »Sondereinnahmen« gab. Außerdem werde Renate demnächst »Geld scheffeln«, wenn das Lesebuch für Niedersachsen für die Volksschulen bei Westermann erscheine. Sie habe überall Erfolg und setze sich überall durch. Einmal nannte eine Cäcilienschülerin eine Lehrerin sehr gebildet, da antwortete Wienke Meinhof: »Komm mal zu uns, da begreifst du erst, was Bildung ist!«

Der Winter 1948/49 war sehr kalt. Ingeborg Meinhof hatte sich von ihrer Krebskrankheit nie ganz erholt. Kurz bevor sie starb, sah sie ihre jüngere Tochter als einen Menschen, der in dieser protestantisch-bildungsbürgerlichen Atmosphäre aufblühte, sich mit Anregungen geradezu vollsaugte und so jung schon in der Lage war, Spannungen auszugleichen und Streit aus dem Weg zu gehen. Sie glaubte, Ulrike werde einmal ein »erfülltes« Leben führen, denn sie besaß ungewöhnlich vielseitige Fähigkeiten und eine ausgeprägte Sensibilität. Dabei fand sie sie kein bisschen überheblich. Ulrike spielte leidenschaftlich gern

Geige. Niemand musste sie zum Üben oder überhaupt zum Lernen antreiben, man musste sie eher bremsen. In die Kirche ging das Mädchen von sich aus. Sie interessierte sich für Steine, Pflanzen und Vögel und stand dafür früh um vier Uhr auf. Ulrike hatte, ohne altklug zu sein, ein besonderes Einfühlungsvermögen für Musik, Malerei und Lyrik. Sie war sprachbegabt und bemühte sich, in kritischen Situationen zur Harmonie beizutragen. Ein paar negative Eigenschaften meinte die Mutter auch zu sehen: Ulrike war oft unzuverlässig. Die Mutter stellte eine Tendenz zu absoluten Äußerungen fest, im Positiven wie im Negativen, und war besorgt, dass die Tochter sich übernehmen könnte.

Im Februar 1949 erkrankte Ingeborg Meinhof an einer Lungenentzündung, vielleicht war ihr schlechter Allgemeinzustand eine Folge der Krebskrankheit zwei Jahre zuvor. In der Nacht zum 1. März tobte ein Sturm, dessen Lärm Ingeborg Meinhof ängstigte. Renate Riemeck bettete ihre Lebensgefährtin ins ruhigere Wohnzimmer. Am Tag erlitt sie einen schweren Asthmaanfall, die Hausärztin kam, der Anfall klang ab. Ingeborg Meinhof trank ein bisschen Rotwein. Nachts kam der nächste Anfall. Als Wienke mit der Ärztin eintraf, der 2. März war angebrochen, war ihre Mutter tot. Sie weckte ihre Schwester. Die drei beteten und lasen Psalmen. Ulrike Meinhof würde Gewitter noch Jahre später fürchten.

Am 3. März 1949 erschien in der *Nordwest-Zeitung* eine Todesanzeige: »Gott der Herr hat nach einem tapferen Leben, für uns alle unerwartet, unsere gute Mutter und Tochter, meine treue, liebe Freundin zu sich gerufen. Joh. 3,16–18. Wienke und Ulrike Marie Meinhof, Johannes Guthardt, Renate Riemeck. Beerdigung: Sonnabend 5. 3. 1949, 10 Uhr, Auferstehungskirche. Von Beileidsbesuchen bitten wir abzusehen.« Ingeborg Meinhof wurde in der Kirche aufgebahrt. Schülerinnen der Cäcilienschule standen Spalier. Von nah und fern waren Meinhof'sche Verwandte angereist. Oberkirchenrat Edo Osterloh predigte. Am Grab ihrer Mutter stellten sich die 17-jährige Wienke und die 14-jährige Ulrike Meinhof rechts und links neben die 28-jährige Renate Riemeck. Ulrike sah Renate Riemeck an und sagte: »Jetzt haben wir nur noch dich«.[12]

Nach der Beerdigung zogen sich die Erwachsenen zurück, um über die Zukunft der beiden Jugendlichen zu beraten. Johannes

Guthardt, inzwischen 64 Jahre alt, wollte seine Enkelinnen nicht zu sich nehmen. Er hatte eine neue Ehefrau und einen Stiefsohn. Ingeborg Meinhof hatte weder die neue »gute, aber kleinbürgerliche« Frau noch die politische Einstellung ihres Vaters gemocht: SED-Mann in den West-Sektoren! Guthardt würde 50 Mark monatlich zum Unterhalt der Kinder beisteuern. Die Meinhofs waren erleichtert, dass Renate Riemeck die Pflegschaft für die beiden Vollwaisen übernahm, und lobten ihre starke Verbundenheit mit der Familie.

Als alle Gäste wieder abgereist waren, fand Ulrike ihre vertraute Umwelt fremd und leer. Häufig lief sie neben Renate Riemeck her, wenn diese Besorgungen machte, nur um nicht allein zu sein. Sie saß oft am Grab ihrer Mutter und beobachtete, wie Kränze und Blumen welkten. Sie hätte gern einen Grabhügel gehabt, aber das sei verboten, sagte Riemeck, und auch ein roter Grabstein war nicht zu beschaffen. Vorerst blühten nur Stiefmütterchen und Vergissmeinnicht, aber möglichst bald sollte das Grab »bunt und fröhlich« werden. Als ihre Mutter starb, sei für sie die ganze Welt gestorben, sagte Ulrike Meinhof später.

Sie irrte sich oft, aber nicht,
was den Menschen und seine Würde betrifft

Pflegetochter
Oldenburg, 1949–1952

Renate Riemeck schlug Ulrike vor, an Ostern 1949 statt in die achte gleich in die neunte Klasse zu springen, aber dafür hätte sie an die Cäcilienschule wechseln müssen, was sie nicht wollte, obwohl sie es schön gefunden hätte, mit älteren Mädchen zusammen zu sein, die nicht albern lachten, wenn es um Ernstes ging.

Seit 1948 lehrte Renate Riemeck an der Pädagogischen Hochschule Oldenburg. Die »Jugendamnestie« für die nach dem 1. Januar 1919 Geborenen hatte die Hochschulen gefüllt und den Bedarf an Hochschullehrern erhöht. Jetzt durften sich an den Universitäten auch Studenten einschreiben, die aktive Mitglieder der NSDAP und der SS gewesen waren. 75 Prozent der neuen Studenten rekrutierten sich aus ehemaligen Angehörigen von NS-Organisationen.[13] So begann die neue Zeit.

Nachts lag Ulrike wach. Sie empfand sich mit fast allen Menschen auf Kriegsfuß. Ihre Mitschülerinnen fand sie fast alle stinklangweilig. Renate Riemecks »Hausfreundinnen«, Studentinnen von der Pädagogischen Akademie, die die Pflegemutter sogar zu Hause umschwärmten, machten sie wütend. Das Einzige, woran sie jeden Tag Freude hatte, war ihre Geige. Sie begann vor Renate Riemeck Geheimnisse zu haben und suchte andere Vertraute wie ihre Kusine Heidi Leonhardt in Wuppertal. Sie bat sie darum, ihr zu helfen und sie zu korrigieren, wenn sie dummes Zeug redete oder Fehler machte, weil es ja sonst niemanden mehr gab, der das tat. Schwester Ambrosine hatte Mitleid mit ihr und fand, dass die Pflegemutter zu kühl mit dem Mädchen umging.

Fünf Monate nach Ingeborgs Tod beantragte Renate Riemeck beim Oberstadtdirektor von Oldenburg eine »unverzügliche Notstandsbeihilfe« und betonte, dass es für die öffentliche Fürsorge teurer würde, wenn die 14-jährige Ulrike in ein Waisenhaus müsse. Er empfahl ihr, eine einmalige Ausbildungsbeihilfe zu beantragen, und erkundigte sich nach dem Stand der Ausbildung und dem Berufsziel der Mädchen. Riemeck antwortete, dass beide die höhere Schule besuchten, dass aber Ulrike wegen »ihrer außergewöhnlichen Begabung« an einer Universität studieren solle.

Niemand konnte von einer jungen, alleinstehenden Frau verlangen, eine 14- und eine 17-Jährige zu versorgen. Warum übernahm Renate Riemeck diese Aufgabe? Vermutlich gab es mehrere Gründe: Ingeborg Meinhof war ihre beste Freundin gewesen, außerdem lebte sie seit neun Jahren mit den Mädchen zusammen. Riemeck behauptete später oft, dass sie wegen ihrer Pflegetöchter nicht geheiratet habe und ihnen ihre Karriere verdanke, weil sie sich habe anstrengen müssen, um sie aufzuziehen: »Manchmal denke ich, dass ich ohne die Kinder nie zu Bekanntheit und akademischen Würden gekommen wäre.«[14] Aber ihren außergewöhnlichen Ehrgeiz hatte sie schon nach Jena mitgebracht. Alle – vor allem die Meinhofs – bewunderten sie jetzt dafür, dass sie die Bürde, für zwei halbwüchsige Mädchen zu sorgen, auf sich nahm.

Im September 1949 gab es Zeugnisse. Das von Ulrike war wie immer gut. Mit 14 Jahren hatte sie zum ersten Mal Geschichtsunterricht, neu war auch das Fach Physik, nur fehlten hierfür die entsprechenden Unterrichtsmaterialien. Chemieunterricht gab es immer noch nicht.

Im Herbst 1949 gab es weitere einschneidende Veränderungen in Ulrikes Leben. Ende Oktober 1949 wurde Schwester Ambrosine von ihrem Orden nach Italien versetzt. Auch Wienke verließ Oldenburg, denn sie durfte kein Abitur machen und nicht studieren, weil die Cäcilienschule der Vollwaisen trotz guter Leistungen nicht die völlige Befreiung vom Schulgeld gewährte und weder Großvater Guthardt noch Renate Riemeck für den verbleibenden Rest aufkommen wollten. Sie fand außerhalb von Oldenburg ein Haushaltspraktikum, was die Voraussetzung für eine Lehrstelle als Kinderkrankenschwester war.

Ulrike stapfte traurig über den Kramermarkt. Sie war noch nie ohne ihre Mutter auf dem Rummel gewesen. Sie kam sich verloren vor. Die 15-Jährige flüchtete sich in die Musik. Sie spielte im Schulorchester, mit dem sie ein Orgelkonzert von Händel einstudierte, das in der Auferstehungskirche aufgeführt wurde. Zu Hause übte sie das a-Moll-Konzert von Bach.

Von Renate Riemecks *Kleinem Geschichtsatlas*, Verkaufspreis 70 Pfennige, wurden binnen Kurzem über 80 000 Exemplare verkauft, die Nachfrage ließ nicht nach. Mit ihrer vierbändigen Reihe *Lesebuch für Niedersachsen* für den Westermann Verlag produzierte sie einen Bestseller und der Verlag schickte eines Tages einen Scheck über 10 000 D-Mark. Das entsprach etwa einem Zweijahresgehalt. Sie kaufte sich einen nagelneuen VW Käfer.

218 Schülerinnen gingen im Winter 1949 auf die Liebfrauenschule. Unter ihnen Ulrike, die die Haare nun kurz trug. Sie las unterm Tisch Kant und man gewährte ihr Narrenfreiheit. Die Nonnen nannten sie »unseren kleinen Philosophen«. Dann lud die britische Militärregierung Renate Riemeck zu einem vierwöchigen Besuch des Teachers Training Colleges in Shenstone/England ein. Riemeck brachte Ulrike zu Tante Tilla Hübner – einer Schwester von Werner Meinhof – nach Wuppertal-Heckinghausen in die Rübenstraße 44, wo auch ihre Tochter Heidi Leonhardt und ihre Enkelin Christiane lebten, und schulte sie in der Rudolf-Steiner-Schule in Wuppertal-Barmen ein, die sie von Anfang Dezember bis Januar 1950 besuchte. Als ihr Onkel, Pfarrer Johannes Hübner, Ärger mit seiner Kirchengemeinde bekam, weil seine Nichte in eine »ketzerische« Schule ging, holte Renate Riemeck sie zurück nach Oldenburg. Dann boten die Engländer Riemeck eine Gastdozentur für zwei Trimester an. So blieb Ulrike mit einem Hausmädchen einige Monate in Oldenburg allein, bis sie nachkommen durfte und bei Riemecks neuen Freunden, Robert Logan, dem County-Chief von Worcester, und seiner Frau Elizabeth in Kingshill einquartiert wurde. Riemeck wohnte im College und besuchte ihre Pflegetochter an den Wochenenden. Ulrike ging in England zur Schule und durfte bleiben, als Riemeck nach Deutschland zurückkehrte.

Sie war gern in England. Sie fand die Engländer viel unkomplizierter und nicht so spießig wie die Deutschen. Sie gingen, so schien es ihr, höflicher mit den Schwächen anderer um und ließen einander mehr Freiheit. In der Schule standen die Kinder im Mittelpunkt und nicht abstrakte Bildungsideale wie in der Liebfrauenschule. Die Schüler mussten kein Schulgeld bezahlen und auch die Fahrten mit Bus und Bahn waren kostenlos. Bis auf die Schuluniform gefiel ihr alles und selbst für die sprach, so fand Ulrike, Einiges.

Vermutlich erlebte Ulrike in England ihre ersten sexuellen Erfahrungen. Elizabeth Logan brachte Ulrike im Sommer zurück nach Deutschland und begleitete dann Renate Riemeck nach Florenz. Ulrike und Wienke Meinhof besuchten zum Ende des Sommers 1950 die Lenks, alte Freunde ihrer Eltern aus dem thüringischen Orlamünde, die jetzt in Fellbach bei Stuttgart lebten. Thomas Lenk, der als Kind seine Zinnsoldaten vor Ulrikes Temperament in Sicherheit gebracht hatte, war mittlerweile ein großer schlaksiger 17-Jähriger mit braunen Augen, der so gern las wie sie und Kunst nicht bloß liebte, sondern Künstler war. Ulrike Meinhof und Thomas Lenk verliebten sich heftig ineinander. Sie fand ihn klug, lustig und ausgeflippt. Es kam vor, dass er, zum Entsetzen aller Spießer, in Unterhosen um eine Litfaßsäule tanzte, während die Schwestern sich die Bäuche hielten vor Lachen. Mit ihm konnte sie über Kunst und Literatur, über Gott und die Welt reden. Nachdem sie zurück in Oldenburg war, schrieben sie sich Liebesbriefe und planten eine gemeinsame Zukunft.

Renate Riemeck, die ebenfalls aus dem Urlaub mit Elizabeth Logan zurückgekehrt war, passte diese junge Liebe überhaupt nicht. Ihr »hochbegabtes Ulrikchen« und ein Steinmetzlehrling ohne akademische Ambitionen? Sie verbot jeden Kontakt zu Thomas Lenk. Riemecks gute Beziehungen zu Hochschulen und Kulturministerien verschafften ihr immer häufiger Einladungen als Referentin zu Konferenzen auch außerhalb Oldenburgs. 1951 nahm sie das Angebot für einen Lehrstuhl für Geschichte an der Kant-Hochschule in Braunschweig an. Sie war 31 Jahre alt und, nach eigener Aussage, die jüngste deutsche Professorin. Ein Jahr lang lebte Ulrike allein, versorgt von einem Hausmädchen, gelegentlich von Regine Borchers. Riemecks Karriere verlief so rasant, dass sie nicht einmal die Zeit fand, jedes Wochenende nach Oldenburg zu kommen.

Die Kehrseite der Einsamkeit war relative Freiheit. Niemand

zwang die Jugendliche, mittags zu Hause zu sein, niemand fragte, wohin sie nachmittags ging, niemand schickte sie abends ins Bett. Sie hielt sich an Renate Riemecks Verbot, Thomas Lenk zu treffen, aber sie interessierte sich jetzt für Jungen, von denen sie keiner beeindruckte wie Thomas Lenk.

Aber da gab es ein Mädchen, Maria, hübsch, klug und warmherzig. Sie lief noch »extravaganter« durch die Stadt als Ulrike Meinhof, trug wie sie Hosen und bunte Jacken. Schüchtern sprach Ulrike Meinhof sie an. Bald waren sie fast täglich zusammen. Maria fand, dass Renate Riemeck ihre Freundin vernachlässigte. Aber Ulrike Meinhof wollte keine Kritik an ihrer Pflegemutter zulassen; sie schien in vielerlei Hinsicht von deren Urteil über die Maßen abhängig zu sein und war verzweifelt, wenn sie mal mit einer Schularbeit scheiterte, was selten passierte. Selbst wenn »sehr gut« unter einer Arbeit stand, hielt Renate Riemeck es für pädagogisch geschickt, ihre Pflegetochter nicht zu loben, sondern zählte auf, was Ulrike hätte besser machen können. Die beiden jungen Frauen erzählten sich alle ihre Geheimnisse, Sorgen und Hoffnungen – Maria war da und umgekehrt war es genauso.

Ulrike verliebte sich in Maria. Sie hätte alles getan, um mit Maria zusammenzukommen. Mit Herzklopfen betrat sie zum ersten Mal das Zimmer der Freundin. Sie war aufgeregt und kam sich vor wie ein über und über verdreckter Bauer, der das Schloss einer Prinzessin betritt. Sie sagte zu ihr: Ich liebe dich ganz und gar. Sie konnte nicht Versteck spielen. Maria stieß sie nicht zurück, aber Ulrike Meinhof wusste, dass diese sie nicht so liebte. Aber das war ihr egal. Sie fühlte sich von ihr verstanden. Sie schmolz in der Wärme, die Maria ihr schenkte. Sie nannte Maria ihren »Spaßvogel« und sich selbst »das Männlein«. Obwohl Ulrike Meinhof ein paar Monate älter war, fühlte sie sich ihr gegenüber wie ein Kindskopf. Maria war der zweite Mensch, in den sie sich Hals über Kopf verliebte, niemand wusste etwas von dieser Beziehung. Auch Renate Riemeck konnte sich nicht einmischen, weil sie nichts ahnte und weit weg in Braunschweig war. Sie habe sich mit ein paar Jungs eingelassen, bis sie Maria kennenlernte, sagte Ulrike später einmal.

Sie war endlich nicht mehr einsam. Drei Jahre nach dem Tod

der Mutter, zwei Jahre nach der erzwungenen Distanz zu Thomas Lenk hatte sie einen Menschen gefunden, mit dem sie alles teilen konnte. Sie zählte die Stunden ohne Maria, die der erste Mensch seit Langem war, der ihr mit Aufmerksamkeit, Wärme und Toleranz begegnete, der alles zu verstehen schien und nie Vorwürfe machte oder die Zuneigung an Bedingungen knüpfte. Ein überwältigendes Geschenk.

Mit ihrer noch unscharfen Oppositionshaltung, ihrer Abneigung gegenüber spießiger Moral, gegenüber der Verlogenheit ihrer Zeit waren sie, ohne sich dessen bewusst zu sein, Teil einer subkulturellen Strömung, die sich auf völlig unterschiedliche Weise ausdrückte: in Filmen wie *Die Halbstarken*; in Demonstrationen wie der am 11. Mai 1952 in Essen, auf der 30 000 hauptsächlich junge Leute sieben Jahre nach Kriegsende gegen die Wiederbewaffnung und gegen die drohende NATO-Mitgliedschaft demonstrierten. Bilder und Berichte von den Atombombenabwürfen auf Hiroshima und Nagasaki und der Angriff der USA auf Korea hatten sie aufgewühlt. Polizeibeamte schossen drei Demonstranten in den Rücken. Philipp Müller, ein junger Kommunist, starb. Viele, wenn nicht die meisten Polizeibeamten, die an diesem Tag auf die jüngeren Demonstranten einprügelten, waren Mitglieder von NS-Organisationen gewesen. Die Demonstranten, viele, wenn nicht die meisten bei Kriegsende erst acht bis 15 Jahre alt, bildeten die erste Nachkriegsgeneration, die aufmuckte, unter ihnen Menschen, die später Ulrike Meinhofs Freunde werden sollten.

Nach Ostern 1952 musste Ulrike die Liebfrauenschule verlassen, weil die nur bis zur mittleren Reife führte. Sie wechselte auf das Gymnasium Cäcilienschule, wo man sie mit Ressentiments empfing: Ihre Mutter hatte sich mit Nazilehrern angelegt. Ihre Pflegemutter war an die Pädagogische Akademie aufgestiegen, hatte zu gute Beziehungen zu den Alliierten und frech ihre Schülerinnen geduzt. Hinzu kam: Die jüngste Meinhof trat auf, wie ein Mädchen 1952 einfach nicht aufzutreten hatte. Sie trug Hosen, obwohl das unerwünscht war. Sie rauchte, wo doch klar zu sein schien, was das für Frauen waren, die auf der Straße rauchten. Sie lebte praktisch ohne Aufsicht und durfte lesen, was, und so lange aufbleiben, wie sie wollte. Sie stellte selbstbewusst Fragen vor allem nach der deutschen Vergangenheit. Sie störte. Ulrike Meinhof geriet in den Verdacht, »in Opposition« zu sein.

Eines Tages wurde der Mathematiklehrer der 11. Klasse krank und sie sollte am Unterricht der Parallelklasse teilnehmen. Sie betrat das andere Klassenzimmer und warf, wie üblich, ihre Schultasche lässig auf ihren Tisch. Als der Lehrer sie prompt anschrie, sah sie ihn erstaunt an und sagte dann leise und höflich, dass sich ein solches Verhalten gegenüber einer Oberstufenschülerin nicht gehöre. Maßlos provoziert, brüllte er weiter und Ulrike verließ den Raum. Sie war sich vollkommen sicher, dass sie im Recht war und sich nicht irrte, was den Menschen und seine Würde betraf.

Auch die anschließende Maßregelung durch die Direktorin ließ die Oberstufenschülerin, ohne einzuknicken, über sich ergehen. Als man erwog, sie von der Schule zu werfen, machte Renate Riemeck hinter den Kulissen bei den Behörden all ihren Einfluss geltend, denn das Gymnasium war die einzige Schule in Oldenburg, an der ein Mädchen Abitur machen konnte. Sie durfte bleiben, vielleicht weil sie ohnehin bald ging. Die Rache für ihre »Aufsässigkeit« fand sie in ihrem Herbstzeugnis.

Nichts an der Cäcilienschule entsprach dem »englischen« Ideal des rücksichtsvollen Umgangs mit Schwächeren, des Nichtbevormundetwerdens und des Rechts auf individuelle Freiheit. Mit Eva-Maria Büsselberg, der Schulsprecherin, konnte sie über alles reden, mit ihr freundete sie sich an.

Ein »wohlmeinender« Lehrer nahm eines Tages Eva-Maria zur Seite und fragte sie, ob sie es richtig finde, als Schulsprecherin mit der »Opposition« befreundet zu sein? Sie verstand zuerst nicht, dass damit ihre Freundschaft zu Ulrike gemeint war. Als sie erwiderte, dass sie auf diese Freundschaft nicht verzichten wolle, gab der Lehrer ihr den »gut gemeinten Rat«, sich wenigstens in der Schule nicht in ihrer Begleitung zu zeigen. Eva-Maria dachte gar nicht daran.

Nach einem halben Jahr, im Oktober 1952, verließ Ulrike Meinhof die Cäcilienschule. Schulleitung und Lehrerkollegium warfen ihr ein Zeugnis hinterher, in dem verächtlich vermerkt war: Ulrike Marie Meinhof könne sich in die Gemeinschaft nicht einfügen.

Noch wenn sie sehr alt ist,
wird sie diese Liebe in sich haben

Beatnik
Weilburg an der Lahn, 1952–1953

Renate Riemeck nahm ihre Pflegetochter mit nach Weilburg an der Lahn, wo der jungen Professorin am Pädagogischen Institut der Lehrstuhl für Geschichtspädagogik angeboten worden war. So froh Ulrike Meinhof war, der Cäcilienschule entkommen zu sein, so traurig war sie wegen Maria. Oldenburg sei passé!, sagte Riemeck energisch und schaltete in den nächsten Gang. Ulrike ahnte nicht, wie ernst sie das meinte.

Die hessische Kleinstadt beeindruckte sie durch ihre ungewöhnliche geografische Lage: Die Lahn hat sich hier, wo Westerwald und Taunus aufeinanderstoßen, ein tiefes Flussbett gegraben, das einen einzelnen Bergsporn fast vollständig umfließt. Auf dieser »Halbinsel« liegt die Altstadt mit ihren steilen Gassen. Da, wo die Halbinsel mit dem »Festland« verbunden ist, durchbohren ein Schiffs- und ein Eisenbahntunnel den Berg. Anfang der fünfziger Jahre lebten hier rund 6000 Einwohner. Diese Landschaft fand Ulrike Meinhof weniger schwermütig als Oldenburg. Weilburg erschien ihr als eine richtige Kleinstadt mit Tratsch und Klatsch, mit Spießertum und Feuerzangenbowlen-Atmosphäre.

Das Pädagogische Institut war in der Neuen Kaserne, dem größten Gebäude neben dem Schloss, an einer Ausfallstraße untergebracht. In einem Seitenflügel im dritten Stock lag eine Dreizimmerwohnung, eine ehemalige Offizierswohnung, mit Blick auf den Taunus und so großzügig, wie Renate Riemeck es sich für sich und ihre Pflegetöchter beim hessischen Kultusministerium ausbedungen hatte: ein großer Wohnraum, Renate Riemecks Schlafzimmer, ein 36 Quadratmeter großes Arbeitszimmer, eine Küche und, Gipfel des Luxus, ein Bad, und das alles zentral beheizt. Außerhalb der Wohnung lag ein Zimmer mit eigenem Eingang und einer Toilette im Treppenhaus, Ulrike Meinhofs »erste eigene Bude« mit Blick auf die Straße und den Westerwald, bald voller Bücher und Bilder und meistens ziemlich verqualmt.

Am 6. Oktober 1952, zwei Tage nach ihrer Ankunft in Weilburg, klingelte es. Die 17-Jährige öffnete und Maria fiel ihr um den Hals. Die hatte sich per Bahn auf den Weg gemacht, um ihre Freundin, die am nächsten Tag ihren 18. Geburtstag feierte, zu überraschen. Sie besichtigten die kleine, fremde Stadt und auch das 400 Jahre alte Gymnasium Philippinum in der Altstadt, wo Ulrike Meinhof ab Montag die 11. Klasse besuchen sollte, obwohl ihr Herbstzeugnis aus der Cäcilienschule so schlecht war, dass sie eigentlich nicht hätte aufgenommen werden können. Aber vermutlich hatte Riemeck ihre Zusage für den Lehrstuhl von ihrer Einschulung abhängig gemacht. Jedenfalls hatte der Schuldirektor dem Kollegium einfach das viel bessere Osterzeugnis von der Liebfrauenschule vorgelegt.

Maria übernachtete bei ihrer Freundin und weckte die Schlaftrunkene am Geburtstagsmorgen zärtlich. Ulrike Meinhof wünschte sich, dass sie hierbliebe, um jeden Morgen so geweckt zu werden. Riemeck beobachtete die beiden Mädchen beim Frühstück misstrauisch. Die zogen sich wieder in ihr Zimmer zurück und lagen schmusend auf dem Bett, als Riemeck, ohne anzuklopfen, eintrat. Ihr Gesicht verfinsterte sich, sie drehte sich um und verließ den Raum wieder, ohne ein Wort zu sagen.

Ulrike Meinhof war glücklich und trug ihre rote Hose nicht aus Spottlust gegen die Welt, sondern aus Freude. Ihre Glücksgefühle prallten auf Renate Riemecks demonstrative Kälte. Die Pflegemutter sprach in den nächsten Tagen nur das Nötigste mit ihr, und Ulrike Meinhof begriff plötzlich, dass diese offensichtlich vollkommen andere Vorstellungen von ihrer Freiheit hatte. Sie war doch kein Kind mehr. Wofür hatte sie sich bei Renate eigentlich zu entschuldigen? Riemeck und sie hatten doch beide ihr eigenes Leben, das sie voreinander verbargen. Hatte Renate nicht einen eigenen »Spaßvogel« in England und nur etwas gesehen, wovon sie noch nichts wusste? Aber Riemeck verbot ihr in scharfem Ton, Maria wiederzusehen. Warum war Renate Riemeck nicht nur bei Thomas, sondern auch im Fall Marias so rigide? Mit ihrer Pflegetochter hat sie darüber nie offen gesprochen.

Der Klassenlehrer stellte die neue Mitschülerin der Klasse vor. Sie stand vor 20 Jungen und zehn Mädchen, die durcheinandersaßen, nicht wie vielerorts üblich, nach Geschlecht getrennt. Und wen sahen die 30 jungen Leute vor sich? Eine Mitschülerin erinnert sich an eine interessante, »lässige«, schlanke junge Frau in Hosen, mit nach hinten gekämmtem, kurzem braunem Haar, in burschikosen, »schlampigen« Klamotten, ohne die beliebte Rüschenbluse, aber mit »verkrumpelten« Strümpfen.

Die meisten mochten sie, fanden sie bald freundlich, hilfsbereit, gerecht und sehr sozial und kein bisschen arrogant, obwohl die Neue Aufsätze aus dem Handgelenk zu schütteln schien. Sie diskutierte freimütig mit Lehrern und verfügte über einen Wortschatz, der manchen ins Staunen versetzte. Einige Mitschüler spekulierten, dass Ulrikes Eltern im KZ umgekommen wären, niemand traute sich aber, sie zu fragen. Einige beneideten sie um ihre Freiheiten: Sie lebte mit einer jungen Frau zusammen, die berufstätig war, »moderne« Ansichten vertrat – und ein Auto besaß. Die eigenen Mütter waren meist Hausfrauen und saßen, sofern die Familien sich überhaupt ein Auto leisten konnten, auf dem Beifahrersitz.

In den naturwissenschaftlichen Fächern rächten sich die Defizite der Oldenburger Mädchenschulen. Als sie in einer Biologieprüfung durchfiel, glaubten Mitschüler, Ulrike täusche ihre Unkenntnis nur vor. Aber sie erklärte, dass sie von Biologie, Chemie und Physik keine Ahnung habe. Das machte sie den anderen noch sympathischer. Doch ausgerechnet ihr Klassenlehrer, der sehr autoritär war und gern Sätze wie: »Wer bei mir Mathematik gelernt hat, hat drei Semester Universität gespart!« von sich gab, unterrichtete diese Fächer. Nach seinen Stunden fühlte sich Ulrike wie erschlagen. Er machte keine Anstalten, ihr zu helfen.

Und was stand ansonsten auf dem Unterrichtsplan? Homer, Sophokles, Hebbel, Kleist, ein bisschen Mark Twain und John Galsworthy, aber keine gesellschaftskritischen Texte, schon gar nicht von deutschen Emigranten, die sich entschieden hatten, ausgerechnet in die »Ostzone« zurückzukehren wie Bertolt Brecht oder Anna Seghers. Die Schülermitverwaltung stritt zaghaft für mehr Rechte, sammelte Lebensmittel für Kriegsgefangene und schickte Päckchen nach »drüben«. Bestbesuchte Arbeitsgemeinschaft war die für Volkstanz, Sexualkundeunterricht war unbekannt. In der großen Pause verkaufte der Hausmeister Milch und Kakao in Flaschen.

Außer dem Klassenlehrer verhielten sich die meisten Lehrer den Oberstufenschülern gegenüber eher tolerant, hatten Humor und unterstellten den Schülern nicht bei jedem Streich finsterste Absichten. Die Oberstufenschüler waren kriegsbedingt oft viel älter als gewöhnlich, junge Erwachsene, viele über 21 und volljährig. Als der Direktor einmal gegen den erklärten Willen der Oberstufe einen Schulsprecher seiner Wahl durchsetzen wollte, verließen sie geschlossen die Aula und konnten sich mit dieser Aktion durchsetzen. Ulrike Meinhof nahm begeistert teil, so etwas hatte sie noch nie erlebt. Schulsprecherin aber hätte ein Mädchen am Philippinum nicht werden können, höchstens zweite Stellvertreterin.

Die Margarine-Firma Sanella bat Renate Riemeck, den Text für ein bebildertes Sammelalbum *Vermächtnis der Vergangenheit. Das Buch der alten Völker* zu verfassen, in das Konsumenten später Bildchen einkleben könnten, die sie beim Erwerb der Margarine erhielten. Die Firma brachte sie mit Klaus Gelbhaar, einem Illustrator in Weilburg, zusammen. Der entwarf rund 100 Illustrationen und sie lieferte die 120 Manuskriptseiten. Riemecks Arbeit wurde ausgezeichnet bezahlt.

Renate Riemeck, Klaus Gelbhaar und seine Frau Anni, eine bekannte Kinderbuchautorin, freundeten sich an. Die Gelbhaars waren aktive Sozialdemokraten und bedingungslose Kriegsgegner. Sie hielten ihre neue Freundin Renate Riemeck für KPD-nah eingestellt und vermieden deshalb parteipolitische Diskussionen, nicht aber politische, denn gegen Wiederbewaffnung und Faschismus waren sie alle, auch das »Küken« Ulrike, ein »eher introvertiertes, kluges und nachdenkliches Mädchen« (Klaus Gelbhaar), das sich für die NS-Zeit zu interessieren begann. Die war aber in westdeutschen Schulen selten ein Thema, auch Literatur dazu gab es kaum. Wie hätte sie etwas über die Machenschaften ihrer Familie im NS-Faschismus in Erfahrung bringen sollen? Ihre einzig verfügbare Informationsquelle war Renate Riemeck, aber die wollte, in eigenem Interesse, keine offene Auseinandersetzung, weder über die eigene noch über die Vergangenheit der Meinhofs, sondern wob Legenden. Vermutlich entstand so der bis heute anhaltende Mythos, dass Ulrike Meinhofs Vater und ihre Onkel den Nazis aus christlicher Motivation widerstanden hätten.

Oft machten die Gelbhaars mit Renate Riemeck und Ulrike Meinhof Ausflüge in Riemecks VW und sangen laut »Sweet Molly Malone« oder »Swing low, sweet chariot«. Renate Riemeck verreiste immer noch viel allein oder mit ihren Freundinnen. Dann ging ihre Pflegetochter, anfänglich, mittags meist zu den Gelbhaars, deren jüngste Freundin sie wurde. So offen wie mit Maria oder Heidi sprach sie mit ihnen jedoch nicht, denn sie waren ja in erster Linie Freunde ihrer Pflegemutter.

Manchmal nahm sich Renate Riemeck Zeit für ihre Pflegetochter. Dann fuhren sie mit dem Auto nach Wiesbaden ins Kino, schauten sich zum Beispiel *Don Camillo und Peppone* an. Ulrike Meinhof wäre am liebsten vor Vergnügen aufgesprungen. Ein harmloser Film, dennoch gab es im deutschen Kino wenig Vergleichbares, sondern oft nur seichte Heimatschnulzen mit Kinostars, die das Publikum schon vor 1945 entzückt hatten. NS-kritische Filme gab es kaum und selbst weltberühmte US-Kinofilme wie *Casablanca* wurden für das deutsche Publikum »entnazifiziert«. Ulrike schwärmte für den Revuefilm *Ein Amerikaner in Paris*, weil er Bilder von Utrillo, Lautrec, Degas und Renoir zeigte, und Jean Cocteaus *Orphée* hielt sie für den besten Film der Welt.

An die Wände ihres Zimmers pinnte sie Kunstdrucke. Sie machte sich Notizen über Maler, deren Bilder sie mochte und sich in Ausstellungen ansah – nichts konnte in ihren Augen die Ausstrahlung eines Originalgemäldes übertreffen. Sie verehrte Goya, aber seine Antikriegsbilder *Los Desastres de la Guerra* waren ihr zu grausam für ihre Wände, dorthin hängte sie lieber Reproduktionen von August Mackes Bildern oder die von Künstlern der Renaissance.

Den Gelbhaars missfiel, wie oft »das Küken« allein war und wie Renate Riemeck mit ihrer Pflegetochter umging. Warum musste das Mädchen Kleidungsstücke der Pflegemutter auftragen? Renate Riemeck verdiente doch genug Geld. Zärtlich war diese auch nur zu ihren Freundinnen, nicht zu ihrer Pflegetochter. Nie beobachteten sie eine Umarmung oder ein liebevolles Streicheln. Aber die Gelbhaars mischten sich nicht ein. Dass Renate Riemeck lesbisch war, erfuhren sie bald. Sie machte eines Tages einen vergeblichen Annäherungsversuch bei Anni Gelbhaar, sie warb subtil, nichts wurde ausgesprochen, es kam zu keinem Konflikt. Das Thema blieb, wie so vieles, tabu, die Freundschaft erhalten.

Renate Riemeck arbeitete Tag und Nacht an ihrer Karriere. Neben ihrer hauptamtlichen Tätigkeit als Professorin schrieb sie nach wie vor mit großem Erfolg Schulbücher und wissenschaftliche Aufsätze. In den Kultusministerien von Niedersachsen, Nordrhein-Westfalen und Hessen hatte sie bald den Ruf einer modernen Geschichtspädagogin. Ihr protestantisch-sozialdemokratisches Netzwerk schloss aufsteigende Politiker wie Heinrich Albertz ein, inzwischen SPD-Minister in Niedersachsen, und Gustav Heinemann, Minister unter Adenauer, der soeben wegen der Wiederaufrüstungspolitik aus der CDU ausgetreten war und die Gesamtdeutsche Volkspartei (GVP) gegründet hatte. Bald gehörte auch ein junger SPD-Kommunalpolitiker namens Johannes Rau in Wuppertal dazu, der freundschaftliche Beziehungen zu Heidi Leonhardt – inzwischen Fotografenmeisterin – pflegte und die junge Meinhof ganz reizend fand.

Zwischen Ulrike Meinhof und Renate Riemeck hatte es immer wieder heftige Auseinandersetzungen gegeben. Ulrike Meinhof fühlte sich sehr allein, denn sie konnte sich in Weilburg niemandem anvertrauen. Alle etwas aufgeschlosseneren Erwachsenen, die hier lebten, waren Bewunderer von Renate Riemeck. Eine Lehrerin sagte ihr beispielsweise, es sei eine »große Weisheit, dass du mit Renate zusammenlebst«. Ulrike Meinhof bestaunte Renate Riemecks Klugheit und Kraft ja auch, aber sie hatte auch Angst um sie, weil die Pflegemutter oft krank und erschöpft war. Sie fürchtete, dass Riemeck plötzlich sterben könnte. Die Furcht vor einem solchen Verlust ergriff sie in einer Januarnacht, als Riemeck krank im Bett lag, während draußen ein Sturm tobte. Ulrike pflegte sie und war völlig überfordert.

Auch als sie wieder gesund war, wiederholte Riemeck ihr Verbot, Oldenburg und damit Maria wiederzusehen. Ulrike weinte und verabschiedete sich »für immer« von Maria. Doch sie dachte dauernd an Maria, schrieb Gedichte, wachte nachts auf, weinte und sehnte sich danach, die Freundin in den Armen zu halten. Sie verschlief die Schule. Aber Maria meldete sich sehr schnell und sagte energisch: »Wir sehen uns noch dieses Jahr. Ich warte auf dich.« Ulrike Meinhof war verrückt vor Freude und fühlte sich wie erlöst.

Renate Riemeck verreiste wieder oft. Ulrike begann, sich zu amüsieren. Jedes Schulfest, jede Klassenparty, jede Fete der Studenten des Pädagogischen Instituts kam ihr gerade recht. Sie stürzte sich in Gelächter, Alkohol, Tanz und Flirts, am liebsten mit Jungs, die einen »schlechten Ruf« hatten. Beinahe täglich trug sie ihre rote Hose als Zeichen ihres Protestes. Nachts drehte sie das Radio auf, bis die Klänge eines Saxofons oder einer Trompete ihre Trauer zerschlugen. Jazz wurde der Sound ihrer einsamen Revolte. Es war ihr zunehmend gleichgültig, was andere von ihr dachten. Sie träumte von einer Reise nach Paris, Inbegriff »undeutscher« Boheme, wo sie sich so hemmungslos und ungeniert austoben würde, dass die »Spitzbauchbürger« Weilburgs reihenweise in Ohnmacht fallen würden, wenn sie davon erführen. Renate Riemeck schimpfte, sofern sie überhaupt da war und von Ulrikes Eskapaden erfuhr, und drohte ihr damit, dass sie in der Gosse lande oder im Zuchthaus, wenn sie so weitermache. Sie blieb unerbittlich der Meinung, dass die Beziehung zu Maria Ulrikes Charakter schwäche. Die Entfremdung zwischen Pflegemutter und -tochter wurde immer größer. Als Renate Riemeck zu einer Konferenz aufbrach, auf der sie den niedersächsischen Landesminister Heinrich Albertz treffen würde, dem sie inzwischen so nahestand, dass sie ihn in einer außerehelichen Liebesaffäre beriet, verabschiedete sie sich bloß mit »Sei brav!« und bekam ein lakonisches: »Bleib gesund!« mit auf den Weg.

Allmählich differenzierte sich Ulrike Meinhofs Bild von den Lehrern. Den Erdkundelehrer fand sie übel, der machte dreckige Witze. Die Abneigung gegen den Klassenlehrer blieb. Der konservative Deutsch- und Französischlehrer war freundlich, aber er verstand ihre Vorstellungen von Literatur nicht. Mit ihm stritt sie, sobald es um den NS-Faschismus ging. Dann wurde er unsachlich und sie wütend – auf sich, weil sie noch nicht genug

wusste, um ihm angemessen Kontra zu geben. Für die Geschichtslehrerin quälte sie sich wochenlang mit einem Referat über die
Vorsokratiker und war erstaunt über die Aufmerksamkeit, mit
der ihr die Klasse zuhörte. Was sie las, wählte sie selbst: Kla-
bunds Roman *Bracke* liebte sie vor allem, sie fand ihn konsequent wie Kafka, traurig wie Hesse, humorvoll wie Ringelnatz,
demütig wie Claudius. Sie liebte auch Hesses *Glasperlenspiel* und
immer wieder Bücher von Dostojewski, dazu von Cocteau, Clau-
del, Kafka. Latein fiel ihr schwer, ihre Lehrerin gab ihr Nachhilfe.
Mit Chemie quälte sie sich, Ostern 1953 durfte sie das ungeliebte
Fach aufgeben. Ihr Deutsch- und Französischlehrer und die Eng-
lischlehrerin überredeten den Chemielehrer, ihr keine Fünf zu
geben, damit sie versetzt wurde. Diese Unterstützung war eine
angenehme Erfahrung für sie. Sie empfand sich ironisch als ein in
die Gesellschaft wieder aufgenommenes Subjekt, sie begriff aber
auch, dass ihre Gedanken und Meinungen im Widerspruch zu
denen der meisten Schüler und Lehrer standen. Also diskutierte
sie mit ihrer Schwester, die für eine Weile in England lebte, brief-
lich über die Pläne für eine Europäische Verteidigungsgemein-
schaft (EVG). Die Schwestern waren sich in ihrer Ablehnung
jeglicher Wiederbewaffnung der Bundesrepublik einig. Im Kunst-
unterricht schwärmte sie von Rodin, bis sie plötzlich merkte,
dass keiner Rodin kannte, das Gleiche passierte ihr mit Henry
Moore. Ein paar Feinde hatte sie längst auch hier. Sie glaubte,
dass es besser sei, wenn sie nicht immer sagte, was sie dachte, und
die Schule endlich hinter sich brachte.

Maria überredete ihre Eltern, sie auf der Rückfahrt vom Oster-
urlaub 1953 am Bodensee in Weilburg abzusetzen. Ihr erneuter
spontaner Besuch überrumpelte Renate Riemeck, aber diesmal
ließ sie die beiden jungen Frauen nicht eine Minute allein und
gab Maria zu verstehen, dass sie der Freundschaft mit der hoch-
begabten Pflegetochter unwürdig sei. Sie befragte sie wie eine
Gouvernante: Was sie von den romanischen Kirchen halte, die
auf ihrer Reiseroute gelegen hatten? Maria antwortete gelassen,
sie habe sich mit ihren Eltern einfach nur erholt und keine einzige
Kirche besichtigt. Ulrike Meinhof wurde zum ersten Mal bewusst, dass ihre Pflegemutter ihr Wissen missbrauchte, um andere kleinzumachen.

Für viele Jugendliche in Deutschland waren Anfang der fünfziger Jahre Swing und Rock'n'Roll eine Befreiung. Beatles und Stones ließen noch rund zehn Jahre auf sich warten. Massenmedien waren Tageszeitungen und Radioapparate. Wer besaß schon einen Fernseher? In der Politik regierten fast überall ausschließlich alte Männer. Da starb in England König Georg VI. und die junge Elizabeth II. sollte im Juni 1953 in London gekrönt werden. Gegen die Bedenken des Hofes setzte sie die weltweite Übertragung der Feierlichkeiten durch. Natürlich nur »um festzustellen, ob die Engländer noch immer an der mittelalterlichen ordo« festhielten, kaufte Renate Riemeck sich für stolze 2000 D-Mark einen Schwarz-Weiß-Fernseher.[15] Gemeinsam mit den Gelbhaars genossen sie das pompöse Geschehen vor dem neuen Fernsehapparat, *ordo* hin, *ordo* her.

Abiturientin
Weilburg an der Lahn, 1953–1955

Ulrike Meinhof hatte inzwischen das Verbot ihrer Pflegemutter missachtet und korrespondierte wieder mit Thomas Lenk. Wenige Male trafen sie sich heimlich bei Heidi Leonhardt in Wuppertal. Sie diskutierten über Kunst, Literatur und Politik. Er versuchte sie von Picasso und Sartre zu überzeugen, sie verteidigte Macke, Benn und Hölderlin. Beide schwärmten von Jean Gabin in Jean Renoirs Film *Bestie Mensch*. »Wir verstanden uns selbstverständlich als Linke«, erinnert sich Lenk, »links, das hieß: Wir waren gegen die Wiederbewaffnung und gegen die CDU und für bestimmte Sozialdemokraten wie Ollenhauer und Erler.« Er liebte Ulrike Meinhof, nur ihr gelegentliches »christliches Getue« mochte er nicht. Thomas Lenk arbeitete als freier Bildhauer und schrieb Erzählungen, die sich an den Existenzialisten orientierten. Ulrike Meinhof bewunderte Thomas Lenk als einen fast konsequenteren Existenzialisten als Sartre, der im Gegensatz zu ihr das Wesentliche erfasse und nicht herumschwanke wie sie, die immer gleich alles zurücknehme, wenn sie sich zum Beispiel mal kritisch über Renate äußerte.

Mitte Juli 1953 trafen sie sich heimlich in einem kleinen Gasthof in Niedermendig bei Andernach, in dem Ulrike Meinhof ein Zimmer reserviert hatte. Sie blieben vier glückliche, verliebte Tage zusammen. Sie hatte keinen Zweifel mehr an einer gemeinsamen Zukunft. Maria war für sie stark, gütig und unbesiegbar, Thomas aber empfand sie als genauso wild und genauso einsam wie sich selbst. Das Paar überlegte, wie es dem Herrschaftsbereich der Pflegemutter entkommen und wie ihr gemeinsames Leben aussehen könnte. Ulrike Meinhof begeisterte sich für die Idee, auf eine akademische Karriere zu verzichten. Sie hatte beobachtet, wie viele Nächte Renate Riemeck am Schreibtisch schuftete und an wie vielen Konferenzen sie teilnahm. So wollte sie nicht leben. Sie hatte Lust auf eine Tischlerlehre. Sie spielte sogar kurz mit dem Gedanken, die Schule sofort abzubrechen, entschied sich dann aber doch für das Abitur. Dann hatte sie alle Optionen, konnte, wie ihr Vater, erst ein Handwerk lernen und später vielleicht Kunstgeschichte studieren.

Sie beschlossen zu heiraten, sobald Ulrike Meinhof volljährig sei, obwohl sie »wilde Ehen« sehr sympathisch fanden, aber vielleicht ein bisschen zu unkonventionell und mit zu vielen gesellschaftlichen Schwierigkeiten verbunden. Also heiraten. Wir werden die zwei Jahre durchstehen, versprachen sie sich. Das Wichtigste war, zusammenzubleiben. Zurück in Weilburg, betrachtete Ulrike Meinhof sich als »heimlich verlobt«. Sie hatte Angst, dass Renate Riemeck sie aus der Wohnung werfen würde, falls sie je von den Tagen mit Thomas erführe. Dann stünde sie ohne Geld und ohne Abitur auf der Straße, käme in ein Heim oder zu Verwandten.

Sie litt unter der Trennung von Thomas und Maria, die Tage schleppten sich dahin wie Blei, da sie mit niemandem reden konnte. Wenn sie nicht schlafen konnte, sang sie das halbe Gesangbuch durch, um sich zu beruhigen, aber nur Kirchenlieder aus der Zeit vor 1700, wie sie spottete.

In jener Zeit gründete sie mit ihrem Klassenkameraden Werner Link, der in sie verliebt war, und zwei, drei anderen Schülern eine neue Schulzeitung. Sie hieß *spektrum*. In der ersten Ausgabe vom September 1953 schrieb Ulrike Meinhof ihren ersten Artikel: »Ich bin das spektrum [...] ihr habt euch mit mir abzufinden [...] Mit meinem Namen habe ich einerseits wenig und andererseits sehr viel zu tun. Mit meinem Namen und allem, was euch im Zusammenhang mit ihm so einfällt: Licht, Prismen, Farben, Regenbögen, Brechung, Zerstreuung usw. Mein Wesen liegt nämlich in der Vielzahl all dieser Dinge und eben darin, dass ich nur ein einziges bin [...] Ich bin begrenzt und will doch innerhalb dieser Abgrenzung farbig und reich sein. [...] Das *spektrum* erzählt, was ihr alles für wichtig haltet. Ich bin nicht dazu da, euch zu belehren, ich bin dazu da, in erster Linie Raum zu geben für Diskussionen und Auseinandersetzungen aller Art. Nur verbitte ich mir in der Autorität meines Namens, dass gemeckert wird. Meckern, das liegt unterhalb meiner Grenzen und jenseits meiner Fähigkeiten«, aber »jeder kritische Angriff [ist] mir sehr gemäß, weil Kritik eben doch viel Ähnlichkeit hat mit Schärfe und Klarheit.«[16] In diesen Text floss ein, was die Schülerin in England, durch die Beschäftigung mit Literatur und in Diskussionen gelernt hatte: Sie wünschte sich mehr Toleranz und vor allem die Bereitschaft ihrer Mitschüler zur kritischen Auseinandersetzung.

Die Zeitung erschien in einer Auflage von 300 Exemplaren und hatte nur wenige Seiten. Fotokopierer gab es nicht. Der Druck wäre viel zu teuer gewesen, also wurden die getippten Matrizen auf dem Vervielfältigungsapparat des Landratsamts »durchgenudelt«. Das *spektrum* war noch keine autonome Schülerzeitung, sondern eine von der Schulleitung abhängige Schulzeitung, aber immerhin von Schülern für Schüler. Die Resonanz war positiv.

In Mathematik und in Latein stand Ulrike Meinhof zum Halbjahreszeugnis im September auf einer Fünf. Krankheit hatte sie Zeit gekostet, Sorgen und Geheimnisse störten ihre Konzentration. Sie las Stefan Zweig, der, wie sie fand, gut zu ihrer hilflosen Situation passte, denn sie hatte Sehnsucht nach Maria. Sie freute sich für die Freundin, weil die im kommenden Sommersemester mit dem Studium beginnen konnte, die eigene restliche Schulzeit erschien ihr umso endloser.

Sie war unzufrieden, fand das Leben sinnlos und wollte sich manchmal am liebsten selbst ins Gesicht spucken. Aber sie wollte unbedingt das Abitur machen. Mit ihren Mitschülern kam sie klar, die urteilten wohlwollend: »Sie ist halt anders.« Ulrike war damit zufrieden. Sie glaubte ohnehin nicht, verstanden zu werden. Sie war gern mit Werner Link zusammen. Er wurde ihr wichtigster Vertrauter in Weilburg. Sie halfen sich gegenseitig in der Schule, er gab ihr Wärme.

Ende September fuhr Renate Riemeck für 14 Tage nach England. Nach ihrer Rückkehr hielt Ulrike Meinhof ihr schlechtes Gewissen nicht mehr aus und gestand der Pflegemutter, dass sie im Juli heimlich Thomas Lenk getroffen habe und eine gemeinsame Zukunft mit ihm plane.

Trotz aller Furcht hatte sie sich Renate Riemecks Reaktion nicht so grausam vorgestellt. Diese zeigte keinerlei Verständnis, sondern setzte sie massiv unter Druck und erlaubte ihr nur unter der Bedingung, bei ihr und auf der Schule zu bleiben, wenn sie Thomas niemals wiedersah. Sie verbot ihr auch, ihm zu schreiben und Briefe oder Anrufe von ihm entgegenzunehmen sowie Nachrichten über andere weiterzugeben oder zu empfangen. Ulrike Meinhof musste das »ohne Einschränkung« versprechen, falls nicht, müsse sie sofort das Haus verlassen: »Ich will dich nicht mehr sehen!«

Ulrike Meinhof wusste, dass Renate Riemeck jedes Wort ernst meinte. 1949 hatte sie Härte bewiesen, als sie ihre Schwester von der Schule genommen hatte. An wen hätte Ulrike Meinhof sich in ihrer Not wenden können? An die ach so christliche Verwandtschaft? Wegen einer Liebesbeziehung? In den prüden fünfziger Jahren ein undenkbares Unterfangen.

Trotzdem gab sie diesmal nicht so schnell nach. Sie hatte schon Maria halb verloren, nicht noch Thomas. Sie kämpfte, schrie, weinte und verlor. Wo und wie sie diese Nacht auf den 15. Oktober verbrachte, ist unbekannt, vermutlich durfte sie ein letztes Mal in ihrem Zimmer schlafen. Am nächsten Tag setzte Renate Riemeck ihre Pflegetochter erneut unter Druck: Sie könne nur bei ihr bleiben und weiter in die Schule gehen, wenn sie den Kontakt zu Thomas Lenk vollständig aufgebe. Wieder stritten sie über Stunden.

Die 20-Jährige beugte sich dem Willen der 34-Jährigen. Ulrike Meinhof wusste nicht, wie sie ohne eigenes Geld leben sollte. Sie wollte weder bei Verwandten unterkriechen noch als Stenotypistin arbeiten. Aber sie litt unter ihrer Unterwerfung. Sie träumte von Thomas Lenk. Sie sah sich im Traum durch Oldenburg laufen und hatte an jeder Straßenecke das Gefühl, Maria zu spüren. Die Träume wurden Tagträume, und auch in Weilburg schienen Menschen hinter Ecken zu stehen, die dann, wenn sie ihnen näher kam, verschwanden. Eine Mitschülerin machte sich große Sorgen um sie. Ulrike Meinhof schien einem Nervenzusammenbruch nah.

Sie schrieb heimlich an Thomas Lenk und beklagte sich über die Riemeck'sche Tyrannei. Sie erwähnte auch, dass diese sich ja selbst alle Freiheiten nehme. Riemeck war zur Feindin geworden. Der Bruch wurde später übertüncht, aber nie mehr repariert.

Für Ulrike Meinhof schuf Thomas Lenk, der nicht verstand, warum sie sich derartig ins Leben pfuschen ließ, zum vorläufigen Abschied eine Katze aus Gips – nach dem Vorbild der Hauskatze der Lenks in Fellbach –, die er grau bemalte. Er brachte die Katze einer Freundin von ihr in Wuppertal und bat sie, sie an Ulrike weiterzugeben.

Ihr Mitschüler Werner Link bemühte sich nun sehr um Ulrike Meinhof. Nach der Schule brachte er sie fast täglich nach Hause und half ihr bei Mathe und Latein, damit sie nicht fürchten musste, sitzenzubleiben. Sie besuchten gemeinsam Konzerte und die Oper in Gießen oder Wiesbaden. Beide liebten Bach, Mozart, Jazz und Feten. Werner Link wusste nichts von Maria, und von Thomas Lenk nur, dass jener angeblich ein ehemaliger Freund war, aber er ahnte, dass er selbst Ulrike mehr liebte als sie ihn und dass ihre Beziehung auf die Schulzeit und auf Weilburg begrenzt sein könnte. Jedes Mal, wenn er die Gipskatze auf Ulrikes Nachttisch sah, spürte er einen Stich. Er hatte noch nie eine Frau wie sie gekannt: Mit ihr konnte er über Politik, Philosophie und Kunst diskutieren, sie war für ihn eine »ungeheuer anziehende Mischung aus Intelligenz und Weiblichkeit«.

Bald war Werner Link fast täglich nach der Schule bei ihr, sofern nicht Arbeitsgruppen, Orchesterproben oder Nachhilfestunden ihn davon abhielten. Immer mit dem letzten, viel zu frühen Bus gegen 19 Uhr brach er nach Weinbach auf, wo er wohnte. Sonntags musste er bei drei Gottesdiensten Orgel spielen, dazu hatte sich sein Vater, ein evangelischer Pfarrer, vertraglich verpflichtet. Die Sonntagsarbeit hatte einen Vorteil: Werner Link verdiente ein bisschen Geld und konnte sich Zigaretten oder kleine Geschenke für Ulrike kaufen. Juliette Grécos Chanson *Je hais les dimanches* (»Ich hasse die Sonntage«) sprach ihm aus dem Herzen, denn er konnte es kaum erwarten, bis endlich wieder Montag war und er seine Freundin in der Schule traf.

Ulrike Meinhof hingegen liebte die Sonntage. Sie hatte nichts dagegen, abends und an den Wochenenden ohne Werner Link zu sein. Sie ging auch gern allein zu Studentenfeten ins Pädagogische Institut und machte die Nächte durch, sonntags konnte sie ausschlafen.

Renate Riemeck sah die Beziehung ihrer Pflegetochter zu Werner Link mit Wohlwollen und gab dem jungen Mann sogar Ratschläge für die angestrebte akademische Karriere. Einmal besuchten beide Riemecks Vorlesung im Pädagogischen Institut. Werner Link staunte über Riemecks Fähigkeit, die Studenten zu »Trommelbeifall« hinzureißen. Er fand sie progressiv und tolerant, aber auch ihm blieb ihr »akademischer Hochmut« nicht verborgen. Wenn er zu Besuch war, betrat Riemeck das Zimmer ihrer Pflegetochter nur selten und niemals, ohne anzuklopfen. Nächtelang saß sie an ihrem Schreibtisch, schrieb und rauchte Kette. Ulrike Meinhof und Werner Link klaubten oft am nächsten Tag die Zigarettenstummel aus dem Aschenbecher, pulten die Tabakreste aus dem Papier und stopften damit ihre Pfeifen. Manchmal sahen sie fern, aber wenn Riemeck zu Hause war, blieben sie in Ulrike Meinhofs Zimmer.

Sie erzählte Werner Link von der Homosexualität ihrer Pflegemutter und verteidigte, wie immer, deren Lebensweise. Dabei gestand sie ihm auch, dass sie selbst eine Frau geliebt hatte. Werner Link fehlte das Verständnis dafür. Sie stritten sich. Das Thema blieb immer ein wunder Punkt zwischen den beiden.

Auf dem Lehrplan der Unterprima standen im Deutschunterricht Goethe, Lessing, Schiller, Kant, Thomas Mann, Shakespeare und Molière. Die Schüler mussten in einem ihrer Aufsätze Stellung nehmen zu der These: »Ältere Menschen behaupten, Zivilcourage sei heute nirgends mehr zu finden. Stimmt das?« Sie diskutierten darüber, ob Akkordlöhne »unsittlich« seien und der Fernsehapparat »Geselligkeit« zerstöre. Eine Auseinandersetzung mit der Nazi-Zeit oder der Wiederbewaffnung war in Schulen nach wie vor tabu. Zu den Ausnahmen gehörte die Geschichtslehrerin, die Originaldokumente aus der Weimarer Zeit mit in den Unterricht brachte und den Schülern zeigte, wie sie zu interpretieren waren.

Renate Riemeck beklagte sich Anfang Dezember 1953 bei Heidi Leonhardt, dass ihre Pflegetochter sich überflüssigerweise wieder Gegner unter den Lehrern geschaffen habe. An Weihnachten kamen drei blaue Briefe. Renate Riemeck fuhr vom 27. Dezember bis 5. Januar 1954 nach England, Ulrike Meinhof musste in Weilburg bleiben, diesmal kam ihre große Schwester Wienke, auf die sie sich freute.

Nach ihrem Englandaufenthalt kurte die 34-jährige Riemeck zum wiederholten Male in Berneck im Sanatorium Quelle. Es dauerte eine Weile, bis Ulrike Meinhof begriff, dass ihre Pflegemutter nun mit Holde Bischoff, deren Eltern diese Einrichtung gehörte, befreundet war. Holde arbeitete dort als Bademeisterin und kümmerte sich um Renate Riemecks gesundheitliche Probleme. Von nun an verreiste sie an den Wochenenden und in den Ferien mit ihr und nahm sie auf Dienstreisen mit.

Ende Februar beschloss Ulrike Meinhof, die Freundin Maria zu vergessen. Sie wollte am liebsten alles vergessen, was ihr wehtat. Aber vier Wochen später, in den Osterferien, als ihre Pflegemutter verreist war, stand Maria plötzlich wieder vor der Tür. Die beiden jungen Frauen hatten sich 18 Monate lang nicht mehr gesehen. Ulrike Meinhof war verkrampft und wusste nicht, wie sie reagieren sollte, aber alle Gefühle wurden wieder lebendig. Wie lächerlich war der Versuch gewesen, Maria zu vergessen. Nach ihrer Abreise lächelte sie noch tagelang vor sich hin.

Sie hatte neue Pläne für die Zeit nach dem Abitur. Eine Tischlerlehre vielleicht in Oldenburg oder in Heidelberg, wo Maria studierte. Nach vier Jahren hätte sie ihren Meister und könnte, wenn sie dann noch Lust dazu hätte, ein paar Semester Kunstgeschichte studieren. Die Philologen gingen ihr auf die Nerven und Studienräte konnte sie nicht mehr sehen. Sie besprach ihre Pläne mit Renate Riemeck, denn sie brauchte ja ihre finanzielle Unterstützung und ihre Zustimmung, weil sie mit dem Abitur immer noch nicht volljährig sein würde. Aber die lehnte alle nichtakademischen Zukunftspläne rigoros ab. Noch anderthalb Jahre musste Ulrike warten, bis sie mit Thomas Lenk leben konnte.

Lehrer und Mitschüler hielten Ulrike und Werner Link für ein Liebespaar und Ulrike widersprach nicht. Als die beiden einmal Streit hatten und Ulrike wütend ihren Stuhl griff und sich im Klassenzimmer so weit wie möglich von Werner Link wegsetzte, war die Lehrerin, die die Auseinandersetzung mitbekam, betrübt. Es war die erste Beziehung der jungen Frau, die von Erwachsenen nicht behindert wurde, und das half gegen die Einsamkeit – empfand sie auch nichts Vergleichbares für ihn wie für Maria oder Thomas. Sie gestand Maria, dass Werner glücklich wäre, wenn sie ihn liebte und bei ihm bliebe, dass er für sie aber nicht mehr sei als ein »wunderbarer« Freund.

Vom 24. bis 28. Januar 1955 machte Ulrike Meinhof die schriftliche Abiturprüfung. In der Prüfungsarbeit im Fach Deutsch verglich sie Gedichte über Brunnen von Conrad Ferdinand Meyer und Hans Carossa. Sie leitete ihren Text mit Reflexionen über das Wasser ein, angelehnt an Hermann Hesses *Siddhartha*. Die Prüferin schrieb folgende Bewertung: »Der Verfasserin gelang eine feinsinnige, weit ausholende und besonders tief schürfende Interpretation der Gedichte. Aus der Intensität des Nacherlebens erklärt sich manche stilistische Eigenwilligkeit (auch die Zeichensetzung).«

Am 1. und 2. März folgte die mündliche Prüfung. Ulrike Meinhofs Abiturzeugnis war gut. Deutsch, Geschichte, Englisch, Religion: sehr gut; Sozialkunde, Kunst und Musik: gut; Französisch, Mathematik, Physik, Biologie, Erdkunde und Sport: befriedigend; Latein und Chemie: ausreichend.

Bei der Abschlussfeier am 19. März 1955 gab es Ansprachen des Klassenlehrers sowie des Klassen- und des Schulsprechers. Der Schulchor sang »Die Himmel erzählen die Ehre Gottes« aus Haydns Oratorium *Schöpfung*. In der Aula saßen die 21 Absolventen, alphabetisch geordnet, in den vorderen drei Sitzreihen. Für ein letztes Klassenfoto stellten sie sich anschließend auf der Wiese vor dem Schulgebäude auf: ganz vorne die 20-jährige Ulrike Meinhof, schüchtern lächelnd, ein bisschen befreit, die Haare kurz und lockig aus dem Gesicht, im knielangen schwarzen Kleid mit kurzen Ärmeln, am kleinen Ausschnitt eine große runde Brosche, den Rock vom Wind aufgeplustert.

Endlich. Sie hatte Weilburg und das Abitur hinter sich. In den christlichsten Tönen hatte sie sich erfolgreich für ein Stipendium der Evangelischen Studienstiftung beworben. Allerdings wäre das mit einem Werksemester in Villigst bei Schwerte verbunden gewesen, mit viel Beten und Arbeiten, wie sie lästerte, bevor sie mit dem Studium hätte anfangen dürfen. Bei der Bewerbung für ein Stipendium der Studienstiftung des Deutschen Volkes hatte Renate Riemeck ihre Bekannte, die Marburger Professorin Elisabeth Blochmann, um Unterstützung gebeten und sogar das Philippinum hatte sich, zum Missfallen ihres Klassenlehrers, für sie eingesetzt. Als sie die Zusage für das mit 120 Mark monatlich dotierte Stipendium erhielt, jubelte sie über ihre Unabhängigkeit von Renate Riemeck. Ihr Klassenlehrer, dem sie davon erzählte, konnte es sich nicht verkneifen, ihr ein letztes Mal zu sagen, für wie einseitig und ungeeignet er sie hielt. Es traf sie, aber sie lachte.

Über ihr ganzes Studium hinweg schickte sie kreuzbrave Pflichtberichte an die Studienstiftung, die kaum widerspiegelten, was sie in Wirklichkeit lernte und interessierte. So unterschlug sie alles, was nach Begeisterung für die Sowjetunion klang, Äußerungen über Karl Marx etwa, der sie faszinierte, formulierte sie vorsichtig und taktisch.

Auch Werner Link wurde ein Stipendium der Evangelischen Studienstiftung angeboten. Aber seine Distanz zu Kirche und Christentum war inzwischen so groß, dass er das auch äußerte. Als sich die Stiftung daraufhin bereit erklärte, ihn von der täglichen Morgenandacht freizustellen, sagte er trotzdem Nein, denn das Werksemester hätte ihn außerdem von Ulrike Meinhof getrennt. Er schlug sich nun ohne ein Stipendium durch.

Ulrike Meinhof hatte seit Monaten vor, sich von ihm zu trennen. Sie bereitete eine »Tragödie« vor, obwohl sie Werner Link für einen »großartigen Jungen« hielt, der im Gegensatz zu ihr die angenehmsten Beziehungen zu Lehrern und sechs Einsen im Abitur hatte. Vieles hatten sie gemeinsam, sie interessierten sich für Lyrik und Literatur, er nahm sich genauso wenig ernst wie sie sich und sie betranken sich beide mit dem größten Vergnügen auf allen Festen. Sie wollte Thomas treu bleiben. Aber sie schenkte Werner keinen reinen Wein ein. Vielleicht hätte er das Stipendium dann doch noch angenommen und an einem anderen Ort studiert. Aber so immatrikulierten sich beide an der Universität Marburg. Renate Riemeck empfahl Werner Link, bei Professor Wolfgang Abendroth Politik zu studieren, Ulrike empfahl sie das nicht.

Die wusste aufgrund ihrer vielfältigen Interessen eine Zeit lang nicht, was sie studieren sollte. Renate Riemeck sah in ihr wohl eher die Lehrerin und brachte sie deshalb mit der Leiterin des Pädagogischen Instituts zusammen, jener Elisabeth Blochmann, zu der sie enge Arbeitskontakte unterhielt. Dass Ulrike Meinhof sich auch für Kunstgeschichte einschrieb, hatte Riemeck erwartet, aber über das Nebenfach Psychologie mokierte sie sich in einem Brief an Meinhof'sche Verwandte.

Renate Riemeck hatte ebenfalls vor, Weilburg zu verlassen. Zu ihrem Ärger war im Land Niedersachsen, von dem sie sich ein gutes Angebot erhofft hatte, nicht Heinrich Albertz Kultusminister geworden, sondern der FDP-Politiker Leonhard Schlüter, den Renate Riemeck als Neo-Faschisten bezeichnete. Umso erfolgreicher waren ihre Beziehungen nach Nordrhein-Westfalen, wo andere Meinhof'sche Verwandte schon vor Jahren geholfen hatten, den Kontakt zum Leiter der Pädagogischen Hochschule in Wuppertal herzustellen. Dort wurde jetzt eine Stelle frei und auch von der Pädagogischen Akademie Bonn traf eine Anfrage ein.

Auf den Studienbeginn wartend, besuchte Ulrike Meinhof im April 1955 die Meinhofs und Stammlers in der DDR, in Schönebeck, Halle und in Ostberlin. Ulrike Meinhofs Onkel, Professor Gerhard Stammler, der bis 1945 Philosophieprofessor an der Universität Halle war, arbeitete jetzt an der Evangelischen Akademie in Salzelmen (Schönebeck). Über seine Nazi-Vergangenheit sprach er so wenig wie Renate Riemeck, die ihn, als er nach dem Krieg zur Rechenschaft gezogen wurde und seinen Lehrstuhl verlor, finanziell unterstützt hatte. Die Stammlers klagten über Nahrungsmittelknappheit und über politische Repressionen, was Ulrike Meinhof – die die Vergangenheit ihres Onkels nicht kannte – so beeindruckte, dass sie sich an Orwells *1984* erinnert fühlte. Aber sie bewunderte, dass es in der DDR wissenschaftliche Bücher nur aus der Zeit nach 1945 gab, das war in der Bundesrepublik anders.

Sie besuchte auch Heinrich Meinhof in Halle, von dessen faschistischer Vergangenheit sie ebenfalls keine Ahnung hatte. Aber als sich Onkel und Tante abfällig über die Russen äußerten, ärgerte sie sich darüber, dass die immer die Schuld auf andere schoben. Sie wetterten gegen die SPD, die an allem schuld sei, am Ersten Weltkrieg, an der Weimarer Republik und sogar an 1933. Ulrike Meinhof kritisierte die Unfähigkeit ihrer Verwandten, sich ernsthaft mit der deutschen Vergangenheit auseinanderzusetzen. Sie lästerte über »die Brüder im Osten« und fand den Gedanken an eine Wiedervereinigung scheußlich.

Am 19. April 1955 war sie zurück in Weilburg. Neun Tage später saßen Werner Link und sie auf einer grünen Lambretta und brachen Richtung Marburg auf. Sie hatten dort in verschiedenen Häusern in der Afföllerstraße möblierte Studentenzimmer gemietet, Ulrike Meinhof im Haus Nummer 74. Sie freute sich auf ihr neues Leben, auf die neue Stadt, auf neue Leute, auf das Studium und am meisten darauf, dass sie nun, wie sie glaubte, endlich ein selbstbestimmtes Leben führen würde.

Studentin
Marburg und Wuppertal, April 1955 bis März 1958

Als die Sonne aufging, löschte Ulrike Meinhof das Licht. Sie war durch das nächtliche Marburg geschlendert, hatte eine Weile vor einem offenen Fenster dem Klang eines Saxofons gelauscht, dann zu Hause an einem Referat gearbeitet, Wein getrunken und geraucht. Ihr Zimmer war klein und die Möbel waren heruntergekommen. Es störte sie nicht, sie war dank des Stipendiums endlich finanziell unabhängig.

Die 20-Jährige studierte Pädagogik, Germanistik und Psychologie und als Gast Kunstgeschichte in Gießen. In Marburg hatte sie zum ersten Mal in ihrem Leben – bis auf die Oldenburger Nonnen – Lehrer, die keine Nazis gewesen waren. Das Pädagogische Institut leitete Professor Elisabeth Blochmann. Sie war jüdischer Herkunft und musste 1933 ihren Lehrstuhl in Halle, dem Wohnort des Meinhof-Clans, aufgeben und fliehen. Sie lehrte an der Universität Oxford, als sie 1952 nach Marburg berufen und die erste Lehrstuhlinhaberin für Allgemeine Pädagogik in Deutschland wurde. Blochmanns Schwerpunkt war Frauenbildung. Ulrike Meinhof besuchte bei ihr neben reformpädagogischen Vorlesungen über Wilhelm von Humboldt, Rousseau und Pestalozzi auch Veranstaltungen über sowjetische Pädagogik und über die historische Rolle der Frau als Mutter und Arbeiterin – beides ungewöhnliche Lehrangebote in Zeiten des Kalten Kriegs. Blochmann bot Meinhof bald an, bei ihr zu promovieren.

Das Psychologische Institut leitete Professor Heinrich Düker. Er hatte dem Internationalen Sozialistischen Kampfbund (ISK) angehört, der 1933 verboten worden war, und damals ebenfalls seine Lehrberechtigung verloren. Es folgten Zuchthaus, Gestapohaft und das Konzentrationslager Sachsenhausen. Bei ihm machte Ulrike Meinhof die Bekanntschaft mit dem Marxismus und studierte Kinder- und Jugendpsychologie.

In dem Gebäude, das das Pädagogische Institut beherbergte, lag auch das Institut für wissenschaftliche Politik, das der 49-jährige Professor Wolfgang Abendroth leitete. Er hatte Verfolgung, Gestapo, vier Jahre Zuchthaus, Strafbataillon und Kriegsgefangenschaft überlebt und lehrte seit 1951 in Marburg. Inmitten der vielen Ordinarien, die aus dem »Dritten Reich« übernommen worden waren, fühlte er sich wie ein »weißer Rabe«[17]. Bei den Behörden galt der sozialistische Verfassungsrechtler als zu links. Seine Veranstaltungen besuchte Ulrike Meinhof gelegentlich, obwohl sie nicht Politik studierte.

Zudem hörte sie eine Vorlesung des Kunsthistorikers Professor Otmar Kerber in Gießen über »Die gotischen Kathedralen des Mittelalters«. Dort studieren konnte sie nicht, weil es keine philosophische Fakultät gab. Obwohl Riemeck bei Kerber studiert, Ulrike Meinhofs Mutter bei ihm sogar promoviert hatte und Kerber beiden Frauen 1945 den lukrativen Kontakt zum Alster Verlag Curt Brauns vermittelt hatte, verbot Renate Riemeck ihrer Pflegetochter im September 1955, die Einladung Kerbers zu einer kunsthistorischen Expedition nach Italien anzunehmen. Der Grund ist unbekannt. Ulrike Meinhof schwor wütend, Renate Riemeck nicht mehr zu besuchen. Sie sortierte ihre Fächer neu und studierte nun Pädagogik, Kunstgeschichte und Geschichte, die Fächer Psychologie und Germanistik gab sie auf.

Obwohl sie nicht mehr bei Riemeck wohnte, fühlte sie sich an das Versprechen gebunden, vor ihrer Volljährigkeit weder Maria noch Thomas Lenk wiederzusehen. Maria, die mehr Selbstvertrauen besaß, scherte sich nicht darum und kam im Mai nach Marburg. Ulrike Meinhof fiel es nicht leicht, zur alten Vertrautheit zurückzufinden, sie bat die Freundin um Verzeihung.

Die Röcke reichten bis zur Wade, helle Trenchcoats waren beliebt, Männer trugen Hüte. Die »Tragödie« mit Werner Link stand kurz vor ihrer Uraufführung. Abends ging Ulrike Meinhof am liebsten ins Café Heyden am Steinweg, wo Livebands die neueste Jazzmusik aus den USA spielten. An einem Juniabend sah dort der Physikstudent Lothar Wallek eine ungewöhnliche, etwas existenzialistisch wirkende junge Frau. Sie war attraktiv, unmodisch gekleidet, wirkte selbstsicher und rauchte Pfeife. Trotz des Lärms kam er mit ihr ins Gespräch. Dass sie in männlicher Begleitung war, störte ihn nicht, denn sie erklärte ihm, Werner Link sei nur ein ehemaliger Klassenkamerad.

Werner Link verletzte es, dass Ulrike Meinhof sich an diesem Abend von Lothar Wallek nach Hause bringen ließ. An einem der nächsten Tage sah er die beiden in der Afföllerstraße. Ihre Freundschaft war schlagartig vorbei; selbst wenn sie sich zufällig begegneten, grüßten sie sich nur noch. Aber auch Lothar Wallek musste erfahren, dass sich die Frau, in die er sich verliebte, an einen anderen gebunden fühlte. Sie erzählte ihm von Thomas Lenk, den sie bald wiedersehen wolle. Die Beziehung zu Lothar Wallek war für sie erst einmal »nur« eine sehr gute Freundschaft. Sie schenkte ihm später Fotos von sich, die sie auf einer Wiese und im Wald zeigen, mit kurzem Haar, langer Hose, mal lächelnd, mal machte sie Faxen.

Ulrike Meinhof erkannte bald auch die Schattenseiten der schönen alten Stadt. Es gab mehr als 30 Korporationen, alkoholgetränkte, reaktionäre Männerbünde, die zwei Weltkriege überstanden hatten. Bundesweit waren etwa 20 Prozent aller Studenten in Korporationen organisiert; rund die Hälfte schlug Mensuren. Die Hälfte der Mitglieder des Marburger AStA waren Korpsbrüder. Selbst so gemäßigte christliche Linke wie Ulrike Meinhof waren in der Minderheit. Sie besuchte anfangs regelmäßig die Messe im Berneuchener Kreis der Michaelisbruderschaft in der Universitätskirche. Pfarrer – und Gründer der Bruderschaft – war dort seit 1927 Karl Bernhard Ritter, ein ehemaliger deutschnationaler preußischer Landtagsabgeordneter mit Einfluss auf die »religiös interessierten Bünde der Jugendbewegung«.[18]

Eine Nische für linke Studenten in Marburg war das AStA-Referat für gesamtdeutsche Fragen, das Gesprächspartner »aus der Zone« einlud. Ziel war ein neutrales – lieber noch ein sozialistisches – wiedervereinigtes Deutschland ohne Armee.[19] Eine Veranstaltung mit dem Demokratischen Kulturbund der DDR, auf der der Defa-Film *Der Untertan* gezeigt wurde, galt schon als ketzerische Aktion. Es kam vor, dass antikommunistische Trupps aus Studenten und Marburger Bürgern Steine in die Hand nahmen und Referenten aus der DDR verjagten.

Nach drei Jahren reiste Ulrike Meinhof im Oktober 1955 erstmals wieder nach Oldenburg. Alles war ihr fremd geworden. Sie besuchte Schwester Maria Cordula und Bekannte, andere Kontakte hatten Riemecks Verbot nicht überlebt.

Ihrer Pflegemutter gelang der Aufstieg, sie bekam die ersehnte Professur für »Politische Bildung und Didaktik der Geschichte« an der evangelischen Pädagogischen Akademie Wuppertal. Ende Oktober zog sie dort mit Holde Bischoff in eine große Wohnung. Wienke Meinhof hatte mit einer Sonderaufnahmeprüfung für Nichtabiturienten 1953 den Sprung an die Pädagogische Hochschule Oldenburg geschafft und setzte jetzt ihr Lehrerstudium in Weilburg fort. Ulrike Meinhof zog in Marburg in eine winzige Mansarde in der Gutenbergstraße 15 um, die lag in der Nähe des Pädagogischen Instituts.

Lothar Wallek war glücklich, als er Ulrike Meinhof zu Beginn des Wintersemesters wiedersah. Aber sie wünschte sich, mit Thomas Lenk bald einen neuen Anfang zu erleben. Endlich war sie 21 und sie bat ihn, zu ihr zu kommen. Zweieinhalb Jahre waren seit jenen Tagen in Niedermendig vergangen. Aber als sie sich jetzt wiedertrafen, waren beide unsicher, alles ging schief und ihre Kommunikation verlief so missverständlich, dass beide sich einbildeten, der andere hätte kein Interesse mehr an ihm. Als sie dann noch einen befreundeten Physikstudenten erwähnte, glaubte er sich zurückgewiesen, reiste ab und gab sie auf. Ulrike Meinhof war traurig, aber auch trotzig. Sie war sich sicher, es zu überstehen.

Bald wurden Ulrike Meinhof und Lothar Wallek ein Paar. Der junge Atomphysiker, ein gläubiger Katholik, arbeitete intensiv an seiner Diplomarbeit. Das Wintersemester 1955/56 war ruhig, aber es war die Ruhe vor dem Sturm.

Die meisten Bundesbürger waren gegen die Wiederbewaffnung und wollten selbst dann keine Uniform mehr tragen, wenn eine »kommunistische Invasion« drohte. Es gab eine breite »Ohne uns«-Bewegung, die sich aus Menschen unterschiedlicher Weltanschauung zusammensetzte. Die Furcht vor einem dritten Weltkrieg war groß. Der Adenauer-Staat reagierte repressiv und verbot die Freie Deutsche Jugend (FDJ), die Jugendorganisation der KPD, die mit den sozialistischen Falken, der Gewerkschaftsjugend und christlichen Jugendverbänden spektakuläre antimilitaristische Aktionen veranstaltet hatte. Unter anderem hatten sie Anfang 1951 die Insel Helgoland besetzt, um die britischen Alliierten, die die Insel als Testgelände benutzten, zu zwingen, ihre Bombenabwürfe einzustellen.

Für Unruhe sorgten bei konservativen Regierungsmitgliedern auch die – sogar in Großbetrieben – ziemlich populären »Ausschüsse für Volksbefragung«, die ebenfalls gegen die Wiederbewaffnung waren und deren Hauptausschuss sich aus Funktionären der CDU, der SPD, der KPD sowie aus ehemaligen Offizieren zusammensetzte. Bald ließ das Ministerium für gesamtdeutsche Fragen überall Plakate anbringen mit der Aufschrift: »Wer an der kommunistischen Volksbefragung teilnimmt, gefährdet den Frieden und stellt sich in den Dienst des Bolschewismus!« Ausgerechnet Sozialdemokraten forderten als Erste ein Verbot der Volksbefragung. Erfolgreich. Mehr als 7000 Aktivisten wurden verhaftet, vorzugsweise kommunistische, um den Vorwurf zu stützen, das Volksbegehren sei »vom Osten gesteuert«. Dennoch sammelten die Ausschüsse fast zehn Millionen Unterschriften.

Mit immer größerer Härte gingen Politik und Polizei jetzt auch gegen Demonstrationen vor: Alles, was oppositionell war, galt als »kommunistisch«. Man bezichtigte Mitglieder der KPD und anderer linker Organisationen der Verfassungsfeindschaft, was zur Folge hatte, dass gegen sie Berufsverbote im öffentlichen Dienst verhängt wurden. Zehntausende verloren ihren Arbeitsplatz. Rund 200 Organisationen wurden verboten. Eines der wenigen Urteile, das letztinstanzlich aufgehoben wurde, war das Verbot der Vereinigung der Verfolgten des Naziregimes (VVN). In diesem Fall gaben Proteste im westlichen Ausland den Ausschlag.

Sowenig die Menschen eine Wiederbewaffnung wollten, so sehr sehnten sich die meisten nach dem viel gepriesenen »Wirtschaftswunder«, das auch der Aufbauhilfe der USA zu verdanken war, die bis 1954 dafür mindestens 20 Milliarden D-Mark zur Verfügung gestellt hatten. Im Gegenzug erwarteten die Amerikaner einen verlässlichen Bündnispartner in der Mitte Europas, der gefeit war gegen soziale Unruhen und antikapitalistisches Gedankengut. Arbeiteraufstände, Generalstreiks, Forderungen von Gewerkschaftern, Sozialisten und Kommunisten nach Vergesellschaftung der Schwerindustrie und nach einem sozialistischen Deutschland – wie sie zwischen 1945 und 1952 vor allem im Ruhrgebiet erhoben worden waren – sollte es nicht mehr geben. Die bundesdeutsche Bevölkerung sollte sich auf keinen Fall in »die Arme des Ostens« werfen. 1953 gewann die CDU die absolute Mehrheit im Bundestag. 1954 öffneten die westlichen Alliierten der Bundesrepublik mit den Pariser Verträgen die Tür zur NATO, der sie 1955 beitrat. Die sechs Jahre alte Bundesrepublik war nun verpflichtet, eigene Streitkräfte aufzustellen. Das Grundgesetz musste dafür wesentlich verändert werden. Mit einer Zweidrittelmehrheit beschloss der Bundestag im März 1956, eine Armee zum Zwecke der Verteidigung aufzubauen, und führte im Juli zum Entsetzen vieler Jugendlicher und aller Pazifisten und Antimilitaristen die allgemeine Wehrpflicht ein.

Sechs Jahre später erinnerte die Journalistin Ulrike Meinhof daran, dass das Grundgesetz von 1948 »Wehrpflicht und Remilitarisierung [...] verfassungsmäßig« ausgeschlossen hatte. Adenauer hatte »den westlichen Alliierten schon 1949 einen deutschen Verteidigungsbeitrag angeboten, [...] hatte also schon sieben Jahre vor den entscheidenden Grundgesetzänderungen seine Politik unbekümmert um Geist und Buchstaben der Verfassung eingefädelt und betrieben. Für eine Remilitarisierung war kein Platz im Grundgesetz, es wurde durch diese sowohl verletzt wie gesprengt«.[20]

Im Oktober 1956 musste die Bundesregierung einräumen, dass 31 von 38 Generälen und 100 von 237 Obersten der neuen Bundeswehr dem Generalstab der Wehrmacht angehört hatten. Erster Generalinspekteur der Bundeswehr wurde der ehemalige Wehrmachts-General Adolf Heusinger. Er hatte »1940 bis 1944 im Oberkommando des Heeres die Funktion des Chefs der Operationsabteilung [...] Das OKH leitete den Vernichtungskrieg gegen die Sowjetunion. Heusinger stand – symbolisch gesprochen – neben Hitler am Kartentisch und wusste selbstverständlich über alle Vorgänge im Osten sehr gut Bescheid, nach eigener Aussage auch darüber, dass sich die Wehrmacht unter dem Deckmantel der ›Bandenbekämpfung‹ an der ›systematischen Reduzierung des Slawen- und Judentums‹ beteiligte« (Wolfram Wette[21]): Der ehemalige Chef der Ostspionage der Wehrmacht, Generalleutnant Reinhard Gehlen, legte der CIA Pläne für einen Putsch in der Bundesrepublik vor, falls »Anhänger einer prosowjetischen Politik« in die Bundesregierung eintreten sollten. Aber Gehlen musste sich keine Sorgen machen. Gleich nach der Gründung der Bundeswehr wurde im August 1956 die KPD vom Bundesverfassungsgericht verboten. Das Verfahren hatte fünf Jahre gedauert. Die Partei war, 1919 von Rosa Luxemburg und Karl Liebknecht gegründet, schon 1933 verboten, ihre Funktionäre, Mitglieder und Sympathisanten verfolgt und zu Zehntausenden ermordet worden. Neben Spanien, wo noch immer der Diktator General Franco herrschte, war die 1949 gegründete Bundesrepublik jetzt der einzige europäische Staat, in dem die kommunistische Partei, elf Jahre nach der Befreiung vom Faschismus, wieder verboten war.

Noch 1956 wurde aus der Organisation Gehlen der Bundesnachrichtendienst (BND) und Gehlen sein Präsident. Im Oktober 1956 wurde Franz Josef Strauß (CSU), ehemaliger Oberleutnant der Wehrmacht und bisheriger Bundesatomminister, Bundesverteidigungsminister. Die NSDAP hatte Strauß noch im Januar 1943 zum »Offizier für wehrgeistige Führung« ernannt.

Im Juli 1956 las die 21-jährige Pazifistin Ulrike Meinhof mit großer Begeisterung einen Artikel von Professor Karl Bechert, einem konservativen Kritiker der Atomenergie, in einer Beilage der *marburger blätter*, die »Zeitkritische Stimme« hieß und eine Koproduktion verschiedener Studentenzeitungen, auch des Hamburger *Studentenkuriers*, war. Bechert warnte vor Atomwaffentests, da sie weltweit die Radioaktivität erhöhten und damit die Gefahren von genetischen Schäden mit sich brächten. Auch Robert Jungks Bestseller *Heller als tausend Sonnen* faszinierte Ulrike Meinhof. Jungk, ein jüdischer Deutscher, der ab 1933 im Exil lebte und seit Jahren über die Gefahren der Atomenergie und die Folgen der Atombombenabwürfe über Hiroshima und Nagasaki recherchierte, kämpfte gegen den Mythos, die zivile Nutzung der Atomenergie sei von der militärischen zu trennen.

Das Atomthema fesselte Ulrike Meinhof so sehr, dass der eine oder andere Marburger Freund sie spöttisch »Atom-Ulrike« nannte. In jener Zeit änderten sich auch ihre Ansprüche an Menschen. Ihre Beziehungen wurden nun stärker politisch und inhaltlich bestimmt, in den Augen mancher vielleicht eher eine Schwäche, aber bei ihr war das eben so.

Im Wintersemester zog Ulrike Meinhof allein in den Steinweg 14. Unverheiratet durften sie und Lothar Wallek wegen des Kuppeleiparagrafen nicht zusammenleben. Renate Riemeck akzeptierte Lothar Wallek, zumindest an dieser Front herrschte Frieden. Dafür stritten Ulrike Meinhof und Lothar Wallek über weltanschauliche Grundfragen. Ihr missfiel, dass sich in seinen Ansichten, wie sie meinte, so oft die offizielle Position der katholischen Kirche widerspiegelte, und sie machte sich Gedanken darüber, was es bedeuten würde, als Protestantin mit einem Katholiken zusammenzuleben. Gleichzeitig hatte sie Probleme mit dem »Elend der evangelischen Kirche«. Einige Pfarrer predigten ihr zu geschwätzig und trieben Intellektuelle wie sie aus der Kirche.

Im Januar 1957 beschloss das Paar, sich zu trennen. Ulrike Meinhof wollte die Stadt verlassen, ihr Studium langweilte sie, vor allem ihr Hauptfach Pädagogik. »Doktormama« Blochmann war zwar eine »verehrungswürdige alte Dame«, die große Pläne mit ihrer Studentin hatte, aber Ulrike Meinhof konnte von ihr nichts mehr lernen.

Ulrike Meinhof und Lothar Wallek waren aber binnen Kurzem so unglücklich über ihre Trennung, dass sie sie nach zwei Wochen wieder aufhoben. Ulrike wollte zwar immer noch an eine andere Universität wechseln, aber sie wollte auch Lothar Wallek gleich nach dem Studium heiraten. Sie war sehr froh, dass sie ihn nicht verloren hatte, und meinte, er habe sich ohnehin längst damit abgefunden, dass er keine perfekte Hausfrau heiraten und ihre Mitgift eines Tages aus nicht viel mehr als einem Haufen Bücher bestehen würde.

In jenen Wochen befasste sie sich mit den Veröffentlichungen des Philosophen und Moralpädagogen Friedrich Wilhelm Foerster, dessen Bücher 1933 in Deutschland verbrannt worden waren und der einen ethisch-christlich begründeten Pazifismus verteidigte. Besonders beeindruckte sie, wie sehr er sich für die soziale Lage der Menschen interessierte.

Wo sollte sie weiterstudieren? Sie beschaffte sich die Vorlesungsverzeichnisse aus München und Bonn, wo Professor Helmut Gollwitzer Marxismus lehrte, was Ulrike Meinhof sehr reizte. Sie hatte begonnen, Texte von Karl Marx und Friedrich Engels zu lesen. Sie wollte gern bei Gollwitzer studieren. Sie hielt es für möglich, Marxistin zu werden, sofern sie herausfand, ob der junge Marx und der alte Marx übereinstimmten.

Renate Riemeck drängte ihre Pflegetochter, für ein Semester an die Pädagogische Akademie nach Wuppertal zu wechseln. Nach einigem Zögern willigte Ulrike Meinhof schließlich ein. Immerhin lebte dort auch Kusine Heidi Leonhardt mit ihrer Tochter Christiane. Im März machte Ulrike Meinhof die letzten Prüfungen in Marburg und war traurig, dass sich die gemeinsame Studienzeit mit Lothar Wallek dem Ende zuneigte. Sie vertrödelte die Tage, langweilte sich, denn Lothar Wallek hatte, Abschiedsschmerz hin oder her, kaum Zeit wegen seiner Diplomprüfung. So besuchte sie Tante Hanni, die Freundin ihrer Mutter, in Westberlin. Die beiden diskutierten viel, Ulrike Meinhof las Dostojewski und Kierkegaard und vergnügte sich in Jazz-Klubs.

Im März 1957 verriet ein britischer NATO-Kommandeur Journalisten, dass bereits US-amerikanische Atomwaffen auf deutschem Boden lagerten. Drei Monate vorher hatte Verteidigungsminister Strauß erklärt, dass die Atombewaffnung beschlossene Sache sei. Viele Bundesbürger waren darüber empört. Auf einer Pressekonferenz am 5. April 1957 versuchte Bundeskanzler Adenauer die Öffentlichkeit zu beschwichtigen: »Die taktischen Atomwaffen sind im Grunde nichts anderes als eine Weiterentwicklung der Artillerie.«[22] Damit provozierte er die erste große Atomdebatte in der Bundesrepublik.

Sieben Tage später gingen 18 vorwiegend konservative Atomforscher – unter ihnen Max Born, Otto Hahn, Werner Heisenberg, Carl Friedrich von Weizsäcker und Max von Laue – mit der »Göttinger Erklärung« an die Presse und warnten vor einer Atombewaffnung der Bundeswehr: Die Bundesrepublik fördere »den Weltfrieden [...] am ehesten« mit dem »ausdrücklichen und freiwilligen« Verzicht »auf den Besitz von Atomwaffen jeder

Art«, äußerten sie darin. Keiner von ihnen sei bereit, sich »an der Herstellung, der Erprobung oder dem Einsatz von Kernwaffen zu beteiligen«. Ulrike Meinhof war von dem Manifest tief beeindruckt, auch die Mehrheit der Bundesdeutschen teilte die Ansicht der Wissenschaftler.

Damit wuchs der Druck auf Adenauer immens: Zur Befriedung der öffentlichen Meinung lud er fünf der Atomphysiker zum Gespräch ins Palais Schaumburg und empfing sie in Begleitung von Verteidigungsminister Franz Josef Strauß (CSU), Staatssekretär Walter Hallstein (CDU) vom Auswärtigen Amt, Generalinspekteur Adolf Heusinger, Generalleutnant Hans Speidel (wie Heusinger ein Ex-Wehrmachtsgeneral) und Staatssekretär Hans Globke, einem berüchtigten NS-Juristen. Ihnen gelang es, die Atomforscher dazu zu bewegen, sich bis zur Bundestagswahl nicht mehr öffentlich zu äußern. Adenauer konnte jedoch nicht verhindern, dass sich einzelne Gewerkschaften, Kirchengemeinden, Gemeindeparlamente und viele antimilitaristische Initiativen mit den attackierten Forschern solidarisch erklärten.

Am 23. April 1957, einem Ostersonntag, wurde Albert Schweitzers Appell zur Einstellung der Kernwaffenversuche vom norwegischen Rundfunk über mehr als 100 Radiosender in alle Welt übertragen. Sein Aufruf habe, so schrieb Robert Jungk später in hoffnungsvoller Übertreibung, »die Flamme der Anti-Atom-Bewegung« als »wahrhaft weltumfassende Bewegung« entfacht.[23] Von Schweitzers rassistischer Seite war damals noch nicht die Rede. Ulrike Meinhof jedenfalls beschäftigte sich von nun an noch intensiver mit dem Thema Atomkraft. Sie kam eben von einer Paris-Reise mit Lothar Wallek zurück.

Von Mai bis Juli 1957 studierte sie an der evangelischen Pädagogischen Akademie Wuppertal, einer Fachhochschule, die als »rot« galt. Tatsächlich gab es – im Detail bis heute noch unerforschte – Beziehungen einiger Hochschullehrer zu den sozialistischen Pazifisten des »Schwelmer Kreises«. Das war ein Zusammenschluss von Pädagogen aus der Bundesrepublik und der DDR, die sich regelmäßig trafen – die Mauer existierte ja noch nicht. Diesem Kreis gehörten auch Dozenten anderer pädagogischer Hochschulen an, so auch Joseph Antz, der Dezernent der Pädagogischen Akademien in Nordrhein-Westfalen. Für die sozialistisch-reformpädagogische Zeitschrift des »Schwelmer Kreises« *Schule und Nation* schrieb Renate Riemeck regelmäßig, bald auch für die von Carl Graf von Westphalen geleiteten *Blätter für deutsche und internationale Politik*, einem Medium von linken, pazifistischen sowie atomwaffenfeindlichen Regierungsgegnern. Riemeck pflegte auch enge Kontakte zur inzwischen illegalen KPD.

In jenen drei Monaten wohnte Ulrike Meinhof bei ihr und ihrer Lebensgefährtin Holde Bischoff. Riemeck kam ihr umgänglicher vor, ihr missfiel aber die traditionelle Rollenverteilung des Paars. Holde Bischoff organisierte den Haushalt, war Krankenschwester, Physiotherapeutin, Sekretärin und Reiseorganisatorin der viel beschäftigten Professorin. In ihren Lebenserinnerungen schrieb Renate Riemeck Jahrzehnte später über Holde Bischoff, mit der sie 47 Jahre zusammenlebte, wie ein Patriarch über eine Hausangestellte: Sie »›regiert‹ [...] in meiner oft recht komplizierten Haushaltung, die längst aus den Fugen geraten wäre, würde sie nicht mit sanfter Gewalt für jenes Mindestmaß an Ordnung sorgen, das für einen ›Schreiberling‹ meiner Art unabdingbar ist«.[24]

Über Riemeck lernte Ulrike Meinhof Kommunisten kennen. Von ihnen erfuhr sie, dass ihre Partei nach dem Verbot von 1956 zwangsaufgelöst und enteignet worden war. Sie hörte auch zum ersten Mal, dass Menschen, die wegen ihrer politischen Gesinnung bereits in der Nazizeit verfolgt worden waren, nun erneut politisch verfolgt wurden.

Am Ende des Semesters zog es Ulrike Meinhof wieder nach Marburg. Am 9. Juli 1957 nahm sie dort an einer außerordentlichen Studentenvollversammlung teil, das Audimax platzte fast aus den Nähten. Der Sozialistische Deutsche Studentenbund (SDS) und der Christlich-Demokratische Hochschulring hatten beantragt, sich mit den »Göttinger 18« zu solidarisieren und sich ihrem Appell anzuschließen. Der studentische Ältestenrat verhinderte die Abstimmung. Die Studenten hätten diese politische Zensur natürlich ignorieren können, auch ein vermeintlich unverbindliches Meinungsbild hätte die Mehrheiten geklärt. Aber es kam – zur großen Enttäuschung von Ulrike Meinhof – zu keiner Abstimmung. Jeder Gedanke, vielleicht erneut in Marburg zu studieren, verflog sofort wieder. Ende Juli 1957 suchte sie sich ein

Zimmer in Münster, blieb aber bis zum Semesterbeginn im Oktober in Lothar Walleks Nähe in Marburg. Ihr graute es davor, in Münster bald wieder ohne ihn zu sein. In der Nähe von Lothar arbeitete sie ruhiger. Er hatte mit seiner Abschlussprüfung zu tun und sie las Werke von antifaschistischen Christen wie Dietrich Bonhoeffer und Karl Barth, insgesamt einen Riesenstapel christlicher Ethik. Und sie schrieb an ihrer Arbeit über den deutschen Philosophen und Pazifisten Friedrich Wilhelm Foerster, über den sie auch promovieren wollte. Foerster, der zu jener Zeit auf Kur war, empfing sie zu einem Gespräch. Sie hatte eine lange Fragenliste vorbereitet, auch kritische Fragen, denn er war ihr in manchen Ansichten zu dogmatisch. Sie war zu der Einsicht gekommen, dass die Welt nicht auf religiöser Grundlage aufgebaut werden könne.

Die Sonntage verbrachten Ulrike Meinhof und Lothar Wallek mit Spaziergängen, Kochen, Musikhören und Lesen. Sie besuchten Kunstausstellungen und Wahlveranstaltungen verschiedener Parteien, denn im September waren Bundestagswahlen. »Ich wähle den ›Untergang Deutschlands‹, die SPD«, sagte sie, auf den Wahlslogan der CDU anspielend. Aber die CDU/CSU gewann mit 50,3 Prozent die absolute Mehrheit und der von Ulrike Meinhof verehrte Gustav Heinemann zog für die SPD in den Bundestag ein.

Ulrike Meinhofs Freundeskreis war klein. Sie traf Eva-Maria wieder, mit der sie seit der Cäcilienschule befreundet war und lernte nun deren Freund Heiner Frick kennen. Ulrike Meinhof hielt es für besser, sparsam mit Freundschaften umzugehen. Lothar Wallek bestand sein Diplom und hatte Aussicht auf ein Promotionsstipendium – wenn auch mit einiger Mühe, denn seine atomphysikalische Arbeit war experimentell und schwer erklärbar. Am 7. Oktober 1957, an dem Tag, an dem Ulrike Meinhof 23 Jahre alt wurde, nahmen sich die beiden frei, sie kaufte ein, er kochte und ihre Wirtin erlaubte ausnahmsweise Herrenbesuch. Beide hatten das Gefühl, ihre glücklichste Zeit miteinander zu verleben.

*Das kommt davon, wenn sich kleine Mädchen
in die große Politik einmischen*

Atomwaffengegnerin
Münster, 1957–1958

Sollte sie an die Universität Oxford gehen? Professorin Blochmann bemühte sich für sie um ein Stipendium. Es reizte Ulrike Meinhof, aber sie hatte begonnen, sich mit den deutschen Verhältnissen auseinanderzusetzen, und dann war da noch Lothar Wallek. Aber sie versprach Blochmann zu promovieren. Am 2. November 1957 zog sie in ihr neues Zimmer in der Steinfurter Straße 36 in Münster. »Sind Sie katholisch?«, fragte die Wirtin. Ulrike Meinhof durfte kein Bild an die geblümten Wände hängen, kein Bücherbord aufstellen, weder Geige spielen noch Radio hören, aber sie hatte ein Bad. Nach zwei Wochen gab sie ihr Zimmer an eine Kommilitonin weiter, der Badbenutzung wichtiger war als persönliche Freiheit, und fand ein neues Quartier, wo sie tun und lassen konnte, was sie wollte – bloß weg von diesen Vorschriften und Maßregeln. Sie hasste Sprüche wie »das tut man« oder »das tut man nicht«, egal ob sie aus dem Mund eines Spießbürgers oder eines Philosophen namens Kant kamen.

Das Pädagogik- und das Kunstgeschichtsstudium fand sie anregender als in Marburg, sie fühlte sich endlich wieder gefordert. Sie setzte sich immer in die erste Reihe und begriff bald, dass sie eine Brille brauchte. »Sehe ich nicht aus wie ein Vamp?«, fragte sie Lothar Wallek, als sie ihm ihre erste Brille vorstellte. »Nicht wie ein Vamp, sondern wie ein intellektuelles Püppi«, spottete der. Sie grinste: »Quatsch, ich bin eine verarmte Suffragette.« Die Beziehung der beiden war innig und »idyllisch«, sexuelle Treue war für Ulrike kein prinzipieller Wert.

»Ich lerne sehen«, sagte sie und meinte nicht die neue Brille, sondern ihr Kunstgeschichtsstudium. Sie studierte Giotto, schwärmte für Nolde, war noch skeptisch gegenüber abstrakter Malerei und reflektierte zugleich ihre diesbezüglichen Vorurteile. Sie fand ihren Weg zur Moderne über den Expressionismus und knüpfte, ohne es zu wissen, dort an, wo ihr Vater einen verächtlichen Schnitt gemacht hatte. Gerade das »Ausgekotzte« in der Malerei reizte sie, Bilder, deren Kraft nicht durch akademische Filter verwässert wurde. Bald lernte sie auch, den einen oder anderen abstrakten Maler zu lieben.

Kunst und Politik hingen für Ulrike Meinhof zusammen. Niemand verstand, wie sehr sie Fernand Léger verehrte. Es faszinierte sie, dass der Maler zu verwirklichen schien, was in der DDR sozialistischer Realismus genannt wurde. Weniger schön fand sie, dass die Menschen in Légers Bildern hart und unnachgiebig wirkten, fast brutal, während ihr die Maschinen lebendig und weich vorkamen.

Bis auf Lothar Walleks gelegentliche Besuche oder ihre Fahrten nach Marburg führte sie im Wintersemester 1957/58 in Münster ein zurückgezogenes Leben. Sie las die ersten Bände von Marcel Prousts *Auf der Suche nach der verlorenen Zeit*. Sie fand ihre eigene Sprache dagegen mittelmäßig. Sie blieb für sich und sammelte, was immer sie an politischen Informationen bekommen konnte, aus dem Radio, den Zeitungen, den Büchern. Über Faschismus, Wiederbewaffnung und Atomwaffen wollte sie alles genau wissen. Am 23. Januar 1958 kritisierte der SPD-Bundestagsabgeordnete Gustav Heinemann bei einer Rede im Bundestag Bundeskanzler Adenauer heftig: Seine Außenpolitik sei verfehlt, er nutze Chancen auf die Wiedervereinigung nicht und der Plan des polnischen Außenministers Rapacki zur Schaffung einer atomwaffenfreien Zone in Deutschland sei im Augenblick die einzige Chance für eine deutsch-deutsche Annäherung. Ulrike Meinhof war hellauf begeistert von seinen Worten. Der erweiterte Rapacki-Plan sollte Polen, die Sowjetunion, die DDR und die Bundesrepublik umfassen; im Januar 1958 verlangten fast 10 000 Wissenschaftler von der UNO die Unterzeichnung eines Atomteststopp-Vertrags. Eine Emnid-Umfrage im Februar ergab, dass 83 Prozent aller Befragten in der Bundesrepublik gegen Atomraketen waren. Ulrike Meinhof spürte, wie eine politische Bewegung entstand, und sie empfand sich als Teil von ihr.

Der SPD wurde bewusst, dass sie ohne die Unterstützung der Anti-Atomwaffen-Bewegung die 33-Prozent-Hürde im Bundestag – das war die Sperrminorität bei Grundgesetzänderungen – nie überwinden würde. Die Partei beschloss daher, eine »Kampf dem Atomtod«-Kampagne in Gang zu setzen und sie gleichzeitig unter ihrer Kontrolle zu halten. Für den 23. März, parallel zu einer mehrtägigen Bundestagsdebatte, lud sie zu einer Kundgebung nach Frankfurt am Main ein. Neben SPD-Funktionären nahmen Prominente wie Helmut Gollwitzer, Heinrich Böll, Eugen Kogon, Erich Kästner und Hans Henny Jahnn daran teil.

Knapp einen Monat zuvor war der Presse in Köln ein von 44 Professoren unterzeichneter Aufruf an die Gewerkschaften für eine atomwaffenfreie Zone in Mitteleuropa überreicht worden. Initiiert hatte ihn Renate Riemeck. Die Unterzeichner waren bekannte evangelische Theologen und Naturwissenschaftler, die aus dem Umfeld der *Blätter für deutsche und internationale Politik* kamen. Renate Riemeck und Martin Niemöller waren in den zentralen Arbeitsausschuss der neu gegründeten »Aktionsgemeinschaft gegen atomare Aufrüstung« gewählt worden, die bereits am 9. März in Frankfurt am Main eine Konferenz abgehalten hatte, an der auch Ulrike Meinhof teilnahm.

Für die kleine Münsteraner Studentenzeitschrift *Semesterspiegel* und für die *Stimme der Gemeinde* schrieb sie nun regelmäßig Artikel. Beeinflusst von Foerster, Niemöller, Heinemann und dem evangelischen Pfarrer Herbert Mochalski, leitete sie darin beispielsweise den Widerstand gegen Atomwaffen aus dem Neuen Testament her. Von Mochalskis Vergangenheit als SA-Obertruppführer wusste sie nichts. Für die *Stimme* schrieb auch die Göttinger Pazifistin Elisabeth Heimpel, mit der sie sich anfreundete. Heimpel hatte im Juni 1957, kurz nach der Erklärung der Göttinger 18, mit einer Reihe von prominenten Frauen – fortschrittlichen, aber auch solchen mit Nazi-Vergangenheit wie Ingeborg Meinhofs Lieblingsschriftstellerin Ina Seidel – einen überparteilichen Anti-Atomwaffen-Aufruf veröffentlicht, für den auch Ulrike Meinhof Unterschriften sammelte.

In den Semesterferien im März und April 1958 mietete Ulrike Meinhof sich in Marburg ein kleines Zimmer in der Mainzer Gasse 28, in demselben Haus, in dem auch Lothar Wallek wohnte.

Das Paar beschloss, nicht mehr zu warten, sondern Ende des Jahres zu heiraten. Auch die lästige Konfessionsfrage war geklärt: Lothar Wallek war bereit, evangelisch zu werden. Sie würden sich eine gemeinsame Wohnung suchen oder, falls dies zu teuer war, zwei leere, nebeneinandergelegene Zimmer mieten, diese aber mit neuen Möbeln und Bildern einrichten und auf ein Auto verzichten, das war viel zu teuer.

Ulrike Meinhof besuchte im April Elisabeth Heimpel in Göttingen. Sie erzählte ihr von ihrem Ärger mit der Kirche, von ihrer drängenden Lust auf politische Praxis und von ihrer Furcht vor dem Verfassungsschutz und polizeilichen Schikanen, wie andere junge Linke sie erlebten. Heimpel berichtete der jungen Freundin, dass am 20. Mai gleichzeitig an so vielen Universitäten wie möglich Anti-Atom-Kundgebungen stattfinden sollten. Ulrike war elektrisiert. Nie hätte sie gedacht, dass sie politisch aktiv würde. Aber nun hatte sie politische Pläne und hoffte, in Münster Komplizen zu finden.

Was konnte sie bis dahin selbst tun? Zunächst bat sie die Studienstiftung des Deutschen Volkes, von der sie ihr Stipendium bezog, alle Stipendiaten über die Gefahren von Atomwaffen zu informieren oder ihr eine Liste ihrer Adressen bereitzustellen, um ihnen ein entsprechendes Rundschreiben zuzuschicken. Natürlich bekam sie die Adressen nicht. Als Nächstes beantragte sie beim Ausschuss der SPD-Kampagne »Kampf dem Atomtod« Geld für eine Anti-Atomwaffen-Anzeige in der *Welt*. Selbstverständlich gleichfalls vergeblich.

Ostern 1958 verlobten sich Ulrike Meinhof und Lothar Wallek offiziell. Die Verlobungskarte schmückte ein selbst gefertigter, abstrakter zweifarbiger Linolschnitt, auf der Rückseite stand geschrieben: »Dr. Werner Meinhof und Dr. Ingeborg Meinhof würden sich sicher über die Verlobung ihrer Tochter Ulrike-Marie mit Herrn Lothar Wallek gefreut haben. Dies gebe ich sehr gerne bekannt. Renate Riemeck. Wuppertal-Elberfeld, Am Wasserturm 41«. Und daneben: »Wir haben uns verlobt. Ulrike Marie Meinhof stud. phil. / Lothar Wallek cand. phys. Ostern 1958. Münster, Steinfurter Straße 36 / Marburg/Lahn, Mainzergasse 28«.

Lothar Walleks Vater, der länger als ein Jahr nicht mit seinem Sohn gesprochen hatte, antwortete kühl: »Wenn ihr nun schon

Ringe trägt, dann stelle uns deine Braut vor.« So fuhren sie am 16. April mit besten Vorsätzen in den Ort Freienohl im Kreis Arnsberg im Sauerland. Die Stimmung dort war eisig, aber die beiden blieben fest entschlossen zu heiraten, sobald Lothar Wallek sein Diplom im Juli bestanden hatte. »Was soll ich euch zur Verlobung schenken?«, fragte Wienke Meinhof, die inzwischen als Volksschullehrerin in Wuppertal arbeitete. Weil sie keine Verlobungsfeier veranstalten wollten, bat Ulrike Meinhof nur um kleine Geschenke wie eine Kaffeekanne oder ein Sofakissen – nur den Bezug oder das Innere –, eine Tischdecke oder ein Schneidebrettchen.

Zielstrebig besuchte sie Ende April in Münster zum ersten Mal eine Versammlung des Sozialistischen Deutschen Studentenbundes (SDS). Es waren nur Männer anwesend. Ihnen trug sie ihr Anliegen vor: »Ich will einen studentischen Arbeitskreis gegen Atomwaffen aufbauen und suche Mitstreiter.« Fünf bis sechs SDSler, unter ihnen der Jura-Student Jürgen Seifert, der Mitglied der SPD war, folgten ihrem Aufruf. In gleicher Angelegenheit besuchte Ulrike Meinhof auch den Liberalen Studentenbund (LSD) und die Evangelische Studentengemeinde (ESG) und gründete wenige Tage später, Anfang Mai 1958, mit rund 20 Studenten den »Studentischen Arbeitskreis für ein kernwaffenfreies Deutschland, Münster (Westfalen)«. Die Mitglieder trafen sich jeden Mittag in der Mensa der Evangelischen Studentengemeinde, aßen zusammen und bereiteten die Aktionen vom 20. Mai vor: Sie schrieben Flugblätter und gestalteten Plakate. Die viele Arbeit im Kollektiv gefiel ihr: Diese Gruppe festigte sie. Dabei hatte sie geglaubt, dass sie nicht organisieren könne und viel zu phlegmatisch sei, um jemals politisch aktiv werden zu können.

Ulrike Meinhof verfasste zusätzlich einen offenen »Brief an die Studentenschaft«, der von 18 Mitgliedern des Arbeitskreises unterzeichnet und neben einem Flugblatt zur Vorbereitung der Kundgebung in hoher Auflage in der gesamten Universität verteilt wurde:

»Wir Studenten können und dürfen in dieser Auseinandersetzung nicht länger schweigen [...] Im Grundgesetz [steht], dass in unserer Demokratie alle Gewalt vom Volke ausgeht und dass unser Parlament repräsentativ ist für die Mehrheitsverhältnisse des Volkes.« Und »wenn das Parlament in einer lebenswichtigen Frage nicht mehr die Meinung des Volkes repräsentiert? Da gibt es nur zwei Antworten: entweder wir schweigen, wir geben zu, dass wir nicht mehr demokratisch regiert werden« oder aber wir übernehmen, »was an Verantwortung auf uns liegt«. Nie vergessen werden dürfe, dass »die Frage der atomaren Aufrüstung [...] jeden von uns« angehe, weil »jeder von einem Atomkrieg betroffen wäre, jeder von einer friedlichen Lösung der Spannungen zwischen Ost und West, jeder von einer Diktatur östlicher Prägung«. Wenn immer mehr Länder immer mehr Atomwaffen besitzen, wachse »die Gefahr eines Krieges, der ›aus Versehen‹ entsteht«. Am Ende des Briefes bat sie darum, die Atomrüstungsgegner weder persönlich zu diffamieren noch politisch zu denunzieren, und erinnerte an den NS-Faschismus: »Wir wollen uns nicht noch einmal wegen ›Verbrechen gegen die Menschlichkeit‹ vor Gott und den Menschen schuldig bekennen müssen.«[25]

Kurz vor dem Aktionstag, Mitte Mai 1958, lud der Hauptausschuss der bundesweiten studentischen Anti-Atom-Ausschüsse zu einer Pressekonferenz nach Bonn ein. Ulrike Meinhof vertrat dort den Münsteraner Ausschuss. Für *konkret*, ein viel gelesenes Hamburger Blatt, das seit drei Jahren auf dem Markt war und dessen Autoren so prominente Kriegs- und Atomgegner wie Karlheinz Deschner, Hans Magnus Enzensberger, Gustav Heinemann, Hans Henny Jahnn, Erich Kuby, Ernst Rowohlt und Martin Niemöller waren, erschien Chefredakteur Klaus Rainer Röhl. Ulrike Meinhof fand ihn unsympathisch und beachtete ihn nicht weiter. *konkret* las sie damals nur unregelmäßig.

Sie fing an, ihr Studium zu vernachlässigen. Vieles war völlig neu für sie: Verhandlungen mit dem Senat der Universität und dem Polizeipräsidium. Der Arbeitskreis schob sie nach vorn, weil eine »Dame« als besseres Aushängeschild galt. Sie teilte Elisabeth Heimpel mit, dass die Kundgebung am 20. Mai in Münster feststehe, und bat sie um eine Spende für die Arbeit des Ausschusses, die sie prompt erhielt. Bald klebten fast 200 Plakate und kursierten 15 000 Flugblätter in Münster. Der Senat verbot, die Flugblätter auf dem Unigelände zu verteilen, und verscheuchte die Studenten in die Straßen von Münster, was ungewollt der Mobilisierung nützte. Auch AStA und Studentenparlament, in denen es rechte Mehrheiten gab, weigerten sich, die Aktion zu unterstützen. Eine Absage kam auch von der Gewerkschaftsjugend. In einem Brief vom 16. Mai bat Ulrike Meinhof, so optimistisch wie vergeblich, die Professoren der Universität Münster, ihre Lehrveranstaltungen am Tag der Kundgebung ausfallen zu lassen oder früher zu beenden, damit alle Studenten an den Protestaktionen teilnehmen könnten.

Unter den kritischen Studenten hatte sie sich bereits Respekt verschafft, gleichzeitig musste sie aber auch bittere neue Erfahrungen machen: Beim Flugblattverteilen wurde sie aggressiv beschimpft und hörte zum ersten Mal Sätze wie: »Euch müsste man vergasen«, »Hitler hat euch vergessen« oder »Geht doch nach drüben«. Sie beobachtete »faschistische Manieren« auch bei Podiumsdiskussionen, etwa wenn Atomwaffengegner wie Professor Walter Hagemann (CDU), der wenig später aus seiner Partei geworfen wurde, oder Dr. Erich Küchenhoff von CDU-nahen Studenten hasserfüllt »niedergezischt« wurden. Sie zititerte Heinrich Heines *Wintermärchen:* »Denk ich an Deutschland in der Nacht, dann bin ich um den Schlaf gebracht«.[26] Sie bezweifelte, in einer Demokratie zu leben, und hatte fast mehr Angst vor einem Wiederaufleben des NS-Faschismus als vor einem Atomkrieg.

Am Dienstag, den 20. Mai 1958, um 19:15 Uhr, stand sie konzentriert und gelassen auf einer kleinen Bühne auf dem Hindenburgplatz in Münster und hielt mit klarer Stimme die erste Kundgebungsrede ihres Lebens. Etwa 1200 Menschen hörten ihr zu. Jürgen Seifert und ein anderer Student hielten hinter ihr ein Transparent hoch: »Für ein kernwaffenfreies Deutschland«. Andere Mitstreiter erinnerten mit Plakaten an Hiroshima und die furchtbaren Schäden, die durch radioaktive Strahlung hervorgerufen wurden. Nach ihr sprachen Professor Paul Jacobs und der Jura-Student Franz Ziegler, anschließend zogen 500 Menschen in einem Schweigemarsch durch Münster. Niemand brüllte, wie sonst üblich, »Landesverräter!« oder warf Schmähzettel auf die Demonstranten wie vier Wochen zuvor in Westberlin.

In 14 bundesdeutschen Hochschulstädten gab es an jenem Tag Kundgebungen und Schweigemärsche mit zwischen 10 000 und 20 000 Teilnehmern. In Marburg sprach Martin Niemöller, in

München hielten Erich Kästner und Graf Schenk von Stauffenberg eine Rede, in Westberlin war es Helmut Gollwitzer und in Bonn Herbert Mochalski.

Ulrike Meinhof war stolz und erleichtert; 1200 Teilnehmer waren für Münster ein unerwarteter Erfolg. Sie bedankte sich bei Elisabeth Heimpel für ihre Unterstützung. »Ohne Ulrike Meinhof hätten wir das nie gemacht, ohne sie wäre weder die Kundgebung noch die Demonstration zustande gekommen«, sagte Jürgen Seifert. »Das war für Münster in der Restaurationsphase der Bundesrepublik ein ungeheures Ereignis. An diesem Tag habe ich zum ersten Mal eine neue Rosa Luxemburg gehört.«

Presseberichte über den 20. Mai in ihren Schaukästen aufzuhängen, verbot ihnen der Senat der Universität, das seien politische Informationen, die dort nichts verloren hätten. Natürlich galt das, wie so oft, nur für oppositionelle, staatskritische Informationen. Ulrike Meinhof befürchtete Schwierigkeiten bei der offiziellen Zulassung ihres Arbeitskreises als Hochschulgruppe.

Sie sah sich nicht nur den kirchlichen Bruderschaften eng verbunden, sondern jetzt auch dem linken, marxistischen Flügel der SPD, während die Führungsschicht der SPD auf dem Weg zur Regierungsbeteiligung alles abwarf, was junge Linke wie Ulrike Meinhof anzog. Sie gehörte nicht zu denen, für die sich die Führung der SPD interessierte, denn diese suchte eher nach jungen Leuten, die sich anpassten. Die Janusköpfigkeit der Partei offenbarte sich auf dem Bundesparteitag im Mai 1958: Während Teile der SPD hofften, die Kampagne gegen die Atomrüstung werde ausgeweitet, wollte die Mehrheit der Parteilinken die Sozialisierungsillusionen austreiben, den NATO-Partnern die wehrpolitische Zuverlässigkeit der SPD beweisen und das spätere Godesberger Programm vorbereiten. Einige Redner auf dem Parteitag beschworen noch wortreich die »Kampf dem Atomtod«-Kampagne, aber der neu gewählte stellvertretende Partei- und stellvertretende Fraktionsvorsitzende Herbert Wehner meinte durchaus Menschen wie Ulrike Meinhof, als er sagte, es sei geradezu gefährlich, »Stimmungen zu wecken und Personen zu sammeln, mit denen die Sozialdemokratie dann von einem bestimmten Punkt an gar nicht mehr« weiterkönne.

Die Botschaft der SPD-Spitze wurde auch in Münster verstanden. Kurz nach dem 20. Mai kam es im dortigen Anti-Atom-Ausschuss zu einer Auseinandersetzung. Lothar-Wilhelm Koring, SDS-Kreisvorsitzender und seit vier Jahren SPD-Mitglied, drohte Ulrike Meinhof mit einer Verleumdungsklage, was er bis heute bestreitet. Anlass und Inhalt sind nicht mehr zu rekonstruieren. Nach ihrer Empfindung veranstaltete er ein regelrechtes Kesseltreiben gegen sie. Sie schlief schlecht und rauchte zu viel. Vor der nächsten Sitzung des Arbeitskreises Anfang Juni graute ihr. Sie wollte lieber Tausende von Flugblättern verteilen, als sich solchen Intrigen auszusetzen, wenn ihr der Kampf gegen Atomwaffen nicht so wichtig gewesen wäre. Falls es Koring gelänge, den Arbeitskreis auf seine Seite zu ziehen, wollte sie mit politischen Freunden blitzschnell einen neuen gründen. »Du bist verrückt, dich nicht abzusprechen«, redeten ihr Freunde im Anti-Atom-Ausschuss zu, »dann verlierst du gegen Koring und der Arbeitskreis bricht auseinander.« Sie zögerte aus moralischen Gründen zu »fraktionieren«. »Wie willst du dich denn sonst wehren?«, fragten ihre Freunde. Schließlich gab sie nach und nannte es »Notwehr«, um den Arbeitskreis als unabhängigen Teil des Widerstands zu retten. Die SPD brauchte die Reaktion, damit legitim schien, was sie tat; Revolutionäres erwartete sie von dieser Partei nicht. Sie selbst fühlte sich durch die Absprachen geschützt. Ihre Naivität gegenüber politischen Machenschaften war dahin.

Einige von Korings Leuten informierten sie über seine Pläne – heimlich, denn Koring habe gedroht, ihnen die Stipendien der SPD-nahen Hans-Böckler-Stiftung streichen zu lassen, wenn sie sich offen gegen die Wünsche der SPD-Führung stellten. Auch Riemeck mutmaßte, Koring könne den Auftrag der SPD haben, Leute wie ihre Pflegetochter auszubremsen. Ulrike Meinhof und ihre Freunde gewannen in diesem Konflikt und Koring trat aus dem Anti-Atom-Ausschuss aus.

Ulrike Meinhof zog wieder einmal um, dieses Mal in den kleinen Schuppen am Haus, in dem sie bisher gewohnt hatte. Außen war es schäbig, aber innen gemütlich. Sie hatte ein breites weiches Bett, einen Kleiderschrank, Holzdielen, neue Tapeten und einen eigenen Eingang. Aus ihrem Fenster beobachtete sie oft Susi und Paul, die Enkel ihrer Vermieterin, die meist stritten. Ulrike Meinhof schrieb später: »Dann kam die Mutti [...] Es gab

Schläge und Schimpfe, – eben das, was man in Deutschland oft noch für Erziehung hält [...] Paul machte [...] noch täglich in die Hose. Sein Blick war blöde, seine Fingernägel bekaut, die Beine bekleckert mit Kot.«[27] Sechs Jahre später versuchte sie herauszufinden, was aus den Kindern geworden war.

Lothar Wallek besuchte sie für ein paar Tage. Er wusste, wie viel Kraft sie in ihre politische Arbeit steckte und welche Konflikte sie durchstehen musste. Deshalb überraschte er sie mit einem Reiseplan, dem sie begeistert zustimmte: vier Wochen Sommerferien auf der Ostseeinsel Fehmarn.

Am 7. Juni 1958 trafen sich die Delegierten aller westdeutschen studentischen Anti-Atom-Ausschüsse zu einer Konferenz in Frankfurt am Main. Koring reiste bereits einen Tag früher an. Ulrike Meinhof ahnte, dass neue Konflikte mit der SPD anstanden. Sie wollte solche Auseinandersetzungen nicht. Aber sie hoffte, dass sich die Kleinarbeit eines Tages in große Aktionen umsetzen lasse. Sie hoffte auf einen Generalstreik oder das Sabotieren des Baus von Raketenabschussbasen. Laut Umfrage des Allensbacher Instituts für Demoskopie im April 1958 waren 52 Prozent der Westdeutschen für einen Streik, wenn er half, die atomare Bewaffnung der Bundeswehr zu verhindern.

Aufgabe des zentralen Hauptausschusses war es, auf der Tagung in Frankfurt alle zentralen Projekte zu koordinieren. Geleitet wurde er von Carl-Christian Kaiser. Obwohl die studentischen Ausschüsse offiziell parteiunabhängig und autonom waren, war es der SPD gelungen, über einige Gruppen des SDS, der damals noch die Studentenorganisation der SPD war, mit Kaiser »ihren« Mann an der Spitze zu platzieren. Die Zeitschrift *konkret* kooperierte in manchen Städten, wie etwa in Westberlin und in Hamburg, längst mit den örtlichen Anti-Atom-Ausschüssen – sehr zum Missfallen der SPD. Die KPD hatte vor, solche Kooperationen auch in anderen deutschen Städten einzufädeln. Klaus Rainer Röhl bat deshalb Kaiser darum, den Berliner *konkret*-Redakteur Reinhard Opitz über diese Zusammenarbeit berichten zu lassen. Kaiser lehnte ab. Auch der Hauptausschuss beschloss, keine Verbindung mit *konkret* einzugehen und dies auch den örtlichen Ausschüssen zu empfehlen. Das blieb praktisch folgenlos. Währenddessen wurde in Frankfurt ein viel wichtiger Beschluss gefasst: In Westberlin sollte ein studentischer Anti-Atom-Kongress veranstaltet werden. Ulrike Meinhof, die sich auf der Tagung mit Reinhard Opitz, der Mitglied des Anti-Atom-Ausschusses Berlin war, und mit Eckart Spoo, ebenfalls *konkret*-Redakteur und Mitglied des Anti-Atom-Ausschusses Hamburg, anfreundete, erklärte sich bereit, bei den Vorbereitungen aktiv mitzuwirken – eine Entscheidung, die für sie von weitreichender Bedeutung sein sollte. Dass es ihr trotzdem gelingen würde, gleichzeitig ihre Doktorarbeit ein Stück voranzutreiben, glaubte sie zu jenem Zeitpunkt fest.

Auf der Rückreise von Frankfurt nach Münster überfiel sie die Sehnsucht nach Lothar Wallek. Nachts um 1:30 Uhr klingelte sie ihn in Marburg aus dem Schlaf. Sie blieb eine Nacht und einen sonnigen Tag, versicherte sich seiner Zuneigung und seiner Zustimmung zu ihren politischen Aktivitäten und fuhr heiter nach Hause zurück.

In Münster stürzte sie sich sogleich ins Geschehen. Sie organisierte mit dem dortigen Anti-Atom-Ausschuss eine Tag- und Nachtwache »für ein kernwaffenfreies Deutschland«. Trauben von Menschen diskutierten davor bis in die Nacht hinein. Das begeisterte sie. Über das politische Engagement der Studentenschaft machte sie sich trotzdem keine Illusionen. Sie hielt zwei Drittel für indifferent und zwei Drittel vom politisch interessierten Rest für Gegner.

Renate Riemecks »Aktionsgemeinschaft gegen atomare Aufrüstung« hatte die enge Kooperation mit den Gewerkschaften, der SPD und ihrer Basis gesucht. Deren zentraler Arbeitsausschuss hatte im April den »Ständigen Kongress gegen die atomare Aufrüstung der Bundesrepublik« gegründet und lud für den 15. Juni zu einer ersten Tagung nach Gelsenkirchen ein, an der sich jedoch nur wenige Gewerkschaftsfunktionäre, ein kleiner »Kampf dem Atomtod«-Ortsausschuss und zwei Vertreter eines einzigen studentischen Anti-Atom-Ausschusses beteiligten: Peter Meier und Ulrike Meinhof aus Münster.

Renate Riemeck, die 1957 aus der SPD ausgetreten war, hatte sich in Wuppertal der verbotenen KPD weiter angenähert. Das Politbüro der KPD, das sich im Exil in Ostberlin befand, hatte ebenfalls für den Juni 1958 eine »Konferenz der Jugend aus Hütten und Schächten gegen den Atomtod« beschlossen, Hauptrednernerin sollte Renate Riemeck sein. Ein neu gegründeter Initiativausschuss, der offiziell nichts mit der verbotenen Partei zu tun hatte – inoffiziell aber hatte die KPD die neun Namen der jungen Genossen festgelegt, die in Ostberlin in ihre Aufgaben eingewiesen worden waren –, hatte Riemeck besucht und ihr vorgeschlagen, zuvor, nämlich am 11. Mai 1958, eine Veranstaltung in Wuppertal zum Thema »Die Verantwortung der Arbeiterjugend im Kampf gegen den Atomtod« stattfinden zu lassen. Damit diese gut besucht und eindrucksvoll wurde, hatte die Partei namentlich 19 jugendliche Funktionäre aus Zechen, Betrieben und der IG Bau Steine Erden sowie weitere 150 Jugendfunktionäre dorthin beordert. Dort war dann scheinbar »spontan« der Vorschlag für die Juni-Konferenz aufgekommen, und ebenso »spontan« hatte sich ein Vorbereitungsausschuss gebildet, dessen Mitglieder samt Schirmherrin Riemeck ja schon zuvor festgestanden hatten. Auch Redner, Konferenzbeschlüsse und Schlusslied (»Brüder, zur Sonne, zur Freiheit«) waren im Vorfeld festgelegt worden. Erfahrene, zum Teil politisch verfolgte Genossen »betreuten« die Vorbereitungen aus dem Untergrund. Aber eine solche Konferenz hätte andererseits kaum offen vorbereitet werden können.

Diese erzwungene Illegalität beförderte sektiererische Verhaltensweisen und verhinderte eine offene Auseinandersetzung unter Linken. Auch diese Schwächen würden in der westdeutschen Linken noch eine große Rolle spielen.

Der Regierungskurs der SPD und die staatlichen Repressionen gegen die KPD sowie deren anhaltendes Engagement gegen Atomwaffen und Krieg machten die illegale Organisation für einige junge Linke sehr attraktiv. Auch Reinhard Opitz war der KPD beigetreten. Die Partei forderte ihn auf, die Zentralredaktion von *konkret* zu verstärken, und so zog er im Juli 1958 von Westberlin nach Hamburg um.

In der Zwischenzeit hatte Ulrike Meinhof in Münster die Anregung der Westberliner aufgegriffen und ein Informationsblatt mit dem Namen *argument* ins Leben gerufen. Am 21. Juni erschien die erste Ausgabe mit ihr als einziger Autorin. Auf vier Seiten im DIN-A5-Format setzte sie sich mit der Politik der Bundesregierung auseinander und informierte die Leser über den Umfang des Widerstandes, über Schweigemärsche, Streiks, Demonstrationen, Aktionen und Aufrufe. Die Ausgaben Nummer 2 bis 8 verfasste sie zusammen mit Jürgen Seifert. Diese Hefte erschienen innerhalb sehr kurzer Abstände bis zum 18. Juli. Sie schloss nicht mehr aus, von der Universität zu fliegen.

Die SPD verlor im Juli 1958 die Landtagswahlen in Nordrhein-Westfalen und organisierte bis Ende 1958 keine einzige »Kampf dem Atomtod«-Kundgebung mehr, da sie die Unterstützung der Anti-Atom-Bewegung nicht in Wählerstimmen hatte ummünzen können.

In einem Brief an Elisabeth Heimpel berichtete Ulrike Meinhof, dass durch die von ihr mitinitiierten Aktionen in den Seminaren, auf den Fluren und in der Mensa diskutiert und gestritten werde. Die lähmende Indifferenz schien durchbrochen. Aber wie würde es nach den Sommerferien weitergehen? Bis auf den Anti-Atom-Kongress in Westberlin stand nichts fest. Es gab auch praktische Probleme, der Arbeitskreis hatte 500 D-Mark Schulden.

Gemeinsam mit Jürgen Seifert reflektierte Ulrike Meinhof im Juli 1958 in den *Blättern für deutsche und internationale Politik* die bisherige Arbeit: »Die ›skeptisch‹ und unpolitisch gescholtene Generation hat [...] an fast allen Universitäten und Hochschulen Westdeutschlands und Berlins studentische Arbeitskreise gegen Atomaufrüstung konstituiert [...] ein neues politisches Bewusstsein [scheint sich] zu bilden.« Die ersten Aktionen gegen die Atombewaffnung seien noch weitgehend »emotional getragen« gewesen. Es sei nun notwendig, »die atomare Aufrüstung in ihrem großen politischen Rahmen zu sehen«. Die Masse der Studenten stehe zwischen den »Spannungspolen« RCDS und Anti-Atom-Arbeitskreis. Der RCDS sei in der Defensive. Die meisten Studenten würden den Faschismus nur aus Erzählungen ihrer Eltern kennen und sie begegneten »heute zum ersten Male faschistischem und rechtsradikalem Terror«, der »im Gewand der Demokratie wieder in Erscheinung« trete.[28] Zwischen ihrer christlich-emotionalen Rede vom Hindenburgplatz und diesem Text lag ein deutlicher Politisierungsschub.

Bereits zwölf Tage nach dem Frankfurter Delegiertentreffen, am 19. Juni, hatte sie ihren ersten Brief an Reinhard Opitz ge-

schrieben. Sie hatte ihm die gewünschte Adresse von Renate Riemeck geschickt, die die Partei längst besaß, und einen Artikel von
Walter Hagemann, dem umstrittenen CDU-Atomwaffengegner.
Darüber hinaus hatte sie ihr Versprechen erneuert, sich um den
Vertrieb von *konkret* in Münster zu bemühen. Reinhard Opitz
lieferte diesen Brief sowie mindestens acht weitere Briefe von ihr
unverzüglich bei der KPD in Ostberlin ab.

SDS-Genossin
Münster und Westberlin, 1958–1959

Ulrike Meinhof war die einzige Frau im Münsteraner SDS, als sie im Juli 1958 dort eintrat. Sie brauchte eine politische Plattform. Ihr Glaube, in einer Demokratie zu leben, war inzwischen zerbrochen, und sie vermutete auch, dass der Kampf gegen die Atomwaffen am Ende scheitern würde. Sie hielt diese Regierung einfach für »zu brutal«, um sich beeindrucken zu lassen. Ihr Hauptaktionsfeld blieben die Anti-Atom-Ausschüsse und sie arbeitete immer enger mit Reinhard Opitz zusammen, der ja nun in der Hamburger Zentralredaktion von *konkret* tätig war. Sie wusste inzwischen, dass er Mitglied der illegalen KPD war.

Der SDS war zwar noch die Studentenorganisation der SPD, aber er war durch das Verbot der KPD auch ein Sammelbecken für linksintellektuelle, sozialistische und kommunistische Studenten geworden. Der Graben zwischen den parteiführungsloyalen und den unabhängigen sozialistischen Linken im SDS, zu denen Ulrike Meinhof gehörte, wurde durch den Kurs der SPD immer größer, was sich auch in den Anti-Atom-Ausschüssen widerspiegelte.

Am 26. Juli 1958 trafen sich ihre Delegierten erneut in Frankfurt am Main. Dieses Mal hatten die *konkret*-Freunde vor allem zweierlei im Sinn: Sie wollten am geplanten Anti-Atom-Kongress in Westberlin festhalten und die Distanzierung zu ihrer Redaktion aufheben. Die Zeitschrift fand eine Bündnispartnerin in Ulrike Meinhof.

konkret wurde von der KPD finanziert. Richard Kumpf, der Leiter der Jugendabteilung im Zentralkomitee (ZK) der KPD, ließ sich in Ostberlin von Klaus Rainer Röhl über die Frankfurter Konferenz berichten. Dem Politbüro fasste Kumpf Ende Juli den

Bericht so zusammen: »Ulrike Meinhof, Münster (Ziehtochter von Frau Professor Riemeck), stellte den Antrag, falls ein Ausschuss eine Lokalredaktion von *konkret* übernimmt, ist das kein Grund, um diesen von der Zusammenarbeit auszuschließen. Sie stellte weiter einen Misstrauensantrag gegen Kaiser, weil dieser eine Distanziererklärung abgegeben habe, ohne sich vorher die Zustimmung [der lokalen Anti-Atom-Ausschüsse] einzuholen.« Ulrike Meinhof konnte ihren Antrag durchsetzen, die Distanzierung wurde aufgehoben. Röhl habe ihm berichtet, notierte Kumpf, dass Ulrike Meinhof in Münster »großen Einfluss« habe.

Die Konflikte um den für November geplanten Berliner Kongress waren damit noch nicht beendet. Die Berliner SPD mit ihrem neuen Vorsitzenden Willy Brandt, der dem rechten Flügel der SPD angehörte, wollte auf keinen Fall ein NATO-kritisches Spektakel in ihrer Stadt, auch weil Anfang Dezember Wahlen in Westberlin waren. Der Kongress wurde schließlich auf Anfang Januar 1959 verschoben, blieb aber in Westberlin.

Jetzt waren erst einmal Sommerferien. Studiert hatte sie nach eigener Aussage in diesem Semester nicht. Vergnügt ließ sie sich am 1. August 1958 von ihrer Schwester in deren neuem Auto »Pepino« nach Norddeutschland chauffieren. Sie war beeindruckt, wie gut ihre Schwester fuhr. Auf der Insel Fehmarn wartete bereits Lothar Wallek. Mit der Note »Sehr gut« hatte er sein Diplom bestanden, vier Wochen gemeinsame Ferien lagen vor ihnen. Am Anfang, so empfand sie, hatte Lothar es mit ihr als »politischem Frauenzimmer« nicht leicht. Sie mussten sich wieder aneinander gewöhnen. Jetzt waren sie faul, lagen in der Sonne, verspeisten geräucherte Aale, lasen Musil und Proust und sich gegenseitig daraus vor. Ulrike Meinhof hatte Theodor W. Adornos Vorträge über Musik im Radio gehört und begonnen, auch seine Werke zu lesen. Sie hielt ihn wegen seiner Gesellschaftskritik für den ungekrönten König der Studenten, die gegen die Atombewaffnung kämpften.

Von Reinhard Opitz kam eine Karte, sie wehrte seinen Besuch ab, weil sie mit Lothar Wallek ungestört bleiben wollte, und schrieb: »Nun muss ich dich bitten, die Dinge schriftlich zu machen. Aber wenn du dich klar ausdrückst, werd' ich's schon verstehen. [...] Ich glaub', wir sprechen eine ähnliche Sprache, und nach den bisherigen Erfahrungen glaub' ich, dass ich ganz gut kapiere, was ihr meint. Bitte seht davon ab, mich hier in Fehmarn aufzusuchen. Am 1. September bin ich in Marburg/Lahn (Mainzergasse 28). Von dort aus bin ich wieder etwas mehr einsatzbereit.«[29]

Am 15. August traf sich Richard Kumpf mit Klaus Rainer Röhl in einer konspirativen Ostberliner Wohnung, die sich in einer Seitenstraße von Unter den Linden befand. Kumpf protokollierte: Opitz, Röhls »Stellvertreter«, »hat die Studentenabteilung ganz übernommen«. Opitz stelle eine »umfangreiche Personalkartei über die gesamte Studentenschaft in positiver und negativer Hinsicht [zusammen]. Geordnet nach Ortschaften, wenn möglich mit Lichtbildern, ihre gesamte Beurteilung, was sie für Artikel geschrieben haben, was für einen Freundeskreis sie haben, wie ihre Einstellung ist usw.«. Mit dem Stand der Vorbereitungen des Anti-Atom-Kongresses war Kumpf weniger zufrieden: »Im Augenblick entwickelt sich gar nichts. Die Berliner haben den Auftrag, ihn zusammen mit Meinhof vorzubereiten, die aber ebenfalls in Urlaub ist.«

Kaum war Ulrike Meinhof zurück, kündigte Reinhard Opitz für den 12. September seinen Besuch in Marburg an. Er bringe Erika Runge von der Münchner Redaktion und Röhl aus Hamburg mit, um mit Ulrike Meinhof Absprachen für die kommenden Sitzungen zur Vorbereitung des Berliner Kongresses zu treffen.

Die vier verbrachten den warmen Spätsommerabend in einem Gartenlokal am Rand von Marburg und diskutierten bis tief in die Nacht hinein über Politik und Kultur. Opitz' Schwärmerei für Ulrike Meinhof blieb unerwidert und an Jürgen Seifert schrieb sie: »Röhl ist mir nach wie vor ein Fatzke. Aber er ist nicht dumm und ist – darüber bin ich erstaunt – zugänglich für das bessere Argument. Ich war platt, dass er mehrfach in aller Offenheit sagen konnte: Da habe ich mich geirrt. Opitz kannte ich ja schon, und da hat sich an meinem Bild von ihm auch nichts geändert. [...] leider darf es unter keinen Umständen bekannt werden, dass sie hier waren.«[30] Was sie an dem Treffen faszinierte, war nicht einer der beiden Männer, sondern die neue Gemeinschaft: Sie hatte »Komplizen« gefunden, mit denen sie gemeinsam für eine bessere Sache kämpfen konnte.

Am 16. September 1958 schrieb Ulrike Meinhof ihren ersten Brief an Klaus Rainer Röhl. Sie siezte ihn. Sie verteidigte die Autonomie der Münsteraner Gruppe gegen Anmaßungen des Hauptausschusses, gegen eine gewisse Verbindlichkeit habe sie natürlich nichts: Aber »es kommt für Münster überhaupt nicht in Frage, dass es Dinge tut, die nicht dort selbst beschlossen sind«. Sie hatte vor, Jürgen Seifert als einen der Diskussionsleiter für den Berliner Kongress vorzuschlagen, denn »es wäre für Münster nicht gut, wenn es immer mehr den Anschein gewänne, als käme es insgesamt mehr auf mich als auf alle anderen Münsteraner an«.[31]

Die Genossen in Ostberlin wollten die junge Frau endlich kennenlernen und luden sie zu einem Treffen ein, das Ende September oder Anfang Oktober 1958 stattfand. Ob bei dieser Einladung auch Riemeck ihre Finger im Spiel hatte, ist offen. Ulrike Meinhof sah ihre Pflegemutter nur noch selten, das Verhältnis der beiden war distanzierter, dafür aber entspannter.

Reinhard Opitz und Klaus Rainer Röhl begleiteten Ulrike Meinhof in jene konspirative Wohnung, in der Richard Kumpf und Manfred Kapluck auf sie warteten. Kumpf und Kapluck, die aus der kommunistischen Arbeiterbewegung Nordrhein-Westfalens kamen und deren Väter im Faschismus verfolgt worden waren, hatten die Bundesrepublik verlassen und waren in die DDR emigriert, weil sie überzeugte Kommunisten waren. Beide waren von Ulrike Meinhof außerordentlich angetan. Sie war gebildet, intelligent, konnte schreiben, diskutieren und andere überzeugen. Ihrem Parteieintritt stand nichts im Weg. Schriftliche Belege fehlen, Zeitzeugen widersprechen sich, aber vermutlich trat Ulrike Marie Meinhof Ende Oktober 1958 in die verbotene KPD ein. Jürgen Seifert, der SPD-Mitglied war und blieb, erzählte sie nichts davon, ihr Vertrauen zu ihm war begrenzt.

Bis zum Ende der Semesterferien wohnte Ulrike Meinhof wieder bei Lothar Wallek in Marburg. Er arbeitete für seine Promotion, mittags aßen sie zusammen, gingen spazieren, redeten. Abends kochte er. Ihre Beziehung war überaus harmonisch. Sie bereiteten ihre standesamtliche Hochzeit vor. Die kirchliche

Hochzeit sollte in einer evangelischen Kirche stattfinden, worüber Lothar Wallek seine Familie informierte. Vater Wallek antwortete schnell und hart: »Wir wünschen euch Gottes Segen, aber ihr verletzt uns tief.« Zwischen den Zeilen stand, dass sie nichts mehr mit Ulrike Meinhof zu tun haben wollten. Es folgten böse Worte, die ihr monatelang nachhingen, beide brachen den Kontakt zu den Walleks ab.

Irgendwann erzählte sie Lothar Wallek endlich, dass sie eng mit der KPD zusammenarbeitete, ihre Mitgliedschaft in der Partei gestand sie ihm noch nicht. Für die Gespräche über Atomwaffen und ihre Anti-Atom-Aktionen hatte er stets ein offenes Ohr gehabt, ja, er teilte auch oft ihre Ansichten und unterstützte sie, obwohl er selbst nicht politisch aktiv war. Nun aber zeigte er zum ersten Mal wenig Verständnis für sie. Sie befürchtete, dass Lothar und sie deshalb nicht zusammenbleiben könnten. Was sie trennte, war das Politische. Ulrike Meinhof hielt es für ihre Schuld. Beide wollten zwar zusammenbleiben, aber sie trugen ihre Verlobungsringe nicht mehr, denn sie wollten nicht mehr heiraten.

Ab November studierte sie wieder in Münster, sofern sie nicht bei Lothar Wallek war oder auf Konferenzen der Anti-Atom-Ausschüsse. Reinhard Opitz besuchte sie, regelmäßig besprach sie mit ihm taktische Fragen. Die hasserfüllten Töne aus Bonn Richtung Moskau und Ostberlin beunruhigten viele Westdeutsche. Auch viele junge Leute befürchteten, dass die Bundesrepublik eines Tages an der Seite der USA gegen die Sowjetunion in den Krieg ziehen würde. Wie viele Millionen Menschen müssten dann sterben, noch dazu, wenn ein solcher Krieg mit Atomwaffen geführt werden würde? Hieß »aus der Geschichte lernen« nicht, genau das zu verhindern?

Ulrike Meinhof war mehr denn je entschlossen, ihren politischen Weg fortzusetzen. Sie war bereit, dafür Opfer zu bringen, aber sie wollte ihre besten Freunde nicht verlieren. Angesichts der Hetze und der Verfolgung Andersdenkender war sie misstrauisch und vorsichtig geworden: Sie vermutete in den Ausschüssen Spitzel und wollte nur noch im Kreis sehr guter Freunde wirklich offen reden.

Der SDS rückte weiter nach links. Auf der Delegiertenkonferenz im Oktober 1958 wurde mit Oswald Hüller (Heidelberg) zum ersten Mal ein Bundesvorsitzender gewählt, der der KPD nahestand. In den wissenschaftlichen Beirat kamen Monika Mitscherlich (Heidelberg) und Jürgen Seifert (Münster). Die Delegierten kritisierten die Wehrpolitik der SPD scharf und beschlossen, die studentischen Aktionsausschüsse gegen Atomtod zu unterstützen. Das lag ganz auf Ulrike Meinhofs Linie.

Wenig später wurde sie zusammen mit Reinhard Opitz, Klaus Rainer Röhl und wenigen anderen von der KPD in ein Gästehaus der SED, eine Villa in Caputh am Schwielowsee, eingeladen, um den Anti-Atom-Kongress vorzubereiten. »Es war eine der effektivsten Beratungen, die wir hatten. Alles wurde so weit wie möglich bis in die Details besprochen. Es gab einen Plan für die Arbeitsteilung unserer Freunde. Und eine detaillierte Festlegung, was politisch erreicht werden sollte«, so Richard Kumpf später.[32] Ulrike Meinhof war glücklich: Sie hatte Einfluss in den Anti-Atom-Ausschüssen und im SDS und sie war bei der Vorbereitung des Kongresses nicht allein, sondern unter politischen Freunden.

In ruhigen Momenten, auf Reisen oder an Abenden mit Lothar Wallek las sie Ende 1958 auch Bücher von Lenin. Sie schrieb Artikel für *david*, ein Infoblatt des SDS Münster, und für den *Standpunkt*, das Bundesorgan des SDS. Sie fasste es selbst so zusammen: Sie denke jetzt politisch, nicht mehr nur ethisch. Das Studium empfand sie nur noch als Pflicht, dennoch tat sie alles Notwendige für ihre Promotion. Mittlerweile ging ihr auch das katholisch-konservative Milieu in Münster ziemlich auf die Nerven.

Als engagierte Genossin warb sie an der Universität Verkäufer für *konkret*, zu dessen Korrespondentennetz sie jetzt gehörte. Einmal organisierte sie dort die Vorführung des DDR-Films *Rat der Götter* (1950), einer künstlerisch außergewöhnlichen Parabel über die Mitschuld der IG Farben an Faschismus und Krieg. Bei der anschließenden Podiumsdiskussion hielt Walter Hagemann eine Rede. Neben seinen Namen auf dem Plakat, das die Veranstaltung ankündigte, hatte jemand »›Boykottiert‹ – er soll sich um einen Lehrstuhl in Moskau bewerben« gekritzelt. Nach der Vorführung teilte Ulrike Meinhof Opitz erleichtert mit: »Der Filmabend mit Hagemann verlief glänzend. Sein Auftreten wurde mit Zischen und Klopfen ohne Zwischenrufe registriert. Die Diskussion verlief sachlich und fair und brachte gute Ergebnisse. Die Konservativen fielen sämtlich hinten runter [...].«[33]

Im neu gewählten Münsteraner AStA hatten sich die politischen Gewichte ein wenig nach links verschoben, vielleicht aufgrund der Anti-Atom-Aktionen. Er bestand jetzt unter anderem aus einem Korporierten, einem Theologen, aber auch aus Ulrike Meinhof und einem weiteren SDSler. Doch Ulrike Meinhof sollte nur für kurze Zeit AStA-Mitglied bleiben. Als Hochschul- und Pressereferentin redigierte sie die ab Dezember 1958 erscheinenden *asta-informationen*. Als sie dann für dieses Heft unter dem Titel »Wer redet hier von Neofaschismus« ihren ersten Beitrag schrieb, wurde dieser nicht veröffentlicht und sie kurzerhand aus der Studentenvertretung ausgeschlossen. Den Grund für ihren Rauswurf sah sie in der Einstellung des neuen AStA-Vorsitzenden, der aus Angst vor einem Misstrauensantrag nur heimlich gegen Atomrüstung war. Sie erwartete eine Eskalation ihrer politischen Situation in Münster und wollte deshalb noch nicht als verantwortliche Lokalredakteurin im Impressum von *konkret* erscheinen.

Mitten in den Vorbereitungen zum Anti-Atom-Kongress war Ende November die »Berlin-Krise« ausgebrochen. Die sowjetische Regierung hatte vorgeschlagen, Berlin in eine entmilitarisierte Stadt umzuwandeln. Dagegen werde »eine Lawine emotionaler Deklamationen« und »Affekte mobilisiert«, schrieb Ulrike Meinhof in *argument* Nummer 9 vom Dezember 1958. Berlin sei inzwischen eine Hochburg der antikommunistischen Propaganda, eine Zentrale westlicher geheimdienstlicher Organisationen mit dem Ziel, die DDR zu unterwandern und zu sabotieren. Die Sowjetunion habe, schon aufgrund ihrer wirtschaftlichen Situation, ein Interesse an Entspannung, und auch Frankreich und England sähen mit Sorge das »Wiederaufleben eines militanten deutschen Größenwahns und Revanchegeists«. Die Adenauer-Regierung habe jahrelang »keinen konkreten Schritt« für die deutsche Einheit unternommen. Stattdessen würden mit der Hallstein-Doktrin Staaten dazu gezwungen, die DDR nicht als das anzuerkennen, was sie sei, nämlich ein eigener Staat. Meinhof plädierte dafür, Chruschtschows Angebot zum Anlass zu nehmen, »mit Ostberlin über den Friedensvertrag« und »mit den Ländern des Rapacki-Plans über eine kernwaffenfreie Zone in Mitteleuropa« zu verhandeln.[34]

Über Weihnachten versuchte Ulrike Meinhof ihre Beziehung zu Lothar zu retten. Aber sie hätte ihre politische Arbeit aufgeben müssen, damit konnte sie nicht leben. Die fast dreijährige, so »bedingungslose Verbindung« zerbrach – vorläufig. Traurig fuhr sie nach den Feiertagen nach Münster und stürzte sich in die letzten Vorbereitungen für den Anti-Atom-Kongress.

Am Samstag, den 3. Januar 1959 – in diesen Tagen siegte die kubanische Revolution –, kam es in Westberlin zur »bisher größten Veranstaltung der studentischen Atomrüstungsgegner in der Bundesrepublik« (Meinhof)[35]. Etwa 320 Studenten aus 20 westdeutschen und Westberliner Anti-Atom-Ausschüssen und etwa 200 deutsche und ausländische Gäste waren in die Freie Universität (FU) in Dahlem gekommen, darunter auch viele junge Leute aus der DDR. Die SPD enttäuschte als Erstes die Erwartungen ihrer Anhänger: Willy Brandt hatte abgesagt. Der 45-jährige war seit 1957 Regierender Bürgermeister von Berlin, seit 1958 Mitglied des Berliner Landesvorstandes und des Bundesvorstandes der SPD. Er hatte diese Ämter nur mit Mühe erreicht und kein Interesse, seinen weiteren Aufstieg durch die Teilnahme an dieser möglicherweise »antiwestlichen« Konferenz zu gefährden. Wie Herbert Wehner war er kein Freund der Anti-Atomtod-Kampagne gewesen. Dafür war unter anderem der stellvertretende SPD-Bundesvorsitzende und SPD-Wehrexperte im Bundestag, Helmut Schmidt, erschienen. Die Partei hatte den Kongress nicht nur zum größten Teil finanziert, sondern im Vorfeld über ihre Vertreter im Hauptausschuss das Präsidium, die Referenten und die Tagesordnung wesentlich mitbestimmt. Sie glaubte, den Kongress in der Hand zu haben. In den Arbeitsgruppen sollte »wissenschaftlich« gearbeitet werden, eine Großkundgebung und ein Fackelzug zum Kurfürstendamm sollten am Sonntag schöne Bilder liefern.

Die jungen Leute im Saal, die sich fast ein Jahr lang an der Atomfrage politisiert hatten, beklatschten von Anfang an demonstrativ und enthusiastisch SPD-unabhängige Atomgegner:

Helmut Gollwitzer, Robert Jungk und Erich Kuby. Sie bejubelten Grußtelegramme aus verschiedenen europäischen Ländern und von Anti-Atom-Kämpfern wie Günther Anders, Max Born, Walter Jens, Renate Riemeck, Walter Hagemann und Bertrand Russell. Als dann Kurt Mattik im Namen der Berliner SPD vor die Versammelten trat und versuchte, »die Gefahr der westdeutschen Atomrüstung durch den Hinweis auf die ›Gefahr totalitärer Kräfte in unserer Welt‹ zu verharmlosen«[36] (Meinhof), protestierten viele empört.

Ulrike Meinhof stand auf und kritisierte noch im Eröffnungsplenum, dass das Präsidium des Kongresses nicht souverän sei, weil die Delegierten es nicht gewählt hätten. Man habe es ihnen vor die Nase gesetzt, aber die Versammlung habe das Recht, sich selbst eine Tagungsleitung zu wählen, da die Kongressleitung die Tagesordnung schließlich festzulegen hatte und über das Verfahren zur Abstimmung der Resolutionen am Ende des Kongresses entschied. Meinhofs Antrag wurde mit großer Mehrheit angenommen. Im Präsidium saßen somit auch SPD-unabhängige Atomwaffengegner.

Der Kongress teilte sich in fünf Arbeitsgruppen, Diskussionsleiterin in der Arbeitsgruppe 3 (»Atomrüstung und Außenpolitik der Weltmächte«) – und damit direkte Kontrahentin von Helmut Schmidt – war Ulrike Meinhof. Der Ruf des SPD-Starredners der Bundestagsdebatte vom März 1958 hatte unter Wiederbewaffnungs- und Atomwaffengegnern großen Schaden erlitten, da Schmidt wenige Monate zuvor als einer von nur zwei sozialdemokratischen Bundestagsabgeordneten vier Wochen lang an den ersten Reserveübungen der Bundeswehr teilgenommen hatte, was selbst Herbert Wehner missbilligt hatte. In seinem einleitenden Referat stellte er sich als »einen der schärfsten Verneiner« der atomaren Bewaffnung der Bundeswehr dar. Tatsächlich hatte Schmidt noch ein Dreivierteljahr zuvor die Atomrüstung mit dem Ermächtigungsgesetz von 1933 verglichen und einen Generalstreik im Falle des Falles für legitim erachtet. Aber der Wind in der SPD hatte sich gedreht, und wer etwas werden wollte, sich mit ihm. Schmidt verzettelte sich in militärtechnischen Fragen, verglich die Waffensysteme und den Grad der Aufrüstung zwischen Ost und West und betonte die Asymmetrie in der strategischen Debatte. Die 24-jährige Ulrike Meinhof verwickelte den 45-jährigen ehemaligen Wehrmachtsoffizier in eine heftige Debatte, an die sich Schmidt zwar nicht entsinnt, dafür aber andere Teilnehmer umso lebhafter erinnern können. Nach Schmidts Beitrag, so schrieb Meinhof später in den *Blättern für deutsche und internationale Politik* spöttisch, »gelang es den Diskutanten, zu Fragen von politischer Bedeutung vorzustoßen«. Sie meinte unter anderem den Rapacki-Plan und Verhandlungen mit der DDR »über Friedensvertrag und Konföderation«.[37]

Die Richtung des Kongresses wurde vor allem in der Arbeitsgruppe 2 »Atomrüstung und Wiedervereinigung« entschieden. Der Schriftsteller Erich Kuby und die *konkret*-Mitarbeiter Reinhard Opitz und Hans Stern legten den Resolutionsentwurf vor, der nach leidenschaftlicher Diskussion schließlich mit einer geringfügigen Änderung beschlossen wurde: »Die Mehrheit der hier versammelten Teilnehmer ist der Meinung: Die weltpolitische Lage wird in Kürze die beiden Teile Deutschlands zwingen, miteinander zu verhandeln. Damit solche Verhandlungen möglich werden, ist es nötig, dass Formeln wie ›Mit Pankow wird nicht verhandelt‹ aus der politischen Argumentation verschwinden. Das Ziel notwendiger Verhandlungen, die bisher stets von der Bundesregierung ungeprüft zurückgewiesen wurden, muss sein:

1. Die Umrisse eines Friedensvertrages zu entwickeln.
2. Die möglichen Formen einer interimistischen Konföderation zu prüfen.«

In der Nacht gab es heftige Diskussionen um die Formulierungen der Resolutionen der Arbeitsgruppen. Die *konkret*-Gruppe war unermüdlich und Ulrike Meinhof schlief nicht. Sozialdemokraten versuchten das Ergebnis der Arbeitsgruppe 2 zu verwässern. Aber Ulrike Meinhof hatte ein Veto-Recht durchgesetzt und ließ keinen Passus durchgehen, der dem Beschluss der Arbeitsgruppe widersprach oder einen antikommunistischen Beigeschmack hatte.

Als die Resolution der Arbeitsgruppe 2 am Sonntagmorgen verlesen wurde, »spürte man ein erleichtertes Aufatmen im Saal«, erinnerte sich Ulrike Meinhof. Zur Überraschung aller wurde der Text mit der überwältigenden Mehrheit von etwa 70 Prozent angenommen. Helmut Schmidt lief erregt ans Podium und sagte, die deutschlandpolitische Resolution sei »an anderem Ort psychologisch vorbereitet worden«,[38] damit meinte er Ostberlin. Die Mehrheit des Kongresses »kollaboriere«mit der FDJ. Als Studenten daraufhin buhten, rief er: »Sie kommen mir vor wie die CDU-Mehrheit in Bonn!« Jemand antwortete schlagfertig: »Und Sie verdächtigen ganz nach Kanzlerart!« Wütend verließ er Podium und Kongress und ließ auch seine geplante Rede bei der folgenden Kundgebung platzen. Einige Präsidiumsmitglieder und ein paar Studenten folgten ihm.

Noch vier Tage später schimpfte er, die Mehrheit der Studenten folge einer »kleinen Gruppe von Drahtziehern«, die die »Ulbricht'sche Wiedervereinigungsformel« zur Verhandlungsgrundlage erhoben habe wie eine willfährige Schafherde.[39] Am nächsten Tag fiel die Presse über den Kongress her: Der *Tagesspiegel* sah nur »Nah- und Fernsteuerung der Kommunisten«, *Vorwärts* und *Zeit* beklagten das »Betrugsmanöver der Ostagenten«, die *Berliner Morgenpost* attackierte die »Totengräber unserer Freiheit« und »Genosse Ulbricht« konnte sich – laut *Kurier* – »ins Fäustchen lachen«. Eine geballte Ladung politischer Aggression.

Am heftigsten reagierte die CDU-Bundesregierung: »Mit welcher Konsequenz und welcher Nachdrücklichkeit die sowjetzonale Propaganda ihre Ziele der geistigen und willensmäßigen Zersetzung in der Bundesrepublik verfolgt und wie sehr es einer oft nur kleinen Gruppe geschickter Agenten dabei gelingt, Erfolge zu erzielen, dafür hat der am 3. und 4. Januar 1959 in West-Berlin durchgeführte ›Studentenkongress gegen Atomrüstung‹ ein in seiner Art geradezu klassisches Beispiel geliefert [...] In die Arbeitsgruppe ›Atomrüstung und Wiedervereinigung‹ waren Vertreter einer studentischen Gruppe eingeschleust worden, die sich vor allem um die in Hamburg erscheinende Studentenzeitung ›konkret‹ schart, ein Organ, dessen eindeutig pazifistisch-prokommunistische Haltung evident ist«.[40] Der Kongress habe sich entsetzlicherweise zur »Konföderation zwischen Bonn und Pankow« bekannt und Gespräche mit dem »Ulbricht-Regime« verlangt.[41] – Etwa zehn Jahre später nannte man ähnliche politische Konzepte »neue Ostpolitik« und Willy Brandt erhielt dafür

1971 den Friedensnobelpreis. Da lebte Ulrike Meinhof seit eineinhalb Jahren im Untergrund.

Wussten die Studenten damals wirklich nicht, was sie taten?

Erich Kubys Fazit lautete anders: »Die Funktionäre der SPD
stießen in der Berliner Universität auf eine Jugend, die sie endlich einmal von links her unmissverständlich ausgepfiffen hat.
Die Partei kann sich aber nicht darauf hinausreden, es habe sich
um einen kommunistischen Protest gehandelt. Ihre Vertreter
versagten in dieser Situation, einschließlich Helmut Schmidt.
Kurz, die Zukunft warf einen kleinen Schatten voraus.«[42] Und
der Publizist Kai Hermann schrieb 1967: »Der Anti-Atom-
Kongress war der erste massive Protest [der Studenten] gegen
eine Gesellschaft, die keine fünfzehn Jahre nach der totalen
Niederlage ihre Restauration mit der totalen Wiederaufrüstung
abschloss.«[43]

Ulrike Meinhof, Reinhard Opitz und Klaus Rainer Röhl fuhren
gleich nach dem Kongress an den Schwielowsee und feierten mit
den Genossen eine lange fröhliche Nacht. Die monatelangen
Auseinandersetzungen mit den Sozialdemokraten und die Weh-
mut über die Trennung von Lothar Wallek fielen für einen Moment von Ulrike Meinhof ab.

Es beeinflusste die kommenden Ereignisse, dass Ulrike Meinhof
glaubte, Klaus Rainer Röhl sei der Gründer der Zeitschrift *konkret*. Dem war aber nicht so. Seit 1946 gab es die *Kommunistische Studentengruppe* (KSG) an der Hamburger Universität. Sie
war gemäß den Universitätsstatuten parteiunabhängig und
konnte deshalb auch nach dem Verbot der FDJ 1951 legal weiterarbeiten. Im Jahr 1955 war sie die einzige kommunistische
Hochschulgruppe an einer westdeutschen Hochschule. Der Senat
der Hamburger Universität und auch die Studentenschaft waren
mehrheitlich konservativ. Die KSG bestand wegen der politischen
Verfolgung der Kommunisten in den frühen fünfziger Jahren nur
noch aus etwa zehn Mitgliedern, unter ihnen Siegfried Burmester,
Klaus Hübotter und Eberhard Zamory, der als Kind den Nazis
mit dem legendären letzten Kinderzug nach England entkommen, dort Kommunist geworden und als Staff Sergeant der britischen Armee nach Hamburg zurückgekehrt war, wo er zuständig

war für die Entnazifizierung von kriegsgefangenen Wehrmachtsangehörigen.

Klaus Hübotter hatte Anfang 1955 die Idee, eine Studentenzeitschrift für Politik und Kultur zu gründen, die nach außen hin unabhängig, »tatsächlich aber von uns, d. h. von der FDJ und der KPD nicht nur beeinflusst, sondern regelrecht geleitet« werden sollte. Die FDJ hatte nach ihrem Verbot schon einige »Tarnzeitungen« gegründet, darunter die Jugendzeitung *Blitz*, die der Bundesgerichtshof 1953 verbot. Der Vorwurf lautete damals »Fortsetzung einer Zeitschrift der verbotenen FDJ und Annahme von Geldern einer fremden Macht« – mit »fremde Macht« war die DDR gemeint. *Blitz*-Redakteur Hübotter kam von 1953 bis 1954 in Untersuchungshaft, wartete im Frühjahr 1955 auf seinen Prozess und stand unter polizeilicher Beobachtung. Er konnte also weder Herausgeber noch Chefredakteur der neuen Zeitschrift werden und schlug der FDJ-Führung in Ostberlin deshalb Klaus Rainer Röhl vor. In das Dossier, das Hübotter für sie anfertigte, schrieb er: »K. R. Röhl ist 26 Jahre alt, mit Brunhild Röhl, etwa 22 Jahre alt, verheiratet und hat eine 2 Monate alte Tochter. Er stammt aus kleinbürgerlichen Verhältnissen.« Vater und Schwiegervater »waren Mitglieder der NSDAP«. Er »hat 10 Semester Philosophie studiert und hat sich jetzt zum Staatsexamen angemeldet«. Mit seinem Freund Peter Rühmkorf, den er bereits auf dem Gymnasium kennengelernt hatte, habe er »den Arbeitskreis Progressive Kunst gegründet, der bis heute ein zugelassener Verein an der Uni« sei. Klaus und Brunhild Röhl hatten 1953 auf Einladung Ostberlins die Sommerferien auf Hiddensee verbracht: »Seit seinem Aufenthalt in Hiddensee will er kein Pazifist mehr sein, sondern bezeichnet sich selbst als Kommunist. Einige Male hat er schon den Wunsch geäußert, in die Partei einzutreten, hat es dann aber doch immer nicht getan, im Grunde wohl deshalb, weil er um seine ›persönliche Freiheit‹ fürchtet [...] Meine Meinung über Röhl ist, dass er ein journalistisch und organisatorisch außerordentlich begabter und intelligenter fortschrittlicher Student ist, der mit keiner Partei so stark sympathisiert wie mit der Kommunistischen Partei, der er auch, sobald noch mehr mit ihm diskutiert und gearbeitet ist, beitreten wird. Ich halte ihn für unbedingt zuverlässig und ehrlich.« Hübotter, der die Zeitschrift bei seiner Parteiführung durchsetzen wollte, hatte schon damals Zweifel an seinem Bündnispartner:»Wem ich mich mit Röhl auf diese Weise ausgeliefert hatte, war mir schon damals einigermaßen klar, aber ich bildete mir ein, dass ich, insbesondere über die Geldkette, die Kontrolle über die Zeitschrift behalten könnte. Als ich jedoch im Herbst 1955 wiederum verhaftet und 1956 schließlich auch verurteilt wurde, ging meine Kontrollmöglichkeit vollkommen verloren. Röhl trat der KPD bei und machte sich zum Eigenkontrolleur, um dann ein paar Jahre später die Zeitschrift, die der Ostberliner FDJ gehörte, in einem dreisten Coup den Eigentümern zu stehlen und sich mit ihr selbstständig zu machen.«[44]

In »Röhl und Rühmkorf, halblinken jungen Literaten, die nur zu gern die Gelegenheit ergriffen, veröffentlichen zu können und sich sogar noch etwas dafür zahlen zu lassen«, fand die FDJ-Spitze das geeignete Personal. Sie legte den Inhalt, die Struktur, das Format (»zunächst 8 Seiten DIN A3, billigstes Zeitungspapier, aber mit mindestens 5 Klischees«), die Erscheinungsweise (»an jedem ersten Tag eines Semestermonats«) und den Erscheinungsort (Hamburg) der neuen Zeitschrift fest; sie bestimmte die Chefredaktion (»die Zeitung erscheint im Selbstverlag unter dem Namen des vorgesehenen Chefredakteurs«), den Preis (20 Pfennig, davon 10 Pfennig für den Weiterverkäufer), die Druckerei und die Auflage (»zunächst 5000 Exemplare«). Klaus Rainer Röhl wurde Chefredakteur. Klaus Hübotter sollte aus Sicherheitsgründen nur im Hintergrund agieren. Für Druck, Papier und Klischees, Vertrieb, Archiv, Büromaterial und Honorare wurden insgesamt 1500 Mark pro Ausgabe veranschlagt. Am 8. Mai 1955 wurde der *Studentenkurier* zum ersten Mal an 24 Universitäten in der Bundesrepublik verkauft. »Natürlich wussten Röhl und Rühmkorf, was gespielt wurde, wer der Auftraggeber, wer der Eigentümer und wer in allen Fragen des Inhalts und der Organisation der Bestimmende war«, sagt Klaus Hübotter; Peter Rühmkorf allerdings bestreitet das bis heute vehement.

1958 behauptete Röhl gegenüber dem Hauptausschuss der studentischen Anti-Atom-Ausschüsse, die »nonkonformistische« *konkret* – so hieß der *Studentenkurier* seit 1957 – habe sich unter unsäglichen Schwierigkeiten eine völlig unabhängige finanzielle

Basis geschaffen. Aber das konnte sie ja gar nicht – woher hätte das Geld für eine unabhängige sozialistische, antimilitaristische Zeitschrift im antikommunistischen Westdeutschland kommen sollen? Tatsache ist, dass der *Studentenkurier* bzw. *konkret* von 1955 bis 1964 von Ostberlin finanziert wurde: Im Jahr 1955 erhielt die Redaktion – meist durch Boten wie Klaus Hübotter, Siegfried Burmester und Herbert Mies – zwischen 14 100 und 23 180 D-Mark, dazu kamen technische Geräte, Büromöbel und Zuschüsse für Autos. Im Dezember 1957 war der Monatsetat von *konkret* bereits auf 13 000 D-Mark gestiegen. Chefredakteur Röhl bezog 800 D-Mark, Geschäftsführer Uwe Lahrssen 500 D-Mark und der feste Autor Peter Rühmkorf 400 D-Mark monatlich.

Aus taktischen Gründen bestand die FDJ-Führung von Anfang an darauf, dass sich zehn bis 20 Prozent der Beiträge im *Studentenkurier* bzw. später in *konkret* kritisch mit der DDR auseinandersetzten. Zensur und Zensurversuche gab es natürlich trotzdem. Nach dem KPD-Verbot musste die Redaktion nach außen strikt alle Kontakte zur KSG, zu den Studentenabteilungen der KPD und zur FDJ abbrechen. Auch die Verbindung zur FDJ wurde neu geordnet, denn der 28-jährige Herbert Mies ging 1956 zum Studium an die Parteihochschule in Moskau. Die Kontakte liefen von da an direkt über Richard Kumpf und Manfred Kapluck.

Die FDJ machte einen Finanzplan und gab Uwe Lahrssen Bargeld zur Begleichung aller Schulden, Röhl vertraute sie das Geld nicht an; aber es »wurde festgelegt, dass er weitere zwei Jahre als Doktorand das Studium fortsetzt«. Der Status als Student bzw. Doktorand war wichtig, weil sonst der universitäre *Arbeitskreis für progressive Kunst e.V.* nicht als Herausgeber auftreten konnte.[45]

Die Auflage des *Studentenkuriers*, der in der Bundesrepublik ein politisches und kulturelles Vakuum füllte, stieg rasch auf 10 000 Exemplare. Man konnte die Zeitschrift jetzt sogar in Paris, Ljubljana, Genf und Wien kaufen. Die Hälfte der Abonnenten waren Akademiker, Pastoren, Schriftsteller, Künstler, Jugendverbände, Gewerkschaftsjugendliche, Schüler, Parteifunktionäre, Abgeordnete, Medienleute. Wo zusätzlich, wie in München, eine lokale Beilage erschien, gab es einen festen Abnehmerkreis, der ständig zunahm. Die Hamburger Zentralredaktion blieb eine geschlossene Gesellschaft – Röhl, Lahrssen, Rühmkorf, Jürgen Manthey –, sie passte auf, »damit man uns keinen reinschleppt« (Lahrssen). Kleine Jobs wurden deshalb mit Freunden besetzt. Brunhild Röhl, die ihr Studium zugunsten ihres Ehemannes abgebrochen hatte, arbeitete nicht mehr in der Redaktion, sondern machte eine Ausbildung als Fremdsprachenkorrespondentin und versorgte die gemeinsame Tochter Anja Irina.

Als man sich im Oktober 1957 entschied, die Zeitschrift am Kiosk zu verkaufen, wurde der *Studentenkurier*, der keiner mehr war, in *konkret* umgetauft. Für 1958 wollte man den Personalbestand vergrößern, vermehrt Werbung und Anzeigen schalten, die lokalen Redaktionen ausweiten sowie die Autorenhonorare erhöhen. Eine neue Mitarbeiterin namens Ulrike Meinhof stand nicht auf dem Plan.

Kommunistin

Münster und Hamburg, 1959

Ulrike Meinhof war glücklich über ihren ersten großen politischen Sieg. Das Zentralkomitee der KPD empfing sie, Reinhard Opitz und Klaus Rainer Röhl am 5. Januar 1959 mit offenen Armen. Richard Kumpf war begeistert: »Es war eine grandiose Leistung, einen von vornherein von der Gegenseite [der SPD] manipulierten Kongress umzulenken.«[46] Meinhof und die Genossen entspannten sich im Gästehaus der Partei in Caputh. Sie betraten die hohe Eingangshalle, in der eine große rote Fahne hing und ein Ölgemälde des im KZ Buchenwald ermordeten Ernst Thälmann. Der große schöne Garten führte hinunter zum Schwielowsee. In jener Nacht floss viel Wodka und es wurde sehr laut gesungen, getanzt und gelacht. Die Gastgeber kramten blaue FDJ-Hemden sowie deutsche, osteuropäische und chinesische Orden hervor. Als die Sonne aufging, zierten die Orden in wildem Durcheinander die blau gekleideten Oberkörper von Meinhof, Opitz und Röhl. Als sie am nächsten Tag ausgeschlafen hatten, spielten sie Karten, gingen spazieren und diskutierten über die Lage. Sie ahnten, dass es in der Bundesrepublik böse Reaktionen geben würde; deren Ausmaß aber konnten sie sich nicht vorstellen.

Der SDS, unter seinem Vorsitzenden Oswald Hüller, solidarisierte sich, trotz aller Angriffe der Bundesregierung, der SPD-Führung und der Medien mit den Beschlüssen des Berliner Anti-Atom-Kongresses und erklärte in einem Flugblatt, das in hoher Auflage an allen Hochschulen verteilt wurde: »Eine sachliche Erörterung der Konföderationsfrage tut not. Der SDS wird sich dieser Aufgabe nicht entziehen.«[47] Man bat alle SDS-Hochschulgruppen, die Studentenschaft über den wahren Verlauf des Anti-

Atom-Kongresses zu informieren. Diese Flugblätter, mancherorts sogar Veranstaltungen, waren zarte Ansätze einer selbst organisierten Gegenöffentlichkeit.

Angeblich um eine Spaltung des SDS zu verhindern, die die SPD-Führung aber selbst betrieb, lud das SPD-Präsidium, vertreten durch Helmut Schmidt, Herbert Wehner und Waldemar von Knoeringen, drei Wochen nach dem Kongress den SDS-Bundesvorsitzenden Oswald Hüller, seinen Stellvertreter Günter Kallauch und Jürgen Seifert vom wissenschaftlichen Beirat des SDS zu einem Gespräch nach Bonn. »Helmut Schmidt hat in diesem mindestens drei Stunden dauernden Gespräch eine lange Rechtfertigung seines Verhaltens auf dem Kongress vorgetragen. Er war in der Defensive. Ich habe H. S. nie wieder so klein gesehen wie an diesem Tag«, schrieb Jürgen Seifert später.[48]

War der Politprofi und Ex-Offizier tatsächlich so defensiv? Hatte die SPD nicht vielmehr ein taktisches Problem? Der Berliner Kongress hatte der Partei vor Augen geführt, dass ihre Kritiker unter den Studenten eine starke Basis besaßen; gleichzeitig war die Politik des SDS ein Stolperstein auf dem Weg der SPD in eine künftige Bundesregierung. Sie musste daher versuchen, die »vernünftigen« SDS-Mitglieder, also diejenigen, die in SPD-Interessen einzubinden waren, von den »irrationalen«, also den eigensinnigen oder gar »kommunistisch gesteuerten«, zu trennen. Die Disziplinierung versprach man sich durch Schmeichelei und Repression.

Ulrike Meinhof hielt nichts von solchen Gesprächen. Sie war der Auffassung, dass die SPD sich so sehr ins System integriert hatte, dass sie fast so scharf anzugreifen sei wie die Bundesregierung. Sie fand schwer in den Alltag zurück. Nach der Hetze gegen den Kongress rechnete sie mit einer Hausdurchsuchung.

Sie studierte im achten Semester, besuchte Helmut Gollwitzers Gastvorlesung über die »Allgemeine Geschichte 1933–1945« und Lehrveranstaltungen über Aristoteles, Hegel, Heidegger und mittelalterliche Malerei. Es war die Zeit, in der sie mit der Kirche und mit vormals geschätzten Autoren brach: Martin Buber mochte sie nur noch »halb«, Hans Egon Holthusen überhaupt nicht mehr, Jaspers kotzte sie an. Einen Monat später arbeitete sie an einem langen Referat über den schweizerischen Reformpädagogen Johann Heinrich Pestalozzi. Sie wollte die neuere Pestalozziforschung zerreißen, um frei zu sein, das zu sagen, was sie wollte, aber im akademischen Bereich nicht durfte. Sie hasste die Selbstzensur, zu der sie gezwungen wurde, wenn sie alle marxistischen Kategorien hinter bürgerlichen verbarg.

Den Sohn ihrer Wirtin versuchte sie davon zu überzeugen, weniger zu trinken und seine Frau nicht mehr zu schlagen. Der Bauarbeiter wiederum war so angetan von ihrer Teilnahme an jenem spektakulären Kongress, dass er für sie auf seiner Baustelle sogar Anti-Atom-Unterschriften sammelte.

Ab und an fuhr sie nach Hamburg und besuchte die konkret-Redaktion in der Kaiser-Wilhelm-Straße. Dort blickte sie auf das Springer-Hochhaus direkt gegenüber. Springer war für sie ein Synonym für Aufrüstung, NATO und Atomwaffen. Sie hätte am liebsten einen Leitartikel geschrieben, ein »J'accuse« wie Emile Zola.

Seit den Anti-Atom-Aktionen vom Mai 1958 war Ulrike Meinhof unter Professoren und Studenten in Münster verschrien. Auf einer Versammlung des Studentenparlaments beschimpfte man sie als »große Schande dieser Universität«. Sie wehrte sich nicht, aber sie kritisierte die Zerstörung der Freiheit im Namen der Freiheit. Ihr neuer Doktorvater, der Pädagogikprofessor Döpp-Vorwald, hielt ihre Hand nun bei der Begrüßung länger als nötig und lächelte sie freundlich an. Mehr an Solidarität wagte auch er nicht. In seinem Seminar »Gemeinschaft und Gesellschaft als Erziehungsmächte« referierte ein Student über die »Erziehung im Osten«. Ihr missfiel seine unkritische Verwendung von Propagandaschriften des Gesamtdeutschen Ministeriums. Der Professor korrigierte den Referenten vorsichtig und wurde prompt seinerseits von einer Studentin korrigiert: »Bei uns kann man frei über die Dinge sprechen, drüben nicht!« Fast alle applaudierten. Ulrike Meinhof schwieg wütend. Weil alle das Gleiche sagten, bildeten sie sich ein, »frei« zu sein, weil sie nicht begriffen, dass sie manipuliert wurden. Aber sie wagte es nicht, aufzustehen und zu widersprechen.

Sie begriff jetzt, was das Verbot der KPD für die gesamte linke Opposition bedeutete. Fataler, als sich nicht zur KP bekennen zu können, war ihr, dass sie sich im SDS nicht offen ideologisch auseinandersetzen konnte, um nicht in den Verdacht zu geraten, Kommunistin zu sein. Sie hielt es für wichtig, auch möglicherweise fehlerhafte Gedanken zur Diskussion zu stellen, und litt angesichts der Unfreiheit der Gedanken und der Isolation in der Illegalität sowie der daraus resultierenden Gefahr von Vorurteilen.

Sie vermisste Lothar Wallek, die beiden hatten ihre Trennung erneut rückgängig gemacht. Vor einem Jahr hatte sie noch geglaubt, dass eine so große Liebe bedeute, sich freiwillig unterzuordnen. Aber sie wollte nicht auf eine eigenständige politische Entwicklung verzichten, sie wollte Lothar endlich wieder alles sagen. Im Februar 1959 besuchte er sie. Sie hatte Angst vor ihrem Geständnis und betrank sich gleich am ersten Abend. Am anderen Morgen stellte sie erleichtert fest, dass sie im Suff ausgepackt hatte. Sie hatte ihre KPD-Mitgliedschaft gebeichtet. Lothar Wallek blieb gelassen, von Trennung war keine Rede mehr und Ulrike Meinhof wäre am liebsten vor Freude in die Luft gesprungen.

Mit Jürgen Seifert, dem Sozialdemokraten, ging sie taktisch um. Sie erfand Codeworte, mit denen sie den Genossen in Hamburg ankündigte, ob sie mit Seifert zu einem Anti-Atom-Treffen in Westberlin angereist kam oder allein. Falls ja, wollte sie nicht, dass der als KPDler bekannte Opitz zum Bahnhof kam, sondern jemand anders, den man nicht für einen Kommunisten hielt.

Der Anti-Atom-Kongress hatte sie in Kreisen der Atomwaffengegner bekannt gemacht. Einmal saß sie neben Hans Henny Jahnn, Erich Kuby und Helmut Gollwitzer auf einem Podium an der Hamburger Universität, als sie begriff, dass alle einen Vortrag von ihr erwarteten. Der Saal war voll. Sie bekam viel Beifall. Aus dem feindseligen Block des Christlich-Demokratischen Hochschulbundes in der Mitte des Saales rief ihr jemand zu: »Da merkt man gleich die geschulte Funktionärin!« Ulrike Meinhof grinste. Niemandem war aufgefallen, dass sie ihr Referat erst beim Reden fabriziert hatte.

Weil Röhl in Ostberlin als unzuverlässig galt, beschloss die KPD, Ulrike Meinhof, die sie wegen ihrer Bildung, ihrer Diskussions- und Organisationsfähigkeit schätzte, zur Verstärkung in die Zentralredaktion der *konkret* zu holen. Opitz und Röhl erhielten den Auftrag, sie zu diesem Schritt zu überreden. Röhl wusste, dass Meinhof die Ostberliner Genossen mit ihrem Charme und ihrer Klugheit beeindruckt hatte. Die politischen Ansichten der *konkret*-Gruppe und so kluge Köpfe wie Opitz und der Brecht zitierende Chefredakteur Röhl übten auf Ulrike Meinhof große Anziehungskraft aus. Nach einer solch lebendigen politischen Subkultur hatte sie sich seit ihrer Schulzeit in Oldenburg und Weilburg gesehnt. So etwas hatte sie auch in Münster nicht gefunden. Außerdem liebten diese *konkret*-Leute das Leben: Sie waren keine humorlosen Apparatschiks, sie arbeiteten zusammen, aber sie feierten auch viele Nächte durch. Man umwarb sie. Der Parteiauftrag, sie nach Hamburg zu holen, muss sehr nachdrücklich gewesen sein. Ihr Studium gefiel ihr schon lange nicht mehr, wissenschaftliches Arbeiten entsprach oft nicht ihrem Temperament. Sie wollte gemeinsam mit anderen etwas verändern und Einfluss haben. Die Partei bot ihr eine gut bezahlte Stelle als Redakteurin an, mit viel Freiheit, ihre Kenntnisse in Politik, Literatur, Kunst und Geschichte zu entfalten. Nirgendwo in der gesamten Bundesrepublik gab es ein so reizvolles Jobangebot für eine Frau, die politisch links stand.

Ihr war klar, dass sie damit ganz auf die Karte KPD setzte. Zwar fühlte sie sich in Münster zunehmend politisch isoliert, aber sie zögerte, weil sie die Entscheidung für Hamburg als eine für ihr ganzes Leben ansah. In Münster verschlechterten sich ihre Möglichkeiten, politisch zu handeln, zusehends. Die Konflikte wurden schärfer. Sie diskutierte mit ihren KP-Genossen, ob es nicht besser sei, in Münster die Stellung zu halten statt für die Partei nach Hamburg zu gehen. Sie durchwachte zweifelnd viele Nächte.

Schließlich entschied sie sich, das Sommersemester noch in Münster zu bleiben und erst im Wintersemester nach Hamburg zu wechseln. Sie beschloss, sich in Hamburg einen neuen Doktorvater sowie ein neues Dissertationsthema zu suchen. Sie blickte optimistisch auf Hamburg, weil sie dort unter Freunden sein würde, nicht unter »Verrätern«.

Im Februar, es waren Semesterferien, wohnte sie wieder bei Lothar Wallek in Marburg. Sie freute sich auf zwei »unpolitische« Monate, in denen sie energisch für ihr Studium arbeiten wollte. Aber es kam anders. Sie verletzte ihn mit ihrer Absicht, nach Hamburg zu wechseln. Er war davon ausgegangen, dass sie, wenn sie umziehen würde, wieder zu ihm zöge, und interpretierte ihren Entschluss daher als Entscheidung gegen eine gemeinsame Zukunft. Das Paar trennte sich endgültig, ihr fiel das sehr schwer.

Die Fotos des *konkret*-Korrespondententreffens von Anfang März 1959 in Dornholzhausen bei Bad Homburg zeigen eine hübsche, lebhafte junge Frau mit lockigem Kurzhaarschnitt, die noch jünger aussieht als 24 Jahre. Hier, im inneren Kreis von *konkret* – Reinhard Opitz, Erika Runge, Eva Titze, Hans Stern, Klaus Steffens und Klaus Rainer Röhl –, fühlte sie sich wohl. An jenem Wochenende begann sie eine Affäre mit dem verheirateten Röhl, von dem sie wusste, dass er ständig Affären hatte. Danach schrieb sie Röhl einen Brief, schrieb von ihrem »Hochgefühl«, dem »Mut, auf der Welt zu sein, und was sonst zur Nomenklatur zur Beschreibung eines glücklichen Menschen in der deutschen Sprache verfügbar ist«. Ihre Worte wirken nicht sehr entspannt. Sie schien bemüht, dem sechs Jahre älteren Mann zu gefallen, wofür sie sich ein wenig kleiner und den Adressaten größer machte: Ich halte »von mir selbst nichts und fürchte dir gegenüber immer, etwas allzu Dummes zu sagen, [...] von Anfang an« habe ich dich »als politischen Menschen [...] sehr geschätzt, so sehr, dass meine persönliche Antipathie keine Rolle spielte und ich mich immer freute, dich zu sehen [...] Das Politische ist wohl die conditio sine qua non, da diese Bedingung besteht, ist man sozusagen frei für mehr, für Personen«. Die Begegnung mit ihm habe »so viel Unerwartetes, zuvor nicht einmal Gedachtes« mit sich gebracht, dass sie verwirrt sei. »Ich glaube aber, dass du mit mir einen zuverlässigen Fang getan hast, und ich bin finster entschlossen, mein Möglichstes zu tun, um dich so ›vergnügt‹ zu machen, wie du mich.«[49]
Beide waren schon öfter als Genossen zu gemeinsamen Terminen gereist. An Ostern fuhren sie zum ersten Mal als Paar in den Urlaub in die Rhön. Sie spielten Federball, alberten im Schnee herum und erholten sich. Dann fuhr Röhl allein in den Urlaub nach Italien. Ulrike Meinhof kam nicht mit, weil sie kein Geld hatte, und bereute es bald. Ihre Briefe wurden zärtlicher: »Nun,

da ich wieder in Münster bin, beginnt auch wieder die Unruhe und Sehnsucht. Sie kriecht gewissermaßen aus allen Ecken dieser Bude auf mich zu [...] Du beginnst mir vertraut zu werden. Ich fange an, dich auf sehr stabile Weise – rauschlos, zuverlässig – lieb zu gewinnen.«[50]

Vom 23. bis 25. Mai 1959 nahm Ulrike Meinhof an den Vorbereitungen für den »Kongress für Demokratie – gegen Restauration und Militarismus« in Frankfurt am Main teil. »Das Tempo und die Intensität, mit der wir [in Münster] mal wieder arbeiten, ist sagenhaft. Hier hat das Semester begonnen. Aber ich hab keine Zeit. Schiet [...] es wär nicht gut, wenn wir beide« – sie und Klaus Rainer Röhl – »jetzt weg wären, weil es halt so viel zu machen gibt.«[51] Sie reiste zu Vorbereitungsterminen mit der Bahn oder als Tramperin quer durchs Land. Sie arbeitete, diskutierte und organisierte und war voller Optimismus: Am Ende werden wir die Welt doch noch verändern! Röhl, mit dem sie taktische Absprachen traf, berichtete sie von den Treffen, dabei versicherte sie ihn immer wieder ihrer Zuneigung. Politik, Arbeit und Liebe schienen sich zum ersten Mal in ihrem Leben praktisch zu verbinden: »Ich habe mich eigentlich noch nie so sicher gefühlt wie jetzt. Ich habe das Gefühl, diesen Kampf kann ich ja eigentlich gar nicht verlieren. Komisch, dabei sind die Gegner doch vorerst noch in der Mehrzahl. Aber meine Sicherheit – trotz Nervosität, Unruhe, Herzklopfen – rührt wohl her von dir.«[52]

Es sind zwei vorbehaltlose Liebesbriefe von Ulrike Meinhof an Klaus Rainer Röhl bekannt. Sie stammen vom Mai 1959, kurz nachdem sie ihn nach seiner Rückkehr aus Italien in Hamburg besucht hatte. Es »sind viele Jahre her [...] seit ich so glücklich war wie heut [...] ich wusste nicht oder nicht mehr, dass es so was gibt. Ja, ja – Klaus – ich liebe dich – es stimmt. Das hat mich ganz überwältigt. Nein, dass ich dir so zugetan sein würde, dir so zu gehören [...] Oh, ich bin dir verbunden seit Dornholzhausen – innig. Aber nun hast du mich einfach umgerannt. Und die Arbeit – Studium und Politik, die läuft nebenher.«[53]

In der zweiten Maiwoche besuchte Klaus Rainer Röhl sie. Ulrike Meinhof schrieb anschließend: »Mein lieber schöner Klaus [...] Dass du nach Münster kamst, das war sehr lieb von dir. Wie schön das war, merkt' ich erst hinterher. Eigentlich war ich nie darauf gekommen, dass es ein Unterschied sein könnte, wer nun zum anderen fährt. Andererseits lag in meinem Kommen eigentlich immer so was wie ein ›Bekenntnis‹ zu dir [...] Nun, wir sind keine Phantasten, aber – so unwichtig es ist – dass du kamst, war wunderbar.«[54]

Als Mitveranstalter des Frankfurter Kongresses hatte der SDS die Falken, die Naturfreundejugend, Gewerkschaftsjugendgruppen, Jungsozialisten und Mitglieder Evangelischer Studentengemeinden eingeladen. Nach den Ereignissen vom Januar gab es eine Menge SDSler, die statt eines politischen lieber einen wissenschaftlichen Arbeitskongress abgehalten hätten. Die Kommunisten im SDS jedoch, zu denen inoffiziell auch der Bundesvorsitzende Hüller gehörte, konnten eine politische Ausrichtung durchsetzen.

Der Frankfurter Kongress fand anlässlich des zehnjährigen Jubiläums der Verabschiedung des Grundgesetzes statt. In seiner Eröffnungsrede monierte der SDS-Vorsitzende vor 500 Kongressteilnehmern, unter ihnen auch Studenten aus der DDR, dass die Bundesrepublik kein demokratisches Land sei, denn sie werde von einer Partei regiert, an deren Spitze ehemalige NSDAP-Mitglieder stünden:»Der Führer ging, aber seine Hintermänner blieben.« Der Kampf gegen die Restauration müsse auch außerparlamentarisch geführt werden. Sozialistische Minimalforderungen seien:»Erstens: die Entfernung aller Nazis und Kriegsverbrecher aus allen gesellschaftlich bedeutsamen Positionen; zweitens: ein Verbot aller militaristischen Traditionsverbände; drittens: eine wirksame Kontrolle der Großindustrie; viertens: Einstellung der gefährlichen Machtpolitik des Kalten Krieges und fünftens: die Verhinderung der atomaren Aufrüstung«.[55]

Zur Arbeitsgruppe II »Militarismus in der Bundesrepublik« gehörten unter anderem Ulrike Meinhof, Reinhard Opitz, Erika Runge, Hans Stern und Eckart Spoo. Wolfgang Abendroth, der gegen eine einseitige Abrüstung im Westen war, hielt ein Plädoyer für einen »parallelen Abbau der Streitkräfte in beiden deutschen Staaten«. In einer Kampfabstimmung konnte sich aber die *konkret*-Gruppe durchsetzen, die »die Abschaffung der allgemeinen Wehrpflicht, den Ausschluss von Wehrmachtsoffizieren aus der Bundeswehr, Verhandlungen zwischen beiden deutschen Staaten

mit dem Ziel ihrer stufenweisen Zusammenführung und die Anerkennung der Oder-Neiße-Grenze« forderte. Formuliert hatte
diesen Antrag, insbesondere den Passus über die Anerkennung
der Oder-Neiße-Grenze, Ulrike Meinhof.

Ihr gefiel die explosive Stimmung nach dem Triumph ihrer
Gruppe auf dem Kongress. Dass sie neben vielen SPD-Funktionären nun auch Wolfgang Abendroth und Fritz Lamm zu Gegnern hatte, kümmerte sie nicht. Im Gegenteil: Der Konflikt stärkte
ihr Zugehörigkeitsgefühl zu ihren kommunistischen Freunden.

Nach der erneuten Niederlage der SPD auf dem Frankfurter
Kongress wetterte der Parlamentarische Geschäftsführer der
SPD-Bundestagsfraktion Karl Mommer, dass es untragbar sei,
»den Kommunisten so in die Hände zu arbeiten«. Als Konsequenz forderte er, dass die dafür Verantwortlichen aus der SPD
ausgeschlossen werden müssten sowie alle SDS-Aktivisten, die
loyal zur SPD stünden, aus dem SDS austreten sollten.[56] Offensichtlich waren die Friedrich-Ebert-Stiftung um den SPD-Schatz-
meister Alfred Nau und der Westberliner Landesverband um
Willy Brandt und Kurt Mattick die treibenden Kräfte, die die
Abspaltung des SDS von der SPD anstrebten.

Der Druck des SPD-Parteivorstandes war immens. Am 3. Juni
1959 warfen die SDS-Bundesvorstandsmitglieder Kallauch, Seifert und Mitscherlich ihren Bundesvorsitzenden Hüller aus dem
Amt – wegen angeblicher Verfehlungen bei der Vorbereitung des
Kongresses. Darüber hinaus beschlossen sie, dass die Mitgliedschaft im SDS und die Mitarbeit bei *konkret* unvereinbar seien,
und distanzierten sich von den Beschlüssen des Mai-Kongresses.
Sie bekannten sich zum neuen Deutschlandplan der Mutterpar-
tei, an dem Helmut Schmidt wesentlich mitgewirkt hatte und in
dem unter anderem eine einseitige Abrüstung der Bundeswehr
und direkte Verhandlungen mit der DDR abgelehnt wurden. Das
war eine Kehrtwende um 180 Grad. Das SPD-Präsidium nahm
die Beschlüsse der neuen SDS-Spitze »mit Befriedigung zur
Kenntnis«. Wer bei *konkret* mitarbeitete, wurde aus der SPD
ausgeschlossen. Helmut Schmidt schlug vor, als Konkurrenz zum
SDS sozialdemokratische Hochschulgruppen zu gründen, ein
zentraler Plan für die Zerschlagung des SDS war geboren.

Jürgen Seifert war in Ulrike Meinhofs Augen im Juni 1959 zu

ihrem schärfsten Gegner geworden. Es deprimierte sie zu beobachten, wie sich die linke Opposition in der Bundesrepublik zerfleischte, und sie warf ihm und seinen Leuten vor, kapituliert zu haben und sie sogar vor CDU-Studenten schlechtzumachen. Warum sollte sie in Münster bleiben? Was vor einem Jahr Koring, war nun für sie Seifert. Die endgültige Trennung der SPD vom SDS zog sich noch zwei Jahre lang hin.

Ulrike Meinhof studierte lustlos weiter. Sie belegte »Rechtsphilosophie und Ethik«, die »Frühschriften Nietzsches«, »Deutsche Pädagogik im nachklassischen 19. Jahrhundert« und die »Baukunst der italienischen Renaissance«. Sie hatte große Referate in Kunstgeschichte und Philosophie abzuliefern und musste ihre Dissertation wieder beleben. Vergnügen bereitete es ihr, sich mit dem italienischen Bildhauer und Maler Giovanni Lorenzo Bernini zu beschäftigen. Sie knackte einige theoretische Probleme des Verhältnisses von Skulptur und Architektur, und die ungewohnte Anerkennung ihrer Kommilitonen für das Referat beflügelte sie.

Doch all die Anstrengungen hinterließen Spuren. Sie war zunehmend erschöpft. Zwischen politische Termine und Vorlesungen quetschte sie Arzttermine, ließ ihr Herz untersuchen, Blase und Niere kurieren, schluckte Sulfonamid (Euvernil) und legte sich mit mulmigem Gefühl auf den Zahnarztstuhl. Manchmal überfiel sie eine tiefe Traurigkeit. Dann vermisste sie Lothar Wallek und zweifelte am Sinn ihrer Affäre mit Klaus Rainer Röhl. Dass Lothar Wallek ihr inzwischen einen vorwurfsvollen, bitteren Brief geschrieben hatte, belastete sie.

Ulrike Meinhof und nahezu all ihre Freunde sollten aus dem SDS ausgeschlossen werden und sie vermutete, dass der Auftrag dazu direkt vom stellvertretenden Parteivorsitzenden Waldemar von Knoeringen kam. Sie war schockiert, wie leichtfertig sich ehemalige Bündnispartner – sie vermutete, um ihre Karrieren zu retten – auf die Seite der SPD-Führung schlugen. Meinhofs unzutreffender Vergleich mit der Lage der Opposition von 1914 und 1932/1933 zeigt, wie sehr sie sich verraten fühlte. Dennoch riss sie sich zusammen, ignorierte Gehässigkeiten und den »Dreck« der Opportunisten. Irgendwie gelang es ihr und ihren Vertrauten, den SDS Münster ein paar Wochen lang zu stabilisieren, bis sie, um dem sicheren Ausschluss durch den SDS-Bundesvorstand, dem Jürgen Seifert noch angehörte, zuvorzukommen, im Juli gemeinsam mit den *konkret*-Leuten Klaus Steffens, Rudolf Schultz, Jürgen Manthey sowie Ilka Schnabel aus dem SDS austrat. Ausgeschlossen wurden unter anderem Reinhard Opitz, Erika Runge, Hans Stern, Jürgen Holtkamp und Gerd Lauschke. Ulrike Meinhof warf Jürgen Seifert und Monika Mitscherlich vor, nicht zu durchschauen, dass die Jagd der SPD-Führung nach Abweichlern vor ihnen nicht haltmachen würde. Sie behielt recht.

Obwohl sie wusste, was Lothars und ihre Differenzen waren, verstand sie nicht mehr, warum sie sich getrennt hatten. Den Weg zurück hatte sie sich selbst verbaut, glaubte sie. Im Juli beendete sie die Beziehung zu Röhl. Am Ende des Sommernachtstraums bleibt nur ein Esel im Arm, war ihre Anspielung auf Shakespeares geschwätzige Figur mit dem Eselskopf. Es war ihr ein Rätsel, wie sie künftig in Hamburg mit ihm zusammenarbeiten sollte.

Die VII. Weltfestspiele der Jugend und Studenten vom 24. Juli bis 4. August 1959 in Wien, an denen 18 000 Jugendliche aus 112 Ländern teilnahmen, waren ein hervorragendes Mittel gegen schlechte Laune. Ulrike Meinhof war hellauf begeistert von der Pekinger Oper, dem Leningrader Ballett, dem Chinesischen Zirkus, den »Urwaldtrommeln« auf der Straße und den tanzenden Mexikanern. Obwohl es vor Agenten nur so wimmelte, genoss sie die Freiheit von den Verhältnissen in der Bundesrepublik. Wer »Freiheit für Ungarn« rief, wurde nicht behelligt und auch nicht der, der »Freiheit für Algerien« forderte. Solche politische Toleranz kannte sie aus Deutschland nicht.

Dass in Paris oppositionelle Algerier von der Polizei gefoltert und ermordet wurden, beschäftigte sie sehr. Um sich Informationen aus erster Hand zu verschaffen, plante sie nach Paris zu fahren. Sie hoffte auf eine kunsthistorische Exkursion dorthin, an der sie aber nicht teilnehmen konnte, weil sie wieder einmal kein Geld hatte. 14 Tage lang diskutierte Ulrike Meinhof in Wien mit jungen Leuten aus aller Herren Länder. Etwas vergleichbar Freies und Lebendiges hatte sie noch nie erlebt.

Frau zu sein hat ja auch einen großen Vorteil:
die Inhumanität dieser Welt zu kennen

Redakteurin
Hamburg und Jena, 1959–1960

Ulrike Meinhof war so begeistert von ihrem neuen Zimmer in Hamburg-Hohenfelde, dass sie den vereinigten Proletariern aller Länder ein ebenso schönes Quartier wünschte. Ihre bisherigen Studentenbuden schienen ihr im Vergleich wie finstere Höhlen. Sie wohnte jetzt in der Lessingstraße 7. Mit der U-Bahn war die *konkret*-Redaktion in der Nähe des Gänsemarkts leicht zu erreichen.

Ihr ging es finanziell besser als je zuvor. Als Doktorandin der Hamburger Universität bezog sie nach wie vor das Stipendium der Studienstiftung, ihre Miete bezahlte die Partei und als *konkret*-Redakteurin erhielt sie ein inoffizielles, nicht zu versteuerndes Honorar von etwa 400 bis 500 D-Mark monatlich.

Von Wien war sie mit ihrer Freundin Ehrengard »Lilli« Petras zurückgereist. Die beiden hatten sich auf dem Anti-Atom-Kongress in Berlin kennengelernt. Lilli Petras studierte in München als eine von wenigen Frauen Architektur und war ebenfalls seit ihrer Jugend Vollwaise. Mit 13 war sie als Mitglied der noch legalen FDJ beim Verteilen von Flugblättern festgenommen worden; mit 15 hatte sie Kinder aus westdeutschen Arbeiterfamilien zu Ferienfreizeiten in die DDR begleitet. Obwohl das gegen kein Gesetz verstieß, war sie deswegen in eine Erziehungsanstalt gesperrt worden. Mit 16 hatte sie bei der Friedenskarawane in Essen demonstriert, bei der der Arbeiter Philipp Müller von einem Polizisten erschossen worden war. Jetzt war sie Mitarbeiterin von *konkret*.

Ulrike Meinhof blieb nur kurz in Hamburg und brach am 27. August 1959 nach Jena auf. Partei und Universität hatten sie eingeladen, einen Monat dort zu studieren – eine gute Gelegenheit, der jungen Genossin den Alltag in der DDR zu zeigen. Die offizielle Version lautete, sie forsche hier für ihre neue Dissertation über Erhard Weigel, einen Jenaer Pädagogen, Philosophen und Mathematiker des 17. Jahrhunderts. Sie hatte tatsächlich vor, neben ihrer Redaktionsarbeit in Hamburg nun über ihn zu promovieren.

In Jena wohnte sie zuerst bei Dr. Straube, Hinter der Kirche 7, dann im Anna-Seghers-Studentenheim, einem großen modernen Gebäude am Berg neben dem Goethewäldchen. Der Blick aus ihrem Zimmer hinunter ins Tal, auf Wald, Saale und Eisenbahn war ihr vertraut. Alle waren freundlich, sie fühlte sich wohl. Einen Brief an ihre Schwester schickte sie nicht ab. Ihr Bericht war zu vorteilhaft für die DDR, sie befürchtete Ärger mit der BRD-Zensur. Und gleichzeitig war sie auch in Jena vorsichtig und erwähnte nicht, dass sie KPD-Mitglied war, weil es ja sein konnte, dass einer ihrer Gesprächspartner in den Westen flüchtete und sie verriet.

Im Vergleich zur Bundesrepublik, die von den USA für den Wiederaufbau nach 1945 kräftige finanzielle Unterstützung erhalten hatte, lag die DDR Ende der fünfziger Jahre wirtschaftlich weit zurück, da sie von der Sowjetunion zu einschneidenden Reparationen verpflichtet worden war. Vielen westdeutschen Linken war die DDR so sympathisch, weil dort ehemalige NS-Verfolgte versuchten, einen sozialistischen Staat aufzubauen – im Gegensatz zur Bundesrepublik, wo die Täter längst wieder in großen Scharen Einfluss auf das gesellschaftliche Leben nahmen. Ulrike Meinhof aber hatte durch den kritischen Blick auf ihre Verwandtschaft gelernt, dass die DDR-Führung mit einer Bevölkerung konfrontiert war, die nicht viel anders zusammengesetzt war als die im Westen.

Bei aller Sympathie für den anderen deutschen Staat hatte sie aber auch so manches an ihm auszusetzen, nicht nur weil sie den Lebenslauf von Antistalinisten wie Ruth Fischer kannte oder das Buch des ehemaligen Kommunisten Wolfgang Leonhardt *Die Revolution entlässt ihre Kinder* gelesen hatte.

Der Dogmatismus und die Kleinkariertheit einiger SED-Funktionäre gingen ihr auf die Nerven. Sie fühlte sich zugleich freier, aber auch fremder. Sie lästerte über das abgrundtief geistlose

Neue Deutschland. Trotzdem schätzte sie den viel höheren Bildungsstand der Bevölkerung in der DDR und sah darin einen Entwicklungsvorteil gegenüber der Bundesrepublik, wo für die Bildung der Menschen weniger getan werde, sodass ihrer Meinung nach eine Wiedervereinigung vor allem der BRD nützen würde.

Sie spazierte durch die Stadt und suchte die Beethovenstraße auf. Vor dem Haus ihrer Kindheit beobachtete sie amüsiert Kinder, die sich mit denselben »schmutzigen« Worten beschimpften wie sie und ihre Bande damals. Was sie nicht ahnen konnte: Sie wurde dabei von einem Spitzel der Bundesrepublik überwacht, dessen Beobachtungen zu den Akten der Wiesbadener Kriminalpolizei gerieten, vermutlich in die Staatsschutz-Abteilung des späteren BKA.

Nach Abschluss ihrer Recherchen fuhr Ulrike Meinhof mit Rudolf Schultz zur Gedenkstätte KZ Buchenwald. Auch hierhin folgte ihnen der Spitzel. Sie las dort Briefe, in denen der IG-Farben-Konzern für sein konzerneigenes KZ Auschwitz III/Buna Monowitz beim Kommandanten des KZ Auschwitz »Frauenmaterial« geordert hatte, und erinnerte sich an die Hetze, die ihr an der Universität in Münster entgegengebracht worden war, als sie den IG-Farben-Film *Rat der Götter* gezeigt hatte. Das Mahnmal, das Fritz Cremer in Buchenwald geschaffen hatte, beeindruckte sie. Der DDR-Künstler beeinflusste ihr Bild vom Sozialistischen Realismus, über den sie bisher noch nicht viel gewusst hatte. Sie stellte fest, dass sich mit ihrer politischen Praxis auch ihr Verständnis von Kunst wandelte. Die Bilder des »Träumers« Chagall verwirrten sie, da hängte sie sich lieber Drucke von Picasso an die Wand.

Ab Oktober 1959 stürzte sich Ulrike Meinhof in die Arbeit für *konkret*, die Redaktion in Hamburg hatte sie »mit offenen Armen« empfangen. Unter Zeitdruck schrieb sie ihren ersten Leitartikel »Der Frieden macht Geschichte«[57] und war unzufrieden mit ihrer Arbeit, weil sie nicht offen schreiben konnte, was sie dachte.

Sie war nicht nur die Jüngste, sondern auch die einzige Frau in der Zentralredaktion. Frau zu sein, lernte sie schnell, hatte ja auch einen großen Vorteil: die Inhumanität dieser Welt zu kennen. Sie war zwar unter Freunden, aber ihre Startposition war nicht ganz einfach, denn immerhin kannten sich die Männer der Redaktion untereinander seit Jahren bestens, außerdem hatte sie eine Affäre mit dem Chefredakteur gehabt.

Zur Kernredaktion in Hamburg gehörten Ende 1959 Klaus Rainer Röhl (Politik, Dokumentationen, Feuilleton), Reinhard Opitz (Innenpolitik, *konkret*-Gespräch, Hochschulpolitik), Hans Stern (Wissenschaft), Klaus Steffens (Film), Rudolf Schultz (Studentenfragen) und Jürgen Holtkamp (Internationale Hochschulfragen). In den Lokalredaktionen arbeiteten ihre Freundin Lilli Petras (München), Gerd Lauschke (Köln) und Klaus Steffens (Westberlin). Ulrike Meinhof wurde Redakteurin für »Außenpolitik, Presseschau und Bildende Kunst« und war verantwortlich für die Titelbilder. Kunst und Politik auf diese Weise zu verbinden machte sie glücklich, weil sie ihre alte Liebe in den Dienst ihres Vorhabens stellen konnte, die Welt zu verändern.

»Käthe«, der KPD-interne Tarnname für *konkret*, sollte neue Betreuer bekommen, denn Richard Kumpf hatte vor, an die Moskauer Parteihochschule zu gehen, und Siegfried Burmester verabschiedete sich ins Ost-West-Geschäft. Nur Manfred Kapluck blieb. Als Neue kamen Josef »Jupp« Angenfort, Oskar Neumann und Herbert Mies, alle drei Mitglieder des Zentralkomitees der KPD, Kapluck war ab 1960 auch Mitglied des Politbüros. Der 36-jährige Angenfort war 1955 vom Bundesgerichtshof zu fünf Jahren Zuchthaus verurteilt worden und nach seiner Begnadigung durch Bundespräsident Theodor Heuss 1957 in die DDR übergesiedelt. Der 31-jährige Herbert Mies, seit 1945 KPD- und FDJ-Mitglied, war gerade vom Studium aus Moskau zurückgekehrt. Der 43-jährige Oskar Neumann, der aus einer jüdischen Familie stammte, war im April 1945 aus einem Nebenlager des KZ Buchenwald und neun Jahre später aus der Bundesrepublik in die DDR geflohen, um einer Haftstrafe zu entgehen.

Zwischen Röhl und der Partei hatte es immer wieder Ärger gegeben, weil er in Ostberlin als politisch und finanziell unzuverlässig galt. Es missfiel dort auch, dass sich Röhl abfällig über andere Genossen äußerte. Richard Kumpf notierte: »Es war offensichtlich, Röhl will Lahrssen ausschalten und stärkere eigene Vollmachten, vor allem auch in finanzieller Hinsicht haben.« Die

Partei entschied, dass die finanzielle Verantwortung bei Uwe Lahrssen blieb.

Die Partei blieb misstrauisch. Als Ulrike Meinhof bereits für *konkret* arbeitete, wurde Röhl als Chefredakteur abgesetzt – aber nur für kurze Zeit. Der Rauswurf wurde deshalb sofort wieder revidiert, weil es gegen die Entscheidung der Ostberliner massiven Protest der *konkret*-Mitarbeiter gab, insbesondere von Ulrike Meinhof. Alle Angebote der Partei, den Posten des Chefredakteurs zu übernehmen, lehnte sie, ohne zu zögern, ab. Das hätte sie unanständig gefunden, sie war loyal. Außerdem glaubte sie ja, Röhl habe die Zeitung initiiert – ein Irrtum, über den sie jahrelang niemand aufklärte.

Ohne Scheu führte Ulrike Meinhof für ihre Artikel in *konkret* Gespräche mit Menschen aus unterschiedlichen sozialen Milieus – mit Philosophen und kirchlichen Würdenträgern genauso wie mit Diplomaten oder Heimkindern. Sie überzeugte Künstler wie Frans Masereel, der Zeitschrift Grafiken zum Erstabdruck zu überlassen. Sie bat Thomas Lenk, mit dem sie seit einiger Zeit wieder korrespondierte, um einen Beitrag. Für sie blieb ein politisch bewusster Künstler wie er in einer Gesellschaft wie der Bundesrepublik notgedrungen arm, noch dazu, wenn er Konzentrationslager zum Thema seiner Kunst machte.

Neben den Redakteuren schrieben für *konkret* auch Schriftsteller wie Erich Kuby, Hans Magnus Enzensberger und Karlheinz Deschner, aber auch der Soziologe Walter Müller-Jentsch sowie Simone de Beauvoir, Françoise Sagan oder Pablo Neruda. Auch Gedichte von Brecht, Tucholsky oder von dem damals noch unbekannten Peter Rühmkorf wurden gedruckt. Darüber hinaus gab es Artikel, die sich mit Heinrich Böll und Heinrich Mann befassten oder mit dem jungen französischen Film um Louis Malle, Claude Chabrol und Alain Resnais, aber auch mit dem deutschen Regisseur Wolfgang Staudte.

Neben kulturpolitischen Themen standen natürlich die Politik im Mittelpunkt und der Kampf gegen den Faschismus. *konkret* engagierte sich nicht nur gegen ideologische Vorreiter des NS-Faschismus wie Ernst Jünger, sondern entlarvte Ende der fünfziger Jahre NS-Verbrecher wie Werner Heyde, den Leiter der Euthanasieorganisation »T 4«, der mehr als 100 000 Menschen zum Opfer gefallen waren. Von einflussreichen Kreisen geschützt, arbeitete Heyde unter dem Namen »Dr. Fritz Sawade« als Gerichtsgutachter und für die Landesversicherungsanstalt Schleswig-Holstein.

konkret warnte damals auch als eines der wenigen deutschen Presseorgane vor einem neu aufkeimenden Antisemitismus in der Bundesrepublik. Ab dem 31. Dezember 1960 sollten in der Bundesrepublik Naziverbrechen verjähren, nur der im Einzelfall nachgewiesene Mord sollte dann noch geahndet werden. Gegen diese Verjährung gab es eine antifaschistische Kampagne, die von der politischen Rechten massiv bekämpft wurde. In der Ausstellungsreihe »Ungesühnte Nazijustiz«, die Reinhard Strecker vom SDS organisiert hatte, sahen viele Menschen zum ersten Mal Dokumente, die belegten, dass Hunderte von NS-Richtern und NS-Staatsanwälten immer noch in Amt und Würden waren. Eine Liste ihrer Namen wurde auch in *konkret* abgedruckt. Viele der Informationen stammten natürlich aus der DDR. Woher auch sonst? Als die Ausstellung Anfang 1960 in Westberlin gezeigt werden sollte, war die Freie Universität nicht bereit, Räume dafür bereitzustellen. Reinhard Strecker überlegte, nach Großbritannien auszuwandern, weil er die täglichen Drohungen kaum noch ertrug.

Ein weiterer Schwerpunkt von *konkret* war die Berichterstattung über antikoloniale und revolutionäre Befreiungskämpfe in Afrika, Asien und Zentral- und Lateinamerika. In ihren damaligen Artikeln übte Ulrike Meinhof Kritik an der Folter in den französischen Internierungslagern Algeriens, sie unterstützte den studentischen Widerstand in Venezuela oder berichtete über die Gefahren für die junge kubanische Revolution – kurz: Sie konnte alle politischen Themen veröffentlichen, die sie beschäftigten, und hatte fest vor, das Blatt noch besser zu machen. Wenn sie zwischendrin Zeit fand, las sie mit Begeisterung Mao; die Intelligenz, Klarheit und Einfachheit seiner Werke fesselte sie. Mao war bald auch ein beliebter Autor des Bildungsbürgertums. Sie widmete sich manchmal auch lustlos ihrer Dissertation, aber in der Hauptsache beschäftigte sie sich mit *konkret*. Es lohnte sich: Das Blatt wurde gelobt, neue Autoren kamen, Renommee und Auflage stiegen.

Wie stand sie in jenen Tagen zu Röhl? Manchmal verliefen die Arbeitstage harmonisch. Sie hatte das Gefühl, dass es an ihrem gemeinsamen politischen Fundament lag. Verblüfft stellte sie fest, dass er gelegentlich Angst hatte, sie verliebe sich in einen anderen. Dann wieder gab es Tage, an denen sie befürchtete, dass ihre Entscheidung für Hamburg falsch gewesen war. Vor allem in solchen Momenten wusste sie nicht, was sie von ihrer Beziehung zu ihm halten sollte. Sie schwankte zwischen Verbundenheit und Unsicherheit. Die politische Arbeit war ihr ungeheuer wichtig, aber sie war sich nicht sicher, ob sie auf die Dauer stark genug dafür war, und sie ertappte sich immer wieder dabei, sich nach der Zeit in Marburg zurückzusehnen.

Im Herbst 1959 feierte *konkret* ein »großes literarisches Ereignis« (Meinhof), das Erscheinen von Peter Rühmkorfs zweitem Gedichtband: *Irdisches Vergnügen in g.* Ulrike Meinhof lobte ihn: Rühmkorf war ihr unsympathisch, aber seine Gedichte fand sie großartig. Rühmkorf hatte rund ein Jahr zuvor die Zusammenarbeit mit *konkret* eingestellt, da sein Freund Jochen Staritz in der DDR verhaftet und zu acht Jahren Zuchthaus verurteilt worden war. Staritz war *konkret*-Mitarbeiter in Westberlin gewesen.

Am 9. Januar 1960 eröffnete der Tucholsky-Kreis, dessen prominenteste Mitglieder Mary Tucholsky, Ernst Rowohlt und Klaus Rainer Röhl waren, eine Tucholsky-Ausstellung in Hamburg. Die halbe Hamburger Prominenz war anwesend. Kate Kühl, die letzte noch lebende politisch-literarische Chansonsängerin der zwanziger Jahre, sang Brechts Wiegenlieder und Ulrike Meinhof bekam eine Gänsehaut.

Im November 1959 hatte es Ärger mit dem Finanzamt und mit der Universitätsverwaltung gegeben. *konkret* wurde als gemeinnütziges Studentenprojekt geführt, das an allen Universitäten vertrieben werden durfte und keine Steuern zahlen musste. Voraussetzung aber war, dass die Redakteure Studenten waren und ehrenamtlich arbeiteten. Reinhard Opitz hatte dem Finanzamt einen solchen, den Tatsachen nicht entsprechenden Sachverhalt bestätigt und keck hinzugefügt: »Lohnsteuerpflichtige Arbeitsverhältnisse werden nicht unterhalten.« Und er kam damit durch. Der studentische Arbeitskreis Progressive Kunst (APK) blieb offiziell der Herausgeber von *konkret*, Vorsitzende waren Reinhard Opitz und »Fräulein Ulrike-Marie Meinhof«. Vorsichtshalber wurde ab Heft 2/1960 neben den Namen aller Redakteure im Impressum nun der universitäre Status vermerkt, zum Beispiel »cand. phil. Ulrike Marie Meinhof«.

Als gäbe es ein Nest übelwollender Informanten, machte nun auch die Studienstiftung des Deutschen Volkes Ulrike Meinhof das Leben schwer: Ihr sollte eine Verlängerung des Stipendiums nur gewährt werden, wenn sie ihre Mitarbeit bei *konkret* aufgebe. Wütend stritt sie mit der Institution, die ihr vielleicht eine Gesinnung zugestehen wollte, auf keinen Fall aber eine politische Praxis, ganz im Gegensatz zu Stipendiaten, die für die CDU arbeiteten.

Im September 1960 geriet *konkret* dann richtig unter Druck. Auf der Heftrückseite war das Gedicht »Nato unser« von Gerd Schulte veröffentlicht worden, was die Hamburger Staatsanwaltschaft zum Anlass nahm, gegen die Zeitschrift wegen »Gotteslästerung« zu ermitteln: »Nato unser, / [...] dein Manöver geschehe / [...] Unsern täglichen Atomversuch / gib uns heute und vergib / den bösen Kommunisten keine Schuld, / [...] führe uns ständig in / Versuchung, bis wir den Kanal / restlos voll haben, / denn du bist / für die Reichen / [...] und die Konzernherren / [...] Amen.«[58]

Daraufhin entschuldigte sich Röhl bei der Landesleitung der Evangelischen Kirche und betonte, dass es niemals die Absicht von *konkret* gewesen sei, das Christentum anzugreifen oder die religiösen Gefühle der Leser zu verletzen, im Gegenteil: Alle Redakteure seien ausnahmslos Protestanten. Der Theologe und Rektor der Hamburger Universität Helmut Thielicke meinte, dass das Gedicht zwar geschmacklos, aber nicht gotteslästerlich sei, und half, dass die Landeskirche keinen Strafantrag stellte. Der Ärger reichte bis in Ulrike Meinhofs Verwandtschaft. Sie hatte Christiane, der Tochter von Heidi Leonhardt, ein *konkret*-Abonnement geschenkt. Ihr Großvater Johannes Hübner verbot dieser jetzt, die Zeitschrift zu lesen. Ulrike Meinhof war zornig darüber, dass sich ihr Onkel nicht über die geplanten Notstandsgesetze aufregte, von denen im selben Heft die Rede war. Sie stellte die Lieferung an die Nichte ein, damit die nicht noch mehr Ärger bekam.

Mitglied der KPD zu sein und die wirklichen Arbeitsverhältnisse bei *konkret* verschleiern zu müssen – nicht eine D-Mark durfte »aus dem Osten« kommen –, bedeutete für Ulrike Meinhof auch, die eigenen Anschauungen nicht offen vertreten und verteidigen zu können. Illegalität zwang in vielfältiger Form zur Heimlichtuerei. Ulrike Meinhof hasste das. Und dann gab es ja auch noch die Kritik aus bürgerlichen Kreisen, dass sie bei einer explizit linken Zeitschrift mitmachte. Elisabeth Heimpel gegenüber rechtfertigte sie sich, dass sie nur vorübergehend für *konkret* arbeiten würde, da es zu wenig Redaktionsmitarbeiter gebe. Aber sie könne für die gemeinsame Sache – die Anti-Atom-Politik – hier etwas tun, auch ihre Kollegen seien sympathischer als ihr Ruf und sogar ihr Kunstgeschichtsstudium sei hier nützlich. Auch den Kontakt zu Tante Hanni, die inzwischen der FDP nahestand, wollte sie nicht verlieren.

Seit Anfang 1960 waren Ulrike Meinhof und Klaus Rainer Röhl nach monatelanger Trennung wieder ein Paar. Ulrike Meinhof liebte Klaus Rainer Röhl, oder wie er es ausdrückte: »Sie hatte sich in den Kopf gesetzt, mich zu lieben«. Er behauptete, ihre Gefühle nicht erwidert zu haben: »Meine Warnungen [...], unser Verhältnis nicht für Liebe zu halten, schlug sie in den Wind.«[59] Hatte sie sich aus dem Kreis der Männer, mit denen sie jeden Tag zusammen war, erneut Röhl ausgesucht, wissend, dass jeder Mann außerhalb ihres illegalen Zirkels ihr arbeitsreiches Leben komplizierter machen würde? Sie hatten ja auch einiges gemeinsam, die Partei, das Projekt *konkret*, viele Gegner und offensichtlich sexuellen Spaß.

Offen bleibt, was letztlich ihr Grund war, sich auf einen Mann einzulassen, den sie eigentlich durchschaute und vor dem sie sich selbst am eindringlichsten gewarnt hatte. Es ist möglich, dass er sich in dieser Zeit mit Witz und Charme, den er an- und abschalten konnte wie einen Lichtschalter, um sie bemühte, beeindruckt von ihren Qualitäten als Genossin, Geliebte, Intellektuelle, und sich, die schlechten Erfahrungen mit der Partei noch im Hinterkopf, einige Zeit ausschließlich auf sie einließ, sodass sie glauben konnte, dass er sie trotz all seiner Sprüche liebte.

Im Februar 1960 machten sie Ferien im Schwarzwald. Ulrike schlief zehn bis zwölf Stunden täglich, hielt tagsüber ihr Gesicht in die Sonne und durchtanzte ihre Schuhe an Fasnacht. Röhl redete ihr zu, ihre Haare wachsen zu lassen. Gegen das Prinzip der 39-jährigen Renate Riemeck »Altern in Würde« setzte sie nun die Röhl'sche Empfehlung »Altern mit Schönheit«. Sie ging zur Kosmetikerin, nutzte Sauna und Höhensonne für ihre Haut, die durch die vielen Zigaretten und die Arbeit in der Redaktion eine ungesunde Farbe bekommen hatte. Der »Brisk-Mann«, wie Peter Rühmkorf seinen Freund Röhl nannte, klopfte blöde Sprüche der Haarcremereklame: »Wer sich pflegt, ist andern überlegen.« Ulrike Meinhof fand das witzig.

Im Sommer 1960 entzog NRW-Kultusminister Werner Schütz (CDU) Renate Riemeck die Prüfungsberechtigung, was einer halben Entlassung gleichkam. Ulrike Meinhof stellte in Windeseile eine aktuelle Beilage für *konkret* zusammen und kommentierte den Fall. Das CDU-gesteuerte, antikommunistische Komitee »Rettet die Freiheit e.V.« hatte im März die 175-seitige Broschüre *Rotbuch II* veröffentlicht und darin mehr als 400 Namen von Hochschullehrern, Gewerkschaftern, Künstlern, Schriftstellern aufgelistet, die der »kommunistischen Untergrundarbeit« verdächtigt wurden – darunter auch den Namen von Riemeck. Vorsitzender des Komitees war der junge, ehrgeizige CDU-Bundestagsabgeordnete Rainer Barzel. Die Broschüre löste Presseberichte im ganzen Land aus, in denen Riemeck wegen ihres Engagements als Kriegs- und Atomwaffengegnerin, wegen ihres Plädoyers für die Anerkennung der Oder-Neiße-Linie und wegen ihrer »Ostkontakte« angegriffen wurde. Es sei bereits eine Verletzung des Beamtenrechts, wenn eine Beamtin in der Öffentlichkeit derartigen »Anstoß« errege, zürnte Kultusminister Schütz.

Renate Riemeck gab ohne Weiteres drei Reisen in die DDR seit 1945 zu und erklärte: »Ich werde auch in Zukunft – unangefochten vom Terror des Kalten Krieges und ohne Rücksicht auf persönliche Nachteile – ›Ostkontakte‹ pflegen und mich durch nichts davon abhalten lassen, für Verständigung und Frieden einzutreten.«[60] Sie war in der Friedensbewegung populär. Albert Schweitzer, Hermann Hesse und Bertrand Russell hatten sich ein Jahr zuvor mit ihr solidarisiert, als ihr ein Disziplinarverfahren drohte.

Riemecks Entlassung aus der Prüfungskommission folgte »einer der ersten Hochschulaufruhre im Lande« *(Der Spiegel)*. Mehr als

300 Wuppertaler Studenten, mehrheitlich junge Frauen, belagerten am 18. Juli 1960 in Düsseldorf die Stufen des Kultusministeriums und hielten Transparente gegen ein Gesinnungsstrafrecht hoch: »Keiner darf um seiner politischen Meinung willen benachteiligt werden!« und für die »Rehabilitierung von Frau Professor Riemeck« – misstrauisch beäugt von berittener Polizei und einem Überfallkommando. Die Internationale der Kriegsdienstgegner (IdK) solidarisierte sich, des Weiteren kirchliche Bruderschaften, die Naturfreundejugend, die GEW, verschiedene Asten sowie Professoren wie Wolfgang Abendroth und Heinrich Düker aus Marburg. Prominente wie Adolf Grimme, der ehemalige Generaldirektor des NWDR, unterzeichneten Solidaritätserklärungen.

Schließlich beantragte Renate Riemeck ihre Entlassung aus dem Beamtendienst. Sie erzwang überraschenderweise auch keine juristische Klärung. Wurde sie politisch erpresst? War sie einfach zermürbt? Oder hoffte sie, mit ihrer neuen Partei, der Deutschen Friedensunion (DFU), in den Bundestag einzuziehen? Sie führte ein Vieraugengespräch mit Kultusminister Johannes Rau (SPD), mit dem sie ja auch privat gut bekannt war, der den Medien danach nur sagte, dass er ihre Beweggründe verstehen könne. 150 bis 200 Studentinnen zogen ein paar Tage später mit Fackeln, überwacht von der Polizei, zu Riemecks Haus und verabschiedeten sich: Sie sahen in ihr eine Frau, die »nicht nur über Demokratie redet, sondern Demokratie lebt«. Renate Riemeck schüttelte jeder die Hand und antwortete: »Gott schenke Ihnen allen ein festes Herz«.[61]

Der Fall Riemeck fügte sich für Ulrike Meinhof zu den vielen Fällen verfolgter Linker und vermittelte ihr, dass sie ohne den Halt einer Organisation als Linksoppositionelle in der Bundesrepublik verloren war: »Wenn dem Durchbruch des Kultusministers nicht Einhalt geboten wird, ist nicht abzusehen, wo die begonnene Säuberungsaktion deutscher Hochschulen enden wird.«[62]

Innerhalb von zwölf Monaten heirateten die drei Frauen, die Ulrike Meinhof am nächsten standen: ihre Schwester Wienke, Lilli Petras und Eva-Maria Büsselberg, mit der sie wieder häufiger Kontakt hatte. Ulrike Meinhof beobachtete einen enormen Druck der Gesellschaft auf Frauen zu heiraten, einen Druck, dem sich, wie sie meinte, fortschrittliche Frauen eigentlich entziehen sollten. Sie selbst sah sich diesem Einfluss ausgesetzt, vor allem, weil sie sich Kinder wünschte, und das nötigte in dieser Zeit zur Ehe. Am 7. November 1959 hatte sie vor Eva-Maria gestanden, die Brautkleid und Schleier trug und sie anlächelte. Vielleicht hatte die Freundin das bessere Los gezogen, weil sie jetzt einen sicheren Ort zu haben schien, in den nicht jeder einbrechen konnte. Ulrike Meinhof beneidete sie um ihre Ausgeglichenheit, sie schien ihr wie ein Mensch, der ohne Auftrag lebt, so wie ihn Alfred Andersch in *Sansibar oder der letzte Grund* beschrieb. Als Sozialistin zerbrach sie sich den Kopf, ob es richtig war, ihr ganzes Leben auf die Politik auszurichten. Aber Eva-Marias bürgerliche Welt gefiel ihr nicht, obgleich sie schätzte, dass auch diese auf der Seite der Humanität stand. Ein Thema der beiden war die Gleichheit der Menschen und die Emanzipation von Frauen und Männern. Aber selbst wenn sich, wie Ulrike Meinhof befürchtete, ihre politischen Differenzen künftig vergrößern sollten, wollte sie diese Freundschaft unbedingt aufrechterhalten. Der Freundin gestand sie, dass sie sich manchmal fühlte wie der letzte Dreck: von der Gesellschaft abgestoßen und ausgegrenzt.

Für Wienkes Hochzeit am 26. November kaufte sie sich ein neues Kleid, um für die konservative Verwandtschaft und die Borchers ihr »rotes Herz« zu bedecken. Sie erinnerte sich an ihre Verlobungszeit mit Lothar Wallek und daran, dass sie damals glücklich gewesen war. Gleichzeitig lehnte sie, nicht nur weil sie Friedrich Engels' *Ursprung der Familie* gelesen hatte, die spießigen Kategorien der bürgerlichen Gesellschaft ab.

Lilli Petras war nach Hamburg gezogen, weil der von ihr gegründeten SDS-Gruppe an der TH München aus politischen Gründen die Anerkennung verweigert worden war. Die Paare Meinhof-Röhl und Petras-Holtkamp waren eng befreundet. Auf dem Foto vor dem Standesamt legt am 2. September 1960 ein kräftiger Jürgen Holtkamp den Arm fest um die Schulter der zierlichen Lilli Holtkamp, die einen Strauß Rosen in Händen hält. Links steht Klaus Rainer Röhl, rechts Ulrike Marie Meinhof mit beinahe traurigem Blick, die Hände verkrampft ineinander verschränkt, den Mantelkragen hochgeschlagen, um den Hals ein helles Tuch, die Haare hochgesteckt. Auf einem zweiten Foto scheint Röhl einen Witz gemacht zu haben. Jürgen Holtkamp lacht herzhaft. Lilli Holtkamp schaut skeptisch-amüsiert, Ulrike Meinhof hat nur ein scheues Lächeln auf den Lippen.

Die beiden Paare fuhren zur Feier des Tages in ein Restaurant. »Auf dem Rücksitz kabbelten sich Ulrike und Klaus Röhl«, erinnerte sich Lilli Holtkamp. Röhl wollte unbedingt »auch heiraten«. – Ulrike Meinhof sagte Nein. – »Doch, Ulrike, wir auch«, beharrte Röhl. – »Ich will nicht«, wiederholte sie. – Ist doch klar, dachte Lilli Holtkamp, dass sie das nicht macht, der Röhl hat in jeder Stadt eine andere. Röhl hörte nicht auf zu drängen. Er versprach, treuer zu werden: »Nur noch einmal im Monat fremdgehen«, hörte Lilli Holtkamp. – »Nein«, sagte Ulrike Meinhof.

Auf der kleinen Holtkamp'schen Hochzeitsparty warf Ulrike Meinhof versehentlich eine Stehlampe um, sie ging kaputt. Zur Überraschung der Holtkamps beschimpfte Röhl sie wegen dieser Nichtigkeit und kam den ganzen Abend lang auf ihren Fehler zurück. »Er spielte sich gern auf anderer Leute Kosten in den Vordergrund«, sagt Lilli Holtkamp, »sie hat sich, jedenfalls vor uns, nicht gewehrt, sondern sich damit herausgeredet, dass Röhl ganz lieb sei und kein Theater macht, sobald sie allein waren.«

Elf Tage später, am 13. September 1960, verlobte sich die knapp 26-jährige Ulrike Marie Meinhof mit dem 32-jährigen Klaus Rainer Röhl. Röhl charakterisierte das Ereignis als »heimliche Verlobung«: Wir »verlobten uns [...] halb im Spaß in ›Krögers Bierstuben‹«.[63] Offensichtlich wurden keine Verlobungsanzeigen verschickt. Einer Freundin erzählte Ulrike Meinhof, Röhl habe ihr Treue versprochen und im Gegenzug sei sie bereit, sich für eine begrenzte Zeit auf ihn einzulassen. Sie ließ hier und da Andeutungen fallen, dass sie sich nicht sicher war, ob sie diesen Mann wirklich heiraten wollte.

Es ist verdammt hart, eine Firma zu leiten,
in der hauptsächlich Männer arbeiten,
die auch noch älter sind

Chefredakteurin und Ehefrau
Hamburg, 1960–1962

Ulrike Meinhof hatte für das erste Weihnachtsfest mit ihrem Verlobten »nagelneuen Christbaumschmuck« gekauft. Sie mochte Weihnachten und liebte den Duft von Zimt und Bratäpfeln. In Röhls Wohnung gab es weder einen Backofen noch einen passenden Topf, also gab's eben keinen Gänsebraten, sondern gekochten Karpfen. Sie besuchten die Eltern Röhl in Stade. Röhl erkältete sich, Ulrike Meinhof machte ihm Schwitzpackungen. Nach den Feiertagen fuhren sie in den Winterurlaub nach Bayern.

Auf Bildern jener Zeit sieht Ulrike Meinhof fröhlich aus. Aber sie brauchte nur ein Buch wie den *Bananenkrieg* von K. H. Poppe zu lesen, dann wusste sie, dass sie ein einfaches glückliches Leben als »friedlicher Bürger« nicht leben konnte. Die Verhältnisse, in denen sie lebten, kamen ihr verlogen vor. Vielen missfiel es, wenn Chruschtschow in der UNO mit dem Schuh aufs Pult schlug, aber es war ihnen vollkommen gleichgültig, dass die USA und die United Fruit Company in Guatemala einen Krieg anzettelten und Gewerkschafter ermorden ließen, um zu verhindern, dass Großgrundbesitz enteignet und an Landarbeiter verteilt wurde. Dann bekam sie eine unbändige Wut auf die US-Regierung und die der Bundesrepublik und verstand besser, was in Laos los war und in Kuba. Zurück aus Bayern, fand sie einen Brief von Fidel Castro an die *konkret*-Redaktion vor. Ulrike Meinhof lachte schallend, als sie las, dass Castro, weil er der deutschen Post nicht traute, seinen Artikel per Kurier via Paris hatte befördern lassen.

Es war schwer, neben der Redaktionsarbeit noch die Dissertation zu Ende zu bringen. Im Winter 1960/61 sollte die frisch promovierte Erika Runge für ein Jahr nach Hamburg kommen und Ulrike Meinhof entlasten, aber sie kam nicht. Die Partei bat

Ulrike Meinhof, ihr Studium abzubrechen. Sie sollte Chefredakteurin werden. Dieser Wunsch hatte mit der DFU zu tun.

Albert Norden, Mitglied des Politbüros der SED, betreute den Aufbau der Deutschen Friedensunion (DFU). Norden, Sohn eines von den Nazis ermordeten Oberrabbiners, war vor 1933 Redakteur der *Roten Fahne*. Er floh nach Paris, arbeitete am legendären *Braunbuch über Reichstagsbrand und Hitlerterror* mit – ein Versuch, die Welt über den deutschen Faschismus aufzuklären –, wurde Sekretär des von Heinrich Mann gegründeten »Aktionsausschusses deutscher Oppositioneller«, floh erneut um die halbe Welt und überlebte in New York als Fabrikarbeiter. Er gehörte zur Gründergeneration der DDR. Als Ulrike Meinhof ihm begegnete, war er Professor für neuere Geschichte. Er leitete die *Agitationskommission*, die sämtliche Kampagnen zur Aufarbeitung von Kriegs- und Naziverbrechen in der Bundesrepublik koordinierte. Da DDR-Historiker keinen Zugang zum *Document Center* erhielten, in dem die US-Alliierten die Mitgliedskarteien und Personalakten von NS-Organisationen verwalteten, beschafften sich Norden und seine Leute die notwendigen Dokumente aus der Sowjetunion und anderen Ländern Osteuropas und sammelten sie in eigenen Archiven – unter anderem in einer Abteilung im Ministerium für Staatssicherheit. Nordens Arbeit trug maßgeblich dazu bei, dass *konkret*-Leser von den NS-Verbrechen zahlreicher Amts- und Würdenträger erfuhren.

In seinem Büro lief auch alles zusammen, was die DFU betraf. Die Gründung im Dezember 1960 wurde generalstabsmäßig geplant. Ulrike Meinhof, Klaus Rainer Röhl sowie Wienke und ihr Mann engagierten sich für die neue Partei und Renate Riemeck war deren Aushängeschild: Auf den Wahlplakaten erschien ihr Gesicht neben dem von Albert Schweitzer. Neben ihr waren Karl Graf von Westphalen und Lorenz Knorr Mitglieder des Direktoriums. Herbert Mochalski unterstützte sie. Die Hauptanliegen der DFU waren die Neutralität der Bundesrepublik und die Wiedervereinigung beider deutschen Staaten. Sie war gegen Atomwaffen und gegen die Notstandsgesetze.

Ulrike Meinhof bejubelte die Möglichkeit legaler linker Politik und schwärmte für die DFU, über die sie von allen Seiten nur Gutes hörte. Sie warb in einem Wahlspot für die neue Partei, sprach langsam und ernst: »Liebe Mitbürger! Am 17. September [1961] sind Wahlen. Bei diesen Wahlen fällen Sie eine schwere Entscheidung über unsere Zukunft. Über Krieg oder Frieden. Immer wenn man bisher mit Soldaten, Bomben und Kanonen auftrumpfte, hat es Krieg gegeben. Erinnern Sie sich noch? Zwei furchtbare Weltkriege. Fast in jeder Familie gab es Tote zu beklagen. Und was war das Ende? Deutschland war ein Trümmerhaufen. Soll es schon wieder losgehen? Wir haben zwei Worte zu unserem Programm gemacht. Neutral! Atomwaffenfrei! Wenn Deutschland neutral wird, dann kommt auch die Wiedervereinigung.«[64]

»Auf Anweisung der Partei«, sagen ehemalige Genossen, »weil die DFU dringend einen Propagandafachmann brauchte«, behauptete Klaus Rainer Röhl, wurde er Wahlkampfleiter der DFU. Er nahm eine Auszeit bei *konkret* und pendelte von nun an zwischen Hamburg und Köln hin und her. Ulrike Meinhof wurde im März das, was einige Genossen in Ostberlin schon lange wollten: Chefredakteurin von *konkret*. Sie brach ihr Studium endgültig ab. Lilli Holtkamp und andere Frauen bei *konkret* erinnern sich, dass sie nicht machtgierig war und nie mit ihrer Funktion prahlte. Aber einigen männlichen Redakteuren machte es zu schaffen, dass nun eine so junge Frau ihre Vorgesetzte war und dass sie die Arbeit stringenter und verbindlicher leitete als Röhl.

Ganz so leicht fiel es ihr nicht. Es war verdammt hart, eine Firma zu leiten, in der hauptsächlich Männer arbeiteten, die auch noch älter waren als sie. Die Zeitung wurde immer besser und Ulrike Meinhofs Arbeit wurde durchaus anerkannt, aber weil sie eine Frau war, musste sie ihre Fähigkeiten dauernd beweisen und durfte sich keine Schwächen leisten. Sie musste jeden Tag intellektuell fit sein, dazu emotional stabiler als die anderen, ausgeglichener, durfte nichts übelnehmen und nicht nervös werden. Wenn es ihr mal nicht gut ging, war es besser, wenn es keiner merkte. Manchmal hatte sie Lust, alle zum Teufel zu jagen und zu brüllen: Macht euern Scheiß alleine! Wurde sie gefragt, wie ihr neuer Job sei, antwortete sie immer, es mache ihr ungeheuren Spaß. Aber Freunden vertraute sie an, dass es besser war, sich die Arbeit mit Klaus zu teilen, obwohl der sich manchmal ärgere, wenn sie eine eigene, das heißt eine andere Meinung habe als er.

Im Mai oder Juni 1961 zog Ulrike Meinhof zu Klaus Rainer Röhl in die Kaiser-Wilhelm-Straße 76, gleich neben der Redaktion. Es war eine große Wohnung, in der noch andere *konkret*-Mitarbeiter lebten. Röhl hatte dort drei Zimmer. Ulrike Meinhof fühlte sich nicht wohl, denn sie wollte mit ihm lieber in einer eigenen Wohnung leben. Ihr Zimmer richtete sie modern ein, mit orangefarbenen Vorhängen, einem hellen Eschenholztisch, einem blauen Fellteppich und weißen Sitzmöbeln. Röhl hatte sein Zimmer, erinnern Besucher, mit »Gelsenkirchener Barock« gefüllt, wuchtig, dunkel, altdeutsch.

Anderen gegenüber gab sich Röhl gern als Charmeur. Ulrike Meinhof nahm ihn zu Renate Riemeck und Holde Bischoff mit und er strengte sich an, den beiden Frauen zu gefallen, denn Riemeck war nicht nur eine Art Schwiegermutter, sondern als DFU-Chefin auch seine Vorgesetzte. Die beiden verstanden sich ausgezeichnet.

Ulrike Meinhof blieb wenig Freizeit. Sie spielte Hausfrau, machte den Führerschein, begann zu nähen und kaufte das Kochbuch *Was Männern gut schmeckt*. Meinhof und Röhl liebten die klassische deutsche Küche jener Zeit: Fleisch, Soße, Gemüse, Kartoffeln. Spaghetti waren ein exotisches Mahl. An Sonntagen lasen sie, hörten Musik, gingen spazieren.

Im Mai 1961 schrieb die neue *konkret*-Chefredakteurin den Beitrag »Hitler in Euch«, der für Furore sorgen sollte. Sie bezog sich auf den Eichmann-Prozess und appellierte an die »junge Generation«, sich der Verantwortung für die Bekämpfung des Antisemitismus und Neofaschismus bewusst zu sein. Die Kritik an den »Alten Nazis« und »das Bemühen [...] um eine gute Beziehung zum Staat Israel« genügten nicht. Der Kampf gegen den Antisemitismus erfordere »vielmehr die Absage an jeden politischen Terror vermittelst administrativer Maßnahmen gegen Andersdenkende, Andersglaubende und Andersfühlende. Die Antwort auf die Konzentrationslager liegt [...] in der totalen Gewährleistung politischer Freiheit für politische Gegner [...] die Antwort auf [...] das Verbot des Deutschen Gewerkschaftsbundes« liege »nicht in einem Notstandsgesetz«. Dann folgte der Satz, der Meinhofs ersten Rechtsstreit mit einem der mächtigsten Männer der Bundesrepublik auslöste: »So wie wir unsere Eltern nach Hitler fragen, werden wir eines Tages nach Herrn Strauß gefragt werden.«[65]

Bundesverteidigungsminister Franz Josef Strauß klagte umgehend. Ulrike Meinhofs Anwalt Gustav Heinemann übernahm ihre Verteidigung. Heinemann war ihr sehr sympathisch und war wie sie der Meinung, dass sie Strauß nicht mit Hitler gleichgesetzt habe und deshalb kein strafbarer Tatbestand vorliege. Das Amtsgericht Hamburg lehnte im Juni 1962 die Eröffnung des Hauptverfahrens ab und die nächsthöhere Gerichtsinstanz bestätigte diese Entscheidung. Wenige Jahre später sollten Meinhof und Strauß erneut aufeinanderprallen.

Weil Renate Riemeck überlastet war, musste Ulrike Meinhof widerwillig einige Aufsätze unter Riemecks Namen schreiben, weil sie deren Stil so gut imitieren konnte. Im Juli 1961 wurde die 41-jährige Renate Riemeck krank. Sie bekam so starke Glieder- und Rückenschmerzen, dass sie sich auf einen Stock stützen musste und einen Spezialisten nach dem anderen um Rat fragte. Sie konnte nicht mehr schreiben, bekam nur mühsam ein Bein vor das andere und schaffte kaum die wenigen Stufen auf die Bühne des DFU-Wahlkongresses im Juli. Ulrike Meinhof vermutete, dass die Pflegemutter den Verlust des sicheren Beamtenstatus, das Scheitern ihrer akademischen Karriere und die unsichere Zukunft nur schwer ertrug und ihr alles aufs Gemüt und die physische Gesundheit geschlagen war.

Ein historisches Ereignis zerschmetterte alle Hoffnungen der DFU: Als am 13. August 1961 die DDR-Regierung »die Mauer« baute, fiel auch die Entscheidung gegen den Einzug der DFU in den Bundestag. Welche Chancen sie anderenfalls gehabt hätte, weiß niemand. Sie errang 1,9 Prozent und kein Mandat. Ulrike Meinhofs große Hoffnung auf eine wie auch immer geartete »linke« Wiedervereinigung war langfristig zerplatzt.

Renate Riemeck zog sich zurück, blieb krank, wechselte die Ärzte, um schließlich bei der anthroposophischen Medizin zu landen, die Ulrike Meinhof als unwissenschaftliche Quacksalberei ablehnte. Nach einer fünfmonatigen Kur in Freiburg im Breisgau zog Renate Riemeck mit Holde Bischoff von Wuppertal nach Freiburg-Gundelfingen und wandte sich wieder anthroposophischen Kreisen zu.

Nach den gescheiterten Wahlen machten Ulrike Meinhof und Klaus Rainer Röhl Urlaub in Bulgarien. Sie mochten zwar das Essen nicht, aber das Wetter war schön. Sie trug ihr langes Haar nun meist hochgesteckt. »Schrecklich«, sagt Peggy Parnass, »sobald meine Freundinnen heirateten, flogen die Haare nach oben, selbst wenn sie so schöne Haare hatten wie Ulrike.« Ulrike Meinhof liebte es, schlank und rundherum braun zu sein, trug stolz ihren Bikini, eine noch sehr junge Mode, und gab Freundinnen und ihrer Schwester allerlei Schönheitstipps, von der regelmäßigen Nutzung eines Gymnastikbandes bis zu Besuchen bei der Kosmetikerin.

Das Meer war warm, sie erholten sich, ritten auf Dromedaren, feierten mit KPD- und SED-Genossen und fühlten sich seit Langem sicher. Wir lebten »hier, im tiefsten Ostblock, einmal vier Wochen ohne Angst«, sagte Röhl, »seit vielen Jahren zum ersten Mal. Denn unser sonstiges Leben zwischen Hamburg und Berlin war anders. Wir waren ja Illegale, ständig von einer Verhaftung bedroht, immer in Angst, immer auf dem Sprung, ständig in Erwartung des Schlimmsten«.[66]

Es war fast, als habe Ulrike Meinhof beschlossen, die Augen zu schließen und glücklich zu sein. Die beiden setzten den Termin für ihre Hochzeit auf den 27. Dezember 1961 fest und verschickten einen Berg Hochzeitsanzeigen: »Wir haben geheiratet. Claus Rainer Röhl – Ulrike Marie Röhl«. Neben einem Sternchen in sehr kleinen Buchstaben stand: »geb. Meinhof, 27. Dezember 1961, Hamburg 22, Lessingstraße 7, z. Zt. Berneck/Fichtelgebirge, Haus Quelle«. Klaus Rainer Röhl nannte sich als konkret-Herausgeber stets »Claus«. Verbindungen wurden wieder aufgenommen. Alte Freunde und Verwandte antworteten und wünschten dem Paar Glück. Aber einer kritzelte auf die Karte: »Ich kann mir nicht helfen. Ich bin entsetzt«. Wie gemein, dachte Ulrike Meinhof, fand aber Heiraten trotzdem viel lustiger, als sie gedacht hatte. Sie traf eine Vereinbarung mit Röhl. »Ulrike hatte mir gegenüber eine wahrscheinlich begründete Skepsis und sagte, gut, wir heiraten, aber nur für zehn Jahre. Das genügt, wenn du zehn Jahre treu bist. Aber das verlange ich auch. Gut, und ich sagte okay [...] und auf diesem Hochzeitsbild kann man die kleine Skepsis in Ulrikes Gesicht noch sehen«.[67]

Ursprünglich sollte die Hochzeit zweimal gefeiert werden. Einmal ganz konventionell in Hamburg mit Renate Riemeck, Wienke und ihrem Mann, Klaus Rainer Röhls Eltern, den Borchers, Heidi Leonhardt, Tilla und Johannes Hübner. Dieses Fest fiel aus, weil Riemeck sich nicht reisefähig fühlte. Der Ersatz war ein Ausflug mit den Schwiegereltern Röhl nach Bad Berneck. Die Fahrt fand, wegen vereister Straßen, ihr Ende in der Lüneburger Heide bei Heidschnuckenbraten.

Das zweite, viel größere Hochzeitsfest war eine Party mit Freunden und Kollegen in Hamburg, mit Bach'scher Hochzeitskantate und Feuerzangenbowle, mit Sekt und Scherzen, mit Tanzen und Lachen. Ein Fest wie von Breughel gemalt, fand Ulrike Meinhof, ein Ereignis, bei dem selbst Miesmacher heiter waren, Alkoholiker bei Sinnen und Deppen Kluges von sich gaben. Was für sie das schönste Fest ihres Lebens war, stimmte andere bedenklich. Eva-Maria und Heiner Frick, Anni und Klaus Gelbhaar und andere Freunde blieben dem Fest fern. Sie fanden ihre Entscheidung für Klaus Rainer Röhl fatal, auch blieb ihnen das *konkret*-Milieu fremd.

Ulrike Meinhof und Klaus Rainer Röhl machten ihre Hochzeitsreise nach Viareggio in Italien. Private Filme von dieser und anderen Reisen zeigen ein glückliches Paar: Sie spielen am Strand, sie formt einen Kussmund, er tanzt. Ein anderes Mal küssen sie sich, lachen, machen Faxen. Röhl steigt in ein Auto, fährt weg, sie rennt hinterher. Dann fährt sie fort und Röhl flitzt hinterher.

Am 10. Januar 1962 zogen beide in ihr neues Zuhause, in ein Zweifamilienhaus in Hamburg-Lurup im Sprützmoor 104. Das Haus war groß und hell und ihre erste eigene und abgeschlossene Wohnung. Es war so still, dass sie bei jedem Auto, das vorbeifuhr, geneigt war zu fragen, wer das wohl war. Manche hielten die beiden für Intellektuelle, die aufregende linke Politik machten. In Ulrikes Meinhofs Augen waren sie von Spießern kaum zu unterscheiden. Sie arbeiteten viel, gingen sonntags in der Heide spazieren, unter der Woche mal ins Kino. Abends hörten sie oft Bach oder sie spielte Geige.

Die Schwiegereltern, Hansulrich Röhl, ein pensionierter Lehrer, und Frida Röhl, nahmen Ulrike mit offenen Armen auf. Klaus Rainer Röhl stellte seinen Vater als toleranten Freimaurer dar.

Ulrike Meinhof erfuhr nicht, dass Hansulrich Röhl Mitglied der NSDAP (Mitgliedsnummer 284 37 04), des Nationalsozialistischen Lehrerbundes (Mitgliedsnummer 21750), der Nationalsozialistischen Volkswohlfahrt, des NS-Luftschutzbunds, der Deutschen Arbeitsfront und der SA gewesen war. Er hatte 1934 sogar eine Hymne auf Horst Wessel gedichtet, die auf der Titelseite des *Bundesblatts des Nationalsozialistischen Lehrerbundes – Gau Danzig* abgedruckt worden war.[68] Klaus Röhls sechsjährige Tochter Anja kam oft und gern zu Besuch. Bald nach der Hochzeit war Ulrike Meinhof schwanger. Voraussichtlicher Geburtstermin: Oktober 1962.

Zwei junge Musiker spielten am 21. Juni 1962 nach 22 Uhr im Münchner Stadtteil Schwabing, in der Leopoldstraße, zur Freude anderer junger Leute. Irgendwer rief die Polizei wegen Ruhestörung. Die Polizei kam und knüppelte mit so unverhältnismäßiger Gewalt auf die Jugendlichen ein, dass im Lauf der Nacht immer mehr junge Leute nach Schwabing strömten und in der Folge immer mehr Polizei. Die »Schwabinger Krawalle« dauerten fünf Tage. Es beteiligten sich etwa 40 000 Jugendliche an den Straßenschlachten. In jenen Tagen machte auch ein 19-Jähriger namens Andreas Baader neue Erfahrungen.

Eine ganze Weile schon war die KPD unzufrieden. In einem vertraulichen ZK-Papier vom 13. Juni 1962, von dem es nur fünf Exemplare gab, wurde *konkret* der »Hetze gegen die DDR« bezichtigt. Die »Sicherung« der Staatsgrenze der DDR werde als »die Mauer« bezeichnet; die »Politik des deutschen Imperialismus und Militarismus und die Politik der DDR« als »gleichermaßen aggressiv und kriegslüstern« dargestellt, selbst Brecht werde benutzt, um die DDR zu schmähen.

Aber die Auflage stieg. Sie lag, nach Aussage der Redaktion, bei stolzen 25 000 Exemplaren. *konkret* erschloss sich weitere neue linke Kreise: Ulrike Meinhof agitierte gegen die Notstandsgesetze vom ersten Entwurf der Vorlage an. *konkret* rief zur Teilnahme an den Ostermärschen auf, die es, wie zuvor in England, nun auch in der Bundesrepublik gab. Die Chefredakteurin beobachtete neue junge Aktivisten und nannte sie in einem Artikel »Neue Linke«: »Seitdem [...] Willy Brandt überhaupt nur noch heiser ist, alle Linken zur Rechten überliefen [...], seitdem tut sich doch hier und da was auf, hat die Ausschaltung, Verketzerung, Verteufelung alles Linken nun doch wieder eine Art Linke gezeugt«, deren Qualität zu untersuchen sei: »Warst du zu deiner Zeit [...] gegen Bismarcks Sozialistengesetz, gegen die Kriegskredite von 1914, gegen den Kapp-Putsch, für die Räte 1918, für den Rechtsstaat contra SA und Reichswehr, pro gewerkschaftliche Mitbestimmung heute, pro Wirtschaftsdemokratie, pro Streikrecht, für politische Freiheit, gegen Wehrpflicht und Atomrüstung?« Die »Neue Linke«, so schrieb sie anerkennend, hatte sich bei der 1.-Mai-Kundgebung 1962 in Westberlin gegen die Ideologien von »Sozialpartnerschaft« und »Volksgemeinschaft« gestellt und sich mit einer eigenen Demonstration von der SPD- und Gewerkschaftskundgebung gelöst. Aber hatte sie auch die qualifizierten Propagandisten und Theoretiker, die sie brauchte? »Wie viel gute Gedanken und realistische Gesinnung sind in Deutschland schon verkommen, weil man sie nicht verbreiten konnte.« Sie schloss ihren Artikel ironisch: »Und das hat wirklich nicht immer nur an den Gedanken und Gesinnungen selber gelegen.«[69]

Ulrike Meinhof war im sechsten Monat schwanger, als der Konflikt mit der KPD eskalierte: Das ZK bestellte die »Parteigruppe der Redaktion« nach Ostberlin und zog eine scharfe Grenze. »Wir dulden den Antikommunismus und die Hetze gegen die DDR in einem Blatt von uns nicht« und werden »uns von Ihnen trennen«, wenn diese »Linie weiter vertreten wird«. »Ihr seid«, sagte die Partei, »heimliche Anhänger einer jugoslawischen Linie.« Nein, widersprachen die konkret-Leute, das sei nicht wahr! Es sei nur eine taktische Frage, Konzessionen an bestimmte Autoren und Leser »im Interesse einer breiten Front gegen Atomrüstung und Bonner Politik« zu machen. Stopp, sagte die Partei: In die »von uns geleitete« konkret solle nur das kommen, was uns mit Bündnispartnern »eint, aber nicht das, was uns trennt, was diesen Kampf schwächt, vor allem kein Antikommunismus und keine Hetze gegen die DDR«.

Der »Kampf gegen die vollkommen falsche parteifeindliche Linie« dauerte zehn Stunden. Dann verfügten die ZK-Vertreter: Antikommunismus und Hetze gegen die DDR würden nicht mehr geduldet. Künftig werde jede Nummer »eingeschätzt« und kontrolliert. Weil die »marxistischen Grundlagen« schwach seien, würden die Genossen geschult werden. Der Mitarbeiterkreis werde »kadermäßig« verstärkt. Gestaltung und Ausbau der Zeitung würden gemeinsam festgelegt werden. Und am Ende das existenzgefährdende Ultimatum: Im Oktober werde entschieden, »ob wir mit der bisherigen Redaktion das Blatt weiterführen können oder nicht«.

Zurück in Hamburg, versuchte Ulrike Meinhof jeden Gedanken an den Konflikt zu verdrängen. Sie schränkte ihre Arbeit in der Redaktion ein, an manchen Tagen blieb sie zu Hause, die vielen Leute und die Produktionshektik strengten sie zu sehr an. Sie schickte zärtliche Grüße an die im Mai 1962 geborene Tochter ihrer Schwester und an ihre kleine Patentochter, das Kind von Eva-Maria und Heiner Frick. Sie freute sich unbändig auf die Geburt ihres Kindes.

Zwillingsmutter
Hamburg, 1962

Im siebten Monat ihrer Schwangerschaft sah Ulrike Meinhof
plötzlich doppelt, sie schielte. Sie litt unter heftigen Schmerzen
im Kopf und in der rechten Augenhöhle und bekam eine Augen-
klappe. Ihr Arzt überwies sie in die Neurologische Universitätsklinik in Hamburg-Eppendorf. Ulrike Meinhof erschrak. Es war
ein Tumor, aber die Ärzte wussten zunächst nicht, was für einer.
»Es gibt eine kleine Chance, dass die Beschwerden mit der Geburt des Kindes von selbst verschwinden«, tröstete der Arzt.
Abends lief ihre Fantasie Amok. Ihr Vater war an Krebs gestorben, ihre Mutter hatte Brustkrebs gehabt. In jener Todesnacht
hatte es gestürmt – wie in dieser.

Mitte September wurde sie stationär aufgenommen. Die Ärzte
röntgten ihre Kopfschlagader. Es war mühsam, die Spritze in ihren Hals zu stechen, die Ader war fest, das Gewebe weich und
ihre Schilddrüse schien im Weg zu sein. Der Radiologe stand da,
die Hemdsärmel hochgekrempelt, eine Bleischürze vor dem
Bauch. Er kommandierte: »Achtung! Fertig! Schuss!« Die Rönt-
genmaschine stampfte und ratterte wie ein Lkw. In Ulrike Meinhofs Kopf wurde es heiß und sie bildete sich ein zu verbrennen,
aber dann nahm die Glut wieder ab. Sie hoffte schon, dass alles
vorbei sei, als sich alles wiederholte. Die Geräusche machten sie
fast wahnsinnig, das Wummern, Zischen und Fauchen wie bei
einer alten Dampflok. Danach glaubte sie, alles recht gut wegge-
steckt zu haben, aber als die Untersuchung ein anderes Mal zur
Kontrolle wiederholt wurde, überfiel sie erneut Panik.

Die Ärzte glaubten, einen etwa zehn Jahre alten, kirschgroßen
gutartigen Tumor zu sehen, und beschlossen zu operieren. Sie
hätte ihr Kind gern ausgetragen, aber die Ärzte wollten es vorzei-

tig mit einem Kaiserschnitt auf die Welt holen und verlegten sie in die Universitätsfrauenklinik. Ulrike Meinhof versuchte sich damit zu trösten, dass der Tumor vermutlich gutartig sei und sie sich nach der Geburt ein paar Wochen an ihrem Baby erfreuen könne, bevor ihr Kopf operiert würde.

Um dem Fetus nicht zu schaden, durfte sie nach damaliger medizinischer Einschätzung keine starken Schmerzmittel einnehmen. Sie quälte sich durch die Tage und Nächte. Den meisten Besuchern sagte sie, dass sie Schmerzen habe, und scherzte über das Schädelbrummen. Aber nur wenigen, ihrer Schwester Wienke, Eva-Maria, Tante Hanni und Heidi Leonhardt, gestand sie, wie es ihr wirklich ging. Sie, die sich immer für alles verantwortlich fühlte, musste sich Ärzten ausliefern und zudem hinnehmen, dass einige Redakteure bei *konkret* machten, was sie wollten.

Ulrike Meinhofs Bauchumfang von 97 Zentimetern im neunten Schwangerschaftsmonat war nichts Besonderes. Ultraschallaufnahmen gab es nicht. Am 21. September machten die Gynäkologen einen Kaiserschnitt, der Arzt sagte später: »Wir holen um 8 Uhr 43 ein kleines Mädchen heraus. Bevor wir wieder zunähten, entdeckte jemand noch ein Beinchen und um 8 Uhr 45 kam ihre zweite Tochter zur Welt, 2500 Gramm schwer.« Als sie aus der Narkose aufwachte und die Neuigkeit erfuhr, jubelte sie über die Zwillinge und freute sich, dass es das Problem des Einzelkindes vom ersten Moment an nicht gab.

Beide Babys wurden sofort in die Kinderklinik gebracht. Bettina, die Zweitgeborene, kam für kurze Zeit in einen Brutkasten, Regine hatte eine harmlose Neugeborenengelbsucht und bekam die damals übliche Blutwäsche, heute würde ein Säugling nur unter eine UV-Lampe gelegt. Beide Babys waren leicht untergewichtig, galten aber als »reif« und gesund. In den ersten drei Tagen nach der Geburt sah Ulrike nur die kleine Regine. Eigentlich hätte das Kind nach den damaligen strengen Regeln nur einmal am Tag zu ihr gebracht werden dürfen, aber die Schwestern gaben ihr Regine anstelle Bettinas, die noch im Brutkasten lag, täglich ein zweites Mal. Ulrike war vernarrt in das Baby und es duftete so süß.

Am neunten Tag nach der Geburt sah Ulrike Meinhof Bettina zum ersten Mal, als sie endlich beide Säuglinge in der Kinderklinik besuchen durfte. Wie alle Kaiserschnittkinder waren sie nicht verknautscht. Bevor sie nicht 3000 Gramm wogen, durften sie nicht entlassen werden und da Ulrike Meinhof ja selbst bald wieder ins Krankenhaus musste, ließ man die Kinder in der Klinik. Wegen der starken Medikamentierung für die Schädeloperation durfte sie ihre Kinder auch nicht stillen.

In der Geburtsanzeige stand: »Wir haben Zwillinge. Ingeborg Bettina und Ingeborg Regine. Mutter und Kinder z. Zt. Hamburg-Eppendorf, Universitäts-Krankenhaus, Haus 2. – Claus Rainer Röhl und Ulrike Marie Röhl geb. Meinhof«. Ihre Schwester Wienke schrieb liebevolle Briefe, Regine Borchers, Peter Rühmkorf und die konkret-Redaktion schickten Rosensträuße. Einige Freunde reisten nach Hamburg, Röhl quartierte sie im Sprützmoor ein. Aber wenn ihm alles zu viel wurde, flüchtete er zu seiner Frau ins Krankenhaus. Ulrike Meinhof hatte finanziell Glück im Unglück, sie war Anfang 1962 in eine private Krankenversicherung »hineingerutscht«, die alle Kosten, auch die der Unterbringung in einem Zimmer der ersten Klasse übernahm.

Die Schmerzen hatten zwar nach der Geburt ein wenig nachgelassen, weil sie jetzt mehr Schmerzmittel nehmen durfte, aber die Dosis war immer noch nicht ausreichend. Sobald sie sich anstrengte, zu viel Jean-Paul Sartre oder Stefan Heym las oder zu viel herumlief, wurden die Kopfschmerzen stärker. Erhielt sie dann ein Zäpfchen, tapste sie gequält im Krankenzimmer hin und her, bis es endlich wirkte. Manchmal bekam sie ungleich wirkungsvollere, »herrliche« Spritzen. In ihren Wachträumen hörte sie ihre Lieblingskusine Heidi Leonhardt Brahms- und Schubert-Lieder singen.

Wegen ihres linken Engagements hatte sich der größte Teil der Meinhof'schen Familie von ihr distanziert. »Das hier in Hamburg ist auch mein Leben«, hatte sie einmal zur skeptischen Holde Bischoff gesagt. Jetzt genoss sie die Glückwünsche, Besuche und Geschenke aus der Familie und dem Kreis der Freunde.

Wie konnte es dazu kommen – zur Überraschung aller, die von Geburt und Krankheit wussten –, dass im Oktober-Heft von konkret ein Leitartikel von Ulrike Marie Meinhof über »Die Würde des Menschen« erschien? Klaus Rainer Röhl hatte wenige Tage nach ihrem Kaiserschnitt eine Schreibmaschine in die Klinik getragen und auf ihr Bett gestellt. Der Oktober-Ausgabe mangelte es nicht etwa an prominenten Autoren, aber *konkret* verkaufte sich deutlich besser mit einem Artikel von Ulrike Meinhof. Es gab noch keine außerparlamentarische Opposition, aber schon ihre Themen: Antifaschismus, Vietnamkrieg – und die Notstandsgesetze. 1958 hatte die CDU-Bundesregierung zum ersten Mal eine Notstandsverfassung für Krisensituationen wie einen Angriff oder einen Putschversuch vorgeschlagen, der 1960 ein erster Gesetzentwurf folgte.

Im September 1960 hatte Ulrike Meinhof den ersten einer Reihe von Leitartikeln gegen die Notstandsgesetze (»Notstand? Notstand!«) geschrieben, seither galt sie als Expertin für diesen Themenkomplex – über den Leserkreis von *konkret* hinaus. Nun, knapp zwei Jahre später, tippte sie auf dem Krankenbett den Artikel »Die Würde des Menschen«: Mit Hungergesichtern hätten die Mitglieder des Parlamentarischen Rates 1948 – »unter ihnen die Besten, die in den drei Westzonen nach 12 Jahren Nazismus noch aufzutreiben waren« – versucht, »die Basis einer durch keine Barbarei zerstörbaren Welt zu entwerfen«, und ein Gesetz geschrieben, das »in seiner ursprünglichen Fassung total freiheitlich und total antimilitärisch« war. Das ursprüngliche Grundgesetz habe einen Staat vorgesehen, der der innenpolitischen Opposition prinzipiell »gewaltlos« begegne und »vollen Rechtsschutz« gewähre. Zuerst sei das Grundgesetz durch Wiederbewaffnung und Bundeswehr ausgehöhlt worden, jetzt sollten die untrennbaren Werte Freiheit und Demokratie geschliffen werden. Der Gesetzentwurf enthalte »eine Fülle von Bestimmungen, die sich selbst als Staatsstreichpläne« demaskierten. Parlament, Bundesrat und Länder würden ausgeschlossen, Meinungs- und Versammlungsfreiheit beseitigt sowie die Freiheit von Kunst, Wissenschaft, Forschung und Lehre und das Recht, politische Vereinigungen zu bilden, sowie die Freiheit, den Arbeits- und Ausbildungsplatz frei zu wählen, aufgehoben. Frauen könnten zur Dienstverpflichtung in der Armee gezwungen werden und die Bundeswehr in einem »Notfall« – den ein diktatorisches Gremium definiere – gegen die eigene Bevölkerung eingesetzt werden: »Soldaten gegen Arbeiter [...] Soldaten gegen Zivilisten – ist das neu in Deutschland? Nein – neu ist nur eins: Solche Methoden des Umgangs zwischen Staatsmacht und Volk Demokratie zu nennen.« In der Weimarer Republik habe die SPD »ohnmächtig« gegen Notverordnungen und Ermächtigungsgesetz gekämpft, weil sie über keine Sperrminorität verfügt habe, heute könne die SPD »über Gedeih und Verderb der deutschen Nachkriegsdemokratie« entscheiden. Noch scheiterten die Notstandsgesetze an der fehlenden Zweidrittelmehrheit, aber das »unverbrüchliche Ja der SPD zu NATO und atomarer Aufrüstung mit allen innen- und außenpolitischen Konsequenzen« und ihre Bereitschaft, mit der CDU überhaupt über eine Notstandsverfassung zu reden, lasse bezweifeln, dass Oppositionelle sich auf die SPD verlassen können. Damit trat sie vielen Linken und Gewerkschaftern auf die Füße. »Wenn heute die Totalität grundgesetzlich gewährter Freiheit eingeschränkt werden soll«, dann habe Robert Jungk recht gehabt, als er auf dem Atomkongress im Januar 1959 »kategorisch formulierte: ›Atomare Aufrüstung und Demokratie sind unvereinbar.‹« Meinhof: »Der Satz ist umkehrbar. Atomare Aufrüstung und Auflösung der Demokratie bedingen einander zwangsläufig, Massenvernichtungsmittel und Terror gehören zusammen.« Wenn Freiheit nur noch bedeute, »für die Regierung zu sein, nicht gegen sie, jedenfalls [...] nicht in harten Auseinandersetzungen, nicht in Streiks und Demonstrationen«, dann sei auch »die Würde des Menschen wieder antastbar«.[70]

Klaus Rainer Röhl behauptete später, er habe ihr die Schreibmaschine nur ins Krankenhaus geschmuggelt, weil sie das Gefühl haben sollte, »sogar jetzt noch gebraucht zu werden«.[71] Ulrike Meinhof sah das völlig anders. Sie hatte den Beitrag nur geschrieben, weil Röhl keinen anderen Autor gefunden hatte und in Not war. Sie hatte es nur geschafft, weil sie einen alten Vortrag, den sie einmal im SDS gehalten hatte, als Grundlage benutzen konnte. Lieber hätte sie von ihren Kindern geträumt und versucht, ihre Kopfschmerzen zu vergessen.

Renate Riemeck hatte versucht, sie von der Operation abzuhalten. Sie besuchte sie nicht ein einziges Mal und Ulrike Meinhof war froh darüber. Renate Riemeck ging ihr mit ihrer Anthroposophie auf die Nerven, die ihr als unwissenschaftlich äußerst zuwider war. Am 6. Oktober, einen Tag vor ihrem 28. Geburtstag, nur zwei Wochen nach dem Kaiserschnitt, durfte Ulrike für kurze Zeit das Krankenhaus verlassen. Sie war tagsüber meist allein und lag auf ihrem Bett, las oder schlief. Post bekam sie viel, aber sie war nicht in der Lage zu antworten. Manchmal besuchte sie jemand, abends kam ihr Ehemann. Sie hielt es für richtig, dass eine Frau wegen ihrer Kinder ihren Beruf nicht aufgab. Ihre Haushaltshilfe war ihr wichtig und sie teilte einer Freundin mit, dass es leicht gewesen sei, am Stadtrand von Hamburg in der Nähe von Arbeiterwohnungen eine solche Hilfe zu finden.

Ihr Arzt, Professor Dr. Rudolf Kautzky, der Leiter der Neurochirurgischen Abteilung der Neurologischen Universitätsklinik Hamburg-Eppendorf, erklärte ihr, dass er ein neuerliches Wachstum des kleinen Tumors nicht ausschloss, obwohl die Schmerzen nach der Geburt nachgelassen hatten. Sie vertraute ihm. Vor der Operation fürchtete sie sich, aber sie sehnte sich danach, von den furchtbaren Kopfschmerzen befreit zu werden. Sie würde vier bis sechs Wochen nach der OP wieder nach Hause dürfen. Holde Bischoff würde da sein, ihr helfen und die Kinder betreuen. Also stimmte sie der Operation zu.

Kurz vor dem Eingriff wurde sie von Wienke besucht, die besorgt war, in welch schlechter psychischer Verfassung ihre Schwester sich befand. Ulrike Meinhof fragte irritiert: Dass du kommst, heißt doch nicht, dass ich sterbe? Ulrike Meinhof war aufgewühlt, auch weil sie erfahren hatte, dass Holde Bischoff nun doch nicht nach Hamburg kommen konnte, um die Babys zu betreuen, da Renate Riemeck auf ihre Dienste nicht verzichten wollte. Die Kinder sollten nun abgeholt und nach Freiburg gebracht werden. Ulrike Meinhof fühlte sich ausgeliefert. Sie versuchte sich abzulenken und besuchte die Frauenstation. Dort waren die Schwestern freundlicher, die Zimmer schöner und die Ängste der Patientinnen kleiner. Als sie an einem Spiegel vorbeikam, erschrak sie. Sie fand, dass sie aussah wie ein angestochenes Kalb.

Am Montag, den 22. Oktober, machten die Ärzte eine zweite Arteriografie, um eventuelle Veränderungen festzustellen. Wieder spritzte ihr ein Arzt ein Kontrastmittel in die Halsschlagader, wieder wurde die Arterie im Kopf geröntgt. Einen Tag später öffneten Professor Kautzky und seine Kollegen ihre Schädeldecke. Der Eingriff dauerte mehrere Stunden. Man fand einen kleinen Blutschwamm, ein Angioma cavernosum, und klemmte ihn ab.

Kurz nach der Operation brachten Klaus Rainer Röhl und

Holde Bischoff die winzigen Säuglinge in Steckkissen eingemummelt zu ihr ans Krankenbett. Die Patientin war noch sehr geschwächt und weinte, als der Besuch wieder fort war, denn sie konnte jetzt nicht mehr einfach in die Kinderklinik laufen und ihre Töchter sehen. Röhl fuhr Holde Bischoff, die unerfahren im Umgang mit Babys war, sich aber auf ihre Aufgabe vorbereitet hatte, zum Bahnhof. Die lange Fahrt durch die Nacht nach Süddeutschland verlief problemlos.

Mit dem Verlauf der Operation zeigten sich die Ärzte sehr zufrieden. Der Histologe prüfte das winzige Gewebestückchen, das bei der Operation herausgeschnitten worden war: Es war kein Krebs. Natürlich beruhigte sie dieser Befund. Aber die Ärzte gaben ihr, um den Verlauf der postoperativen Phase besser kontrollieren zu können – so die damals herrschende Lehrmeinung –, einige Tage keine Schmerzmittel. Ulrike Meinhof brach zusammen. Nie in ihrem Leben hatte sie körperlich so gelitten. Der Schmerz schlug zu, tückisch, grausam, qualvoll. Sie weinte und schrie. Auf dem Flur beschleunigten die Krankenschwestern ihre Schritte. Wenn ihr Schmerz kurz anhielt, um bald darauf erneut zuzuschlagen, sehnte sie sich nach einem Menschen, der sie bedingungslos liebte und sie gütig in die Arme nahm, wie ihre Mutter oder Maria das früher getan hatten. Der Schmerz und die überwältigende Einsamkeit traumatisierten sie und sie wusste es. Sie hoffte, dass die Erinnerung an die schlimmsten Tage ihres Lebens irgendwann schwächer würde. Sie versuchte zu lachen und freute sich, dass sie nicht kleinzukriegen war. Sie hatte dem Teufel ein Schnippchen zu schlagen.

Nachts ging es ihr oft noch schlechter. Wenn sie dann etwas zu Papier brachte, wurde ihre Schrift riesengroß, fremd und krakelig. Oft war sie kaum zu entschlüsseln. Sie erzählte von dem kleinen Jungen im Nachbarzimmer, der operiert worden war und ebenfalls vor Schmerzen brüllte. Das Elend auf dieser Neurochirurgischen Station erinnerte sie an die Bilderwelt des Hieronymus Bosch. Sie sagte Nein, als eine frisch operierte Patientin zu ihr ins Zimmer gelegt werden sollte. Sie fand sich selbst gemein, aber sie hätte es nicht aushalten können.

Nach etwa einer Woche gab man ihr schmerzstillende Spritzen, nicht so häufig, wie sie es gebraucht hätte, aber das Ende des

»finsteren Tals« schien nah. Sie begann andere Menschen wieder wahrzunehmen. Sie zeigte den Krankenschwestern Fotos ihrer Töchter, scherzte mit ihnen und freute sich, wenn sie sie zum Lachen brachte. Sie agitierte sie gegen den Krieg, gegen die Aufrüstung und gegen Franz Josef Strauß sowie gegen den schauderhaften Zustand dieses Krankenhauses.

Am 27. Oktober 1962 wurden Rudolf Augstein, der Chefredakteur des *Spiegel*, und Conrad Ahlers, sein Stellvertreter, festgenommen, die Verlagsräume wurden besetzt und durchsucht. Der Vorwurf lautete unter anderem »publizistischer Landesverrat«. Der Artikel von Ahlers über die Herbstmanöver der NATO mit dem Titel »Bedingt abwehrbereit« war Anlass für den Behördenübergriff, dessen maßgeblicher Anstifter Bundesverteidigungsminister Franz Josef Strauß später zum Rücktritt veranlasst wurde. Erst jetzt erfuhr Ulrike Meinhof von der »*Spiegel*-Affäre«. Sie hatte Mitleid mit Augstein, dem es, wie sie fand, im Gefängnis genauso schlecht ging wie ihr im Krankenhaus.

Zwei Wochen nach der Operation, am 6. November 1962, wurde Ulrike Meinhof aus dem Krankenhaus entlassen. Sie lebte. Sie würde wieder ganz gesund werden. Sie konnte hoffen, denken, schreiben und mit ihren Kindern spielen zu können, ohne von Kopfschmerzen malträtiert zu werden. Sie schielte, weil ihr Augennerv noch gequetscht war.

Johanna Meyer, die Ärztin, lud Ulrike Meinhof zu sich nach Westberlin ein und bot an, sie zu pflegen. Offen bleibt, weshalb niemand bereit war, sie zu Hause in Hamburg zu pflegen und auch die Kinder dort zu betreuen – war es doch ihr sehnlichster Wunsch, mit ihnen zusammen zu sein.

Etwa eine Woche blieb sie, tagsüber allein, zu Hause in Hamburg. Sie empfand manchmal suchtartige Gefühle, die sie an die pharmazeutisch bedingte Wattewelt erinnerten, an ihre »Plem-Plem-Phase«, in der sie, tranig von den rauschmittelhaltigen Schmerzmitteln, dummes Zeug gequasselt hatte. Der Entzug war schmerzhaft, aber sie hatte das Gefühl, dass nach 24 Stunden das Gift aus ihrem Körper war. Sie freute sich über die nachlassenden Schmerzen. Jetzt konnte sie wieder in Musik schwelgen, in Kunstbüchern schmökern und das abendliche Zusammensein mit ihrem Mann genießen.

Knapp eine Woche nach der Entlassung aus dem Krankenhaus wurde sie übermütig. Es zog sie in die Redaktion. An diesem Tag kehrte Jürgen Holtkamp aus Kuba zurück. Er war dort mitten in die Kuba-Krise geraten, hatte die Mobilmachung erlebt und sich der Gefahr eines Atomkriegs ausgesetzt gesehen. »Wie war's im revolutionären Paradies?«, fragte Ulrike Meinhof. »Frag nicht. Vorhölle!«, antwortete Holtkamp. »Na, aus der komm ich auch gerade, ich bin dem Teufel nur knapp entwischt«, erwiderte sie und fühlte sich Holtkamp sehr verbunden.

konkret-Redakteur Hans Stern referierte über die Ereignisse der letzten Wochen, insbesondere über die *Spiegel*-Affäre und den Fortgang der Notstandsgesetze. Binnen Kurzem tilgten die Hektik, das Telefongeklingel und das Durcheinandergerede jede Illusion, bald wieder mit der Arbeit anfangen zu können. Sie war froh, dass sie sich noch einige Wochen lang um fast nichts kümmern musste.

Am nächsten Tag fuhr sie für zwei Wochen zu Johanna Meyer nach Berlin-Wilmersdorf, in der Handtasche Fotos von ihren Kindern. Bei Hanni ließ sie sich gehen und spürte, wie sehr Krankheit und Schmerzen sie mitgenommen hatten. Es ging ihr wieder schlechter. Das Grauen kroch zurück in ihre Träume. Sie konnte kaum lesen, sah wieder Doppelbilder und nur Musik half ihr. Sie sehnte sich nach ihren Kindern. Sie unternahm nicht viel. Einmal besuchte sie eine Stunde lang eine Ausstellung mit Werken von George Grosz. Manchmal telefonierte sie mit ihrem Ehemann, den sie allerdings nur in der Redaktion erreichte, weil sie zu Hause kein Telefon besaßen.

Kurz vor ihrer Abreise aus Westberlin gab sie sich einen Ruck und besuchte ihren Freund Ernst Busch in Ostberlin, der dort am Berliner Ensemble als Schauspieler arbeitete und sozialrevolutionäre Lieder von Tucholsky und Brecht interpretierte. Seit Hanns Eisler tot war, komponierte er auch selbst. Ulrike Meinhofs Hirnoperation hatte ihn sehr getroffen – er selbst war früher einmal von Faschisten am Kopf schwer verletzt worden und litt immer noch an Lähmungserscheinungen. Für Ulrike Meinhof hatte er Brechts »Ballade von der Hanna Cash« auf ein Tonband gesungen, das sie sich nun endlich abholte: »Und wenn er hinkt und wenn er spinnt / Und wenn er ihr Schläge gibt: / Es fragt die

175

Hanna Cash, mein Kind / Doch nur: ob sie ihn liebt. / [...] / Durch fünfzig Jahr in Nacht und Wind / Sie schliefen in einem Bett. / Das war die Hanna Cash, mein Kind / Gott mach's ihr einmal wett.«[72] Sie hatte sich zwei Jahre lang so wie Hanna Cash gefühlt, jetzt nicht mehr.

Der Tag mit den Buschs tat ihr unendlich gut. Er sang und rezitierte für sie, sie redeten, rauchten und tranken Sekt. In dieser Nacht schlief sie zum ersten Mal seit der Geburt der Zwillinge lang und tief. Einen Tag vor Klaus Rainer Röhls 34. Geburtstag am 1. Dezember kam sie wieder nach Hause.

Professor Kautzky freute sich über den Zustand seiner Patientin. Sie schielte fast gar nicht mehr. »Vielleicht dauert es noch Monate oder ein Jahr, aber dann sieht man nichts mehr«, schätzte er die Lage ein. Auch die anderen Operationsfolgen – Ulrike Meinhof konnte den Mund nur so weit öffnen, dass sie essen konnte – würden vollständig verschwinden. »Ein neuer Blutschwamm ist so unwahrscheinlich wie bei jedem anderen Menschen«, sagte Kautzky. Ulrike Meinhof erholte sich, räumte auf, wartete unruhig. Endlich, am 26. Dezember 1962, brachte Holde Bischoff die inzwischen drei Monate alten Säuglinge nach Hamburg zurück. Ulrike Meinhof war stark erkältet, trug einen Mundschutz und durfte ihre kleinen Töchter nicht küssen.

»Die Aufklärung über den Nationalsozialismus
findet durch seine Anhänger statt,
nicht durch seine Gegner«

Antifaschistin
Hamburg, 1963–1965

Sie wanderte, ihr Gesicht von der Sonne gebräunt, durch den Tiefschnee an den kalten Nordhängen und über die sonnigen Südhänge der Berge um St. Blasien im Südschwarzwald. Sie sah nichts mehr doppelt, sie war wieder gesund, sie konnte sich konzentrieren und austoben: Morgens suchte sie sich eine Bergkuppe aus und wanderte einfach los, mit dem Risiko, sich zu verlaufen. Sie amüsierte sich, dass die Leute sie für ein bisschen verrückt hielten, weil keiner so weit lief wie sie.

Ihre sechs Monate alten Babys hatte sie – während dieser Rekonvaleszenz an Ostern 1963 – in die Obhut Renate Riemecks und Holde Bischoffs gegeben. Sie selbst wohnte in einer nahe gelegenen Pension, sodass sie die Kleinen oft besuchen konnte. Nach einem Jahr hatte sie zum ersten Mal Renate Riemeck wiedergesehen. Der Umgang der beiden miteinander war distanziert. Ulrike Meinhof machte bald die Erfahrung, dass Renate Riemeck in Ehekonflikten ihrer ehemaligen Pflegetöchter stets aufseiten der Ehemänner stand. Holde Bischoff kümmerte sich liebevoll um die Kleinen, wofür Ulrike Meinhof ihr dankbar war.

Ihre Ehe mit Klaus Rainer Röhl kriselte seit der Geburt der Kinder, er hatte immer wieder Affären mit anderen Frauen. Er ließ es sie wissen und prahlte mit seinen Eroberungen, ganz so als wollte er sie demütigen. Nach außen hin hielt sie nach wie vor die Fassade einer funktionierenden Ehe aufrecht. Als sie im Oktober 1964 von seiner Affäre mit einer jungen Verwandten während der Frankfurter Buchmesse erfuhr, reagierte sie fast gleichgültig.

Vielleicht lag es an ihrer fast übertriebenen Selbstbeherrschung, die sie sich unter dem Regiment von Renate Riemeck antrainiert hatte, oder an ihrer alten Sehnsucht nach einer Familie, dass sie diese Ehe nicht schon damals aufgab. Vielleicht tat sie es auch wegen der gemeinsamen Arbeit bei *konkret* nicht, die sie erfüllte und die sie auf keinen Fall gefährden wollte. Sie selbst hatte in jener Zeit keine Affären, ihre ganze Liebe galt den Kindern und sie arbeitete viel. Nur sehr wenigen Menschen vertraute sie ab 1963/64 an, wie es um ihre Ehe wirklich stand.

Die Urlaube verbrachte Ulrike Meinhof in jenen Jahren im Frühling und im Herbst meist im Schwarzwald. Sie fuhr immer mit ihren Kindern dorthin. Sobald sie es sich finanziell leisten konnte, nahm sie sich in St. Blasien ein ruhiges Zimmer im komfortableren Haus Baden, während ihre Kinder stets bei den »Pflegegroßeltern« in Gundelfingen wohnten. 1964 fuhr sie zum ersten Mal mit ihrem eigenen Auto in die Ferien – natürlich hatte ihr Ehemann seit Jahren eigene Autos und selbstverständlich war ihres kleiner und billiger als seine.

Sie schrieb ihre Artikel gern zu Hause, weil sie dann in der Nähe ihrer Kinder sein konnte. Sie war froh, dass die Kinder von Anfang an durchschliefen, und es gefiel ihr sehr, wie die beiden meistens zusammenhielten. Nach der Geburt der Zwillinge hatte sie zu Anja, der mittlerweile siebenjährigen Tochter ihres Mannes aus erster Ehe, gesagt: Du bist ihre Schwester, du gehörst dazu. »Das war ein besonders schöner Augenblick in meinem Leben«, erinnert sich Anja Röhl. Sie liebte die kleinen Mädchen und diese hingen an ihr. Sooft es ging, fuhr sie nach der Schule nach Lurup und spielte mit ihnen. Für Anja wurde die neue Frau ihres Vaters ein wichtiger Mensch, den sie anders erlebte als alle übrigen Erwachsenen: Ulrike Meinhof war warmherzig und aufmerksam und bevormundete Kinder nicht, im Gegenteil, sie ermunterte sie dazu, sich nicht alles gefallen zu lassen.

Die KPD diskutierte intern, Klaus Rainer Röhl endgültig loszuwerden. Aber es sollte noch viele Monate dauern, bis die Trennung vollzogen war. Die einfachste Lösung wäre gewesen, die Zahlungen an ihn einzustellen. Aber die Partei wollte den Namen »*konkret*« nicht verlieren. Da sie wegen des KPD-Verbots formal nicht Eigentümer der Zeitung sein konnte, hätte sie sich juristisch nicht wehren können, falls Röhl nach seinem Rauswurf eine neue Zeitung gleichen Namens herausgegeben hätte. Verschiedene

Modelle wurden daher im Vorfeld durchgespielt. Röhls materielle Ansprüche waren gewachsen, er brauchte immer Geld: Er fuhr schnelle Autos, trug teure Anzüge, unternahm komfortable Kurzreisen nach Sylt und anderswohin und auch seine Affären kosteten Geld. Trotz aller Unzufriedenheit mit dem gelegentlich angeblich antikommunistischen Kurs von *konkret* gab die Partei ihm erneut Geld, viel Geld. Im April 1963 verkaufte Röhl die russischen und englischen Nutzungsrechte an seinen *konkret*-Artikeln und an allen redaktionellen Beiträgen aus den ersten sechs Jahrgängen für 12 500 US-Dollar an den Internationalen Studentenbund in Prag. Das war eine große Summe, sie entsprach ungefähr dem 5,75-Fachen eines durchschnittlichen Jahresbruttoeinkommens. Die Texte wurden allerdings nie auf Russisch oder Englisch veröffentlicht, jedenfalls findet sich kein Beleg dafür. Es ist auch unwahrscheinlich, dass der Prager Studentenbund diesen Geldbetrag aufbrachte. Warum hätte er eine so immense Summe für Übersetzungsrechte ausgeben sollen? Das Geld stammte vielmehr aus der DDR und war schon ausbezahlt worden, bevor Rechtsanwalt Professor Friedrich Karl Kaul im Dezember 1963 den Vertrag im Auftrag der SED-Führung prüfte und scharf kritisierte. Denn Röhl hatte auch Nutzungsrechte an Texten verkauft, die nicht seine eigenen waren. Er wurde aufgefordert, die Sache umgehend juristisch in Ordnung zu bringen. In den Akten wiederum findet sich nur die Rechte-Abtrittserklärung einer einzigen Autorin: seiner Ehefrau, die diese am 5. Dezember 1963 vor einem Notar in Hamburg-Altona abgab. Wo blieb das viele Geld?

Röhl erklärte das Ende der Beziehung zu Ostberlin später so: »Die Partei befiehlt die ersatzlose Einstellung der Zeitung. Von einem Tag auf den anderen blieben die ›Spenden‹ aus. Das letzte Heft erscheint im Juni 1964.«[73] Doch die KPD hatte weder *konkret* noch Ulrike Meinhof und ihre Genossen auf einen Schlag fallengelassen.

1964 hatte die Partei die neuesten roten Zahlen zusammengetragen und stöhnte über die teure »Käthe«. Die Auflage betrug nicht 25 000 Exemplare, wie behauptet, sondern nur 17 000. Uwe Lahrssen berichtete von 40 000 Mark Forderungen an *konkret*. Es sei noch schlimmer, gestand Ulrike Meinhof Jupp Angenfort: Wir haben mit Stand von 1963 »80 000 [DM] buchmäßige Schulden«. Ein neues Auto und vier neue Schreibmaschinen waren angeschafft worden. Der Mietvertrag für die Verlagsräume in der Kaiser-Wilhelm-Straße lief auf Lahrssen und Röhl. Neben den bezahlten Redakteuren, der Chefredakteurin und den Autoren gab es vier weitere feste Angestellte in Büro und Vertrieb, hinzu kamen studentische Hilfskräfte, die bezahlt werden mussten.

Auch dieses Mal stand Ulrike Meinhof ihrem Ehemann zur Seite. Am 12. Juni 1964 reiste sie allein nach Ostberlin, Tagesbesuche im Osten der Stadt waren trotz Mauer immer möglich, und sie sprach mit Jupp Angenfort unter vier Augen. Der notierte: »Sind nicht bereit auf Cl.R.R. [Klaus Rainer Röhl] zu verzichten. Erpressung! Man muss in der Ztg. schreiben können, dass man denkt, auch dass Chinesen A.B. [Atombombe] brauchen«, auch wenn das ein Unglück sei. Willy Brandt müsse »in der Zeitung schreiben können, was er will«. Angenfort erfuhr, dass der universitäre Arbeitskreis Progressive Kunst, der *konkret* offiziell herausgab und dem Ulrike Meinhof vorstand, die Rechte an dem Namen *konkret* bereits auf Röhl übertragen hatte. Sie bat, dass die Partei ihm den Titel ließ. »Cl.R.R. [Klaus Rainer Röhl] sei ruiniert, wenn er Titel vergibt. Liquidierungskosten wollten sie gering halten, wenn wir ihnen Titel lassen. Ca. 80 000,– 1963 buchmäßige Schulden.«[74] Angenfort machte ihr klar, dass die Partei die Zeitschrift nur weiter finanzieren würde, wenn Röhl den Titel kostenlos abgebe und ausscheide. Sie würden dann die Gehälter kürzen und eine Person ihres Vertrauens in die Redaktion schicken. Wenn Röhl den Titel nicht abgebe, seien die Zahlungen für Juni die letzten. Ulrike Meinhof erwiderte, laut Angenfort, ärgerlich: »Um viele Illusionen ärmer. Das nächste Mal wird sie sich verkaufen. Z.B. beim NDR schreiben, was man verlangt. Cl. will lieber Konkurs gehen, als Titel zu vergeben!«[75]

Acht Tage später erklärten Ulrike Meinhof, Klaus Rainer Röhl und Jürgen Holtkamp in einem Gespräch mit den Genossen in Ostberlin ihren Austritt aus der KPD. Holtkamp schränkte ein, dass seine Mitgliedschaft ruhen solle, »bis Oskar Neumann + Jupp Ang. aus Politbüro ausgeschlossen werden, da sie der Partei schaden«. Ulrike Meinhof und Klaus Rainer Röhl sagten laut Gesprächsprotokoll:»Bisher der Meinung, KPD beste Partei. Aber festgestellt, dass P. Druck anwendet, sogar in erheblichem Umfang.«Ulrike Meinhof sagte, dass sie»nicht böse« sei,»dass Zusammenarbeit zu Ende, aber gegen Methoden«. Wie sollten sie überhaupt der Öffentlichkeit das Ende von *konkret* erklären? Ulrike Meinhof sagte, dass sie das»Ausscheiden ökonomisch begründen können [möchten], wenn aber Person des Vertrauens jetzt« – gemeint ist die Bedingung der Partei, bei weiterem Betrieb von *konkret* einen Kontrolleur einzustellen –»dann klar, dass sie im Auftrag arbeiteten, man möchte nicht in den Bau.«[76] Interne Unterlagen lassen vermuten, dass sich Klaus Rainer Röhl schließlich mit der Übergabe des Titels *konkret* einverstanden erklärte, sofern die Genossen ihn noch zwei Ausgaben produzieren ließen und alle Gehälter und offenen Rechnungen bezahlten.

Ulrike Meinhof war nicht bei allen Treffen dabei. Sie machte sich zum ersten Mal ernsthafte Sorgen um ihre berufliche Zukunft und um ihre ökonomische Existenz:»Sorge um Existenz: Partei habe sie [damals] gebeten, Studium abzubrechen, jetzt schwer weiterzukommen.«[77] Der 36-jährige Röhl lief Gefahr, den ersten festen Arbeitsplatz seines Lebens zu verlieren. Ihm drohte als Grundschullehrer neu anfangen zu müssen. Ulrike Meinhofs Einsatz lohnte sich – für ihn: Die KPD überließ Röhl den Titel *konkret*, die Zeitschrift sowie die Möbel und Geräte, die mit dem Geld der KPD angeschafft worden waren. Ulrike Meinhof, die seit viereinhalb Jahren zum Erfolg des Blattes beigetragen hatte, erhielt nichts.

Die *konkret*-Akten sind unvollständig und die Zeitzeugen widersprechen sich. Fühlte sich die KPD für die finanzielle Abwicklung der Trennung verantwortlich? Uwe Lahrssen verfasste, in Absprache mit Oskar Neumann, eine Reihe von Briefen, in denen dem Finanzamt dargelegt wurde, wie es zu den hohen Schulden von *konkret* gekommen war. Eine nachträglich formulierte Korrespondenz sollte den Verzicht auf die Restforderungen in Höhe von 80 000 Mark glaubwürdig machen. Als alles ordentlich abgewickelt war, schloss die KPD Klaus Rainer Röhl, der seinen Austritt ja bereits im Juni selbst erklärt hatte, im Dezember 1964 aus der Partei aus – aber nur ihn. Hohe Funktionäre der

KPdSU sollen in Moskau Manfred Kapluck gefragt haben – so behauptet es dieser jedenfalls –, warum die Ostberliner den Fehler gemacht hätten, sich von *konkret* und insbesondere von Ulrike Meinhof zu trennen.

Röhl und Meinhof beschlossen, *konkret* nicht aufzugeben. Bereits während die Partei im Sommer 1964 erste Schritte eingeleitet hatte, »schwarzes Geld weiß zu machen«, bemühten sich die beiden um neue Geldgeber und verhandelten mit großen bundesdeutschen Verlagen über möglichst gut bezahlte Anzeigen. Es gelang ihnen, die Zeitschrift weiterzuführen. Ulrike Meinhof stieg als Chefredakteurin bei *konkret* aus und arbeitete fortan als freie Kolumnistin für die Zeitschrift sowie als freiberufliche Journalistin für verschiedene Rundfunkanstalten. Ab September 1964 arbeitete sie zu Hause, um bei den Kindern bleiben zu können.

In der September-Ausgabe von *konkret* erschien Ulrike Meinhofs Reportage »Ein Mann mit guten Manieren. Ein Tag im Karl-Wolff-Prozess«. Wolff, ehemaliger General der Waffen-SS, hatte 17 Jahre unbehelligt unter seinem Namen am Starnberger See gelebt und war erst verhaftet worden, als ein israelischer Journalist Strafanzeige gestellt hatte. Ulrike Meinhof beobachtete den Prozess in München: »Ich bin, weil ich zu jung war, der Gelegenheit entgangen, mitschuldig zu werden, sei es durch Bewunderung, sei es durch Mangel an Zivilcourage.« Die Öffentlichkeit halte den Angeklagten für einen »Mann von Welt«, für einen »Salonlöwen, damals blond, heute weiß, mit leuchtenden blauen Augen, ein Recke, ein Germane, ein Vollblutarier, Erzeuger vieler Kinder mit zwei Ehefrauen«, einen Mann »mit Grundsätzen«, wenn auch »falschen«. Gegen »Vera Brühne vor zwei Jahren im gleichen Schwurgerichtssaal [...], die untreue Frau, die zwei Menschen getötet haben sollte, ist von einer vorverurteilenden Öffentlichkeit mehr Gift versprüht worden und der Druck auf die Geschworenen größer gewesen als bei diesem Massenmörder«. Ich habe »nie so viele ehemalige SS-Leute auf einmal gesehen wie im Zeugenstand des Karl-Wolff-Prozesses«. Die »Gelegenheit, einem hervorragenden Repräsentanten des Dritten Reiches den Prozess zu machen, der einen höheren Rang hatte als Eichmann [...] verstreicht. Der Prozessverlauf wird vom Angeklagten bestimmt, nicht vom Gericht; die Aufklärung über den

Nationalsozialismus findet durch seine Anhänger statt, nicht durch seine Gegner.«[78] Ulrike Meinhof erschrak über das Urteil: Für seine Mitschuld am Mord an 315 000 Juden und seine Verantwortung für die medizinischen Experimente im KZ Dachau bekam der SS-General nur 15 Jahre Zuchthaus, 30 Minuten pro Opfer.

Nach der Veröffentlichung dieses Textes begann eine neue Karriere der 30-Jährigen. Adolf Frisé, Leiter der Hauptabteilung Kultur beim Hessischen Rundfunk und Herausgeber der Werke von Robert Musil, bot ihr an, über Wolff eine Hörfunk-Sendung zu machen. Einer der Zeugen im Wolff-Prozess war der 44-jährige jüdisch-polnische Journalist Marcel Reich-Ranicki gewesen, den Ulrike Meinhof nun um ein Interview bat. Sie trafen sich im Hamburger Café Funeck, in der Nähe des NDR. Reich-Ranicki fand die junge Frau »keineswegs besonders schön, aber nicht ohne Reiz. Vielleicht rührte dieser Reiz von ihrem offenkundigen Ernst, der mit ihrer Jugendlichkeit zu kontrastieren schien«. Ihre Fragen waren, so erinnert er sich, »exakt und intelligent, sie kreisten um ein zentrales Problem: Wie konnte das geschehen? Kein einziges Mal haben wir die Aufnahme unterbrochen.« Aus den zuvor vereinbarten 30 Minuten wurden beinahe 50. »Wozu brauchen Sie so viel?«, habe er gefragt. Sie habe geantwortet, »etwas verlegen: Sie habe zum Teil aus privatem Interesse gefragt. Ich möge ihr den Wissensdurst nicht verübeln [...] sie habe es jetzt sehr eilig. Ich schaute sie an und sah, dass sie Tränen in den Augen hatte«. Vielleicht, sagt er, habe sich Ulrike Meinhof »so tief in meinem Gedächtnis eingeprägt«, weil »sie die erste Person in der Bundesrepublik war, die aufrichtig und ernsthaft wünschte, über meine Erlebnisse im Warschauer Ghetto informiert zu werden«.[79]

Im Oktober 1964 sendete der Hessische Rundfunk ihr erstes einstündiges Radiofeature. Streit um Texte kannte sie, das war normal. Jetzt aber lernte sie Hierarchien und Arbeitsverhältnisse kennen, die ihr fremd waren. Sie beschwerte sich darüber, dass die Redaktion ihren Wolff-Text, ohne sie zu fragen, gekürzt, geglättet und verändert hatte.

Ihr Arbeitsdruck war hoch, auch deshalb, weil ihr Qualitätsanspruch so hoch war. Als ein sogenannter Starautor des NDR damit prahlte, dass er für eine Sendung wie ihre über Fürsorgezöglinge nur zweieinhalb Tage recherchiere, war sie erbost, denn sie hatte dafür zwei Monate investiert. Es wunderte sie nicht, dass ihre Beiträge so viel besser waren. Sie nahm sich die Zeit, die ein Thema brauchte, und keine Rücksicht auf die Bezahlung. Sonst erschien ihr ihre Arbeit sinnlos, selbst wenn das auf Dauer finanziell schwierig werden könnte. Als ihr bei einer Rundfunkanstalt eine Festanstellung in Aussicht gestellt wurde, lehnte sie jedoch ab. Sie wollte ihre Kinder nicht allein lassen. Es gab weitere Aufträge des Hessischen Rundfunks, Anfragen von anderen Rundfunkanstalten folgten. Aber würde *konkret* überleben? War für Röhls Einkommen gesorgt? Manchmal waren ihre finanziellen Sorgen groß.

Im März 1965 reiste sie zu einer Arbeitsbesprechung nach Frankfurt am Main. Spätnachmittags stieg sie in einen Bahnbus Richtung Weilburg und traf sich dort zum Abendessen mit Klaus und Anni Gelbhaar, die sie seit zehn Jahren nicht mehr gesehen hatte. »Aus dem ›Küken‹ war eine kluge und warmherzige junge Frau geworden, die stolz auf ihre Kinder, ihren Erfolg im Beruf und ihren Mann war«, erinnern sich die Gelbhaars. »Sie lud uns ein, Silvester mit ihr zu feiern, sie würden ein großartiges Fest geben, mit Siegfried Lenz und Günter Grass und wem sonst noch. Aber es war klar, dass wir da nicht hinfahren würden, das war nicht unsere Welt.« Ulrike Meinhof war glücklich, die alten Freunde wiedergetroffen zu haben, denn sie hatte sich bei ihnen wohl gefühlt.

Eigentlicher Anlass für ihre Reise in die Vergangenheit war jedoch ein Klassentreffen anlässlich des zehnjährigen Abiturjubiläums am darauffolgenden Abend. Sie hatte sich zuvor vergewissert, dass ihre wichtigsten alten Freunde wirklich kommen würden. Werner Link, inzwischen Vater von drei Kindern und Assistent bei Wolfgang Abendroth in Marburg, begleitete sie nach der Feier in ihr Hotel. Sie sprachen noch eine Weile miteinander, aber die Zeit genügte nicht, um wirklich offen zu sein. »Sie vermittelte mir den Eindruck, dass ihre Ehe nicht glücklich war«, sagt Link.

Am 24. Mai 1965 sendete *Panorama* Ulrike Meinhofs elfminütigen Beitrag über »Arbeitsunfälle«. Die *Frankfurter Rundschau* fand den Beitrag »brillant«. Er wurde auch von anderen Sendeanstalten übernommen und mehrfach wiederholt. Die IG Metall beglückwünschte die Autorin überschwänglich: Selten sei so präzise und realitätsnah über die Arbeitsbedingungen in Industriebetrieben berichtet worden. »Wir werden Frau Meinhof bei künftigen Recherchen unterstützen.« In der Nacht vor der Aufnahme hatte sie noch am Manuskript geschrieben und geglaubt, dass alles Mist sei.

Ein Beitrag für Radio Bremen über die Verbindung der katholischen Kirche mit dem NS-Faschismus löste heftige Proteste aus, doch der Chefredakteur Harry Pross und andere Kollegen aus der Redaktion waren von der Qualität ihrer Recherche überzeugt und hielten zu ihr.

War sie bisher mehr oder weniger gewöhnt gewesen, schreiben und publizieren zu können, was und worüber sie wollte, scheiterte sie jetzt manchmal. So gab es zwischen ihr und Klaus Rainer Röhl hinsichtlich der anstehenden Bundestagswahl politische Differenzen. Sie kritisierte, dass er sich zu stark der SPD näherte. Sie rief in ihrem Artikel zur Wahl der DFU auf. Bei aller Kritik an der DDR war sie der Auffassung, dass deren Existenz den Rest Freiheit, den es noch gebe, garantiere und dass ihr Vorhandensein weitere Zerstörung bremse. Röhl kritisierte ihren Kommentar heftig, woraufhin sie ihm vorschlug, ihn nicht zu veröffentlichen und ihr ein Ausfallhonorar zu zahlen. Das wollte er aber nicht, denn er brauchte ihren Namen im Blatt. Ulrike Meinhof wusste jedoch auch, dass nichts *konkret* so sehr geschadet hatte wie der Pro-DFU-Wahlaufruf von 1961. Das machte sie nachgiebig. Sie gab in ihrem Beitrag schließlich vor, zwischen SPD und DFU abzuwägen. In Wahrheit gab es keine Partei, die sie wählen konnte, sie hielt es für wichtiger, zu kämpfen und politisch zu werden. Klaus Rainer Röhl veröffentlichte in derselben Ausgabe einen dreiteiligen SPD-Wahlaufruf von Günter Grass und versenkte so die Bedenken seiner Ehefrau in einem Buchstabenmeer.

In jenem August hatte Ulrike Meinhof ihren ersten Prozess zu führen. Franz Josef Strauß verklagte sie. Er hatte die *Spiegel*-Affäre mit seinem Rücktritt bezahlt und war seither in manchen Medien ungewohnt scharf kritisiert worden – da kam ihm Ulrike Meinhof gerade recht. Die hatte in ihrer *konkret*-Kolumne im Oktober 1964 den *stern*-Herausgeber Henri Nannen angegriffen, weil er »gesinnungslos und geschäftstüchtig« sowohl dem »besten deutschen Kolumnisten, Sebastian Haffner«, als auch dem »infamsten deutschen Politiker«, Bundesverteidigungsminister und Bundesatomminister a. D. Franz Josef Strauß, »die Spalten seiner Millionenillustrierten geöffnet« habe.[80] Meinhof stand mit ihrer Kritik nicht allein. Auch *Der Spiegel* hatte geschrieben: Strauß sei ein Mann, »dessen innerer ›drive‹ ihm vorschreibt, das Gemeinwesen nach den Gesetzen seiner eigenen korrumpierten Persönlichkeit zu entstellen«.[81] Anfang 1965 hatte das Nachrichtenmagazin Fotos der *konkret*-Kolumnistin Ulrike Meinhof und der *stern*-Kolumnistin Sibylle – alias Anneliese Friedmann – veröffentlicht und dazu geschrieben: »Franz Josef Strauß möchte zwei Damen den Mund verbieten, weil sie ungeschminkt ihre Meinung über ihn gesagt haben.«

Gerade einer wie er, wehrte sich Ulrike Meinhof vor Gericht, der Andersdenkende gern beleidige, habe politische Kritik zu tolerieren. Ihr Anwalt Hans Heinz Heldmann, den ihr die Humanistische Union empfohlen hatte und dessen Unterstützung sie Jahre später wieder in Stammheim benötigen würde, warnte sie, dass Strauß an ihr »ein Exempel statuieren« wolle: »Sie müssen mit einer Verurteilung rechnen.«

Am 6. August 1965 um 9 Uhr morgens begann der Prozess vor dem Amtsgericht München. Ein voreingenommener Richter, höhnische Gegenanwälte, 20 fremde Journalisten starrten sie an, als sei sie ein Insekt. Kein Klaus Rainer Röhl an ihrer Seite, keine Freunde, keine *konkret*-Redakteure. Es half ihr auch nicht, dass der Bundesgerichtshof im Mai 1965 den »Rahmen dessen, was der Presse zu sagen erlaubt ist«, erweitert hatte und zu berücksichtigen empfahl, »ob der Betroffene [...] durch seinen eigenen politischen Kampfstil die Kritik herausgefordert und seinem Gegner Anlass gegeben hat, polemisch auf seine Person einzugehen«.[82] Der Amtsrichter verurteilte sie zu einer Geldstrafe von 600 Mark, ersatzweise 30 Tagen Haft. *konkret* musste einen Widerruf drucken. Niedergeschlagen verzichtete Ulrike Meinhof auf den geplanten Bummel durch München, sie wollte nur noch nach Hause. Sie legte keine Berufung ein.

Bei den Bundestagswahlen im September 1965 gewann die CDU/CSU und bildete mit der FDP die Bundesregierung. Ludwig

Erhard (CDU) blieb Bundeskanzler, Heinrich Lübke (CDU) Bundespräsident. Nach der Wahl nahm die SPD die Gespräche mit der CDU über die Notstandsgesetze umgehend wieder auf. Für kritische Beobachter lag die Große Koalition in der Luft. Im Oktober 1965 drehte Ulrike Meinhof in Köln ein Feature über »Gastarbeiter« für *Panorama*. Sie vertrat die These, dass es kein »Ausländer-Problem« gebe, sondern nur deutsche Probleme, die sich auf dem Ausländer-Sektor besonders krass abzeichnen: Wohnungsnot, Heimkindernot, politische Freiheit, innerbetriebliche Unfreiheit. Für ihr Radiofeature »Heimkinder in der Bundesrepublik« recherchierte sie in Münster die Geschichte von Paul und Susi, die damals vor ihrem Fenster spielten. Beide waren von einem Heim ins andere abgeschoben worden.

Eine andere Reise für *Panorama* führte sie nach Stuttgart, wo sie Thomas Lenk besuchte. Sie fand die Begegnung »sehr, sehr schön«. Lenk hatte bei der Bundestagswahl für die DFU kandidiert. Es gefiel ihr, dass es ihm wichtig war zu zeigen, dass er als Künstler politisch nicht gleichgültig war.

Wenn sie manchmal abends zu Hause saß, die Kinder im Bett, die Arbeit fertig, Klaus Rainer Röhl irgendwo unterwegs, trank sie Rotwein und hörte Musik. Sie war oft allein.

Die Recherchearbeiten für ihren Beitrag über Heimkinder, den der Hessische Rundfunk am 9. Dezember 1965 ausstrahlte, strengte sie stärker an als sämtliche Vorbereitungen für ihre bisherigen Sendungen. Etwa eine viertel Million Kinder und Jugendliche lebten damals in Erziehungsheimen, in Pflegeanstalten oder in Gefängnissen. Sie wurden tyrannisiert, verprügelt, sexuell missbraucht, gedemütigt und ausgebeutet. Ulrike Meinhof musste ihre Arbeit mehrfach unterbrechen. Es gab kaum brauchbare Literatur und auch die zuständigen Behörden verhielten sich wenig kooperativ. Dass ihre »Heimkinder«-Sendungen vier Jahre später eine Revolte in den Heimen auslösen würden, ahnte damals niemand.

Klaus Rainer Röhl reagierte missgünstig auf ihre beruflichen Erfolge, es interessierte ihn kaum noch, woran sie gerade arbeitete. Ihre Kolumnen und ihre Fernseh- und Rundfunkbeiträge beeindruckten hingegen mittlerweile auch das linksliberale Bürgertum. Es war neugierig auf diese ungewöhnliche Journalistin, die von Milieus berichtete, die ihm so fremd waren wie der Mars.

Meinhof hatte Simone de Beauvoirs Grundlagenwerk *Das andere Geschlecht* gelesen und wie bei vielen Frauen in den fünfziger, sechziger und siebziger Jahren veränderte dieses Buch ihre Sicht auf die Beziehung zwischen Männern und Frauen radikal. Überall in der Gesellschaft hatte sich die Auffassung breitgemacht, dass Frauen grundsätzlich anders seien als Männer. Sie begriff jetzt, dass diese Auffassung nur dazu diente, die Diskriminierung von Frauen zu rechtfertigen.

Ende September 1965 war Ulrike Meinhof vom Rowohlt Verlag zum ersten Happening ihres Lebens eingeladen worden. Sie konnte kaum entscheiden, was sie mehr amüsierte: das Ereignis oder die Gäste. Es war alles da, was in Hamburg Rang, Namen und Sportwagen hatte. Literaten, Feuilletonisten von *Spiegel*, *Zeit* und *Welt*, Medienmacher aus Funk und Fernsehen. Auf einer improvisierten Bühne stand auf einer Seite ein Kühlschrank, davor ein riesiger Berg Nägel. Auf der andern Seite stand eine Leiter, auf ihr lagen Badesalztabletten, davor war ein Koffer mit Wasser und Taschenlampen platziert. Ein Mann, um dessen Bauch fünf Heizsonnen gebunden waren, schaufelte die Nägel in den Kühlschrank und warf dann, oben auf der Leiter stehend, das Badesalz in den Koffer. Dazu ertönte eine Sirene. Alle klatschten Beifall und fanden es eigentlich blöd. Sie war zum ersten Mal zu so etwas eingeladen.

Sie war, ohne dass man es ihr anmerkte, anfänglich ein wenig gehemmt in diesen Kreisen. Aber es bereitete ihr doch auch Vergnügen, Autoren wie Peter Rühmkorf und Sebastian Haffner, die sie von *konkret* gut kannte, zu treffen und neue Gesprächspartner kennen und schätzen zu lernen wie den konservativen Peter Coulmas. Klaus Rainer Röhl schenkte ihr zu Weihnachten eine Küchenmaschine und drei feine Kleider. Sie freute sich, nun brauchte sie sich Ende Dezember bei der Abendeinladung von den Paczenskys nicht zu genieren. Gert von Paczensky war der Chef der *Panorama*-Redaktion, seine Frau Susanne eine bekannte Hamburger Journalistin.

Ulrike Meinhof, die gebildete Ex-Kommunistin aus dem evangelischen Bürgertum, war zur Vermittlerin der radikalen Gegenposition zu den Notstandsgesetzen in den aufgeklärten Kreisen des Hamburger Bürgertums geworden. Man schätzte sie dort keineswegs nur, wie von Zeitgenossen kolportiert, weil sie Charme hatte und leidenschaftlich gern tanzte.

Publizistin
Hamburg, 1965–1967

Ulrike Meinhof, schmal, mit schulterlangem, dichtem braunem Haar, trug einen knallgrünen Mao-Cordhosenanzug. Zwischen den Frauen in Cocktailkleidern und den Männern in schwarzen Anzügen fiel sie auf. Eine Frau in Hosen, noch dazu bunten, bei einer Abendeinladung war selten. Ulrike Meinhof genoss den Empfang des NDR-Programmdirektors im Oktober.

Die Journalistin Christa Rotzoll beobachtete sie Mitte der sechziger Jahre auf vielen Festen: »Sie sah jedes Mal anders aus.« Beim Happening im Rowohlt Verlag war sie »eine Renoir-Schönheit in Schwarz«, »eine sinnenfroh herumtobende Festteilnehmerin«. Ein anderes Mal erschien sie ihr wie »ein dünnes Mädelchen [...] auf der Suche nach ein bisschen Schutz und Elternliebe«. Der Journalist Walter Busse, damals Rotzolls Ehemann, scherzte: »Ja, dürfen hier Vierzehnjährige überhaupt rein?« Ulrike Meinhof stellte sich auf Zehenspitzen und küsste »ihn zart auf den Mund [...], ehe sie weiterglitt«. Rotzoll: »Am häufigsten sehe ich sie allerdings mit ihrem ersten Sherry- oder Sektglas in der Hand zum Schlag gegen Amerika oder die bundesdeutschen Streitkräfte ausholen. Sie kann auf einen einzelnen Gesellschaftslöwen eindonnern, als gelte es, dreitausend Fähnrige der Bundeswehr mit wenigen Sätzen auf den rechten, linken Weg zu zwingen.« Ulrike Meinhof habe sie stets »sehr gerührt«, selbst dann, wenn sie »immer wieder auf den tückischen Kapitalismus eindrosch«.[83]

Im Dezember 1965 warf NDR-Intendant Ludwig Freiherr von Hammerstein die überaus beliebte Satiresendung »Hallo Nachbarn« aus dem Programm. Ulrike Meinhof zettelte eine kleine Demonstration an. Es kamen 15 Leute, aber auch drei Polizeiwagen. Die Aktion kam in die Presse. Jürgen Holtkamp kündigte aus Protest dem NDR die Mitarbeit auf und wechselte als Redakteur für Literatur zu Radio Bremen. Ulrike Meinhof bewunderte seine Konsequenz, aber hörte selber nicht auf, für *Panorama* zu arbeiten. Ein gutes halbes Jahr später machte auch ihr die Arbeit für den NDR keinen Spaß mehr. Ich lerne hier nichts, sagte sie. 1965 hatte sie mit der Arbeit an einem Film über die Folgen des Grubenunglücks von Lengede vom Oktober 1963 begonnen. Sie wollte die soziale Situation der Familien nach dem Unglück zeigen, den Beitrag mit den weinenden Frauen beginnen, die Rettung zeigen und dass es sich um einen Unfall handelte. »Nein«, widersprach ihr *Panorama*-Chef Walter Menningen, »das war ein Naturereignis, einfach Schicksal.« Als aber die Staatsanwaltschaft Hildesheim tatsächlich Anklage wegen Fahrlässigkeit mit Todesfolge erhob, ärgerte sie sich über ihr Zugeständnis. Sie fürchtete, dass ihre Filme lau bleiben würden, wenn sie bei dieser Redaktion bliebe. Sie wollte mehr Schärfe und Klarheit.

An Aufträgen fehlte es ihr trotzdem nicht. Peter Strauß vom Hessischen Rundfunk bestätigte: »Sie war damals schon so bekannt und begehrt, dass es fast eine Ehre war, dass sie die Sachen überhaupt für uns gemacht hat.«[84]

Anfang 1966 standen in der Bundesrepublik Tarifauseinandersetzungen an. Gesamtmetall befürchtete wachsende Lohnforderungen »infolge verstärkter Konkurrenz der Unternehmen um das einheimische Kräftepersonal«. In ihrem *konkret*-Leitartikel »Lohnkampf« griff Ulrike Meinhof im Februar Bundeskanzler Ludwig Erhard und die Metallindustrie an. Sie zeigte auf, wie die öffentliche Meinung manipuliert und Ausländerfeindlichkeit geschürt wurde, um die Arbeitszeit der Lohnabhängigen zu verlängern. Forschungen des Dortmunder Max-Planck-Instituts für Arbeitsphysiologie belegten, schrieb sie, »dass acht Stunden Arbeitszeit, also die 40-Stunden-Woche, bei der gegenwärtigen Arbeitsintensität das Optimum dessen sind, was der Körper durch Schlaf und Erholung aufholen kann«. Und sie verlangte: Der »Menschenverschleiß der deutschen Industrie [ist] zu bremsen«.[85] Wieder gab es ein dickes Lob der IG Metall.

In den Urlaub fuhr sie im Frühjahr 1966 wieder ohne Klaus Rainer Röhl. Sie flog nach Mallorca. Aber anstelle des kinderfreundlichen Südens, den sie erhofft hatte, fand sie sich mitten unter deutschen Touristen wieder, die sich von ihren Kindern gestört fühlten. Ulrike Meinhof versuchte ihre Eheprobleme zu verdrängen, was ihr nicht immer gelang, und konzentrierte sich drei Wochen lang auf ihre dreieinhalbjährigen Töchter, genoss das Spiel und ihre Fragen. Klaus Rainer Röhls Affäre in Hamburg hieß Helga.

Als Ulrike Meinhof Ende März 1966 zurückkam, erfuhr sie, dass Walter Menningen wegen eines Vietnam-Beitrags gefeuert und ihr nächster Beitrag abgesetzt worden war. Sie regte sich vor allem darüber auf, wie Menningen behandelt wurde. Dass sie mit ihm bei der Bearbeitung ihrer Beiträge oft aneinandergeraten war, spielte für sie keine Rolle.

Seit Jahrzehnten versuchte Vietnam sich zu befreien, erst aus französischer Fremdherrschaft, nun von US-amerikanischer. In Nordvietnam regierte die Kommunistische Partei unter Ho Chi Minh, der seit 1920 im antikolonialen Widerstand gekämpft hatte. In Südvietnam waren die von den jeweiligen Kolonialmächten installierten Präsidenten an der Macht. 1954 waren die ersten 700 US-Soldaten ins Land gekommen, 1956 verhinderten die USA die versprochenen freien Wahlen für ganz Vietnam. Wahrscheinlich hätten »80 Prozent der Bevölkerung eher für den Kommunisten Ho Chi Minh als für Staatschef Bao Dai gestimmt«, gab US-Präsident Eisenhower später zu. Unter US-Präsident Kennedy okkupierten 1963 schon mehrere Tausend US-Soldaten das Land. Nach seiner Ermordung waren es knapp 24000. Ulrike Meinhof registrierte, dass alle Vermittlungsversuche der UN vonseiten der USA abgeschmettert wurden. Im Februar 1965 begann die US-Air-Force systematisch Städte und Dörfer zu bombardieren. Ende 1965 betrug die Truppenstärke 275000 Mann. Eine hochtechnisierte Großmacht walzte mit Bomben und chemischen Kampfstoffen ein kleines Land nieder, das keine anderen Verbrechen begangen hatte, als unabhängig sein zu wollen und den Vietcong sympathisch zu finden. Bilder massakrierter nordvietnamesischer Frauen, Kinder und Männer, Dokumente von Folter und Entmenschlichung, erreichten auch die Bundesrepublik Deutschland. Lachende GIs ließen sich beim Abschlachten von Vietnamesen fotografieren. »Ich habe nur ein

Vorbild: Hitler«, verkündete der neu ins Amt geputschte südvietnamesische Premierminister General Cao Ky.

Anders als in den USA gab es in Westdeutschland noch keine Anti-Vietnamkrieg-Bewegung, nur einige Hundert westdeutsche Schriftstellerinnen und Schriftsteller protestierten gegen den Krieg. Wie bei der Wiederbewaffnung – und bald bei den Notstandsgesetzen – enttäuschte die SPD Linke wie Ulrike Meinhof. Willy Brandt stand fest an der Seite der USA, warb um Verständnis für die US-Luftangriffe und rief sogar dazu auf, die USA zu unterstützen.

Am Ostermontag 1966, es war eiskalt, reihten sich Ulrike Meinhof und die *konkret*-Leute beim Hamburger Ostermarsch ein. Die weltbekannte US-Sängerin und Vietnamkriegsgegnerin Joan Baez hakte sich beim Berliner Satiriker Wolfgang Neuss unter und der dichtete: »Jeder, der den Springer liest, auch auf Vietnamesen schießt.«[86] Die Presse schwieg, kritisierte Meinhof, aber wenigstens das DDR-Fernsehen berichtete über den Auftritt von Joan Baez. Die Passanten in Hamburg schimpften über die »Gammler« und die »Langhaarigen«. Andere riefen: »Bei Adolf wär das nicht passiert« und »Geht doch rüber«! Alles wie immer im Deutschland der sechziger Jahre.

Seit April 1966 leitete Joachim Fest die *Panorama*-Redaktion. Er moderierte die Sendung und war darüber hinaus Leiter der NDR-Abteilung Zeitgeschehen. Als Fest am 4. Juli 1966 eine 45-minütige entschiedene und sorgfältige Kritik der Notstandsgesetzgebung brachte, wurde er nur fünf Tage später gefeuert. Ulrike Meinhof schrieb: »Es war die schärfste Kritik und klarste Darstellung dieses Gesetzgebungswerkes, die dem Millionenpublikum des Deutschen Fernsehens je vorgeführt worden ist.«[87] Und sie telefonierte wieder alle Freunde an, um zum Protest aufzustacheln, und befürchtete eine hohe Telefonrechnung. Diesmal kamen 60 Leute zur Aktion, etablierte Journalisten, Schriftsteller und Studenten. Sie riefen Parolen und hielten bunte Transparente hoch, an denen Meinhof mitgemalt hatte: »Wird Barzel Panorama-Chef?« – »Heißt der Intendant von Hase?« – »Siegt Hassel beim NDR?« Der *stern* berichtete: Es »demonstrierten knapp fünfzig Studenten vor dem Hamburger NDR-Funkhaus«.[88]

Ulrike Meinhof wurde darüber informiert, dass Polizeibeamte

einigen Demonstranten Mitschriften ihrer Telefonate mit ihr vorgehalten hatten. Ihr Telefon war abgehört worden. Sie fand, dass sie nichts zu verbergen habe, aber der Sache vielleicht doch nachgehen sollte. Die Nachforschung fiel ihrer Arbeitsbelastung zum Opfer.

Sie wusste, dass ihre Solidaritätsaktion für *Panorama* erfolglos bleiben würde, aber politische Zensur konnte sie nicht dulden, schon gar nicht gegen einen wie Joachim Fest, der in seinen Moderationen nicht nur die Notstandsgesetze, sondern auch Verteidigungsminister Kai-Uwe von Hassel kritisiert hatte. Die Sache mit Fest erschien ihr verkorkst wegen zu vieler Intrigen und persönlicher Animositäten. In die war auch Joachim Fest verwickelt, der als seinen Nachfolger bei *Panorama* Peter Merseburger vorgeschlagen hatte und ihn aufgrund von Differenzen plötzlich nicht mehr haben wollte. Sie machte sich öffentlich Sorgen um Fests berufliche Zukunft: »Es sieht so aus, als bliebe Fest nichts anderes übrig, als sich – willig oder unwillig – ins Dritte Programm abdrängen zu lassen oder zur Illustriertenpresse zu gehen [...] Es bliebe ihm freilich auch die Möglichkeit, Bücher zu schreiben.«[89] Joachim Fest, der bekanntermaßen Bücher schrieb, in denen er engagiert das Bürgertum vom NS-Faschismus zu reinigen versuchte, äußerte sich später in seinen *Erinnerungen* mit ein bisschen Sympathie, vorwiegend aber herablassend über sie.

Ulrike Meinhof war inhaltlich ehrgeizig, machtpolitisch jedoch nicht. Sie ließ, was typisch ist für viele – auch gebildete, intellektuelle – Frauen, im Zweifelsfall Männern den Zugriff auf Chefredaktionsposten und Festanstellung. Weder Fest noch Menningen wurden brotlos. Ungleich weniger abgesichert riskierte Ulrike Meinhof mit ihren Solidaritätsaktionen mehr als sie und war dennoch erleichtert, dass sie freiberuflich arbeitete – aber nie wieder für den NDR.

Für all ihre Beiträge recherchierte sie außerordentlich gründlich. Sie sammelte wissenschaftliches, historisches und empirisches Material, verdichtete es und bereitete es dann dramaturgisch auf. Sie verwendete keine Originaltöne, sondern ließ, um der größeren Wirkung willen, professionelle Sprecherinnen und Sprecher auftreten und verband auf sehr moderne Weise einen dokumentarischen Text mit Spielszenen. Peter Strauß vom Hessischen Rundfunk: »Sie wusste, was sie wollte, und kam, wenn sie ein neues Thema hatte, mit einem durchdachten Konzept«, das bis zur fertigen Sendung trug.»Ihre Themen waren gut. Wir haben nie eines abgelehnt.« Sie war nie zynisch und überzeugte durch Kenntnis und Einfühlungsvermögen. Im Konfliktfall war sie stur.»Wer eine Änderung von ihr wollte, musste sie überzeugen«, so Peter Strauß.

In *konkret* erschien im September 1966 ihr Report »Flucht aus dem Mädchenheim« und ihr einstündiges Radiofeature »Heimkinder in der Bundesrepublik«. Darin verlangte sie nicht nur ein Ende der Altersgruppentrennung und das Verbot jeglicher Form von psychischer und physischer Gewalt gegen Kinder, sondern auch, dass Kinder über sich selbst bestimmen und von Kindern lernen sollten – so wie es in israelischen Kibbuzim oder in Summerhill unter dem britischen Pädagogen Alexander S. Neill praktiziert wurde. Damit nahm sie – fundiert durch eigene Erkenntnisse und die der Reformpädagogen, von denen sie gelernt hatte – Forderungen der antiautoritären Bewegung vorweg. Sie war voller Respekt für Kinder und Jugendliche und fasziniert von deren kleinen Versuchen, in den Heimen Widerstand zu leisten und so ihre Würde zu bewahren.

Am 30. November 1966 überquerte sie am Bahnhof Berlin-Friedrichstraße die Grenze zur DDR.»Die Staatssicherheit war unterrichtet, sodass die Abfertigung unverzüglich erfolgte«, berichtete Professor Kaul dem Zentralkomitee (ZK) der SED. Ulrike Meinhof stieg in Kauls Auto und fuhr mit ihm zum neuen Restaurant Moskau in der Karl-Marx-Allee.

Friedrich Karl Kaul, im Westen »Staranwalt der SED« genannt, stammte aus einer großbürgerlichen, jüdischen Familie und hatte nach der Flucht aus einem Konzentrationslager in der Emigration überlebt. Da er 1949 am Westberliner Kammergericht als Anwalt zugelassen worden war, konnte er auch in der Bundesrepublik tätig sein, wo er viele KPD- und FDJ-Mitglieder vor Gericht verteidigte. Jahrelang versuchte die Bundesrepublik vergeblich, ihm auf Dauer die Zulassung zu entziehen. Unter anderem beschaffte Kaul dem hessischen Generalstaatsanwalt Fritz Bauer Dokumente für den Auschwitz-Prozess.

Ulrike Meinhof, Kaul, Politbüromitglied Albert Norden sowie

die *konkret*-Redaktion arbeiteten seit einiger Zeit an der Aufdeckung der NS-Vergangenheit des 1959 gewählten und 1964 wiedergewählten Bundespräsidenten Heinrich Lübke. 1965 hatte der Nationalrat der Nationalen Front der DDR das spektakuläre *Braunbuch. Kriegs- und Naziverbrecher in der Bundesrepublik* herausgegeben, ein Projekt, das Albert Norden initiiert hatte. Jeder gut informierte westdeutsche Linke kannte bis zu dieser Veröffentlichung im besten Fall zwei oder drei Dutzend Namen von NS-Verbrechern, die 20 Jahre nach Kriegsende in der Bundesrepublik immer noch in leitenden Funktionen saßen. Nun kamen mehr als 1800 Namen hinzu, darunter: »15 Minister und Staatssekretäre, 100 Generale und Admirale der Bundeswehr, 828 hohe Justizbeamte, Staatsanwälte und Richter sowie 245 leitende Beamte des Auswärtigen Amtes, der Botschaften und Konsulate der Bundesrepublik und 297 hohe Beamte der Polizei und des Verfassungsschutzes«, wie die Nachrichtenagentur dpa erstaunt kommentierte. Dieter Schenk, bis 1989 Kriminaldirektor beim BKA, schreibt: »Heute wissen wir, dass das ›Braunbuch‹ nicht annähernd alle einschlägigen Namen aufführt [...] Aus dem BKA sind z. B. nur drei Namen erhalten. Trotzdem war die Publikation Mitte der sechziger Jahre aufsehenerregend«.[90]

Das *Braunbuch* wurde ins Englische, Französische und Spanische übersetzt und war in den USA, in Israel, Algerien und Finnland erhältlich. Jener Staat aber, über den das Buch so erschreckende Auskunft gab, unterdrückte jede öffentliche Diskussion. Ein Amtsrichter ließ das Buch 1967 sogar auf der Frankfurter Buchmesse beschlagnahmen.

Gerhard Dengler, der Leiter von Nordens Arbeitsgruppe war, Norbert Podewin, Albert Nordens Referent, und ein weiterer Mitarbeiter an dem Projekt warteten an jenem Abend bereits im Restaurant Moskau auf Ulrike Meinhof und Kaul, der das Treffen für das ZK der SED protokollierte. Ulrike Meinhof und *konkret* hatten weiteres Material über Lübke aufgetrieben, das der Schriftsteller Robert Neumann zusammengefasst hatte: Lübke war stellvertretender Leiter, dann Leiter der »Baugruppe Schlempp« gewesen, die »kriegswichtige Betriebe« – meist Rüstungsbetriebe – verlagerte. Er plante und baute mit ihr neue Produktionsstätten, Arbeits- und Konzentrationslager an mehreren Orten des

»Deutschen Reiches«. Lübke hielt es nicht für nötig, auf die Vorwürfe von *konkret* einzugehen. Er erklärte schlichtweg, seine Unterschrift sei gefälscht worden, und verließ sich auf einflussreiche Parteifreunde in Medien, Justiz und Regierung. Ulrike Meinhof hatte vergeblich gehofft, dass Lübke *konkret* verklagen und ihr so vor Gericht die Bühne verschaffen würde, um das Beweismaterial auszubreiten. Aber die Kampagne gegen den »indiskutablen, untragbaren und unerträglichen« (Heinrich Böll[91]) Bundespräsidenten stockte.

Ulrike Meinhof fragte nach neuem Material, um es in *konkret* zu veröffentlichen. Aber ihre Gesprächspartner schüttelten nur bedauernd den Kopf.

Robert Neumann hatte 13 »maßgebliche Zeitungsherausgeber und Universitätsprofessoren«, unter ihnen Rudolf Augstein, Gerd Bucerius, Karl Gerold, Klaus von Bismarck und Eugen Kogon, öffentlich zu einer »Forschungsexpedition« nach Ostberlin eingeladen, um die Dokumente gegen den Bundespräsidenten zu prüfen. Laut Protokoll von Friedrich Karl Kaul hielt Ulrike Meinhof den Aufruf für einen Fehler, denn sie seien trotz ihrer dominierenden Stellung oder gerade wegen dieser Gefangene ihrer eigenen Umgebung. Sie behielt recht. Wer überhaupt antwortete, sagte ab. Bucerius immerhin höflich, Augstein eher aggressiv. Was nun? Ulrike Meinhof schlug vor, sich an »westdeutsche Journalisten der unteren Ränge zu wenden«. Nicht schlecht, meinten die Genossen. Sie redeten eine Weile über das von Fritz Raddatz, dem Cheflektor des Rowohlt Verlags, geplante Lübke-Buch, das aber nicht erscheinen würde. Gegen 23 Uhr brachte Kaul Ulrike Meinhof zurück zum Grenzübergang Friedrichstraße.

Zwei Jahre später nahmen sich Henri Nannen und der *stern* der Affäre Lübke an, ohne die Erstveröffentlichung von *konkret* zu erwähnen. Wir fanden es schlimm, schrieb Ulrike Meinhof später, »dass Lübke KZs gebaut hat«, aber Henri Nannen findet es nur noch schlimm, »dass Lübke sich nicht daran erinnern will«.[92] Im Juni 1969 schließlich trat Heinrich Lübke zurück, nur drei Monate vor dem Ende seiner zweiten Amtsperiode, »wegen einer v. a. von der DDR betriebenen Verleumdungskampagne zu seiner angeblichen NS-Vergangenheit«, wie im Brockhaus nachzulesen ist. Tatsächlich überstanden die zentralen Vorwürfe aus der DDR bis heute die juristische Auseinandersetzung.

Das bundesdeutsche Kapital drängte auf weitere internationale Märkte, darunter die riesigen Märkte des Ostens. Der gesellschaftliche Modernisierungsbedarf war gewaltig und es bedurfte nachdrücklicher Restaurationsarbeiten wenigstens am Erscheinungsbild der Bundesrepublik Deutschland. Am 1. Dezember 1966 bildeten die CDU/CSU und die SPD eine Große Koalition. Kurt Georg Kiesinger (CDU) wurde Bundeskanzler, Willy Brandt (SPD) Außenminister. Meinhof schrieb in *konkret*: »Alle Hoffnungen, die sich in diesen Jahren an die SPD knüpften, waren Selbsttäuschungen. [...] Die SPD hat sieben Jahre lang auf die Große Koalition hingearbeitet. Sie wollte sich prostituieren, was ist dabei, dass sie es endlich tut?«[93]

Für kurze Zeit entstand in der Hamburger Gesellschaft eine merkwürdige Melange aus konservativen, liberalen und fortschrittlichen Medienleuten, die die sozialliberale Koalition von 1969 vorwegzunehmen schienen. Sie war unzufrieden mit den brüchig gewordenen Verhältnissen und hatte genug Geld, oft zu feiern. Diese Hamburger »Partyrepublik« (Peter Rühmkorf[94]) mit ihren Unterbezirken und Cliquen war der kulturelle Ausdruck eines sich modernisierenden Bürgertums, das den Staub der Adenauer-Ära abzuschütteln suchte. Das »interessanteste, bunteste, lustigste« Haus (Rühmkorf[95]) führte der konservative Rundfunkkommentator Peter Coulmas. Der »Kongress« tanzte und feierte zum Beispiel auf »von der CIA, was wir nicht wissen konnten, finanzierten Stehempfängen, die der ›Freiheit der Kultur‹ gewidmet waren«, erinnert sich Christa Rotzoll.[96] Marcel Reich-Ranicki widerspricht: »Wir wussten ungefähr, was der ›Kongress für die Freiheit der Kultur‹ war. Ich ging oft zu seinen Veranstaltungen und lernte Gert von Paczensky kennen, Jesco von Puttkamer und Gösta von Uexküll.« Zu den wenigen Hamburger Privathäusern, in die Marcel Reich-Ranicki mit seiner Ehefrau Tosia eingeladen wurde, gehörten die Häuser von Peter Coulmas und Helga Hegewisch sowie das Reihenhaus von Ulrike Meinhof und Klaus Rainer Röhl.

Meinhof schätzte die Streitgespräche mit Coulmas und Fest, sie tanzte leidenschaftlich gern zur Musik der Beatles oder der

Stones, sie genoss die Flirts und das Gelächter, die Musik und die Komplimente – und hörte doch nie auf, sich fremd zu fühlen. Christa Rotzoll, später verheiratet mit Sebastian Haffner, lud Ulrike Meinhof 1967 zur Mitarbeit an ihrem Buch *Emanzipation und Ehe* ein. Die beiden diskutierten stundenlang.[97] Ulrike Meinhof alberte: Soll ich meinen Beitrag »Herr und Hund«, »Hattu Manzi Manzi macht?« oder »Die Lüge von der Gleichberechtigung« nennen?[98] Die Linke und die Bürgerliche diskutierten über die Ehe. Sie erzählte Rotzoll von der Liebesaffäre ihrer Mutter Ingeborg mit Friedrich Griese und meinte: »Solange der Mann der Ernährer ist, ist die Ehe doch Prostitution.«[99] »Wenn die Ehe nicht auch noch ein Zweig des Dienstleistungsgewerbes wäre«, erwiderte Rotzoll, »könnte sie im Durchschnitt kaum so lange halten.« Meinhofs Beitrag hieß am Ende »Falsches Bewusstsein« (1968). Sie kritisierte den Kapitalismus und berief sich dabei auf die Marxisten Ernst Bloch und Herbert Marcuse, sie erinnerte an Clara Zetkin und die proletarische Frauenbewegung zu Beginn des 20. Jahrhunderts, sie nahm Bezug auf Simone de Beauvoir, Betty Friedan und Alexander Mitscherlich und schilderte, angelehnt an den ungarischen antistalinistischen Marxisten Georg Lukács, wie der deutsche Irrationalismus gesiegt hatte. Frauen »erlangten das Wahlrecht, als mit dem Stimmzettel keine gesellschaftliche Veränderung mehr zu bewirken war. Zum Studium an den Universitäten wurden sie zugelassen, als [...] kritisches Bewusstsein als Bildungsziel von irrationaler Weltanschauung abgelöst wurde«. Als das »Vertrauen in Verstand und Vernunft« sogar im Wissenschaftsapparat von Mystik, Intuition und der »Logik des Herzens« abgelöst war, wurden die Emanzipationsbestrebungen bürgerlicher Frauen integriert, befriedet und auf die »Bekämpfung der Emanzipation der Arbeiterschaft ausgerichtet«. Die Forderung nach Emanzipation, schrieb sie, war zum Wunsch nach »Gleichberechtigung« verkommen, der »die gesellschaftlichen Voraussetzungen der Ungleichheit zwischen den Menschen nicht mehr infrage« stellt, sondern im Gegenteil »nur die konsequente Anwendung der Ungerechtigkeit« verlangt. »Emanzipation bedeutet Befreiung durch Änderung der gesellschaftlichen Verhältnisse, Aufhebung der hierarchischen Gesellschaftsstruktur zugunsten einer demokratischen, Aufhebung der

Trennung von Kapital und Arbeit durch Vergesellschaftung der Produktionsmittel, Beseitigung von Herrschaft und Knechtschaft als Strukturmerkmal der Gesellschaft.« Mit der »Umwandlung einer sozialistischen Emanzipationsforderung in einen sozialdemokratischen Gleichberechtigungsanspruch« werde soziale Emanzipation mit Berufstätigkeit verwechselt. Auch »studierte, besser gestellte Frauen« seien in gewisser Weise »Opfer der Gleichberechtigung.

Indem der soziale Emanzipationskampf nicht mehr stattfindet und in einen Kampf der Geschlechter verfälscht wurde, gerieten sie automatisch auf die Seite der Unterdrückten, obwohl sie sozial weiter oben sind, gerieten in das Schussfeld der Attacken gegen Mütterarbeit, in die Ideologisierung der Mutterrolle, die Mädchenerziehung zu Hausfrau und Mutter. Das kulminiert, wenn sie Kinder kriegen, Mutterschaft kennt keine sozialen Unterschiede«.[100]

In ihrem 54-minütigen Feature »Schlusslicht Hilfsschule« vom Juli 1967, koproduziert von Radio Bremen, Südwestfunk und Süddeutschem Rundfunk, verarbeitete Ulrike Meinhof neben Interviews mit Kindern eine Reihe von wissenschaftlichen Studien – unter anderem von Pestalozzi – und die berufliche Erfahrung ihrer Schwester. Viele dieser Kinder »haben keine gute Meinung von sich selbst, sie teilen durchaus die gemeinen, die spießigen und dümmlichen Vorurteile, die über sie verbreitet sind«.[101] Diese würden ihnen die Kraft nehmen, Widerstände zu überwinden. Die »schwache Begabung von Hilfsschulkindern [ist] nicht die Folge angeborenen Schicksals, sondern ebenfalls das Produkt gesellschaftlicher Barbarei«.[102] Barbarisch sei, dass Eltern mit ihren Kindern in winzigen Wohnungen, in Lagern oder Baracken leben müssten, da würden Kinder »rammdösig, nicht wegen schlechten Erbguts und was sonst noch an unsachlichen Erklärungen dafür grassiert, sondern wegen der Enge der Verhältnisse«.[103] Maria Dericum, damals Redakteurin bei Radio Bremen, sagte über Ulrike Meinhof: »Niemand hatte bis dahin über diese Ärmsten unserer Gesellschaft geschrieben, geschweige denn, als Journalist, sich zugleich um praktische Lösungen sozialer Probleme gekümmert.«[104]

Mit Interesse las Ulrike Meinhof Bücher, die die theoretische Entwicklung der Neuen Linken beeinflussten: *Der eindimensio-*

nale Mensch von Herbert Marcuse und *Die Verdammten dieser Erde* von Frantz Fanon. 1966 war auch Marcuses Aufsatz »Repressive Toleranz« zu einem der Kerntexte der Neuen Linken geworden. Darin gelangte der Soziologe und Philosoph zu dem Schluss, dass es »unparteiische Toleranz« nicht gebe, denn sie schütze »in Wirklichkeit die bereits etablierte Maschinerie der Diskriminierung« und stärke »die Tyrannei der Mehrheit«. Daher glaube er, »dass es für unterdrückte und überwältigte Minderheiten ein ›Naturrecht‹ auf Widerstand gibt, außergesetzliche Mittel anzuwenden, sobald die gesetzlichen sich als unzulänglich herausgestellt haben [...] Wenn sie Gewalt anwenden, beginnen sie keine neue Kette von Gewalttaten, sondern zerbrechen die etablierte«.[105] Das »Naturrecht auf Widerstand«, verpflichtet nur dem eigenen Gewissen, sei geeignet, etablierte Gewalt zu zerbrechen, ohne neues Unrecht zu schaffen.

Im Mai 1967 schrieb Ulrike Meinhof den ersten *konkret*-Artikel, der sich direkt auf die außerparlamentarische Opposition bezog: »Napalm und Pudding«. In Westberlin wütete nach einer politischen Aktion mal wieder die Springerpresse und geißelte Oppositionelle als mörderische Attentäter, die versucht hatten, den US-Vizepräsidenten Hubert Humphrey aus Protest gegen den Vietnamkrieg mit Pudding zu bewerfen. Meinhof: »Nicht Napalmbomben auf Frauen, Kinder und Greise abzuwerfen ist demnach kriminell, sondern dagegen zu protestieren [...] Es gilt als unfein, mit Pudding und Quark auf Politiker zu zielen, nicht aber, Politiker zu empfangen, die Dörfer ausradieren lassen und Städte bombardieren.«

In ihrem Artikel kritisierte Ulrike Meinhof aber auch die Kommune I, deren Idee die Aktion gewesen war: »Anstatt das Aufsehen, das sie erregten, auf Vietnam zu lenken, anstatt die interessierten Fragen der Presse mit Wahrheiten über Vietnam zu beantworten, mit Fakten, Zahlen und Politik, redeten sie von sich selbst«, nutzten »ihre plötzliche Publizität [...] nur für ihren privaten Exhibitionismus«.[106]

Die Berliner Kommune I gab es seit dem Winter 1966/67. Ihre Spaßaktionen (Verkleidung, Verwirrung der Polizei, Happenings) provozierten und amüsierten, aber ihre selbstverliebte Nabelschau – Dieter Kunzelmann: »Was geht mich Vietnam an ... ich habe Orgasmusschwierigkeiten« – nervte. Doch, so lobte Meinhof bei aller Kritik, »brachten sie das seit Jahren funktionierende Boykottsystem der Springerpresse [...] durcheinander, brachten – obendrein auf höchst amüsante Weise – die Mauer des Verschweigens, die sonst gegenüber oppositioneller Aktivität in der Bundesrepublik besteht, zu Fall.«[107] Als die Kommune I schließlich dem SDS, der in Westberlin in härter werdenden Auseinandersetzungen mit Uni-Leitung, Senat und Polizei focht, mehrfach in den Rücken fiel, wurde die Gruppe im Mai 1967 aus dem SDS ausgeschlossen.

Der Berliner SDS reorganisierte sich gerade noch rechtzeitig: Für den 2. Juni 1967 war der Besuch des Schahs von Persien und der Kaiserin Farah Diba angekündigt. Ulrike Meinhofs Analyse der sozialen Realität in Persien, dem heutigen Iran, sollte ein mitreißender Demonstrationsaufruf gegen den diktatorischen Schah werden.

Antiautoritäre

Hamburg und Westberlin, 1967

Im Frühjahr 1967, noch vor Benno Ohnesorgs Tod, suchte Ulrike Meinhof den Nationalrat der DDR in der Wilhelmstraße in Ostberlin auf. Norbert Podewin, damals Mitarbeiter von Albert Norden, erinnert sich noch genau an ihre Frage: »Kann uns die DDR nicht einige tausend Bauarbeiterhelme zur Verfügung stellen als Schutz bei Demonstrationen?«, denn, so erklärte sie ihm, die polizeilichen Übergriffe und die Angriffe von rechten Westberlinern auf oppositionelle Studenten würden immer bedrohlicher. Podewin gab die Frage wohlwollend an Albert Norden weiter und der überlegte auch nicht lange und legte dem Staatsratsvorsitzenden Walter Ulbricht die ungewöhnliche »Bestellung« vor. Ulbricht hörte sich den Vorschlag an: »Na ja, das können wir dann doch machen!« Meinhofs Bestellung scheiterte dennoch – möglicherweise am Einspruch des VEB, der die Schutzhelme herstellte, vielleicht aber auch daran, dass die SED-Führung Bedenken hatte, wenn die Sache aufflöge, damit das Verhältnis zur Bundesrepublik zu beschädigen.

Die Wurzeln der außerparlamentarischen Opposition (APO), die entgegen allen Mythen keine Bewegung allein von Studenten war, liegen in den 1950er und 1960er Jahren: Die Unfähigkeit im Umgang mit der Aufarbeitung der faschistischen Vergangenheit, autoritäre Gesellschaftsstrukturen, staatliche Gewalt, Wiederbewaffnung, KPD-Verbot, NATO-Mitgliedschaft, Atomwaffen, SDS-Rausschmiss, Godesberger Programm, Vietnamkrieg, Notstandsgesetze – all das waren Gründe, weshalb viele das Gefühl hatten, durch keine der Bundestagsparteien angemessen vertreten zu werden.

Als die Rolling Stones 1965 zum ersten Mal nach Westberlin

kamen, für horrende 20 D-Mark Eintritt, war Ralf Reinders, der fünf Jahre später mit Ulrike Meinhof in den Untergrund ging, Druckerlehrling. »Wir hatten die Kohle für das Konzert nicht und beschlossen, umsonst reinzugehen.« Etwa 200 bis 250 junge Leute drückten zwei Polizeisperren beiseite. Das Konzert war »saumäßig« und statt einer Zugabe wurde das Licht ausgeschaltet. Die Fans zerschlugen Bänke, die Polizei ging mit Wasserwerfern auf das Publikum los und prügelte auf die Jugendlichen ein. Viele schlugen zum ersten Mal zurück. Die Schlacht in der Waldbühne und auf den Straßen dauerte vier bis fünf Stunden. Was hier explodierte, war die Wut auf autoritäre Meister, die Lehrlinge schikanierten, auf Spießbürger, die langhaarigen »Gammlern« mit Gewalt die Haare abschnitten und ihnen bei Demonstrationen vom Straßenrand aus mit Regenschirmen auf die Köpfe schlugen. »Wir wehren uns endlich und wir wehren uns gemeinsam«, das war ein außerordentlich verbindendes Gefühl. *Street Fighting Men.*

In Berkeley/Kalifornien versuchten 10 000 Studenten zu verhindern, dass ihre Kommilitonen nach Vietnam einberufen wurden. Sie blickten in aufgepflanzte Bajonette. Demonstrationen gegen den Vietnamkrieg fanden an vielen Orten statt: Westberlin, New York, Rom. In den USA flohen mehr Jugendliche von zu Hause und aus Heimen als je zuvor. Sie hießen Beatniks, Hippies, Freaks. Manche sangen wild und wunderschön wie Janis Joplin.

Die SPD hatte den SDS 1961 schließlich aus der Partei geworfen, wie Ulrike Meinhof es 1959 vorhergesagt hatte. Auf dem SDS-Kongress »Vietnam – Analyse eines Exempels« in Frankfurt am Main jubelten mehr als 2200 Teilnehmer Herbert Marcuse zu. In den USA gründeten schwarze Oppositionelle die »Black Panther Party«, um sich mit Waffengewalt vor Polizeikugeln und Lynchmorden zu schützen. Ein Mann, der die erste lateinamerikanische Revolution in Kuba maßgeblich mit angeführt hatte, betrat im Oktober 1966 eine Buchhandlung in Frankfurt am Main und kaufte sich ein leeres Tagebuch. Niemand erkannte ihn, weil er sich eine Glatze geschoren hatte und eine neue Brille trug. Er war auf dem Weg nach Bolivien, wo er wie in Angola die Revolution vorantreiben wollte. Das *Bolivianische Tagebuch* von Che Guevara ging in die Geschichte ein. Fidel Castro gab es seinem italienischen Freund Giangiacomo Feltrinelli – Verleger, Kommunist, Millionär, Gründer eines Forschungsinstituts, einer Stiftung, einer Bibliothek – und der machte es zum Weltbestseller. Ernst Bloch, der die DDR mit dem Bau der Mauer verlassen hatte, sagte vor 5000 Teilnehmern auf der Abschlusskundgebung des Kongresses »Notstand der Demokratie« im Oktober 1966: »Wir kommen zusammen, um den Anfängen zu wehren.« IG Metall und SDS hatten zum Kongress eingeladen, um zu verhindern, dass die SPD ihren Eintrittspreis in die Große Koalition mit der Zustimmung zu den Notstandsgesetzen bezahlte. Vergeblich. Zwei Monate nach Bildung der Großen Koalition forderte das SDS-Mitglied Rudi Dutschke bei einer Anti-Vietnamkrieg-Kundgebung eine »Außerparlamentarische Opposition«. Die Linke hatte, für jeden offensichtlich, keine parlamentarische Vertretung mehr.

Aus Protest gegen andauernde Restriktionen und Demonstrationsverbote durch den SPD-Innensenator Heinrich Albertz gingen mehrere Hundert Demonstranten auf dem Kurfürstendamm »spazieren«. Konfuse Polizisten nahmen auch Hausfrauen mit Einkaufstaschen fest. Bundeskanzler Kiesinger (CDU), ehemals NSDAP-Mitglied, legte in der nationalsozialistischen Hinrichtungsstätte Plötzensee einen Kranz nieder. In Spanien regierte noch immer der faschistische Diktator Franco; weit über 100 000 spanische Arbeiter solidarisierten sich streikend mit verbotenen Studentenorganisationen. Boxweltmeister Muhammad Ali verlor seinen Titel und wurde zu fünf Jahren Gefängnis verurteilt, weil er sich weigerte, in Vietnam Menschen zu töten.

In Griechenland putschte am 21. April 1967 das Militär, unterstützt von den USA und der NATO. Binnen Kurzem entstand neben Spanien und Portugal eine weitere Diktatur auf westeuropäischem Boden: Die griechische Junta setzte parlamentarische Institutionen außer Kraft, zensierte die Massenmedien, hielt mehrere Tausend politische Gefangene auf Inseln in Konzentrationslagern fest, folterte und mordete.

Auch Ulrike Meinhof fühlte sich real bedroht. Ihr Freund Giangiacomo Feltrinelli hatte ihr seine Furcht vor einer faschistischen Machtübernahme in Italien begründet. Sie verglich die Situation in Griechenland mit der Lage, die sich in der Bundesrepublik durch die geplanten Notstandsgesetze einstellen konnte. Meinhofs Text über Griechenland erschien 1967 im Juni-Heft von *konkret*: »Die Unterschiede rühren daher, dass die einen den Notstand schon durchführen, indes die anderen ihn erst planen. [...] Hätten wir eine Opposition mit politischer Alternative und Wahlerfolgen – das griechische Beispiel beweist, dass ihre Beseitigung nicht nur möglich ist, sondern auch reibungslos geht, [...] in bestem Einvernehmen mit allen Bündnispartnern. Ein paar Panzer, ein paar tausend Inhaftierte, das Parlament in Bonn kann bleiben. [...] Einige Demokratien in Westeuropa sind Kartenhäuser. Will man sie benutzen, stürzen sie ein.«[108] Hier wird ihre Absage an jede parlamentarische Option deutlich, die Lektion aus ihrer mehr als zehnjährigen Erfahrung mit der Sozialdemokratie.

Sie schrieb für dieselbe *konkret*-Ausgabe einen zweiten Text, der viel berühmter wurde als der über Griechenland. Ulrike Meinhofs »Offener Brief an Farah Diba« überführte den Liebling der Boulevardblätter der Lüge. Die Kaiserin von Persien hatte sich in einem rührseligen Zeitungsartikel über das angeblich wunderbare Leben der Perser ausgelassen. Meinhof konterte scharf: Die »meisten Perser« sind »Bauern mit einem Jahreseinkommen von weniger als 100 Dollar«. Jedes zweite Kind stirbt an »Hunger, Armut und Krankheit«. Die Nahrung Hunderttausender bestehe nicht aus Luxusgütern, sondern aus eingeweichtem Stroh, Heuschrecken und Wurzeln. Viele lebten »in unterirdischen Höhlen und überfüllten Lehmhütten«. »Zwei Milliarden Dollar Entwicklungshilfe, die Persien seit dem Putsch von 1953 bekommen hat, haben sich nach den Feststellungen amerikanischer Untersuchungsausschüsse ›in Luft verwandelt‹«. Der Schah verdanke seine Macht der CIA, die seinen Vorgänger gestürzt habe. Der Schah sei »Garant dafür, dass kein persisches Öl je wieder verstaatlicht wird«, zum Nachteil von »englischen, amerikanischen und französischen Gesellschaften«. Er garantiere auch, »dass kein Dollar in Schulen fließt, die das persische Volk lehren könnten, seine Geschicke selbst in die Hand zu nehmen«.[109]

Nicht die persische Botschaft, sondern *Der Spiegel* setzte eine einstweilige Verfügung gegen *konkret* durch, weil die Zeitschrift auch die Satire »*Spiegel* an Springer verkauft« enthielt, die ebenfalls von Ulrike Meinhof verfasst worden war. Anlass zu der Glosse war, dass das Nachrichtenmagazin neuerdings in der Ahrensburger Druckerei des Springerkonzerns gedruckt wurde. Wegen der einstweiligen Verfügung durfte ausgerechnet das Juni-Heft mit Meinhofs Farah-Diba-Text zur Westberliner Demonstration nicht verkauft werden. Karl-Hermann Flach kritisierte in der *Frankfurter Rundschau:* »*Der Spiegel* hat mit seiner unangemessenen Reaktion nicht nur das kleine Magazin *konkret* getroffen, sondern alle seine Kollegen, die sich im Herbst 1962 ungeachtet ihrer politischen Einstellung aus grundsätzlichen Erwägungen mit ihm solidarisch erklärt haben. Doch die Lehre des *Spiegel* aus jenen Jahren heißt anscheinend: Anpassung.«[110] Meinhofs »Offener Brief an Farah Diba« wurde in großer Eile und hoher Auflage nachgedruckt und rechtzeitig vor dem Schah-Besuch an vielen Orten in Westberlin, z.b. an der Freien Universität und an der Pädagogischen Hochschule verteilt.

Am Abend des 2. Juni 1967 ging der Regierende Bürgermeister von Berlin, Pastor Heinrich Albertz (SPD), mit dem persischen Herrscher und dessen Gattin in Mozarts *Zauberflöte*, die in der Deutschen Oper gegeben wurde. Nachmittags hatten »Prügelperser« unter beifälligem Grinsen von Berliner Polizeibeamten mit zwei Meter langen Vierkanthölzern auf alte und junge Protestanten eingeschlagen. Abends schlugen Polizisten auf die Köpfe junger Schah-Gegner ein. Verletzte schrien, in der Oper sang die *Königin der Nacht*.

Die Demonstration war im Begriff, sich aufzulösen, als Polizeipräsident Duensing befahl, die Demonstranten nach der »Leberwurst-Taktik« anzugreifen: »Nehmen wir die Demonstranten als Leberwurst, dann müssen wir in die Mitte hineinstechen, damit sie an den Enden auseinanderplatzt.« Die Polizisten kesselten Demonstranten und Passanten von allen Seiten ein und schlugen zu. Was platzte, war menschliches Gewebe. In dieser Nacht wurde auch die Lüge lanciert, ein Polizist sei von den Studenten ermordet worden. Während blutig Geschlagene auf der Bismarckstraße liegen blieben, drängte die Polizei fliehende junge Leute in die Krumme Straße und begann die Aktion »Füchse jagen«. Einer der Greifer im Dunkeln war Kriminalobermeister Karl-Heinz Kurras, Angehöriger der Abteilung I, Politische Polizei. Seine Kollegen suchten sich Benno Ohnesorg, Pazifist und aktives Mitglied der evangelischen Gemeinde, als »Rädelsführer« aus. Sie schlugen auf ihn ein, bis er regungslos in ihren Armen hing. Kurras ging mit entsicherter Pistole auf Ohnesorg zu und schoss ihm in den Kopf. Die Kugel zerschmetterte die Schädeldecke.

Sebastian Haffner kommentierte später im *stern*: »Es war ein systematischer, kaltblütiger Pogrom, begangen von der Berliner Polizei an Berliner Studenten. Die Polizei hat die Demonstranten nicht, wie es üblich ist, verjagt und zerstreut, sie hat das Gegenteil getan«. Es hätten sich »Gräuel abgespielt«, sagte der Berliner, der erst 13 Jahre zuvor aus seinem Londoner Exil zurückgekehrt war, »wie sie außerhalb der Konzentrationslager selbst im Dritten Reich Ausnahmeerscheinungen gewesen sind [...] Die Hauptverantwortung tragen heute wie damals Schreibtischtäter mit manikürten Händen«.

Es kam heraus, dass Senatssprecher Hertz einem Journalisten am Morgen »augenzwinkernd« mitgeteilt hatte: »Heute Abend setzt's Keile.« Wie in den dreißiger Jahren habe die Berliner Staatsanwaltschaft die Anzeigen der Opfer mit Gegenanzeigen beantwortet. Er denke nicht daran, sich von den Studenten zu distanzieren, betonte Haffner, sie »sind hundertprozentig im Recht. [...] Zu behaupten, dass sie Berlin ›terrorisierten‹, ist schamlose Lüge und niederträchtige Verleumdung. Ihr ganzes Verbrechen besteht in der Demonstration für ihre Meinung, die von der Meinung der Springer-Presse abweicht«.[111]

Der Regierende Bürgermeister dachte nicht daran, den Eltern und Freunden des toten Studenten sein Beileid auszudrücken, nachdem er die Oper verlassen hatte, sondern billigte »ausdrücklich und mit Nachdruck [...] das Verhalten der Polizei«. Er habe sich »durch eigenen Augenschein davon überzeugt, dass sich die Polizei bis an die Grenze des Zumutbaren zurückgehalten hat«. Der tote Student sei »das hoffentlich letzte Opfer einer Entwicklung, die von einer extremistischen Minderheit ausgelöst worden ist, die die Freiheit missbraucht, um zu ihrem Endziel, der Auflösung unserer demokratischen Grundordnung zu gelangen«.

Polizei, Senat, Abgeordnetenhaus und Springerpresse (*Bild-*

Zeitung, *BZ* und *Berliner Morgenpost*) ließen die Situation weiter eskalieren. Die Verantwortlichen bestritten rundweg, was geschehen war, bis eine erzwungene minutiöse Aufklärung die Vorwürfe des SDS bestätigte. Während der Totenfeier für Benno Ohnesorg hörten die jungen Leute im Radio, wie sie im Abgeordnetenhaus mit Faschisten gleichgesetzt wurden und die Abgeordneten applaudierten.

Der Funke für die Revolte sprang über, überall gab es Teach-ins und Demonstrationen, die Organisatoren scherten sich nicht um Anmeldungen und Verbote. Auf merkwürdige Art fühlten sich Jugendliche in der ganzen Bundesrepublik und Westberlin vom Tod Benno Ohnesorgs betroffen. Sie hatten ihn nicht gekannt, aber er war einer von ihnen. Dieser Staat hatte ihnen nichts mehr zu sagen.

In Hamburg zerfiel die sozialliberale Partyprovinz. Peter Rühmkorf demonstrierte gegen Ohnesorgs Ermordung und beobachtete auf Hamburger Straßen »tausende unbekannter Gesichter«. Aber er sah auch, wer fehlte: »kein Augstein (für den *wir* mal demonstriert hatten), kein Joachim Fest (für den *wir* auch schon demonstriert hatten), kein Siegfried Lenz und kein Marcel Reich-Ranicki und kein niemand. Erlebte dann aber auch, was das Establishment wie die Pest scheute, den Hautkontakt mit Bullen, Bullenpferden, Bullenhunden, Bullengummiknüppeln.«[112] Der »Kongress für die Freiheit der Kultur«, finanziert vom CIA, der diesen Schah an die Macht gebracht hatte, tanzte von nun an anderswo. Günter Grass, Heinrich Albertz' Parteigenosse und Wahlhelfer der Großen Koalition, der schon 22 Jahre schwieg und noch 39 Jahre brauchen würde, um seine frühere SS-Mitgliedschaft zu gestehen, schrieb seit einiger Zeit verächtliche Gedichte über die Protestierer und schimpfte jetzt in Springers *Welt am Sonntag:* »Lassen Sie sich nicht zum Werkzeug dieser Radikalinskis machen«.[113]

Zwar würde Rudolf Augstein demnächst öffentlich mit Rudi Dutschke diskutieren und Henri Nannen im Publikum sitzen, aber bald hatte das gelangweilte Bürgertum die linke Subkultur abgeschöpft, der Reiz, das unverbindlich Konsumierbare, war vorbei. Diese Neuen Linken verlangten lästigerweise tatsächlich grundlegende gesellschaftliche Änderungen, zerrten an Privilegien und Pfründen und ruinierten mit ihrer »humorlosen« Ernsthaftigkeit den ganzen Wohlstandsspaß. Sie redeten zu viel über die deutsche Vergangenheit – und das betraf auch manche aus dem sozialliberalen Bürgertum. Sie waren gegen den Kapitalismus und machten das Wohlstandsbürgerleben doch ein wenig ungemütlich. Der Hamburger Medienklüngel war nur eine Art Kulturabteilung der sozialliberalen Koalition, mehr hatten die meisten am Ende der CDU-Herrschaft nie gewollt. Ulrike Meinhof schon.

Sie hatte sich Anfang 1967 mit Rudi Dutschke angefreundet, den sie bei einer Veranstaltung in Westdeutschland kennengelernt hatte. Für jenes berühmte Juni-Heft von *konkret* hatte Klaus Rainer Röhl ein Interview mit Dutschke geführt, wohl nur, weil so viele über den jungen Mann sprachen und er Säle füllte, wenn er Reden hielt. Eigentlich war Röhl der antiautoritäre Student fremd. Er platzierte ein langweiliges Gespräch mit Manfred Kapluck (KPD) neben das mit Dutschke und vermarktete die beiden als Repräsentanten zweier miteinander »um die Gunst des vom Bonner Establishment enttäuschten oppositionellen Publikums« ringenden Strömungen der »extremen Linken«, der »Russen« und »Chinesen«. Er pries seinen Freund Kapluck als »den kommenden Mann in der KPD«.[114] Dieser gehörte mittlerweile dem »Initiativausschuss zur Wiederzulassung der KPD« an, der nach anfänglichen Schikanen durch westdeutsche Repressionsbehörden bald unbehelligt blieb und 1968 in der neu gegründeten Deutschen Kommunistischen Partei (DKP) aufging. Den 27-jährigen »Chinesen« Dutschke stellte Röhl als »Chefideologen des SDS« vor. Geduldig beantwortete Rudi Dutschke Röhls Fragen: »Der amerikanische Vernichtungskrieg in Vietnam, die Notstandsgesetze in der Bundesrepublik und die Existenz der stalinistischen Bürokraten in der DDR haben bei aller [...] Verschiedenheit einen gemeinsamen Aspekt: Sie sind Glieder der weltweiten Kette der autoritären Herrschaft über die entmündigten Völker.«

Einmal diskutierte Ulrike Meinhof im Fernsehen mit einer steifen Runde von Würdenträgern über Autoritäten und Autoritäres. Der Moderator stellte sie vor: »Am Tisch hier [...] rechts Ulrike Meinhof aus Hamburg, Kolumnistin der Zeitschrift *kon-*

kret. Ihre Autorität beruht auf den Argumenten, die sie vorbringt als Kolumnistin.« Meinhof versuchte zu erläutern, was die Antiautoritären wollten: »Mir scheint die Problematik hauptsächlich darin zu liegen, dass eine ganze Reihe von Autoritäten, die es in unserer Gesellschaft gegeben hat, an Glaubwürdigkeit verloren haben. Eltern haben zum Beispiel Glaubwürdigkeit hinsichtlich ihres Verhältnisses zum Staat verloren, da sie sich mit dem Nationalsozialismus identifiziert haben. Die katholische Kirche hat an Glaubwürdigkeit verloren dadurch, dass sie dem Nationalsozialismus geradezu zugelaufen ist. Das Phänomen ist nun aber« – es traf sie der finstere Blick eines Mitdiskutanten –, »dass Autoritäten unglaubwürdig geworden sind, man sich also ihnen nur noch mit Zögern anvertrauen kann. Andererseits aber die Formen des Zusammenlebens in der Gesellschaft, in der wir uns befinden, noch immer außerordentlich stark autoritär sind.«[115]

Der SDS, dessen Mitglied Ulrike Meinhof einmal gewesen war, übernahm, als hätten der Rauswurf aus der SPD, jahrelange Schulungen und Selbstqualifizierungen diesen Moment vorbereitet, die politische Führungsrolle nach dem Tod von Benno Ohnesorg. Es galt zu verhindern, dass eine hochpolitische Situation in »ergreifenden unpolitischen Trauerkundgebungen« entpolitisiert wurde.

Am 3. Juni beschloss der Berliner Senat mit den Stimmen von CDU, FDP und SPD ein völliges Demonstrationsverbot für Westberlin. Niemand in Westberlin, kein Gericht, keine Redaktion, keine Kulturschickeria stand an der Seite der APO. Sie war auf sich selbst zurückgeworfen – und wehrte sich. In kürzester Zeit verteilten ihre Anhänger in der Innenstadt 20 verschiedene Flugblätter in Hunderttausender-Auflage und diskutierten auf den Straßen und Plätzen mit Passanten. Ihre autonome Gegenöffentlichkeit bewirkte, dass der Senat unter vielfachen Auflagen eine Demonstration am 13. Juni bewilligte. Es nahmen mehr Menschen teil als je zuvor.

In der TV-Sendung »Stimme und Reportage« von Ulrike Meinhof zum Anschlag auf Benno Ohnesorg sagte sie mit ruhiger und eindrucksvoller Stimme: »Die Proteste gegen einen Polizeistaatschef entlarvten unseren Staat selbst als Polizeistaat. Polizei- und Presseterror erreichten am 2. Juni ihren Höhepunkt. Da begriffen wir, dass Freiheit in diesem Staat die Freiheit mit dem Polizeiknüppel ist und Pressefreiheit im Schatten des Springer-Konzerns die Freiheit, den Knüppel zu rechtfertigen. Durch den Widerstand der außerparlamentarischen Opposition wurde der Zustand unserer Demokratie überhaupt erst sichtbar. Die Bereitschaft der Herrschenden und Regierenden, zum offenen Terror überzugehen, wo immer Demokraten auf ihr Recht, das Recht, pochen.«[116] Im August forderte sie in *konkret*: »Enteignet Springer!«

Im Juni 1967 reiste Ulrike Meinhof erschöpft wieder allein in den Urlaub. Sie brachte die Zwillinge, wie jedes Jahr ein bis zwei Mal, zu Holde Bischoff und Renate Riemeck, die jetzt in Eppenhain im Taunus lebten, weil Riemeck an Herbert Mochalskis Zeitschrift *Die Stimme der Gemeinde* mitarbeitete, die ihren Sitz in Frankfurt hatte. Renate Riemeck lehnte die APO rigoros ab.

Als Ulrike Meinhof aus den Ferien zurückkam, schien das Reihenhaus in Lurup noch enger geworden zu sein. Sie fand in Hamburg-Blankenese eine dreigeschossige Jugendstilvilla, Baujahr 1914. Das unrenovierte Haus lag in einem großen Garten mit altem Baumbestand und an einer ruhigen Straße. Sie mochte das Haus sofort, und als sie bei der Besichtigung auf dem Dachboden auch noch drei Jahrgänge der Jugendstilzeitung *Die Jugend* fand, war ihre Entscheidung gefallen. Der Preis war für die Lage erstaunlich günstig, das Haus – mithilfe eines Bausparvertrages und einer Hypothek – erschwinglich. Ironisch schrieb sie an Anni und Klaus Gelbhaar: »Das alles ist natürlich nur wegen der Adresse. Die feinen Karten kommen erst, wenn keiner mehr Lust hat, sie zu verschicken«.[117]

Die Fassade der Familie Meinhof-Rohl strahlte nun noch schöner. Nach außen schien alles in bester Ordnung. Nur Freundinnen und Freunde von Ulrike Meinhof beobachteten ihre Traurigkeit. Aber auch aufmerksame Bekannte wie der Rowohlt-Lektor Fritz Raddatz erlebten, dass Röhl seine Frau Besuchern vorzuführen versuchte wie ein Paradepferd – »Ulrike, komm mal runter!« –, obwohl sie schrieb und weder Lust noch Zeit hatte. Röhl hatte inzwischen andauernd Affären, auch längere, es interessierte sie nicht mehr. Im Sommer 1967 verliebte er sich in die Frau von Peter Coulmas, die griechische Publizistin Danae Coulmas, die keineswegs vorhatte, sich scheiden zu lassen. Ulrike Meinhof wusste von der neuen Affäre ihres Mannes. Auch für andere war diese Beziehung kein Geheimnis. Christa Rotzoll: »Bei allem Freisinn, aller Toleranz: Ihr Mann, dem sie die Treue hielt, machte ein bisschen zu viel von seiner noch frischen Liebe zu einem anderen Juwel der hamburgischen Journalistenpartys her. Doch hatten Kenner nicht schon lange prophezeit, Ulrike werde, müsse ihren Mann Klaus irgendwann verlassen? Nicht wegen erotischer Verfehlungen, sondern wegen seines unzureichenden politischen Bewusstseins?«[118]

Ulrike Meinhof mischte sich kaum noch in die Arbeit an *konkret* ein. Sie mochte die Entwicklung der Zeitschrift nicht. Die Titelbilder zeigten junge Frauen, fast alle knapp gekleidet und in aufreizenden Posen. Die Headlines hießen »Unsern täglich Sex gib uns heute«, »Was Mädchen weich macht – Rezepte für Männer«, »Sex und Liebe an deutschen Oberschulen«, »Bulgarien – Insel der nackten Roten«. Der Herausgeber und Chefredakteur schien sich vor allem für die Fotos und sexuellen Erfahrungen sehr junger Frauen und Mädchen zu interessieren. Seine Texte waren auch dann seicht, wenn er nicht über den Skiurlaub in St. Moritz schrieb.

Für Ulrike Meinhof war Danae Coulmas anfänglich nur eine der vielen Affären ihres Mannes. Sie dachte manchmal, schon bevor sie davon wusste, an eine Trennung von Röhl. Was sie wahrscheinlich zögern ließ, waren die Kinder und die in den 1960ern problematische soziale Lage geschiedener, alleinerziehender, berufstätiger Frauen. Vielleicht wollte sie auch die Kinder nicht ohne Vater aufwachsen lassen. Vielleicht kam ein zwiespältiges Sicherheitsbedürfnis hinzu, das eben erst erworbene gemeinsame Haus und die Zeitschrift *konkret*, für die sie nun seit acht Jahren schrieb.

Ulrike Meinhof hatte Röhl politisch längst hinter sich gelassen. Westberlin lag ihr mittlerweile näher als Hamburg. Nicht nur, weil der Tod von Benno Ohnesorg ihr die beängstigende Gleichgültigkeit der Hamburger Partyrepublikaner demonstriert hatte. Sie fuhr oft nach Westberlin, sah Rudi Dutschke und andere Freunde vom SDS, vom Republikanischen Club, und recherchierte nach wie vor über Heimkinder, kurz: Sie lebte in einer anderen Welt als ihr Mann. In dieser Welt hatte sich eine scharfe Ablehnung der bundesrepublikanischen Gesellschaft entwickelt.

Nachhaltigen Einfluss auf den SDS und die anschwellende außerparlamentarische Opposition hatten – außer Herbert Marcuse, Frantz Fanon und Jean-Paul Sartre – Reden und Texte von Hans-Jürgen Krahl und Rudi Dutschke, die zu den klügsten und originellsten jungen Theoretikern der Neuen Linken gehörten. Das »blutige und brutale Dreinschlagen der [...] staatlichen Gewaltmaschinerie« sei nur deshalb möglich, so Dutschke, weil die Studentenschaft nicht organisiert sei und chaotisch reagiere. Es sei daher notwendig, dass die nicht mit materiellen Waffen bewaffneten Studenten »ritualisierte Formen der Provokation finden« und eine »materiell manifeste Gewaltlosigkeit demonstrativ auf der Straße in der Öffentlichkeit darstellen«.[119] Er forderte »politische und menschliche Emanzipation durch kämpferische Aktion« und sagte: »Alles hängt vom bewussten Willen der Menschen ab, ihre schon immer von ihnen gemachte Geschichte endlich bewusst zu machen«.[120]

Als Jürgen Habermas Rudi Dutschke wenige Tage nach Ohnesorgs Tod »linken Faschismus« vorwarf und damit den Vorwurf der Regierenden in Westberlin akademisch legitimierte, wurde Dutschke auch von seinen Kritikern im SDS verteidigt. An einer weiteren Stelle war die Beziehung zwischen linksliberalem Bürgertum und APO zerrissen und die Rolle der Antiautoritären gestärkt.

Zur Überraschung vieler hatten sich Rudi Dutschke und Hans-Jürgen Krahl auf der 22. Delegiertenkonferenz des SDS Anfang September 1967 in Frankfurt am Main für ein »Organisationsreferat« zusammengefunden, das, dem staubtrockenen Namen zum Trotz, Furore machte. Dutschke trug es vor: Der »noch nie da gewesenen Verbreiterung des antiautoritären Protestes nach dem 2. Juni« sei die Struktur des SDS nicht mehr gewachsen. Die unorganisierte Spontaneität der Bewegung drohe die Gruppen zu sprengen und ihre politische Praxis auf hilflose Reaktionen zu beschränken. Revolutionäre Minderheiten, so Dutschke, müssten nun in der Auseinandersetzung mit dem Staat »einen Bewusstseinsprozess [...] der passiven und leidenden Massen« bewirken. Che Guevaras »Propaganda der Schüsse« in der »Dritten

Welt« müsse »durch die ›Propaganda der Tat‹ in den Metropolen vervollständigt werden«. Er sprach vom »städtischen Guerillero« als dem Organisator der Zerstörung »des Systems der repressiven Institutionen«. Der SDS brauche eine andere Organisationsstruktur. »Das Sich-Verweigern in den eigenen Institutionsmilieus erfordert Guerilla-Mentalität, sollen nicht Integration und Zynismus die nächste Station sein.«[121]

Das Referat, in dem zum ersten Mal der Begriff des »städtischen Guerillero« auftauchte, erhielt den begeisterten Beifall einer Mehrheit. Zum ersten Mal setzte sich die antiautoritäre Fraktion im SDS durch und stellte mit Karl Dietrich Wolff und Frank Wolff die neuen Bundesvorsitzenden. Aus Marcuses, Meinhofs, Dutschkes und Krahls Texten war über die Jahre der Grundstock einer Theorie der Antiautoritären geworden.

Nach einem Sommerurlaub auf Kampen mit Röhl und der Hamburger »Partyrepublik« spürte Ulrike Meinhof ihre Isolation inmitten all der Menschen und in ihrer Ehe umso mehr. Sie stritt mit Röhl über die Ausrichtung von *konkret*. Sie stritt mit ihm über die Erziehung der Kinder. Und sie gestand sich ein, dass sie sich zu lange vorgemacht hatte, sie könne ihn ändern. »Manchmal habe ich das Gefühl, ich könnte überschnappen. Das Verhältnis zu Klaus, die Aufnahme ins Establishment, die Zusammenarbeit mit den Studenten – dreierlei, was lebensmäßig unvereinbar scheint, zerrt an mir, reißt an mir. Das Haus, die Partys, Kampen, das alles macht nur partiell Spaß, ist aber neben anderem meine Basis, subversives Element zu sein, Fernsehauftritte, Kontakte, Beachtung zu haben, gehört zu meinem Beruf als Journalistin und Sozialist, verschafft mir Gehör über Funk und Fernsehen über *konkret* hinaus. Menschlich ist es sogar erfreulich, deckt aber nicht mein Bedürfnis nach Wärme, nach Solidarität, nach Gruppenzugehörigkeit. Die Rolle, die mir dort Eintritt verschaffte, entspricht meinem Wesen und meinen Bedürfnissen nur sehr partiell, weil sie meine Gesinnung als Kasperle-Gesinnung vereinnahmt, mich zwingend, Dinge lächelnd zu sagen, die mir, uns allen, bluternst sind: also grinsend, also maskenhaft.«[122]

In Gedanken war sie in Westberlin und doch richtete sie noch rasch das Haus in Blankenese ein, die Möbel aus Lurup, wenige

Meinhof'sche Erbstücke; den Rest kaufte sie in Trödelläden; die Wände strich sie farbig.

Am 7. Oktober 1967 wurde ihr 33. Geburtstag und die Einweihung des Hauses Ferdinands Höh gefeiert, ein Fest mit Musik, köstlichem Essen und einem Haus voller Gäste. Röhl schreibt in seinem Schlüsselroman *Die Genossin*: »Es gab noch ein letztes Fest [...] und ›alle‹ waren da, ziemlich alle. Und alle wurden Zeuge, wie das Fest sich aus einem Geburtstagsfest für Katharina [Ulrike] in ein Hochzeitsfest für Michael [Klaus] und Ines Cabral [Danae Coulmas] verwandelte, gegen Mitternacht ging Luft [Röhl] Arm in Arm mit der Portugiesin [Griechin] einfach aus dem Haus, ein Hochzeitspaar, das die Gäste weiterfeiern lässt«.[123] In einem Film sagte er 1994: »[...] diese Party war praktisch wie eine Hochzeitsparty, nur es war die Hochzeit mit der Geliebten«.[124]

Die öffentliche Illoyalität ihres Mannes war für die loyale Ulrike Meinhof der wesentliche Anstoß, Röhl und Hamburg zu verlassen, aber nach Auskunft aller, die ihr wirklich nahestanden, nicht der wirkliche Grund. Auch Peter Coulmas, Danaes Ehemann, widersprach Röhl noch viele Jahre später energisch: »Ulrikes Problem in jener Zeit ist überhaupt nicht der Mann oder ein anderer Mann oder überhaupt Mann gewesen, sondern Politik gewesen.« Ihr »Engagement, wie man damals sagte, also die Betroffenheit und die Aktivität, waren so stark, dass der Mann dazu überhaupt nicht existierte«.[125]

Drei Wochen nach diesem Desaster interessierte sie etwas völlig anderes. In einer Akte der KPD-Jugendabteilung an das Politbüro findet sich ein »Bericht über die Konferenz der ›Intellektuellen Linken‹ (SDS, Schauer) am 28./29. 10. [1967] in Frankfurt/Main Volksbildungsheim«. Auf dieser sozialistischen Arbeitskonferenz, organisiert vom SDS, wies Ulrike Meinhof, wie der Beobachter protokolliert, »mehrmals darauf hin, dass es notwendig sei, die Situation und den Kampf in den Betrieben öffentlich zu machen. Man müsse endlich anfangen, sich mit den Konflikten im Betrieb zu beschäftigen, Material über die innerbetriebliche Praxis zu sammeln und zu verwerten. Die innerbetrieblichen Vorgänge müssten öffentlich gemacht werden und der politische Inhalt der Proteste müsse einer breiteren Öffentlichkeit verständlich gemacht werden. Das alles sei insbesondere eine Aufgabe der linken Intellektuellen und Journalisten.« Sie bezog sich hier möglicherweise auch auf Gespräche mit Feltrinelli, der sich aber in Italien auf eine radikalere Arbeiterbewegung stützen konnte. Ulrike Meinhof genoss auch in dieser Frage Respekt, keine hatte wie sie seit Jahren in ihren Rundfunksendungen die Arbeitsbedingungen in der Industrie öffentlich gemacht.

Ulrike Meinhof beschloss, sich von Röhl zu trennen und mit den Kindern nach Westberlin zu ziehen. Alle Menschen, die sie politisch interessierten, lebten dort. Nirgends waren die Aktionen gegen den Vietnamkrieg eindrucksvoller. Sie wollte zuerst einfach gehen und die Kinder mitnehmen. Ihre Schwester riet ihr wegen des Sorgerechts für die Kinder zu einer regulären Scheidung.

Den letzten zeitlichen Anstoß gaben zwei Ereignisse. Einmal eine erneute Demütigung durch Klaus Rainer Röhl zum Jahreswechsel 1967/68. Während einer Silvesterparty bei Freunden verschwand Röhl. Als Mitternacht vorbei war, tauchte er strahlend Arm in Arm mit Danae Coulmas wieder auf. Ulrike Meinhof wurde aschfahl ob dieser erneuten Demütigung. Das Paar ging herum und wünschte allen ein frohes neues Jahr. Bald darauf verließ Frau Coulmas mit ihrem Mann die Party. Röhl wollte nun auch nach Hause gehen, aber Meinhof mit ihrem Mann tanzen. Das tat er, wechselte aber rasch zu einer jungen Tänzerin, die sich sogleich an seinen Hals hängte. Peggy Parnass sah Ulrike Meinhofs unglückliches Gesicht und nahm sich das Mädchen vor. Die sah neugierig zu Meinhof und fragte eitel: »Wegen mir?« Parnass: »Wenn du noch einmal mit ihm tanzt, […] dann hau ich dich zu Brei!« Peter Rühmkorf sagte zu Parnass: »Das kannst du doch nicht machen, wir denken das zwar alle, aber das kannst du doch nicht laut sagen!«[126]

Der zweite Anlass war faszinierender. In Westberlin schien die APO, sieben Monate nach Benno Ohnesorgs Tod, stärker und kämpferischer denn je. Für Februar 1968 waren eine große Anti-Vietnamkrieg-Demonstration und ein international besetztes Anti-Vietnam-Tribunal in Vorbereitung. Rudi Dutschke, Giangiacomo Feltrinelli, Ernest Mandel, viele deutsche und ausländische Linke versammelten sich in der Stadt.

Ulrike Meinhof schrieb an Peter Coulmas: »Lieber Peter, [...]

Ich will nur sagen, dass ich tatsächlich ausgewandert bin. Der Entschluss, es wirklich zu tun, war ganz befreiend [...] Ich weiß nicht, wie ich anders als abrupt hätte weggehen sollen. Aber abrupt ist ja nicht gleich aus heiterem Himmel. Der war schon längst nicht mehr heiter. Ich fühlte mich längst ganz schön nass und durchgefroren. [...] Aber ich habe auch schon eine Wohnung in Berlin mit etwas Garten. Ganz prima für unsere Bedürfnisse. Müssen nur noch ein paar Handwerker rein. Damit kenne ich mich ja aus.«[127]

Wenn sie losrennen, wollen die Kinder auch mit und
rufen »Ho Ho Ho Chi Minh«

Außerparlamentarische Oppositionelle
Westberlin, Februar bis Mai 1968

Als Ulrike Marie Meinhof am 14. Februar 1968 ihre Kinder ins Auto setzte und Klaus Rainer Röhl verließ, wollte der sie aufhalten: Er verbot ihr abzufahren und warf ihr gar Kindesentführung vor. Es scherte sie nicht. Sie hatte die Scheidung eingereicht. Ihre jahrelange Auseinandersetzung mit diesem Mann war abgeschlossen. Klaus Rainer Röhl rannte, noch im Bademantel, auf die Straße und starrte dem Auto hinterher, als begriffe er erst jetzt, dass es ihr ernst war.

Sie übergab ihre Töchter in Hannover der Obhut von Holde Bischoff, die sie nach Eppenhain/Taunus mitnahm. Sobald Ulrike Meinhof eine Wohnung in Westberlin gefunden haben würde, was einfach war, würde sie die Kinder nachholen. In Hannover lud sie Rudi Dutschke ins Auto, um ihn nach Westberlin mitzunehmen. Dutschke war ihr liebster politischer Freund, kein Liebhaber, sondern ein brüderlicher Vertrauter. Sie hielt ihn für einen der klügsten Linken. Noch bevor sie losfuhren, hörten sie im Radio, dass ein Mann in Westberlin beinahe gelyncht worden sei, nur weil er Dutschke ähnelte. Zwei Monate zuvor hatte Dutschke in einem Interview Günter Gaus auf die Frage: »Würden Sie für Ihre revolutionären Ziele notfalls auch mit der Waffe in der Hand eintreten?« geantwortet: »Klare Antwort: Wäre ich in Lateinamerika, würde ich mit der Waffe in der Hand kämpfen. Ich bin nicht in Lateinamerika, ich bin in der Bundesrepublik. Wir kämpfen dafür, dass es nie dazu kommt, dass Waffen in die Hand genommen werden müssen. Aber das liegt nicht bei uns. Wir sind nicht an der Macht.« Aber wenn die Bundesrepublik nicht aus der Nato austrete und so in internationale Auseinandersetzungen hineingezogen werden würde, dann sei es »sicher, dass wir dann

Waffen benutzen werden, wenn bundesrepublikanische Truppen in Vietnam oder anderswo kämpfen – dass wir dann im eigenen Land auch kämpfen werden.« Es liege an den Herrschenden, diese Situation zu verhindern, Aufgabe der Linken sei es, »eine Welt [zu gestalten], die sich auszeichnet, keinen Krieg mehr zu kennen, keinen Hunger mehr zu haben, und zwar in der ganzen Welt. Das ist unsere geschichtliche Möglichkeit.«[128] Rudi Dutschke entschied sich, aus Sicherheitsgründen zu fliegen, und stieg wieder aus Ulrike Meinhofs Auto aus.

Diese fuhr allein mit dem Auto durch die DDR. Sie war sich sicher, in Westberlin nicht mehr so einsam zu sein. Wieder einmal hatte sie einen drastischen Schlussstrich gezogen. Sie schrieb zwar noch für *konkret*, aber sie konnte längst nicht mehr vertreten, was Klaus Rainer Röhl mit der Zeitschrift machte. Sie hatte viel zu lange geglaubt, dass er sich noch ändern würde.

Ulrike Meinhof zog voller Hoffnung auf politische Veränderungen und auf solidarischere menschliche Beziehungen nach Westberlin. Die Gesellschaft war polarisiert, die Stadt war politisch lebendig, eine notwendige Voraussetzung für Veränderungen. Etwas gefährlich war, wie sich die Gegner der jungen Oppositionellen gebärdeten, das war nach Benno Ohnesorgs Tod eher schlimmer geworden. Selbst kleinste Aktionen führten zu hysterischen Reaktionen in den Medien. Riesenschlagzeilen in Axel Springers Blättern geißelten schlichte Anti-Vietnamkrieg-Plakate als »beschämende Schande für Berlin«. Man las zum ersten Mal eine Schlagzeile »Das ist Terror«, als sechs Eier auf das Amerikahaus geflogen waren. Jedem Eierwurf folgte ein devotes Entschuldigungsschreiben des Universitätsrektors an den US-Stadtkommandanten. Die Hetze gegen Rudi Dutschke war so groß, dass er inzwischen oft sein Quartier wechselte. Das war die eine Seite der Gesellschaft.

Auf der anderen Seite sympathisierte eine Mehrheit der Jugendlichen mit der APO. Meinungsforscher fanden für den *Spiegel* heraus: »Die Minderheit, die auf die Straße geht, hat die Sympathien der Mehrheit [...] Mädchen denken kaum anders als Jungen, Kleinstädter kaum anders als Großstädter.«[129] Die 1968er sind eigentlich 1967er.

Wenige Tage nach ihrer Ankunft in Westberlin, noch bevor der

Internationale Vietnamkongress, der bedeutendste Kongress der APO begann, nahm Ulrike Meinhof einen »diplomatischen Auftrag« des SDS an. Der SDS hatte erfahren, dass die SED den schwedischen Künstler Peter Weiss, der am Berliner Ensemble in Ostberlin ein Theaterstück inszenierte und der auf dem Kongress als Redner erwartet wurde, davor gewarnt hatte, »sich mit Dutschkes Barbaren einzulassen«. Ulrike Meinhof wurde gebeten, wie Tariq Ali, ein britischer Sozialist und einer der vielen internationalen Redner des Kongresses, erzählt, »Weiss zu retten« und aus Ostberlin »zu uns zurückzuholen«. Sie brachte die »Mission erfolgreich zum Abschluss«[130]: Peter Weiss erschien auf dem Vietnamkongress.

Es kamen Vertreter vieler antiimperialistischer und sozialistischer Organisationen aus Europa, den USA, aus Asien, Lateinamerika und Afrika. Sie waren sich einig, »dass der Imperialismus, der die Befreiungsbewegung in Vietnam zu zerschlagen sucht, ein weltweites System ist, dessen Ausprägung zwar verschieden, seine wesentliche Bestimmung aber, Repressionsmaschinerie gegen die Emanzipation der Menschheit zu sein, überall identisch ist [...] Solidarität mit dem vietnamesischen Volk bedeutet für uns, Ho Chi Minhs Aufforderung an die italienischen Kommunisten ›Errichtet die Revolution in eurem eigenen Land‹ zu übernehmen und an dieser Aufgabe zu arbeiten«, so nachzulesen im Vorwort des Kongress-Readers.[131]

Zu den Referenten gehörten, neben Weiss und Ali, Ernest Mandel (Belgien), Erich Fried (England), Alain Krivine (Frankreich), Giangiacomo Feltrinelli (Italien), Bahman Nirumand (Iran) und Gaston Salvatore (Chile). Weiss und Fried waren Juden und im Faschismus aus Deutschland geflohen. Die Veranstalter hatten auch Ernst Bloch eingeladen, aber der hatte erwidert: Lasst doch die Leute von der Frankfurter Schule mal reden – er meinte wohl Theodor W. Adorno –, die haben ohnehin »ein politisches Defizit«.[132] Karola Bloch, seine Ehefrau, hatte gefragt, ob es wirklich günstig sei, wenn mit Ernst noch ein dritter emigrierter Jude hinzukäme? »Wir wissen, wie viele in der BRD bösartig denken würden; immer wieder die Juden.«[133]

Referenten waren auch Rudi Dutschke, Hans-Jürgen Krahl – Adorno-Schüler und Adorno-Kritiker aus Frankfurt –, der linke

Psychiater Erich Wulf, Vertreter der Black-Power-Bewegung und des SDS aus den USA, des verbotenen African National Congress (ANC) aus dem Apartheidstaat Südafrika, türkische, französische, norwegische, dänische, äthiopische und italienische Linke und griechische Junta-Gegner. Berühmte Künstler und Philosophen schickten Solidaritätsbotschaften, darunter Günter Anders, Michelangelo Antonioni, Ernst Bloch, André Gorz, Elsa Morante, Alberto Moravia, Pier Paolo Pasolini, Bertrand Russell und Jean-Paul Sartre. Alle kritisierten die Hetze gegen den Vietnamkongress und das Verbot der Demonstration. Der weltberühmte italienische Filmregisseur Luchino Visconti telegrafierte: »Angewidert entnehme ich der Presse das Verbot [...] Euch meine Solidarität«.[134]

Alle Referenten, bis auf Janette Habel und eine Vertreterin der italienischen PSIUP, waren Männer. Ulrike Meinhof hielt keine Rede, obwohl sie seit vielen Jahren über den Vietnamkrieg schrieb. Wurde sie gefragt? Wahrscheinlich drängte sich manch ein Redner in den knappen Zeitrahmen. Sie schob sich bei solchen Anlässen nie nach vorn. Unter Tausenden von Kongressteilnehmern saß sie, nachdem sie Peter Weiss aus Ostberlin geholt hatte, vorn neben ihrem engen Freund Giangiacomo Feltrinelli. Der Mäzen vieler linker Projekte hatte den Vietnamkongress großzügig mitfinanziert. Mit dem Überschuss wurde das Internationale Nachrichten- und Forschungsinstitut (INFI) finanziert, das Rudi Dutschke, Bahman Nirumand, Ulrike Meinhof und andere gegründet hatten. »Es siege der Kampf für den Sozialismus«, sagte Feltrinelli am Ende seines kurzen Beitrags unter heftigem Beifall und setzte sich wieder neben Ulrike Meinhof.

Das Hauptreferat hielt Rudi Dutschke, er sprach über »Die geschichtlichen Bedingungen für den internationalen Emanzipationskampf«. Er untersuchte unterschiedliche revolutionäre Strategien und die sozioökonomischen Verhältnisse in der Bundesrepublik und plädierte für praktisch-solidarischen Internationalismus in Gestalt einer Anti-NATO-Kampagne.

Die Kongressteilnehmer jubelten über die »Tet-Offensive« der vietnamesischen Volksbefreiungsfront. Am 31. Januar waren 70 000 kärglich ausgerüstete Kämpfer in 36 von 41 Provinzhauptstädten vorgedrungen und hatten damit die Weltmacht USA zumindest für kurze Zeit in die Knie gezwungen. Die USA rächten sich grausam: Truppen und Luftwaffe rollten wie eine Feuerwalze über Südvietnam hinweg, dessen Regierung doch eine von US-Gnaden war. Der *Spiegel*-Autor und Dokumentarfilmer Wilhelm Bittorf schrieb 1988 in einer *Spiegel*-Serie über die Studentenrevolution: Es entstanden »Bilder von dem Krieg, ohne den das Jahr des Aufruhrs, 1968, nicht hätte werden können, was es werden sollte: der schwarze GI, der mit blutüberströmtem Kopf vor einem alten Holzhaus kniet und blind nach seinen Kameraden sucht, ehe er zusammenbricht; das schreiende nackte Mädchen, das sich das brennende Kleid vom Leib gerissen hat; der Mann, der in einer Hand ein wenige Wochen altes Baby hält, dem die Haut in Fetzen herunterhängt. Die Szene, wie der südvietnamesische Polizeichef Nguyen Ngoc Loan mitten in Saigon einem guerillaverdächtigen jungen Mann in Shorts und kariertem Sporthemd aus zehn Zentimeter Entfernung in den Kopf schießt – effektvoll postiert vor einer Fernsehkamera, die das Todeszucken des Getroffenen für die Abendnachrichten von NBC festhält«.[135]

Wenn sich eine schlecht ausgerüstete Guerillaarmee so viele Jahre gegen eine hoch technisierte Armee einer reichen Nation wehren konnte, »wenn arme Bauern das konnten, warum nicht wir in Westeuropa, warum nicht die Opposition in Amerika?«, fragten sich viele. Rudi Dutschke hatte bereits im Herbst 1967 Sabotage-Akte »gegen Transport, Telekommunikation, Hafen und Eisenbahn« vorgeschlagen, »aus dem SDS, dem Republikanischen Club, den Falken, linken Gewerkschaftsgruppen sollte eine achtzig Mann starke Gruppe rekrutiert werden, um als illegaler Teil der Organisation zu wirken«.[136]

Bis heute wird die Gründung der Rote Armee Fraktion (RAF) an die Befreiung von Andreas Baader geknüpft, die zwei Jahre und drei Monate nach diesem Kongress stattfand. Dabei gibt es kein Gründungsdatum, sondern viele Momente, Zustände, Ereignisse und Konflikte in der westdeutschen Nachkriegsgeschichte, die die RAF möglich machten. Der Vietnamkongress war nicht der erste und würde nicht der letzte Mosaikstein sein.

Am Ende des Kongresses verabschiedeten die Teilnehmer ein »Aktionsprogramm«, das die Kampagne »Zerschlagt die NATO!« enthielt sowie zur materiellen Unterstützung der vietnamesischen

FNL und zu Widerstands- und Sabotageaktionen gegen den Krieg aufrief. Der Kongress appellierte an US-Soldaten zu desertieren. Zwei afroamerikanische US-Bürger, Rogis Lader und Robert Peirce, zerrissen ihre Einberufungsbescheide für Vietnam. In den Nächten zogen Kriegsgegner – eine Initiative des Republikanischen Clubs – durch einschlägige Bars und Clubs von Westberlin, um GIs aufzufordern, aus der US Army zu desertieren. Schon seit einiger Zeit betreuten linke Fluchthelfer sichere Fluchtrouten nach Schweden.

Es gab am Rande des Kongresses auch Beobachter der SED, die erschrocken zur Kenntnis nehmen mussten, was für eine unterschätzte eindrucksvolle linke Bewegung sich da außerhalb ihres Einflussbereiches entwickelt hatte. Klaus Steffens, *konkret*-Geschäftsführer, der 1964 nicht mit Ulrike Meinhof aus der KPD ausgetreten war, verfasste einen vertraulichen Bericht an die Partei, in dem er den »kleinbürgerlichen Charakter« des Kongresses kritisierte.[137]

In der Nacht nach dem ersten Kongresstag wurde der Pkw, in dem Rudi Dutschke mit zwei anderen saß, von einem Dutzend Taxis umzingelt. Dutschkes Fahrer legte blitzschnell den Rückwärtsgang ein und brachte ihn in Sicherheit. Von dieser glücklichen Reaktion hing vielleicht Rudi Dutschkes Leben ab. Was wäre geschehen, wenn die Taxifahrer ihn tatsächlich schwer verletzt hätten?

Die Kongressteilnehmer waren entschlossen, trotz des Verbotes am nächsten Tag in Westberlin zu demonstrieren, bis zur Oper zu ziehen, in deren Nähe knapp neun Monate zuvor Benno Ohnesorg getötet worden war. Der Polizist, der ihn erschossen hatte, war im November freigesprochen worden. Der Westberliner Innensenator Kurt Neubauer (SPD) hatte das womöglich größte Polizeiaufgebot der Nachkriegszeit zusammengezogen und – unter der Voraussetzung, dass die Demonstration verboten bleiben würde – dem Polizeichef gesagt: »Es macht nichts, wenn ein paar Leute getötet werden, tausend Köpfe müssen blutig sein.« Daraufhin war der Polizeichef zurückgetreten. Sein Nachfolger erklärte, er würde die Demonstranten so »hart schlagen, dass sie bis nach Moskau rennen würden«.[138] Mitten im Wortbeitrag von Erich Fried traf auf dem Kongress aber die umjubelte Nachricht ein, dass die Demonstration vom Berliner Verwaltungsgericht erlaubt worden war.

Waren es 15 000 Demonstranten oder mehr? Und so viele aus dem Ausland! Eine der größten Demonstrationen, die Westberlin je erlebt hatte. Unter den Parolen rufenden Demonstranten befand sich auch die begeisterte Ulrike Meinhof. Neun Jahre zuvor, bei den Weltjugendfestspielen in Wien, hatte sie, berauscht von der Atmosphäre unter Tausenden von Linken aus aller Welt, gesagt, im Ausland spüre sie, wie bedrückt sie in Deutschland lebten. Jetzt war der aufgeklärte Teil der Welt in dieses finstere Deutschland gekommen, interessante Menschen, die ähnlich dachten wie sie, Sozialisten, Künstler und Kommunisten. Es wehten rote Fahnen, vermischt mit überdimensionalen Fotografien von Ho Chi Minh, Rosa Luxemburg, Che Guevara und Karl Liebknecht. Die Demonstranten hakten sich ein, liefen geschlossen, riefen rennend: »Ho! Ho! Ho Chi Minh!« – »Sieg für die FNL!« – »Wir sind eine kleine radikale Minderheit!« Die Fotos vom Kongress und von der Demonstration wurden in alle Welt verbreitet. Sie strahlten Solidarität und ein enormes Selbstbewusstsein aus. Ulrike Meinhof war glücklich. Für einen kurzen Moment war die Möglichkeit greifbar, gemeinsam diese Welt endlich wirklich zu verändern. Ihr Start in ein neues Leben schien gelungen – für wenig mehr als 50 Tage.

Über die Reaktion der Großen Koalition in Bonn und der in Westberlin regierenden SPD auf den international beachteten Vietnamkongress und die erfolgreiche Demonstration am Tag danach schrieb Hans Magnus Enzensberger: »Bundeskanzler und Polizeiminister haben offen damit gedroht, die Bevölkerung, zu der in Westdeutschland und Westberlin Studenten, Schüler und Lehrlinge bereits nicht mehr gerechnet werden, zu einem bürgerkriegsähnlichen Vorgehen gegen diese Opposition aufzufordern. Unter Bevölkerung versteht die Bundesregierung offenbar [...] ein Volk von Hilfspolizisten, das jederzeit bereit ist, zum Knüppel und notfalls auch zur Pistole zu greifen.«[139] Die *Bild*-Zeitung titelte: »Stoppt den Terror der Jungroten jetzt!« Und schrieb: »Man darf über das, was zurzeit geschieht, nicht einfach zur Tagesordnung übergehen. Und man darf auch nicht die ganze Drecksarbeit der Polizei und ihren Wasserwerfern überlassen.«[140]

Der Aufruf wurde verstanden. Für den 21. Februar riefen der Westberliner Senat, die Gewerkschaft ÖTV, die Springer-Zeitungen und allerlei Prominente und »honorige« Bürger zu einer Kundgebung gegen die APO auf. Der Interessenverband Westberliner Grundstücks- und Geschäftseigentümer e.v. teilte mit: »Raus mit dem kleinen Klüngel der Terror-Anarchie-Studenten aus unserer Stadt«! Bezirksämter schlossen, Arbeiter und Angestellte im öffentlichen Dienst erhielten für ihre Teilnahme an der Veranstaltung dienstfrei. Die Berliner Verkehrsgesellschaft richtete Sonderlinien ein. Rundfunksender verbreiteten Extrameldungen. Es kamen 50 000 APO-Gegner, einige Medien verdreifachten die Zahl. Sie trugen Plakate, auf denen stand: »Volksfeind Nr. 1 Rudi Dutschke« – »Politische Feinde ins KZ« – »Bei Adolf wär das nicht passiert!«[141] Kein Polizist riss diese Transparente herunter, kein Sozialdemokrat griff in dieser sozialdemokratisch regierten Stadt mäßigend ein. Zuschauer, die aussahen, wie sich der deutsche Spießer einen »Gammler« oder einen »roten Studenten« vorstellte, nahmen Reißaus. Ein junger Verwaltungsangestellter, der dienstfrei hatte und zur Demonstration gekommen war, wurde von der aufgebrachten Menge verwechselt: »Hier ist der Dutschke! Schlagt ihn tot! Hängt ihn auf!« Man trat ihm mit Schuhen ins Gesicht und schlug ihn mit einer Flasche. Ein Polizist gab später zu Protokoll: »Er lief mir direkt in die Arme, fiel mir um den Hals und stammelte: ›Um Gottes willen, schützen Sie mich, die wollen mich totschlagen!‹ Hinter uns kamen an die tausend Leute, die uns beide noch vierzig Meter verfolgten. Dann hatten sie uns eingeholt. Die Leute johlten und riefen ›Schlagt den Dutschke tot‹. Ich bekam Schläge auf den Rücken. Wir wurden zu Boden geworfen. Die Menge war außer sich. Wir haben uns die letzten Meter bis zum Wagen irgendwie hingeschleppt. Ich konnte gerade noch die Tür aufreißen und den jungen Mann hineinstoßen. Die Leute versuchten noch, den Polizeibus umzustürzen, und riefen dabei ›Dutschke raus! Dutschke raus!‹.«[142] Eine junge Engländerin, Gast des *Observer*-Korrespondenten Neal Anderson, stand am Rand und beobachtete »die schweigende Mehrheit«. Vielleicht war ihr Gesichtsausdruck kritisch. Jemand zeigte mit dem Finger auf sie: »Eine Studentenhure!« Sie wurde zusammengeschlagen und niedergetrampelt. Einem Pfarrer und einem Rechtsanwalt, die ihr helfen wollten, erging es nicht anders. Etwa 40 Menschen wurden an diesem Tag fertiggemacht. Die Kundgebungsredner – darunter sozialdemokratische Politiker, Professoren, Schauspieler – rührten keinen Finger und sagten kein lautes Wort.

Im Gegenteil. Die SPD schloss Mitglieder aus, die am 18. Februar gegen den Vietnamkrieg demonstriert hatten. Der Schauspieler Wolfgang Kieling, der an einigen Veranstaltungen der APO teilgenommen hatte, siedelte in die DDR über. Er ertrug die Lügen der Politiker und die Hetze der Springerpresse nicht mehr: »Meine Sympathie gehört der jungen Generation in Westdeutschland und West-Berlin [...] Ich verlasse Westdeutschland aus Solidarität zu ihnen.« Seinen Bundesfilmpreis ließ er zugunsten der südvietnamesischen Befreiungsfront versteigern.[143]

Bald nach dem Kongress fand Ulrike Meinhof eine große Altbauwohnung für sich und ihre Töchter im feinen Berlin-Dahlem in der Goßler Straße 3. Es war eine kopfsteingepflasterte Wohnstraße mit breiten Bürgersteigen und großen Bürgervillen in Gärten mit altem Baumbestand. Das Haus mit Garten lag fast am Ende der ruhigen Straße. Die neue Wohnung hatte sogar ein Telefon. Sie war preiswert wie die meisten großen Altbauwohnungen in Westberlin, vielleicht auch, weil bald wummernd und dröhnend nur zwei Grundstücke weiter die Bauarbeiten für die Schnellstraße Unter den Eichen begannen.

Ulrike Meinhof meldete ihren neuen Wohnsitz im April 1968 an und holte ihre Kinder bei Holde Bischoff und Renate Riemeck ab. Sie war der Meinung, dass ihren Kindern die Trennung vom Vater nichts ausmachte, er hatte ja auch zu Hause wenig Zeit für sie gehabt. Außerdem zogen sie nicht zum ersten Mal um und die Zwillinge waren seit ihrer Geburt jedes Jahr ein bis zwei Mal, manchmal wochenlang, bei Renate Riemeck und Holde Bischoff gewesen.

Am späten Abend des 2. April 1968 rief eine Frau bei der Deutschen Presseagentur (dpa) in Frankfurt am Main an: »Gleich brennt's bei Schneider und im Kaufhof. Es ist ein politischer Akt.« Kurz vor Mitternacht brach im Kaufhaus Schneider auf der Einkaufsstraße Zeil tatsächlich Feuer aus, wenige Minuten später im Kaufhof an der Hauptwache. Es waren drei relativ kleine Brände:

Im Kaufhof verschmorten Waren in der Sport- und Spielwaren-abteilung. Im Kaufhaus Schneider brannte die Wand einer Um-kleidekabine und ein Schrank. Der Sachschaden, hauptsächlich verursacht durch Sprinkleranlagen und Löscharbeiten, betrug angeblich 2,2 Millionen D-Mark, die von der Versicherung ge-deckt wurden. Niemand war verletzt worden. Am nächsten Tag verhaftete die Polizei drei Westberliner Linke: die 27-jährige Stu-dentin Gudrun Ensslin, den 24-jährigen Andreas Baader, den 26-jährigen Studenten Thorwald Proll, außerdem den 25-jähri-gen Horst Söhnlein, der im Münchner action-theater mit Rainer Werner Fassbinder zusammengearbeitet hatte.

Der SDS-Vorstand distanzierte sich hastig von den »unbegrün-dete(n) Terroraktionen«. Aber andere SDS-Mitglieder, auch Bun-desvorstandsmitglieder, korrigierten die schroffe Distanzierung bald. Gudrun Ensslin erklärte später, sie hätten aus Protest gegen die Gleichgültigkeit der Menschen über den Völkermord in Viet-nam nur Sachen beschädigen wollen. »Wir haben gelernt, dass reden ohne handeln Unrecht ist.«[144] Der Staatsanwalt forderte für alle vier zusammen 24 Jahre Zuchthaus.

Martin Luther King, einstmals der gewaltfreie Gegenpart des 1965 ermordeten Malcolm X und bis heute meist nur mit seiner sanften »I had a dream«-Rede von 1963 wahrgenommen, hatte, auch durch den Tod von Malcolm X, verstanden, dass er geschei-tert war: »Ich habe jahrelang an der Idee gearbeitet, die bestehen-den Institutionen der Gesellschaft zu reformieren – ein wenig Veränderung hier, ein bisschen Fortschritt dort. Doch jetzt bin ich zu einer anderen Überzeugung gelangt: Ich glaube, man muss die ganze Gesellschaft umstrukturieren – wir brauchen eine Re-volution unseres Wertesystems!« Mein »Traum«, sagte er in An-spielung auf seine berühmte, auf Gleichheit und Gerechtigkeit hoffende Rede, ist einem »Albtraum« gewichen. Im April 1968 star-tete er seine Poor Peoples Campaign (PPC), in der sich Schwarze, Indianer, Latinos und Weiße organisierten. Der Protestmarsch gegen Armut, Rassismus und Krieg sollte ihn quer durch die USA führen. Das Weiße Haus – Präsident war Richard Nixon – be-schuldigte ihn, »kriminellen Ungehorsam gegen die Regierung [zu] organisieren«.[145] Am 4. April 1968 wurde Martin Luther King, 39 Jahre alt, auf dem Balkon eines Hotels in Memphis ermordet.

Eine Woche später saß Ulrike Meinhof an ihrem Schreibtisch in der Goßlerstraße. Es war Gründonnerstag, der 11. April 1968, draußen zeigte sich der Frühling. Sie schrieb, das Radio lief, vielleicht rauchte sie ihre Lieblingszigaretten, Roth-Händle oder Reval ohne Filter, sah aus dem Fenster und rollte, wie sie es seit ihrer Schulzeit tat, die Banderolen ihrer Zigarettenschachteln zu Röllchen – als plötzlich der Radiosprecher die frühlingshafte Stimmung zerriss: Auf Rudi Dutschke war ein Attentat verübt worden. Jemand hatte auf ihn geschossen und ihn dreimal getroffen. Ob er noch lebte, wusste man nicht.

Weinend und fassungslos telefonierte Ulrike Meinhof mit ihren Freunden vom SDS und vom RC. Sie raste mit dem Auto ins SDS-Zentrum am Kurfürstendamm. Sie sah sein Fahrrad, seine Schuhe, seine Aktentasche und das Blut auf der Straße. Zwei Schüsse hatten Rudi in den Kopf getroffen. Der SDS erklärte: »Man kann jetzt schon sagen, dass dieses Verbrechen nur die Konsequenz der systematischen Hetze ist, welche Springer-Konzern und Senat in zunehmendem Maße gegen die demokratischen Kräfte in dieser Stadt betrieben haben.«[146] Ulrike Meinhof fuhr mit Freunden zum Audimax der TU. Bald waren einige Tausend junge Leute, Studenten, Lehrlinge, junge Arbeiter, Schüler, Intellektuelle, dort versammelt. Sie forderten den Rücktritt des Senats, die Enteignung des Springerkonzerns und die Demokratisierung der Rundfunkanstalten. Der SDS informierte die Anwesenden darüber, dass der Attentäter der 23-jährige rechtsextreme Hilfsarbeiter Josef Bachmann war. In Bachmanns Tasche war die neofaschistische *Deutsche Nationalzeitung* vom 22. März gefunden worden: »Stoppt Dutschke jetzt! Sonst gibt es Bürgerkrieg«, darunter fünf Fotos von Rudi Dutschke. Nach langem Warten kam die Nachricht, dass Rudi Dutschke überlebt hatte. Ulrike Meinhof hielt die Tat spontan für versuchten Mord und Springer und seinen Verlag für Mittäter. »Die Schweine« hatten einen Freund getroffen, der für sie ein ganz besonderer Mensch war.

Rudi Dutschke hatte auf der SDS-Delegiertenkonferenz im September 1967 nicht nur für eine Kampagne für den Austritt der Bundesrepublik aus der NATO plädiert und für die Verhinderung der Verabschiedung der Notstandsgesetze, sondern auch für eine Aufklärungskampagne über den Axel Springer Verlag und für einen »Anti-Springer-Tag«, an dem die Auslieferung der *Bild*-Zeitung verhindert werden sollte. Sein Vorschlag wurde jetzt aufgegriffen und die folgenden fünf Anti-Springer-Tage gingen als »Osterunruhen 1968« in die Geschichte ein.

Noch am Abend des Attentats zogen die Demonstranten von der TU zum Axel Springer Verlag in die Kochstraße. Ulrike Meinhof nahm Stefan Aust in ihrem R 4 mit. Aust, von dem andere berichten, dass er Ulrike Meinhof damals sehr bewundert habe, schildert die Szene so: »Die Studenten hatten die Parole ausgegeben: Heute darf keine Springer-Zeitung die Druckerei verlassen.« Als Ulrike Meinhof und er an einem der Tore zum Verlagsgelände hielten, kam ein Student auf sie zu, rief: »Wir brauchen noch Autos«, und zeigte auf das Straßenstück vor dem Portal. »Wenn wir eine Reihe von Wagen dicht an dicht nebeneinanderstellen, kommt hier kein Springer-Auto mehr durch«, sagte Aust. Ulrike Meinhof fragte: »Mein Auto? Mensch, das brauch ich doch. Nachher geht das kaputt.« Sie wollte unbedingt mitmachen, aber fünfeinhalb Jahre Illegalität als KPD-Mitglied hatten sie auf spontane antiautoritäre illegale Aktionen nicht unbedingt vorbereitet. Sie nahm, so Stefan Aust, seinen Vorschlag an, das Auto nicht direkt vor die Ausfahrt, sondern auf den Fußweg dicht an die Hauswand zu stellen. »Dann gehört es irgendwie zur Barrikade, aber es blockiert die Ausfahrt nicht direkt.« So machte sie es. Meinhof und Aust beobachteten, wie die Barrikade allmählich geschlossen wurde, und wunderten sich, dass die Polizeibeamten nicht eingriffen. Plötzlich startete im Hof ein Auslieferungsfahrzeug. »Blitzschnell rannten die Polizisten nach vorn, packten zu zehnt jeweils einen der Blockadewagen, kippten ihn um, zerbeulten ihn mit Fußtritten und Schlagstockhieben und schoben ihn über Kopf beiseite.« *Bild* hatte freie Fahrt.

Gegen 22:30 Uhr traf die Demonstration von der Technischen Universität ein. Mehr als tausend Demonstranten standen vor dem Tor. Steine flogen. Ulrike Meinhof und Stefan Aust »standen weit hinten in der Menschenmenge, Pflastersteine wurden von hinten nach vorn durchgereicht. Ulrike nahm Steine in die Hand und gab sie nach vorn weiter.«[147]

Bis zur Nacht des 2. Februar 1968 hatte der 44-jährige Komponist Hans Werner Henze noch nie Steine geworfen, aber dann hatte er genug von der Hetze gegen die APO und wollte gegen Springer endlich auch praktisch dabei sein. Er war nicht so geübt: »Er brauchte deshalb viele Versuche, bis die Steine tatsächlich durch die Scheiben fliegen. Diese Episode wird von Kameras festgehalten, die im Springer-Hochhaus eingebaut sind. Doch Springer verschweigt, wer seine Scheiben eingeschlagen hat.«[148] Einen international bekannten Künstler wie ihn an den Pranger zu stellen hätte das sorgfältig konstruierte Klischee vom wild gewordenen roten Gammler zerlegt.

Gemeinsam mit anderen Prominenten, unter ihnen Inge Aicher-Scholl, Heinrich Böll, Max Frisch, Christian Geissler, Günter Grass, Walter Jens, Hellmuth Karasek, Marie Luise Kaschnitz, Alexander Mitscherlich, Hermann Piwitt, Elisabeth Plessen, Fritz J. Raddatz, Marcel Reich-Ranicki, Martin Walser und Gabriele Wohmann, hatte Henze im Oktober 1967 einen Boykott-Aufruf »gegen das Monopol von Axel Springer« unterschrieben: »Der Springer-Konzern kontrolliert 32,7 Prozent aller deutschen Zeitungen und Zeitschriften.« Weil dies eine »Einschränkung und Verletzung der Meinungsfreiheit und damit eine Gefährdung der Grundlagen der parlamentarischen Demokratie in der Bundesrepublik Deutschland« sei, habe man »beschlossen: Wir werden in keiner Zeitung oder Zeitschrift des Springer-Konzerns mitarbeiten. Wir erwarten von unseren Verlegern, dass sie für unsere Bücher in keiner Zeitung oder Zeitschrift des Springer-Konzerns inserieren«.[149]

Gegen halb elf abends am 11. April 1968 erreichte die Demonstration die Kochstraße. Mehr als 1000 Demonstranten versuchten in das Gebäude einzudringen. Ulrike Meinhof und Stefan Aust standen in der Menschenmenge. »Pflastersteine wurden von hinten nach vorn durchgereicht. Ulrike nahm Steine in die Hand und gab sie nach vorn weiter« (Aust[150]). Allen Polizeiknüppeln und Wasserwerfern zum Trotz warfen einige Protestierende am 1. April Scheiben ein und gelangten in den Verlag. In ihrer Mitte heizte ein *agent provocateur* des Berliner Landesamtes für Verfassungsschutz die Situation an, sein Name war Peter Urbach. In »einem geflochtenen Weidenkorb« hatte er »ein Dutzend Molotowcocktails« herangeschafft.[151] Einigen Lehrlingen und jungen Arbeitern gelang es schließlich, Auslieferungswagen umzuwerfen, zu demolieren und mithilfe der staatlich herbeigeschafften Molotowcocktails in Brand zu setzen. Ulrike Meinhof hatte ihren Schreibtisch verlassen und war mittendrin. »Protest ist, wenn ich sage, das und das passt mir nicht. Widerstand ist, wenn ich dafür sorge, dass das, was mir nicht passt, nicht länger geschieht«, schrieb sie in der Mai-Ausgabe von *konkret* unter der Überschrift »Vom Protest zum Widerstand«. In einer Fernsehdiskussion sagte sie: »Ich halte die Straße keineswegs für ein ganz besonders geeignetes Mittel, seine Meinung bekannt zu machen. Wenn einem aber nichts anderes übrigbleibt, wenn man also nicht im Fernsehen sitzt, und wenigstens ein- oder zweimal in der Woche ein oder zwei Stunden lang genau sagen kann, was man zu sagen hat. Wenn man nicht über die Millionenauflagen von Springerzeitungen und -illustrierten verfügt, dann bin ich allerdings der Meinung, dass es außerordentlich demokratisch ist, wenn es Leute gibt, die trotz all dieser Verbote die einzige Öffentlichkeit, die dann für sie bleibt, nämlich die der Straße, benutzen und davon öffentlich Gebrauch machen.«[152]

Während die Springer-Autos brannten, notierte die Polizei auch Ulrike Meinhofs Kfz-Kennzeichen und fotografierte ihren R 4. Sie wurde angeklagt und behauptete im darauffolgenden Jahr vor Gericht, dass sie als Journalistin vor Ort war und keinen anderen Platz zum Parken habe finden können. Der Zeuge Stefan Aust bestätigte ihre Aussage; rund eineinhalb Jahre nach den Osterunruhen wurde sie freigesprochen. Meinhofs Rechtsanwalt Kurt Groenewold, der auch ihre Scheidung betrieb, schickte die Prozessunterlagen auch an APO-Anwalt Horst Mahler, der gleichfalls angeklagt war und zu zehn Monaten Haft mit Bewährung verurteilt wurde.

Ulrike Meinhof war überrascht, als sie aus der Anklageschrift erfuhr, dass die Polizei nicht nur wusste, dass sie wieder Meinhof und nicht mehr Röhl hieß, sondern auch, was sie bei der Versammlung in der Technischen Universität am Karfreitag, am Tag nach dem Attentat, gesagt hatte: »Wirft man einen Stein, so ist das eine strafbare Handlung. Werden tausend Steine geworfen, ist das eine politische Aktion. Zündet man ein Auto an, ist das eine strafbare Handlung, werden hundert Autos angezündet, ist das eine politische Aktion.«[153] Die Polizisten wussten sogar, was sie in *konkret* schrieb. Der vernehmende Polizeibeamte grinste und verabschiedete sich mit den Worten:»Auf der nächsten Demonstration sehen wir uns ja wieder!« Ulrike Meinhof ärgerte sich über ihre Naivität. Sie hatte tatsächlich geglaubt, sie lebe noch anonym. Dass sie seit spätestens 1959 unter Beobachtung stand, wusste sie offenbar nicht.

Mehr als 45 000 Studenten in 20 Städten zogen am Ostermontag vor die Druckereien und Verlagshäuser von Springer, um die Auslieferung der *Bild*-Zeitung zu stoppen. Nicht nur in Westberlin kam es zu»Straßenschlachten, wie sie Westdeutschland seit der Weimarer Republik nicht mehr gekannt hatte. Auf der Strecke blieben zwei Tote, über 400 Schwer- und Leichtverletzte und der Anspruch der Bundesrepublik, ein intakter demokratischer Staat zu sein«, schrieb der Journalist Karl A. Otto im *Spiegel*.[154] In München starben bei einer Demonstration Klaus Frings (32), ein Fotograf, und Rüdiger Schreck (27), ein Student. Die Umstände ihres Todes konnten nie zweifelsfrei geklärt werden.

Aber am Dienstag nach Ostern»wurden *Bild*-Zeitung und *BZ* ausgeliefert, gekauft und konsumiert, wie eh und je. Dieser Skandal und die Erfahrung, unfähig zu sein, die Auslieferung auch nur für einige Tage zu stoppen, ließen in der Studentenschaft ein Gefühl der Ohnmacht aufkommen«.[155] Und eine große Wut.

Die APO radikalisierte sich auch in ihren gemäßigten Teilen. Am 19. April verabschiedeten die Allgemeinen Studentenausschüsse der TU, der FU und der kirchlichen Hochschulen folgende Erklärung:»Unsere Gewalt gegen Sachen, die die Mittel von Springers Hetze und die Mittel der Polizei sind, ist Gegengewalt gegen die Unterdrückung, der alle ausgesetzt sind, und die sich gegen uns auf der Straße nur manifestiert. Die Unterdrückung selbst findet statt in den Redaktionen und Kanzleien und betrifft nicht nur uns.«[156]

Am 25. April 1968 wurden Ulrike Meinhof und Klaus Rainer Röhl vom Hamburger Landgericht geschieden. Röhl hatte es nicht gewollt, schließlich aber doch eingewilligt. Sie musste dem Gericht – wie damals üblich – intime Informationen preisgeben. Die Richter gaben Klaus Rainer Röhl die Schuld an der Scheidung. Er hatte die Kosten des Rechtsstreits zu zahlen.

Ulrike Meinhof verzichtete auf jede Unterhaltszahlung von

Klaus Rainer Röhl. Sie verlangte auch nicht ihren Anteil am *konkret*-Verlag, der ihr rechtlich als Ehefrau zustand und politisch-moralisch für die Funktion, die sie wirtschaftlich und politisch für die Zeitschrift hatte. Röhl triumphierte später: »Ein Drittel hätte Ulrike beanspruchen können, das hätte das Ende von *konkret* bedeutet, schon damals.«[157] Er blieb allein in der Blankeneser Villa wohnen. Sie wurde mit einem Hypothekenbrief in Höhe von 40 000 D-Mark abgefunden, den sie 1970 nach der Befreiung von Andreas Baader im Dahlemer Institut liegenließ.

Überall stieg infolge der Osterunruhen die Teilnehmerzahl an den 1.-Mai-Demonstrationen – aber nicht so, wie es die Gewerkschaftsführung gern gehabt hätte. Die APO hatte kein Vertrauen mehr in die Gewerkschaften. Zum ersten Mal veranstaltete die eine Gegenkundgebung zur 1.-Mai-Kundgebung des DGB in Westberlin, zu der 40 000 Menschen kamen.

In vielen ausländischen Metropolen solidarisierten sich Menschen mit der außerparlamentarischen Revolte in Westdeutschland. Die Fotos der brennenden Springer-Autos, des Vietnamkongresses und der stürmischen Vietnam-Demonstration zogen in alle Welt und befeuerten auch den Pariser Mai 1968.

Zu einigen Demonstrationen nahm Ulrike Meinhof Regine und Bettina mit. Den Kindern machten Demonstrationen viel Spaß. Sie gingen unbefangen mit fremden Leuten um, und wenn sie dann Freunde von Ulrike Meinhof auf ihre Schulter nahmen und sie alles von oben sahen, wollten sie gar nicht mehr herunter. Wenn alle losrannten, wollten sie auch mit und riefen gleichfalls »Ho Ho Ho Chi Minh«.

Was Ulrike Meinhof von den meisten APO-Frauen unterschied, waren fünf Jahre KPD-Illegalität, ihre zehnjährige erfolgreiche Berufstätigkeit, ihre Scheidung sowie dass sie zwei Kinder allein großzog und mit 33 Jahren älter war als die meisten. Gleichaltrige Linke mit Kindern fand sie eher im Republikanischen Club. Und sie suchte Menschen mit Kindern, mit denen sie eine passende Wohngemeinschaft gründen konnte. Sie hatte mit Rudi Dutschke gesprochen. Aber durch das Attentat hatte sich alles verändert. Sein mühsamer Genesungsprozess würde lange dauern.

Komm doch Pfingsten nach Berlin, lud sie Lilli Holtkamp ein.

233

Sie solle sich alles mal anschauen, sie könnte doch an der TU wieder Architektur studieren. Lilli Holtkamp kam und sah sich in der Technischen Universität um. Ulrike Meinhof schlug ihr vor, dass sie zusammenziehen und sich die Kindererziehung teilen sollten. Lilli Holtkamp wollte gern, aber ihr Mann sagte Nein, er wollte zu Hause bleiben und in Ruhe arbeiten. 1968 war eine verheiratete Frau noch bei allen Fragen von Kindererziehung, Berufstätigkeit und Wohnort gesetzlich von der Zustimmung ihres Ehemanns abhängig. Die Holtkamps blieben in Bremen, wohin sie nach Jürgens Trennung von der KPD und von *konkret* gezogen waren.

Ulrike Meinhofs Zwillinge Regine und Bettina waren fünfeinhalb Jahre alt und kamen im Mai zum ersten Mal in einen Dahlemer Kindergarten. Als berufstätige Mutter hatte Ulrike Meinhof einen Anspruch auf einen Kindergartenplatz, solange sie verschwieg, dass sie inzwischen eine Haushaltshilfe hatte. Doch ihr missfiel, wie Regine und Bettina im Kindergarten tyrannisiert wurden. Es war genau die repressive, autoritäre Pädagogik, die sie verabscheute. Die Auseinandersetzung mit den Erzieherinnen führte zu nichts. Sie nahm die Kinder aus dem Kindergarten und meldete sie vorzeitig im Luisenstift an, einer damals christlichen Privatschule in Dahlem mit kleinen Klassen und großem Park. Es passte Ulrike Meinhof zwar nicht, dass so viele Kinder reicher Leute ins Luisenstift gingen, aber die Privatschule hatte viele Vorteile, unter anderem den, dass alle Kinder bis zum 13. Schuljahr zusammenbleiben konnten.

Die Frauenfrage, die sie seit Jahren beschäftigte, betraf nun in besonderem Maß sie selbst. Bewegungen, mit denen sie sympathisierte, wie die Black Panther, bewertete sie auch nach ihrer Haltung zur Emanzipation. Malcolm X hielt sie in Frauenfragen für einen Reaktionär, nachdem sie seine Autobiografie gelesen hatte. Eine Bewegung, in der Frauen genauso diskriminiert wurden wie vom politischen Gegner, war kein Vorbild für eine Frauenbewegung. Sie wurde von verschiedenen Gruppen zur Mitarbeit eingeladen. Sie war hin und her gerissen und fragte sich, wie sie angesichts ihrer eigenen Probleme die anderer würde lösen helfen können. Andererseits hatte sie verstanden, dass persönliche Probleme politische sind. Bei einigen Gruppen spielte sie als prominente linke Publizistin die Rolle der Ausnahmefrau. Das war ihr äußerst unangenehm. Sie hatte große Lust, sich am »Aktionsrat zur Befreiung der Frauen« zu beteiligen, den einige dem SDS nahestehende Frauen um Helke Sander und Marianne H. im Januar 1968 gegründet hatten. Als Hans Magnus Enzensberger, der Herausgeber des *Kursbuch*, sie zur Mitarbeit an einem Band mit dem Schwerpunkt »Frauen« und zu einem Treffen mit Frauen vom Aktionsrat einlud, freute sie sich. Aber nach dem Treffen kam sie wütend nach Hause. Enzensberger hatte das Treffen ruiniert, fand sie, er spielte den bescheidenen, freundlichen, lieben Mann. In Wirklichkeit war er autoritär und hatte zwischen ihr und den Frauen vom Aktionsrat eine Hierarchie geschaffen. Vielleicht entstand auf diese Weise folgendes Missverständnis. Helke Sander sagte: »Mit der Frauenbewegung hatte sie große Schwierigkeiten. Immerhin war sie schon sehr bekannt als emanzipierte Frau und wollte deshalb fast nichts mit dem Aktionsrat zu tun haben.«[158]

Kurz nach der Scheidung passierte etwas Eigenartiges. Klaus Rainer Röhl fuhr zu Ulrike Meinhof nach Westberlin. Er stellt es so dar: »Ich habe Ulrike angeboten, selber die Stelle von Bissinger« – Manfred Bissinger, den er als Chefredakteur ins Auge gefasst hatte – »zu übernehmen« und »nach Hamburg zurückzukommen mit allen erdenklichen, auch persönlichen Konsequenzen [...] Ulrike fand, dass ich noch nicht die ›menschlichen Voraussetzungen‹ erfüllte.«[159] Ulrike Meinhof fand, Röhl sei wohl verrückt geworden. Sie lehnte ab.

Einen tollen Regisseur finden und ihren
bisher besten und schönsten Film machen

Filmemacherin
Westberlin, 1968

Ulrike Meinhof begann mit der Arbeit an *Bambule*, ihrem ersten großen Fernsehfilm. Er handelte von Mädchen in Fürsorgeerziehung und die Mädchen sollten die Hauptrollen selbst spielen. Die Arbeit machte ihr mehr Spaß als jede andere bisher. Günter Gaus, der damalige Programmdirektor des Südwestfunks, nahm das Projekt unter Vertrag. Nach einigen Auseinandersetzungen erlaubte der Berliner Senat Ulrike Meinhof im Mai 1968, in Westberliner Heimen zu recherchieren.

In einem Mädchenheim des Diakonischen Zentrums traf sie auf eine auffallend fortschrittliche und einfühlsame Pädagogin, nach deren Vorbild die Rolle der Frau Lack in *Bambule* entstand. Unter ihrer Leitung durften die Mädchen sagen, was sie lernen und wo sie arbeiten wollten. Ihre Arbeit wurde bezahlt, sie durften rauchen und bekamen Ausgang. Das war so ungewöhnlich, dass manche in den Ämtern nur darauf warteten, dass sie Fehler machte. Sogar im Umgang mit weiblicher Homosexualität war diese Heimleiterin ihrer Zeit voraus. Sie war der Auffassung, dass man lesbische Mädchen weder trennen noch bestrafen durfte.

Es war Ulrike Meinhof klar, dass die Diskriminierung von Homosexualität nicht mit der Aufhebung der Strafbarkeit verschwunden war. Sie machte sich Gedanken über die Folgen, die die Legalisierung für die Heimerziehung von Mädchen haben könnte, deren Psyche durch die ständigen, oft gewalttätigen Einbrüche in ihre Intimsphäre dauerhaft verletzt wurde. Das führte zu Frustrationen, Schuldgefühlen und der Tabuisierung von Sexualität, und die andauernde Atmosphäre der Verachtung vergiftete ihr Selbstwertgefühl. Meinhof sah in der Entkriminalisierung männlicher Homosexualität eine Chance für eine emanzipatorische Sexualerziehung. Es ging ihr vor allem um die Humanisierung menschlicher Beziehungen.

Ulrike Meinhof wollte ihr Drehbuch nur einem besonderen Regisseur geben und war froh, dass der Sender sie dabei nicht einengte. Auf Empfehlung ihres Freundes Erich Kuby klingelte sie an einer Wohnungstür in der Heiligendammer Straße und lernte Barbara Morawiecz kennen, eine Schauspielerin, die jahrelang auf der Bühne des Schillertheaters gestanden hatte und auf den vierten Stand abonniert war. Sie sollte die verständnisvolle Erzieherin spielen. Die 30-jährige Morawiecz hatte wie Ulrike Meinhof kleine Kinder und Kontakt zum Republikanischen Club, dessen Mitglieder sich ab und zu auch in ihrer großen Altbauwohnung trafen, wo sie für alle kochte. Bald nannten sich die beiden Frauen gegenseitig Anna nach der Figur in Brechts *Mahagonny*. Morawiecz begleitete Meinhof bei ihren Recherchen in die Heime.

Viele bundesdeutsche und Westberliner Heime, auch christliche, waren Orte, an denen die NS-Pädagogik wie in einem Kokon überlebt hatte. Das pädagogische »Ideal« war, Kinder und Jugendliche aus sozial schwachen Verhältnissen zu absolut gehorsamen, rechtlosen, unfreien, asexuellen Menschen zu erziehen. Zu diesen Anstalten gehörte auch der städtische Eichenhof, ein geschlossenes Fürsorgeheim für minderjährige, schulentlassene Mädchen im Stadtteil Tegel, in einem Gebäude, in dem früher Zwangsarbeiter eingesperrt waren. Das Gelände war von dreieinhalb Meter hohen Mauern mit Stacheldraht umgeben. Weil die Journalistin Meinhof das Hauptpflegeheim in der Ollenhauerstraße aufsuchte, hatte die 17-jährige Irene G. dort den »Bunker« wieder verlassen dürfen, in den sie zur Strafe, weil sie abgehauen war, eingeschlossen worden war. Der »Bunker« war ein Raum mit kahlen Wänden, kleinem Gitterfenster und harter Holzpritsche zum Schlafen. Auch in Gegenwart der Heimleitung stellte Ulrike Meinhof kritische Fragen – sehr zum Erstaunen der Mädchen. »Noch nie hatte ich erlebt, dass eine Erwachsene mir so aufmerksam zuhört«, betonte Irene G. noch Jahre später. Ulrike Meinhof blieb drei Tage. Irene G. fühlte sich durch die freundliche Fremde so ermuntert, dass sie alle Missstände offen ansprach: »Wir hatten ja nix zu verlieren. Sie konnten uns ja nicht in den Bunker sperren, solange Besuch da war! Und danach war's mir egal.«

Ulrike Meinhof schrieb noch vor der Fertigstellung ihres Films *Bambule* ein Hörfunkfeature, in dem G. eine zentrale Rolle spielte: »Jynette, Irene, Monika – Fürsorgeerziehung aus der Sicht von drei ehemaligen Berliner Heimmädchen« sendete der WDR im Dezember 1969. Im Text heißt es: »Bambule – das ist Aufstand, Widerstand, Gegengewalt – Befreiungsversuche, die meist mit Polizeieinsatz und Bestrafung der Anstifter und Wortführer enden, mit Terrorschlagzeilen von *Bild* und *BZ*.«[160] Und an anderer Stelle: »In Fürsorgeerziehung kommen proletarische Jugendliche. Bürgerliche Familien haben kaum mit dem Jugendamt zu tun. An den Verhältnissen, unter denen eine Jugendliche leidet, [...] ändert sich nichts. [...] Mit Fürsorgeerziehung wird proletarischen Jugendlichen gedroht, wenn sie sich mit ihrer Unterprivilegiertheit nicht abfinden wollen. [...] Mit Fürsorgeerziehung werden sie bestraft, wenn sie durch individuelle Befreiungsaktionen versucht haben, ihre miese Lage zu verbessern.«[161]

Ulrike Meinhof hinterließ Irene G. zum Abschied ihre Adresse: »Wenn du wieder auf Trebe bist, kannste dich ja mal melden.« Als sie erneut aus dem Heim ausbrach, klingelte sie bei Ulrike Meinhof, die ihr die Tür öffnete.

Ulrike Meinhof bürgte für Irene G. und setzte sich beim Senat dafür ein, dass sie endgültig aus der Heimunterbringung entlassen wurde. In den Entlassungspapieren der 17-Jährigen, die fünf Jahre lang in drei verschiedenen Heimen eingesperrt, ausgebeutet und geschlagen worden war, stand: »unverbesserlich und auf Bewährung«. Ulrike Meinhof half ihr, ein Zimmer und eine Arbeitsstelle zu finden. G. wiederum nahm Meinhof mit in ihr Milieu: »Sie wäre achtkantig rausgeflogen, wenn sie sich dort nicht hätte bewegen können. Nächtelang haben wir meine Szene durchkämmt. Sie war fähig, sich in mein Milieu hineinzubegeben, nämlich in die nächtlichen Straßen von Berlin und in die Trebegängerinnen-Kneipen. Das zeigt, dass sie 'ne sehr tolle Frau war, nicht nur im Kopf.« Meinhof fand diesen August sehr aufregend, weil sie mit den Schwulen, Lesben und Prostituierten das Milieu ihrer Heimmädchen kennenlernte. »Ulrike wusste«, so

G., »was in den Heimen ablief, und kapierte, was es bedeutete, auf der Straße zu leben. Sie hat unseren Widerstand unterstützt. Auch aus ihren Radiosendungen entstand die Heimbewegung. Es gab Massenausbrüche aus diesen sogenannten Erziehungsanstalten. Immer mehr Menschen interessierten sich für uns. Manche Leute nahmen Trebegänger in ihre Wohnungen auf.«

Am 1. Juli besuchte Ulrike Meinhof mit Barbara Morawiecz das Hauptpflegeheim in der Ollenhauerstraße, um dort mit Fürsorgezöglingen zu diskutieren. Die Heimleitung hatte sechs Mädchen zwischen 16 und 18 Jahren ausgesucht und ihnen versprochen, dass sie nicht bestraft würden, wenn sie mit den drei Besucherinnen redeten. Aber erst als Sozialrat G. den Raum verließ, sprachen die Mädchen offen, ohne zu ahnen, dass eine Praktikantin, die schweigend dabeisaß, einen vier Seiten langen Bericht für die Heimleitung schrieb: In höchsten Tönen hätten sich die Mädchen über Jugendamt, Fürsorger und Erzieher beklagt. Ulrike Meinhof habe diese Hetzgeschichten nicht unterbrochen, sondern Marx zitiert, die Mädchen von jeglicher Schuld an ihrem Missgeschick freigesprochen und ihnen empfohlen, etwas an ihrer Situation zu verändern. Sie habe ihnen Adressen von Ärzten genannt, um die Pille zu bekommen. Die Mädchen hätten ihre Berufswünsche vorgetragen und beängstigende Mengen von Zigaretten geraucht.

Offensichtlich wollte die Heimleitung weitere Recherchen verhindern. Sie behauptete gegenüber der Senatsverwaltung, dass Ulrike Meinhof nach der Diskussion zu einer Heimleiterin gesagt habe, die Revolution sei siegreich, weil die Mädchenarbeitsgruppe bereits die Macht übernommen habe. Sozialrat G. notierte noch im selben Monat mürrisch, dass es Meinhof offenbar um mehr als nur das Sammeln von Informationen ginge. Am Telefon teilte er ihr mit, dass sie erst wieder Heime besuchen dürfe, wenn sie mit der Senatsverwaltung ein persönliches Gespräch zur Klärung der Vorwürfe geführt habe. Darin wurde sie verpflichtet, unnötige Unruhe unter den Heimpfleglingen zu vermeiden, keine Hoffnungen zu wecken, die sich nicht realisieren ließen, und ihr Verhältnis zur Heimleitung zu verbessern.

Möglicherweise hätte Meinhof überhaupt nicht weiterarbeiten dürfen, hätte sie der Senatsverwaltung nicht einen Brief von Günter Gaus vorlegen können. Hierin schrieb der Programmdirektor, der Südwestfunk wolle das Fernsehspiel in einem wirklichen Heim unter Mitwirkung von Mädchen, die dort leben, drehen und habe sich entschlossen, die Dreharbeiten im Hauptpflegeheim und im Eichenhof durchzuführen. Gaus war Mitglied der in Westberlin regierenden SPD. Im August 1968 gestattete Senator Horst Korber schließlich die Dreharbeiten. Amtsintern wurden die Bedingungen festgelegt:»Die Heimleitungen und die sonstigen Mitarbeiter« werden»durch vorherige Gespräche eingestellt, sich positiv zu verhalten«.

Ulrike Meinhof schrieb das Treatment für *Bambule* und freute sich, dass die Redaktion es sofort akzeptierte. Sie hoffte, dass sie einen»tollen« Regisseur finden und ihren besten und schönsten Film machen würde.

Am 11. Mai 1968 demonstrierten in Bonn 60 000 Menschen gegen die geplante Notstandsverfassung. In den Wochen danach rollte eine Welle von Streiks, Besetzungen, Blockaden, Kundgebungen, Demonstrationen und Schulboykotts durch das Land. Hunderttausende blieben der Arbeit fern und gingen auf die Straße. Vergeblich. Die SPD-Führung verhinderte gemeinsam mit der DGB-Spitze den in vielen Betrieben geplanten und von vielen Gewerkschaftseinheiten versprochenen Generalstreik. Am 30. Mai verabschiedete der Bundestag die Notstandsgesetze. Das war eine weitere Niederlage für die APO und wieder spielte die SPD eine zentrale Rolle.

Ulrike Meinhof hatte sich etwa 1958 von der SPD gelöst und schon bei den Bundestagswahlen 1961 und 1965 die DFU gewählt sowie in *konkret* über Jahre die SPD grundsätzlich kritisiert. Die 25-jährige Germanistikstudentin Gudrun Ensslin hatte 1965 noch Willy Brandt unterstützt und in Günter Grass'»Wahlkontor« mitgearbeitet und sich erst mit der Großen Koalition von der SPD abgewendet. Auch jetzt gab es immer noch junge APO-Leute, für die Willy Brandt etwas Besonderes war: Er war jünger und wirkte weniger verknöchert als der übliche Politikertyp. Viele junge Leute sahen in ihm auch den jungen Sozialisten und Antifaschisten der 1930er Jahre, der aus Nazi-Deutschland geflohen war. Das war einer, den die Linke gegen die abscheulichen Anwürfe von rechts selbstverständlich in Schutz zu nehmen hatte. So band er einen kleiner gewordenen Teil junger Leute immer noch an die SPD.

Im August 1968 fuhr Ulrike Meinhof gemeinsam mit Bernward Vesper nach Rom, um Rudi Dutschke in Marino zu besuchen, wo der sich mit seiner Frau und seinem Sohn im Haus des Komponisten Hans Werner Henze von den Folgen des Attentats erholte. Vesper war Sohn des völkischen Dichters Will Vesper. 1969 begann er seinen autobiografischen Roman *Die Reise*, in dem er auch versuchte, sich von seinem Vater zu befreien. 1965 hatte er sich mit Gudrun Ensslin verlobt und sie waren nach Westberlin gezogen. Im Mai 1967 kam Sohn Felix zur Welt, kurz darauf verliebte sich Gudrun Ensslin in Andreas Baader.

Dutschke war überanstrengt und deprimiert. Er litt nicht nur unter den Folgen der Kopfschüsse, sondern auch unter den Streitigkeiten, die im SDS nach dem Attentat zwischen der KP-Fraktion und den Antiautoritären ausgebrochen waren. Meinhof war glücklich, Dutschke wiederzusehen, und traurig über seinen Zustand. Es würde noch Jahre dauern, nahm sie an, bis er wieder völlig gesund sei.

Kaum war Ulrike Meinhof zurück in Westberlin, überfielen die Truppen des Warschauer Paktes die Tschechoslowakei. Mit dabei in der Nacht zum 21. August: die Sowjetunion, Polen, Ungarn, Bulgarien und die DDR. Der Prager Frühling war, ungeachtet seiner falschen, weil antikommunistischen Freunde, ein sozialistischer gewesen.

Meinhof schrieb am Tag der Okkupation ein Flugblatt: »Die Betroffenheit ist total. Bis zu den Studentenunruhen der letzten zwei Jahre war die europäische Linke pro-sowjetisch. Sie war es nicht kritiklos, nicht ohne Vorbehalte, aber doch eindeutig genug, um sich jederzeit von bürgerlicher Kritik an der Sowjetunion absetzen zu können.«[162] Aber »am 21. August hat die europäische Linke ihre Solidarität, ihre Sympathie, ihre Dankbarkeit gegenüber der Sowjetunion als dem ersten sozialistischen Land, als dem Staat, der in Stalingrad den deutschen Faschismus besiegt hat, aufgegeben«.[163] Die Okkupation spaltete die traditionelle kommunistische Linke in Europa. Die meisten westeuropäischen kommunistischen Parteien kritisierten den Überfall scharf, die kurz darauf – auf Basis eines Deals zwischen SPD und DDR

– neu gegründete Deutsche Kommunistische Partei (DKP) rechtfertigte ihn. Ulrike Meinhof zog Schlussfolgerungen, die sie noch weiter vom traditionellen kommunistischen Lager entfernten. Lag die Schwäche des Prager Reformkommunismus nicht auch in der »Naivität, mit der man einen Demokratisierungsprozess von oben nach unten durchführen zu können glaubte«? Erforderte »ein tatsächlicher, antiimperialistischer, international haltbarer Demokratisierungsprozess nicht auch neue Organisationsformen [...] eine neue Machtstruktur, eine Politisierung der Massen, die sich ausdrücken könnte in Rätestrukturen, in Selbstorganisation der Massen«?[164]

Auch der Alltag stürzte wieder mit Wucht auf sie ein. Ihre Tage waren zerstückelt, jeden Morgen fuhr sie die Kinder in die Schule, jeden Mittag holte sie sie wieder ab. Der dröhnende Bau der Schnellstraße raubte Nerven und Konzentration. Im SDS gab es grundsätzlichen Streit. Mit Röhl auch. Barbara Morawiecz, die gelegentlich auf die Zwillinge aufpasste, beobachtete, wie überanstrengt Ulrike Meinhof war: »Sie war unbeschreiblich rührend mit ihren Kindern und voller Geduld. Sie war so dankbar, wenn jemand ihr half und die Kinder mal betreute.« Letzteres war eigentlich die Aufgabe des finnischen Hausmädchens Barbara. Doch die schaffte es nicht, ihr den nötigen Freiraum zu geben. Sie kümmerte sich nicht genug um die Kinder, die oft so laut herumtobten, dass Ulrike Meinhof sich nicht mehr konzentrieren konnte. So arbeitete sie viele Nächte durch. Außerdem missfiel ihr, dass die junge Finnin nicht genug Respekt vor der Würde der Kinder zu haben schien. Es dauerte eine Weile, bis sie ihr schlechtes Gewissen überwand und das Hausmädchen entließ. An ihrer Stelle engagierte sie für die Vormittage eine Frau für den Haushalt und das Mittagessen und suchte für die Nachmittage eine kinderliebe Frau, die die Zwillinge betreute. Außerdem ließ sie die Tür zwischen Kinder- und Wohnzimmer gegen Lärm abdichten, denn das Wohn- war zugleich ihr Arbeitszimmer. Jetzt hatte sie Ruhe und die Kinder konnten ihr Zimmer und den Flur zum Spielen nutzen.

Klaus Rainer Röhl hatte ehrgeizige Pläne, er wollte die Auflage von *konkret* erhöhen und die Zeitschrift alle 14 Tage erscheinen lassen. Im März 1968 war die Redaktion in zwei große Etagen in die Gerhofstraße am Gänsemarkt umgezogen. Nachdem es ihm nicht gelungen war, Ulrike Meinhof zurückzuholen, machte Röhl im September den 22-jährigen Stefan Aust zum geschäftsführenden Redakteur. Aust kam wie Röhl aus Stade und war schon seit Januar 1967 bei *konkret*, anfangs zuständig für das Layout, seit Mai 1967 auch für die Produktion.

Die APO als Auflagenkatalysator faszinierte Röhl. Die großen Demonstrationen hatten auch im Bürgertum Eindruck hinterlassen, weshalb auch viele große bürgerliche Verlage nun linke Autoren und marxistische Theoretiker verlegten. Röhl wollte prominente APO-Autoren an *konkret* binden, die Gestaltung sollte sich aber an Massenblättern orientieren und alle Entscheidungen sollten allein bei ihm liegen. Die meisten linken Autoren hatten jedoch kein Interesse, sich zum Vorteil Röhls vermarkten zu lassen. Sie wollten das politische Konzept und die Gestaltung des Heftes mitbestimmen. Schließlich behauptete ja auch Röhl immer, *konkret* sei eine Zeitschrift, die der APO gehöre. Einmal lud Röhl »fünf APO-Führer« in sein Haus in Blankenese ein. Sie wüssten nicht einmal seinen Wein zu schätzen, klagte er: »Während man über die sich verschärfenden Klassenkämpfe redete, führte ich meine neueste Errungenschaft vor: das Schnellfeuergewehr Landmann-Preetz, ein waffenscheinfreies Kaliber. Für mich war's eine Spielerei – ein bisschen Erinnerung ans Gewehr 41«, an dem er 1943 ausgebildet worden war, »außerdem schießen alle Röhls gut. Mein Großvater war Schützenkönig in einer Gilde, die als Danziger Bürgerwehr« angetreten war, »Bruder Wolfgang war mit 14 Schützenkönig. Jedenfalls war ich zu diesem Zeitpunkt sicherlich der einzige Linke in der Bundesrepublik, der eine solche Waffe (zum Entsetzen Ulrikes) besaß«.[165]

Die Stärke der APO und das Selbstbewusstsein der prominenten linken Autoren nötigten Röhl, dem Westberliner *konkret*-Kollektiv zum 1. September 1968 einen Vertrag anzubieten. Alles war ausgehandelt. Ins Impressum von *konkret* sollten Dutschke, Enzensberger, Nirumand, Meinhof, Salvatore und Schneider aufgenommen werden. »*konkret* Berlin«, das neue Berliner Büro, sollte 19 Seiten autonom gestalten dürfen. Auch die Finanzierung war festgelegt worden. Aber dann händigte Röhls Geschäftsführer Klaus Steffens dem Westberliner *konkret*-Kollektiv wider Erwarten nur einen Probevertrag aus. Die Gruppe fühlte sich hintergangen. Es kam auch zu Auseinandersetzungen, weil Röhl in ihre Artikel eingriff oder sie einfach nicht druckte. Nur bei einer Autorin war er vorsichtig: Ulrike Meinhof, das Zugpferd von *konkret*, durfte noch schreiben, was sie wollte.

Auf der SDS-Delegiertenkonferenz im September 1968 kam es faktisch zu einer Spaltung des SDS. In der Organisationsfrage (Zentralisierung versus Rätestruktur) kam der lädierte Verband keinen Schritt voran. Unentschieden blieb auch, wie neue Aktionen (Bundeswehr-, Hochschulkampagne) zu führen waren und wie auf die zahlreichen Ermittlungsverfahren gegen APO-Leute (Justizkampagne) reagiert werden sollte.

Und dann gab es plötzlich eine weitere Front im SDS: Helke Sander vom Aktionsrat zur Befreiung der Frauen ergriff auf der Konferenz das Wort: Wir »erweitern [...] die Auseinandersetzung zwischen den Antiautoritären und der KP-Fraktion und stellen uns gleichzeitig gegen beide Lager, da wir beide Lager *praktisch*, wenn auch nicht dem theoretischen Anspruch nach, gegen uns haben«.[166] Die Frauen hatten genug von der erzwungenen geschlechtsspezifischen Arbeitsteilung innerhalb des SDS – Kaffee kochen, Flugblätter tippen, Kinder betreuen, Helden trösten. Sie wollten wie die Männer politische Entscheidungen treffen, Reden halten, Strategien festlegen und theoretisch arbeiten. Ähnlich wie Ulrike Meinhof in ihrem Text »Falsches Bewusstsein«[167] argumentierte Helke Sander vor den Delegierten: Emanzipation sei nur möglich, »wenn die ins Privatleben verdrängten gesellschaftlichen Konflikte artikuliert werden«. Gerade privilegierte Frauen, die Kinder bekommen, machten die Erfahrung, »dass der bürgerliche Weg zur Emanzipation der falsche war, [...] dass sie sich mit den Mitteln des Konkurrenzkampfes nicht emanzipieren können, [...] dass der Weg zur Emanzipation auch schon in der Methode liegt, mit der man sie anstrebt«. Sie merkten, dass ihnen alle ihre Privilegien nichts nützten. Sie seien am ehesten dazu in der Lage, »den Klassenkampf auch in die Ehe zu tragen [...] Dabei übernimmt der Mann die objektive Rolle des Ausbeuters oder Klassenfeindes, die er subjektiv natürlich nicht will«.[168]

Sanders Kritik besaß enorme Sprengkraft, aber sie beschleunigte auch den weiteren Verfall des SDS. Die Genossen ignorierten ihren Beitrag. Sie provozierten damit Sigrid Rüger zum berühmten Tomatenwurf Richtung Podium, wobei sie ausgerechnet denjenigen traf, den sie am wenigsten gemeint hatte: den schwulen und in Emanzipationsfragen aufgeschlossenen Hans-Jürgen Krahl. Viele aktive Frauen verließen in den nächsten Monaten enttäuscht den SDS und beförderten die Kinderladen- und die neue Frauenbewegung.

Ulrike Meinhof hatte eine Reihe von Affären mit Männern. Um sich mit anderen politisch auszutauschen, ging sie gern in den Republikanischen Club. Dort traf sie Freunde wie Erich Fried, Bahman Nirumand, Gaston Salvatore, Johannes Agnoli, Horst Mahler oder Hans Magnus Enzensberger. Man schätzte sie und ihre Diskussionsbeiträge. Das gab ihr Auftrieb. Auch sonst fühlte sie sich wohler als in Hamburg. Die Leute erschienen ihr freundlicher und unkonventioneller. Es machte ihr auch Spaß, dass ihr Vermieter überall herumerzählte, er würde niemals einen Linken in seinem Haus dulden, und noch nicht gemerkt hatte, wer da wohnte. Trotzdem hatte sie in der letzten Zeit manchmal das Gefühl, zwischen Haushalt, Küche und Kindern zu ersticken. Dass sie gleichzeitig noch etwas anderes wollte, machte ihr ein schlechtes Gewissen.

Am 14. Oktober 1968 begann in Frankfurt am Main der Prozess gegen Gudrun Ensslin, Andreas Baader, Thorwald Proll und Horst Söhnlein. Die Stimmung unter den Angeklagten war heiter, die Solidarität des Publikums groß. Ensslin und Baader gaben zu, das Feuer im Kaufhaus Schneider gelegt zu haben. Außerdem hätten sie darauf geachtet, dass keine Menschen verletzt würden. Ensslin sagte vor Gericht: Die Aktion sei »ein Fehler und ein Irrtum« gewesen, und: »Darüber werde ich [...] nicht mit Ihnen diskutieren, sondern mit anderen.«[169] Söhnlein und Proll schwiegen. Zu den neun Anwälten gehörten Horst Mahler und Otto Schily. Der Staatsanwalt verlangte insgesamt 24 Jahre Haft, weil er die politische Gesinnung der Angeklagten abschreckend bestraft sehen wollte.

Während des Prozesses interviewte Ulrike Meinhof Gudrun Ensslin in der Justizvollzugsanstalt Frankfurt-Preungesheim. Meinhof habe anschließend verlauten lassen, so liest man bei Klaus Rainer Röhl und Stefan Aust, sie könne über den Inhalt dieses Gesprächs nicht offen schreiben, sonst kämen Ensslin und die anderen nie aus dem Gefängnis.[170] Das darf bezweifelt werden, denn es gibt keine Anhaltspunkte dafür, dass die selbstkritischen Anmerkungen Gudrun Ensslins während des Prozesses taktischer Natur gewesen wären. Ulrike Meinhof, die Gudrun Ensslin sympathisch, intelligent und konsequent fand, wollte außerdem von vornherein weder ein Interview noch einen Gesprächsbericht schreiben, sondern lediglich einen politischen Kommentar verfassen.

Am 31. Oktober 1968 verurteilte der Richter die »Frankfurter Kaufhausbrandstifter« wegen versuchter, Menschen gefährdender Brandstiftung zu jeweils drei Jahren Zuchthaus ohne Bewährung. Die sehr hohen Strafen übertrafen selbst die Erwartungen konservativer Prozessbeobachter. Viele Linke waren schockiert, denn es standen ja noch viele andere politische Verfahren aus.

Nach den Anti-Springer-Aktionen hatte Ulrike Meinhof im Mai-Heft von *konkret* unter der Überschrift »Vom Protest zum Widerstand« geschrieben: »An Stelle der ausgebrannten Lastautos werden neue ausfahren, der Wasserwerferbestand der Polizei wurde nicht verkleinert, an Gummiknüppeln wird es auch in Zukunft nicht fehlen. Also wird das, was passiert ist, sich wiederholen können: Die Springerpresse wird weiter hetzen können und Klaus Schütz [Regierender Bürgermeister von Westberlin; d. A.] wird auch in Zukunft dazu auffordern können, ›diesen Typen ins Gesicht zu sehen‹ und die Schlussfolgerung nahelegen, ihnen reinzuschlagen [...] schließlich zu schießen. [...] Die Grenze zwischen verbalem Protest und physischem Widerstand ist bei den Protesten gegen den Anschlag auf Rudi Dutschke in den Osterfeiertagen erstmalig massenhaft [...] tatsächlich, nicht nur symbolisch – überschritten worden. [...] Machtverhältnisse sind nicht verändert worden. [...] Nun, da die Fesseln von Sitte und Anstand gesprengt worden sind, kann und muss neu und von vorne über Gewalt und Gegengewalt diskutiert werden«, weil uns »gezeigt worden ist, dass andere Mittel als nur Demonstrationen, Springer-Hearing, Protestveranstaltungen zur Verfügung stehen, andere als die, die versagt haben, weil sie den Anschlag auf Rudi Dutschke nicht verhindern konnten«.

Im November 1968 schrieb sie den *konkret*-Artikel »Warenhausbrandstiftung«, der für Aufsehen sorgte: »Gegen Brandstiftung im Allgemeinen spricht, dass dabei Menschen gefährdet sein könnten, die nicht gefährdet werden sollen.« Eine Kaufhausbrandstiftung hebe »diese Konsumwelt nicht aus den Angeln [...] dem Prinzip des Profits und der Akkumulation von Kapital wird durch einfache Warenvernichtung eher entsprochen, als dass es durchbrochen würde«, denn den Schaden für »die kostenlose Vernichtung dieser Güter [...] zahlt die Versicherung«. Eine Warenhausbrandstiftung sei »keine antikapitalistische Aktion, eher systemerhaltend, konterrevolutionär.« Dann ihr berühmt gewordener Satz: »Das progressive Moment einer Warenhausbrandstiftung liegt nicht in der Vernichtung der Waren, es liegt in der Kriminalität der Tat, im Gesetzesbruch.«

Nur vier Tage nach dem Urteil fand in Westberlin »die Schlacht am Tegeler Weg« statt. Anlass für die Demonstration war der Prozess gegen den APO-Anwalt Horst Mahler, der wegen seiner Teilnahme an den Anti-Springer-Aktionen mit einem Berufsverbot belegt werden sollte. Etwa 1000 junge Leute, Studenten, Lehrlinge, Schüler und Rocker, griffen die Polizei mit einem Steinhagel an – und schlugen sie zum allerersten Mal in der bundesrepublikanischen Geschichte in die Flucht. Mehr als 100 Polizisten sowie eine deutlich niedrigere Zahl von Demonstranten wurden verletzt. Bei einer nachfolgenden Diskussion im Republikanischen Club über Militanz und politische Perspektiven sagte Meinhofs Genosse Johannes Agnoli: »In der Bundesrepublik und Westberlin geht es darum, erst einmal die Bedingungen zu schaffen, die dazu führen, dass der Klassenkampf bewusst wird. Am Tegeler Weg ist eines der interessantesten und schwerwiegendsten deutschen Tabus gebrochen worden: dass Demonstranten in Deutschland nie militant werden dürfen gegen die Polizei. Es ist für mich gar keine Frage, dass das ein Beitrag zum Klassenkampf war.«[171]

Immer wenn sie denkt, sie habe es geschafft,
kommt wieder so ein »Scheißbericht« und wirft sie um

Grenzgängerin
Westberlin, 1969

Die Hamburger Werft Blohm + Voss baute zwischen 1967 und 1970 im Auftrag der portugiesischen Diktatur drei Kriegsschiffe, die auch als Truppentransporter dienen konnten. Als im Mai 1969 das erste vom Stapel lief, kam es zu Protesten. Die Solidarität der Demonstranten galt den Befreiungsbewegungen in den von Portugal besetzten Kolonien, gegen die diese Schiffe eingesetzt werden sollten: der MPLA in Angola, der Frelimo in Mosambik und der PAIGC in Guinea-Bissau. Aber die Demonstration bewirkte so wenig wie die Aufforderung der UNO, Portugal solle seine ehemaligen Kolonien endlich in die vereinbarte Unabhängigkeit entlassen. Im Gegenteil: Das Land verschärfte seine militärischen Angriffe.

Linke planten deshalb, die weitere Auslieferung der Korvetten zu sabotieren. Die Öffentlichkeit sollte erfahren, dass ein deutscher Rüstungsbetrieb Kriegsschiffe für Diktaturen baute. Die Alliierten hatten ja nicht ohne Grund die Werft 1945 zunächst demontiert und den Firmennamen verboten. Ulrike Meinhof erfuhr über einen alten Bekannten von den Planungen für den Anschlag und erkundigte sich, ob dafür gesorgt sei, dass nur das Schiff beschädigt würde und keine Menschen zu Schaden kämen. Ihre Bedenken wurden ausgeräumt. Sie half bei der Beschaffung eines Teils des Geldes für den Sprengstoff. Um 6:11 Uhr am 13. Oktober 1969 meldete sich ein unbekannter Anrufer bei der Funkleitzentrale der Polizei: »An Bord der portugiesischen Korvette bei Blohm + Voss liegt eine Bombe!«[172] Zwei Minuten später klingelte das Telefon im Wachraum der Werft am Kuhwerder Hafen: »An Bord Ihrer Korvette befinden sich 20 Kilo Sprengstoff. Ihnen bleiben noch 20 Minuten, alle Leute von Bord zu

bringen!«[173] Der zuständige Wachmann schickte den Leiter der
Feuerwehr los, der die Arbeiter aufforderte, sofort das Schiff zu
verlassen. Um 6:20 Uhr klingelte das Telefon im Wachraum erneut: »Lassen Sie sofort die Korvette räumen – sie geht in Kürze
hoch!« Um 6:32 Uhr explodierte eine zwischen Kaimauer und
Korvette liegende Schute. Eine 20 Meter hohe Wasserfontäne
stieg auf, »Eisenplanken« flogen »bis zu 150 Meter weit durch
die Luft« (*Bild* vom 14.10.1969). Niemand wurde verletzt. Ausgeliefert wurde das angeblich kaum beschädigte Schiff erst 1970.
Meinhof freute sich über die gewonnene Zeit für Guinea-Bissau,
sie verriet die Täter nie.

Bild Hamburg berichtete über den Anschlag. Dann zog die
Hamburger Staatsschutzabteilung K 4 die Ermittlungen an sich.
Alle Medien verstummten. Auch *Spiegel* und *stern* nahmen sich
des Ereignisses vor ihrer Haustür nicht an. Möglicherweise hatten weder Blohm + Voss noch die Bundesrepublik ein Interesse
an zu viel Öffentlichkeit. Aktionen wie diese waren es, die spätestens seit dem Vietnamkongress innerhalb der Linken große
Zustimmung fanden. Damals hatte Peter Weiss unter großem
Beifall geäußert: »Unsere Ansichten müssen praktisch werden,
unser Handeln wirksam. Dieses Handeln muss zur Sabotage führen, wo immer das möglich ist. Dies fordert persönliche Entscheidungen. Diese verändern unser ganzes privates Leben.«[174] Aber
die Ereignisse der kommenden Jahre würden keineswegs das Leben aller Beteiligten verändern.

Als Klaus Rainer Röhl Ende 1968 nach Westberlin kam, um
seine Töchter zu besuchen, drückte Meinhof ihm eine Kolumne
der besonderen Art in die Hand: eine massive Kritik an der Zeitschrift *konkret*. Röhl wusste, dass er den Kommentar drucken
musste, sonst war er seine prominente Kolumnistin los.[175] Meinhofs Text »Kolumnismus« (*konkret*, Januar 1969) war eine
selbstkritische Reflexion über ihre Rolle als linke Starkolumnis-
tin. Sie könne zwar schreiben, was sie wolle, das erwecke aber
fälschlicherweise den Eindruck, »in dieser Zeitung dürfe geschrieben werden, [...] was die Schreiber wollen«, dabei hätten
die Kolumnisten »auf den übrigen Inhalt des Blattes keinen Einfluss [...] Kolumnisten sind Stars, in ihrer Badewanne sind sie
Kapitäne«. Aber ihre »Unabhängigkeit« sei eingezäunt, »Extra-

vaganz«, »Nonkonformismus«, »Originalität«, »Eigensinn« und gelegentliche Konflikte mit Anzeigenkunden würden dem Verleger das ungerechtfertigte Renommee bringen, *konkret* nicht »um des Profit willens« zu machen. Im Windschatten der Freiheit des Kolumnisten läge »die Unfreiheit« der Redaktion und der Autoren, deren Artikel »Leserbedürfnisse platt« zu befriedigen hätten: »Bei *konkret* nennt man das: Sex-Appeal, Horror-Appeal, Crime-Appeal, Oppositions-Appeal, Human-Touch.« *konkret* solle sich »tatsächlich einmal zur Diskussion« stellen und »der landauf landab grassierenden Kritik seine Spalten öffnen, unredigiert und unängstlich. Opportunismus ist, wenn man die Verhältnisse, die man theoretisch zu bekämpfen vorgibt, praktisch nur reproduziert; wenn man gegen Redaktionsdemokratie und APO-Kontrolle die Gesetze des Marktes, das heißt des Profits ausspielt; wenn man die antiautoritäre Position in die autoritäre Form der Kolumne verdrängt. *konkret* ist weniger eine linke Zeitung als eine opportunistische Zeitung«.[176]

Röhl antwortete noch im gleichen Heft und ging mit keinem Satz auf Meinhofs zentrale Argumente ein. Er schrieb: »Wir distanzieren uns von Ulrike Meinhof nicht. Wir identifizieren uns mit ihren oft ungewöhnlichen, aber fast immer einleuchtenden Gedankengängen. Ulrike aber hat in dieser Ausgabe das Bedürfnis verspürt, sich von unserer Zeitschrift zu distanzieren«, um im Folgenden seine Exfrau als weltfremde Idealistin darzustellen: »Ach, Ulrike verlangt etwas Schönes, Begeisterndes, aber Unmögliches: Die Reinheit der Lehre und die Akribie der Forschung, die Aktualität des *Spiegel* und die Sorgfältigkeit des *Kursbuchs*, keine nackten Mädchen auf dem Titelbild und keine Zugeständnisse an den Markt, aber mehr Geld für die Redaktion [...] Aber konkrete Utopie ist eines und Realitätstüchtigkeit ein anderes. [...] *konkret* ist nicht die beste denkbare Zeitschrift der APO. *konkret* ist nur die einzige Zeitschrift der APO.« Dann provozierte er: Die von Ulrike Meinhof geforderten »zehn Seiten für die APO in *konkret*« seien ja »zu wenig«, denn *konkret* sei »selbst ein Teil der APO«[177]. Das Blatt müsse »sehr bald wöchentlich erscheinen und seine Auflage verdoppeln [...] Ulrikes Kritik wird uns dabei helfen. Und ihre Kolumnen, die weiter in *konkret* erscheinen. Wo auch sonst?«[178]

Meinhofs Argumente erreichten zwar den Herausgeber nicht, aber dafür den inneren Kreis der Redaktion. Röhl schrieb später, dass Ulrike Meinhof tagelang mit Stefan Aust diskutiert habe, bis Aust überzeugt gewesen sei, dass er »nur das Interesse seines Unternehmens ›verinnerlicht‹« und nur »Scheiße« gebaut habe. Er »sei nun kaputt. Er müsse nur noch weg, irgendwohin, vielleicht nach Amerika«.[179] Stefan Aust kündigte, sein Name tauchte zum letzten Mal im Impressum Ende Januar 1969 auf.

Ein Jahr dauerten nun schon die Verhandlungen um den Kurs und die Struktur der Zeitschrift. Ulrike Meinhof schrieb eine weitere Kolumne, es sollte ihre letzte sein, die in *konkret* veröffentlicht wurde: »Gustav Gustav«. Gustav Heinemann war im März 1969 überraschend zum Bundespräsidenten gewählt worden. »Obwohl Heinemanns Wähler dieselben sind, die den Polizeiterror gegen die Linke verschärfen, freuen sich die Opfer des Polizeiterrors über seine Wahl und setzen Hoffnungen auf ihn. So dient seine Person der Verschleierung dessen, was sich tatsächlich abspielt [...]. Er verschafft den Faschisierern Vertrauenskredit, gräbt den linken Kritikern das Wasser ab, isoliert die Linke von ihren Sympathisanten.« (*konkret* 7/69) Wenn es der Linken gelänge, »die falschen Erwartungen zum Anspruch umzufunktionieren«, hätte sie legale Einflussmöglichkeiten. Vor dem Hintergrund der wachsenden Militanz von Teilen der APO war das eine mäßigende Äußerung.

Die Zahl der Ermittlungs- und Strafverfahren gegen Demonstranten stieg weiter an. Aber nur in sehr wenigen Fällen kam es gegen »Schläger in Polizeiuniform« je zur Anklage. Kommissar Kurras, der Benno Ohnesorg erschossen hatte, wurde freigesprochen. Richter Rehse, der 1943 am Volksgerichtshof für das Todesurteil gegen Georg Groscurth mitverantwortlich war, wurde vom Berliner Landgericht vom Vorwurf des Mordes in sieben Fällen freigesprochen. Auf Betreiben der katholischen Kirche wurde der ehemalige SS-General Karl Wolff »aus gesundheitlichen Gründen« vorzeitig aus der Haft entlassen.

Zum Kreis um Ulrike Meinhof gehörten *konkret*-Mitarbeiter wie Peter Homann, Reinhard Kahl, Jürgen Holtkamp und Karl Heinz Roth, mit denen sie die Hierarchie in *konkret* abschaffen und eine emanzipatorische Struktur durchsetzen wollte. *konkret* sollte nicht zur Ware verkommen, sondern ein »Forum« sein, forderten sie in der *Roten Presse Korrespondenz*.[180] Dann beging die Gruppe den Fehler, Uwe Nettelbeck, dem ehemaligen Kulturredakteur der *Zeit*, zu vertrauen, der im März 1969 in die Hamburger Redaktion eintrat und der Gruppe zuvor versichert hatte, mit ihr solidarisch zu sein. Mit Nettelbeck hatte Meinhof sich im Januar am Wannsee getroffen. Meinhof: »Er erklärte sich bereit, mit uns den Kampf um die Demokratisierung dieser Redaktion gegen die beiden Röhls [gemeint sind Klaus Rainer Röhl und sein Bruder Wolfgang] zu führen.« Für Nettelbeck sprach nach Meinhofs Meinung, dass er *Die Zeit* wegen seiner kritischen Texte über die deutsche Justiz hatte verlassen müssen. Aber, sagte sie im Rückblick, »unser Fehler war, dass wir ihm glaubten, dass wir – vorschnell – darauf drängten, dass er stellvertretender Chefredakteur würde, statt abzuwarten, wie er tatsächlich agieren würde«. Sobald Nettelbeck im Amt war, wechselte er, aus Meinhofs Sicht, auf Röhls Seite, weil er einen festen Job erwarten durfte. Linke Mitarbeiter wie Reinhard Kahl und Peter Homann – Röhl hatte erfahren, dass Meinhof mit Letzterem liiert war – wurden gekündigt.[181]

Ab Heft 7/März 1969 nahm Röhl neue Namen ins Impressum: für die Auslandsredaktion Lothar Menne, fürs Feuilleton Peter Rühmkorf, Redakteur für Magazin und Features wurde Wolfgang Röhl. Auch die Namen der Autoren Sebastian Haffner und Robert Neumann standen plötzlich dort. Ulrike Meinhofs Namen platzierte Röhl demonstrativ auf die Titelseite. Dass *konkret* ein »Teil der APO« sei, kollidierte sichtbar mit der Realität. Röhl definierte einfach um, was APO war: Sogar die Studentenorganisationen der Bundestagsparteien von SPD, FDP und die Jugendorganisation der DKP gehörten für ihn nun dazu. Die Zeitschrift hatte, was er nicht offen zugab, wirtschaftliche Probleme. Meinhof und ihre Mitautoren sagten: Er suchte »die Schuld dafür bei der APO – die, statt weiter von Sieg zu Sieg voranzuschreiten, in die Defensive geraten war, also war sie schuld«.[182] Bei der Aufzählung der Autoren, die Röhl sich künftig in seinem Blatt vorstellte, tauchten folgende Namen nicht mehr auf: Rudi Dutschke, Bahman Nirumand, Karl Heinz Roth, Marianne H., Hermann Peter Piwitt, Jürgen Holtkamp, Peter Brückner, Reinhard Kahl, Yaak Karsunke.

Ulrike Meinhof reichte ihre letzte Kolumne ein, einen Text, den sie gemeinsam mit dem SDS Westberlin »Zur Situation an den Hochschulen« verfasst hatte. Das »Produkt kollektiver Schreibe« ist »inhaltlich und formulativ genauer und verbindlicher«, als wenn »ich allein« den Artikel geschrieben hätte, schrieb sie. Als Röhl den Text ablehnte, gab Ulrike Meinhof »den Kampf um die Zeitung auf [...] Den Termin meiner Entscheidung bestimmt die Tatsache, dass meine letzte Kolumne nicht mehr abgedruckt wurde«.[183] Umgehend machte sie ihre Trennung von *konkret* öffentlich, denn sie wollte verhindern, »dass wir durch unsere Arbeit das Linksimage der Zeitung mächtig aufpolieren [...] einer Zeitung, die, wenn wir sie brauchen werden, sich gegen uns wenden wird [...] Ich stelle meine Mitarbeit jetzt ein, weil das Blatt im Begriff ist, ein Instrument der Konterrevolution zu werden, was ich durch meine Mitarbeit nicht verschleiern will, was zu verhindern im Augenblick nicht möglich ist«.[184]

Wenige Tage später lud Ulrike Meinhof zusammen mit Jürgen Holtkamp, Karl Heinz Roth, Peter Homann und Reinhard Kahl zu einer Diskussion in den Republikanischen Club. Die Veranstaltung fand Anfang Mai statt. Viele, auch bekannte Linke, kamen. Schließlich waren seit einem Jahr alle Verhandlungen über den Kurs der Zeitschrift gescheitert. Der nächste Versuch, sagte Meinhof, »müsste auf einer anderen Ebene, mit anderen Mitteln unternommen werden«.[185] An diesem Abend wurde der Plan ausgeheckt, die Redaktion zu besetzen, um die Auslieferung des nächsten Heftes zu verhindern. Der wirtschaftliche Druck würde Röhl dann zum Rücktritt zwingen. Unterstützt von den Anwesenden und von Mitgliedern des Bundesvorstandes des SDS, beschlossen zwei bis drei Dutzend junge APO-Leute, am 7. Mai nach Hamburg zu fahren. Ulrike Meinhof wollte an der Aktion nicht teilnehmen, sie würde sich aber an jenem Tag in Hamburg aufhalten.

Irgendjemand verriet die Sache an Röhl, der die Redaktion räumen ließ. Die Mitarbeiter nahmen ihre Arbeit mit nach Hause, teure Geräte wurden in Sicherheit gebracht. Röhl selbst quartierte sich bei Peter Rühmkorf ein: »Schlafen bis ein Uhr mittags durch und stöpseln erst dann das Telefon wieder ein. Da ist die Blankeneser Villa längst gestürmt« (Rühmkorf[186]). Als Peter Homann, Astrid Proll, Bernward Vesper und andere morgens bei der *konkret*-Redaktion in der Gerhofstraße eintrafen, war die Polizei schon da. Später hieß es, Röhl habe die Polizei nicht geholt, Nachbarn hätten es getan. Die gescheiterten Besetzer verteilten ein Flugblatt »an alle Angestellten aus Redaktion und Verlag von *konkret*«, das die Besetzung rechtfertigen sollte. Sie kämpften ein letztes Mal um die Zeitung, die doch angeblich ihre war. Unsere Aktion richtet sich nicht gegen euch, hieß es darin, sondern »gegen unsere und eure Arbeitgeber, gegen Röhl und Steffens als Eigentümer dieser Firma. Diese Zeitung ist genauso mies und autoritär wie das Verhalten der miesen Autoritäten Röhl und Steffens euch und uns gegenüber in der Redaktion und im Verlag. Wenn ihr morgens pünktlich an eure Arbeit, das heißt an Röhls Profite, müsst, dann liegt Röhl noch im Bett, aber sein Wachhund Steffens ist schon scharf und sieht euch auf die Finger. Ihr müsst ihnen Cognac und Hohes C andienen, dafür seid ihr gerade gut genug. Wenn ihr aber einmal über eine Tasse Kaffee klönen wollt, macht euch schon der Wachhund Angst. Die Chefs haben sich hinter Vorzimmern verbarrikadiert, ihr aber müsst immer damit rechnen, dass Röhl und Steffens unangemeldet bei euch reinplatzen und schnüffeln, um euch und eure Arbeit zu kontrollieren. Überm Schreibtisch Che Guevara / Unterm Schreibtisch McNamara / Der Chef reist mit 'nem Porsche an / und entrinnt dem Mietpreiswucher in Kampen und im Tessin / Macht Schluss mit dem konkreten Mief / Und schafft ein APO-Kollektiv!!!«[187]

Ein knappes Dutzend Leute fuhr dann in einem VW-Bus zur Villa in Blankenese. Der sogenannte »Sturm«, erklärte später ein Beteiligter an Eides statt vor dem Landgericht Hamburg, dauerte höchstens zehn Minuten: Sie öffneten ein Fenster, stiegen in die Villa ein und nahmen sich die Inneneinrichtung vor. Folgendes wurde zerstört: Ein Spiegel im Badezimmer. Ein Telefonanschluss wurde aus der Wand gerissen. In verschiedenen Zimmern wurde das Mobiliar umgeschmissen. In der oberen Etage wurde eine Tür eingetreten. An die Hauswand zur Straßenseite wurde ein Penis gemalt. Ein Bild, das im unteren Flur hing, wurde zerstört. Die Haustür wurde mit blauer Farbe bekleckst. Die Schränke wurden durchwühlt. Mitgenommen wurde: das Tagebuch von

Röhl, eine neue Olympia-Schreibmaschine, etwa 20 bis 25 Schallplatten, mehrere Ordner mit Material (Briefwechsel usw.), das Tonsystem vom Plattenspieler. Die kurzfristigen Hausbesetzer verließen den Tatort und kamen eine Stunde später noch einmal zurück, um zu beobachten, wie Röhl reagierte. Die Polizei und einige Fotografen waren schon bei der Villa.

Erst jetzt kam Ulrike Meinhof. Sie war frühmorgens von Westberlin nach Hamburg geflogen, hatte sich um neun Uhr mit ihrer Steuerberaterin, der Mutter des Rowohlt-Lektors Freimut Duve, zwei Stunden lang »sehr gemütlich und sehr schön über die Steuererklärung« unterhalten (Duve[188]), war dann zur konkret-Redaktion gefahren, wo niemand mehr war, und lief nun, das Gesicht hinter Pony und Sonnenbrille verborgen, durch den Garten der Villa, deren Miteigentümerin sie einmal gewesen war. Neugierig sahen sich auch andere Journalisten um. Wegen der Fotos, die jetzt entstanden, fiel es ihren Gegnern später leicht »zu beweisen«, dass Ulrike Meinhof »dabei« gewesen sei.

Die Brüder Klaus und Wolfgang Röhl entfachten eine Kampagne gegen Ulrike Meinhof, aus der auch andere Medien künftig schöpfen sollten. Wolfgang Röhl schrieb für konkret das »Tagebuch einer verhinderten Besetzung«:[189] »11:30 Uhr [...] Unter Ulrikes Leitung wird jetzt das Haus gestürmt und rasch und schonend verwüstet.« – »12:00 Uhr [...] Steffens verlegt seinen Arbeitsplatz [...] nicht umsonst: Wenig später durchsucht Ulrike Meinhof sein Haus.« 12:30 Uhr: Steffens »sorgt sich um Frau und Kinder. Eine Nachbarin hat sie in Begleitung von Ulrike das Haus verlassen sehen; es heißt, sie seien gekidnappt worden«. Erst die Villa verwüsten, dann Steffens Wohnung durchsuchen, schließlich dessen Frau und Kinder entführen, alles in einer Stunde – und alles gelogen. Aber nur die Entführungsgeschichte korrigierte konkret als »unzutreffend«. Jedes Gerücht gegen die Hausbesetzer war es den Röhls wert, gedruckt zu werden: So trugen die konkret-»Stürmer« angeblich Stahlhelme, einer eine riesige Axt, jemand schoss auch noch »aus einer 5,6-mm-Pistole durch die Fenster«, das Haus wurde zum »Schlachtfeld« usw.

Die Redaktion nahm nur drei Stunden nach Beginn der gescheiterten Besetzung, um 13 Uhr, ihre Arbeit wieder auf. Röhl ließ am gleichen Tag an der Hamburger Universität ein Flugblatt verteilen, in dem er die Aktion als Versuch der »Gleichschaltung« darstellte, also gezielt einen NS-Begriff verwendete, und sich von Ulrike Meinhof distanzierte. In *konkret* veröffentlichte er zwei Fotos seiner »demolierten Wohnung«, um das Ausmaß des »Überfalls« zu belegen. Die Bilder zeigen zerfetzte Plakatreste auf dem Boden des ansonsten unbeschädigten Badezimmers und einige in den Garten geworfene Gegenstände, einen zerbrochenen Stuhl, einen kleinen Sessel, ein Tischfußballspiel. Auf keinem der Fotos waren Schusslöcher, zerbrochene Scheiben oder zerstörte kostbare Antiquitäten zu sehen.

Ulrike Meinhof ging juristisch gegen *konkret* vor. Aber der Schaden war bereits angerichtet. Vor allem der weit verbreitete, aber umstrittene Vorwurf, dass jemand bei der Aktion auch noch in Röhls Bett gepinkelt habe, entwickelte eine merkwürdige Dynamik, als sei dies die größtmögliche Verletzung bürgerlicher Etikette. Sebastian Haffner, den Meinhof einmal den »anerkanntermaßen besten deutschen Kolumnisten« genannt hatte,[190] schrieb noch drei Jahre später: »Ja, auch ich habe Ulrike Meinhof ein bisschen gekannt und zu Zeiten ganz gern gehabt. Aber meine Sympathie war bereits erschöpft, als sie aus weiblicher Rachsucht das Bett ihres bereits geschiedenen Ehemanns bepinkeln ließ.«[191]

konkret wurde langweilig und linkstraditionell und orientierte sich von nun an vor allem an den Milieus von SPD und DKP. Der einstmals kritisierte Günter Grass wurde umworben. Der spätere Berater von SPD-Kanzler Gerhard Schröder, Oskar Negt, wurde Autor für linke Strategien. Lebendige Reportagen aus der Neuen Linken gab es kaum noch. Texte von Herbert Marcuse oder von den Black Panthers waren keine Originalbeiträge mehr, sondern nur noch Auszüge aus bereits veröffentlichten Büchern.

Ulrike Meinhof litt unter der falschen Berichterstattung über die Aktion. Immer wenn sie dachte, sie hätte es geschafft, kam wieder so ein »Scheißbericht« über die *konkret*-Sache und warf sie um. Sie war traurig und zornig darüber, dass die Aktion in Röhls Haus in der Öffentlichkeit zur Hauptsache gemacht wurde, obwohl sie nur eine Randerscheinung der eigentlichen, gescheiterten Aktion gegen *konkret* war. Sie hoffte, dass endlich ein paar Linke sie in Schutz nähmen, denn die Idee, die *konkret*-Redaktion zu besetzen, stammte nicht von ihr, sondern unter anderem von Mitgliedern des SDS-Bundesvorstandes. Als die Aktion gescheitert war und ihr angelastet wurde, hatten die sich rausgehalten. Einige bekannte Linke stellten sich aber dann doch mit einer Erklärung zur »Besetzung von *konkret*« ausdrücklich auf ihre Seite,* andere aber, von denen sie es erwartet hätte, schwiegen. Verspätet übte auch der SDS-Bundesvorstand Selbstkritik. Dieter Waldmann, der Redakteur des Südwestfunks, der ihr Drehbuch für *Bambule* betreute, tröstete sie. Er sagte zu ihr, Röhls Ansehen habe mehr gelitten als ihres. Sie versuchte abzuschalten und sich auf ihre Arbeit zu konzentrieren. Das klappte oft nicht.

Die Kinder sahen ihren Vater seit der Scheidung nur noch selten. Ulrike Meinhof plante ihre Lebenssituation zu verändern und mit anderen Erwachsenen mit Kindern zusammenzuziehen. Aber mit wem? Mit den Nirumands? Deren Ehe war ihr zu patriarchalisch. Bald gab es einen neuen Plan. Freunde von der *Roten Presse Korrespondenz* beabsichtigten nach Zehlendorf in ein großes Haus mit Garten zu ziehen. Aber daraus wurde nichts, und auch ihre Idee, mit Rudi Dutschke zusammenzuziehen, scheiterte.

Im Sommer 1969 zog sie mit den Kindern für einige Monate in eine bestehende Wohngemeinschaft in einem großen Altbau in der Halberstädter Straße 7, nahe der S-Bahn-Station Halensee. Zuerst fühlte Ulrike Meinhof sich wohl. Bis auf Jan Carl Raspe waren alle berufstätig. Er und Marianne H. kümmerten sich viel um Meinhofs Töchter. Man kochte abends gemeinsam und diskutierte viel. Ulrike Meinhof wurde als liebevolle Mutter wahrgenommen.

Bald gab es Spannungen. Meinhof war wegen der Vorarbeiten zu *Bambule* und wegen eines Lehrauftrags an der Freien Universität beruflich sehr belastet und erwartete daher, dass die Wohngemeinschaft mehr Verantwortung für die Zwillinge übernahm. Thomas Mitscherlich fand Ulrike Meinhof, mit der er sich bis

---

* Darunter: Günter Amendt, Rudi Dutschke, Hans Magnus Enzensberger, Marianne H., Jürgen Holtkamp, Peter Homann, Reinhard Kahl, Wolfgang Neuss, Bahman Nirumand, Michael Schneider, Peter Schneider, Monika Seifert, Christian Semler und Horst Thomeyer (*Rote Presse Korrespondenz* 12/1969)

dahin gut vertragen hatte, mit einem Mal »fordernd und bestimmend, als sei sie ein Kader« und könne verlangen, freigestellt zu werden.[192] Der Plan, gemeinsam in eine größere Wohnung umzuziehen, wurde aufgegeben.

Sie reiste zu Vortragsveranstaltungen und Podiumsdiskussionen, sie schrieb in der *Roten Presse Korrespondenz*, sie verfasste Rundfunksendungen, aber sie litt darunter, dass sie mit *konkret* ein Medium verloren hatte, in dem sie sich hatte regelmäßig öffentlich äußern können. Oft ärgerte sie sich über die politischen Verhältnisse und über die Unvereinbarkeit von privaten Bedürfnissen mit der gesellschaftlichen Situation. Sie wollte sich ihre Hoffnung nicht so zerstören lassen, dass sie sich überhaupt keine Wünsche auf Veränderung mehr zugestand.

Viele *konkret*-Leser vermissten ihre Kolumnen, aber sie selbst konnte sich das nicht vorstellen und glaubte, dass ihre Texte nutzlos gewesen seien. Auch ansonsten unterschätzte sie ihren politischen Einfluss: Im Juli 1969 hielt sie an der Universität Tübingen vor mehr als 200 Studentinnen einen Vortrag über »Die Befreiung der Frau«. Anschließend stürmten die Studentinnen das Clubhaus und gründeten den Arbeitskreis »Emanzipation«, die erste Tübinger Frauengruppe (Ulrike Helwerth[193]). Ulrike Meinhof ahnte nichts davon. Möglicherweise bewirkte sie ja noch mehr solche Initialzündungen.

Helma Sanders interviewte und filmte Ulrike Meinhof. Die war nervös, angespannt, rauchte Zigaretten ohne Filter und rollte wie üblich die Banderole der Zigarettenschachtel. Hinter ihr hingen zwei Plakate: »Enteignet Springer« und Albert Kordas berühmtes Foto von Che Guevara. Sie war schmal geworden, blass, die braunen Haare schulterlang, der Pony fiel ihr fast in die Augen. Sie senkte oft den Kopf, lächelte nicht, antwortete der Interviewerin sehr ernst: »Privatangelegenheiten sind eminent politisch. Kindererziehung ist unheimlich politisch. Die Beziehungen, die Menschen untereinander haben, sind unheimlich politisch, weil sie etwas darüber aussagen, ob Menschen unterdrückt sind oder frei sind, ob sie – ob sie Gedanken fassen können oder ob sie keine Gedanken fassen können, ob sie was tun können oder ob sie nichts tun können. Von den Bedürfnissen der Kinder her gesehen ist die Familie [...] der stabile Ort mit stabilen menschlichen Beziehungen, notwendig, unerlässlich. [...] Schwer, schwer, unheimlich schwer«. Es »ist das Problem aller politisch arbeitenden Frauen, mein eigenes inklusive, dieses: dass sie auf der einen Seite gesellschaftlich notwendige Arbeit machen, dass sie 'n Kopf voller richtiger Sachen haben, dass sie eventuell auch wirklich reden und schreiben und agitieren können. Aber auf der andern Seite mit ihren Kindern genauso hilflos dasitzen wie alle anderen Frauen auch und sehr viele von diesen Frauen auch dieselben Schwierigkeiten innerhalb ihrer Familien haben, die alle anderen Frauen auch haben. Wenn man so will, ist das die zentrale Unterdrückung der Frau, dass man ihr Privatleben als Privatleben in Gegensatz stellt zu irgendeinem politischen Leben. Wobei man umgekehrt sagen kann, da wo politische Arbeit nicht was zu tun hat mit dem Privatleben, da stimmt sie nicht, da ist sie perspektivisch nicht durchzuhalten. Man kann nicht antiautoritäre Politik machen und zu Hause seine Kinder verhauen. Man kann aber auf die Dauer auch nicht zu Hause seine Kinder nicht verhauen, ohne Politik zu machen. Das heißt, man kann nicht innerhalb einer Familie die Konkurrenzverhältnisse aufheben, ohne nicht darum kämpfen zu müssen, die Konkurrenzverhältnisse auch außerhalb der Familie aufzuheben, in die jeder reinkommt, der also seine Familie anfängt – zu verlassen.«[194]

Der letzte Halbsatz wurde fälschlicherweise oft als Meinhofs Ankündigung interpretiert, sie wolle ihre Kinder verlassen. Aber das Bild von der verlassenen Familie war eine Metapher für die gescheiterte Hoffnung auf ein »Nest«, auf eine Lebensform, in der sich Liebe und Politik verbanden, und auf eine Gesellschaft, in der es keine permanente Überforderung war, aktiver politischer Mensch, Autorin und alleinerziehende Mutter gleichzeitig zu sein.

Im Dezember zog Ulrike Meinhof mit ihren Kindern in die Kufsteiner Straße 12 in Schöneberg. Dort bewohnte sie nun eine Sechszimmerwohnung für rund 430 Mark inklusive Heizung. Die Kinder besuchten längst einen antiautoritären Kindergarten in der Babelsbergerstraße 11. Mit Marianne H. und Jan-Carl Raspe blieb sie auch nach dem Umzug befreundet. Peter Homann zog für einige Zeit zu ihr. Der 33-Jährige hatte in Hamburg Kunst studiert und war 1962 nach Westberlin gezogen. Als im Juni

1967, nach dem Tod von Benno Ohnesorg, verboten wurde, Transparente auf Demonstrationen mit sich zu führen, hatte Homann eine Idee, wie diese Anordnung unterlaufen werden konnte: Acht Demonstranten trugen weiße T-Shirts mit je einem Buchstaben vorn und einem hinten: Zusammen ergab das, wenn sich alle acht gleichzeitig umdrehten, zuerst »A-L-B-E-R-T-Z«, dann: »A-B-T-R-E-T-E-N«. Die Aktion wurde im Fernsehen gezeigt, alle acht Demonstranten verhaftet, eine von ihnen hieß Gudrun Ensslin. Meinhof mochte Homann, aber sie hatten eine Reihe von Gemeinsamkeiten, standen im Kampf um *konkret* auf der gleichen Seite, liebten Kunst, engagierten sich im Märkischen Viertel und bewegten sich in der Berliner Szene. Der gutmütige Mann kümmerte sich außerdem um die Zwillinge.

Röhls Tochter, die mittlerweile 14-jährige Anja, lebte in einem Internat in St. Peter Ording. Zwei- oder dreimal besuchte sie Ulrike Meinhof und die Zwillinge in Westberlin. Dort fühlte sie sich sehr wohl. Es entwickelte sich ein Briefwechsel. Anja erzählte von ihren Problemen zu Hause und im Internat und erfuhr von Ulrike Meinhof Trost und Zuspruch. In einem Brief schrieb Anja, dass sie nicht mehr nach Hamburg zurück könne, da sie bei ihrer Mutter nicht mehr wohnen wolle und ihr Vater ihr große Angst mache.

Bettina Röhl umschreibt ihre Beziehung zu ihrem Vater später so: »Gleichzeitig war immer zu spüren, dass unser Vater sich auch selbst ablenken musste und wie fast jeder alleinerziehende Elternteil sich an seine Kinder anlehnte und sich ein bisschen an ihnen festhielt.« Ihr sei die Rolle zugekommen, »ein bisschen ein Ersatz für das« zu sein, »was Ulrike Meinhof als Lücke bei ihrem Ex-Mann hinterlassen hatte«.[195]

Mit ihrer Schwester Wienke hatte Ulrike Meinhof vereinbart, dass diese, sollte ihr je etwas zustoßen, Regine und Bettina zusammen mit ihren eigenen Töchtern großziehen solle. Nie im Leben dürfte Klaus Rainer Röhl das Sorgerecht für die beiden Mädchen bekommen.

*»Ändern wird sich nur etwas, wenn die Unterdrückten
selbst handeln«*

Antiautoritäre Autorität
Westberlin, Dezember 1969 bis Mai 1970

Axel Springers *Welt am Sonntag* schrieb am 23. November 1969:
»Der Einmarsch der Linken hat begonnen: Prominente der außerparlamentarischen Opposition haben zum Sprung auf die
Planstellen der Freien Universität (FU) angesetzt. Als Erste erreichte die 35-jährige frühere Kolumnistin der linkslastigen Zeitschrift *konkret*, Ulrike Meinhof, das Ziel. Seit dem 22. Oktober
›lehrt‹ sie, die ›überall in der Bundesrepublik die Faschisierung
wachsen‹ sieht, am Institut für Publizistik. Ihr Seminarthema und
gleichzeitiges Polit-Hobby: ›Möglichkeiten von Agitation und
Aufklärung im Hörfunk-Feature‹«.[196] Kurz zuvor hatte Springers
Berliner Morgenpost gegen die »Lehrmethoden der linksorien-
tierten Journalistin Ulrike Maria Meinhof« gewettert.[197] »›Rote
Ulrike‹ lehrt Agitationsarbeit an der FU«,[198] hieß es anderenorts
und die *Springer Nachrichten* empörten sich, dass die Studenten
Ulrike Meinhof duzten.

Sie hatte seit dem Sommersemester 1969 einen Lehrauftrag am
Institut für Publizistik. Mit den Studenten entwickelte sie Radiosendungen und praktizierte, was ihr in der *konkret*-Redaktion
verwehrt gewesen war: die Rolle der antiautoritären »kritischen
Autorität« (Hans-Jürgen Krahl[199]). Meinhof war so begeistert
vom Engagement ihrer Studenten, dass sie sich vorstellen konnte,
mit ihnen eine richtige linke Zeitung zu machen. Als sie den Kurs
im Oktober 1969 fortsetzte, gab es aber einen unter ihren Studenten, der nur anwesend war, um der CDU zu berichten, was sie
hier tat. Die Dozentin Meinhof habe geäußert, ihre Lehrveranstaltung diene nicht der Ausbildung von Journalisten, die politisch gegen Linke arbeiten. Auch habe der sozialistische Journa-
lismus nicht der Öffentlichkeit zu dienen, sondern sei ein Mittel

der Organisation der Unterdrückten. Die CDU-Abgeordnete Ursula Besser stellte daraufhin eine Kleine Anfrage an den Senat, in der sie Ulrike Meinhof verfassungswidriges Verhalten vorwarf und Konsequenzen verlangte. Es kam zu einer Anhörung: Ulrike Meinhof nahm Stellung und lehnte weitere Befragungen ab. Die CDU-Abgeordnete schob im Dezember 1969 und im Januar 1970 neue Kleine Anfragen nach. Der Senat widersprach: Die »zitierten Äußerungen« gäben »keine Anhaltspunkte dafür [...], dass die Treue zur Verfassung nicht eingehalten wurde. Der Senat hat daher zurzeit keinen Beweis für ein verfassungswidriges Verhalten von Frau Meinhof, auch wenn er solche Äußerungen nicht billigt«. Ulrike Meinhof behielt ihren Lehrauftrag, aber sie stand weiterhin unter Beobachtung der CDU und des Springer Verlages. Als Harry Pross, der Leiter des Publizistik-Instituts, ihr im Frühjahr 1970 eine Verlängerung des Lehrauftrags anbot, sagte sie Nein.[200]

Im Winter 1969 ging den Westberliner Antiautoritären die *Rote Presse Korrespondenz* verloren, die Unterzeile »der Studenten-, Schüler- und Arbeiterbewegung« verschwand. Die KPD/AO (Kommunistische Partei Deutschland/Aufbauorganisation), eine nationalistisch-maoistische K-Gruppe, übernahm die Redaktion. Ulrike Meinhof verlor damit noch eine politische Publikationsmöglichkeit. Die Linke zerfiel weiter in antiautoritäre Flügel, in marxistisch-leninistische Gruppen, in reformistische, parteikommunistische und maoistische Organisationen, in Frauengruppen, Lederjackenfraktion, Jungarbeiter, Lehrlinge, Schüler. Es gab Diskussionen bis zum Morgengrauen, Partys, Liebesbeziehungen, Drogen, Prügeleien, Erkenntnisse und Regression. Eine wilde Gemengelage, in der alles diskutiert wurde, vom Eintritt in die SPD bis zum bewaffneten Kampf.

Im Juni 1969 waren Gudrun Ensslin und Andreas Baader bis zur Entscheidung über die Revision bedingt freigelassen worden. Sie hatten bereits neun Monate ihrer dreijährigen Haft abgesessen. Im September versprach die SPD, die nach der Bundestagswahl ohne die CDU regieren konnte, eine politische Amnestie für Straftaten in Zusammenhang mit Demonstrationen. Sogar einige CDU-Abgeordnete befürworteten dies.

Gudrun Ensslin und Andreas Baader überbrückten die Wartezeit in Frankfurt am Main mit politischer Sozialarbeit: Im hessischen Staffelberg gab es eine Erziehungsanstalt, in der katastro-
phale Verhältnisse herrschten. Frankfurter Studenten hatten die
Zöglinge animiert, sich zu wehren und zu organisieren. 70 Jungs,
fast die Hälfte der »Insassen«, waren ausgebrochen und nach
Frankfurt geflohen. Ziel der Staffelbergkampagne, in der sich
nun auch Ensslin und Baader engagierten, war es, den Jugendlichen neben Ausbildungsplätzen und Wohnungen neue Perspektiven in Lehrlingskollektiven zu bieten. Gudrun Ensslin arbeitete
so engagiert, dass der Leiter des Frankfurter Jugendamts, aber
auch das Diakonische Werk der Evangelischen Kirche bereit waren, sie fest anzustellen, falls sie nicht wieder zurück ins Gefängnis müsste.

Im Sommer reiste auch Ulrike Meinhof, die für ein Hörfunk-
feature über das Jugendheim Fuldatal in Guxhagen recherchierte,
das dann im November im Hessischen Rundfunk ausgestrahlt
wurde, mehrmals nach Frankfurt, um an der Staffelbergkampagne teilzunehmen. Dabei freundete sie sich mit Ensslin und Baader an.

Am 10. September 1969 verwarf der Bundesgerichtshof die
Revision im Kaufhausbrandprozess. Ensslin, Baader, Proll und
Söhnlein sollten weitere 22 Monate absitzen. Gudrun Ensslin
und Andreas Baader flohen nach der Urteilsverkündung nach
Paris, dann nach Amsterdam und Sizilien und warteten auf die
Entscheidung über ihr Gnadengesuch, das sie an das Land Hessen gestellt hatten. Helga Einsele, die Leiterin der JVA Frankfurt-
Preungesheim, unterstützte ihr Anliegen, ebenso einige Personen
aus der Evangelischen Kirche. Am 4. Februar 1970 lehnte der
hessische Justizminister Karl Hemfler (SPD) die Begnadigung
ab.

Ensslin und Baader erschienen nicht zum Hafttermin, sondern
fuhren nach Westberlin und tauchten plötzlich, Anfang Februar
1970, bei Ulrike Meinhof auf, wo sie sich versteckten. Sie nannten sich Hans und Grete, damit die Zwillinge sich nicht verplap-
perten. Aber die gaben vor den anderen Kinderladenkindern mit
den geheimnisvollen neuen Mitbewohnern mächtig an und nahmen Freunde mit nach Hause, um ihnen die Flüchtigen zu zeigen.

Ulrike Meinhof hatte keine große Angst, dass jemand »Grete« und »Hans« verriet – so viele Linke waren in Westberlin von staatlicher Verfolgung betroffen, dass die Untergetauchten in der Szene schwammen wie Fische im Wasser.

Die Menschen, die einmal »Baader-Meinhof-Bande« genannt werden sollten und sich später selbst »Rote Armee Fraktion« (RAF) nennen würden, diskutierten damals, wie viele andere Linke, über den Aufbau einer militanten oder revolutionären Bewegung. Sofern Ulrike Meinhof neben Beruf und Kindern Zeit hatte, war sie mit dabei. Zu diesem Kreis gehörten der Anwalt Horst Mahler, die 19-jährige G., die inzwischen ihren Schulabschluss nachgeholt hatte, die 27-jährige Rechtsreferendarin Monika Berberich, die kurz vor ihrem zweiten Examen stand und im Sozialistischen Anwaltskollektiv von Horst Mahler, Hans-Christian Ströbele und Klaus Eschen arbeitete, die 22-jährige Studentin Brigitte Asdonk, die in der Betriebsgruppe der Deutschen Waggon- und Maschinenfabrik mitarbeitete, der 22-jährige Kaufmann Heinrich »Ali« Jansen, der 23-jährige Filmstudent Manfred Grashof, der aus der Bundeswehr desertiert war, die 19-jährige Petra »Prinz« Schelm, die als Friseuse arbeitete und Maskenbildnerin werden wollte, die 25-jährige Ingrid Schubert, die soeben ihr Medizinstudium abschloss, und einige weitere Personen. Keine untypische Zusammensetzung innerhalb der APO, bis auf den außerordentlich hohen Anteil an Frauen. Ulrike Meinhof war mit 35 Jahren die Älteste.

Eine gewisse Sonderrolle spielte anfänglich der 34-jährige Horst Mahler. Er war nach den Anti-Springer-Aktionen zu einer Zahlung von 250 000 D-Mark Schadensersatz verurteilt worden, obwohl die Richter zugegeben hatten, dass Mahler weder Steine geworfen noch das Verlagshaus gestürmt hatte. Das war sein finanzieller Ruin. Noch im Februar beschaffte er die erste konspirative Wohnung für Ensslin und Baader, sodass diese wieder bei Ulrike Meinhof ausziehen konnten. Sie legten einen Perserläufer in den Flur. Falls mal ein Nachbar einen Blick in die Wohnung hineinwarf, sah alles so aus wie in den meisten Studentenbuden: Möbel wie vom Trödel, Matratzen auf dem Boden, Bücher, Musikanlage, überquellende Aschenbecher.

Am 19. Februar 1970 begannen die Dreharbeiten für *Bambule*.

Ulrike Meinhof nahm zuerst täglich daran teil. Sie hoffte, noch einen Rest an Kontrolle über ihren »besten und schönsten Film« ausüben zu können. Einiges war schon schiefgelaufen. Sie hatte sich als Regisseur Tom Toelle gewünscht, der Filme über deutsche Juden, NS-Verbrechen und über den Reichstagsbrand gedreht hatte, aber der hatte wohl keine Zeit und die Redaktion hatte Eberhard von Itzenplitz engagiert. Dieser hatte Barbara Morawiecz als Darstellerin abgelehnt. Da Ulrike Meinhof versäumt hatte, sich den versprochenen Einfluss auf die Besetzung vertraglich zusichern zu lassen, konnte sie ihre Wunschkandidatin nicht durchsetzen. Ihre größte Enttäuschung aber war, dass sich die Heimmädchen nicht selbst spielen durften, wie sie es ihnen versprochen hatte – das traf ihr politisches Anliegen substanziell. Die Stimmen der jungen Schauspielerinnen, die der Sender stattdessen unter Vertrag genommen hatte, waren ihr zu kokett, waren Stimmen von Mädchen, die gewohnt waren, Konversation zu betreiben, und nicht, sich auseinanderzusetzen und für ihre Rechte zu kämpfen. Acht Tage nach Drehbeginn notierte von Itzenplitz: »Drehen in der Schulklasse. Es geht ganz gut. Ich mache Krach, um die Meinhof zu warnen [...] Wir schmeißen sie aber noch nicht raus [...]«.[201] Ulrike Meinhof erschien zunächst seltener und dann gar nicht mehr am Set. Wenn sie über die Filmarbeiten sprach, klang es so, als sei ihr etwas sehr Kostbares weggenommen worden. Ulrike Meinhof: »Ändern wird sich nur etwas, wenn die Unterdrückten selbst handeln. Wer sie dabei unterstützen will, muss es praktisch tun, muss den Unterdrückten selbst helfen, sich zu organisieren, zu handeln, ihre Forderungen durchzusetzen. Es kommt nicht darauf an, ihnen zu zeigen, wie man es machen muss, es kommt darauf an, selbst mitzumachen.«[202] Zwei Jahre Arbeit waren in ihren Augen gescheitert. *Bambule* sei, sagte sie, zum Konsumartikel geworden: »Ein Fernsehspiel, das die Mädchen einmal mehr verschaukelt, man darf sagen: Ein Scheißspiel.«[203] Trotz allem entstand ein beeindruckender Film.

Auch um ihr Radiofeature »Bunker – Bunker«, das der Sender Freies Berlin in Koproduktion mit dem WDR am 26. Dezember 1969 gesendet hatte, gab es Streit. Die Wogen schlugen so hoch, dass der Intendant des SFB Ulrike Meinhofs Manuskript an Senator Korber schickte und ihn bat, die »angeblichen Tatbestände aus Berliner Erziehungsheimen« zu überprüfen. Er bot ihm sogar Sendezeit für eine Gegendarstellung an. Aber die Prüfung ergab: »Der Inhalt [...] entspricht im Wesentlichen den Tatsachen.«[204] Langsam wurde auch Meinhofs Arbeit für die öffentlich-rechtlichen Rundfunkanstalten immer schwieriger.

Mahler wurde im März 1970 in einem dritten Verfahren wegen Landfriedensbruchs zu zehn Monaten Gefängnis auf Bewährung verurteilt. Damit wurde er aus dem Kreis der von politischer Amnestie Begünstigten herauskatapultiert, obwohl Fälle wie seiner die Straffreiheitsdebatte begründet hatten: ein Landfriedensbruchparagraf aus dem 19. Jahrhundert, der nun »reformiert« wurde. Die bloße Anwesenheit in einer Menschenmenge, von der eine »Unruhe« ausging, genügte für eine Haftstrafe. Anfang 1970 befanden sich 7181 Verfahren gegen Demonstranten in den verschiedenen Stadien polizeilicher, staatsanwaltschaftlicher und gerichtlicher Vorbereitung. Auch junge Mitglieder von Bundestagsparteien waren betroffen sowie ein Teil des für die wirtschaftliche Modernisierung und für die Ostpolitik notwendigen akademischen Nachwuchses. Bundeskanzler Willy Brandt, den man zum Straffreiheitsgesetz hatte tragen müssen, sagte, die Amnestie solle denen, »die im Eifer irrten«, einen »neuen Anfang« ermöglichen, sie werde sich »aber nicht auf kriminelle Ausschreitungen erstrecken«.[205] Am 18. März 1970 schließlich wurde die Amnestie für Demonstrationsdelikte im Bundestag in dritter Lesung von SPD und FDP gegen die Stimmen von CDU/CSU verabschiedet. Sie betraf Delikte zwischen dem 1. Januar 1965 und dem 31. Dezember 1969, aber nur sofern die Strafen unter acht Monaten lagen. Damit wurden alle überhöhten, besonders harten Urteile nachträglich abgesegnet.

Für viele war diese Latte zu hoch. Beate Klarsfeld, die Bundeskanzler Kiesinger die Ohrfeige verpasste, war in einem Schnellgerichtsverfahren zu einem Jahr Gefängnis verurteilt worden. Wegen der Teilnahme an einer Anti-Springer-Blockade war der Gerichtsreferendar Rolf Pohle zu 15 Monaten Haft verurteilt worden. Bis zum Ende des Jahres profitierten 5868 Menschen von der Amnestie. Gudrun Ensslin und Andreas Baader gehörten nicht dazu; Urteil, Revision, Gnadengesuch, Amnestie – alles war gegen sie gelaufen. »Sie haben diese Ächtung offensiv für sich als Ritterschlag gedeutet, weil sie überzeugt davon waren, dass sie durch ihre Militanz die Sollbruchstelle des Systems gefunden hatten, die antiautoritäre Revolte von revolutionärem Kampf trennt«,[206] sagten die Geschwister von Gudrun Ensslin, Christiane und Gottfried, später.

Die Amnestie spaltete die Linke: Ein Teil ließ sich integrieren, froh, der Bedrohung entronnen zu sein. Der SDS-Bundesverband löste sich noch im März auf. Die APO gab es nicht mehr. Die Gegner der Amnestie, darunter auch einflussreiche Kreise der Westberliner SPD, der Justiz und der Polizei, fokussierten sich umso schärfer auf die von der Straffreiheit Ausgegrenzten, die sich in vielen neuen kleinen Gruppen organisierten. Eine Eskalation war absehbar.

Wenig beachtet wurde die Janusköpfigkeit der Dritten Strafrechtsreform: Hinter der Abschaffung veralteter Repressionsformen verbarg sich die Anpassung an die veränderten Aktionsformen der neuen Basisbewegungen. Sit-ins, Go-ins, Teach-ins – überall verwirrende Unordnung und viele neue Gruppen und Strömungen. Wollte der Staat diesen Widerstand künftig effizient bekämpfen, mussten die Strafbestimmungen modifiziert und erweitert werden. Dazu kam bald der Radikalenerlass der SPD/FDP-Bundesregierung von 1972, ein europaweit einmaliges Verfahren; das deutsche Wort »Berufsverbot« fand seinen Eingang in die Wörterbücher anderer Sprachen. Es bedurfte keiner Kleinen Anfragen einer CDU-Abgeordneten mehr, der Staat prüfte automatisch millionenfach die Gesinnung von Beschäftigten im öffentlichen Dienst und erließ Tausende von Berufsverboten.

Die politischen und beruflichen Bedingungen in Ulrike Meinhofs Leben und im Leben ihrer Freunde hatten sich drastisch verändert. Mahler war verurteilt. Ensslin und Baader wurden von der Polizei gesucht.

Am 4. April 1970 wurde Andreas Baader verhaftet. Auf der Fahrt zu Peter Urbach, einem Verfassungsspitzel, der ihm Waffen angeboten hatte, wurde er gefasst. Aufgrund seiner Flucht und einer vorangegangenen Strafe würde er mindestens 34 Monate absitzen müssen. Ulrike Meinhof bat weniger radikale linke

Freunde und Bekannte, in nächster Zeit ihre große Küche in der Kufsteiner Straße zu meiden. Sie erklärte ihnen, dass sie sich auf eine neue Phase vorbereiteten und dazu auch Leute bräuchten, die bereit seien, eine Waffe in die Hand zu nehmen.

Ihr radikaler Zirkel war einer unter vielen. All das gab es längst: Steinhagel gegen Polizisten, die Kneipen der linken Subkultur überfielen; Sprengstoffanschläge gegen Einrichtungen der Justiz nach besonders harten Urteilen gegen Oppositionelle; Molotowcocktails auf Einrichtungen der USA wegen des Vietnamkriegs. Auch Gefangenenbefreiungen waren nichts Neues, darüber diskutierte die radikale Linke sogar öffentlich in ihrer Zeitung *Agit 883*. Sie wollte raus aus der Defensive. Viele misstrauten der vermeintlichen Liberalisierung durch die sozialliberale Koalition. Sie glaubten, dass sich der staatliche Repressionsapparat lediglich modernisiere und, nach dem Niedergang der APO, zu einem neuen Angriff sammele.

Die Gruppe um Meinhof, Ensslin und Mahler beschloss, Andreas Baader aus der Haft zu befreien – ihre erste gemeinsame konkrete Aktion auf dem Weg zum Aufbau einer revolutionären Organisation und doch ein ziemlich kleiner Schritt, verglichen mit der Aufforderung des legendären Vietnamkongresses, gemeinsam mit den revolutionären Befreiungsbewegungen gegen den US-Imperialismus und seine europäischen Handlanger zusammenzuarbeiten, mit dem Ziel der sozialistischen Weltrevolution.

Alle besuchten Baader im Gefängnis, selbst Gudrun Ensslin, nach der die Polizei nach wie vor fahndete. Sie änderte Frisur und Haarfarbe und führte einen Ausweis auf den Namen Dr. Gretel Weitemeier mit sich. Kein Vollzugsbeamter erkannte sie. Während die Gruppe beschloss, die Ausführung Baaders ins Institut für soziale Fragen in Dahlem durchzusetzen, gerieten einige von ihnen, darunter Ulrike Meinhof, in einen Polizeieinsatz am 1. Mai im Märkischen Viertel, wo sie Zwangsräumungen zu verhindern versuchten. Andere aus der Gruppe kamen unter die Hufe der berittenen Polizei bei einer Kambodscha-Demonstration.

Am 14. Mai 1970, dem Donnerstag vor Pfingsten, sollte Andreas Baader befreit werden. Sie würden den Beifall der Szene genießen, die seit Langem nur über Gefangenenbefreiung redete. Schritt für Schritt würden sie eine Bewegung aufbauen. Zwei Jahre später wird Gudrun Ensslin an ihre Schwester Christiane schreiben, dass es nach der anarchistischen Phase richtig gewesen sei, zu erkennen, dass »Organisation« sein müsse, dass aber bei den ML-Genossen, »die mit ›dem Proletariat‹ umgehen wie weiland mit der Religion«, die Organisation »zur fixen Idee, zum Fetisch« verkommen sei.[207] Irgendwo dazwischen wollte sich die neue, noch namenlose Gruppierung installieren. Mit dem Anspruch, durch Polarisierung Erkenntnis zu fördern; sich zu verteidigen; anzugreifen; aufzuklären. Die Selbstorganisation der Opfer des Kapitalismus zu befördern. Sich selbst zu »entbürgerlichen« und zu Revolutionären zu erziehen. So der Plan.

Wie viel Konsequenz gehörte dazu? Wie viel Kampf gegen die eigene Furcht? Wie würde dieses Leben aussehen, mit einem Bein in der Illegalität? Ulrike Meinhof entschied sich, sich an der Befreiung von Andreas Baader aktiv zu beteiligen. Sie rief am Mittwoch vor Pfingsten die Holtkamps in Bremen an und fragte Lilli, ob die Kinder zu ihnen kommen könnten. Die Holtkamps wollten eigentlich Verwandte in Berlin besuchen, aber Ulrike Meinhof machte es dringend, es müsse gleich sein, sagte sie, morgen noch. Die Holtkamps sagten Ja.

Am Donnerstag vor Pfingsten brachten Freunde die Zwillinge nach Bremen. Am Morgen schob Ulrike Meinhof einen Zettel unter die Tür von Barbara Morawiecz' Wohnung: Wir kommen zum Frühstück, Anna. Dann fuhr sie nach Dahlem und klingelte an der Tür des Instituts für soziale Fragen.

Mutter
Westberlin, Mai bis Juni 1970

Kaum hing das Fahndungsplakat mit Ulrike Meinhofs Foto an allen Litfaßsäulen Westberlins, beantragte Klaus Rainer Röhl »im Wege der einstweiligen Anordnung [...] die elterliche Gewalt für die beiden Kinder, insbesondere das Personensorgerecht«.[208] Er verstärkte alle Vorbehalte, die ein Westberliner Gericht – über die Baader-Befreiung hinaus – gegen eine Linke haben konnte: Ulrike habe die Kinder in einen sogenannten Kinderladen geschickt. Sie habe zugelassen, dass die Kinder sich in Wohngemeinschaften und in Anarchokommunen aufhielten, in denen sogar Fürsorgezöglinge ein und aus gingen. In *konkret* pries Röhl antiautoritäre Kinderläden und ein freizügiges Sexleben. Ulrike habe mit einem Herrn Homann zusammengelebt. Röhl erinnerte das Gericht daran, dass gegen Ulrike Meinhof »Haftbefehl erlassen« worden war. Er bewohne ein acht Zimmer großes Haus allein und habe eine Wirtschafterin.

Das Amtsgericht Charlottenburg entschied blitzschnell, am Pfingstsamstag, den 16. Mai 1970, nur zwei Tage nach Meinhofs Untertauchen, und sprach, im Wege einer einstweiligen Anordnung, Röhl das vorläufige Sorgerecht zu. Der ermächtigte die Polizei, per Interpol nach den Kindern zu fahnden, und die Polizei hatte es dadurch einfacher, ihrer Mutter auf die Spur zu kommen.

Ulrike Meinhof erfuhr in ihrem Westberliner Versteck von der Gerichtsentscheidung. Es traf sie hart. Sie warnte die Holtkamps. Diese informierten Wienke, dass Röhl und die Polizei die Kinder zuerst bei ihr suchen würden. Da fuhren die Holtkamps mit allen fünf Kindern an die Nordsee, ohne ihre Adresse zu hinterlassen.

Obwohl die Polizei in ganz Westberlin nach Ulrike Meinhof

fahndete, setzte sie eine Sonnenbrille und ein Kopftuch auf, die Haare kurz geschnitten und blond gefärbt, und verließ ihr Versteck in der Knesebeckstraße, um sich mit ihren Anwälten, dem Hamburger Heinrich Senfft und dem Bremer Heinrich Hannover, zu treffen. Sie sollten Röhl zur Vernunft bringen und ihn von der »Wienke-Lösung« überzeugen. Ihr größter Wunsch war, dass die Zwillinge zu ihrer Schwester kämen. Sie beauftragte ihre Anwälte zu verhindern, dass Röhl Fotos der Kinder an die Medien gebe und er die Kinder auch nur besuchsweise zu sich hole. Durch die Baader-Befreiung stand er plötzlich wieder im Mittelpunkt einer medienwirksamen Affäre. Ulrike Meinhof bat vergeblich um seine Zustimmung für den künftigen Aufenthaltsort der Kinder. Die Akten zeigen, dass es einiger widersprüchlicher Reaktionen und Entscheidungen bedurfte, bis Röhl die Rolle des treu sorgenden Vaters für sich entdeckte. Am 22. Mai beauftragte Meinhof den Westberliner Anwalt Hans-Christian Ströbele, Beschwerde gegen die einstweilige Sorgerechtsanordnung des Charlottenburger Amtsgerichts einzulegen. Er argumentierte, dass eine »vorübergehende Abwesenheit« seine Mandantin keineswegs daran hindere, das Sorgerecht auszuüben und ihre Kinder angemessen unterzubringen.

Meinhof entschied sich spät, ihren Anwälten offen zu sagen, warum sie auf keinen Fall wollte, dass Röhl sich um die Kinder kümmerte. Es kostete sie einige Überwindung. Sie schrieb einen Brief an Senfft und erzählte vieles Hannover, der ihre Aussagen schriftlich festhielt: Sie habe sich nicht trotz der Kinder scheiden lassen, sondern um sie zu schützen. Der »Justizirrtum« – sie meinte den Vorwurf der Justiz, sie habe sich an einem Mordversuch beteiligt – werde sich aufklären. Meinhof nannte Hannover Namen von Leumundszeugen, die bestätigen konnten, dass sie gut für ihre Kinder gesorgt hatte. Sie gab fälschlicherweise an, dass sie lediglich gewusst hätte, dass Andreas Baader ins Institut gebracht würde. Sie war nur geflohen, notierte Hannover, weil die Aktion nicht wie geplant verlaufen war und weil sie befürchtete, festgenommen und verhört zu werden. Hannover erwiderte, dass sie die Aussage hätte verweigern können und niemanden hätte belasten müssen. Ihre rechtliche Situation wäre dann besser gewesen, als sie es jetzt war. Einer ihrer härtesten Gegner, BKA-

Chef Horst Herold, wird später sagen: Wäre sie im Institut geblieben, »hätten wir ihr nichts nachweisen können«.[209] Meinhof schien sichtlich irritiert zu sein und fragte Horst Mahler, ob er das auch so sehe. Mahler habe sich etwas gewunden ausgedrückt, protokollierte Heinrich Hannover. Ulrike Meinhof sagte, dass sie sich eine solche Eskalation nicht habe vorstellen können.

Am 12. Juni 1970 meldeten die Zeitungen, dass Ulrike Meinhof mit Horst Mahler und anderen im Nahen Osten untergetaucht sei. Aber Meinhof las die Schlagzeilen in ihrem Westberliner Versteck, während sie unruhig auf das Ergebnis einer Besprechung in Hamburg wartete. Dort tagten ihre Rechtsanwälte Senfft und Hannover sowie Wienkes Anwalt mit Röhl und dessen Anwälten. Bei diesem Treffen referierte Röhl theatralisch die aktuellen Schlagzeilen und versuchte sie zu seinem Vorteil zu nutzen. Er lehnte ab, dass die Töchter zu Ulrikes Schwester kämen, da er befürchtete, dass sie ins Ausland verschleppt werden könnten.

Wienke erfuhr von Röhls Vorschlag, die Kinder zu Renate Riemeck zu geben, obwohl er wissen musste, wie zerrüttet Ulrike Meinhofs Beziehung zu ihrer Pflegemutter war. Sie fuhr zu Riemeck nach Eppenhain und bat sie eindringlich, auf Röhl einzuwirken. Aber diese stellte sich rigoros auf Röhls Seite: »Die Kinder gehören zum Vater!« Die einzigen Angehörigen von Ulrike Meinhof, die außer ihrer Schwester jetzt noch auf ihrer Seite standen, waren Heidi Leonhardt und deren Mutter Tilla Hübner – ohne ihre politische Position zu teilen.

Meinhof beschloss nun, die Kinder zu verstecken. Sie war überzeugt, den Sorgerechtsstreit zu gewinnen, aber jetzt befürchtete sie, dass die Polizei die Mädchen bei den Holtkamps fand und zu Röhl brachte. Wo wären ihre Kinder bis zur endgültigen Entscheidung in Sicherheit? Sie diskutierte mit ihren Freunden. Schließlich erwähnten Gudrun Ensslin und Andreas Baader das Dorf auf Sizilien, in dem sie sich nach dem Scheitern ihrer Revision im Kaufhausbrandstifter-Prozess versteckt hatten. Dort lebten zuverlässige Genossen mit vielen Kindern. Die Freunde beschlossen, dass Marianne H. und Hanna K. die Zwillinge nach Sizilien bringen sollten. Die beiden Frauen wurden polizeilich nicht gesucht, sie konnten problemlos über jede Grenze, aber die Zwillinge nicht, weil nach ihnen gefahndet wurde.

An einem heißen Sommertag Anfang Juni vernahmen die Holtkamps das abgesprochene Codewort, das bedeutete, dass Ulrike Meinhof die Kinder holen ließ. Monika Berberich und Marianne H. nahmen die Siebenjährigen an die Hand und gingen mit ihnen Kleidung und Spielsachen einkaufen. Sie erzählten ihnen, dass ihre Mutter sie gebeten habe, mit ihnen nach Italien zu fahren. »Eure Mutter kommt später nach.« Im Auto sagten sie den Kindern dann, dass ihre Mutter von der Polizei gesucht werde und sich verstecken müsse und dass auch sie gesucht würden. Für den Grenzübertritt nach Frankreich wollten die Frauen die »Vietnam-Connection« nutzen, mit deren Hilfe desertierende GIs außer Landes gebracht wurden. Monika Berberich sollte die Verbindung herstellen und suchte eine Kontaktperson auf. Doch dieser Heidelberger KBW-Genosse, der zu »Höherem« aufsteigen sollte, verweigerte seine Hilfe. Auch er war der Meinung, dass die Kinder zum Vater gehörten. Aber die Frauen kamen auch ohne Hilfe weiter. Sie überquerten die Grenze nach Frankreich nahe der nordöstlichen Vogesen und übernachteten in einem kleinen Hotel. Tags darauf fuhren sie an Strasbourg vorbei und schließlich südlich des Mont Blanc auf immer kleineren, kurvenreicheren Straßen auf den St. Bernhard und die französisch-italienische Grenze zu. »Versteckt euch jetzt unter den Decken«, sagten die Frauen. Monika Berberich sprach ein bisschen italienisch und scherzte mit den Grenzern. Sie durften passieren. Von Turin, wo sie bei Freunden wohnten, ging es am übernächsten Tag weiter nach Neapel und von dort aus mit dem Schiff nach Palermo. Ein paar Stunden später erreichten sie Gibellina.

Nach dem schweren Erdbeben vom Januar 1968 war hier, südwestlich von Palermo, eine große Wohnsiedlung aus billig gebauten, orangefarbenen Hütten mit grünen Fensterläden für die obdachlos gewordenen Opfer errichtet worden. Die Lebensverhältnisse waren primitiv. Wasser wurde regelmäßig mit Lkws gebracht und auf die Hütten verteilt. Die Menschen lebten von Spenden, kleinen Jobs, ein bisschen Landwirtschaft und Fischfang. Ein Abschnitt der Siedlung war das Quartier der Politischen: Hier lebten Linke verschiedener Couleur, Kommunisten, Sozialisten und Hippies. Es gab Gemeinschaftsräume und eine kollektive Küche, sogar eine Art Kinderhaus. Eine Schar von

Kindern kam angelaufen, um neugierig die beiden blonden Mädchen anzustaunen, die noch kein Wort Italienisch sprachen. Die Zwillinge bekamen ihre eigene Hütte mit drei Räumen und einfachen Möbeln. Hanna K. blieb als Betreuerin eine Zeit lang bei ihnen, Monika Berberich und Marianne H. fuhren zurück nach Berlin.

Ulrike Meinhof glaubte ihre Kinder in Sicherheit. Am 21. Juni 1970 überquerte sie heimlich die Grenze nach Ostberlin: Sie war auf dem Weg nach Jordanien.

Partisanin
Westberlin und Amman, Juni bis September 1970

Ulrike Meinhof, Gudrun Ensslin, Andreas Baader, Irene G., Peter Homann und andere überquerten am 21. Juni 1970 mit gefälschten syrischen Pässen die Grenze zur DDR. Sie wollten vom Ostberliner Flughafen Schönefeld in den Nahen Osten fliegen. Said Dudin, der Verbindungsmann zur palästinensischen Befreiungsorganisation PLO, begleitete sie. Er war auch schon am 8. Juni mit der ersten Gruppe – Brigitte Asdonk, Manfred Grashof, Ali Jansen, Horst Mahler, Petra Schelm und anderen – mitgereist.

Meinhof und ihre Freunde mussten erst einmal in einem Ostberliner Hotel übernachten, denn ihr Flug nach Damaskus fiel aus. Als sie tags darauf in der syrischen Hauptstadt landeten, wollten die Grenzbeamten sie nicht ins Land lassen. Der Grund ist unbekannt, denn den Auslieferungshaftbefehl, den das Amtsgericht Tiergarten genau an diesem Tag seinem Haftbefehl vom 14. Mai folgen ließ, konnte Syrien noch nicht kennen. Said Dudin löste den Konflikt auf seine Art: Er fuhr nach Damaskus, kehrte mit einem Dokument sowie vier bewaffneten palästinensischen Fedajin zum Flughafen zurück und brachte, ohne weitere Probleme, Meinhof und ihre Genossen zu einem PLO-Quartier in der Stadt.

Dort hatte auch die erste Gruppe übernachtet. Sie war nach Beirut geflogen, der Weiterflug nach Jordanien fiel aus, weil es militärische Scharmützel zwischen König Husseins Truppen und den palästinensischen Fedajin gab. Hunderttausende palästinensischer Flüchtlinge lebten seit dem Sechs-Tage-Krieg von 1967 in den arabischen Ländern, rund 400 000 allein im Libanon. Ihre politischen und militärischen Organisationen hatten einigen Einfluss. Die westdeutsche Gruppe musste in Beirut den Transitbereich verlassen und die libanesische Passkontrolle passieren. Aber Horst Mahler und zwei andere hatten statt ihrer Reisepässe nur Personalausweise dabei. Daraufhin ließ der Kommandant kurzerhand die gesamte Reisegruppe festnehmen, nachdem er zuvor alle Ausweise einkassiert hatte. Mahler verfiel auf die merkwürdige Idee, sich bei der Botschaft der DDR zu beschweren, deren Geschäfte, wie er behauptete, von der französischen Botschaft wahrgenommen würden, dort hatte sich inzwischen aber die Vertretung der BRD einquartiert. Ohne zu fragen, wen er am Telefon hatte, nannte Mahler seinen richtigen Namen. Die Telefonleitungen liefen heiß, die Bundesrepublik forderte prompt die Auslieferung der Gruppe. So war es am 8. Juni zu der Meldung gekommen, auch Ulrike Meinhof hielte sich im Nahen Osten auf.

Um die westdeutsche Reisegruppe zu befreien, marschierte eine acht bis zehn Mann starke, mit Kalaschnikows bewaffnete Gruppe der El Fatah, der größten Guerillaorganisation der PLO, in den Flughafen. Einer von ihnen, ein junger Palästinenser, baute sich breitbeinig vor dem Mann auf, der sich ihnen in den Weg stellte und eine Art Flughafendirektor zu sein schien. Der Palästinenser lud seine Kalaschnikow durch und brüllte: »Liebling, leck mich am Arsch!« Der Mann wich zur Seite, es fiel kein Schuss. Die Gruppe wurde umgehend freigelassen, und als der Schlüssel für den Schreibtisch nicht aufzufinden war, in dem ihre Papiere eingeschlossen waren, luden die Palästinenser den Schreibtisch einfach auf einen Lkw und nahmen ihn mit.

Die westdeutsche Linke hatte bis zum Sechs-Tage-Krieg an Israels Seite gestanden, daran hatten auch die Vertreibung der Palästinenser, die Suezkrise und die Aufrüstung Israels durch die USA und die Bundesrepublik nichts geändert. Den meisten Linken war nicht bekannt, dass in Israel nicht nur Juden lebten. Sie wussten nicht, welche sozialen Konflikte es dort gab und dass antiarabischer Rassismus in das Fundament der Staatsgründung eingeflossen war. Israel war der einzige Staat der Welt, in dem es keinen Antisemitismus gab und in dem linke Juden im Kibbuz ihre sozialistischen Vorstellungen zu verwirklichen suchten. Das fanden die meisten Linken sympathisch. Wer nicht viel über das

Objekt seiner Solidarität und seiner Empathie weiß, neigt, wenn es sich anders verhält als erwartet, zu irrationalen und extremen Reaktionen. Am 5. Juni 1967 griff die israelische Armee Ägypten und Syrien an und zerstörte in einer einzigen Nacht die gesamte ägyptische Luftwaffe. Israel besetzte den Sinai, Ostjerusalem, die Westbank und die Golanhöhen. Es verkleinerte die palästinensischen Gebiete und vertrieb Hunderttausende von Palästinensern. Bundesdeutsche Zeitungen jubelten über die militärische Schlagkraft Israels, allen voran die Blätter des Axel Springer Verlags. Die *Bild*-Zeitung titelte: »Blitzkrieg«! Aber auch andere, einflussreiche Zeitungen verwendeten die NS-Metapher auf ihren Titelseiten, so die *Frankfurter Allgemeine Zeitung*[210], die *Zeit*[211] und der *Spiegel*.[212]

Meinhof schrieb damals: »Nicht die Erkenntnis der Menschlichkeit der Juden, sondern die Härte ihrer Kriegsführung, nicht die Anerkennung ihrer Rechte als Mitbürger, sondern die Anwendung von Napalm, nicht die Einsicht in die eigenen Verbrechen, sondern der israelische Blitzkrieg, die Solidarisierung mit der Brutalität, der Vertreibung, der Eroberung führte zu fragwürdiger Versöhnung.«[213]

In Teilen der neuen deutschen Linken verbreiteten sich antisemitische Ressentiments. Zwei Jahre später, am 9. November 1969, legten die Tupamaros Westberlin, eine militante Gruppierung, die sich den Namen der Guerillabewegung Uruguays zugelegt hatte, im jüdischen Gemeindehaus in der Fasanenstraße eine Brandbombe, die nicht zündete. Der Anschlag wurde von vielen Linken heftig kritisiert. Aber bei anderen Linken war die Solidarität mit den Palästinensern gepaart mit Blindheit gegenüber dem palästinensischen Antisemitismus, dem Mangel an sozialer Emanzipation und der Abhängigkeit von autoritären, Öl produzierenden Staaten und arabischen Machteliten.

Dass die noch namenlose Gruppe im Nahen Osten untergetaucht sein sollte, war ein großes Thema in Westberlin, aber nicht nur dort. Bis weit ins bürgerliche Lager war man über die listenreiche Inszenierung der Entführung von Andreas Baader amüsiert. Vielen galt die Aktion als Korrektur sozialdemokratischen Versagens. Künstler, junge Arbeiter, Kirchenleute, Rocker, Journalisten, Gewerkschafter, Lehrlinge, Studenten und Schüler klatschten laut oder leise Beifall, auch wenn viele von ihnen gleichzeitig den Ablauf der Aktion wegen des verletzten Institutsmitarbeiters kritisierten. Es gab aber auch Linke, die die Gefangenenbefreiung ganz ablehnten. Andere fanden es bedauerlich, dass ein Mensch verletzt worden war, und hielten den Schützen für einen Idioten, fragten sich aber, was, um Himmels willen, die Genossen jetzt im Nahen Osten wollten? Andere wiederum schätzten gerade das Bündnis mit einer der – neben der IRA und der ETA – geografisch nächstgelegenen Befreiungsbewegungen. Es gab militante Linke, die sich angestachelt fühlten, die eigene Radikalisierung zu beschleunigen. Es gab viele sympathisierende Beobachter, unter ihnen viele Frauen, die Ulrike Meinhofs Mut bewunderten, jede Sicherungsleine zu einer bürgerlichen Existenz zu zerschneiden und für die eigene Überzeugung alles zu riskieren. Solche Frauen sagten Dinge wie: »Ich traue mich das nicht, aber sie ist konsequent. Ulrike Meinhof überschreitet Grenzen, davor habe ich zu viel Angst.«

Ulrike Meinhofs Film *Bambule* hätte am Sonntag, den 24. Mai 1970 zur besten Sendezeit um 20:15 Uhr zum ersten Mal ausgestrahlt werden sollen. Aber Helmut Hammerschmidt, der Intendant des SWF, setzte den Film ab und stoppte die Ausstrahlung aller Produktionen, an denen Ulrike Meinhof beteiligt war. Es sei eine rein politische Entscheidung, sagte er intern. *Bambule* konnte man erst 24 Jahre später zum ersten Mal im Fernsehen anschauen.

Die Absetzung des Films wurde von einigen Medien, von Intellektuellen, Schriftstellern, Studenten verschiedener Fachhochschulen für Sozialarbeit und Sozialpädagogik heftig kritisiert. Sie waren der Meinung, Ulrike Meinhof werde auf diese Weise vorverurteilt und die zu Recht kritisierten Verhältnisse in den Fürsorgeheimen kämen nicht an die Öffentlichkeit. Die Baader-Befreiung und der Verdacht gegen die Autorin seien nur eine willkommene Ausrede, *Bambule* nicht zu senden. Es gab Protesterklärungen und Unterschriftenlisten. Auch 122 Mitarbeiter des SWF protestierten mit einer Unterschriftenaktion gegen ihre Vorgesetzten.

Wie Ulrike Meinhof es gewünscht hatte, räumte ihre Schwester mithilfe eines Anwalts die Wohnung in der Kufsteiner Straße aus.

Eine bürgerliche Existenz aufzulösen, war eine merkwürdige Sache. Der Transport von Ulrike Meinhofs Hausstand nach Westdeutschland war viel zu teuer und über die deutsch-deutsche Grenze viel zu kompliziert. So verschenkte Wienke auf Ulrike Meinhofs Wunsch vieles und einiges verkaufte sie, um die aufgelaufenen Kosten zum Beispiel für die Miete zu decken. Es klingelte an Barbara Morawiecz' Tür und vier Männer schleppten eine große Waschmaschine mit angebauter Schleuder die Treppen hinauf. Andere Freunde bekamen plötzlich eine Spülmaschine mit schönen Grüßen von Ulrike Meinhof, die selbst im Untergrund noch so praktisch dachte, Freunde mit teuren Haushaltsgeräten zu bedenken, die kleine Kinder hatten.

Das alles spielte sich ab, während Ulrike Meinhof Richtung Süden fuhr, über kurvige, ungesicherte Gebirgsstraßen und durch eine glühend heiße Wüste. In Damaskus, wo auch sie die Nacht zuvor einquartiert worden war, lagen politische und militärische Spannungen in der Luft. Drei Jahre nach der Niederlage gegen Israel stand Syrien vor einem Militärputsch. Der Grenzübertritt von Syrien nach Jordanien verlief ohne Probleme, sie und ihre Begleiter wurden einfach durchgewinkt, einer musste den Wachposten immer nur die entsprechenden Papiere zeigen. Die Palästinenser hatten hier großen Einfluss. Sie stellten inzwischen zwei Drittel der Bevölkerung Jordaniens und ihre bewaffneten Organisationen hatten hier ihre Hauptoperationsbasis. Das barg die Gefahr von Militärschlägen Israels und es widersprach den außenpolitischen Interessen der herrschenden Kreise um König Hussein. So kam es immer wieder zu kleineren bewaffneten Auseinandersetzungen zwischen den Truppen Husseins und den palästinensischen Kämpfern.

Im Büro der El Fatah in der jordanischen Hauptstadt Amman angekommen, wurden alle fotografiert und ihre Daten in Karteikarten eingetragen, die sie unterzeichneten. Die Kartei gelangte später, bei der Eroberung des El-Fatah-Hauptquartiers in Beirut, in die Hände der israelischen Armee und damit vermutlich auch in die westdeutscher Dienste. Das militärische Ausbildungslager der Fatah lag zehn Autominuten von Amman entfernt am Rand einer steinigen Wüste. Ein trostloses Gelände, so groß wie fünf oder sechs Fußballfelder. Ein paar Baracken, eine Schießhalle, die so zerschossen war, dass sie allmählich zusammensackte, ein Flachdachgebäude mit zwei Schlafsälen, Toiletten und Waschgelegenheiten. Duschen gab es keine, Wasser musste angeliefert werden.

1970 lebten etwa zwei Drittel der 2,5 Millionen Palästinenser als Flüchtlinge im Westjordanland, im Gaza-Streifen, in den arabischen Staaten, in Israel und den USA. Seit Kurzem war die El Fatah die stärkste Widerstandsbewegung innerhalb der PLO und reorganisierte die geografisch weit auseinanderlebenden Palästinenser im zivilen wie im militärischen Leben. Sie leitete Bildungseinrichtungen, Gesundheitseinrichtungen, aber auch Militärcamps. Seit 1948 hatte die UNO rund zwei Dutzend Mal beschlossen, »dass die Flüchtlinge in ihre Heimat zurückkehren können«. Israel ignorierte diese Forderung. Nach der Niederlage im Sechs-Tage-Krieg erkannten die Palästinenser, dass sie von den arabischen Staaten keine militärische Hilfe erwarten konnten. Da begann die palästinensische Widerstandsbewegung ihren Guerillakrieg gegen Israel.

Ulrike Meinhofs Gruppe wurde von den Vorausgereisten um Horst Mahler im Camp herzlich begrüßt. Sie glaubten alle, dass sie hier als selbstbestimmte Gruppe lernen und leben könnten. Aber die rund zwei Dutzend Westberliner, politisch sozialisiert in der antiautoritären Revolte, begriffen bald, dass sie in ein militärisch-hierarchisch organisiertes Lager inmitten einer Armuts- und Kriegsregion gekommen waren, ein Lager, in dem der Kommandant für Disziplin sorgte. Sie sollten, wie in einer deutschen Jugendherberge, nach Geschlechtern getrennt übernachten, wogegen sie sich wehrten, einerseits aus Prinzip, andererseits gab es wenigstens drei bis vier Liebespaare unter ihnen.

Die Jüngeren der deutschen Gruppe erlebten zum ersten Mal Krieg. Der Großteil der PLO-Soldaten im Camp war durch Folter und Gefechte verletzt und traumatisiert worden. Mit den einfachen Soldaten konnten sich die Westdeutschen nur schlecht verständigen. Deutsch sprach nur Abu Hassan, der zur gebildeten palästinensischen Oberschicht gehörte und für die politische Orientierung der militärischen Ausbildungslager zuständig war. Er kam ab und zu vorbei und dolmetschte oder die Deutschen fuhren zu ihm nach Amman. Sein wirklicher Name war Ali Hassan Salameh und er war der Sohn von Sheik Hassan Salameh, einem der Helden des Aufstandes von 1936 bis 1939 gegen die britische Fremdherrschaft in Palästina und gegen die Zionisten. Dass Abu Hassans Vater vor 1945 mit den deutschen Faschisten paktiert hatte, wusste Meinhof nicht und ebenso wenig kannte sie oder einer ihrer Freunde die genaue politisch-militärische Stellung ihres Gesprächspartners. Er gehörte seit 1967 zur El Fatah und inzwischen zum PLO-Geheimdienst Jihad el Razd.

Im November 1969 hatte es in Washington die bis dahin größte Demonstration mit 250 000 Teilnehmern gegen den Vietnamkrieg gegeben. Sie bewirkte nichts. Im Gegenteil: Präsident Richard Nixon und sein Sicherheitsberater Henry Kissinger waren bei den Friedensverhandlungen in Paris zu keinen Zugeständnissen bereit, vielmehr verstärkten die USA in der Folge ihre Luftangriffe und starteten eine Bodenoffensive. Über eine halbe Million US-Militärs war inzwischen in dem kleinen südostasiatischen Land stationiert. Nach wie vor starben Menschen im Bombenhagel, durch dioxinhaltiges Agent-Orange-Giftgas, Folter und Feuer.

Auf dem Campus der Kent State University Ohio schoss die US-Nationalgarde am 4. Mai 1970 – zehn Tage vor der Befreiung von Andreas Baader – auf unbewaffnete, friedliche Studenten. Sie tötete zwei junge Frauen und zwei junge Männer und verletzte neun Menschen schwer. Der Antikriegswiderstand an der US-Heimatfront sollte mit Gewalt gebrochen werden. Malcolm X, Martin Luther King, Robert Kennedy waren ermordet worden. Angela Davis, Schülerin von Herbert Marcuse, Ikone der Black-Panther- und der Antikriegsbewegung, saß in Untersuchungshaft. Ihr drohte die Todesstrafe wegen des Vorwurfs der »Unterstützung des Terrorismus« – zwei Jahre später sollte sie in allen Punkten freigesprochen werden. Aktivisten der Black-Panther-Bewegung, die Ernährungsprogramme in Armen-Gettos initiiert hatten, wurden mancherorts von Polizisten, in Absprache mit dem FBI, in ihren Betten hingerichtet. Die US-Regierung setzte Hubschrauber, Napalm und Sprengstoff gegen widerständige »schwarze« Stadtviertel großer Städte wie Detroit ein. Willy Brandt und alle führenden Sozialdemokraten standen dennoch fest an der Seite der USA. In der sicheren Annahme, dass sich dieser Kampf – Staat und Militär auf der einen Seite, soziale Bewegungen und Linke auf der anderen – bis in die Bundesrepublik fortpflanzen würde, beschlossen Menschen wie Ulrike Meinhof, sich der Bedrohung nicht mehr unbewaffnet auszuliefern. Darum ließen sie sich hier in Jordanien von ihren palästinensischen Ausbildern schinden. Deshalb hatten andere Dinge zurückzustehen.

Die noch namenlose Gruppe – westdeutsche Medien nannten sie Mahler-Meinhof-Gruppe oder Baader-Meinhof-Gruppe, bald meist Baader-Meinhof-Bande – plante für ihre Rückkehr nach Deutschland, erst einmal ihr Überleben in der Illegalität zu organisieren. Dazu gehörten Geld (also Banküberfälle), Autos (also Autodiebstähle), Wohnungen (also Geld und Kontakte in die legale Welt) und Waffen (zur Einschüchterung bei Banküberfällen und zum Eigenschutz, wenn Verfolger auf sie schossen).

Der erste Text der Roten Armee Fraktion (RAF) erschien drei Wochen nach der Befreiung von Andreas Baader unter der Überschrift: »Die Rote Armee aufbauen« in *Agit 883*. Er enthält, trotz des gewollt proletenhaften Jargons, einer schiefen Argumentation und des Fehlens jeglicher gesellschaftlicher Analyse, eine unmissverständliche Positionsbestimmung. Die Gruppe sagte den bewaffneten Kampf an. Sie bezog sich auf »die potenziell revolutionären Teile des Volkes«, die die Baader-Befreiung »sofort begreifen können, weil sie selbst Gefangene sind«. Das revolutionäre Subjekt der RAF waren das Subproletariat und Teile des Proletariats: diejenigen, die »für die Ausbeutung, die sie erleiden« nicht durch »Lebensstandard, Konsum, Bausparvertrag, Kleinkredite, Mittelklassewagen« entschädigt würden. »Alle Zukunftsversprechen« hätten sich »als Lügen entlarvt«, das Letzte, das sie diszipliniere, sei die »Angst vor der Polizei«, aber das »Ende der Bullenherrschaft« sei abzusehen. »Wir bauen jetzt die Rote Armee auf, es ist ihre Armee. Sagt ihnen, dass es jetzt losgeht.«

Die Verfasser benannten, auf wen sie nicht bauten: auf »intellektuelle Schwätzer, linke Schleim- und Hosenscheißer, Allesbesser-Wisser« und »kleinbürgerliche Intellektuelle«, Leute, die nur redeten und nicht handelten. Sie benannten kleine und große Gegner (Lehrer, Sozialarbeiter, Jugendamt, Polizei, Meister, Personalbüro, Werkschutz, Fürsorge, Hausbesitzer, Gerichtsvollzieher) sowie deren Repressionsinstrumente (Räumungsklage, Heimeinweisung, Zensuren, Knast, Entlassungen, Kündigungen, Zwangsvollstreckung, Schlagstock, Dienstpistole, Tränengas, Handgranaten, Schusswaffen). Sie sagten: Wir wollen uns »nicht abschlachten« lassen, deshalb bauen wir die Rote Armee auf. Die Befreiung von Andreas Baader sei »keine vereinzelte Aktion«, sondern nur »die erste dieser Art in der BRD« und Teil von etwas Größerem, das »in Vietnam, Palästina, Guatemala, in Oakland und Watts, in Kuba und China, in Angola und New York schon losgegangen ist«.

Der Text war voller Widersprüche, einerseits wird dem revolutionären Subjekt alles zugetraut, den mit Akkordarbeit, Hausarbeit und Kindern überlasteten proletarischen Frauen beispielsweise, dass sie »die Führung übernehmen«, andererseits musste dem »potenziell revolutionären« Teil des Volkes, damit es aufwachte, von einer Avantgarde alles erklärt werden. Während Ulrike Meinhof in ihren früheren Texten über die soziale Lage von Menschen reflektierte und auch darüber, unter welchen Umständen sie sich dieser bewusst werden und sich ihr Bewusstsein verändert, wurde in diesem ersten kollektiven Text der RAF schlicht behauptet, dass soziales Elend gleichsam von allein in revolutionäres Potenzial umschlagen würde, sofern es nur durch eine avantgardistische Miliz unterstützt wurde.

Die Vorstellungen der einzelnen Gruppenmitglieder unterschieden sich so sehr wie ihre persönlichen Motive, nach Jordanien zu reisen. Ihre gemeinsame Zukunftsvorstellung war es, militanter zu sein als bisher. Sie fühlten sich als Teil einer internationalen revolutionären Bewegung. Vormittags und nachmittags wurden sie ausgebildet. Sie lernten mit verschiedenen Waffen und mit Sprengstoff umzugehen. Die Gluthitze, der Staub und das harte körperliche Training machten ihnen zu schaffen. Einer wie Horst Mahler, der vor Gericht eine gute Figur machte, wirkte hier unbeholfen. Es ärgerte Ulrike Meinhof, dass sie sich anfangs so ungeschickt anstellte. Einmal machte sie eine Handgranate scharf und rief, anstatt sie weit von sich zu werfen: »Was mach ich jetzt damit?« – »Schmeiß sie weg!«, schrien die anderen und brachten sich in Sicherheit. Aber Ulrike Meinhof lernte schnell.

Es kam im Camp zu Differenzen: Als die PLO-Lehrer zeigten,

wie man Molotowcocktails mit Napalm herstellte, protestierten die Deutschen, allen voran Ulrike Meinhof. Mit jenem mörderischen Gift, das die US Army in Vietnam einsetzte, wollten sie nichts zu tun haben. Die Palästinenser verstanden ihre Gäste nicht.

Die Palästinenser, die sich mit den Deutschen im Lager aufhielten, waren sehr unterschiedlich in Herkunft und Bildung. Einer, der ein Geschütz bewachte, bot seinem deutschen Gesprächspartner Ziegenmilch mit viel Zucker an und sagte freundlich: »Hitler gut.« Ali Jansen versuchte vergeblich, ihn zu überzeugen, dass Hitler ein Verbrecher gewesen war und Israel als Konsequenz des deutschen Faschismus existierte. Aber es gab auch Palästinenser, die den Staat Israel als militärischen und politischen Gegner betrachteten, ohne von Antisemitismus durchdrungen zu sein. Jedoch wuchs in den folgenden Jahren in den palästinensischen Ausbildungslagern der Hass auf die Juden enorm.

Manchmal sprach Ulrike Meinhof über ihre Kinder. Sie glaubte immer noch fest, dass sie den Sorgerechtsstreit gewinnen würde. Was sollte sie aber tun, wenn sie das Verfahren verlor? Sollten die Kinder in Italien bleiben? Palästinensische Gesprächspartner wurden eingeweiht. Sie erzählten, wie sie ihre Kinder versorgten, wenn es kein Zuhause für sie gab, weil ja auch viele Frauen kämpften. Nicht weit vom Camp existierte sogar ein militärisches Ausbildungslager für Palästinenserinnen. Die PLO hatte in Stadtvierteln von Amman, wo vorwiegend Palästinenser lebten, Heime für die Kinder eingerichtet, deren Eltern im Krieg waren. Darunter waren auch Waisen, deren Väter und Mütter die Auseinandersetzung mit Israel nicht überlebt hatten. Ulrike Meinhof war als Kind mehrfach in Kinderheimen untergebracht worden. Erfuhren Kinder in einem jordanischen Heim weniger Wärme und Zuwendung als in einem Internat in Westberlin, St. Peter Ording oder in Schönau? Der Komfort in diesem Teil der Welt war geringer, die Lage in der Nähe eines Kriegsgebiets gefährlicher. Ein jordanisches Kinderheim wäre nur eine Notlösung gewesen, es war nie eine ernsthafte Option. Es gab andere Möglichkeiten. Die DDR. Freunde, die sich anboten, den Kontakt zu anderen, sicheren Ländern herzustellen. Im September wollte sie ihre Kinder aus Italien abholen, bis dahin hoffte sie auf eine abschließende positive Sorgerechtsentscheidung, sodass die Kinder bei Wienke oder den Holtkamps leben könnten.

Anspannung, Hitze, Langeweile und die Nähe kriegerischer Auseinandersetzungen erzeugten auch in der Gruppe Streit. So eng hatten sie in Berlin nie zusammengelebt. Sie hatten eine folgenreiche Entscheidung getroffen. Ihr bisheriges Leben gab es nicht mehr. Staatsschutz, Kripo, Medien – alle würden künftig hinter ihnen her sein. Wenn man sich nicht bedingungslos aufeinander verlassen konnte, war das lebensgefährlich. Um diese Bedingungslosigkeit herzustellen, mussten sie sich streiten. Zwei oder drei Teilnehmer entschieden nach wenigen Tagen, sich nicht am Aufbau einer militanten Gruppe zu beteiligen, sondern auszusteigen. Wie hätte einer oder eine gezwungen werden können, mit in den bundesdeutschen Untergrund zu gehen? Ihre Entscheidung wurde akzeptiert, so wie spätere »Austritte« oder einmal sogar die Abspaltung einer Teilgruppe. Die »Aussteiger« verließen die Gruppe nach ihrer Rückkehr aus Jordanien. Ihre Namen wurden nie öffentlich.

Bei Peter Homann war das anders. Er wurde von der Polizei gesucht, die ihn fälschlicherweise für denjenigen hielt, der bei der Befreiung von Andreas Baader auf Georg Linke geschossen hatte. Anstatt sich mit einem der Anwälte zu beraten und sich zu stellen, war er Hals über Kopf mit nach Jordanien gereist. Warum gab es Probleme, als Homann sich entschloss, die Gruppe zu verlassen, und warum gab es sie bei anderen Aussteigern nicht? Die Ursache, warum Gudrun Ensslin, Andreas Baader, Horst Mahler und vielleicht auch Ulrike Meinhof ihm nicht vertrauten, bleibt im Dunkeln. Über den Inhalt der Streitereien gibt es viele Versionen. Offenbar trauten einige, auch Ulrike Meinhof, ihm zu, dass er zur Polizei gehen und verraten könnte, was er wusste: ihre – zum Teil der Polizei unbekannten – Namen, die Adressen ihrer konspirativen Wohnungen, ihre Pläne. Zu den widersprüchlichen Aussagen gehören auch die von Homann. Zurück in Westdeutschland, tauchte er über ein Jahr unter. Als er sich Ende 1971 der Polizei stellte, ließ er sich vom *Spiegel* interviewen. Auf die Frage, ob er sich in der jordanischen Wüste von den anderen bedroht gefühlt habe, sagte er: »Das sollte man nicht überschätzen.« – *Spiegel*: »Haben Sie es damals für möglich gehalten, dass

man Sie liquidiert?« – Homann: »Nee, nee.« – *Spiegel*: »Sind Sie
bedroht worden, als bekannt wurde, dass Sie sich stellen und
möglicherweise auch auspacken würden?« – Homann: »Nein –
auch wenn es so in der Zeitung stand.«[214] Aber weitere 26 Jahre
später schrieb Homann im *Spiegel*, vor allem Ensslin und Baader
hätten vorangetrieben, dass die Gruppe eine Art »Volksgericht«
bildete, das unter dem Vorsitz von Horst Mahler beschloss, ihn
zu erschießen. Da lebte Homann schon in einem anderen Teil des
Lagers und sprach kein Wort mehr mit ihnen. Astrid Proll habe
ihm den Beschluss verraten, indem sie ihm schweigend eine Pat-
rone zeigte. Eine andere Version ist die vom »Wüstenwind«, der
die Worte seiner Gegner zu ihm herübergeweht habe. Und eine
dritte, dass ein Palästinenser Homann ermöglicht habe, Gespräche der anderen zu belauschen. Die Gastgeber hätten ihn gerettet, sagte Homann, indem sie ihn von der Gruppe getrennt und
alle Beteiligten entwaffnet hätten. Ensslin habe die Palästinenser
aufgefordert, Homann zu töten, weil er ein israelischer Spion sei,
aber Abu Hassan habe das abgelehnt.[215] 2002 schließlich erweiterte Peter Homann seine Vorwürfe. Mahler habe nicht nur in
Jordanien die Absicht gehabt, »mich lästigen Zeitzeugen zu beseitigen«, sondern auch in Hamburg.[216]

Die Gruppe bat die Palästinenser, Peter Homann mindestens
drei Wochen länger in Jordanien festzuhalten, damit in Westberlin einiges neu geordnet werden konnte, bevor er ankam. Aber er
kehrte schon einige Tage nach den anderen nach Westberlin zurück.

Andreas Baader hatte Eigenschaften, für die ihn einige ehemalige Linke bis heute hassen: Er griff andere direkt an und hatte
einen Riecher für Leute, vor allem für linksbürgerliche Intellektuelle, die etwas sagten, was sie nicht wirklich meinten, oder radikal daher schwätzten, aber nie etwas riskierten. Außerdem
liebte er es, andere zu provozieren. Einige RAF-Frauen rechnen
ihm, trotz aller Schroffheiten, hoch an, dass er zwar – neben
Meinhof, Mahler, Ensslin – eine der RAF-Autoritäten war, aber
nie die Rolle eines »Gurus« oder »Chefs« beanspruchte. Auch
Monika Berberich hatte sich in den Diskussionen in Westberlin
erst an Andreas Baader gewöhnen müssen: »Er war sehr direkt
und völlig unabhängig von Anerkennung. Er hat nie jemanden

kritisiert, um ihn runterzumachen, sondern um den Widerspruch zwischen dem, was jemand zu wollen vorgab, und dem, was er tatsächlich gemacht hat, aufzuzeigen. Er hatte es nicht nötig, andere zu erniedrigen, um sich selbst zu bestätigen.«

Als die Gruppe nach Westberlin zurückkehrte, sorgte in Deutschland ein Interview für Furore, das die französische Reporterin Michèle Ray kurz vor der Reise nach Jordanien mit Ulrike Meinhof geführt und auf Tonband aufgezeichnet hatte. Meinhof kannte Ray seit Jahren über *konkret*. Rays Reportagen aus dem Vietnamkrieg, von der Jagd auf Che Guevara in Bolivien und über die PLO waren in der Linken hoch angesehen. Sie war mit Konstantin Costa Gavras verheiratet, dem Regisseur des weltbekannten Films Z. In einem Mietshaus traf sie auf Ulrike Meinhof, Andreas Baader und Horst Mahler. Das Interview mit Meinhof gab sie dem *Spiegel*, der Auszüge des Gesprächs veröffentlichte. Meinhof begründete darin zunächst, warum Andreas Baader befreit worden war: »Erst mal natürlich deswegen, weil Andreas Baader ein Kader ist. Und weil wir bei denjenigen, die jetzt kapiert haben, was zu machen ist und was richtig ist, nicht davon ausgehen können – auf irgendeine luxuriöse Art und Weise –, dass Einzelne dabei entbehrlich sind.« Mit einer Gefangenenbefreiung könnten sich außerdem viele identifizieren. Und die Aktion zeige, »dass wir es ernst meinen«. Dann der berühmte Satz: »Wenn man es hier mit den Bullen zu tun hat, wird argumentiert, die sind ihrer Funktion nach natürlich brutal, ihrer Funktion nach müssen sie prügeln und schießen und ihrer Funktion nach müssen sie Unterdrückung betreiben, aber das ist ja auch nur die Uniform und es ist nur die Funktion, und der Mann, der sie trägt, ist vielleicht zu Hause ein ganz angenehmer Zeitgenosse. Das ist ein Problem und wir sagen natürlich, die Bullen sind Schweine, wir sagen, der Typ in der Uniform ist ein Schwein, das ist kein Mensch, und so haben wir uns mit ihm auseinanderzusetzen. Das heißt, wir haben nicht mit ihm zu reden und es ist falsch, überhaupt mit diesen Leuten zu reden, und natürlich kann geschossen werden.«[217]

Knapp ein Jahr später schrieb Ulrike Meinhof: Die Tonbandaufnahme sei »ohnehin nicht authentisch« und stamme »aus dem Zusammenhang privatistischer Diskussion. Die Ray wollte es als Gedächtnisstütze für einen selbstständigen Artikel von sich benutzen. Sie hat uns reingelegt oder wir haben sie überschätzt. Wäre unsere Praxis so überstürzt wie einige Formulierungen dort, hätten sie uns schon. [...] Die Frage, ob die Gefangenenbefreiung auch dann gemacht worden wäre, wenn wir gewusst hätten, dass ein Linke dabei angeschossen wird [...], kann nur mit Nein beantwortet werden.« Man habe sich einfach nicht vorstellen können, dass sich in Gegenwart zweier Polizisten »ein Ziviler [Georg Linke; d. A.] noch dazwischenwerfen könnte und würde«, allerdings sei der Gedanke, man müsse »eine Gefangenenbefreiung unbewaffnet durchführen [...], selbstmörderisch«.[218]

Alle konspirativen Wohnungen fand die Gruppe bei ihrer Rückkehr aus Amman unbewacht vor, sodass sie sie weiter benutzen konnte. Um nicht durch ständige Versammlungen die Aufmerksamkeit von Nachbarn auf sich zu ziehen, traf man sich auch in den Wohnungen von Leuten, die nicht zum Kern gehörten. Es gab ein Netzwerk in Westberlin, das Wohnungen, Geld und Hilfsmittel aller Art zur Verfügung stellte. Die Helfer verständigten sich untereinander. Eines Tages kam ein bekannter Jurist zu Barbara und Johannes Agnoli und sagte: Eure Wohnung wird für eine Besprechung der RAF gebraucht. Selbstverständlich gaben die Agnolis ihre Schlüssel her und verließen ihre Wohnung für eine gewisse Zeit.

Wahrscheinlich wusste Michèle Ray nichts davon, dass sie am 17. August versuchte, in die DDR einzureisen. Kurz nach ein Uhr mittags legte eine junge Frau den Grenzbeamten einen Pass auf Rays Namen vor. Sie wurde kontrolliert, weil sie den *Spiegel* und die *FAZ* bei sich trug. Michèle Ray alias Ulrike Meinhof sagte zu dem Volkspolizisten: »Ich bin schon öfters in die DDR eingereist.« Dann fragte sie ihn nach dem Büro der PLO in Ostberlin. Er kannte es nicht. Meinhof-Ray: »Dann werde ich eben Professor Kaul danach fragen.« Sie durfte einreisen. Der Polizist notierte: »Die Bürgerin machte einen mittelmäßigen Eindruck. Sie sprach gut deutsch. Die Zeitschriften wurden formlos eingezogen.«

Ulrike Meinhof ging zum Zentralrat der FDJ und bat darum, den Vorsitzenden Günther Jahn zu sprechen. Für den Fall, dass kein leitender FDJ-Genosse zu sprechen sei, bat sie um ein Gespräch mit Werner Lamberz oder Albert Norden. Schließlich saß sie vor Erich Rau, dem Sekretär des Zentralrats der FDJ. Sie erklärte ihm, dass es ihr um ein politisches Gespräch mit verantwortlichen SED-Genossen ginge, »um einen Meinungsaustausch über die Organisierung des Widerstandes in Westberlin«. Der Zentralrat möge den Kontakt zu den Genossen Werner Lamberz oder Horst S., die sie von früher kannte, herstellen. Sie verstecke sich mit Freunden in Westberlin, ihre Kinder seien bei Bekannten sicher untergebracht, sie sei kürzlich schon mal durch die DDR gereist. Damit meinte sie die Rückreise aus Jordanien.

Rau berichtete seinen Vorgesetzten später, dass er geantwortet habe, es könne nicht Sache der DDR sein, den Widerstand in Westberlin zu organisieren. Meinhof bestand auf einem Gespräch mit der SED, es gehe ihr nicht darum, den Zentralrat durch illegale Geschichten zu belasten. Meinhof machte auf Rau den Eindruck, als suche sie einen Ausweg aus einer misslichen Lage. Er versprach ihr, mit den Genossen von der SED zu reden. Rau informierte sofort die Westabteilung beim ZK der SED. Die verlangte ein schriftliches Gesprächsprotokoll, das sie auch an das Ministerium für Staatssicherheit weitergab. Minister Erich Mielke befahl, Ulrike Meinhof dürfe, egal unter welchem Namen, künftig nicht in die DDR einreisen. Sie wurde außerdem »in Bildfahndung gestellt«, denn wer wusste schon, unter welchem Namen sie es das nächste Mal versuchte? Oberstleutnant Neefe, Leiter der Abteilung II der HVA, trug Informationen über Meinhof zusammen und schickte Kopien davon an andere Abteilungen im Ministerium. Der Fahndungsauftrag nach Ulrike »Maienhoff« trug die Nummer 73753. Die Akte enthielt später vor allem Informationen des Bundeskriminalamts und Berichte der westdeutschen Presse.

Ulrike Meinhof fuhr am 18. August 1970 unerkannt durch Westberlin und erreichte die DDR-Grenze an der Friedrichstraße pünktlich um 10:30 Uhr. Oberleutnant Dietrich und Oberstleutnant Treßelt folgten der Anweisung, eine gewisse Michèle Ray nicht mehr einreisen zu lassen. Sie notierten die Reaktion der Abgewiesenen. »Ray« benahm sich »sehr korrekt«, sie trat selbstbewusst auf, »ohne dabei laut oder provokatorisch zu werden«. Sie sagte in »gutem verständlichem Deutsch«, dass ihre Einreise »notwendig« sei. Die Grenzoffiziere fotokopierten ihren Pass, gaben ihn ihr zurück und blieben stur. Aber binnen 24 Stunden, am 19. August, hob Mielke die Durch- und Einreisesperre wieder auf. Offensichtlich hatte es Widerspruch aus der SED-Spitze gegeben. Einige kannten und schätzten Ulrike Meinhof. Vielleicht war es ein Kompromiss, dass sie künftig einreisen dürfe, die Fahndung aber nicht aufgehoben würde. Die DDR wollte wissen, was sie tat und mit wem sie sich traf. Bei jeder Einreise sollte noch »während der Abfertigung sofort der Leiter der Hauptabteilung IX, Genosse Oberst Heinitz« benachrichtigt werden. Ulrike Meinhof gelang es im Sommer oder Herbst 1971, von der DDR-Führung das Zugeständnis zu erlangen, dass die RAF, sogar bewaffnet, ungehindert durch die DDR reisen könne, wenn sie ins Ausland oder auch nur von Süddeutschland nach Berlin unterwegs sei. Falls es Schwierigkeiten gäbe, sollte man – so berichtete Ulrike Meinhof der Gruppe – nach einem Offizier fragen und in der Hinterstube darauf hinweisen, dass man zur Gruppe um Ulrike Meinhof gehöre. Mindestens einen Kontakt zwischen der SED und Ulrike Meinhof hat es noch gegeben, denn man bot ihr und ihren Kindern Zuflucht an. Dass dieses Angebot auch für andere RAFler galt, ist unter den Beteiligten umstritten und schwer vorstellbar. Die DDR sorgte sich damals international um ihre staatliche Anerkennung, warum hätte sie einer »anarchistischen, gewaltbereiten Gruppe«, nach der bald auch das BKA fahndete, ein Versteck anbieten sollen? Das tat sie Jahre später, unter anderen Umständen. Ulrike Meinhof lehnte das Angebot ab. Vielleicht aus Loyalität zur Gruppe, sie wollte einen Kampf, der gerade erst begann, nicht verraten. Möglicherweise kam das Angebot einfach zu früh. Vielleicht gefielen ihr die Bedingungen nicht. Aber sie berichtete ihren Freunden von der Offerte.

Der Sorgerechtsstreit lag inzwischen beim Landgericht Berlin, Ulrike Meinhofs Anwalt war Heinrich Hannover. Am 10. Juli entschied das Gericht zugunsten von Ulrike Meinhof, da war sie seit knapp drei Wochen in Jordanien und jeder wusste es. Damit hatte sie das Sorgerecht für ihre Kinder wieder, das sie auf ihre Schwester übertragen wollte, solange sie es nicht selbst wahrnehmen konnte. Diese bereitete sich erleichtert darauf vor, die Kinder so bald wie möglich bei sich aufzunehmen.

Derweil spielten Regine und Bettina mit vielen anderen Kindern in Gibellina und am Mittelmeer, waren sonnengebräunt, plapperten italienisch, rannten los, wenn der Eiswagen kam, um sich mit ihrem Taschengeld ihr Lieblingseis zu kaufen. Hanna reiste nach Deutschland zurück, danach wurden die Zwillinge von anderen Paaren versorgt. Natürlich vermissten sie ihre Mutter, die sich etwa sechs Breitengrade südlich und 24 Längengrade östlich von ihnen militärisch ausbilden ließ.

Am 3. August übertrug Richterin Schwenn vom Amtsgericht Hamburg-Blankenese Klaus Rainer Röhl vorläufig – bis zur endgültigen Entscheidung über das Sorgerecht – das Aufenthaltsbestimmungsrecht. Röhl war ermächtigt, »die Hilfe der Polizei und des zuständigen Gerichtsvollziehers in Anspruch zu nehmen; notfalls darf Gewalt gebraucht werden«. Meinhofs Anwälte legten Beschwerde ein.

Wienke verbrachte unterdessen die Sommerferien mit ihren Töchtern in Zwiesel im Bayerischen Wald. Sie wartete jeden Tag auf den Anruf der Anwälte, um ihre Nichten in Empfang nehmen zu können. Sie saß in der Sonne vor ihrer Ferienpension, als am 6. August zwei Polizeibeamte aus einem Polizeiwagen stiegen, stracks an ihr vorbeiliefen und die Wirtsleute ausfragten. Die Wirtin verriet ihrem Gast später aufgeregt, die Polizei suche »zwei Mädchen, neun Jahre alt, blond, Regine und Martina oder so ähnlich«. Die Beamten hätten den Auftrag gehabt, nur in diesem Haus zu fragen.

Laut Stefan Aust suchten ihn Peter Homann und Hanna, die die Kinder in Gibellina betreut hatte, Anfang September auf und sagten, dass die »Baader-Meinhof-Gruppe« jemanden nach Sizilien schicken wolle, um die Kinder ins »Waisenlager« nach Jordanien zu bringen.[219] Meinhofs Freunde sagen, dass sei nie Ulrikes Absicht gewesen. Denn es war zu dem Zeitpunkt kein Geheimnis mehr, dass Jordanien kurz vor einem Bürgerkrieg stand.

Schon am nächsten Tag flog Aust nach Sizilien, wo ihm an einem Strand auf das Kennwort »Professor Schnase« hin die Kinder übergeben wurden. Weil die Mädchen keine Papiere hatten und er befürchtete, dass die Polizei am Flughafen von Palermo die Ausweise kontrollieren könnte, fuhr Aust mit den Kindern im

Zug nach Rom. Aust behauptet: »Es dauerte fünf Tage, bis wir den Vater der Kinder telefonisch erreicht hatten. Zufällig machte er in Italien Urlaub. In einer Wohnung an der Piazza Navona konnte er die Zwillinge entgegennehmen.«[220]

Röhl versteckte sich mit den Kindern ein paar Tage. Die Polizei gewährte ihm Schutz. Vom 22. September an lebten die beiden Mädchen, gerade acht Jahre alt geworden, bei ihrem Vater in Blankenese.

Nicht die Baader-Meinhof-Gruppe war unterwegs nach Italien, sondern Ulrike Meinhof mit einem syrischen Pass. Als sie ankam, erfuhr sie, dass ihre Kinder wenige Stunden zuvor abgeholt worden waren. Sie brach zusammen, sie hatte nicht nur ihre Kinder verloren, sie waren auch genau dort, wo sie auf keinen Fall sein sollten. Klaus Rainer Röhl, Peter Homann und Stefan Aust hatten Fakten geschaffen, die kein Gericht mehr korrigierte. Ulrike Meinhof fuhr allein von Sizilien nach Bremen und verkroch sich bei Freunden. Lilli Holtkamp erinnert sich: »Sie sah aus wie ein Gespenst.«

» Dass sie uns nicht kriegen, das gehört
zum Erfolg der Geschichte « [221]

Bankräuberin
Westberlin und Bundesrepublik,
September 1970 bis Juli 1971

Ulrike Meinhof raubte zum ersten Mal eine Bank aus. Gemeinsam mit Manfred Grashof, Petra Schelm und Ali Jansen stürmte sie am 29. September 1970 um 9:48 Uhr die Zweigstelle 22 der Sparkasse Westberlin in der Altonaer Straße. Sie trugen Sonnenbrillen und Wollmützen. Ulrike Meinhof hatte das Kommando, sie sicherte mit Grashof die Aktion. Einer hielt Kunden und Angestellte mit einer Schrotflinte in Schach. Aber falls jemand den Helden spielen wollte, sollte er nicht schießen, sondern zuschlagen. Die zierliche Petra Schelm sprang über den Tresen, trat den Kassierer in die Flucht, schnappte sich 8115 Mark, übersah aber die restlichen 97000 Mark. Nach zwei Minuten gab Ulrike Meinhof den Befehl zum Rückzug. Alle rannten zum gestohlenen Fluchtwagen. Während der Tat war Ulrike Meinhof kühl und konzentriert gewesen, danach schlackerten ihr die Knie.

Exakt zur gleichen Uhrzeit überfielen die anderen, gemeinsam mit Leuten vom »Blues«, der späteren »Bewegung 2. Juni«, die Depositenkasse 4 der Berliner Bank in der Rheinstraße und die Zweigstelle 92 der Sparkasse Westberlin am Südwestkorso, wo sie einen Zettel zurückließen: »Enteignet die Feinde des Volkes!« Der vierte Überfall auf die Zweigstelle 83 der Sparkasse Westberlin in der Nonnendammallee fiel flach, weil dort plötzlich ein Baugerüst stand.

Zusammen erbeuteten sie in allen drei Banken 217449 Mark. Das Oberlandesgericht Berlin stellte später fest, dass die Überfälle »mit großer Sorgfalt« vorbereitet worden waren. Ulrike Meinhof erzählte nach der Tat, ein Polizeiauto, das mit Blaulicht unterwegs in die Altonaer Straße war, habe plötzlich kehrtgemacht und sei offenbar Richtung Rheinstraße gerast. Heinrich

Böll würde einmal sagen: Die Nazis mussten »zur Erreichung ihrer politischen Ziele keine Bankraube unternehmen [...]: Der Bankier von Schröder und die deutsche Industrie rückten das Geld freiwillig raus«.[222]

Ihre konspirativen Wohnungen – in der Knesebeckstraße 89 (Charlottenburg), in der Hauptstraße 19, in der Kurfürstenstraße 161 (beide in Schöneberg) und am Erkelenzdamm (Kreuzberg) – hatte die Polizei nicht entdeckt. Mitte August hatte die Gruppe den Kfz-Mechaniker Eric Grusdat kennengelernt. Er und sein Hilfsmechaniker Karl-Heinz Ruhland waren gegen gute Bezahlung bereit, Autos umzuspritzen und Motor- sowie Fahrgestellnummern zu verändern. Bald rollten die ersten gestohlenen Pkws in die Werkstatt in der Kapaunenstraße in Berlin-Rudow.

Meistens bewegte sich die Gruppe ungezwungen durch die Stadt. Horst Mahler trug ein Toupet, die anderen setzten Sonnenbrillen oder Mützen auf. Ulrike Meinhof hatte sich die Haare schneiden und blond färben lassen. Solange kein neueres Foto auf einem Fahndungsplakat auftauchte, war sie relativ sicher. Manchmal begegneten sie Bekannten, selten lief einer von denen zur Polizei.

Welche Aktion sollte die nächste sein? Sie erwogen einen Sprengstoffanschlag auf das Kriminalgericht Moabit und waren sicher, dass diese Tat ihnen in der Linken viel Sympathie einbringen würde. Aber zuerst mussten sie die Gruppe vergrößern, dafür brauchten sie mehr Waffen, mehr Autos und für alles mehr Geld. Sie rekrutierten ein paar neue Mitglieder, darunter Peter Jürgen Boock aus Frankfurt am Main, einen der jungen Männer aus der Staffelbergkampagne.

Außerdem brauchten sie falsche Papiere. In einer kleinen linken Druckerei ließen sie sich beraten, welches Papier das beste für Führerscheine war. In einer konspirativen Wohnung in Dahlem richteten sie ihre Fälscherwerkstatt ein. Viele Personalausweise bekamen sie aber auch von Genossen, die ihre Papiere »verloren« hatten. Für einige Treffen in Westberlin vereinbarte die Gruppe einen Ort, an dem eines »ihrer« Fahndungsplakate hing, und schrieb unter ihre Namen ihre Spitz- oder Tarnnamen und mit einem einfachen Zahlencode verschlüsselte Telefonnummern.

Die Gruppe beauftragte Ali Jansen und Karl-Heinz »Kalle« Ruhland, die Kaserne Munsterlager bei Soltau in Niedersachsen auszukundschaften. Jansen war in der Panzertruppenschule ausgebildet worden. Anfang Oktober kamen die beiden zurück und meinten, dass ein Einbruch ins Waffendepot möglich sei. Ulrike Meinhof sollte die Vorausgruppe leiten, sie flog nach Westdeutschland, Jansen und B. reisten auf anderen Wegen.

Mittags rief ein unbekannter Mann die Westberliner Polizei an und wurde mit einem Kriminalhauptkommissar vom Staatsschutz verbunden. »In einer Stunde«, sagte der Fremde, »werden sich Baader, Mahler und Ensslin in der Knesebeckstraße 89 treffen. Bei Hübner.« Um 17:40 Uhr wurde die Wohnung von der Polizei gestürmt. Hätten Brigitte Asdonk und Irene G. Nachrichten hören können, wären sie nicht festgenommen worden, denn ab 18 Uhr wurde die Verhaftung von Horst Mahler im Radio gemeldet. Asdonk wollte gegen 19:30 Uhr nur rasch etwas aus der Wohnung in der Knesebeckstraße holen. Irene wartete eine Dreiviertelstunde und wurde ungeduldig und hungrig. Dass eine »Polizeiwanne« in der Straße stand, war nichts Ungewöhnliches. Sie schloss die Haustür auf und stieg die Treppe hinauf. Sie stutzte kurz, weil die Musik in ihrer Wohnung ungewöhnlich laut war. Sie ging weiter, klingelte aber an der Tür der Nachbarn. Jemand stellte sich dicht hinter sie. Sie glaubte an eine Belästigung, bis sie eine Waffe spürte. Ein Blitzlicht beleuchtete den Moment, als sie in die Wohnung gezerrt und zu Boden gestoßen wurde. Da lag sie dann, umgeben von Polizeistiefeln. Es klingelte an der Tür. Sie schrie: »Verschwinde! Verschwinde!« Man klebte ihr rasch den Mund zu. Aber an der Tür stand nur ein Polizist. Irene G. war die fünfte und letzte Gefangene dieses Tages. Jetzt saßen schätzungsweise 40 Menschen aus der radikalen Linken allein in Westberlin im Gefängnis.

Als sich Ulrike Meinhof am nächsten Tag mit Jansen und B. im Hauptbahnhof von Hannover traf, fiel ihr Blick auf die schreiende Schlagzeile einer Boulevard-Zeitung: »Mahler-Mädchen verhaftet«. Ingrid Schubert, Irene G., Brigitte Asdonk, Monika Berberich und Horst Mahler waren von der Polizei festgenommen worden. Eine wurde das »schönste Mahler-Mädchen« genannt. Meinhof und Jansen waren schockiert über die Ereignisse. B. machte eine frauenfeindliche Bemerkung. Sie hätten ihn am liebsten dafür geohrfeigt, aber es standen zu viele Leute um sie herum. Ulrike Meinhof rief sofort in Westberlin an: »Wir trennen uns von B. Sorgt dafür, dass er nichts mehr mitkriegt!« Er wurde unter einem Vorwand nach Westberlin zurückgeholt. Meinhof und Jansen fuhren allein Richtung Munsterlager.

Am 10. Oktober traf sich die RAF – ohne Jansen und Meinhof – in der Kurfürstenstraße. Sie musste sich darüber austauschen, was sie in den am 8. Oktober aufgeflogenen Wohnungen – auch die Wohnung in der Hauptstraße war von dem anonymen Anrufer verraten worden – zurückgelassen hatte. Waffen, Sprengkapseln, Kfz-Schilder, Gudrun Ensslins Liste über die Verwendung eines Teils der Beute aus dem Banküberfall und einzelne Adressen. Außerdem verdächtigten sie B., die Wohnungen verraten zu haben. Er wurde ins Kreuzverhör genommen. Er verließ wütend die Wohnung. Die anderen sahen sich an. Sie warfen ihn nicht aus der Gruppe und unterstützten ihn weiterhin finanziell, aber weihten ihn nicht mehr in wichtige Angelegenheiten ein. Auch die Aktion Munsterlager, von der er ja wusste, sagten sie nicht ab. Dann suchten sie neue Wohnungen in Westberlin. Die erste war eine Ladenwohnung, die ein Freund für sie in der Neuen Kantstraße mietete. Als Ersatz für B. schickten Ensslin und Baader Kalle Ruhland nach Hannover, damit er Ulrike Meinhof und Ali Jansen bei den Vorbereitungen für den Überfall auf das Bundeswehrdepot half.

Bis zur Ankunft Ruhlands bereitete Ulrike Meinhof die Westausbreitung der RAF logistisch vor. Sie besuchte alte Freunde und politische Genossen in Bremen, im oldenburgischen Neuenkirchen, in Köln, in Hannover, in Frankfurt am Main und anderswo. Wer war Sympathisant? Wo gab es sichere Quartiere für kurze oder längere Aufenthalte? Wer gab Geld oder unterstützte sie auf andere Weise? Wo gab es vielleicht sogar Menschen, die nicht nur Helfer sein wollten, sondern sich der Guerilla anschlossen?

Die berühmte Frage jener Zeit, »Würdest du Ulrike Meinhof die Tür öffnen …?«, traf nur einen Teil der Realität, denn für einige Türen in verschiedenen Städten bekam sie Schlüssel und konnte kommen, wann sie wollte. Andere Türen wurden ihr sofort geöffnet. Eines Abends im Oktober klingelte es bei den Holtkamps in Bremen. Lilli Holtkamp erkannte die kurzhaarige blonde, sehr schmal gewordene Frau nicht sofort, dafür ihre unverwechselbare Stimme. Sie zog Ulrike Meinhof rasch ins Haus. »Bist du verrückt? Hier ist überall Polizei!« Lilli und Jürgen Holtkamp hatten seit der Sorgerechtsauseinandersetzung mehrere Polizeibesuche hinter sich und wurden überwacht. Ihr Haus lag am Ende einer offen einsehbaren Straße, in der kaum jemand unerkannt kommen oder gehen konnte. Aber Ulrike Meinhof hatte keine Angst. Lilli Holtkamp freute sich, die Freundin bei sich zu haben, und verwöhnte sie. Es wurde eine lange Nacht. Sie redeten über Ulrike Meinhofs Trauma, die Kinder bei Röhl zu wissen. Lilli fragte nach der politischen Strategie der Gruppe. Meinhof erzählte vom Befreiungskampf der Palästinenser. Sie sagte, auf das deutsche Proletariat könnten sie nicht setzen, wozu das fähig sei, hätten sie ja in Westberlin gesehen, als Rudi Dutschke gejagt und auf ihn geschossen worden sei. Sie setzten auf soziale Randgruppen und auf die Zusammenarbeit mit der lateinamerikanischen Guerilla.

Am nächsten Tag wollte Ulrike Meinhof zu einem Optiker, sie brauchte neue Gläser für ihre Brille. Lilli Holtkamp versuchte vergeblich, ihr auszureden, am helllichten Tag in der Großstadt herumzulaufen. Sie fuhr die Freundin aber in die Stadt und wartete in der Nähe des Ladens. Ulrike Meinhof kam ohne neue Gläser zurück, sie hätte einen Tag auf die Fertigstellung warten müssen. Das war ihr dann doch zu riskant.

Am 3. November fuhren Kalle Ruhland und Ulrike Meinhof nach Köln. Sie schickte ihn nach der Ankunft weg, da sie mit einem WDR-Redakteur in einer Milchbar am Hauptbahnhof verabredet war, in der sie den Mann auch schon im Oktober getroffen hatte. Anschließend dirigierte sie Ruhland nach Neuenkirchen bei Oldenburg. Sie hatte einen Schlüssel für ein rot verklinkertes altes Haus in der Johanniterstraße am Ortsrand. Dort war niemand. Ulrike Meinhof machte etwas zu essen. Am Abend kam der 51-jährige Pfarrer Kurt Kaiser in kariertem Hemd und Jeans von seiner Arbeit als Seelsorger für psychisch Kranke in der katholischen Clemens-August-Klinik nach Hause. Er umarmte »Marie«, das war ihr Deckname, wenn sie mit ihm telefonierte. Kaiser und Meinhof hatten sich auf der Hochzeit der Rühmkorfs in Hamburg kennengelernt. Woher sollte der Pfarrer wissen, dass ihr Begleiter ihn eines Tages an das BKA verraten würde?

»Ist ein Päckchen für mich da?«, fragte Ulrike Meinhof. Kaiser gab es ihr. Ein Buch und ein gefütterter Briefumschlag mit rund 3000 D-Mark, Geld für den Lebensunterhalt und für die Spesen der kleinen Gruppe. Meinhof und Kaiser zogen sich zurück und redeten lange.

Auch für eine Wohnung in Hannover besaß Ulrike Meinhof die Schlüssel. Leise betraten sie dort am nächsten Tag das Gästezimmer. Sie hatte hier im Oktober oft übernachtet, manchmal auch Jansen, der jetzt unterwegs war. In Ulrike Meinhofs Gepäck, das hier deponiert war, sah Ruhland Teile einer gestohlenen Bundeswehruniform. Am nächsten Morgen stieß Ruhland im Bad auf den Gastgeber, den 48-jährigen Professor Peter Brückner, Ordinarius für Psychologie an der Technischen Universität Hannover. Er wohnte hier mit seiner 21-jährigen Freundin. »Oh«, sagte Brückner, »noch einer!« – »Ich bin mit Rana gekommen«, sagte Ruhland. Das war hier Ulrike Meinhofs Tarnname. Der Professor fragte: »Brauchst du eine Zahnbürste?«

Ulrike Meinhof holte eine postlagernde Sendung von der Hauptpost. Die Westberliner hatten gefälschte Reisepässe und Führerscheine geschickt. Dann lasen sie Ali Jansen in Oberhausen auf. Sie fanden den 21-Jährigen betrunken in der Kneipe Rex 2, ganze 3000 D-Mark, die für neue Pässe gedacht waren, hatte er verprasst. Ulrike Meinhof war wütend. Ruhland half ihr, Jansen nach Hannover zu verfrachten.

Während die beiden Männer am 5. November in Bremen eine zusammenschiebbare, etwa vier Meter lange Leiter und ein Nachtsichtgerät kauften, buchte Ulrike Meinhof in einem Reisebüro in Hameln einen Ferienbungalow in Polle bei Bodenwerder mit drei Zimmern, Betten für sieben Personen, Küche und Bad. Sie gab an, es für eine wissenschaftliche Studiengruppe für ein paar Wochen nutzen zu wollen. Abends trafen sich die drei in der Autobahnraststätte Allertal, wo sie den VW-Bus mit der Leiter stehen ließen. Mit dem Käfer des WDR-Redakteurs fuhren sie weiter zur Kaserne Munsterlager. Sie spähten alles mit dem neuen Nachtsichtgerät aus und notierten die Uhrzeiten der Streifengänge. Ali Jansen zeigte Ulrike Meinhof einen Anbau der Soldatenunterkunft: das Magazin, wo die Pistolen aufbewahrt wurden. Die Streife kam nur alle zwei Stunden vorbei. Sie holten den

VW-Bus und hievten die Leiter über den Zaun. Ulrike Meinhof sicherte die Aktion. Die Männer kamen mit den notwendigen Informationen zurück. Das Schloss der Stahltür war in wenigen Minuten zu knacken. Jansen schätzte, dass 50 bis 60 Pistolen im Depot lagen. Sobald die Berliner da seien, würden sie zuschlagen. Alle drei übernachteten wieder bei Peter Brückner.

In Brückners Bücherregalen entdeckte Ulrike Meinhof Band 7 der Werke Lenins, Texte von 1903 bis 1904, die eine Antwort an Rosa Luxemburg und eine Auseinandersetzung mit den Menschewiki enthielten. Sie lieh es sich aus. Außerdem ließ sie sich von Peter Brückner ein Empfehlungsschreiben mit seinem Universitätsbriefkopf geben als Nachweis, dass es sich bei ihnen um eine wissenschaftliche Studiengruppe handele. Meinhof nahm noch ein halbes Dutzend soziologischer Fachbücher zur Tarnung mit. »Die roten Bücher sind wertvoll«, sagte Brückner besorgt, »die hätte ich gern zurück.« Dann besprachen beide, wie Brückner mit Wienke Kontakt aufnehmen könnte.

Täglich rief sie von einer öffentlichen Telefonzelle Gudrun Ensslin und Andreas Baader in Westberlin an, um 11, 18 oder 22 Uhr. Unter der Telefonnummer meldete sich dann eine männliche Stimme, die »Einen Moment!« sagte und dann zum Beispiel »Carlos« (Manfred Grashof) oder »Grete« (Gudrun Ensslin) ans Telefon holte.

Am 6. November zogen sie nach Polle um. Ulrike Meinhof lernte von Ruhland und Jansen, Autos zu knacken und kurzzuschließen. Sie ärgerte sich über ihre anfängliche Ungeschicklichkeit. Aber bald konnte sie schneller ein BMW-Schloss wechseln, als Jansen für den Austausch eines Kfz-Kennzeichens brauchte. Es machte ihr richtig Spaß. Auch die Nervosität, die sie noch während der ersten Aktionen befiel, hatte sich mittlerweile gelegt. Einmal brach sie einen BMW auf und wollte ihn kurzschließen, als einer der Männer ihr zurief: »Manchmal kleben die ihre Ersatzschlüssel auch hinter die Sonnenblende!« So war es diesmal. »Scheiße«, sagte sie enttäuscht. In Westberlin hatten sie die »Dubletten-Technik« entwickelt. Sie stahlen beispielsweise einen hellgrauen Daimler-Benz. Dann beschafften sie Kfz-Kennzeichen eines Pkws gleichen Typs und gleicher Farbe und montierten sie an den gestohlenen Wagen. So fiel dieser bei keiner Verkehrskontrolle auf.

Ali Jansen fuhr den VW in der Nähe von Soltau in den Graben. Die Polizei durfte den Wagen dort auf keinen Fall finden. Ulrike Meinhof gab daher Ruhland die Anweisung, ihn umgehend in die nächste Kfz-Werkstatt zu bringen. Nach der Reparatur, für die sie 1000 D-Mark zahlte, fuhr sie das Auto allein nach Köln zu seinem Eigentümer zurück.

In den einsamen Wäldern um Polle machten sie Schießübungen. Einmal wartete Ali Jansen im Auto auf Ulrike Meinhof, als er im Rückspiegel sah, wie sie auf das Auto zurannte, was das Zeug hielt. Er erschrak. Sie wurde offensichtlich verfolgt. Er startete den Motor, öffnete die Tür und raste sofort los, als sie eingestiegen war. »Was ist passiert?«, fragte er hektisch. Ulrike lachte schallend: »Ich hatte solche Lust zu rennen!« Jansen schimpfte. Sie beruhigte ihn und versuchte ihm zu erklären, wie viel Vergnügen es ihr bereitete, sich zu bewegen.

Am 14. November fuhr Meinhof mit Ruhland nach Bremen und erledigte dort ohne ihn ein paar Dinge. Dann ließ sie sich zum Haus von Klaus Hübotter, dem »Erfinder« von *konkret*, fahren. Sie hatte Hübotter, der ihr 1969 einmal geschrieben hatte, noch nie getroffen, aber sie nahm an, dass er sie nicht abweisen würde. Bei der Quartiersuche setzte sie auch auf frühere Kommunisten und deren Erfahrungen in der Illegalität. Aber Hübotter war nicht zu Hause, sie begegneten sich nie.

Klaus Rainer Röhl hatte sich im September 1970 mit den Kindern erst in Italien aufgehalten, nun lebten sie wieder in Hamburg und die beiden Mädchen gingen zunächst unter Polizeischutz in eine Blankeneser Volksschule. Nachts wurde die Villa bewacht. Medienleute, Polizisten, Bekannte, Nachbarn, Lehrer und Schüler interessierten sich sehr für die Zwillinge. Klaus Rainer Röhl engagierte die 67-jährige Emma Biermann, Mutter des Sängers Wolf Biermann, eine alte Hamburger Antifaschistin und widerstandserprobte Kommunistin, die zum Umfeld der früheren Familie Meinhof-Röhl gehörte. Regine Röhl schildert aber, dass sie ansonsten von den Freunden ihrer Mutter und »von den Sympathisanten der Gruppe gründlich ferngehalten« wurden. »Wir lebten völlig abgeschnitten von allem, was unsere Mutter betraf, angewiesen auf Erinnerungen und jede für sich allein.«[223]

Ruhland und Ulrike Meinhof fuhren, nachdem sie in der Nähe von Celle einen Bekannten besucht hatte, ans Steinhuder Meer. In der folgenden Nacht, zwischen ein und zwei Uhr, brachen sie mit Jansen in das Rathaus in Neustadt am Rübenberge ein, etwa 25 Kilometer nordwestlich von Hannover, und erbeuteten 15 Reisepässe, einen Personalausweis und 31 Stempel. Der 19. November war für Ulrike Meinhof ein typischer Tag im Spätherbst 1970. Die Reiseroute glich wieder einmal dem Zickzackflug einer Hummel. Sie fuhren von Polle nach Hannover, Allertal, Bremen, wieder nach Hannover und zurück nach Polle. In Hannover gab Jansen die Beute aus Neustadt zur Post. Der fingierte Absender lautete Lore Klein, Uferstraße, Köln. Das Paket ging an eine gleichfalls fingierte Adresse in Berlin-Schöneberg. Irgendwem unterlief ein Fehler, sodass die Sendung nie ankam.

Zu Ulrike Meinhofs Enttäuschung waren ihre Tage voll mit langweiligem, organisatorischem Kram. Mal musste ein Scheck über 1000 D-Mark in Bremen eingelöst werden, mal Pakete aus oder nach Westberlin abgeholt bzw. geschickt werden. Die einzige Abwechslung brachten ihr die Gespräche mit alten Freunden, bei denen sie Quartier fand oder für ein paar Stunden ausruhte. Eine Gruppe, mit der sie sich intellektuell auseinandersetzen konnte, hatte sie in diesen Wochen nicht um sich, nur den politisch engagierten, aber sehr jungen Jansen und den ungebildeten Ruhland, der sich hauptsächlich für Autos interessierte.

Ulrike Meinhof hatte zwar schon Geld für Sprengstoff und Waffen beschafft, hatte Schießen gelernt und übte es regelmäßig – aber sie hatte noch nie selbst Waffen gekauft. Zur Vorbereitung eines riskanten Waffenkaufs, der in Hamburg stattfinden sollte, besorgte sich Ruhland am 25. November in einer Waffenhandlung im niedersächsischen Einbeck ein KK-Gewehr »Anschütz«, von dem er Lauf und Schaft absägte. Am selben Abend kamen sie in Hamburg an, wo sie sich mit Grusdat und einem weiteren Westberliner in der Nähe des Hauptbahnhofs trafen. Dort wartete am Taxistand ein Waffendealer. Dieser schlug vor, einer solle mit ihm und seinen Leuten zur Übergabe an einen Ort außerhalb Hamburgs fahren. Ulrike Meinhof fand das zu riskant. Das Geschäft platzte.

Einer brachte die Idee auf, in die Waffenfirma Frankonia in

Würzburg einzubrechen. Am 26. November machten sich Jansen, Ruhland und Meinhof nach Würzburg auf den Weg. Während die beiden Männer das Gelände der Firma ausspähten, fuhr Ulrike Meinhof nach Berneck, das sich inzwischen Bad Berneck nennen durfte, und schlüpfte bei Gertrud Bischoff, der jüngeren Schwester von Holde Bischoff unter, die sie 1945 kennengelernt hatte. Jansen und Ruhland fanden rasch heraus, dass das Firmengelände zu gut gesichert war und ein Einbruch deshalb nicht infrage kam. Sie übernachteten in einem Wald, in dem sie am anderen Morgen mit dem Anschütz-Gewehr herumschossen. Gegen Mittag gabelten sie Ulrike Meinhof in Würzburg auf und fuhren mit ihr zurück nach Polle.

In den Gesprächen zwischen den Westberlinern und Ulrike Meinhof wurden neue Banküberfälle vereinbart. Das Leben in der Illegalität war teuer und auch die eigentlich politischen Aktionen kosteten einiges. Das Geld aus den Banküberfällen vom September aber ging zur Neige. Die restliche Gruppe wollte weg aus Westberlin, das zu heiß geworden war. Außerdem war es gefährlich, da man bei Reisen zweimal an der deutsch-deutschen Grenze kontrolliert wurde. Neue Ziele waren das Ruhrgebiet und Süddeutschland, wo das nächste Geld beschafft werden sollte. Die drei aus Polle spähten in Köln, Oberhausen und Gladbeck geeignete Banken aus.

Aber sie brauchten Waffen. Es fand sich ein neuer Geschäftspartner: die El Fatah. Das Geschäft sollte ursprünglich im Januar 1971 in der Nähe des Dammtorbahnhofs in Hamburg abgewickelt werden. Am 27. November fuhr Meinhof mit Ruhland dorthin, um ihn vorab mit den Straßenverhältnissen vertraut zu machen. Einen Tag später traf Jan-Carl Raspe mit falschen Papieren, vier neuen Funkgeräten und einem gestohlenen roten R 16 in Polle ein. Meinhof packte die Uniformteile dazu und fuhr mit Raspe nach Bremen, wo sie alles in einer Wohnung von Freunden deponierten. Meinhof und Raspe übernachteten in Bremen und kehrten am nächsten Tag, einem Sonntag, nach Polle zurück. Am Montag kauften Raspe und Ruhland in Holzminden Lebensmittel ein. Beim Frühstück gab es Streit. Ruhland wollte aus familiären Gründen um jeden Preis kurz nach Westberlin zurück. »Du bist verrückt, das kommt nicht infrage«, lehnte Ulrike Meinhof ab. »Ich fahre auf jeden Fall«, widersetzte sich Ruhland. »Ihr müsst mir das Geld für die Fahrt geben.« Ulrike Meinhof widersprach: »Du kriegst das Geld nicht, die Fahrt ist überflüssig und gefährlich.« Nachts nahm er dennoch 500 D-Mark aus der Gemeinschaftskasse und setzte sich ins Auto. Aber als er an der DDR-Grenze bei Helmstedt vier Stunden im Stau stand, beschloss er wieder umzukehren.

Die Rekrutierung neuer Mitglieder erwies sich als Problem. Es gab Techniker wie Ruhland, die eine soziale Gemeinschaft und Anerkennung suchten, aber die politischen Absichten der Gruppe eigentlich nicht verstanden. Es gab Studenten, die glaubten, an einem Tag illegal sein und am nächsten an ihrer Examensarbeit schreiben zu können. Der Plan, dass wenigstens die nicht bekannten Mitglieder weiter in sozialen Projekten arbeiten konnten – in Heim- und Fürsorgekreisen, Lehrlingsgruppen, Betriebsgruppen, Stadtteilprojekten oder Ähnlichem –, hatte sich aus Sicherheitsgründen längst als undurchführbar erwiesen. Es fand sich auch kein Ansatzpunkt, wo und wie die Gruppe soziale Kampagnen durch militante bzw. bewaffnete Aktionen unterstützen konnte. Sie musste einen Teil ihres ursprünglichen Konzepts aufgeben.

Auf Empfehlung von Freunden nahmen Ulrike Meinhof, Jan-Carl Raspe und Kalle Ruhland in Gelsenkirchen Quartier bei einem Ingenieursehepaar. Mit ihnen diskutierten sie bis zwei Uhr morgens. Am nächsten Tag erkundete Ulrike Meinhof die Gegend südlich der Autobahn Hannover – Oberhausen auf der Suche nach einer Bank und wurde in Recklinghausen fündig. Auch Raspe und Ruhland fanden je eine geeignete Bank in Gladbeck und Bottrop. Jansen war in Oberhausen unterwegs. »Bist du bereit, eine Wohnung in Westberlin für uns zu mieten?«, fragte Meinhof ihre Gastgeberin am Abend, die nach kurzer Bedenkzeit zusagte. In Berlin mietete sie auf ihren eigenen Namen eine Zweitwohnung in der Leibnizstraße, den Schlüssel übergab sie Gudrun Ensslin. Sie legte 2800 D-Mark aus und erhielt das Geld vier Wochen später in einem Paket zurück.

Nach einer Verhaftung in Westberlin wurde auch der Plan des Einbruchs in das Waffendepot Munsterlager aufgegeben. Ulrike Meinhof und Kalle Ruhland fuhren über Polle nach Frankfurt zurück. Auf einem Parkplatz in der Nähe von Polle übernahmen sie den roten R 16, den Raspe aus Westberlin mitgebracht hatte. Als Meinhof den Wagen öffnete, fuhr ein Polizeiwagen vor. Die Polizisten, die den Pkw seit Tagen beobachtet hatten, fragten die schlanke blonde Frau nach ihren Papieren, die sie ihnen, sichtlich verunsichert, aushändigte. Sie waren auf den Namen Sabine Marckwort ausgestellt. Obwohl die Beamten misstrauisch waren, ließen sie sie, da es nichts zu beanstanden gab, nach einer Weile fahren. Meinhof stellte den R 16 sicherheitshalber in Alsfeld ab und ließ sich von Ruhland nach Frankfurt am Main zum Café Westend chauffieren.

Wieder ging es um Waffen. Die Geschäftspartner waren Mitglieder der El Fatah. Ulrike Meinhof klärte die Bedingungen. Sie holte das Geld aus der Wohnung weiterer Frankfurter Freunde. Abends kam sie mit 23 Pistolen der Marke Firebird, Kaliber 9 Millimeter, für die sie etwa 10 000 D-Mark bezahlt hatte, in die Wohnung zurück. Sie verteilte die Waffen. Aufgrund der Polizeikontrolle entschied Ulrike Meinhof, das Quartier in Polle aufzugeben. Um Mitternacht rasten Raspe und ein Freund nach Polle, um alles Gepäck aus dem Bungalow zu holen.

Am nächsten Vormittag deponierten Meinhof, Raspe und Ruhland 16 Pistolen, die sie vorerst nicht brauchten, in einem kleinen hessischen Ort. In der Frankfurter Wohnung wurde es immer enger. Hier lebten jetzt Ulrike Meinhof, Jan-Carl Raspe, Karl-Heinz Ruhland und, frisch aus Westberlin, der 28-jährige Filmstudent Holger Meins mit seiner 19-jährigen Freundin, der Physikstudentin Beate Sturm. In den nächsten Tagen verteilten sie sich auf mehrere Frankfurter Wohnungen, darunter die von Jürgen Seifert und Monika Seifert-Mitscherlich. Andere Mitglieder der Gruppe, darunter ein 20-jähriger Physikstudent und ein 16-jähriges Mädchen, fuhren direkt nach Nürnberg, wo einer der nächsten Banküberfälle geplant war.

Ulrike Meinhof durchreiste den Raum Gießen auf der Suche nach Banken, eine Gegend, die ihr vertraut war: Hier lag Weilburg, wo sie zur Schule gegangen war, Marburg, wo sie studiert hatte, und es war die Gegend, in der alte Freunde lebten. Raspe und Ruhland warteten in Gießen, bis sie vom Treffen mit ihnen zurück war. Die Suche nach Banken ging in den folgenden Tagen in Hessen, Franken und dem Ruhrgebiet weiter. Am 10. Dezember kaufte Ulrike Meinhof noch 13 Pistolen Marke Firebird zum Stückpreis von 450 D-Mark im Café Westend. Andere besorgten in einem Waffengeschäft auf der Zeil zwei Pakete Parabellummunition für die Firebirds gegen Quittung, aber ohne Namen. Einige gingen in den Frankfurter Stadtwald schießen üben.

Am 11. Dezember verpackte Meinhof zehn Firebirds in zwei Pakete mit jeweils drei Schachteln Munition und schickte sie an Kontaktadressen im Ruhrgebiet und in Nürnberg. Außerdem brauchte die Gruppe sichere Fluchtquartiere für die Zeit nach den neuen Banküberfällen. Deshalb mietete Meinhof telefonisch einen Bungalow in Fürth im Odenwald. Am 12. Dezember fuhr sie mit Ruhland nach Bremen, wieder verriet sie ihm nicht, wen sie traf, um alte Freunde zu schützen.

Am 13. Dezember versammelten sich alle in der Offenbacher Landstraße in Frankfurt: Ulrike Meinhof, Gudrun Ensslin, Andreas Baader, Jan-Carl Raspe, Holger Meins, Astrid Proll, Marianne H., Beate Sturm, Karl-Heinz Ruhland und andere. Ulrike Meinhof holte Ensslin und Baader am Bahnhof ab, Ruhland kutschierte die anderen. Inzwischen stand ihnen ein großzügiges Fluchtquartier zur Verfügung. Monika Seifert-Mitscherlich verfügte über ein 30-Zimmer-Haus ihrer Familie in Bad Kissingen, das einmal als Sanatorium gedient hatte. Sie schrieb auf eine Ansichtskarte: »Ich erlaube dem Inhaber dieser Karte, in unser Haus zu gehen« und unterzeichnete. Neue Gäste würden dort niemandem auffallen. In dem alten Haus wohnten immer mal wieder Freaks und junge Linke aus anderen Städten.

Es war Ruhlands Aufgabe, wenigstens zwei Zimmer in dem Haus, das unbeheizt und in einem schlechten Zustand war, bewohnbar zu machen. Er kaufte Ölöfen und installierte sie. Am 15. Dezember traf ein Teil der Gruppe ein. Ulrike Meinhof, Ensslin und Baader, die sich zur Beratung zurückgezogen hatten, folgten am nächsten Tag. Man überprüfte die Vorbereitungen und beriet, wie es nach den Banküberfällen weitergehen sollte. Baader berichtete von einer Schweizer Gruppe, die mit ihnen zusammenarbeiten wolle. Fluchtwohnungen hatten sie, neben denen in Westberlin und in Norddeutschland, nun auch in Oberhausen, Köln, Gelsenkirchen, Fürth, Nürnberg und Bad Kissingen sowie einige in Süddeutschland. Sie entschieden sich für je eine Bank in

Oberhausen und in Nürnberg. Am 18. Dezember tauschten sie sich noch einmal über alle Details aus, danach entspannten sie sich, feierten ein bisschen, kifften, tranken und hörten Musik.

Am Abend des 20. Dezember gegen 22 Uhr waren Ali Jansen, Karl-Heinz Ruhland und Beate Sturm mit einem Freund von Jansen in Oberhausen unterwegs. Sie wollten Werkzeug aus der Wohnung des Freundes holen, das sie in jener Nacht brauchen würden, um die Fluchtautos für den Banküberfall zu organisieren. Eine Polizeistreife hielt sie an. Ruhland musste seine Papiere vorzeigen. Die Polizisten gingen mit ihm zu ihrem Wagen, um die Daten zu überprüfen. Die drei anderen sprangen in ein Taxi und verschwanden. Später hieß es, Ruhland habe aufgegeben und seine geladene und entsicherte Pistole ausgehändigt. Diese Version kann aber auch das Ergebnis eines Deals zwischen dem Bundeskriminalamt und ihrem ersten Kronzeugen gewesen sein. Wie redselig Ruhland bald sein würde, ahnte Ulrike Meinhof nicht.

Am frühen Morgen des 21. Dezember kamen sie und Jan-Carl Raspe erschöpft in Gelsenkirchen an. Auch sie waren in Gelsenkirchen-Erle in eine Polizeikontrolle geraten. Meinhof überkam dabei ein merkwürdiges Gefühl und sie gab Gas, während der Polizist noch ihren Führerschein in der Hand hielt. Das Papier war auf den Namen »Sabine Marckwort« aus Bremen ausgestellt und enthielt ein aktuelles Foto von Ulrike Meinhof mit kurzen, blond gefärbten Haaren. Aber die Polizisten erkannten nicht, wer ihnen da entwischt war. Der Schock über Ruhlands Festnahme, über die Beinahe-Festnahme von Ulrike Meinhof und die wachsende Zahl von Kontrollen war so groß, dass die Gruppe den geplanten Banküberfall in Oberhausen aufgab.

Zwei Tage vor Weihnachten versuchten Ulrike Meinhof, Astrid Proll, Ali Jansen und ein Student in Nürnberg einen Mercedes zu stehlen. Sie hatten sich aber ausgerechnet einen Mercedes ausgesucht, auf den seine neue Besitzerin so stolz war, dass sie ab und an aus dem Fenster nach ihm sah. Als sie entdeckte, dass sich jemand an ihrem Auto zu schaffen machte, rief sie umgehend die Polizei. Ulrike Meinhof sprang zu Astrid Proll ins Auto und sie rasten davon. Ali Jansen und der Student wurden in der Nähe der Meistersingerhalle aufgegriffen. Ali Jansen drehte durch, zog seine Firebird Kaliber 9 und schoss in die Luft, sagte er aus –

schoss auf sie, sagte die Polizei. Dann hastete er in den Polizeiwagen, der nicht ansprang. Die Polizisten schossen auf ihn, trafen ihn aber nicht. Jansen gab auf.

Der Nürnberger Bankraub wurde abgesagt. Alle konspirativen Wohnungen, die der Student kannte, wurden aufgegeben. Die Gruppe verließ Franken Richtung Baden-Württemberg. Am 24. Dezember 1970 versammelte sie sich in der Wohnung eines Freundes in Stuttgart. Die Stimmung war äußerst gespannt. Es kam zu Auseinandersetzungen über die künftige Strategie. Ulrike Meinhof war deprimiert. Ihr war die Arbeit der Gruppe längst nicht politisch genug. Auch der immense Aufwand für die Organisation ging ihr auf die Nerven. Sie schrie Andreas Baader an: »Was ist das für ein Konzept? Dieses Hin-und-her-Gefahre? Mal hier 'ne Bank, mal dort eine. Wir machen irgendwelche Sachen, ohne uns wirklich gut auszukennen!« Baader brüllte zurück, dass sie sich nicht ewig an einem Ort aufhalten könnten, ohne sich zu gefährden. »Wir kommen, handeln und sind wieder weg!« Ihre ursprüngliche Idee, bei den Banküberfällen kurze Ansprachen an das ausgebeutete Volk zu halten oder Flugblätter zu verteilen, war längst aufgegeben. Ulrike Meinhof verlangte, dass die Gruppe ihre politische Position schriftlich festhielte und veröffentlichte. Sie bekam den Auftrag für einen Textentwurf. Verstärkt bemühte sich die Gruppe auch, mehr über die Fahndungsmethoden des BKA in Erfahrung zu bringen.

Am 15. Januar 1971 erbeuteten sie bei Banküberfällen in zwei Sparkassenfilialen in Kassel insgesamt 114 530 D-Mark. Zuvor hatte die 19-jährige Beate Sturm die »Baader-Meinhof-Gruppe« verlassen. Sie »ist von einem Seitensprung heimgekehrt in den Schoß der Familie«, schrieb Ulrike Meinhof im April 1972.[224] Erst durch die Aussage des festgenommenen Kalle Ruhland erfuhr das BKA, dass es sich bei »Sabine Marckwort« um Ulrike Meinhof gehandelt hatte. Nun begriff die Polizei endlich, dass sie seit vier Wochen ein neues Foto von ihr in Händen hielt, und reichte es an Eduard Zimmermann für seine TV-Sendung *Aktenzeichen XY ungelöst* weiter, in der das Bild am 22. Januar 1971 ausgestrahlt wurde. Von nun an trug Ulrike Meinhof oft wieder ein Kopftuch.

Es gab viele, die sich Sorgen machten, Sorgen unterschiedlicher

Art. Meinhof'sche Verwandte in der DDR fürchteten, dass Ulrike eines Tages an ihre Tür klopfen könnte. Aber Heidi Leonhardt, die Ulrike Meinhof liebte, schrieb an ihre Tochter Christiane in Indien: »Man hat nun langsam das Gefühl, dass sich die Schlinge immer enger zuzieht, und ich habe Angst, was dann wird.« Professor Ernst Heinitz, Vertrauensdozent der Studienstiftung des Deutschen Volkes, von der sowohl Ulrike Meinhof als auch Gudrun Ensslin ein Stipendium bezogen hatten, sagte, die Studienstiftung sehe nicht ohne Besorgnis, dass es die Begabtesten, Sensibelsten und Kritischsten seien, die sich nicht mit den Verhältnissen abfinden wollten und auf Abwege kämen.

Die Fahndungsdaten des BKA enthielten drei Fotos von Meinhof, mögliche Tarnnamen, Geburtsdatum und folgende Beschreibung: »ca. 1,65 m, schlank, dunkelblond, trägt meistens Sonnenbrille, Haarfarbe und -schnitt häufig wechselnd (Perücken). Banküberfälle, Ausweisfälschungen und andere Straftaten, Mitglied einer kriminellen Vereinigung. Haftbefehl: AG Berlin/Tiergarten 348Gs58/70. Bemerkungen: Begleitpersonen – wechseln – können als Mitglieder der Baader-Meinhof-Gruppe angesehen werden. Benutzerin schneller Pkw (überwiegend BMW) mit gestohlenen oder falschen Kennzeichen. Bei Festnahme: BKA-III (SG)-Bonn-Bad Godesberg – 02229/53001«, und dann der große und fett geschriebene Hinweis: »Vorsicht! Schusswaffe!«

Am 1. Februar 1971 stellte das Bundeskriminalamt im Auftrag von Bundesinnenminister Hans-Dietrich Genscher eine Sonderkommission Baader-Meinhof zusammen, kurz: Soko BM. Sie bekam eigene Räume und einen Berg Akten, vorwiegend aus Westberlin. Das BKA-Projekt hieß »Baader-Meinhof-Komplex«. Einen eigenen Namen hatte sich die Gruppe um Meinhof, Ensslin und Baader immer noch nicht gegeben.

Kriminaloberkommissar (KOK) Alfred Klaus schien der geeignete Mann im Kampf gegen den Feind von links. Er war schon in den 1950er Jahren an den Ermittlungen gegen die dann 1956 verbotene KPD beteiligt gewesen. Alfred Klaus las Staatsschutzakten, Presseberichte, Flugblätter und sonstige Veröffentlichungen. Am 19. Februar 1971 legte er einen 63-seitigen Vorbericht vor. Die etwa 30-köpfige »anarchistische« Gruppe, die »rücksichtslos von ihren Schusswaffen Gebrauch« mache, sah er »als

Vereinigung im Sinne des Paragrafen 129 Strafgesetzbuch« an – als eine »kriminelle Vereinigung«. Dem widersprach nicht, »dass eine straffe Organisationsform mit Statuten, Verpflichtungserklärungen und paramilitärischer Gliederung allem Anschein nicht« bestünde. »Decknamen« – die tatsächlich oft nur Spitznamen waren – wie »Anna«, »Ali«, »Kalle«, »Prinz«, dazu »Kennworte«, »Deckadressen«, »verschlüsselte Telefonnummern« genügten. Das juristische Konstrukt der »terroristischen Vereinigung« gab es damals noch nicht. Klaus: »Ihre Angehörigen streben den radikalen Umsturz der gegenwärtigen Gesellschaftsordnung an, in der sie ein ›System der Klassenherrschaft und der Unterdrückung‹ erblicken«, und sie wollten eine »revolutionäre Solidarisierung der ›proletarischen Linken‹«. Er zitierte auch, dass die Gruppe, obwohl von BKA und Medien ständig so genannt, sich keineswegs als »Anarchisten« bezeichne, sondern als »revolutionäre Sozialisten und antirevisionistische Kommunisten«. Über den »ideologischen Hintergrund« schrieb er: »Die Beweggründe für das strafbare Tun der Täter und die von ihnen verfolgten revolutionären Ziele haben ihren Ursprung in den gesellschaftlichen Auseinandersetzungen der letzten Jahre, die durch die antiautoritäre Studentenbewegung – repräsentiert durch den SDS – und andere Kräfte der außerparlamentarischen Opposition ausgelöst wurden.« Vom ersten Moment an wussten also das Bundeskriminalamt, die Bundesregierung und der Generalbundesanwalt, dass die Gruppe – wie immer zu bewertende – politische Motive für ihre Handlungen hatte und welcher politischen Herkunft sie war, auch wenn sie diese später bewusst kriminalisierten.

Als Nächstes legte KOK Alfred Klaus ein »Verzeichnis der Beschuldigten und sonstigen in Verdacht geratenen Personen« an. Die Liste umfasste 51 Namen, darunter waren aber auch Randfiguren, Quartiergeber usw. Im März 1971 zählte das BKA insgesamt 20 Mitglieder der »Baader-Meinhof-Bande«, zwölf von ihnen noch in Freiheit – darunter Andreas Baader (27 Jahre), Ulrike Meinhof (36), Gudrun Ensslin (30), Astrid Proll (23), Manfred Grashof (24), Jan-Carl Raspe (26), Holger Meins (29), Petra Schelm (20), Marianne H. (31), und acht in U-Haft – darunter Horst Mahler (35), Brigitte Asdonk (23), Irene G. (19), Monika Berberich (28), Ingrid Schubert (26), Heinrich »Ali«

Jansen (23), Karl-Heinz Ruhland (33). Eine Reihe von Namen kannte das BKA nicht. 14 von 20 Gesuchten waren Kriegskinder.

Die Spezialität des Kriminaloberkommissars Alfred Klaus war es, das soziale Umfeld der Gesuchten auszuforschen, vor allem die Familien. Deshalb nannte ihn Ulrike Meinhof später, als sie ihn kennenlernte, einmal spöttisch den »Familienbullen«. Es gab Menschen, die verweigerten die Kooperation mit dem Bundeskriminalamt. Aber Klaus Rainer Röhl und Renate Riemeck halfen KOK Klaus, ein Profil von Ulrike Meinhof zu erstellen. Klaus Rainer Röhl, so notierte der Kommissar, fühle sich »nicht ganz unschuldig an dem ungeheuren Bruch«, den Ulrike Meinhofs »Identität [...] Mitte der sechziger Jahre« erlitten habe. »Ulrike habe Liebe und Geborgenheit bei ihm gesucht, die er ihr habe nicht geben können«. Er habe sie dazu gebracht, ihn zu heiraten, was sie widerstrebend getan habe. Renate Riemeck beurteilte ihre frühere Pflegetochter als »um Anpassung bemüht, also suggestibel«. Sie übernehme »zugleich gegenüber Schwächeren Schutzfunktionen [...], was zu Konfliktsituationen geführt habe, z. B. als Schulsprecherin der Schulleitung gegenüber«. Kommissar Klaus kam nach diesen Gesprächen zu folgendem Schluss: Zu Ulrike Meinhofs »Identitätsänderung kann auch die schwere, 4½-stündige Gehirnoperation [...] beigetragen haben. [...] Mediziner halten eine Wesensänderung (eingeschränkte Zurechnungsfähigkeit) danach für möglich«. Eine Unterstellung war geboren, die Meinhofs Haftbedingungen später immens verschärfen würde. Riemeck erzählte dem Kommissar auch, wie viele bedeutende Leute es in der »weit verzweigten Familie Meinhof« gäbe: »zahlreiche Ärzte, Schriftsteller und Pfarrer«, darunter »den ehemaligen Regierenden Bürgermeister von Berlin, Heinrich Albertz«. Sogar über Wienkes private Verhältnisse gab sie dem BKA Auskunft.

In seinem ersten Dossier zählte Kommissar Klaus die Straftaten auf, die Ulrike Meinhof bis Mitte Januar 1971 zugeschrieben wurden, angefangen mit den »Verwüstungen« im Haus Röhl im Mai 1969 bis hin zum Banküberfall in Kassel im Januar 1971. Bis zu diesem Zeitpunkt hatte Ulrike Meinhof auf keinen Menschen geschossen und niemandem auch nur eine Schramme beigebracht.

Während das BKA versuchte, in das soziale Umfeld der »Baader-Meinhof-Gruppe« einzudringen, war diese bestrebt, sich auszudehnen. Bilder der Cabora-Bassa-Demonstration in Heidelberg vom Juni 1970 hatten Gudrun Ensslin und Andreas Baader auf die Idee gebracht, mit den Aktivisten, einige gehörten zum Sozialistischen Patientenkollektiv (SPK), Kontakt aufzunehmen. Sie waren sehr angetan von ihren politischen Forderungen und ihrer Militanz. Cabora Bassa hieß das größte Staudammprojekt in der portugiesischen Kolonie Mosambik im südlichen Afrika. Portugal wollte dort eine Million Europäer ansiedeln. Auch fünf deutsche Konzerne hatten vor, aus der Ausbeutung des Landes Profit zu ziehen. Gudrun Ensslin und Andreas Baader fuhren daher nach Heidelberg.

Das SPK war eine »Patientenselbstorganisation« unter Leitung des Assistenzarztes Dr. Wolfgang Huber. Im Februar 1970 hatten sich traumatisierte Patienten der Psychiatrischen Poliklinik Heidelberg, die mit Elektroschocks oder Neuroleptika behandelt oder die entmündigt worden waren, mit Personen, die in Gesundheitsberufen arbeiteten oder dort ausgebildet wurden, zusammengeschlossen. Das SPK verstand Krankheit als »Waffe der Erkenntnis und Veränderung« gegen eine unmenschliche Gesellschaft. Die Klinikleitung erregte sich über diese anmaßenden Patienten, die die ärztliche Autorität infrage stellten, und schikanierte die Gruppe. Rezepte wurden verweigert, Räume gekündigt, die SPK-Patienten öffentlich als »gemeingefährliche Irre« bezeichnet. Schließlich wurde Dr. Huber entlassen, aber mit Hungerstreiks und Besetzungen von Büros setzte das SPK Geldmittel und eigene Räume durch. Der linksliberale Universitätsrektor Rolf Rendtorff und als Gutachter unter anderem die Professoren Peter Brückner und Horst-Eberhard Richter machten sich für das SPK als Einrichtung der Universität stark. Die Gegner des Projekts, konservative Psychiater, die CDU-Landesregierung unter Hans Filbinger und die politische Rechte griffen das Patientenprojekt an. Das SPK wurde illegalisiert, der Druck unerträglich verschärft: Entzug aller Geldmittel, Medienhetze, Polizeiüberfälle. Es kam zu Selbstmorden und Selbstmordversuchen. Ein Teil der Aktivisten radikalisierte sich.

Die Psychologiestudentin Margrit Schiller war 21 Jahre alt und kam aus Bonn. Die Mutter war CDU-Stadtverordnete, der Vater Major beim Militärischen Abschirmdienst (MAD). Seit Januar 1971 hatte Margrit Schiller Kontakt zum SPK. Das Konzept »Antipsychiatrie«, das der italienische Psychiater Franco Basaglia wesentlich entwickelt hatte, überzeugte sie und sie begann sich in den Arbeitskreisen des SPK auch mit Geschichte und Politik auseinanderzusetzen. Als ein Freund sie fragte, ob sie ihren Pass hergeben und darauf verzichten könnte, ihn als gestohlen zu melden, ahnte sie, für wen er gedacht war, und sagte Ja. Sie war so wütend über Hausdurchsuchungen, Polizeischikane und die Berichterstattung der Medien, dass sie Fensterscheiben von Läden einwarf, in denen Fahndungsaufrufe für die »Baader-Meinhof-Gruppe« hingen. Nach ein paar Tagen fragte der Freund: »Können die ein paar Tage in deiner Wohnung wohnen?« Sie wusste, dass dieser Schritt größer war, stimmte aber dennoch zu und übergab sich in der ersten Nacht vor Anspannung. Ein paar Tage später, es war Februar 1971, bestand sie darauf, ihre Gäste kennenzulernen. Vor dem Treffen sah sie sich die Fotos auf einem Fahndungsplakat noch einmal genau an, aber in ihrer Wohnung erkannte sie keinen wieder: Ulrike Meinhof war klein, schmal, trug ein Kopftuch und rauchte Kette. Gudrun Ensslin hatte statt der glatten langen blonden Haare einen Afrolook. Baader war hellblond gefärbt. Die drei lungerten auf dem Bett herum. Jan-Carl Raspe, lang und dünn, lehnte an der Wand. »Ich wollt euch halt kennenlernen«, sagte Margrit Schiller schüchtern. Baader fragte, ob sie ihre Wohnung weiter benutzen könnten, sie sagte Ja.[225]

Die vier schickten sie aus dem Zimmer und berieten – und akzeptierten sie. In den nächsten Monaten kamen sie häufig. Bald schloss sich ihnen auch Holger Meins an. Margrit Schillers Wohnung diente ihnen als Rückzugsraum, zum Ausruhen, Lesen, Schreiben und Diskutieren. Sie studierten dort Pläne, reinigten Waffen, hörten Musik und neckten Ulrike Meinhof, »die ihr Leben vorher vor allem an der Schreibmaschine zugebracht hatte und die jetzt diejenige war, die am schnellsten Autos knacken konnte« (Schiller).[226] Sie lachten über Donald-Duck- und Micky-Maus-Hefte. »Andreas und Gudrun konnten zusammen rumalbern und giggeln wie Teenager.« Jeder entspannte sich anders. Ulrike Meinhof badete gern stundenlang.

Ulrike Meinhof und Gudrun Ensslin ergänzten sich gut: Meinhof war die Intellektuelle, die Autorin, die Theoretikerin, die gleichfalls hochpolitische Ensslin sorgte für den sozialen Zusammenhalt der Gruppe und zähmte den manchmal aufbrausenden Baader.

Margrit Schiller war davon beeindruckt, wie selbstbewusst sich die Frauen innerhalb der Gruppe verhielten. Lesbische Beziehungen waren selbstverständlich, während Schiller, die auch Männer liebte, noch mit dem Bekenntnis zu ihrer Liebesbeziehung zu einer Frau kämpfte. Mit den Frauen der RAF konnte sie auch darüber reden. Die erzählten ihr, dass sie von der Öffentlichkeit anders wahrgenommen wurden als die Männer. Dass nur von Ulrike Meinhof ein Foto veröffentlicht worden war, nachdem sie Andreas Baader befreit hatten, war nur ein Beispiel. Die Medien zogen über die »lesbischen Baader-Mädchen« her und auch die politische Entscheidung Ulrike Meinhofs für den bewaffneten Kampf wurde als sexuelle Abhängigkeit von Andreas Baader missinterpretiert. Statt Ulrike Meinhof und die anderen RAF-Frauen, die immer noch mindestens die Hälfte der Gruppe stellten, politisch zu kritisieren, wurde versucht, sie sexistisch zu entwürdigen. Die neue Frauenbewegung steckte noch in den Kinderschuhen und Frauen waren auf allen Gebieten in der westdeutschen Gesellschaft benachteiligt. Und nun gab es welche, die die Waffe in die Hand nahmen und manchmal sogar Frauen liebten. Die konnten doch nur verrückt sein. Günther Nollau, Leiter der Abteilung Öffentliche Sicherheit in Genschers Bundesinnenministerium, wunderte sich, »dass so viele Mädchen dabei sind«, und schlussfolgerte: »Vielleicht ist das ein Exzess der Befreiung der Frau, was hier deutlich wird.«[227]

Ulrike Meinhof und Andreas Baader konnten stundenlang über einen Text streiten, erinnert sich Schiller. Es war wie ein Kräftemessen. Sie blafften sich an, lachten, dachten nach. Wenn Andreas Baader Formulierungen von Ulrike Meinhof zu grob kritisierte, schnauzte sie ihn an: »Schreib's doch selbst!« Dann lachte er: »Du weißt genau, dass ich die Sachen nicht so ausdrücken kann wie du. Ich hab 'ne Vorstellung, was rein muss, aber schreiben kann keiner außer dir.«[228] Ulrike Meinhof tippte von morgens bis nachts, wochenlang, auf einer kleinen Schreibmaschine.

Die Texte wurden diskutiert und anschließend überarbeitet. Zwischendurch räumte sie bei befreundeten Wohngemeinschaften die Bücherregale leer. So entstand im April 1971, elf Monate nach der missglückten Tonbandaufzeichnung, die Michèle Ray dem *Spiegel* verkauft hatte, und knapp ein Jahr nach dem kurzen, plakativen Text »Die Rote Armee aufbauen« in *Agit 883*, der erste ausführliche Text der RAF: »Das Konzept Stadtguerilla«.[229] Die Gruppe hatte beschlossen, alle Texte kollektiv herauszugeben.

»Das Konzept Stadtguerilla« bezog sich hauptsächlich auf Mao Zedong, aber auch auf die Klassiker (von Marx bis Lenin, Louis August Blanqui und Georg Lukács), auf die lateinamerikanischen Revolutionsbewegungen (Régis Debray und Carlos Marighella) sowie auf die Black-Panther-Bewegung (Stokeley Carmichael und Eldridge Cleaver). Der Text war eine Analyse der Verhältnisse in der Bundesrepublik: Thematisiert wurden der Zerfall der Studentenbewegung, die nicht wie in Italien oder Frankreich mit einer proletarischen Massenbewegung verbunden war; die Rechtsentwicklung der Sozialdemokratie und die Schwäche von Gewerkschaften und Betriebsgruppen. Aber daraus ließ sich von Marxisten noch kein wie auch immer gearteter bewaffneter Kampf ableiten. Aus der objektiven Schwäche der sozialen Bewegungen sowie der Arbeiterbewegung entwickelte das Verfasserkollektiv ein Paradoxon: Eine Stadtguerilla sei deshalb jetzt erforderlich, weil »dann, wenn die Situation reif sein wird für den bewaffneten Kampf, es zu spät sein wird, ihn erst vorzubereiten«. Es verglich die Verhältnisse in der Bundesrepublik mit denen in lateinamerikanischen Militärdiktaturen. Das Spiel, das der SDS in seiner Hochzeit scheinbar so mühelos beherrschte, nämlich die Verbindung von Aufklärung in den eigenen Reihen und Vorwärtsentwicklung durch gezielte Provokation, dann wieder Vermittlung in die eigenen Reihen sowie in die Gesellschaft, setzte eine echte soziale Basis und eine enge, alltagstaugliche Verbindung zwischen Basis und »Avantgarde« voraus. Aber die RAF wurde durch ihre spezifische Geschichte zu einer Avantgarde ohne Erdung.

Die Situation, in der die Gruppe war, zwang zur Vorwärtsverteidigung. Dass die Kritik nicht nur von Leuten kam, die ihren

Frieden mit dem Kapitalismus oder mit der SPD gemacht hatten, ignorierten sie. Es gab ja zustimmende Rückmeldungen. Analytische und strategische Leerstellen füllte die RAF mit moralischem Rigorismus. Der bewaffnete Kampf wurde zum Selbstzweck. Der Weg zurück in die legale Linke schien fest verschlossen: Er wurde als Unterwerfung unter die bürgerliche Gesellschaft betrachtet. Eine Revolutionärin war bereit, bis zum Tod zu kämpfen.

Am 30. April 1971 schleppten Jan-Carl Raspe und Holger Meins dicke Stapel der Schrift »Das Konzept Stadtguerilla« in die Wohnung in der Uferstraße. Die Titelseite zierte zum ersten Mal das Logo, das die RAF von nun an symbolisierte: eine Maschinenpistole auf einem roten Stern und auf der Waffe drei große Buchstaben: RAF. So hieß die Gruppe ab jetzt, Rote Armee Fraktion. Ob diese Bezeichnung das Ergebnis einer echten Namenssuche war oder ein politischer Scherz, wie sich einige Beteiligte erinnern, ist nicht mehr zu klären. Alle legten am nächsten Tag zu exakt der gleichen Uhrzeit kleine Stapel auf dem Universitätsgelände in Heidelberg aus und verschwanden wie der Blitz. Das Gleiche passierte in anderen Großstädten. Vier Wochen später, dick wie ein Buch, erschien ein weiterer Text: »Über den bewaffneten Kampf in Westeuropa«.[230] Als der Verlag Klaus Wagenbach das Konvolut im Herbst 1971 in der Absicht veröffentlichte, eine linke Auseinandersetzung mit der RAF anzuregen, wurde das Buch sofort verboten.

Die Fahndung wurde verschärft, weil das BKA bisher relativ erfolglos gewesen war. Es wurde für die RAF schwerer, private Quartiere zu nutzen. Keine Adresse privater Quartiergeber konnte aufrechterhalten werden, wenn Karl-Heinz Ruhland oder sonst jemand davon wusste, der als nicht zuverlässig galt. Auch alte Freunde oder Verwandte litten unter Hausdurchsuchungen. Inzwischen erstellte das BKA Listen von Bürgern, die nur aufgrund früherer Beziehungen, politischer Meinungsäußerungen oder aufgrund von Kritik am Verhalten der Polizei verdächtigt wurden, »Sympathisanten« der RAF zu sein. Die RAF verlegte sich daher mehr und mehr darauf, Wohnungen in anonymen Gebieten von Großstädten anmieten zu lassen. Das erledigten Sympathisanten und neue Mitglieder, solange sie der Polizei unbekannt blieben und legal lebten.

Die RAF kam auch auf die Idee, sich neue Adressen mithilfe der Abonnentenkartei eines linken Verlags zu beschaffen. Manchmal waren sie überrascht, wie viele Linke, die sie persönlich nie gesehen hatten, sie mit Geld, Übernachtungsmöglichkeiten, ärztlicher Hilfe und anderem unterstützten. »Schöne Grüße von Anna«, sagte ein Frauenarzt zu Barbara Morawiecz. »Wie geht es ihr?«, fragte die überrascht. »Ein paar Probleme mit den Nieren, aber sonst ist sie gesund«, antwortete er. »Grüßen Sie Ulrike«, bat Morawiecz.

Irritiert waren Bundesregierung, Bundesanwaltschaft und BKA, als das Allensbacher Meinungsforschungsinstitut, dessen Leitung der CDU nahestand, 1971 die Ergebnisse einer Meinungsumfrage »Baader-Meinhof: Verbrecher oder Helden?« veröffentlichte. 82 Prozent kannten die Gruppe. 18 Prozent von 1000 Befragten sagten, die RAF handle »auch heute noch vor allem aus politischer Überzeugung«. 31 Prozent hatten keine Meinung. Jeder vierte Befragte unter 30 Jahren hatte »gewisse Sympathien« für die RAF. Jeder zehnte Norddeutsche war bereit, ein Mitglied der Gruppe zu beherbergen, das Gleiche galt für jeden 20. Bundesbürger. Allensbach stellte ein »schwieriges sozialpsychologisches Klima für die Fahndung der Polizei« fest. Die *Frankfurter Allgemeine Zeitung* sorgte sich: »Fünf Prozent wirken hier wie hundert Prozent.«

Das BKA nahm an, dass das niedersächsische und das Hamburger Gebiet von der RAF »laufend durchfahren« würden. Aus vielen Polizeizentralen wurden Beamte abgezogen und dem BKA unterstellt. Ein paar Tage vor der Allensbacher Umfrage war im Großraum Hamburg der Verkehr zusammengebrochen. Überall Straßensperren. »Aktion Kobra« hieß die bisher größte Fahndung in der Bundesrepublik, bei der 3000 Polizisten im Einsatz waren. Am Donnerstag, dem 15. Juli 1971, 16:16 Uhr, meldete der Landesdienst Nord der dpa: »Ulrike Meinhof bei einer Schießerei mit der Polizei in Hamburg erschossen«, und ergänzte sechs Minuten später: »auf der Flucht«. Aber es war nicht Ulrike Meinhof, die starb.

Die 20-jährige Petra Schelm, die so gern Maskenbildnerin hatte werden wollen und deren Eltern ihr dezidiert klargemacht hatten, dass sie ihren langhaarigen Freund Manfred Grashof nie akzeptieren würden, war in der Illegalität krank geworden. Ursula Huber vom SPK pflegte sie in ihrer Heidelberger Wohnung gesund. Dann fuhr »Prinz« nach Hamburg, um sich der Hamburger Gruppe, zu der inzwischen auch Ulrike Meinhof gehörte, anzuschließen.

Die junge Frau zog, sagte die Polizei später, eine Pistole und schoss auf den Polizisten, der sie festnehmen wollte. Sie traf nicht. Der Polizist zielte und schoss ihr eine Kugel ins Gesicht, einen Zentimeter unter das linke Auge. Passanten beobachteten, wie die junge Frau umfiel und mindestens zehn Minuten auf dem Straßenpflaster im eigenen Blut lag. Der Polizeischütze rannte weg. Kein Polizist leistete Erste Hilfe. Im Allgemeinen Krankenhaus Altona wurde ihr Tod festgestellt. Ein *Spiegel*-Reporter fragte den Hamburger Polizeisprecher: »Warum wurde auf den Kopf, nicht auf die Beine geschossen?« Der antwortete: »Waren Sie eigentlich schon mal im Krieg?«[231] Petra Schelm war die Erste, die in der Auseinandersetzung zwischen Staat und RAF starb.

Attentäterin
Bundesrepublik, September 1971 bis Juni 1972

»Mit allen Mitteln« verfolgten Bundesinnenminister Hans-Dietrich Genscher (FDP), Generalbundesanwalt Ludwig Martin und
der neue BKA-Präsident Horst Herold Ulrike Meinhof und ihre
Genossen. Sie wollten auch herausfinden, »wer ihnen hilft, wer
ihnen Unterschlupf oder Abstellmöglichkeiten gewährt, wer ihnen
Hinweise gibt oder ihre verbrecherische Tätigkeit in anderer
Form deckt oder fördert«. Die FDP hatte ihren linksliberalen
Freiburger Frühling hinter sich. Genscher wollte sich als Law-
and-Order-Mann profilieren. *Der Spiegel* schrieb: »Zum Beha-
gen von Springers *Welt* und *Bild*« gebärde sich Genscher als »Jerry
Cotton der sozialliberalen Koalition«, sekundiert von Kanzler-
amtsminister Horst Ehmke (SPD), für den die Gesuchten »die
gefährlichsten Gangster [sind], die es gibt«.[232] Die *Kritische Justiz* schrieb: »Die linke Opposition soll eingeschüchtert und diskriminiert werden; Bundesminister Genscher als Garant von Ruhe
und Ordnung ins Bild gesetzt werden.«[233]

Ab Ende Januar 1971 zog das BKA aus allen Landeskriminaläm-
tern und Schutzpolizeidienststellen Beamte ab. Es verfügte 1971
über 1820 Planstellen und einen Haushalt von 54,8 Millionen
D-Mark. Zehn Jahre später waren es 3536 Beamte und Angestellte
und 290 Millionen D-Mark. Die RAF war nicht die Ursache, sondern nur der Katalysator, um alte, von den Alliierten nach 1945
noch untersagte Pläne für die Zentralisierung der Polizei zu einer
– der föderalen Struktur der Bundesrepublik widersprechenden –
Bundespolizei umzusetzen. Immer trickreicher wurden die Kontrollen, immer häufiger wurde die Konfrontation unbeteiligter Bürger
mit Maschinenpistolen, Autojagden, Leibesvisitationen und sogar
Hausdurchsuchungen, deren große Zahl der Staat verheimlichte.

Verdächtigt wurden Intellektuelle, Künstler, Langhaarige, Menschen, die keine Lust auf Kontakt mit ihren Nachbarn hatten, die ihre Miete bar zahlten, in freizügigen Wohngemeinschaften zusammenlebten, linke Zeitungen lasen, die die gesellschaftlichen Verhältnisse als veränderungsbedürftig befanden und so als Feindbilder für einen wild werdenden Staat taugten.

Einige, die nichts mit Meinhof, Baader und Co. zu tun hatten, wurden schuldlos festgenommen, manche starben bei polizeilichen Verfolgungsjagden oder wurden im Laufe der Jahre von durchgedrehten Polizeikommandos in ihren Wohnungen erschossen. Weder Bundespräsident Gustav Heinemann noch Bundeskanzler Willy Brandt – beide wären ohne die außerparlamentarische Opposition nicht an die Macht gekommen – griffen mäßigend ein, wie es die Naiven unter ihren Anhängern erhofft hatten, die nicht begriffen hatten, wie empfindsam die SPD auf Druck reagierte – jedenfalls auf Druck von rechts. Die Kampagne der CDU und der Springermedien, die »Desperados« seien Früchte sozialdemokratischer Politik, reizte die SPD zu noch mehr Polizeiaufrüstung und noch mehr Demokratieabbau. Sozialdemokratische und sozialistische Parteien anderer Länder schauten erschreckt auf die westdeutsche Schwesterpartei. Niemand bremste die Eskalation. Zu viele profitierten von ihr.

Und die Linke? Es gab Leute, für die war die RAF eine Art Autorität. Manche schlossen sich ihr bloß deshalb nicht an, weil sie Angst hatten, und verklären dies heute als Resultat tiefgründiger Analyse. Viele hatten Respekt vor der RAF: vor ihrem Mut, ein bequemes Leben aufzugeben; vor ihrer Konsequenz; vor der Biografie ihrer Protagonisten. War es nicht Meinhof, die jene großartigen Texte geschrieben hatte? War es nicht Mahler, der herausgefunden hatte, wie Ohnesorg starb? Hatten nicht Baader und Ensslin das Massaker von My Lai mit einem Fanal beantwortet?

Die meisten Linken kritisierten die RAF scharf. Viele dachten wie Max Horkheimer: »So dumm kann keiner sein, um nicht zu spüren, dass sie genau das Gegenteil von dem erreichen, was sie eigentlich wollen.«[234] Es gab eine Flut kritischer und ablehnender Texte, Diskussionen und Erklärungen in der radikalen sowie in der undogmatischen Linken. Diese Kritik wurde aber nicht unbedingt dann abgeliefert, wenn der Staat oder die Medien eine ritualisierte »Distanzierung« verlangten, sondern überwiegend innerhalb der Linken und in ihren kleinen Medien. Der oft bis an die Zähne bewaffnete Sicherheitsstaat war längst über unversöhnliche Differenzen innerhalb der Linken hinweg zum gemeinsamen Feind geworden, denn der nutzte die Gelegenheit und attackierte linke Projekte aller Art – Buchhandlungen, Verlage, Zeitungen, Wohngemeinschaften, Stadtteil- und Bürgerinitiativen, internationalistische Solidaritätsgruppen usw. Die unabhängige Linke machte eine erneute, lang anhaltende Erfahrung mit der SPD, den von ihr initiierten strafrechtlichen Verfolgungen, Notstandsgesetzen und Grundrechtseinschränkungen, mit ihrer fortdauernden Unterstützung des Vietnamkriegs, jener zweischneidigen Amnestie und den anwachsenden Polizeieinsätzen, im Zuge derer bald jeder Linke, egal wie harmlos oder radikal er war, damit rechnen musste, regelmäßig in die Läufe von Maschinenpistolen zu schauen – ob im Morgengrauen in der eigenen Wohnung, an einer Straße oder auf einer x-beliebigen Autobahnraststätte.

Und es war die Hochzeit der Denunzianten. Als ein Jurastudent, abgewiesen von Carmen Roll vom Sozialistischen Patientenkollektiv, sich rächen wollte, musste er der Polizei nur wahrheitswidrig melden, das SPK plane, ein Sprengstoffattentat auf Bundespräsident Heinemann zu verüben. Sofort wurde das ohnehin unliebsame Kollektiv mit Polizeigewalt aufgelöst, ohne Rücksicht auf die Patienten. Der 24-jährige Psychologiestudent Klaus Jünschke hielt während eines rabiaten Einsatzes das Grundgesetz aus dem Fenster des Hauses und rief verzweifelt: »Die Würde des Menschen ist unantastbar!«[235] Ein paar Monate nach dem Polizeiüberfall ging er zur RAF. Da waren bei der RAF vom SPK schon Margrit Schiller, Carmen Roll und Gerhard Müller. Monate beziehungsweise Jahre später kamen aus dem SPK u. a. Siegfried Hausner, Hanna Krabbe, Elisabeth von Dyck und Lutz Taufer zur RAF. Ulrike Meinhof gab dem Nachzügler Jünschke den Spitznamen »Spätlese«.

Die Sympathie der Bevölkerung für die RAF hatte die staatlichen Organe überrascht. Und sie erforderte eine strategische Reaktion. Das BKA beschrieb die Aufgabe der Sonderkommission

Baader-Meinhof im Oktober 1971: »Entwicklung einer allgemeinen Bekämpfungsstrategie (gezielte Öffentlichkeitsarbeit mit dem Ziel der Kriminalisierung der Motive der Bande, Zulieferung von Material an die Bundesregierung zum Zwecke einer wirksamen Öffentlichkeitsarbeit)«. Der Gruppe sollte jede politische Motivation abgesprochen werden. Die Öffentlichkeit sollte sie nur noch als Kriminelle sehen. Gleichzeitig analysierte das BKA in seinen internen Betrachtungen die RAF als hochpolitische Organisation. »Rote Armee Fraktion« wollte das BKA sie nicht nennen, selbst »Baader-Meinhof-Bande« schien noch zu freundlich. Strategiepapiere des BKA enthielten die dringende Empfehlung an die Polizeieinheiten, an die Medien und die Politik, in der Öffentlichkeit den Terminus »Anarchistische Gewalttäter« durchzusetzen. Es waren zwar keine Anarchisten, aber die Kategorie hatte Vorteile: Sie klang nach gesichtslosen Bombenwerfern und der Name Meinhof kam darin nicht mehr vor. In den Akten des BKA wird außerdem explizit aufgeführt, der praktische Nebeneffekt sei, dass das BKA künftig auch andere politische Militante oder unliebsame Linke in denselben Topf werfen und zu den gleichen Sonderbedingungen verfolgen könne.

Ulrike Meinhof brannte darauf, politisch sinnvolle Aktionen zu unternehmen oder zu unterstützen, und sei es nur, die Räumung einer Obdachlosensiedlung in Kassel zu erschweren. Ein paarmal entkamen sie dem Zugriff der Polizei nur knapp: Zu einem Treffen mit einem Waffenhändler gingen aus Vorsicht rund 20 Leute der RAF und einige vom »Blues«, aber es kam niemand. Später stellte sich heraus, dass dieser Waffenhändler als eine Art V-Mann für das BKA arbeitete. Hätte das BKA gewusst, wer hier im Wald bei Heidelberg wartete, hätte es fast die gesamte RAF auf einen Schlag auffliegen lassen können.

Ulrike Meinhofs Kummer um ihre Kinder kannten alle. Einmal fuhr Ralf Reinders mit ihr durch eine Wohnstraße. Mädchen hatten mit Kreide weiße Kästen auf den Bürgersteig gemalt und hopsten auf einem Bein »Himmel und Hölle«. Ulrike Meinhof stieg aus und sah eine Weile zu. Dann sagte sie traurig: »Es wäre schön, wenn ich jetzt mit meinen beiden spielen könnte.« Die Gruppe beriet, wie sie ihr ein heimliches Treffen mit ihren Kindern ermöglichen könnte. Man sprach Freunde an. Das BKA soll davon erfahren haben, die Sache platzte.

Es war eine Ära der Gerüchte und Legenden. Der Gruppe soll aus Regierungskreisen angeboten worden sein, die Bundesrepublik zu verlassen. Angeblich aus Kreisen der Sozialdemokratie soll ein Angebot an die Gruppe durchgesickert sein, den Weg ins Exil nach Algerien zu ebnen.

Ulrike Meinhof, so schildert es der damals 23-jährige Ralf Reinders, war sehr besorgt um andere. Einmal begleitete sie Reinders, um ihn zu schützen. Gudrun Ensslin und Andreas Baader waren wütend darüber. »Aber allein hätte ihm etwas geschehen können«, verteidigte sie sich. »Dann wäre er eben aufgeflogen«, soll Andreas Baader erwidert haben. Ulrike Meinhof bestand darauf, richtig gehandelt zu haben. Reinders hatte das Gefühl, als seien die anderen bereit, ihn zu opfern.

Nach ernsteren politischen Differenzen zwischen den Angehörigen des »Blues« und der RAF kam es im Herbst 1971 zur Trennung. Die Verhandlungen darüber, wie man Geld und Waffen aufteilen sollte, verliefen relativ konfliktlos. Im Januar 1972 gründeten die Leute vom »Blues«, darunter Ralf Reinders, Ingrid Siepmann und Roland Fritzsch, gemeinsam mit Vertretern der Tupamaros Westberlin, den Haschrebellen, der Roten Ruhr Armee und anderen kleinen Gruppen die »Bewegung 2. Juni«, so genannt in Erinnerung an den Tag, als Benno Ohnesorg erschossen wurde.

Während Andreas Baader und Gudrun Ensslin sich meist im süddeutschen Raum aufhielten, lebte Ulrike Meinhof jetzt häufig in Hamburg.

Liebesbeziehungen zu Menschen außerhalb der RAF waren aus Sicherheitsgründen und weil die nötigen Vorsichtsmaßnahmen oft alle Zeit absorbierten, kaum möglich. Hie und da gab es enge Freundschaften zu Quartiergebern oder Helfern. Illegalität bedeutete eben auch eine Art Einsamkeit. In einer kleinen Gruppe, die verfolgt wurde und unter großem Druck stand, gab es unerfüllbare Bedürfnisse. Besonders allein fühlten sich oft die, die keine Zweierbeziehung hatten oder deren Partner gerade für Monate in einer anderen Stadt lebten. Gudrun Ensslin und Andreas Baader hatten die am längsten andauernde Liebesbeziehung. Manchmal, wenn sie abends nebeneinander im Bett lagen, die

Decke bis unters Kinn gezogen, und sich müde und zärtlich unterhielten, fühlten sich andere umso einsamer.

Die RAF bestand im Winter 1971/72 aus etwa acht Gruppen. Hamburg, Westberlin, Frankfurt am Main und Stuttgart boten ihnen die beste Infrastruktur. Am 21. Oktober 1971 sollte es zu einer Perspektivendiskussion in Hamburg kommen, in einer Wohnung in der Nähe der S-Bahn-Station Poppenbüttel. Damals lagen das Hochhaus am Heegbarg und das Alstertal-Einkaufszentrum samt den dazugehörigen Parkplätzen noch neben unbebauten Wiesen und Brachland. Die Mitglieder der RAF, sofern sie nicht dort wohnten, reisten einzeln an. Ulrike Meinhof war mit der S-Bahn gekommen. Sie fuhr in Hamburg selten Auto, ihre Angst vor einer Polizeistreife war größer als die, im öffentlichen Nahverkehr erkannt zu werden.

Alle wurden vorsichtiger. Zu viele saßen schon im Gefängnis. Anfang Mai war Astrid Proll in Hamburg festgenommen worden. Um Mitternacht waren Ulrike Meinhof, Jan-Carl Raspe, Irmgard Möller, Klaus Jünschke, Manfred Grashof, Holger Meins, Margrit Schiller und Gerd Müller anwesend, andere fehlten noch. Die Fenster waren mit Stoff verhängt, durch Sehschlitze konnten sie die Straße beobachten. Die Einrichtung war die übliche: Matratzen, Decken, Gepäck, Waffen, Munition, Sprengstoff, Telefon, Radiogeräte für Nachrichten und den Polizeifunk sowie Lebensmittel. Wenn sie sich trafen, legten sie die Waffen ab.

Ulrike Meinhof musste telefonieren, wie immer ging sie dafür in eine Telefonzelle. Sie bat Margrit Schiller und Gerd Müller, sie zu begleiten. In Hamburg hatte sie besonders Angst, erkannt zu werden. Sie ging voraus und überquerte den Heegbarg. Müller machte Schiller auf dem Parkplatz vor dem großen Einkaufszentrum auf einen Ford mit abgeblendeten Scheinwerfern und zwei Insassen aufmerksam. Meinhof hatte den Wagen auch gesehen und wich auf den Weg hinter einem Flachbau aus. Die Scheinwerfer des Ford blendeten auf. Die Polizisten Norbert Schmid und Heinz Lemke sahen die kleine zierliche Person mit Kopftuch allein über das menschenleere Gelände huschen. Sie schien sie bemerkt zu haben und sich kurz hinter einem Gebäude zu verstecken. Verdächtig. Sie blendeten auf. Ein entlaufener Fürsorgezögling vielleicht. Sie starteten den Wagen.

Ulrike Meinhof bog nach rechts in den Saseler Damm und überquerte die Fahrbahn. Der Ford folgte ihr. Müller und Schiller liefen auf einer Parallelroute. Plötzlich rannte Meinhof auf sie zu und rief: »Scheiße, das sind Bullen!« Der Ford jagte hinter ihr her auf den Bürgersteig und stellte sich quer. Ein Zivilpolizist sprang heraus: »Halt, stehen bleiben, Polizei!« Ulrike Meinhof schlug einen Haken und rannte an dem Auto vorbei. Gerd Müller rannte ihr hinterher. Schiller blieb erstarrt stehen. Der Polizist Schmid erreichte Ulrike Meinhof, griff nach ihr, erwischte ihre Tasche, sie strauchelte, riss sich los. Gerd Müller drehte sich um und schoss mehrmals auf den Polizisten. Der fiel, von vier Kugeln getroffen, zu Boden. Der Polizist Lemke, der gleichfalls die Verfolgung aufgenommen hatte, warf sich daraufhin zu Boden. Meinhof und Müller verschwanden.

Margrit Schiller hatte gerade eine Schießerei in Freiburg hinter sich. Sie fühlte sich solchen Situationen nicht gewachsen. Auf dem nächtlichen Treffen hätte auch ihre Zukunft in der Gruppe geklärt werden sollen. Sie sah den Pkw der Zivilstreife mit offenen Türen und quäkendem Polizeifunk. Der Schlüssel steckte. Sie stieg rasch ein und fuhr das Auto in eine dunkle Seitenstraße. Ohne Auto kriegen sie die beiden nicht, dachte sie. Dann kam sie auf die naive Idee, in der Nähe des Tatorts zu bleiben und von dort aus in der Wohnung anzurufen, um die Freunde zu warnen. Sie stand in der Telefonzelle und hatte alle Nummern vergessen. Eine Polizeistreife nahm sie fest. Auf dem Revier nannte man sie eine Polizistenmörderin. So erfuhr sie, dass der Polizist tot war.

Gerd Müller kam atemlos in der Wohnung an: »Ich habe einen Polizisten erschossen!« Einige meinten einen prahlerischen Ton herauszuhören. »Wo sind Ulrike und Margrit?«, fragten sie ihn. Müller wusste es nicht. Sie mussten alle sofort weg, aber zuerst räumten sie die Wohnung auf und versuchten alle Spuren zu beseitigen. Gleich nach dem Tod des Polizisten Norbert Schmid waren mehr als 100 Polizisten zusammengezogen und ein Ring um den Tatort gelegt worden. Alle Straßen wurden kontrolliert. Aber die RAF hatte kein Problem, viele Stunden nach der Tat den Heegbarg 13 zu verlassen. Sie glaubte, es würde ewig dauern, bis die Polizei die Wohnung fand. Sie rechnete nicht damit, dass der gesamte Wohnblock durchsucht werden würde. Das war bis dahin nicht üblich gewesen. Aber diesmal durchsuchte das BKA alle 80 Wohnungen und fand das Versteck mit den vielen Spuren relativ schnell.

Während an den Flughäfen alle Passagiere erfasst, alle Autobahnen kontrolliert sowie alle Bahnhöfe und alle Häfen von der Polizei durchsucht wurden, lief eine schlanke kleine Frau stundenlang allein durch die Nacht. Waren ihre Freunde in Sicherheit? Ihre einzige Tarnung war das Kopftuch, das sie unter dem Kinn verknotet hatte. Es war zu klein und sein Zipfel an ihrem Hinterkopf wippte bei jedem Schritt, als Ulrike Meinhof zu Fuß und im Zickzack über die Felder, das Brachland und die Wiesen von Poppenbüttel Richtung Innenstadt floh.

Der Hamburger Polizeipräsident Redding führte Margrit Schiller der Presse vor wie ein gefangenes Tier nach einer Treibjagd. In der Haft wurde sie isoliert. Sie durfte wochenlang nur mit auf den Rücken gefesselten Händen allein in einem winzigen Hof ein paar Schritte laufen, begleitet von bewaffneten Bewachern. Vor und nach jedem Besuch ihrer Anwälte musste sie sich nackt ausziehen und durchsuchen lassen.

Eine Zeit lang hatten Thomas Weisbecker und dann Ralf Reinders die Funktion, Ulrike Meinhof zu beschützen. Etwa ab Oktober 1971 übernahm Klaus »Spätlese« Jünschke oft diesen Part. »Beschützen« bedeutete zum Beispiel, ein heimliches Treffen von Ulrike Meinhof mit Rechtsanwalt Heinrich Hannover zu bewachen. Einmal stand Jünschke mit einer Reisetasche, in der sich eine Maschinenpistole befand, in einem Park in Bremen. Jünschkes Gesicht war zwar auf allen Fahndungsplakaten. Aber im vordigitalen Zeitalter genügte es, wenn sich der groß gewachsene junge Mann ein Hütchen auf den Kopf setzte. Das veränderte ihn so, dass »die Bullen mich eher nach dem Weg fragten, als mich zu verhaften«.

Die Anzahl der Toten wuchs. Georg von Rauch, einer von Meinhofs Freunden, wurde am 4. Dezember 1971 in Westberlin in der Eisenacher Straße von einem Zivilbeamten per Kopfschuss auf offener Straße getötet.[236] Zwei Tage später wurde in Kreuzberg ein Haus besetzt und nach ihm benannt. Am 2. Februar starb in Westberlin der Hausmeister eines Jachtclubs, als er neugierig einen unbekannten Gegenstand in seinen Schraubstock spannte. Es war eine Bombe, mit der die »Bewegung 2. Juni« auf den »Bloody Sunday«, den 30. Januar 1972, reagierte, an dem englische Polizisten im nordirischen Derry 14 friedliche Demonstranten töteten. Am 2. März 1972 wurde in Augsburg Thomas Weisbecker von einem Mitglied des Sonderkommandos des bayerischen Landeskriminalamtes ins Herz geschossen. Die Polizei hatte ihn wegen Brandstiftung und Körperverletzung gesucht. Dem Todesschützen wurde »Notwehr« zugestanden, er wurde freigesprochen.

Alle drei Toten der RAF und der befreundeten »Bewegung 2. Juni« – Petra Schelm, Georg von Rauch und Thomas Weisbecker – waren von Polizisten aus nächster Nähe getötet worden, ohne dass – so sagen Augenzeugen – der Versuch gemacht worden wäre, ihrer lebendig habhaft zu werden. Daraus folgerte die RAF, dass das BKA keine Gefangenen machen wollte und dass es für sie alle jetzt um Leben und Tod ginge. Ulrike Meinhof war überzeugt, dass es kaum eine Chance gab, eine Konfrontation mit der Polizei zu überleben.

In Hamburg drang die Polizei am 3. März in eine Wohnung ein und wartete. Als ein jüngeres Mitglied der RAF und Manfred Grashof nach Hause kamen und die Tür öffneten, schoss die Polizei und verletzte Grashof. Der andere wurde nicht getroffen und hob hastig die Hände. Aber Grashof schoss und traf den 50-jährigen Kriminalhauptkommissar Hans Eckhardt. Beide wurden im Universitätskrankenhaus Eppendorf operiert. Eckhardt starb. Noch auf dem OP-Tisch wurde Grashof erkennungsdienstlich behandelt. Wenige Tage nach der Operation wurde er, auf Anweisung des Richters Buddenberg vom Bundesgerichtshof, in eine Gefängniszelle gesperrt. An seine Tür hängte man ein Pappschild: »Bestandteil des Zentralkrankenhauses«. Das Licht in der Zelle ging nie aus. Zwei Monate durfte Grashof keinen Besuch empfangen und seine Zelle nicht verlassen. Anschließend kam er in Isolationshaft. Die Zellen unter und über ihm waren leer. Für die tägliche halbe Stunde Hofgang wurden ihm die Arme auf den Rücken gefesselt. Seine Wunden rissen wieder auf.

Als Weisbecker erschossen wurde, nahm man auch Carmen Roll fest. Damit hatte Ulrike Meinhof alle vier Menschen verloren, denen sie in der RAF besonders nahestand, drei Frauen durch Gefangennahme, einen Mann durch einen tödlichen Polizeischuss. Roll wurde in einer Zelle gegen ihren Willen unter Vollnarkose gesetzt, nur um ihr die Fingerabdrücke abzunehmen. Dabei ist dies ein riskanter medizinischer Eingriff, umso mehr bei einer Person, die sich wehrt und erregt ist. Auch diese Maßnahme geschah, wie die RAF erfuhr, mit Einwilligung des BGH-Richters Buddenberg. Wer bei seiner Verhaftung nicht erschossen wurde, diese Lehre zog Ulrike Meinhof aus den Fällen Jansen, Roll, Schiller und Grashof, musste damit rechnen, in einem bisher in der Bundesrepublik unbekannten Ausmaß gequält zu werden.

Klaus Rainer Röhl nutzte die Prominenz seiner Ex-Ehefrau, um die Auflage seiner Zeitschrift zu erhöhen. Er überredete Renate Riemeck zu einem offenen Brief an Ulrike Meinhof in *konkret*. Nach einem Gespräch mit Röhl am 22. Dezember 1971 notierte BKA-Kriminaloberkommissar Alfred Klaus, Röhl habe gesagt, dass »kein Blatt außer *konkret* so massiv gegen die anarchistische Aktivität der Gruppe Stellung genommen habe. Er habe Frau Riemeck zu ihren Beiträgen veranlasst, in der Hoffnung, dass damit über die emotionale Seite eine Reaktion erfolgen würde«. Aber Röhl und Riemeck wussten selbst nur zu genau, dass sie seit Jahren keinen Einfluss mehr auf Ulrike Meinhof hatten. Ihr einziges Interesse konnte nur sein, das eigene Image aufzupolieren. Riemecks Text trug die Überschrift: »Gib auf, Ulrike!« Er erschien im November. Später druckten Springer-Medien den Text nach. Riemeck schrieb: »Du bist ganz anders, als die Leute meinen, die dein Bild auf dem Steckbrief gesehen und von dir in Presse, Funk und Fernsehen gehört haben. Wer dich näher kennt, weiß: Du knallst nicht jeden nieder, der sich dir in den Weg stellt. Du hast Ängste, wie alle Menschen sie haben. Aber du bist tapfer, tapferer als die meisten. Und du stehst für deine Freunde gerade. Du hast den jüngeren unter deinen Freunden voraus, dass du schon politisch engagiert warst, als sie noch teilnahmslos die Schulbank drückten. In der Antiatombewegung 1958/59 bist du nach vorn gegangen. Du weißt also, dass politische Bewegungen plötzlich entstehen können, wieder abebben und dass man im Amoklauf nichts gewinnt. Dies zu wissen ist viel. / Dir konnte also nicht der Irrtum unterlaufen, den antiautoritären Aufstand mit dem Beginn einer großen Revolution zu verwechseln. / Wir waren uns – damals sprachst du ja noch gelegentlich mit mir – über die Berechtigung des Angriffs auf die Institutionen und Strukturen völlig einig. Du machtest dir über die tatsächliche Stärke des Machtapparates keine Illusionen. Es kam alles so, wie es vorauszusehen war: Als es der Protestbewegung nicht gelang, die Solidarisierung der lohnabhängigen Massen zustande zu bringen und die Revolution ausblieb, war der Eklat perfekt und die Enttäuschung unvermeidbar. / Die Bundesrepublik ist kein Pflaster für eine Stadtguerilla lateinamerikanischen Typs. Hierzulande sind höchstens die Voraussetzungen für ein Schinderhannes-Drama gegeben. Du weißt, Ulrike, dass ihr von unserer Öffentlichkeit nichts anderes zu erwarten habt als erbitterte Feindschaft. Du weißt auch, dass ihr dazu verurteilt seid, die Rolle einer Geisterbande zu spielen, die der Reaktion als Alibi für eine massive Wiederbelebung jener antikommunistischen Hexenjagd dient, die durch die Studentenbewegung spürbar verdrängt worden war. / Wer – außer einer Handvoll Sympathisanten – hat noch Verständnis für den politisch moralischen Impuls eures Handelns? Opfermut und Todesbereitschaft werden zum Selbstzweck, wenn sie nicht begreifbar gemacht werden können. / Der Tod von Petra Schelm und das Schicksal von Margrit Schiller müssen dir doch an die Nerven gehen. Ihr habt nicht die Rechtfertigung der Tupamaros von Uruguay für Aktionen, bei denen geschossen wird und Menschen ihr Leben verlieren. Ihr müsst euch korrigieren. / Ich weiß nicht, wie weit dein Einfluss innerhalb der Gruppe reicht, wie weit deine Freunde rationalen Überlegungen zugänglich sind. Aber du solltest versuchen, die Chancen von bundesrepublikanischen Stadtguerillas einmal an der sozialen Realität dieses Landes zu messen. Du kannst es, Ulrike«.[237]

Hätte Renate doch geschwiegen, schrieb Heidi Leonhardt an ihre Tochter Christiane. Sie hätte »es nicht sagen sollen, nicht ausgerechnet in *konkret*. Damit kann sie bei Ulrike doch nur das Gegenteil erreichen. Und nun ein langer Artikel im *stern*: ›Wer stirbt als Nächster?‹, der offensichtlich auch von ihr mit inspiriert ist.« Heidi Leonhardt ärgerte sich, dass Renate Riemeck ihre Fotos von Ulrike Meinhof ohne ihre Erlaubnis an die Medien weitergab. Während Klaus Rainer Röhl und Renate Riemeck Ulrike Meinhofs Biografie vor dem BKA ausbreiteten, waren Heidi Leonhardt und Gertrud Bischoff der Meinung, »man solle über diese privatesten Auseinandersetzungen die Schnauze halten. Ich glaube wirklich nicht, dass man Ulrike damit einen Dienst erweist« (Leonhardt).

Am 10. Dezember 1971 fand die 63-jährige Charlotte K., Angestellte des Gartenbauamts Schöneberg, in einem Papierkorb am Wittenbergplatz in Westberlin einen Plastikbeutel mit der Aufschrift: »Käse aus Dänemark / Lebensmittel METRO / Reisebedarf in den U-Bahnhöfen Kurfürstendamm / Kranzler Eck und Fehrbelliner Platz«. Sie brachte ihn, wie üblich, zusammen mit anderem Müll in das Depot des Amtes und warf alle Plastiktüten in eine Holzkiste. Dort kippte ihr Kollege Siegfried N. die Tüte aus – und rief die Polizei. Diese fand 47 Schrotpatronen, ein Kleinkalibergeschoss, viele Aufzeichnungen über den Polizeifunk, eine Pistolentasche, einen Brief der RAF, verschiedene Briefe und Zettel – und Ulrike Meinhofs nie abgeschickte Antwort an Renate Riemeck.

Sarkastisch persiflierte Meinhof unter der Überschrift »Eine Sklavenmutter beschwört ihr Kind« die Argumente ihrer früheren Pflegemutter. »Ulrike, du bist anders als dein Steckbrief, / ein Sklavenkind – selbst Sklavin. / Wie also solltest du fähig sein, auf deine Unterdrücker zu schießen? / Lass dich nicht verführen von jenen, die keine Sklaven mehr sein wollen. Du kannst sie nicht schützen. / Ich will, dass du Sklavin bleibst – wie ich. / Ich und du – *wir* haben gesehen, wie die Herren den Aufstand der Sklaven zerschlugen, noch ehe er begann. / Viele Sklaven sind umgekommen, wir aber überlebten. / Sie, die sich heute über die Herren erbittern, wissen ja nicht, welch herrliches Gefühl es ist, noch einmal davongekommen zu sein. / Genieße es – denn nichts sonst bleibt uns zu genießen. / Die Revolution ist groß – wir sind zu klein für sie. / Sklavenseelen sind Flugsand, auf den ein Sieg nicht zu gründen ist. / Als du aufwachtest und die Freiheit verlangtest, da hat sie dir niemand gebracht. Warum hast du nicht resigniert – wie andere? / Sieh mich! Ich habe Widerstand geleistet, wenn mich die Herren schlugen – ich schrie. / Doch du erzürnst die Herrschaft, dass sie wieder schlagen möchte. Wer aber wird noch schreien wollen, wenn wir selbst *dafür* noch misshandelt werden? Du bist ein braves Kind. Du bist gar nicht über den Zaun der Herrschaft geklettert, das waren doch die anderen. Sie haben die Hunde aber auch auf dich losgelassen. / Oh Kind, du hast etwas Besseres verdient. Was du alles hättest werden können. Sicher hättest du's zur Aufseherin gebracht. / Siehst du nicht, wie stark die Herrschaft ist? Alle Sklaven gehorchen ihr. Selbst jene, die sich empört hatten und siegten, werden der Herrschaft ihren Sieg zu Füßen legen, damit sie weiter Sklaven sein dürfen. / Die Sklaven hassen jene, die frei sein wollen. Sie *sollen* dir auch nicht helfen, damit du endlich begreifst, dass deine Rebellion sinnlos ist. / Dein Mut ist herzlos, denn wie können wir vor ihm noch unsere Feigheit verborgen halten? / Wenn du auch lieber tot bist als für immer eine Sklavin, so hast du doch nicht das Recht, uns zu beunruhigen. / Ich weiß: Du willst, dass wir alle frei werden: aber werden wir uns wohler fühlen? / Den geprügelten Feldsklaven auf den Plantagen in Asien, Afrika und Südamerika, die ihre Aufseher erschlugen, mag Gott vergeben. Wir Haussklaven haben nicht das Recht, die Herren, die jene Aufseher mit den Ochsenziemern ausschicken, zu verjagen. / Ihr Haus in Ordnung zu halten, ist unsere Pflicht. / Kind, versündige dich nicht. Tu Buße, mag die Strafe der Herrschaft auch fürchterlich sein. Es ist Gottes Wille. / Sei untertan der Obrigkeit, die Gewalt über dich hat. / Ulrike, gib auf! / Verflucht der Gott, der Sklaven zu seiner Zerstreuung schuf.«[238]

Am 29. November 1971, kurz nachdem Renate Riemecks offener Brief erschienen war, klopfte das BKA in Gestalt von Kriminaloberkommissar Alfred Klaus mit einem Rosenstrauß in der Hand an Riemecks Tür, die jetzt in einem eigenen Haus in Alsbach an der Bergstraße wohnte. Zweieinhalb Stunden blieb der BKA-Mann. Riemeck erzählte ihm unter anderem, dass es anzunehmen sei, »dass Ulrikes Schwester Wienke eine Verbindungsmöglichkeit besitze« und sich heimlich mit Ulrike treffe, zum Beispiel im Fichtelgebirge, also in der Umgebung von Bad Berneck, die die Schwestern »wie ihre Westentasche« kannten. Sie nannte dem BKA auch die Namen von Personen, von denen sie glaubte, sie würden Ulrike Meinhof helfen und hätten Kontakt zur RAF. Auch dem eigentlichen Grund für den Besuch des

BKA-Manns stand Riemeck offen gegenüber: »Sie sei grundsätzlich zu einem Gespräch mit Ulrike Meinhof auf neutralem Boden (ggf. in Ostberlin) bereit und fühle sich imstande, deren Argumente ›intellektuell zu zertrümmern‹« (Klaus).

Riemeck beriet sich mit Freunden aus der DKP. So landete die Information im Ministerium für Staatssicherheit. Ein Oberst Harnisch schrieb am 24. Dezember 1971, knapp vier Wochen nach dem Gespräch, an den Genossen Generalmajor Fruck in der Hauptverwaltung A: »Mir wurde von der Abt. 70 des ZK der SED und von meinen Verbindungen zur DKP bekannt, dass der Verfassungsschutz bei der Frau Professor Renate Riemeck gewesen ist und sie aufgefordert hat, ihre Stieftochter Ulrike Meinhof in München oder in einer anderen Stadt der BRD zu treffen. Das wurde von der R. abgelehnt mit der Begründung, dass sie keine Verbindung zu der M. hat und sie andererseits nicht erleben möchte, dass diese vor ihren Augen durch die Leute vom Verfassungsschutz zusammengeschossen wird.« So hat es Kommissar Klaus nicht notiert. »Daraufhin hat man ihr angeboten, mit der Meinhof, Ulrike einen Treff in ›Ostberlin‹ zu ermöglichen. Diesem Angebot soll die R. zugesagt haben, obwohl die DKP-Genossen ihr ernsthaft abgeraten haben.«

Jahre später, 1975, berichtete der IMV »Hans Meyer« dem Ministerium für Staatssicherheit, dass Professor Riemeck ihm kürzlich erzählt habe, dass Alfred Klaus von der Sicherungsgruppe Bonn sie damals »um Mithilfe bei der Bearbeitung der Baader/Meinhof-Gruppe« gebeten habe. »Das Schicksal der Meinhof ginge ihm und seinen Vorgesetzten menschlich sehr nahe. Er möchte deshalb Frau Prof. Riemeck ersuchen, bei der Realisierung des Planes mitzuwirken, dass die Meinhof die BRD verlässt und sich nach Cuba begibt. Prof. Riemeck bemerkte dazu, dass sie sich nicht vorstellen könne, dass Cuba an der Meinhof interessiert ist, denn diese baut keine Gesellschaften auf, sondern zerstört sie. Sie stellte trotzdem die Frage, wie er sich eine Verbindungsaufnahme vorstellen würde«, lehnte dann aber »jegliches Zusammentreffen ab, um nicht straffällig zu werden«.

Wienke hatte große Angst um das Leben ihrer Schwester. Sie war Heinrich Böll dankbar, dessen Aufruf »Will Ulrike Gnade oder freies Geleit« der *Spiegel* am 10. Januar 1972 veröffentlichte. Heinrich Böll: »Es kann kein Zweifel bestehen: Ulrike Meinhof hat dieser Gesellschaft den Krieg erklärt, sie weiß, was sie tut und getan hat, aber wer könnte ihr sagen, was sie jetzt tun sollte? Soll sie sich wirklich stellen, mit der Aussicht, als die klassische rote Hexe in den Siedetopf der Demagogie zu geraten?« Er rechnete die Verhafteten ab und kam unzutreffenderweise auf nur noch sechs gesuchte RAFler: »Es ist inzwischen ein Krieg von 6 gegen 60 000 000. Ein sinnloser Krieg [...] auch im Sinne des publizierten Konzeptes. [...] Ulrike Meinhof muss damit rechnen, sich einer totalen Gnadenlosigkeit ausgeliefert zu sehen. Baldur von Schirach hat nicht so lange gesessen, wie Ulrike Meinhof sitzen müsste. [...] Wie viele junge Polizeibeamte und Juristen wissen noch, welche Kriegsverbrecher, rechtmäßig verurteilt, auf Anraten Konrad Adenauers heimlich aus den Gefängnissen entlassen« wurden?[239] Dann sprach Böll die Sozialdemokraten an: »Haben alle, die einmal verfolgt waren, von denen einige im Parlament sitzen, der eine oder andere in der Regierung, haben sie alle vergessen, was es bedeutet, verfolgt und gehetzt zu sein«, noch dazu »in einem Rechtsstaat [...] von *Bild*, das eine weitaus höhere Auflage hat, als der *Stürmer* sie gehabt hat?« Böll forderte »freies Geleit« für Ulrike Meinhof, also keinen Todesschuss bei Festnahme, und einen »fairen Prozess«, den der »Rechtsstaat« doch angeblich jedem garantiere, und er erwartete von der RAF, sich zu stellen.

Der Artikel sorgte für riesiges Aufsehen. Die Springerpresse reagierte heftig und verglich Bölls Sprache mit der von Goebbels. Der Theologe Professor Helmut Gollwitzer gehörte zu den wenigen, die ihn verteidigten, und wies darauf hin, dass kaum jemand sich so wie Ulrike Meinhof und Gudrun Ensslin dem Blick auf unsere Gesellschaft von ganz unten ausgesetzt haben.[240] Ulrike Meinhof und ihre Freunde schüttelten den Kopf über Böll. Er habe nichts begriffen, sagte sie. Für naiv hielten sie seinen Appell an die Fairness des Staates. Ein paar Wochen später schrieb die RAF: Böll habe die Praxis der *Bild*-Zeitung »faschistisch genannt: ›Verhetzung, Lüge, Dreck‹ [...] Er hat damit analytisch und politisch den Nagel auf den Kopf getroffen.«[241] Am 15. Januar 1972 überfielen neun Männer und Frauen die Sparkassen-

zweigstellen Akademiestraße und Stockplatz in Kassel und erbeuteten 114 530 Mark.

Unter dem Vorsitz von Bundeskanzler Willy Brandt beschloss
die Innenministerkonferenz am 28. Januar 1972 den »Radikalenerlass«. Nach Tausenden von Berufsverboten in den 1950er
und 1960er Jahren überprüften die Behörden nun wieder Hunderttausende. Es genügte, in einer Wohngemeinschaft zu leben,
bei einer Demonstration aufgefallen zu sein, sich an einer vollkommen legalen politischen Aktion zu beteiligen oder im Verdacht zu stehen, der (legalen) DKP anzugehören, um unter den
Radikalenerlass zu fallen und keine Aussicht auf eine Anstellung
im öffentlichen Dienst mehr zu haben, egal ob als Lokführer,
Lehrer, Sachbearbeiter oder Briefträger. Nur die APO-Linken, die
sich nach der Amnestie unter die Fittiche der bürgerlichen Parteien gerettet hatten, durften sich noch sicher und im Besitz aller
Bürgerrechte fühlen.

In Hamburg gab es, allen Fahndungen zum Trotz, eine Handvoll Wohnungen, in denen die RAF sicher war. Einige gehörten
legal lebenden Genossen, andere hatte die RAF mit falschen Ausweisen angemietet. Der Fahndungsdruck machte allen zu schaffen. Für Ulrike Meinhof waren nach wie vor stundenlanges In-der-
Badewanne-Liegen und gemeinsames Kochen eine Möglichkeit,
zu entspannen. Trotzdem nahm sie so ab, dass man ihre Rippen
sehen konnte. Andere reagierten auf den Stress, indem sie mehr
aßen. Manchmal gingen sie auch ins Kino, einmal sahen sie sich
zu zehnt den französischen Film *Borsalino* mit Alain Delon und
Jean-Paul Belmondo an. Ulrike Meinhof kaufte bunte Stoffe ein,
dekorierte Matratzen und Fenster und sagte: »Ich werd' noch
lange genug in hasslichen grauen Zellen leben, es muss ja nicht
jetzt schon alles wie im Knast aussehen.«[242]

In der konspirativen Wohnung in der Hamburger Paulinenallee
arbeitete Ulrike Meinhof an »Dem Volke dienen. Rote Armee
Fraktion: Stadtguerilla und Klassenkampf«. Der kollektive Text
erschien im April 1972 und wurde wie immer heimlich verteilt.
Die Gruppe hatte ihre Theoretikerin für diese Arbeit wieder freigestellt. Klaus Jünschke beschaffte, was sie für ihre Arbeit
brauchte. Er lief in die bestens sortierte linke Buchhandlung Ar-
beiterbuch im Grindelhof in der Nähe der Universität und kaufte

ein, was Ulrike Meinhof ihm aufgetragen hatte, u. a. linke Betriebszeitungen. Ihrem dritten großen Grundsatzpapier stellte die RAF erneut ein Zitat von Mao Zedong voran: »Stirbt man für die Interessen des Volkes, so ist der Tod gewichtiger als der Tai-Berg; steht man im Sold der Faschisten und stirbt für Ausbeuter und die Unterdrücker des Volkes, so hat der Tod weniger Gewicht als Schwanenflaum« (1921). In dem Text heißt es: »Brandt ist nach Teheran gefahren, um beim Schah die Reste von Verstimmung über seinen Empfang im Sommer '67 [...] auszuräumen, um ihm mitzuteilen, dass die Linke in der Bundesrepublik und Westberlin tot ist.« Seine Innen- und Außenpolitik sei die »der Konzerne«, deren Geschäfte unter den polizeistaatlichen iranischen Billiglohnverhältnissen prächtig gediehen. Vor und nach Brandts Besuch habe Teheran 13 linke Oppositionelle getötet. Dem »Kniefall des Kanzlers in Polen« folge jetzt der »Kniefall des Kanzlers vor dem Mörder-Schah«. Sie bemängelten, dass die westdeutsche Linke nur die bundesdeutsche Innenpolitik kritisiere und die Außenpolitik ignoriere. Das sei ein Zeichen von Schwäche und der »Spaltung des Proletariats«, denn das Kapital denke und handle »multinational«. Es folgten Betrachtungen zur Chemieindustrie. Sie äußerten sich zur SPD, zu den Arbeitskämpfen und Tarifabschlüssen sowie zur Klassenjustiz gegen Arbeiter und Lehrlinge. Sie stellten die Geschichte der Polizei als Geschichte der SS dar. Sie schrieben über die Armut, über die Frage des Eigentums, über Obdachlose in der Frankfurter Nordweststadt und über Fürsorgezöglinge. Dieser Text fußte auf deutlich mehr empirischen Grundlagen als die vorherigen. Ein zentrales Thema blieb »Die Rolle der Springerpresse bei der Militarisierung der Klassenkämpfe«.

Politische Generationen wechseln schnell. In jenen Jahren wuchsen neue Bewegungen heran, universitäre Basisgruppen, die Frauen-, die Anti-AKW-, die Ökologiebewegung, die Hausbesetzerszene und Landkommunen, Jugendzentren und Solidaritätsgruppen mit Befreiungsbewegungen in Lateinamerika, Afrika, Asien. Vielen dieser neuen jungen Linken, vor allem solchen, die keine eigenen Erfahrungen in der APO hatten, war die RAF fremd, sie schien ihnen ein Überbleibsel von gestern. Marxistisch-leninistische K-Gruppen wie die KPD/ML, die KPD/AO oder der KBW sowie die DKP distanzierten sich laut und häufig vom »linksradikalen Abenteurertum« der RAF. Aber ihr Einfluss in der Linken war gering wegen ihres Dogmatismus und ihrer autoritären Strukturen sowie ihrer Sympathie für Diktatoren vom Schlage Pol Pots oder Stalins.

Zwei Jahre nach der Befreiung von Andreas Baader und mehr als zwei Jahre nach der Entscheidung für den bewaffneten Kampf hatte die RAF nicht eine einzige politische Aktion vorzuweisen. Alles, was sie taten, diente dem eigenen Schutz, ihrer Infrastruktur, der Geldbeschaffung und der Vorbereitung – auf was?

Ulrike Meinhof recherchierte, wer hinter dem Holtzbrinck-Verlag steckte, und eine Zeit lang erwog die RAF, den Verleger Georg von Holtzbrinck zu entführen, um ihre Gefangenen freizupressen. Erwogen wurde auch die Entführung von Josef Neckermann, Chef des gleichnamigen Kaufhauskonzerns, der sein Vermögen durch »Arisierung« begründet hatte. Auch der Name des Bankiers Alwin Münchmeyer, Präsident des Bundesverbandes deutscher Banken, fiel. Ernsthafte Überlegungen galten der Entführung aller drei alliierten Stadtkommandanten von Westberlin und des französischen Generals Jacques Massu, dem Folterer aus dem Algerienkrieg.

Karl-Heinz Ruhland wurde im März 1972 vom OLG Düsseldorf »wegen schweren Raubes, Bandendiebstahls mit Waffen in zwei Fällen und Verabredung zum schweren Raub, jeweils in Tateinheit mit Beteiligung an einer kriminellen Vereinigung« zu vier Jahren und sechs Monaten Gefängnis verurteilt. Die RAF kommentierte: »Gäbe es in der Bundesrepublik noch eine liberale Presse, der Prozess wäre ein Skandal gewesen.« Von Prozessbeginn an stand fest, »dass es ein Urteil geben werde, das weder Bundesanwaltschaft noch Pflichtverteidigung anfechten würden«, mit einer »Verhandlungsführung, die der *Frankfurter Rundschau* so vorkommt, ›als bespreche ein netter Lehrer mit einem sympathischen Schüler ein längst bekanntes Stück‹ – dass das alles mit Wahrheitsfindung und Rechtsstaatlichkeit überhaupt nichts mehr zu tun hat, ist überdeutlich«.[243]

Der »Kronzeuge aus der Retorte der Sicherungsgruppe Bonn« (RAF[244]) war zwischen Januar und Juli 1971 mindestens 15 Mal von dieser vernommen worden. Am Ende werden es 90 Ruhland-

Vernehmungen sein, die Staatsanwaltschaften und Gerichten als »Grundstock des Beweismaterials« (Heinrich Hannover) dienten. Nach zwei Monaten korrigierte sich Ruhland mit dem aufschlussreichen Satz: »Aufgrund der bisher durchgeführten Vernehmungen und der daraus sich ergebenden Ermittlungen sind mir viele Daten bzw. Einzelheiten wieder eingefallen, und ich kann daher verschiedene Ereignisse jetzt genauer bestimmen. Dadurch werden sich einige Zeitverschiebungen in meinen bisherigen Vernehmungen ergeben.« Jetzt passten seine Aussagen zu den Erkenntnissen des BKA und ließen sich einwandfrei gegen Ulrike Meinhof und andere RAF-Mitglieder nutzen. Vor Gericht sagte der mitvernehmende Kommissar, dass die Beamten »gezwungen gewesen [seien], Ruhland entgegenzukommen, um die Preisgabe der dringend benötigten Informationen zu erreichen und den Informationsfluss in Gang zu halten«.[245] Später bekam Ruhland sogar monatliche Überweisungen vom BKA.

Das Haus der Fricks lag in einer ruhigen Bremer Wohnstraße. Heiner Frick war zur Arbeit gegangen, Eva-Maria Frick saß mit ihren vier kleinen Kindern im Frühstückszimmer, als sie einen Schuss hörte und zwei Gestalten in kugelsicheren Westen und Schutzmasken auf ihr Haus zurobben sah. Hinter jedem Rhododendron schien ein bewaffneter Vermummter zu stecken. Der sechsjährige Sohn machte mit seiner Spielzeugpistole Piff, Paff. Seine Mutter nahm sie ihm besorgt aus der Hand. Es klingelte: Es bestehe der Verdacht, dass Ulrike Meinhof sich hier verstecke. Einen richterlich angeordneten Hausdurchsuchungsbefehl gab es nicht. Während die Polizisten das Haus auf den Kopf stellten, dachte Eva-Maria: Was ist, wenn sich Ulrike wirklich bei uns versteckt hat? Hoffentlich finden sie sie nicht. Schließlich sagte der Einsatzleiter: »Würden Sie uns anrufen, wenn sich Ulrike Meinhof bei Ihnen versteckt hat?« – »Wohl kaum«, sagte Eva-Maria Frick, »ich habe Ulrike versprochen, jederzeit für sie da zu sein.« Anschließend rief sie sofort ihren Mann an. Für ihn war es nicht ungefährlich, plötzlich zum Kreis der »Sympathisanten« gerechnet zu werden. Er war Vorstand der Sparkasse Bremen und informierte unverzüglich den Bremer Bürgermeister Hans Koschnick, der damals Vorsitzer des Verwaltungsrats der Sparkasse war. Koschnik ließ sich über die Ereignisse im Einzelnen berichten und stellte sich dann schützend vor die Sparkasse und vor Frick. Ulrike Meinhof war während ihrer Zeit im Untergrund nie bei den Fricks gewesen.

Wie waren die Fricks ins Visier des BKA geraten? In Unterlagen des Bundeskriminalamtes finden sich sieben Protokolle, die Kriminaloberkommissar Alfred Klaus von Gesprächen mit Klaus Rainer Röhl angefertigt hat. Die Gespräche fanden statt zwischen dem 13. März 1971 und dem 16. Juni 1972. Möglicherweise ist die Liste unvollständig. Über sein »Gespräch« vom 17. April 1971 notierte Klaus: »Herr Röhl vertrat die Meinung, dass Ulrike Meinhof, wenn sie in Not sei, vermutlich bei den nachfolgend genannten Personen Zuflucht suchen würde: Bankdirektor Dr. Frick, Bremen; Otto Borchers (Patenonkel), Oldenburg; Pfarrerswitwe (Großtante 82 Jahre) Tilla Hübner oder deren Tochter, der Fotografin Frau Leonhardt, beide Wuppertal-Barmen, Frau Christiane [...] Leonhardt (Cousine)«.

Am 24. Mai 1972 rief Röhl beim BKA an. Er beabsichtige, Wienke Zitzlaff mitzuteilen, dass die Kinder bei Renate Riemeck seien; er wolle ihr dies allerdings erst einen Tag vor Abreise der Kinder mitteilen, damit Ulrike Meinhof nur einen Tag Zeit habe, die Kinder heimlich zu besuchen – vorausgesetzt, Wienke sagte ihr Bescheid. Der BKA-Mann gab die Informationen sofort an die Sicherungsgruppe weiter. Aber Ulrike Meinhof tauchte nicht auf. Knapp zwei Wochen später erreichte den Kommissar ein Anruf von Klaus Rainer Röhl von der Insel Sylt, wo er seine Kinder besuchte: »Es gebe eine Reihe von Leuten der ›Sympathisantenszene‹ in Hamburg, die dort Häuser hätten. Dazu gehöre u. a. die geschiedene Frau Augstein.« Die Kontrolle an den Zugängen der Insel sei sehr oberflächlich. Und, fügte Röhl hinzu, Personen wie Axel Springer und Peter Boenisch hielten sich dort unbewacht auf und könnten »ohne großen Aufwand entführt werden [...] Es bestehe seines Erachtens die Gefahr einer Geiselnahme mit dem Ziel, die inhaftierten Bandenmitglieder freizubekommen«. Röhls Fantasie eilte der Praxis der RAF voraus.

Nach den Erfahrungen des ersten Jahres ließ die RAF keine Neuen in die Gruppe, die nicht überzeugt, zuverlässig und krisenfest zu sein schienen. Man ließ Leute auch wieder gehen. Marianne H. hatte zum Beispiel beschlossen, sich von der RAF zu trennen. Sie konnte den Alltag in der Illegalität nicht mehr ertragen und wollte keine Waffe tragen. Niemand war erfreut darüber. Es gab Krach und einige sprachen nicht mehr mit ihr. Ulrike Meinhof setzte sich mit ihr zusammen, fragte nach dem Warum, akzeptierte, machte keine Vorwürfe, wünschte alles Gute. Marianne H. wurde am 2. Dezember 1971 festgenommen, war zwei Jahre inhaftiert, davon 14 Monate lang isoliert.

Ulrike Meinhof und Klaus Jünschke waren am Ostersonntagmorgen, den 2. April 1972, in einem metallicgrauen Opel Manta Coupé mit gefälschtem Darmstädter Kennzeichen von Hamburg nach Frankfurt am Main unterwegs. Ulrike Meinhof saß am Steuer, sie war die bessere Fahrerin. Unterwegs verließen sie die Autobahn und fuhren tief in den Wald, wo sie sich eine einsame Stelle suchten und Schießübungen machten. Sie schossen zehn Minuten lang auf Bäume. Dann entdeckten sie einen Basaltsteinbruch am Rand des hessischen Städtchens Oberaula. Er war noch in Betrieb und gehörte den Kasseler Basaltwerken. Sie betraten das Gelände. Ein Bunker mit einer Stahltür machte sie neugierig. Sprengstoff? Als es dämmerte, kamen sie aus Frankfurt zurück und mit ihnen Gudrun Ensslin, Andreas Baader, Jan-Carl Raspe und Holger Meins. Sie knackten das Schloss der Schranke im Wald, drangen in das Gelände ein, fanden in einer Werkstatt der Firma DEUTAG ein Schweißgerät und brachen, »fachmännisch«, wie die Polizei später feststellte, in mehrere Gebäude der Basaltwerke ein. In einem fanden sie die Sprengkapseln, im Munitionsraum die Sprengsätze. Alles in allem stahlen sie 7 Patronen Amongelit 22 Millimeter, 13 Momentzünder, 51 Millisekundenzünder (Zeitstufe 20 Millisekunden), außerdem 370 Meter Sprengschnur Dynacord und 187 8-Millimeter-Sprengkapseln. Draußen wurde es dunkel. Mit Planen deckten sie die Lampen ab, die sie benutzten, damit niemand in Oberaula den Lichtschein sah und Verdacht schöpfte. Jetzt hatten sie die Zünder für ihre Mai-Offensive 1972.

11. Mai 1972, Frankfurt am Main: In jenem Monat verminte die US-Luftwaffe alle Häfen Nordvietnams und bombardierte Hanoi, Haiphong und die Provinz Than Hoa. Die RAF ließ drei Rohrbomben mit einer Sprengkraft von 80 Kilogramm TNT im

Hauptquartier des V. Armeekorps der US-Streitkräfte im IG-Farben-Haus explodieren. Das Eingangsportal und das Offizierskasino wurden schwer beschädigt. Oberstleutnant Paul A. Bloomquist starb mit einer Glasscherbe im Hals. 13 Menschen wurden verletzt. Ein RAF-»Kommando Petra Schelm« übernahm die Verantwortung und gab drei Tage später eine kurze Erklärung ab: »Für die Ausrottungsstrategen von Vietnam sollen Westdeutschland und Westberlin kein sicheres Hinterland mehr sein. Sie müssen wissen, dass ihre Verbrechen am vietnamesischen Volk ihnen neue erbitterte Feinde geschaffen haben, dass es für sie keinen Platz mehr geben wird in der Welt, an dem sie vor den Angriffen revolutionärer Guerilla-Einheiten sicher sein können.«[246] Im IG-Farben-Haus befand sich auch das Hauptquartier des mächtigsten US-Geheimdienstes, der National Security Agency (NSA), ohne deren Wissen keine westeuropäische Regierung auch nur einen Schritt unternehmen konnte und die eine maßgebliche Rolle im Vietnamkrieg und gegen Befreiungsbewegungen in aller Welt spielte.

12. Mai 1972, Augsburg und München: Einen Tag nach dem Anschlag in Frankfurt ließ um 12:15 Uhr das RAF-»Kommando Thomas Weisbecker« im Landeskriminalamt München eine Bombe und im Polizeipräsidium Augsburg zwei Bomben explodieren. In Augsburg wurden fünf Polizisten verletzt. In München wurden 60 Autos beschädigt und viele Fensterscheiben. Die RAF machte ein »Exekutionskommando aus Münchner Kripo und Augsburger Polizei« für den »Mord« an Weisbecker verantwortlich. »Die Fahndungsbehörden haben nunmehr zur Kenntnis zu nehmen, dass sie keinen von uns liquidieren können, ohne damit rechnen zu müssen, dass wir zurückschlagen werden.« Unser »Guerilla-Kampf« kann »durch militärische Aktionen nicht ausgelöscht werden«.[247]

16. Mai 1972, Karlsruhe: Das RAF-»Kommando Manfred Grashof« schlug zu und sprengte den Pkw des BGH-Richters Buddenberg in die Luft. Im Auto saß aber nicht er, sondern seine Frau, die schwer verletzt wurde und behindert blieb. Die RAF machte »Buddenberg, das Schwein« für den lebensgefährlichen Transport des schwer verletzten Manfred Grashof in eine schmutzige Zelle verantwortlich und für die risikoreiche Zwangsnar-

kose von Carmen Roll, die die RAF als »Mordversuch« bewertete. Der dritte Vorwurf gegen Buddenberg waren seine Anweisungen für die Isolationshaftbedingungen von Gefangenen, »der bereits institutionalisierte Faschismus in der Justiz. Das ist der Anfang von Folter«.[248]

24. Mai 1972, Heidelberg: An diesem Tag gab es einen zweiten Anschlag gegen eine Einrichtung der US-Streitkräfte in Heidelberg. Diesmal handelte es sich um das europäische Hauptquartier der US Army. Das RAF-»Kommando 15. Juli«: »Die amerikanische Luftwaffe hat in den letzten sieben Wochen mehr Bomben über Vietnam abgeworfen als im Zweiten Weltkrieg über Deutschland und Japan zusammen.«[249] Die Bomben waren in zwei Autos deponiert, sie gingen vor einem Kasernenblock und dem Kasino in die Luft. Dieses Mal wurden drei US-Soldaten getötet: Clyde Bonner, Ronald Woodward und Charles Peck. Fünf GIs wurden verletzt. Der ehemalige CIA-Agent K. Barton Osborne sagte später aus, dass sich in dem zerstörten Gebäude »die Computer-Anlage der logistischen Kommandostelle der US-Armee« befand, »mittels derer der Bombennachschub für die gewaltigen Flächenbombardierungen von Zivilgebieten Südvietnams und des Roten Flusses in Nordvietnam berechnet wurde«.[250]

19. Mai 1972, Hamburg: An dem Anschlag gegen den Axel Springer Verlag war Ulrike Meinhof beteiligt. Es gibt aber RAF-Mitglieder, die das bestreiten. Um 15:29 Uhr rief jemand im Springer-Verlag in Hamburg an und sagte: »In 15 Minuten gehen zwei Bomben hoch, räumen Sie sofort!« – »Hören Sie auf mit dem Blödsinn«, entgegnete eine Frau in der Telefonzentrale. – »Ihr Schweine nehmt aber auch gar nichts ernst!« – Zweiter Anruf um 15:31 Uhr: »Wenn Sie nicht sofort räumen, passiert etwas Fürchterliches.« – Die Telefonistin legte auf. – Der dritte Anruf um 15:36 Uhr bei der Polizei: »Sorgen Sie, verdammt noch mal, dafür, dass endlich geräumt wird.« – Der Springer-Verlag behauptete nach der Explosion anfänglich, es habe nur einen Anruf gegeben und den zu spät.

Um 15:55 Uhr explodierten zwei Bomben. Der erste Sprengkörper ging im Korrektursaal des Gebäudes hoch, die beiden nächsten in den Toiletten. 17 Menschen wurden verletzt, zwei davon schwer. Das RAF-»Kommando 2. Juni« erklärte am nächsten Tag: »Springer ging lieber das Risiko ein, dass seine Arbeiter und Angestellten durch Bomben verletzt werden, als das Risiko, ein paar Stunden Arbeitszeit, also Profit, durch Fehlalarm zu verlieren. Für die Kapitalisten ist der Profit alles, sind die Menschen, die ihn schaffen, ein Dreck. Wir bedauern, dass Arbeiter und Angestellte verletzt worden sind.«[251] – In einer anderen Quelle hieß es: »Wir sind zutiefst betroffen, dass Arbeiter und Angestellte verletzt worden sind.«[252] – »Wir fordern von Springer: dass seine Zeitungen die antikommunistische Hetze gegen die Neue Linke, gegen solidarische Aktionen der Arbeiterklasse wie Streiks, gegen die kommunistischen Parteien hier und in anderen Ländern einstellen; dass der Springerkonzern die Hetze gegen die Befreiungsbewegungen in der Dritten Welt einstellt, besonders gegen die arabischen Völker, die für die Befreiung Palästinas kämpfen; dass er seine propagandistische und materielle Unterstützung für den Zionismus – die imperialistische Politik der herrschenden Klassen Israels einstellt« Und: »Enteignet Springer!«[253]

Drei Bomben waren nicht hochgegangen und die Polizei hatte sie, obwohl sie das ganze Gebäude durchsucht hatte, zunächst nicht gefunden. Schließlich wurden sie aufgespürt, neben der Rotation, in der Direktion und in einem Putzschrank, und entschärft.

Ulrike Meinhof zerbrach sich den Kopf, warum die Warnanrufe ignoriert worden waren. Waren die Telefonistinnen genervt, weil schon öfter Bombendrohungen bei Springer eingegangen waren, die folgenlos blieben? War es Ignoranz oder gar eine absichtliche Eskalation? Innerhalb der RAF war die Aktion gegen das Springer-Hochhaus umstritten, weil nicht US-Militärs wie in Heidelberg und Frankfurt, sondern unbeteiligte Zivilisten verletzt worden waren. Nach außen stand man geschlossen hinter allen fünf Aktionen der Mai-Offensive. Doch was es an Sympathie für die RAF gegeben hatte, zerfiel mehr und mehr. Drei tote GIs, »arme Schweine aus der US-Unterschicht«, sagten manche, das hätte nicht sein müssen, sagten viele. Die härteste Kritik gab es aber wegen der Verletzten bei Springer.

Am 31. Mai 1972 rollte eine Fahndungsaktion über die Bundesrepublik, wie sie sie noch nicht erlebt hatte. Die gesamte Schutzpolizei stand für einen Tag unter dem Kommando des BKA. Alle Landesinnenminister hatten der »Aktion Wasserschlag« zugestimmt. Tausende von Polizisten waren im Einsatz. Alle Hubschrauber der Polizei und des öffentlichen Dienstes flogen sämtliche Autobahnstrecken ab und landeten immer wieder, um flexible Straßensperren zu bilden. Aber das »Notstandsmanöver« brachte praktisch keine brauchbaren Ergebnisse, außer der Erkenntnis, dass die Bevölkerung nach den Mai-Anschlägen der RAF freundlicher und geduldiger auf die polizeilichen Maßnahmen reagierte als noch ein Jahr zuvor.

Auf einem Teach-in in der Universität Frankfurt wurde am selben Tag eine Stellungnahme der RAF verlesen. Darin warf sie unter anderem dem Kommunistischen Bund (KB) und dem Kommunistischen Studentenverband, der Jugendorganisation der KPD, vor, zwar »die Todesstrafe in Persien und der Türkei« und »den Terror in Griechenland und Spanien« zu beklagen, aber aus »Angst, selbst in die Schusslinie zu geraten«, »sich hinter den Massen zu verschanzen«. Sie forderte: »Hört auf, eure Ratlosigkeit als Belesenheit auszugeben, eure Hilflosigkeit als den großen Durchblick!«[254]

Einen Tag später wurden Andreas Baader, Holger Meins und Jan-Carl Raspe von einem Großaufgebot der Polizei in Frankfurt am Main festgenommen. Die Auseinandersetzung an einer Garage im Hofeckweg dauerte trotz der Übermacht der Polizei zwei bis drei Stunden. Der BKA-Präsident wunderte sich, dass sich die drei Männer den mehr als 150 Polizisten trotz ihrer ausweglosen Situation nicht sofort ergaben. »Sie wollten die Sache hinziehen, um uns zu warnen«, sagt Irmgard Möller, »je länger es dauerte, umso eher hörten wir davon, dass eine unserer zentralen Wohnungen mit sehr vielen Spuren und sehr viel Material aufflog. So konnten wir uns in Sicherheit bringen.«

Auf einmal ging es Schlag auf Schlag. Die Aktionen gegen Einrichtungen des US-Militärs wirkten wie ein Beschleuniger. Gudrun Ensslin setzte sich nach Hamburg ab, wo sie sich mit Ulrike Meinhof, Klaus Jünschke und Gerd Müller traf. Der junge Peter Jürgen Boock war bisher eine Randfigur geblieben; entsetzt über die Verhaftungen beschloss er, neue Leute zu rekrutieren und die

Gefangenen zu befreien. »Wir sind die nächste Generation«, sagte er. Am 7. Juni wurde Gudrun Ensslin in der Boutique Linette am Jungfernstieg verhaftet, eine Pistole in ihrer Jacke war aufgefallen. Am 9. Juni wurden in Westberlin Brigitte Mohnhaupt und Bernhard Braun festgenommen.

Meinhof, Jünschke und Müller stritten sich. Klaus Jünschke wollte einige Wochen stillhalten. Aber Meinhof war ruhelos und meinte, alles Mögliche erledigen zu müssen. Sie machte sich nach Süddeutschland auf, Zwischenstation Hannover. Auf dem Weg dorthin rief sie Irmgard Möller an. »Mach' jetzt nichts, was nicht unbedingt nötig ist. Das Wichtigste ist, dass niemand mehr verhaftet wird. Alles andere muss warten«, sagte sie zu ihr.

Gefangene
Hannover und Köln-Ossendorf, Juni 1972

Ulrike Meinhof stieg in den VW-Käfer eines Helfers. Gerd Müller fand einen Freund mit einem Fiat. Die beiden lieferten Meinhof und Müller in der Steinhuderstraße im Stadtteil Oberricklingen ab, in einer Wohngemeinschaft, deren Bewohner größtenteils verreist waren. Man redete über die RAF und über Banküberfälle. Gerd Müller bastelte an einer Waffe. Da Ulrike Meinhof sich an diesem Ort nicht sicher fühlte, schaltete sie Vertraute ein, die eine andere Unterkunft in Hannover beschaffen sollten.

In der RAF galt der 33-jährige Volksschullehrer Fritz Rodewald, Bundesvorsitzender des Arbeitskreises junge Lehrer in der Gewerkschaft Erziehung und Wissenschaft, als möglicher Quartiergeber. Am 14. Juni abends fuhr eine junge Frau in den Stadtteil Langenhagen. Rodewald öffnete ihr im Bademantel die Tür. Sie fragte ihn, ob vom nächsten Tag an Leute bei ihm wohnen könnten, und sie war sich sicher, dass er genau wusste, dass Mitglieder der RAF gemeint waren. Er sagte Ja und nannte ihr die Zeiten, in denen er am nächsten Tag zu Hause sein würde. Als sie ging, sah er aus dem Fenster und beobachtete, wie sie in einen Pkw mit Hannoveraner Kennzeichen stieg. Seine Freundin Ulrike Winkelvoss, die Tochter der früheren niedersächsischen NPD-Landtagsabgeordneten, lag schon im Bett. Sie kritisierte, dass er zugesagt hatte, und sie diskutierten noch beim Frühstück. »Geh zur Polizei«, verlangte sie. Aber erst einmal machte er mit seiner Klasse einen Ausflug in den Vogelpark Walsrode und grübelte. Dann holte er sich Rat bei seinem Freund und Gewerkschaftskollegen Professor Oskar Negt. Der redete ihm zu, sich an seine Zusagen nicht gebunden zu fühlen. Es gebe keine »Zwangssolidarität«, Rodewald habe jedes Recht, sich nicht an seine Zusage zu halten.

»Rodewald ist bereit«, sagte die junge Frau zu Ulrike Meinhof, »für den Fall, dass er nicht da ist, wenn ihr kommt, lässt er ein kleines Glasfenster in seiner Wohnungstür unverriegelt, ihr könnt einfach hindurchgreifen und die Tür von innen öffnen.«

Aber Rodewald wählte die Polizeinotrufnummer. Man leitete ihn sofort an die niedersächsische Sonderkommission Baader-Meinhof weiter. Der Chef des Landesfahndungskommandos, Erwin Schmidt, forderte ihn auf, sogleich in die Polizeidirektion zu kommen. Man empfahl ihm, seiner Wohnung bis zum Abend fernzubleiben. Im Parterre des Hauses in der Walsroder Straße 11 lag ein Optikergeschäft. Um 17:30 Uhr tauchten dort acht Kripobeamte auf und ließen sich die Schlüssel für die Büroräume im ersten Obergeschoss geben. Einen Stock darüber lag Rodewalds Wohnung. Um 18:15 Uhr löste das Polizeipräsidium Großalarm aus: »Sofort Langenhagen anfahren. Objekt umstellt.«

Währenddessen hievten Ulrike Meinhof und Gerd Müller ihr etwa 30 Kilogramm schweres Gepäck in einen Wagen der Straßenbahnlinie 19, die nach Langenhagen fuhr. Sie fanden die Haustür in der Walsroder Straße 11 offen vor. Im zweiten Stock klingelte Ulrike Meinhof an der Tür von Rodewald. Als niemand an die Tür kam, öffnete sie wie vereinbart das kleine Glasfenster. Sie trugen ihr Gepäck in den großen Wohnraum. Im Flur hing ein Che-Guevara-Poster.

Gerd Müller verließ die Wohnung, um zu telefonieren. Etwas später klingelte es. Ulrike Meinhof war gerade dabei, einige Sachen aus ihrer Reisetasche zu holen. Als sie die Tür öffnete, standen vier bewaffnete Polizisten vor ihr. Die Beamten sahen eine schmale, schwarz gekleidete Frau mit kurzen blonden Haaren. Sie stürzten sich auf sie. Sie wehrte sich. Als sie in ihre Haare griffen, kam unter der blonden Perücke kurzes dunkles Haar zum Vorschein. Ein Polizist sagte: »Das Schwein hat eine Handgranate!« Der Optiker hörte die Frau aufschreien. Vier Kripobeamte schleppten die Gefesselte die Treppen hinunter zu einem weißen Mercedes. Der Chef der Sonderkommission Schmidt stellte fest: »Die ist völlig am Ende.« Ulrike Meinhof wog nur noch 45 Kilogramm, sie war »bis auf die Knochen abgemagert« und »psychisch und physisch am Rande der Erschöpfung«.

Am 22. Mai 1972 hatten die Innenminister der Länder die zentrale Polizeifahndung dem BKA unterstellt. Zum ersten Mal seit 1945 durfte eine Bundespolizeibehörde allen Polizeidienststellen der Länder Weisungen erteilen. In den letzten Wochen war Ulrike Meinhof für 150 000 Polizeibeamte der Staatsfeind Nummer eins geworden. Die Soko gab anfänglich vor, nicht zu wissen, wen sie da gefangen hatte.

Ulrike Meinhof wurde in die Haftstation der Polizeidirektion Hannover eingeliefert, im Gegensatz zu Gerd Müller, der in eine Zelle des Polizeireviers in Langenhagen gesteckt wurde. Sie durfte keinen Anwalt anrufen und weigerte sich, ihren Namen zu nennen. Ihr Reisepass und ihr Ersatzführerschein waren auf den Namen Dr. Marion Maria Luckow aus Ashausen im Kreis Harburg ausgestellt, Mädchenname Cotterell, geboren am 17. Dezember 1933 in Wentorf. Beide Papiere wurden rasch als gefälscht erkannt. Die BKA-Beamten vermuteten bald, dass sie »die Meinhof« gefangen hatten.

Gleich nach ihrer Einlieferung um 19:15 Uhr verlangte eine Kriminalobermeisterin, dass sie sich entkleidete. Als sie sich weigerte, wurde sie von einer Kripo- und einer Vollzugsbeamtin »unter Anwendung einfacher körperlicher Gewalt« dazu gezwungen. Meinhof wehrte sich weiterhin lautstark, aber vergeblich. Es wurde nichts Verdächtiges in ihrer Kleidung gefunden. Danach saß die Polizistin da und beobachtete die Gefangene. Unterdessen beriet die Sonderkommission. Schließlich traf Soko-Leiter Schmidt eine Reihe von Entscheidungen. Noch in derselben Nacht sollte die Identität der Gefangenen zweifelsfrei geklärt werden. Gegen 21 Uhr kamen Kripobeamte in Ulrike Meinhofs Zelle und forderten sie auf mitzukommen. »Wir wollen Fingerabdrücke nehmen und Sie fotografieren.« Meinhof weigerte sich, die Zelle zu verlassen. Sie hatte noch immer nicht mit ihrem Anwalt sprechen dürfen. Da packten sie die Kripobeamten und schleppten sie die Treppe hinauf. Sie trat um sich.

In den Räumen des Erkennungsdienstes versuchten die Polizisten Meinhofs Finger einzeln auf ein Stempelkissen zu pressen. Aber sie krümmte ihre Finger. Als die Männer ihre Arme und Hände festhielten, ihre Finger einzeln spreizten, die Abdrücke nahmen und die Finger auf das Papier drückten, rollte Meinhof rasch mit den Fingern noch ein paarmal hin und her, spuckte auf die Tinte und verschmierte die Abdrücke. Fahndungsleiter Schmidt ordnete an, die Gefangene notfalls einer Äthernarkose zu unterziehen. Sie erschrak: »Ihr wollt mich umbringen! Ihr riskiert, mich zu töten.«

Gegen 21:20 Uhr traf der Polizeiarzt ein. Ulrike Meinhof nannte ihn »Bullenarzt« und fragte, ob er nicht wisse, dass in Augsburg jemand bei einer Narkose gestorben sei. Aus Angst entschied sie, sich die Fingerabdrücke abnehmen zu lassen. Später rechtfertigte sich die Polizei damit, dass eine Narkose günstiger für die Verdächtige gewesen wäre als die sonst drohende »verstärkte Anwendung von Zwangsmitteln«, die »zu erheblichen Beeinträchtigungen der körperlichen Unversehrtheit der Betroffenen« geführt hätte. Sie vergaß zu erwähnen, dass die ganze Prozedur überflüssig war, weil das BKA keine Fingerabdrücke von Ulrike Meinhof besaß, mit denen diese hätten verglichen werden können.

Nun sollte Ulrike Meinhof fotografiert werden. Sie weigerte sich erneut, zog ihren Kopf weg und machte Grimassen. Der große, blonde Kripobeamte drehte ihr den Arm auf den Rücken und drohte: »Wir können auch anders. Wir sind zu Menschen wie ein Mensch, zu Schweinen wie eine Sau, wenn's sein muss, wie eine Wildsau.«

Hatte die Festgenommene nicht die Ausgabe des *stern* im Gepäck gehabt, in der das Röntgenfoto von Ulrike Meinhofs Kopf abgebildet war? »Wir wollen Ihren Kopf röntgen«, kündigten die Polizisten jetzt an. Ulrike Meinhof verlangte ihren Anwalt Heinrich Hannover, nannte aber auch, damit es schneller ging, den Namen des Hannoveraner Anwalts Börner. Die Kriminalpolizei gab vor, ihn anzurufen. Er komme bald, versicherte man ihr. Als sie in die Zelle zurückgebracht wurde, ein Polizist mit Zigarette im Mund hielt von hinten ihre Arme fest, überrumpelte sie ein Polizeifotograf. Die Fotos wurden in den nächsten Tagen der Presse zugespielt.

In der Zelle musste sie nicht nur Handschellen tragen, man fesselte sie auch noch mit einer Hand an die Liege. »In erster Linie zu ihrem eigenen Schutz«, rechtfertigte sich die Sonderkommission später, »da in diesem Erregungszustand die Möglichkeit der Selbstschädigung nicht auszuschließen war«.

Die Kriminalbeamten entnahmen den Akten, dass Ulrike Meinhof ihre Kinder per Kaiserschnitt geboren hatte. Aber als sie sich hatte entkleiden müssen, war niemandem eine Narbe aufgefallen. Nun wollte man noch einmal nachsehen. Später rechtfertigte sich die Polizei damit, dass »da nach wie vor die unverzügliche Feststellung der Identität der Festgenommenen zwingend erforderlich war und ein zuständiger Richter oder Staatsanwalt zu dieser Zeit nicht zu erreichen war«. Bis zum nächsten Morgen warten hätte bedeutet, dass man die Meldung an die Presse über den Erfolg hätte aufschieben müssen, dass der zuständige Richter die geplanten Maßnahmen vielleicht als unverhältnismäßig abgelehnt hätte und dass Ulrike Meinhofs Anwälte Hannover oder Börner ihre Mandantin gefunden hätten. Hannover suchte längst verzweifelt nach ihr, in der Hand eine von ihr unterschriebene Vertretungsvollmacht.

Natürlich wollte Ulrike Meinhof sich nicht ausziehen. Da fesselte man auch ihre zweite Hand an den Bettpfosten und entkleidete mit Gewalt Oberkörper und Unterleib. Der Arzt, der sich der Maßnahme nicht verweigerte und auch keinen richterlichen Beschluss zu sehen verlangte, stellte eine vom Bauchnabel bis zum Schambein verlaufende Narbe fest. Dann tastete er den Kopf ab und suchte die Narbe der Kopfoperation. Er fand sie nicht.

Die Kaiserschnittnarbe genügte Fahndungschef Schmidt nicht. Er ordnete an, dass Meinhofs Kopf geröntgt werden sollte. Gegen ein Uhr nachts transportierte man sie in die Unfallklinik Hannover-Nordstadt, da das Landespolizeikriminalamt Hannover keinen Röntgenapparat besaß. Ulrike Meinhof verlangte immer wieder einen Anwalt. Man behauptete wieder, ihn informiert zu haben. Aber die Polizei benachrichtigte keinen der beiden Anwälte.

Ulrike Meinhof wehrte sich dagegen, die Röntgenstation zu betreten. Daraufhin griffen drei oder vier Beamte sie und trugen sie in den Röntgenraum. Sie strampelte mit den Beinen. Die Männer verdrehten ihre Beine so, dass sie Angst bekam, sie würden ihr die Knochen brechen. Sie schnallten sie fest. Da warf sie ihren Kopf hin und her. Sie fixierten auch ihren Kopf. Sie legten eine Binde über ihren Kopf, die an beiden Seiten mit Gewichten beschwert war. Über Ulrike Meinhof gebeugt sagte die Röntgenschwester: »Schade, dass wir keinen Hitler mehr haben.« Ulrike Meinhof versuchte den diensthabenden Arzt davon zu überzeugen, dass er sie nicht gegen ihren Willen röntgen dürfe. Meinhofs Kopf wurde geröntgt, die Bilder sofort entwickelt. Der Arzt sah die Silberklammern. Man forderte Ulrike Meinhof auf, Angaben zur Person zu machen. Sie schwieg. Als man sie durch den Flur der Unfallklinik führte, warf sie sich auf den Boden und schrie um Hilfe.

Ein VW-Arbeiter war wegen einer kleinen Verletzung in die Unfallklinik gekommen. Er erkannte – ohne Röntgenaufnahmen und Kaiserschnittnarbe – in der mageren Frau in Handschellen Ulrike Meinhof. »Sie sah schrecklich aus, völlig fertig und zerschlagen, überall blaue Flecken«, erzählte er seinen Kollegen bei VW, »als habe man sie verprügelt.«

Es begann der Kampf um die veröffentlichte Meinung. Aus dem Polizeipräsidium in Hannover drangen »Nachrichten von befremdendem Verhalten der Gefassten« *(Der Spiegel).* Nicht die stundenlangen Zwangsmaßnahmen und die körperlichen Eingriffe wurden kritisiert, sondern ihre Versuche, sich dagegen zu wehren. Mit Genuss veröffentlichten die Medien, was die Polizei ihnen zuspielte: wie fertig ihr Opfer war und wie ordinär und schrill sie angeblich schimpfte.[255]

Rechtsanwalt Hannover wurde immer wieder abgewiesen. Niemand sagte ihm, wo seine Mandantin war. Den Triumph, die Staatsfeindin Nummer eins schutzlos in Händen zu haben, wollte man sich offensichtlich nicht nehmen lassen. Die Vollmacht, die Ulrike Meinhof Heinrich Hannover vorsorglich zu einem früheren Zeitpunkt ausgestellt hatte, wurde unrechtmäßigerweise verworfen. Frau Meinhof habe außerdem nach einem anderen Verteidiger verlangt, sagte die Polizei. Nach wem?, fragte Hannover. Man sagte es ihm nicht, sodass er die Angaben der Polizei nicht überprüfen konnte. Aber Anwalt Börner hatte die Polizei auch nicht informiert. Wo ist Ulrike Meinhof?, wollte Hannover auch am zweiten Tag nach der Verhaftung wissen. Man verschwieg es ihm. Wie sollte er sich die verlangte zweite, aktuelle Vollmacht seiner Mandantin geben lassen, wenn sie vom BKA an einem unbekannten Ort versteckt wurde?

Am Freitag, den 16. Juni 1972 um 9:30 Uhr wurde Ulrike Meinhof gefesselt in einen Hubschrauber gesetzt. Verzweifelt bat sie erneut um die Benachrichtigung ihres Anwalts. Man lachte sie aus. Sie wusste nicht, wohin sie gebracht wurde, und niemand wusste, wo sie war.

Im toten Trakt
JVA Köln-Ossendorf, Juni 1972 bis Februar 1973

Das BKA flog Ulrike Meinhof nach Bonn-Bad Godesberg und führte sie dort einem Haftrichter vor. Anschließend wurde sie in die Justizvollzugsanstalt Köln-Ossendorf gebracht. Erst vier Tage und Nächte nach ihrer Festnahme durfte Rechtsanwalt Hannover seine Mandantin sehen. Sämtliche Beschwerden waren zuvor abgewiesen worden. Es hatte keine Instanz gegeben, bei der sie sich rechtlichen Schutz hätte holen können: Bundesgerichtshof, Bundesanwaltschaft, Bundeskriminalamt und Anstaltsleitung waren ihr gegenüber als Block aufgetreten. Man sperrte sie in den »toten Trakt«.

Die Medien jubelten, dass »der in nachkriegsdeutschen Verhältnissen beispiellose Amoklauf der 37-jährigen Terroristin« nach 761 Tagen beendet war. *Bild* titelte am 19. Juni: »Die Meinhof hat alles verraten«, und am 21. Juni: »Mit Bomben, Terror und 1000 Mann: Aufstand in Deutschland geplant«. Wenige Tage später präsentierte Bundesinnenminister Genscher stolz ein »Programm für die innere Sicherheit der Bundesrepublik«. *Bild* war begeistert: »Endlich: 15 000 neue Polizisten!«[256] Der Bundestag verabschiedete noch im Juni ein Gesetzespaket, das zum Teil die Verfassung änderte: Das Haftrecht wurde verschärft, dem Verfassungsschutz wurde das Recht eingeräumt, noch umfangreicher abhören zu können, und der Bundesgrenzschutz sollte zusätzlich als polizeiliche Eingreifreserve im Inland fungieren.

Im Gepäck von Ulrike Meinhof und Gerd Müller fand das BKA eine französische Maschinenpistole, Typ License Vignerant, mit drei Magazinen, drei Pistolen vom Kaliber 9 Millimeter, Fabrikat Walther P 38 und P + S, 4,5 Kilogramm Sprengstoff, zwei selbst gebastelte Handgranaten, Hunderte Schuss Munition, auch »der nach Genfer Konvention verbotenen Machart Dumdum, die besonders große und schmerzhafte Wunden reißt« (BKA), und Geld – des Weiteren: Zangen, Schraubenschlüssel, Wohnungsschlüssel, Stadtpläne von Hamburg und Hannover, eine Stange französische Zigaretten, gefälschte und gestohlene Pässe und Führerscheine, eine Flasche Parfum der Marke Mimaki, ein Glas Nescafé Gold, Schriften von Marx, Lenin und Mao, den Roman *Das Spiegelbild* von Helen MacInnes, die Romane *Spione* sowie *Agenten und Soldaten* von Janusz Piekalkiewicz und von John LeCarré *Eine kleine Stadt in Deutschland*, darüber hinaus 160 Adressen.

Am 17. Juni erschien Fritz Rodewald in Begleitung seines Anwalts Jobst Plog zur Zeugenvernehmung im Landespolizeikriminalamt (LPKA) in Hannover. Der Polizeisprecher teilte der Presse mit: »Rodewald hat nichts mit der Baader/Meinhof-Bande zu tun.« Rodewald sagte aus, dass eine Unbekannte ihn gebeten habe, zwei Leuten für zwei bis drei Tage Unterkunft zu geben. Aber er und seine Freundin hätten nachträglich Bedenken bekommen und deshalb die Polizei eingeschaltet. Rodewald hatte Anspruch auf eine hohe Belohnung. Zeitungen sprachen von 440 000 Mark, die er angeblich für die Verteidigung von Meinhof spenden wollte. Aber die nahm das Geld nie an.

Ulrike Meinhofs Zelle lag in der stillen Abteilung der Frauenpsychiatrie, dem toten Trakt. Es war ein einstöckiges Hafthaus am Rand der JVA. Sie war die einzige Gefangene. Der Trakt hatte nur sechs Zellen und war nach innen und außen geräuschisoliert. Sie ließen das Neonlicht in ihrer Zelle nachts an. Der Fenstergriff war abmontiert, nur ein kleines Oberlicht ließ sich einen Spalt weit öffnen. Alles, außer der Tür, war weiß gestrichen: die Wände, das Mobiliar, sogar der Fliegendraht. Sie durfte nichts an die Wände hängen. Alle 15 Minuten kontrollierte man sie durch den Spion. Ein Vollzugsbeamter höhnte Jahrzehnte später: »Meinhof konnte sich sogar rühmen, alleinige Insassin in einem separaten Haus zu sein.« Bis heute leugnen einige die extreme Haftsituation. Aber neben vielen anderen Belegen findet man in den Justizakten auch den Brief des Leiters der Justizvollzugsanstalt vom Dezember 1972 an den Präsidenten des Justizvollzugsamts Köln: »Während die Untersuchungsgefangene [Astrid] Proll im

Männertrakt der Untersuchungsabteilung zumindest akustisch an dem Leben in dieser Anstalt teilnehmen kann, ist die Gefangene Meinhof in ihrem Haftraum auch akustisch isoliert.«

In der »Hausverfügung« der JVA-Leitung vom 20. Juni 1972 war auch festgeschrieben worden, dass die Zelle von Ulrike Meinhof »durch ein Vorhängeschloss« zusätzlich zu sichern sei. Über die Verwahrung des Schlüssels sollte Buch geführt werden. Ein »männlicher Bediensteter« hatte vor der Zelle zu stehen. Diese sollte nur im Beisein von mindestens zwei Beamten geöffnet werden, von denen wenigstens einer ein Mann sein müsste. Ulrike Meinhof war gezwungen, obwohl sie nur ein Untersuchungshäftling war, Anstaltskleidung zu tragen. Täglich wurden die Zelle, ihre Habe und ihr Körper kontrolliert. »Beobachtung bei Tag und bei Nacht. Nachts bei abgeschirmter Dauerbeleuchtung«. Die Neonröhre summte sechs Monate lang, bis sie endlich repariert wurde.

Die Teilnahme an allen Gemeinschaftsveranstaltungen war Ulrike Meinhof verboten, auch der Kirchgang. Sie durfte nur einmal in der Woche baden; währenddessen hatten sich zwei Wärterinnen mit der Gefangenen im Bad einzusperren und ein Beamter vor der Tür zu wachen. »Ausführungen«, also zum Beispiel eine Einlieferung ins Krankenhaus, auch »bei lebensgefährlicher Erkrankung«, waren nur nach Unterrichtung der Sicherungsgruppe Bonn gestattet. Drei Gefängniswärter bewachten ihren täglichen einsamen Hofgang. Der Hof war klein. Sie lief einhundert Mal im Kreis herum. Diese »Einzelfreistunde« wurde so gelegt, dass sie weder auf den Fluren jemanden treffen noch an irgendwelchen Fenstern der großen, modernen Haftanstalt jemanden erblicken konnte.

Meinhofs Anwälte Heinrich Hannover und Eberhard Becker gingen mit allen juristischen Mitteln gegen die »terroristischen Haftbedingungen« vor. Ihre Mandantin solle, wie es das Recht von Untersuchungsgefangenen war, weder räumlich noch akustisch isoliert sein. Das lehnten Bundesanwaltschaft, Bundesgerichtshof, Anstaltsleitung, Bundeskriminalamt und SPD-Justizminister Posser jedoch aus »Sicherheitsgründen« ab.

Untersuchungsgefangene durften in der Bundesrepublik eigentlich auch Kontakte zur Außenwelt aufrechterhalten: Freunde und Verwandte konnten sie regelmäßig besuchen und mit ihnen korrespondieren. Für Meinhof galt das nicht. Während ihrer Haft – bis zu ihrem Tod dauerte es noch vier Jahre – durfte sie keine Freunde mehr sehen. Denn auf Antrag der Bundesanwaltschaft hatte der BGH-Ermittlungsrichter entschieden: »1. Die Beschuldigte darf nur Besuch ihrer Angehörigen empfangen. 2. Der Postverkehr der Beschuldigten (ein- und ausgehende Post) wird auf den Verkehr mit Angehörigen und amtlichen Stellen beschränkt.« Wenn Meinhof heimlich doch an Freunde schrieb, wurden diese Briefe als »Kassiber« kriminalisiert.

Untersuchungsgefangene durften üblicherweise Radio hören, Bücher und Zeitschriften beziehen, sie durften, unter bestimmten Bedingungen, mit Briefen, Interviews und Artikeln an Debatten außerhalb des Gefängnisses teilnehmen. Ulrike Meinhof durfte dies nicht. Der Staat machte sie mundtot, obwohl dies, wie Rechtsanwalt Hannover wütend ausführte, gegen das Grundgesetz verstieß. Zu diesem Zeitpunkt beschuldigte die Bundesanwaltschaft Ulrike Meinhof des gemeinschaftlichen schweren Raubs in zwei Fällen und der Mitgliedschaft in einer »kriminellen Vereinigung«, Letzteres war der Freibrief für alle Maßnahmen.

Besuche von Angehörigen, die erlaubt waren, wurden von der Justiz so erschwert, dass sie selten stattfanden. Wenn Wienke, Tilla Hübner oder Heidi Leonhardt Ulrike Meinhof besuchen wollten, mussten sie dies zuerst schriftlich beim Ermittlungsrichter am Bundesgerichtshof in Karlsruhe beantragen, dann den genauen Zeitpunkt mit der Gefängnisleitung abstimmen und schließlich noch die BKA-Sicherungsgruppe um Erlaubnis fragen. Nur mit deren Einverständnis und innerhalb ihrer regulären Arbeitszeiten, also von montags bis freitags und nur tagsüber, waren Besuche möglich. Vor jedem Besuch musste sich Meinhof – aufgrund eines Erlasses von Justizminister Posser (SPD) – nackt ausziehen und durchsuchen lassen, ebenso danach. Wenn sich Ulrike Meinhof und einer ihrer seltenen privaten Besucher dann in der Besucherzelle für 15 oder 30 Minuten, manchmal auch 60 Minuten, gegenübersaßen, standen nicht nur vor der abgesperrten Tür Wärter, sondern es saßen drei bis fünf Vollzugsbeamte und BKA-Spezialisten im Raum, hörten zu, schrieben mit, unterbrachen oder stellten Fragen. Sobald Ulrike Meinhof von ihren Haftbedingungen erzählte, brach das BKA den Besuch sofort ab.

Nur die Gespräche mit ihren Anwälten fanden angeblich unter vier Augen statt, so wie das Gesetz es vorschrieb. Aus heutiger Sicht muss daran aber gezweifelt werden, denn für einige Zeitabschnitte der Haft ist bereits nachgewiesen, dass der Staat illegal Mikrofone in den Sprechzellen installiert hatte.

Stalins Gefangene Jewgenija Ginsburg erzählt in *Marschroute eines Lebens*, wie sie versuchte, unter den Bedingungen der Einzelhaft nicht verrückt zu werden, obwohl ihre Sinnesorgane durchdrehten, ihr Herz raste, ihr Zeitbewusstsein aussetzte und damit auch der Schlafrhythmus.[257] Sie beschrieb sich unbewusst als Opfer einer partiellen sensorischen Deprivation, die damals noch nicht so hieß. Im Gegensatz zu Meinhof war sie nicht akustisch isoliert. Selbst wenn man Ulrike Meinhof zu jenem Zeitpunkt Attentate und Morde hätte nachweisen können, hätte kein Staat, der sich »Rechtsstaat« nennt, mit einem Häftling so umgehen dürfen. Alle Gefangenen der RAF, der Bewegung 2. Juni und des Sozialistischen Patientenkollektivs wurden isoliert gefangen gehalten. Aber nur Ulrike Meinhof und Astrid Proll waren, jeweils allein, in einem toten Trakt untergebracht. Proll wurde nach kürzerer Isolation als Meinhof so krank, dass sie, gesundheitlich zerrüttet, frühzeitig aus der Haft entlassen werden musste.

Ulrike Meinhof musste vom 16. Juni 1972 bis zum 9. Februar 1973 im toten Trakt leben, das waren insgesamt 238 Tage. Kein anderer Gefangener in der Geschichte der Bundesrepublik hat je so lange die »weiße Folter« erdulden müssen. Die politisch Verantwortlichen, ohne deren Zustimmung das nicht möglich gewesen wäre, waren unter anderem Willy Brandt als Bundeskanzler, Hans-Jochen Vogel als Justizminister und Hans-Dietrich Genscher als Innenminister, dazu die nordrhein-westfälische Landesregierung. Man war sich mit den juristisch Verantwortlichen, also der Bundesanwaltschaft, dem Bundesgerichtshof und der Anstaltsleitung einig.

Ulrike Meinhof drehte ihre einsamen Runden im kleinen Gefängnishof. Die drei Wärter beobachteten sie. Der 20. Juni war ein warmer Tag. Sie zog Schuhe und Strümpfe aus und lief barfuß. Es war schön, die Erde unter den Füßen zu spüren. »Ziehen Sie sofort Schuhe und Strümpfe wieder an!«, schnauzte ein Wärter. Sie ignorierte auch die nächsten Befehle. »Wir haben sie gewaltsam in ihre Zelle zurückgebracht«, meldeten die Vollzugsbeamten der Anstaltsleitung. Aus der Sache wurde einer der seltenen Vorgänge, in denen kurz eine winzige Meinungsverschiedenheit zwischen Gefängnisleitung und einem Bundesanwalt aufblitzte. Bundesanwalt Bell fragte, ob es angesichts der hohen Temperaturen nicht vielleicht »verständlich« sei, »sich während des Hofganges Erleichterung zu verschaffen«, und »welche Gründe für das Verbot des Gehens mit nackten Füßen (besondere Verletzungsgefahr oder Ähnliches) maßgeblich sind«? Aber die Anstalt beantragte beim Ermittlungsrichter eine Hausstrafe. Drei Wochen später spazierte Meinhof wieder barfuß über den Hof. Ihre Freistunde wurde erneut gewaltsam abgebrochen und eine weitere Hausstrafe beantragt.

Am 22. Juni besuchte Wienke als Erste ihre Schwester. Ulrike Meinhof verlangte, dass BKA-Kommissar Klaus die Besuchszelle verließ, aber der dachte nicht daran, schließlich war er gekommen, um an auswertbare Informationen zu gelangen, deshalb durfte Wienke wohl auch schon sieben Tage nach der Verhaftung zu ihrer Schwester. Während des Gesprächs mischte er sich ein und nannte den Namen eines Verdächtigen, um Ulrike Meinhof zu provozieren. Der BKA-Kommissar informierte tags darauf Renate Riemeck und Klaus Rainer Röhl über das Gespräch zwischen den Schwestern und dass Ulrike Meinhof auf keinen Fall wolle, dass die Kinder sie in Begleitung von Riemeck oder Röhl im Gefängnis besuchten, weil die in der »Front der Bullen« standen.

Die Schwestern hatten praktische Dinge zu regeln. Ulrike Meinhof bat ihre Schwester, ihr eine Nickelbrille zu beschaffen. Wienke lernte, dass sie ihrer Schwester eigentlich nichts mitbringen durfte: Polobluse, Hose, Unterwäsche, Hautcreme und Seife wurden von der JVA einbehalten und auch später nicht an Ulrike Meinhof ausgehändigt. Die Aufsichtsbehörden des sozialdemokratisch regierten Landes Hessen bestraften Wienke Zitzlaff gar dafür, dass sie zu ihrer Schwester hielt: Man suchte nach Beweisen, um sie als Schulleiterin zu disqualifizieren, und inspizierte deshalb im Jahr 1972 allein drei Mal ihre Schule. Die dritte Inspektion im Herbst dauerte drei Wochen, in denen Wienke ihre Schwester nicht besuchen konnte.

Ulrike Meinhof wünschte sich Zeitungen, die sie monatelang nicht bekam. Sie bat um ein Radio. Nein. Um eine Schreibmaschine. Nein, sagte die Gefängnisleitung. Warum nicht? Störung von Sicherheit und Ordnung, Verdunklungsgefahr, Fluchtgefahr, Nachrichtenübermittlung, antwortete die Justiz.

Ulrike Meinhof bat ihren Anwalt um Bücher: *Kapital I* und *II* von Karl Marx, einen Roman von Charles Dickens, die Strafprozessordnung, die Untersuchungshaftvollzugsordnung, die UN-Charta und die Genfer Menschenrechtskonvention. Keines wurde ihr ausgehändigt. Sie las einige Bücher aus der Gefängnisbücherei, darunter *Antisemitismus. Zur Pathologie der bürgerlichen Gesellschaft*, mit einem Beitrag von Margherita von Brentano, die sie seit der Anti-Atom-Kampagne schätzte, Marx' *Ökonomische Schriften*, einige der erbetenen juristischen Texte, Romane von Poe, Böll, Feuchtwanger und Brecht. Erst nach vielen Wochen durften die Rechtsanwälte ihrer Mandantin Bücher schicken. Diese sollten allerdings direkt von Buchhandlungen geliefert werden.

Klaus Rainer Röhl nutzte die spektakuläre Verhaftung seiner Exfrau und veröffentlichte, ohne ihre Erlaubnis, 67 ihrer *konkret*-Kolumnen aus den Jahren 1959 bis 1969. Er gab dem großformatigen Buch den Titel *Ulrike Meinhof. Dokumente einer Rebellion*, fügte ein Vorwort von sich hinzu und ein Nachwort von Renate Riemeck – mit dem Titel »Wahres über Ulrike«. Es erschien im Juni 1972 in einer ersten Auflage von 15000 Exemplaren. Ulrike Meinhof bat Rechtsanwalt Heinrich Senfft um Unterstützung und der Spezialist für Urheber-, Presse- und Verlagsrecht suchte sie am 29. Juni in Ossendorf auf. Trotz seines Protestes waren auch bei diesem Gespräch Kriminaloberkommissar Klaus und zwei Vollzugsbeamte anwesend. Senfft richtete Ulrike Meinhof Grüße von Günter Gaus und von Rudolf Augstein aus. Augstein lasse fragen, ob er im Hinblick auf ihre Verteidigung etwas für sie tun könne. Meinhof dachte kurz nach und lehnte dankend ab. Heinrich Senfft hinderte Röhl am weiteren Vertrieb des Buches.

Am 2. Juli 1972 trat Ulrike Meinhof in ihren ersten Hungerstreik. Sie protestierte gegen die Haftbedingungen. Die JVA-Leitung strafte sie mit Nikotinentzug, weil »Rauchen auf nüchter-
nen Magen sich schädigend auf die Magenschleimhaut auswirkt«.
Außerdem wurde das Wasser abgedreht, »um eine genaue Kontrolle über die eingenommene Flüssigkeitsmenge zu ermöglichen«.
Der 5. Juli war ein heißer Tag. Man bot ihr ein mit allen möglichen Zusatzstoffen angereichertes Getränk an, das sie verweigerte, weil sie Angst vor der heimlichen Zugabe von Medikamen-
ten hatte. Sie beschloss, den Besuch ihrer Schwester abzubrechen,
sofern die Sicherungsgruppe wieder dabei sein würde, aber tat es
dann doch nicht. Es war zu schön, ihre Schwester zu sehen. Als
sie sich aus deren Handtasche Zigaretten nahm, sprangen der
Vollzugsbeamte und Kommissar Klaus auf, hielten sie fest und
entrissen ihr die Zigaretten. Meinhof wusste, dass der Besuch
sofort abgebrochen werden würde, wenn sie verriet, dass sie kein
Trinkwasser mehr bekam. Also sagte sie dies ihrer Schwester erst,
als sich die Besuchszeit dem Ende zuneigte. Ulrike Meinhof weinte,
was ihr vor der Sicherungsgruppe unangenehm war. Ihre Schwester alarmierte die Anwälte. Der Kommissar meldete seinen Vorgesetzten, dass die Reaktionen der Gefangenen trotz der »zu be-
obachtenden verstandesmäßigen Präzision« unübersehbar
»ausnahmezustandhafte Züge« trügen.

In ihrer Zelle zerriss Ulrike Meinhof Papierschnipsel, legte sie
zu einem kleinen Haufen zusammen, zündete ihn an und hielt
ihre Tasse darüber, um sich Kaffee zu kochen. Eine Vollzugsbeamtin, die die verrußte Tasse fand, beantragte eine Hausstrafe
mit der Begründung, »bevor andere Menschen durch den Leicht-
sinn der Frau Meinhof Schaden erleiden«. Ulrike Meinhof bekam einen Verweis.

Mitte Juli litt sie an Kopfschmerzen und beantragte, das vergitterte Fenster öffnen zu dürfen. Sie bekam zu wenig frische Luft
und sah nicht ein, dass sie Kopfschmerztabletten einnehmen
sollte, wenn sich alles mit etwas mehr frischer Luft erledigen
ließe. Was habe die Erzeugung von Mangelerscheinungen mit
dem Zweck der Untersuchungshaft zu tun? Das Fenster blieb zu,
weil Ulrike Meinhof sonst vielleicht mit der im nächsten Flügel
eingesperrten Gefangenen Astrid Proll Rufkontakt hätte aufneh-

men können. Wenn ich es nicht öffnen darf, öffnen Sie es doch bitte mehrmals am Tag, bat Meinhof. Die Anstaltsleitung ließ das Fenster jetzt zweimal statt einmal am Tag von einer Schließerin kurz öffnen. Anfang August löste Meinhof die Schraube, öffnete den Fensterflügel zum ersten Mal selbst und atmete tief ein. Kurz darauf drang das Wachpersonal in ihre Zelle und schraubte das Fenster wieder fest zu. Mitte August dachte sich der Anstaltsleiter etwas Neues aus. Er ließ das vergitterte Fenster zusätzlich mit Fliegendraht bespannen »zur Verhinderung des Durchsteckens von Kassibern u. Ä.«. Es sei wie ein Schleier vor ihren Augen, sagte Ulrike Meinhof.

Mitte August hinterlegte sie im kleinen Hof ein Päckchen Tabak, Blättchen und Streichhölzer für Astrid Proll, die dort zu anderen Zeiten ihre einsamen Runden drehte. Die Hausstrafe für diese und andere Vergehen war der Entzug »der Bewegung im Freien«. Es gab ja auch nicht viel anderes, was man ihr noch hätte streichen können. Der Ermittlungsrichter setzte diese Strafe jedoch noch einmal aus.

Die 82-jährige Tante Tilla Hübner und die 54-jährige Kusine Heidi Leonhardt hatten sofort nach Ulrike Meinhofs Verhaftung geplant, sie regelmäßig zu besuchen. Sie fragten, ob sie kommen dürften. Meinhof ließ ausrichten, dass die beiden Frauen früher ja ihr sozialer Schonraum gewesen seien. Sie berief sich auf ihren anderen Erkenntnis- und Bewusstseinsstand, aber sie wollte sie sehr gerne sehen. Ob sie einander noch etwas zu sagen hätten, würden sie dann schon feststellen. Aber sie drängte darauf, dass sich die beiden Verwandten zu nichts verpflichtet fühlen sollten.

Auch Tilla Hübners Sohn wollte kommen, aber Ulrike Meinhof zog die Beweggründe des Militärpfarrers in Zweifel, die »Sozialistin« Meinhof im Gefängnis zu besuchen, und seine mögliche Hoffnung, dass sie sich vor den Bewachern nicht mit ihm streiten werde.

Trotz Zensur sprach sie in ihren Briefen an Tilla auch Politisches an. Sie hielt das, was zehn Jahre zuvor in *konkret* vertreten worden war, für Regierungspolitik, wenn auch aus entgegengesetzten Gründen und Interessen. Die Hetze gegen die RAF verglich sie mit dem Antikommunismus, der damals herrschte. Sie hoffte auf die Zukunft der Guerilla als Form des revolutionären

Kampfes, der zwar mit Rückschlägen rechnen müsse, aber nicht mehr verschwinden werde. Ihr war die Differenz mit der Tante in der Frage der Moral bewusst. Sie wies auf die Toten in Vietnam, Persien und anderswo hin und wusste, dass die Tante ihr in den Schlussfolgerungen, die sie daraus gezogen hatte, nicht folgte.

Mit Renate Riemeck rechnete sie ab. Sie hatte den großen Fehler gemacht, Riemeck nie mit ihrer Kritik an deren Erziehung zu konfrontieren. Spätestens mit der Studentenbewegung hatten sie sich überhaupt nichts mehr zu sagen. Sie warf ihr vor, nichts über sich selbst zu wissen und über sie (Meinhof) schamlos und grauenhaft zu reden. Sie kritisierte, dass Riemeck mit ihrem Wissen Menschen einschüchterte, eine Methode, die sie zusammen mit Meinhofs Mutter an der Uni kultiviert hatte. Riemecks menschliche Beziehungen hielt Meinhof ausnahmslos für Herrschaftsverhältnisse. Der Nachruf, den Riemeck nach einer falschen Todesmeldung über Ulrike Meinhof geschrieben hatte, hatte sie in seiner Kälte und Selbstzufriedenheit schockiert. Sie bat Tante Tilla, kein schlechtes Gewissen zu haben, dass sie das Kind Ulrike Renate Riemeck zur Pflege überlassen hatte. Die Zeit in Oldenburg war für sie noch erträglich gewesen, weil Riemeck viel auf Reisen war, Weilburg aber grauenhaft. Sie hielt sich für ihre Entwicklung schon sehr lange selbst verantwortlich. Das, was sie erlebt hatte, war für sie eine Erfahrung von Unterdrückung, Herrschaft und Psychoterror. Ihrer Mutter warf sie schlechten Geschmack und viele Fehler vor, verurteilte sie aber deswegen nicht. Sie hoffte auf den späteren Vorwurf ihrer Kinder, dass Röhl ihr Vater ist und dass sie nicht früher mit ihnen Hamburg verlassen hatte. Aber sie bestand darauf, um die Kinder bis zum Äußersten gekämpft zu haben.

Tante Tilla durfte ihre Nichte am 14. September 1972 zum ersten Mal besuchen. Heidi Leonhardts Besuchsantrag hingegen wurde ohne Angaben von Gründen abgelehnt. Die alte Frau war erschüttert über Ulrikes Zustand und entsetzt darüber, dass drei Polizeibeamte so dicht neben ihnen saßen. Es überraschte sie auch, dass ihre Nichte nur über Politik reden wollte. »Das musst du verstehen«, erklärte Heidi Leonhardt ihrer Mutter später, »das ist ihre Art, sich dagegen zu wehren, weich zu werden. Was soll sie bei drei Zuschauern anderes tun?« Als Ulrike Meinhof später besorgt fragte, ob sie die Tante zu sehr vollgequatscht habe, war Tilla Hübner wieder beruhigt.

Zum Zweck einer Gegenüberstellung wurde Meinhof am 20. September überrumpelt und per Hubschrauber in die Haftanstalt Zweibrücken geflogen. Sie konnte nicht einmal ein Buch mitnehmen. Vor dem verschlossenen Tor des rheinland-pfälzischen Gefängnisses stand Rechtsanwalt Eberhard Becker, den die Anstaltsleitung abwies. Der Vorgang dauerte etwa fünf Stunden. Man zerrte sie herum, führte sie vor, dabei wurde sie leicht verletzt. Sie biss die Zähne zusammen.

Haft- und Ermittlungsrichter Knoblich hatte neun Tage zuvor auf Antrag des Generalbundesanwalts beschlossen, dass Ulrike Meinhof notfalls mit Gewalt den Zeugen gegenübergestellt werden dürfte und dass ihr hierfür auch die Haare geschnitten oder gefärbt und passende Brillen auf- oder abgesetzt werden durften. Das gab es bis dahin nicht. Andere RAF-Gefangene wurden später regelrecht maskenbildnerisch nach Zeugenbeschreibungen präpariert, Männern konnten Bärte abrasiert oder angeklebt werden. Um dem vermeintlichen Sicherheitsbedürfnis des Staates Rechnung zu tragen, erfuhren weder Meinhof noch ihr Anwalt vorher etwas von dem Beschluss, sodass sie keinen Einspruch einlegen konnten. Die Dienstaufsichtsbeschwerde beim rheinland-pfälzischen Justizministerium gegen den Anstaltsleiter scheiterte. Das OLG Zweibrücken und der BGH behaupteten, es handele sich um innere Angelegenheiten der Haftanstalt, aber die wiederum berief sich auf übergeordnete Instanzen. Zwei Monate später wies der Bundesgerichtshof Ulrike Meinhofs Beschwerde als »unzulässig« zurück, weil die Gegenüberstellung ja bereits erfolgt und die Beschwerde damit überholt sei.

Mitte Oktober schilderte sie ihre Erfahrungen im Gefängnis. Sie wusste nicht mehr, ob sie auf dem Mond oder auf der Erde lebte, denn sie hatte seit fast drei Wochen kein Wort mit einem Menschen geredet. Die Wärter sagten nur: »Kaffeewasser.« – »Spaziergang.« – »Essen.« – »Ja.« – »Nein.« Eine wirklich durch nichts zu übertreffende Erfahrung. Da hatte Ulrike Meinhof noch nicht einmal die Hälfte der Zeit im toten Trakt hinter sich.

Zigaretten, Seife oder Drogerieartikel kosteten, vor allem wenn sie zu überteuerten Preisen im Gefängnisladen eingekauft werden mussten, viel Geld. Monatlich trug ihre Schwester 150 bis 170 D-Mark zusammen, die Ulrike Meinhof brauchte. Heidi Leonhardt, Gertrud Bischoff und andere Verwandte gaben etwas dazu.

Ulrike Meinhof sehnte sich sehr nach ihren Kindern. Röhl zögerte den Besuch hinaus und stellte wechselnde Bedingungen. Rechtsanwalt Heinrich Hannover verhandelte in ihrem Auftrag. Sie war zwei Jahre von den Kindern getrennt und hatte das nicht verkraftet.

Erst als die Kinder im August aus dem Urlaub zurückkamen, erreichte sie ein Brief ihrer Mutter: »He Mäuse! Und beißt die Zähne zusammen. Und denkt nicht, dass ihr traurig sein müsst, dass ihr 'ne Mami habt, die im Gefängnis ist. Es ist überhaupt besser, wütend zu werden, als traurig zu sein. Au warte – ich werd mich freuen, wenn ihr kommt. Verdammt, ja.«[258]

Rechtsanwalt Hannover hatte den Eindruck, dass Röhl die Kinder als Instrument benutzte, um seine Exfrau im Gefängnis zu besuchen. Er drohte, die Sache notfalls vormundschaftsgerichtlich regeln zu lassen. Ulrike Meinhof schrieb an Heinrich Hannover: »Es wäre ganz gut, wenn ihm [Röhl] mal einer klarmachte, was das für ein Verbrechen ist, Kinder über die Ursachen und Zusammenhänge des Verlustes eines Elternteils zu täuschen. Was das für ein Verbrechen ist, Kinder nicht dazu kommen zu lassen, über den Verlust eines Elternteils zu trauern, so zu tun, als wäre das eine Bagatelle und könnte der, bei dem sie leben, das einfach wettmachen.«[259]

Anfang November 1972 führten zwei Vollzugsbeamte die beiden Mädchen durch lange Gänge und viele Türen, die auf- und wieder zugeschlossen werden mussten, und setzten sie in die Besucherzelle, in der zwei Vollzugsbeamtinnen warteten. Ulrike Meinhof strahlte und nahm sie in die Arme. Sie waren unbefangen und zutraulich. Sie erzählte ihren Töchtern vom Gefängnis und dass das Essen »beschissen« sei. Sofort wurde sie gemaßregelt. Ein Vollzugsbeamter stand auf, sagte: »Frau Meinhof, Sie dürfen nur sagen, dass Sie das Essen beschissen finden, nicht, dass das Essen beschissen ist!« Meinhof erwiderte spöttisch: »Ich finde das Essen beschissen.«[260] Die Kinder blieben zwei Stunden. Meinhofs Versuch, sich anschließend von ihren Gefühlen nicht niederdrücken zu lassen, misslang.

Den Kindern schrieb sie: »Ihr wart da! Ich glaube, der ganze Knast hat sich gefreut. So kam es mir vor. Besucht ihr mich wieder? Neulich, im Oktober, standen bunte Drachen über dem Knast, also da mussten irgendwo Kinder sein, die sie steigen ließen. Unheimlich hoch, grün und rot. Das war richtig schön. Und dann fliegen hier Möwen rum – vom Rhein rüber. Kennt ihr Drosseln? Das sind Nachmacher. Sie gehören zur Familie der Amseln. Aber sie singen nicht wie Amseln, auch [nicht] wie Rotschwänze, Scherenschleifer, Zaunkönige. Gibt's so was in eurem Garten? Ich wollte ja mal Vogelforscher werden. Aber die Vogelforscher haben auch 'n bisschen 'n Tick. Trotzdem. Sie haben gute Ohren. Lasst mal ruhig von euch hören. Ihr zwei. Eure Mami.«[261]

Am 14. November durfte Heidi Leonhardt ihre Kusine zum ersten Mal besuchen. An ihre Tochter schrieb sie: »Es ist traurig, sie zu sehen, so schmal, mies sieht sie aus, mit den ganz traurigen Augen, richtig abgehärmt. ›Wenn die Not am größten ist‹, empfing sie mich. [...] Todesstrafe wäre nicht so schlimm wie das jetzt. Sie wisse nicht, wie lang sie das noch aushalten könne. [...] Als ich ging, wollte sie mir nachgucken. Durfte sie nicht, musste wieder rein in den Raum, setzte ihre dunkle Brille auf. Wie gut haben wir es, dass wir unseren Kloß abreagieren können, mit Arbeit, mit Briefen, mit Gesprächen.« Wie bei anderen Gefangenen in Isolationshaft wurden Ulrikes Augen empfindlich, das Weiße im Augapfel rötete sich und sie begann eine dunkle Brille zu tragen. Sie war bleich und ihre Hände waren ständig schlecht durchblutet.

Nach der Bundestagswahl vom 19. November 1972 wurde wieder Willy Brandt Bundeskanzler. Die SPD war zum ersten Mal in der Nachkriegsgeschichte stärkste Fraktion im Bundestag und koalierte erneut mit der FDP.

Ulrike Meinhof durfte nach fünf Monaten Wartezeit endlich eine Schreibmaschine benutzen. Die Bundesanwaltschaft hatte zwar versucht, den Beschluss des Ermittlungsrichters mit dem Argument zu verhindern, eine Schreibmaschine sei eine Lärmbelästigung für die anderen Gefangenen – »Für welche?«, fragte Meinhof – und für die Wärter. Daraufhin genehmigte der BGH auch eine Filzunterlage.

Ulrike Meinhof fehlten, wortlos lebend, oft die Worte. Sie glaubte nicht, dass man sich an den Zustand gewöhnen könne, sprachlos zu sein. Nie hatte sie sich damit abfinden können, dass die Bundesrepublik über den Faschismus hinweggegangen war, als sei er ein Betriebsunfall. Sie wollte nicht mitschuldig werden, nicht verdrängen, was sie erkannt hatte, nicht mitlügen, sich nicht an den Plattitüden in den Medien beteiligen und nicht am Kitsch, der über die Vergangenheit gestülpt worden war. Sie wollte nicht Teil des Systems aus Konsum, Ausbeutung und Barbarei gegenüber der »Dritten Welt« sein. Sie war unfähig, sich abzufinden und zu integrieren. Sie wollte nicht aufseiten des Antreibers stehen, den Brecht sagen ließ: »Der starke Mann ficht und der kranke Mann stirbt.« Sie wehrte sich gegen den Vorwurf, sich in schlechte Gesellschaft begeben zu haben. Im Gegenteil. Wer im bewaffneten Kampf sein Leben riskiere, sei nicht zugleich unsensibel, darauf pochte sie.

Während der Olympischen Sommerspiele in München am 5. September 1972 überfiel das achtköpfige palästinensische Kommando »Schwarzer September« die israelische Mannschaft im Olympischen Dorf, nahm elf Geiseln und erschoss zwei von ihnen. Die Attentäter wollten 236 palästinensische Gefangene freipressen. Man täuschte den Attentätern vor, dass sie ausfliegen dürften. Aber deutsche Scharfschützen griffen sie auf dem Flughafen Fürstenfeldbruck an. Die Palästinenser warfen Handgranaten und schossen auf die Geiseln, alle neun Israelis starben, aber offensichtlich nicht alle durch die Hand der Palästinenser. Fünf von acht Palästinensern wurden getötet, zwei der drei Überlebenden wurden später vom israelischen Geheimdienst Mossad getötet. Organisator des Anschlags soll Ali Hassan Salameh gewesen sein, der politische Vertreter der PLO in dem jordanischen Camp, in dem sich Ulrike Meinhof im Sommer 1970 aufgehalten hatte.

Fünf Monate im toten Trakt waren vergangen, als Meinhof im November den Text »Die Aktion des Schwarzen September in München. Zur Strategie des antiimperialistischen Kampfes« schrieb. Sie begrüßte darin den Anschlag und leugnete schroff jede Grauzone. Sie leistete sich antisemitische Ausfälle etwa gegen Moshe Dayan, den sie den »Himmler Israels« nannte. Sie idealisierte die Theorie und Praxis des »Schwarzen September« als revolutionäre »Avantgarde« und schien für einen Moment vergessen zu haben, was sie selbst in den vergangenen Jahren über Israel geschrieben hatte. Der Text fand seinen Weg in die Öffentlichkeit und zu den anderen Gefangenen. Nachdem Gudrun Ensslin den Text, der innerhalb der Gruppe nicht diskutiert worden war, kritisiert hatte, bezeichnete sie ihn selbst als trostlos. Etwas Ähnliches hat sie nie mehr zu Papier gebracht.

Als die Proteste gegen die Haftbedingungen lauter wurden, nannte Generalbundesanwalt Ludwig Martin am 22. Februar 1973 Besucherzahlen, die den Eindruck erweckten, als herrsche in den Zellen ein einziges Kommen und Gehen. Meinhof etwa habe in »41 Tagen 48 Besucher« empfangen. Dabei erwähnte er natürlich nicht, dass sich diese 41 Tage auf acht Monate verteilten und 30 von diesen Besuchen Anwaltsbesuche waren. Ulrike Meinhof bekam also an rund 240 Tagen nur 18 private Besuche, das heißt, im Schnitt alle 13 Tage einen, streng bewacht und belauscht und nur zwischen 15 und 60 Minuten lang und nur von Verwandten. Sie fürchtete, dass ihre Sinne verhungerten.

Am Morgen des 13. Dezember 1972 wurde Meinhof durchsucht, durfte zwei Plastiktüten mit Kleidung, drei Bücher, Schreibzeug, Zigaretten und Streichhölzer mitnehmen, wurde gefesselt und zwischen vier Polizeibeamte in ein Auto gesetzt. Davor und dahinter fuhren Polizeiwagen. Am Flughafen Düsseldorf-Lohausen setzte man sie in ein Charterflugzeug. Sie sprach ein paar Worte mit Manfred Grashof, der in der gleichen Maschine nach Westberlin transportiert wurde. Otto Schily und Hans-Christian Ströbele, die Verteidiger von Horst Mahler, brauchten sie als Zeugin im Prozess gegen Mahler, der nach Paragraf 129 Strafgesetzbuch wegen schweren Raubes (Banküberfall am 29. September 1970) in Tateinheit mit der Gründung und der Mitgliedschaft in einer kriminellen Vereinigung angeklagt war. Die JVA Moabit hatte für Meinhof besondere Sicherungsmaßnahmen angeordnet, die nachträglich vom Bundesgerichtshof genehmigt wurden: verstärkte Durchsuchung der Gefangenen, nächtliche Beobachtung, Anstaltskleidung – außer vor Gericht –, strenge Einzelhaft, Weitergabe der Zeugin von »Hand zu Hand«. Nach ihrer Abreise aus Moabit war sämtliches Mobiliar in ihrer Zelle auszutauschen.

Ulrike Meinhof nutzte den Prozess vor dem Ersten Strafsenat des Kammergerichts Berlin, um sich auszutoben. Sie war laut, unverschämt und aggressiv. Was hatte sie zu verlieren? Als Zeugin aufgerufen, weigerte sie sich, Platz zu nehmen. »Was sind Sie von Beruf?«, fragte das Gericht. – »Antifaschistin«, antwortete Meinhof. – »Verwandt mit Horst Mahler?« – »Er ist mein Bruder.« – »Im Geiste?« – »Wollt ihr Blut? Wir wurden beide in den dreißiger Jahren geboren, sind im Zweiten Weltkrieg groß geworden.« Auf die Belehrung, wahrheitsgemäß zu antworten, erwiderte sie: »Wir sagen immer die Wahrheit. Wir sind hier, weil wir eure Verlogenheit nicht mehr aushalten konnten.«

Einer der Richter war Kammergerichtsrat Weiß. Als beisitzender Richter hatte er vier Jahre zuvor Joachim Rehse, den Richter des NS-Volksgerichtshofs, von einer Mordanklage freigesprochen. Das Gericht drohte ihr mehrfach mit Ordnungsstrafen. Meinhof rief: »Na, dann fangt doch an!« Man werde sie in einen Glaskasten setzen, wenn sie weiter hin und her liefe – das schuf erhebliche Unruhe, da ihre fünf Bewacher jeden Schritt mitgehen mussten. Da wurde sie scharf: »Ach, du drohst mir mit dem Eichmann-Kasten, du Faschist?«

Ulrike Meinhof durfte sich schließlich in die Verteidigerbank setzen und erklärte, sie werde nur auf Fragen des Angeklagten antworten. Dann lieferte sie sich eine lange und streckenweise kontroverse Diskussion mit Horst Mahler. Der hielt ihr Passagen aus RAF-Texten vor und sie nahm dazu Stellung. Themen waren unter anderem der Kampf gegen den Kapitalismus, die Ziele der RAF und die Mobilisierung der Massen. »Das Schlüsselwort ihrer Aussage ist Auschwitz, der Mord an sechs Millionen Juden«, schrieb der *stern*.[262] Die Presse staunte, dass Meinhof Mahler in etlichen Punkten widersprach: Nein, die RAF-Theorie sei längst nicht fertig; doch, sie hätten Niederlagen und Fehler einzuräumen; es sei zu differenzieren: Heinemann und Brandt hätten, bei aller Kritik, keine faschistische Biografie, Genscher und Strauß seien allerdings austauschbar. »Große Worte«, sagte sie einmal abschätzig, als Mahler weit ausholte. Nach eineinhalb Stunden hatte sie keine Lust mehr: »Das sind ja alles Perlen vor die Säue«, sie umarmte Mahler und ließ sich widerwillig abführen.

Ein Nebeneffekt des Mahler-Prozesses war, dass einem Teil der

Medien auffiel, in welche Widersprüche sich der Zeuge Karl-Heinz Ruhland verwickelte, die ihn zu einem »Rohrkrepierer« und »völlig unglaubwürdig« machten. Er verwechselte den Psychologieprofessor Peter Brückner mit dem Psychoanalytiker Alexander Mitscherlich, den Waffenhändler Mario Krömeke mit dem Sänger Hannes Wader und benannte Quartiergeber, die unerschütterliche Alibis hatten. Manches, was er erzählt hatte, war völlig frei erfunden. Fünf Mithäftlingen in verschiedenen JVAs hatte er darüber hinaus im Detail anvertraut, wie er vom BKA unter Druck gesetzt worden war. »Wenn ein Ermittlungsergebnis bekannt wurde«, sagte der Kronzeuge nun, »habe ich meine Aussagen gemacht. Und die Polizei hat sie dann aufgefüllt.«[263] Kriminalobermeister Norbert Z. gab zu: »Wir sind ermittlungsmäßig hinterhergelaufen. Wir stellten dann fest, dass es nicht so, sondern anders war, das wurde dann in der Ruhland-Aussage berichtigt.«[264] Für Ulrike Meinhof war die Reise nach Westberlin trotz aller Unannehmlichkeiten eine Befreiung aus der Sprachlosigkeit, weil sie mit Prozessbeteiligten reden konnte.

In Köln-Ossendorf öffnete sich immer noch jede Nacht mehrere Male ihre Zellentür und das Licht wurde angeschaltet. Sie schlief nie durch. Es gab eine Pseudobelegung einer der leeren Zellen mit einem Sozialarbeiter. Zweimal am Tag ging seine Tür. Der Generalbundesanwalt widersprach allen Anträgen auf Erleichterung, weil die Restriktionen »selbst unter Berücksichtigung des besonders labilen seelischen Zustandes der Beschuldigten Meinhof nicht zu den von den Verteidigern behaupteten Folgen geführt« haben. Nach monatelangen juristischen Auseinandersetzungen bekam sie schließlich die Erlaubnis, sich ein Radio kaufen zu lassen, ohne UKW- und Kurzwellen-Empfang, verplombt und mit der Auflage, es nur mit Kopfhörer zu gebrauchen. Sie bezeichnete es als quäkende »Peter-Alexander-Blechdose«, die aufgrund der geringen Qualität und der Stahlbetonmauern nicht einmal einen einzigen Kölner Sender in guter Qualität empfing.

Kleine Fluchten. Ulrike Meinhof hob einen Stein auf und ritzte die Buchstaben RAF in das Eisentor des Gefängnishofes. Ein anderes Mal schrieb sie mit Filzstift an die Zellenwand: »Revolutionäre aller Länder vereinigt euch. Freiheit«. Nach einem Hofgang fand die Wärterin eine in ein Taschentuch eingewickelte Armbanduhr in Meinhofs Kitteltasche, für die sie keine richterliche Genehmigung hatte. Oder Ulrike Meinhof bohrte ein Loch ins Fliegengitter. Oder sie warf im Vorbeigehen einen Blumentopf im Knastflur hinunter. Oder sie lief während des Hofgangs mitten durch ein Rosenbeet. Nach der Ermahnung sagte sie, die anderen Gefangenen müssten eben auch aus der Reihe tanzen. Eine typische »Hausstrafe« war ein Monat Einkaufssperre.

Am 11. Januar 1973 führte man sie dem Anstaltsarzt vor. Sie wehrte sich nicht, weil sie neugierig war, was das für ein Typ sei, mit dem sich Astrid Proll gestritten hatte, und weil sie hoffte, auf dem Weg dorthin die Genossin zu sehen. Tatsächlich begegneten sich Meinhof und Proll für drei Minuten auf dem Flur. Ulrike Meinhof freute sich. Den Akten ist zu entnehmen, dass dies inszeniert war. Die Anstaltsleitung wollte, dass Proll die überraschte Meinhof überredete, einen Hungerstreik abzubrechen.

Anstaltsarzt Dr. med. Bernd Goette wollte ihre Zustimmung, um ihre Krankenakte von 1962 einzusehen, und eröffnete ihr, dass Generalbundesanwalt Martin, zur Vorbereitung eines Gutachtens über ihren Geisteszustand, sie für acht Wochen in eine »öffentliche Heil- oder Pflegeanstalt« einweisen wolle. Meinhof sagte Nein. Sie gab ihrem Rechtsanwalt Eberhard Becker Anweisungen für den Fall, dass sie in die Psychiatrie eingewiesen würde. Seit drei Wochen war sie in einer eiskalten Zelle, die letzten zwölf Tage war das Licht Tag und Nacht an gewesen, die Bewacher hatten sie pro Nacht vier bis fünf Mal geweckt. Sie fühlte sich fiebrig.

Aus Sicherheitsgründen – die Gefangene hätte die JVA verlassen müssen – sah die Bundesanwaltschaft jedoch von einer Verlegung in die Psychiatrie ab. Was sie mit Ulrike Meinhof vorhatte, konnte auch in der JVA Köln-Ossendorf geschehen. Im Januar 1973 wurden die Haftbedingungen verschärft. Es kam ihr vor, als versuche man herauszufinden, wie viel sie ertrüge. Als sie mit 40 anderen Gefangenen der RAF in den Hungerstreik trat, wurde sie nachts oft alle zehn Minuten kontrolliert.

Heidi Leonhardt, die sich um die Gesundheit ihrer Kusine große Sorgen machte, wandte sich an ihren alten Freund, den Sozialdemokraten Johannes Rau, der inzwischen Kultusminister in Nordrhein-Westfalen geworden war. Sie war davon überzeugt, dass er nicht wusste, was sich in den Haftanstalten des Landes abspielte, und glaubte, ihn als überzeugten Christen dafür gewinnen zu können, ein gutes Wort für Meinhof einzulegen. Mein »Gehör« für die Verletzungen der Würde der Untersuchungshäftlinge »wird von Besuch zu Besuch schärfer«, schrieb sie ihm. »Die totale Isolierung macht jeden fertig. [...] [Nach] sieben Monaten totaler Isolierung« verstumme ein Mensch allmählich, »da er in keiner Konfrontation mehr seine Worte kontrollieren kann«. So war es mit Ulrike inzwischen manchmal, sie verlor einfach ihre Worte. Leonhardt bemühte sich sehr, Raus Vorstellungskraft und Empathie anzuregen. »Gehirnwäsche ist unter diesen Bedingungen nicht mehr nötig. Was bleibt übrig vom Menschen, nach ein, zwei Jahren U-Haft? Die Schale, ja, und der Wille, den anderen nicht zu Willen zu sein. Bleibt noch mehr übrig? Ich weiß es nicht. Ist das der Sinn der U-Haft? Hat das noch irgendetwas mit ›Würde‹ zu tun? Sollten sie je wieder freikommen, wie können sie noch ein Leben leben?«

Johannes Rau kniff. Ein halbes Jahr später beschwerte sich Heidi Leonhardt bei ihrer Tochter Christiane: »Johannes hat nie auf meinen Brief reagiert.« Elf Monate später rief sie ihn an. Rau antwortete, er habe sich bei Posser erkundigt, alles liefe »korrekt« und »normal«. Aber sie solle sich bloß nicht den Anti-Folter-Komitees anschließen, zu denen sich Angehörige und Freunde der Gefangenen zusammengetan hatten, denn dann sei sie abgestempelt und käme an die Leute nicht mehr heran, auf die es ankommen würde.

Nach zwölf Tagen Hungerstreik, am 31. Januar 1973, ordnete JVA-Leiter Bücker – »aus ärztlicher Sicht geboten« – an: »1. Rauchverbot ab sofort. 2. Rauchwaren entfernen. 3. Wasser abstellen, Toilettenwasser laufend versalzen oder Wasser mit Seifenpulver versehen. 4. Waschen unter Aufsicht und mit Salz und Seife versehen. 5. Täglich bis zu 3 Liter gesüßten (Traubenzucker, B-Vitamine) Fruchttee. 6. Tägliche Gewichtskontrolle. 7. Nur duschen, kein Wannenbad. – Wegen der Gefahr des Selbstmordes oder der Selbstbeschädigung habe ich ferner vorläufig angeordnet, dass die Gefangene bei Tag und Nacht unregelmäßig, jedoch mindestens alle zehn Minuten beobachtet wird.«

Sehr spät äußerte Anstaltspsychologe Jarmer Bedenken: »Die fast vollkommene Isolation der Untersuchungsgefangenen Meinhof in der psychiatrischen Untersuchungsabteilung für weibliche Gefangene verschärft die psychische Belastung für die Gefangene erheblich über das Maß hinaus, die bei dem Vollzug der strengen Einzelhaft normalerweise unumgänglich ist. Wenn die strenge Einzelhaft erfahrungsgemäß nur für begrenzte Zeit erträglich ist, so gilt dies in besonderer Weise für die Gefangene Meinhof, da diese fast vollständig von Umweltwahrnehmungen ausgeschlossen ist. Der Eintritt von psychischen und psychosomatischen Störungen auf längere Sicht ist nicht zu vermeiden.«

Ulrike Meinhof versuchte sich zu beherrschen, sobald sie beobachtet wurde. Als ihr Anwalt Klaus Croissant sie darum bat, aufzulisten, welche Auswirkungen die lange Zeit im toten Trakt auf sie hatte, entstand folgender berühmte Text: »Das Gefühl, es explodiert einem der Kopf (das Gefühl, die Schädeldecke müsste eigentlich zerreißen, abplatzen) – / das Gefühl, es würde einem das Rückenmark ins Gehirn gepresst, – / das Gefühl, das Gehirn schrumpelte einem allmählich zusammen, wie Backobst z. B. / das Gefühl, man stünde ununterbrochen, unmerklich, unter Strom, man würde ferngesteuert – / das Gefühl, die Assoziationen würden einem weggehackt – / das Gefühl, man pisste sich die Seele aus dem Leib, als wenn man das Wasser nicht halten kann – / das Gefühl, die Zelle fährt. Man wacht auf, macht die Augen auf: die Zelle fährt; nachmittags, wenn die Sonne reinscheint, bleibt sie plötzlich stehen. Man kann das Gefühl des Fahrens nicht absetzen. Man kann nicht klären, ob man vor Fieber oder vor Kälte zittert – / man kann nicht klären, warum man zittert – / man friert. / Um in normaler Lautstärke zu sprechen, Anstrengungen, wie für lautes Sprechen, fast Brüllen – / das Gefühl, man verstummt – / man kann die Bedeutung von Worten nicht mehr identifizieren, nur noch raten – / der Gebrauch von Zisch-Lauten – s, ß, tz, z, sch – ist absolut unerträglich – / Wärter, Besuch, Hof erscheint einem wie aus Zelluloid – / Kopfschmerzen – / flashs – / Satzbau, Grammatik, Syntax – nicht mehr zu kontrollieren. Beim Schreiben: zwei Zeilen – man kann am Ende der zweiten Zeile den Anfang der ersten nicht behalten – / Das Gefühl, innerlich auszubrennen – / das Gefühl, wenn man sagen würde, was los ist, wenn man das rauslassen würde, das wäre, wie dem anderen kochendes Wasser ins Gesicht zischen, wie z. B. kochendes Tankwasser, das den lebenslänglich verbrüht, entstellt – / Rasende Aggressivität, für die es kein Ventil gibt. Das ist das Schlimmste. Klares Bewusstsein, dass man keine Überlebenschance hat; völliges Scheitern, das zu vermitteln; Besuche hinterlassen nichts. Eine halbe Stunde danach kann man nur noch mechanisch rekonstruieren, ob der Besuch heute oder vorige Woche war – / Einmal in der Woche baden dagegen bedeutet: einen Moment auftauen, erholen – hält auch für paar Stunden an – / Das Gefühl, Zeit und Raum sind ineinander verschachtelt – / das Gefühl, sich in einem Verzerrspiegelraum zu befinden – / torkeln – / Hinterher: fürchterliche Euphorie, dass man was hört – über den akustischen Tag-Nacht-Unterschied – / Das Gefühl, dass jetzt die Zeit abfließt, das Gehirn sich wieder ausdehnt, das Rückenmark wieder runtersackt – über Wochen. / Das Gefühl, es sei einem die Haut abgezogen worden.«[265]

Nicht erschrecken!

Objekt

JVA Köln-Ossendorf, Februar bis August 1973

Welche gesundheitlichen Auswirkungen Isolationshaft hat, begriffen die Rechtsanwälte erst, als sie ihren Mandanten die körperlichen Veränderungen ansahen. Zunächst glaubten sie mit juristischen Eingaben beim Bundesgerichtshof eine Verbesserung der Haftbedingungen durchsetzen zu können. Doch sie mussten feststellen, dass gegen die »weiße Folter« keine Rechtsmittel halfen. Sieben Anwälte – unter ihnen Eberhard Becker und Klaus Croissant – traten daraufhin in einen viertägigen Hungerstreik: Sie postierten sich am 9. Februar 1973 in ihren Roben vor dem Bundesgerichtshof in Karlsruhe und erklärten der Öffentlichkeit, dass die Isolationshaft »objektiv« auf die »Auslöschung des Lebens der Gefangenen« ziele.[266]

Schon am ersten Tag jener Aktion wurde Ulrike Meinhof in die Männerpsychiatrie verlegt und über einen Schlauch durch die Nase zwangsernährt. Auch hier war sie in einer weißen Zelle mit verhängten Fenstern isoliert und sah keinen anderen Gefangenen. Aber sie konnte zumindest Stimmen sowie andere Geräusche hören. Ulrike Meinhof war überzeugt, dass sie ohne den Hungerstreik der Anwälte vor dem BGH nie aus dem gänzlich toten Trakt herausgekommen wäre. Heidi Leonhardt beobachtete: »Sie fängt wieder an zu leben [...] Sie sagt: ›Du kannst dir nicht vorstellen, wie wunderbar das ist. Jetzt nehme ich euch wahr, das konnte ich vorher gar nicht mehr.‹ Natürlich, diese ›Euphorie‹ wird nicht zu lang vorhalten.«[267] »Hungerst du noch?«, fragte Tilla Hübner Ende Februar. Ulrike Meinhof antwortete, dass sie fresse, und scherzte, dass sie auch die nächsten 20 Jahre überstehen würde. »Ich nicht«, sagte die alte Tante. Beide lachten.

Die Bundesanwaltschaft verweigerte weitere »Hafterleichterungen«, die doch nur eine Annäherung an die üblichen Untersuchungshaftbedingungen gewesen wären. Auch die Anstaltsärzte Goette und Allies sowie der Anstaltspsychologe Jarmer blieben besorgt. Bei Meinhof bestehe »aufgrund ihres bereits bei der Einlieferung festgestellten schlechten, durch die lange Dauer ihrer Hungerstreiks weiter reduzierten Allgemeinzustandes die Gefahr psychischer und psychosomatischer Schädigungen«. Sie schlugen vor, Ulrike Meinhof den Kontakt zu anderen Gefangenen zu ermöglichen. Die Bundesanwaltschaft widersprach scharf: Zusammenlegung von Baader-Meinhof-Gefangenen bedeute Absprache; Zusammenlegung mit anderen Gefangenen die Verbreitung »revolutionärer Ideen«.

Angesichts vielfältiger Kritik vor und hinter den Kulissen fasste der Ermittlungsrichter am 5. März den sogenannten »Beigeher-Beschluss«: Eine von der Gefängnisleitung auszuwählende, besonders vertrauenswürdige Gefangene sollte jeden Tag mit Ulrike Meinhof den Hofgang machen dürfen. Dies lehnte Ulrike Meinhof ab, sie wollte sich davor schützen, bespitzelt zu werden. Sie wollte wie eine normale Gefangene behandelt werden und verlangte den Zusammenschluss und Hofgang mit Astrid Proll.

Tilla Hübner schrieb Mitte März einen besorgten Brief an Hilda Heinemann, die Ehefrau des Bundespräsidenten. Doch die alten evangelisch-sozialdemokratischen Verbindungen nützten nichts. Hilda Heinemann antwortete, ihr Mann und sie hätten schon öfter über die mit der Untersuchungshaft zusammenhängenden Fragen mit ihrem Freund Minister Posser gesprochen. Aber nicht ein Minister habe zu entscheiden, sondern die Justiz.

Sogar Meinhofs Versuch, an ein besseres Radio (Grundig Kosmos) zu kommen, wurde abgelehnt. Aber Ende März 1973 gab es winzige Hafterleichterungen: Die nächtliche Lichtkontrolle wurde durch »eine regelmäßige nächtliche Lauschkontrolle« ersetzt und Ulrike Meinhof musste den blauen Anstaltskittel nicht mehr tragen. Länger als neun Monate saß sie jetzt schon in Isolationshaft.

Kleine Verlage wie der Peter Hammer Verlag und Buchhandlungen wie Wendelin Niedlichs in Stuttgart begannen Bücher zu schicken, als Geschenke oder finanziert mit Spendengeldern. Ein

Verleger sagte, er müsse so vielen blöden Leuten Bücher schicken, wie viel lieber schenke er sie jemandem, der sich darüber freue. Prominente Schriftsteller und Medienleute wollten Ulrike Meinhof und andere RAF-Gefangene besuchen. Die Gefangenen fragten sich, worüber sie mit denen reden sollten. Über den antiimperialistischen Kampf? Dass sie dem Medienmarkt gegenüber misstrauisch seien, müssten doch politisch denkende Leute von allein kapieren. Die Justiz verbot Heinrich Böll ein Gespräch mit Meinhof – wegen »Verdunkelungsgefahr«. Die *Bild*-Zeitung hätte in die JVA gedurft – wurde aber von den Gefangenen abgelehnt, so wie Jürgen Busche von der *FAZ*. Günter Herburger, den Luchterhand Verlag auf seiner Seite, verlangte, dass Ulrike Meinhof nicht in ihren elementarsten intellektuellen Bedürfnissen beschnitten werden dürfe – die Justiz sagte Nein zu einem Besuch. Henri Nannen wollte Manfred Bissinger und den Fotografen Robert Lebeck mitbringen – die Justiz lehnte ab. Die Klage des *stern* scheiterte, weil das Gericht unterstellte, die Beschuldigte Meinhof könne in einem Interview in einer »für Nichteingeweihte nur schwer oder überhaupt nicht erkennbaren Weise« auf Mitbeschuldigte oder Zeugen »einwirken«.

Andere durften ohne Weiteres zu Ulrike Meinhof, sogar ohne ihre Zustimmung, sie mussten nicht einmal anklopfen. Ulrike Meinhof beriet sich mit ihrem Verteidiger Becker in der Besucherzelle, als am 4. Mai 1973 plötzlich ein Unbekannter selbstbewusst den Raum betrat. Er stellte sich als Professor Witter, Direktor des Instituts für Gerichtliche Psychologie und Psychiatrie der Universitätsnervenklinik in Homburg vor. Er wollte sie im Auftrag des Bundesgerichtshofs auf ihre strafrechtliche Zurechnungsfähigkeit untersuchen. Erzürnt warf sie ihn raus, er solle in sein Gutachten schreiben: Die Gefangene ist leicht erregbar und aggressiv. Dann habe er's doch. Es amüsierte sie, als sie einen Vollzugsbeamten sagen hörte: »Mensch, der war ja kreidebleich und hat gezittert.«

Erklärtermaßen gab es keinen einzigen Anhaltspunkt für eine mögliche Unzurechnungsfähigkeit. Bundesanwaltschaft und Psychiater Professor Witter bezogen sich nur auf die Kopfoperation von 1962, angeregt durch die Legende vom »Persönlichkeitsbruch«, die Röhl und Riemeck in Gesprächen mit dem BKA geschaffen hatten und die doch nichts anderes als Ulrike Meinhofs Bruch mit den beiden markierte. Die Legende besaß längst ein Eigenleben: Wenige Tage vor Meinhofs Festnahme hatte *Bild* getitelt: »Der Schreck der Nation – ein Fall für den Psychiater? So ist es!«[268] 1965 hatte Ulrike Meinhof in *konkret* über den Weigand-Prozess berichtet, in dem der Geisteszustand eines Angeklagten von einem Arzt mit NS-Vergangenheit begutachtet wurde: Hier wird »entschieden, ob die Autorität des Staates eine Schranke findet vor den Grundrechten des Bürgers oder ob die Freiheit des Einzelnen endet, wo staatliche Autorität beansprucht wird. [...] Neu ist nur, dass zu den Insignien staatlicher Übermacht die Heilanstalt gekommen ist«.[269] Sieben Jahre später betraf es sie selbst.

In aufgeklärten Kollegenkreisen besaß Witter einen schlechten Ruf, weil er in den 1960er Jahren als Gutachter geholfen hatte, die Entschädigungsansprüche psychisch kranker KZ-Überlebender abzuwimmeln. Die Antifaschistin Meinhof ausgerechnet diesem Psychiater auszusetzen war von ausgesuchter Bösartigkeit.

Da Bundesanwalt Zeis unbedingt vor der Hauptverhandlung »den Operationsbefund am Schädel« klären wollte, schlug Witter, der die Gefangene noch einmal besuchen wollte, der Bundesanwaltschaft am 10. Mai zwei Untersuchungsmethoden vor, die sich auch gegen ihren Willen durchführen ließen. Zum einen plante er, die Ermittlungsakten, Besuchs- und Gesprächsprotokolle auszuwerten, Zeugen aus der Zeit von 1970 bis 1972 sowie das Personal der Vollzugsanstalt zu befragen – aber auch später Meinhofs Verhalten vor Gericht zu beobachten. Meinhofs Anwalt Hoffmann schüttelte den Kopf. Welche wissenschaftliche Methode lag der Befragung von Vollzugspersonal zugrunde? Wer – außer Kronzeugen des BKA – gab sich als Zeuge für die Zeit des Untergrunds her? Welchen Aufschluss konnte Meinhofs zukünftiges Verhalten über ihre Zurechnungsfähigkeit in der Vergangenheit geben? In der kommenden Hauptverhandlung könne nur beobachtet werden, »wie sich jahrelange Isolationshaft auf einen Menschen auswirkt«. Über Meinhofs strafrechtliche Verantwortlichkeit waren so keine Erkenntnisse zu gewinnen.

Zum Zweiten aber wollte Professor Witter Ulrike Meinhof einer Gehirn-Szintigrafie unterziehen. Das war ein nuklearmedizinischer Eingriff, bei dem sogenannte Gammastrahler, je nach Verfahren, etwa in die Halsschlagader gespritzt wurden, um zum Beispiel einen Gehirntumor abzubilden. Falls die Gefangene sich weigere, wäre das zwar ein Problem, aber durch eine Zwangsnarkose zu beheben, sagte Witter. Diese Szintigrafie wäre sogar in der JVA durchführbar.

In zehn bundesdeutschen Städten gründeten sich Anti-Folter-Komitees, um die Öffentlichkeit für eine Verbesserung der Haftbedingungen zu mobilisieren. In diesen Komitees organisierten sich zum Teil völlig unpolitische Angehörige der Gefangenen, Bürgerrechtler, Sympathisanten der RAF sowie Vertreter politischer Gruppen – eine bunte Mischung von Personen, die oft widersprüchlicher Ansichten waren, und die unter extremem Druck von außen standen, weil sie sofort ins Visier des Staatsschutzes gerieten.

Der zweite kollektive Hungerstreik von rund 80 Gefangenen begann am 8. Mai und dauerte 52 Tage. Es war Ulrike Meinhofs dritter. In einer gemeinsamen Hungerstreikerklärung kritisierten sie die Wortbrüchigkeit der Bundesanwaltschaft nach dem Hungerstreik vom Jahresanfang und forderten: »Gleichstellung der politischen Gefangenen mit allen anderen Gefangenen! Freie politische Information [...] auch aus außerparlamentarischen Medien!«[270] Die streikenden Gefangenen in den verschiedenen Haftanstalten wurden unterschiedlich behandelt. Das hessische Justizministerium verweigerte zum Beispiel Andreas Baader in der JVA Schwalmstadt acht Tage lang jedes Wasser, bis er in einen lebensgefährlichen Zustand geriet und den Hungerstreik, wie erwünscht, vorzeitig abbrach.

In der Justizvollzugsanstalt Ossendorf streikten Ulrike Meinhof, Jan-Carl Raspe und Gerd Müller. Die Gefängnisleitung verbot ihnen Tabakwaren, Trinkwasser, Nahrungsmittel und verhängte eine Einkaufssperre. Sie erhielten nur noch mit unbekannten Zusätzen präpariertes Trinkwasser und sollten notfalls zwangsernährt werden. Der Generalbundesanwalt fand es ungeschickt, Hungerstreikenden Lebensmittel zu entziehen und den Einkauf zu sperren, und strich diese beiden Punkte von der Strafliste.

Ulrike Meinhof war seit neun Tagen im Hungerstreik, lag auf dem Bett und las die *Frankfurter Allgemeine Zeitung*, als Professor Witter ihre Zelle erneut unangemeldet betrat. Vielleicht spekulierte er auf ihren Schwächezustand. Sie sah kurz auf. »Ach, der Psychiater.« Witter stellte sich vor ihr Bett. Meinhof setzte sich auf und wiederholte ihre Ablehnung, sich von ihm untersuchen zu lassen. Sie las weiter. Er redete auf sie ein, zog einen Stuhl ans Bett und setzte sich vor sie. Sie stand auf, verließ die Zelle, lehnte sich im Flur an eine Wand und las weiter. Als daraufhin die Vollzugsbeamtin auf sie einredete, lächelte Meinhof nur und meinte: »Das verstehen Sie nicht.«

Witter beriet sich mit Anstaltsarzt Goette, der ihm von einer »Fülle von Informationen« berichtete, die er in der »langen Beobachtungszeit« im Gefängnis über die Gefangene Meinhof gesammelt habe. Witter schloss daraus, dass »vorläufig keine Hinweise« auf eine »Geistesschwäche, krankhafte Störung der Geistestätigkeit oder Bewusstseinsstörungen« vorlägen, was er dem Generalbundesanwalt am 22. Mai mitteilte. Trotzdem ließen weder Bundesanwaltschaft noch Psychiater von ihrem ursprünglichen Plan ab. Und zu welchem Zweck hatte sich Professor Witter den Homburger Professor Friedrich Loew an seine Seite geholt? Wozu brauchte die Bundesanwaltschaft einen Neurochirurgen? Meinhofs Anwälte und Freunde waren alarmiert, als sie hörten, wie Loews Mitarbeiter Dieckmann, Direktor der Abteilung für sterotaktische Chirurgie an der Universitätsklinik Homburg, die Psychochirurgie erklärte: Durch chirurgische Eingriffe könnten »am morphologisch gesund erscheinenden Gehirn [...] psychiatrische Erkrankungen oder Störungen des Verhaltens gebessert oder behoben werden«.[271] Wissenschaftler protestierten: Das bedeute »das Beseitigen der Fähigkeit, träumen zu können, das Erlöschen der bewussten Fantasiefähigkeit, die Herabsetzung des optischen Erinnerungsvermögens, ein Absinken ins Subhumane«.[272] Später verglich Ulrike Meinhofs Rechtsanwalt Michael Oberwinder das Vorhaben mit jenem im Film *Einer flog über das Kuckucksnest*.

Alle Befangenheitsanträge Meinhofs gegen Richter und Psychiater wurden verworfen. Alle Einsprüche ihrer Anwälte wurden beiseitegewischt und hatten, so die Bundesanwaltschaft, keine aufschiebende Wirkung. Ulrike Meinhofs Anwälte bekamen 13 Blätter zur Erläuterung der Zwangsmaßnahmen. Die Bundesanwaltschaft gab ihnen nur vier Tage Frist für eine Stellungnahme.

Nach anfänglicher Skepsis und Fassungslosigkeit gab es nun endlich breite öffentliche Proteste. Meinhofs Anwalt Hoffmann erinnerte daran, dass der Paragraf 81a StPO, der den Zwangseingriff legalisieren sollte, 1933 in die Strafprozessordnung eingeführt worden und nach 1945 Gegenstand heftiger verfassungsrechtlicher Diskussionen gewesen sei. Auch das Bundesverfassungsgericht verlange gewichtige Gründe, wenn das Grundrecht der körperlichen Unversehrtheit verletzt werden sollte, und erlaube Zwangseingriffe nur dann, wenn keine Gesundheitsgefahr bestehe. Etwa 30 Ärzte der Universitätsklinik Heidelberg protestierten, weil sich mit dem Paragrafen 81a StPO schlimmstenfalls auch moderne Foltermethoden begründen ließen, die keine sichtbaren Gesundheitsschäden hinterlassen. Viele Ärzte sagten: Weder Zwangsnarkose noch Szintigrafie dienten hier der Heilung einer Krankheit, damit widersprächen sie dem ärztlichen Ethos. Unbeeindruckt von den Fakten und Protesten beschloss Ermittlungsrichter Knoblich am 13. Juli 1973 fast wörtlich, was Bundesanwalt Zeis beantragt hatte.

Ulrike Meinhof war nervös und ungeduldig. Seit 23 Tagen schon war sie im Hungerstreik und sie befürchtete, dass die Justiz einige Gefangene verhungern lassen wolle. Auch Gudrun Ensslin in der JVA Essen sorgte sich um die Freunde, vor allem um Andreas Baader, Holger Meins und Werner Hoppe. Ensslin schrieb an sie: »Wir wollen keine Toten! Lasst euch zwangsernähren! Wo das erträglich abläuft, hungert weiter, nur wo barbarisch verfahren wird, hört auf! Sofort! Das gilt für Andreas: Hör sofort auf, das ist, verdammt, ein Befehl!« Ungeduldig bedrängte sie Angehörige und die Komitees: »Redet mit Heinrich Böll, Dorothee Sölle, Kurt Scharf, Alexander Mitscherlich, Martin Niemöller, noch mal mit Helmut Gollwitzer, mit Ossip Flechtheim, mit Margherita von Brentano, Heinar Kipphardt, Paul Schallück, Peter Stein! Habt ihr sie besucht? Sie bekniet, was zu tun? Wart ihr bei Amnesty? Wann hängt unsere Hungerstreikerklärung in allen ASten, Buchhandlungen, Studentengemeinden, Bibliotheken?«[273]

Die täglichen Schikanen der Wärter machten Ulrike Meinhof

wütend. Während der seltenen, kostbaren Besuche von Wienke, Tilla oder Heidi gewöhnten sich manche Schließer, aber auch BKA-Beamte an, raus- und reinzugehen oder sich laut zwischen Zelle und Flur zu unterhalten. Einmal saß Heidi Leonhardt Ulrike Meinhof gegenüber, als diese die Beamten anbrüllte, dass sie solche Störungen sofort zu unterlassen hätten. Ulrike Meinhof sah, dass die Kusine erschrak, und bat sie anschließend, nicht zu erschrecken. Sie wollte ihre Selbstachtung nicht verlieren. Beim nächsten Besuch fand Leonhardt alle Wärter und Polizisten freundlicher. »Sie hat also doch etwas erreicht mit ihrer Explosion.«

Im Juni 1973 wurde Ulrike Meinhof zwangsernährt. Zwischen dem 4. und dem 8. Juni formulierte sie gemeinsam mit Ulrich K. Preuß, einem ihrer Anwälte, den Text für eine Strafanzeige gegen Posser, Knoblich, die Bundesanwaltschaft und die Anstaltsleitung wegen Körperverletzung im Amt. In jenen vier Tagen unterbrach sie den Hungerstreik, damit ihr Kopf funktionierte. Die Anzeige wurde acht Monate später abgewiesen. Eines der zynischen Argumente lautete, Meinhof sei nach 238 Tagen im toten Trakt noch fähig gewesen, einen schweren Stapel Bücher in ihre neue Zelle tragen zu können, und schreibe mehrere Stunden täglich auf ihrer Schreibmaschine. Dies lasse den »Schluss auf eine intakte Persönlichkeit« zu.

Immer mehr Linke und Intellektuelle in westeuropäischen Staaten erhoben nun öffentlich ihre Stimme. So nahmen am 29. Juni 1973 unter anderem Jean-Paul Sartre und Michel Foucault an einer internationalen Pressekonferenz in Paris teil, auf der die Haftbedingungen für politische Gefangene in westdeutschen Gefängnissen heftig kritisiert wurden.

Staaten, die Gefangene in Isolationszellen sperrten, wussten seit Langem, was sie taten, denn die Folgen für die psychische und physische Gesundheit von Gefangenen waren wissenschaftlich erforscht. 1967 schrieb der US-amerikanische Wissenschaftler G. L. Engel: »In der Einzelhaft ist der Hunger nach menschlichem Kontakt so groß, dass Gefangene sogar das Verhör ihrer Häscher willkommen heißen.« Das traf auf Ulrike Meinhof nicht zu, dabei waren ihre Haftbedingungen zum Teil noch brutaler. Die RAF-Gefangenen fanden nach Monaten heraus, dass sie offensichtlich Teil eines Forschungsvorhabens waren: Im Sonderforschungsbereich (SFB) 115 an der Universitätsklinik Hamburg wurde nämlich zu jener Zeit mithilfe einer »camera silens« (stiller Raum) erforscht, welche Auswirkungen völlige Isolation auf den Menschen hat. Leiter des Projekts war der Psychiater Jan Gross, der auch an vergleichbaren US-Experimenten mitgearbeitet hatte, die dort bereits seit den 1950er Jahren durchgeführt wurden. Gross forschte nicht ziellos. Der niederländische Strafrechtler Pieter Bakker Schut beschreibt in seinem Grundlagenwerk *Stammheim. Der Prozess gegen die Rote Armee Fraktion*, dass der Psychiater folgende mögliche Anwendungsbereiche seiner Erkenntnisse nannte: die Kriminalistik und die Poenologie (Lehre vom Strafen) sowie den »Prozess der Umerziehung«, der sich in der »Ausnutzung der Abhängigkeit« des Gefangenen vom Verhörer zeigen könne. Ein sensorisch deprivierter Mensch, dessen Bewegungsspielraum darüber hinaus erheblich eingeschränkt sei, könne sich »nur noch verbal entladen«, und genau diese Aggressionen, so Bakker Schut, standen im Mittelpunkt eines der Teilprojekte des SFB 115. In einer solchen Situation »wächst der Hunger der Sinnesorgane so stark an, dass die Reaktionen des Individuums durch gesteuerte soziale Kontakte [...] im Prinzip beliebig manipuliert werden können.«[274]

Ulrike Meinhof versuchte, nachdem sie von dem Forschungsprojekt erfuhr, mit großer Selbstdisziplin den Folgen der »weißen Folter«, die keine äußerlich sichtbaren Narben hinterließ, zu entkommen. BKA-Kommissar Klaus, der jeden Besuch überwachte und alle Äußerungen und Aggressionen von Ulrike Meinhof genau aufschrieb, hatte nach dem Besuch der 17-jährigen Anja Röhl im Februar erstaunt notiert: »Frau Meinhof befand sich seit drei Wochen im Hungerstreik. Ihre geistige Regsamkeit erschien trotz körperlicher Schwäche kaum beeinträchtigt.« An jenem Tag war Ulrike Meinhof bereits 238 Tage im toten Trakt, abzüglich insgesamt dreier Tage in Zweibrücken und in Westberlin.

Ab Juli 1973 mussten die RAF-Gefangenen jederzeit mit der Durchsuchung ihrer Zelle und – erstmalig in der Bundesrepublik – mit der Beschlagnahmung der Verteidigerpost rechnen. Um sich gemeinsam auf ihre Prozesse vorzubereiten, schließlich wurden sie als Kollektiv »kriminelle Vereinigung« angeklagt, hatten sie mithilfe einiger Anwälte das »info« eingerichtet, ein Kommunikationssystem unter den Gefangenen und mit den Anwälten ihres Vertrauens. Bei den zahlreichen Zellendurchsuchungen und den Beschlagnahmen auch der eigentlich vom Gesetz geschützten Verteidigerpost wurden viele dieser Briefe einkassiert. Dabei fand das BKA heraus, dass die Anwälte an der Organisation des »info« mitwirkten. Da die Hungerstreiks in allen Haftanstalten am gleichen Tag begonnen bzw. geendet hatten, war bei der Bundesanwaltschaft bereits der Verdacht aufgekommen, dass sich die Gefangenen in den verschiedenen Haftanstalten über ihre Anwälte miteinander absprachen. Die Bundesanwaltschaft verdächtigte die Anwälte bald, das angeblich von den Beschuldigten auch aus den Vollzugsanstalten heraus verfolgte Ziel, namentlich die gewaltsame Beseitigung der in der Bundesrepublik Deutschland herrschenden freiheitlichen Grundordnung, und damit eine kriminelle Vereinigung zu unterstützen.

Am 16. Juli um zehn Uhr betraten die BKA-Kommissare Klaus und Vogel sowie eine Wärterin die Zelle von Ulrike Meinhof. Klaus berichtete: »Die Beschuldigte protestierte heftig gegen die Beschlagnahme von drei verschlossenen Briefen, die frankiert und an die Rechtsanwälte Ströbele und Becker gerichtet waren. Auf ihrem Bett sitzend, versuchte sie sodann heimlich mehrere eng zusammengefaltete Schriftstücke aus der Gesäßtasche ihrer Hose zu ziehen.« Man nahm sie ihr mit Gewalt ab. Alle »nicht von vornherein als unbedeutend erscheinenden Schriftstücke wurden« in 16 Briefhüllen verpackt und mitgenommen. Das BKA gab die Dokumente an den Generalbundesanwalt, der sie an den Bundesgerichtshof weiterreichte. Dort prüfte man, ob die Korrespondenz »einer sachgerechten Verteidigung« diente. Eine »rechtsstaatliche Verteidigung«, sagten Meinhofs Anwälte, »ist nicht mehr möglich«. Über ihre Beschwerden entschieden zum Teil dieselben Richter, die die Maßnahmen angeordnet hatten. Die Richter wiegelten ab: Die Schriftstücke aus Meinhofs Zelle wurden angeblich »ohne Kenntnisnahme des Inhalts« zurückgegeben, das Gericht nannte dies: »vorübergehender Entzug«.

Immer noch drohte Ulrike Meinhof der operative Eingriff an ihrem Kopf. Bundesanwalt Zeis forderte Professor Witter am

9. August auf, »mit der Untersuchung der Beschuldigten fortzufahren«. In Bochum demonstrierten Juristen, Theologen und Pädagogen. In Westberlin sammelte der Republikanische Club Unterschriften. Am 10. August suchten zwei Ärzte den BGH-Bundesrichter Knoblich in seinem Karlsruher Büro auf und überreichten ihm 34 ärztliche Protestunterschriften aus verschiedenen Städten. Knoblich, eigentlich durch Pförtner, Kriminalpolizisten und mit Maschinenpistolen bewaffnete Bereitschaftspolizei abgeschirmt, erschrak sehr.

Der Republikanische Club äußerte öffentlich, dass er in der geplanten Szintigrafie den Versuch sähe, nachzuweisen, dass die Politik der RAF auf den Ideen einer angeblich Geisteskranken beruhe, um den bevorstehenden Prozess zu entpolitisieren. Der Philosoph Ernst Bloch, die Schriftsteller Heinrich Böll, Eugen Kogon und Bernt Engelmann, der Regisseur Volker Schlöndorff und viele andere warnten: »Der Rechtsstaat kann nicht dadurch verteidigt werden, dass man ihn über den Haufen wirft.« Es gab nicht nur verbale Proteste. In einem Anbau der Garage des Privathauses von Professor Witter in Homburg-Sanddorf fand sich ein mit einem Zeitzünder versehener Benzinkanister, der dort, trotz Polizeibewachung, auf rätselhafte Weise deponiert worden war.

Plötzlich ruderten die Verantwortlichen aus Imagegründen zurück. Am 27. August 1973 berichtete der *Spiegel* über den seit 1968 »jedermann zugänglichen« Bericht von Professor Kautzky. Noch am selben Tag schrieb Professor Witter an den Generalbundesanwalt: »Nunmehr ist *plötzlich* eine Veränderung der Situation dadurch eingetreten, dass ich gestern einen Hinweis erhalten habe, nach dem die Krankengeschichte der Beschuldigten [...] im Jahre 1968 [...] veröffentlicht worden ist.« [Hervorhebung d. A.] Bei Gefäßgeschwülsten sei »weit weniger mit psychischen Veränderungen als bei Hirngewebsgeschwülsten zu rechnen. [...] Zum Nachweis einer Gefäßgeschwulst ist die Szintigrafie nicht geeignet«. Aber schon der *stern*-Artikel, der bei Meinhofs Festnahme zwei Jahre zuvor in ihrer Tasche gefunden worden war, hatte das Röntgenbild gezeigt, das aus dem Kautzky-Beitrag für die DDR-Fachzeitschrift *Zentralblatt für Neurochirurgie* von 1968 stammte. Kautzky berichtete darin über die

Operation der Patientin R. U. [Röhl, Ulrike] von 1962 und über die Nachuntersuchung von 1966:»Im Ganzen volles Wohlbefinden und volle Lebenskraft. Befund: Objektiv ohne pathologische Abweichungen, insbesondere an den Augen keine Motilitätsstörungen mehr nachweisbar.«[275]

Am 29. August trat Professor Witter im ZDF-Magazin von Gerhard Löwenthal auf und sagte, er habe den Auftrag, ein Gutachten anzufertigen, »nicht sehr gerne angenommen«. Damit unterschlug er, dass er selbst den Eingriff vorgeschlagen hatte. »Es ist mir auch unterstellt worden, dass ich beantragt hätte, eine Narkose durchzuführen. Das ist keineswegs richtig. [...] Nun, alles das ist in der Kampagne gegen mich als Foltermaßnahme dargestellt worden. Diese wirklich harmlosen ungefährlichen Untersuchungen sind als ein Versuch der radioaktiven Einflussnahme dargestellt worden, mit der ich die sogenannte Isolationsfolter der Justiz unterstützen wolle. Die Sympathisanten haben da gründlich mitgewirkt.« Dann sprach der Psychiater sein Erkenntnisinteresse endlich offen aus: »Aber stellen Sie sich vor, das Gehirn der Roten Armee Fraktion wäre unzurechnungsfähig, das wäre ja tödlich für die Chefideologin und ihre Bande.«

Die Szintigrafie wurde abgeblasen. Am 5. November schickte Witter sein 55-seitiges psychiatrisches Gutachten über Ulrike Meinhof an den Generalbundesanwalt. Es verriet mehr über ihn selbst als über seine »Patientin«: »Die Beschuldigte wuchs in einem geisteswissenschaftlich gebildeten Milieu auf, in dem vermutlich seit jeher eine Aufgeschlossenheit für sozialistisch orientierte politisch-weltanschauliche Vorstellungen bestand.« Schon früh habe sich bei ihr eine gewisse »Tendenz zur kritischen Distanz« gezeigt, später sei sie »konsequent immer tiefer nach unten [...] in die Kriminalität« gesunken. Die »Auffälligkeiten« hätten, so Witter, im Jahr 1958 begonnen, als Ulrike Meinhof Mitherausgeberin eines Anti-Atom-Flugblattes und Präsidiumsmitglied des Westberliner Anti-Atom-Kongresses wurde. Obwohl sie sich immer mehr in den »linksradikal ausgerichteten studentischen politischen Protestbewegungen« engagiert habe, habe sie in der Ehe mit Röhl einige Jahre »in relativ geordneten bürgerlich-familiären Verhältnissen« gelebt. Mit der »völligen Auflösung dieser

Lebensformen« sei es zur Scheidung und einem Leben mit ihren Kindern »zeitweilig in Apo-Kommunen« gekommen, »schließlich zum Übergang von der Theorie zur Praxis der Gewalt«. Er habe an der Untersuchungsgefangenen Meinhof eine »fortschreitende Primitivierung des Verhaltensstils« erleben müssen. Sie beschimpfe Polizisten und Vollzugsbeamte und lege mit einem primitiven Jargon ein »demonstratives Bekenntnis zur Unterschicht« ab. Ihre Fixierung auf eine »überwertige Idee« sei »unerschütterlich«. Nicht einmal in den Gesprächen mit der »hochbetagten Tante« blieben die »politischen Kampfthemen« ausgespart.[276]

Meinhof hielt es für aufschlussreich, dass Witter Politisierung mit Fehlentwicklung gleichsetzte. Sie fand bestätigt, dass die Sicherungsgruppe ihre Gespräche mit Besuchern sehr genau protokolliere vom politischen Inhalt bis zur psychischen Verfassung.

Witter weiter: Nur einmal sei Meinhofs »Starrheit und Selbstsicherheit« erschüttert worden, als sie bei einem Besuch ihrer Schwester geweint habe. Aber das sei kein »psychologischer Einbruch von besonderer Einsicht«, sondern »psychosomatischen Belastungen« zuzuschreiben, die »offensichtlich zu einer Erschöpfung geführt« hätten, ein einmaliges Ereignis. Jetzt sei wieder nur »erhöhter Kampfgeist und Zielgerichtetheit des Widerstandsverhaltens« zu beobachten. Meinhof freute sich, dass der Gutachter keinen Punkt gefunden hatte, mit dem sie erpressbar war, nicht mal mit ihren Kindern. Das gefiel ihr.

Vielleicht war die Gefangene ja mit Kleists Michael Kohlhaas vergleichbar, überlegte Witter. Gerechtigkeitssinn als Krankheit, eine »abnorme Verletzbarkeit« bei gleichzeitig »aggressivem Selbstbewusstsein«. Meinhof sei ohne Zweifel »typologisch« eine »expansiv fanatische Persönlichkeit«. »Die Affektentladungen der Beschuldigten« ließen sich da »zwanglos [...] einordnen«. Aber krank im strafrechtlich zu berücksichtigenden Sinn sei sie nicht.

Die »expansiv-fanatische Persönlichkeit« saß unterdessen in ihrer Zelle und mokierte sich, dass das Gutachten sie für geistig gesund erklärte, während *Zeit* und *Spiegel* sie für verrückt hielten. Sie legte die neue Kassette in den Rekorder, um die sie ihren Anwalt Croissant gebeten hatte, und genoss die Musik: Rolling Stones, Deep Purple und Led Zeppelin.

Stammheim
Stuttgart-Stammheim, April 1974 bis Mai 1975

Ulrike Meinhof und Gudrun Ensslin konnten durch die Fenster
des Hubschraubers die großen Betonblöcke der Justizvollzugsanstalt Stuttgart-Stammheim auf sich zukommen sehen. An jenem
28. April 1974 brachte man sie in den neuen Hochsicherheitstrakt, in dessen siebtem Stockwerk sie die ersten Insassen wurden. Breite, hellgraue Flure führten zu stählernen Türen. Und
wieder zurrte ein Bündel von Vorschriften ihr Leben bis in alle
Details fest. Die Zellen 719 (Meinhof) und 718 (Ensslin) durften
nur von drei Justizvollzugsbeamten aufgeschlossen werden. Beide
Frauen waren weiterhin von allen anderen Gefangenen isoliert.
Aber sie hatten bald täglich vier Stunden miteinander Umschluss.
Eigene Kleidung war erlaubt, zwei Mal in der Woche unter Aufsicht Baden auch. 16 Schritte führten einen Stock höher auf das
Dach, in den überdachten und eingegitterten »Käfig« (Ulrike
Meinhof), an dessen Längsseiten lediglich Streifen des Himmels
sichtbar waren. Im kleinen Gefängnishof in Ossendorf hatte Ul-
rike Meinhof immerhin noch den offenen Himmel über sich und
konnte auf Gras und zwischen Blumen laufen.

Anwalt Eberhard Becker wurde im Februar 1974 verhaftet. »Wegen des Verdachts der Unterstützung einer kriminellen Vereinigung
gemäß § 129 StGB« hatte Generalbundesanwalt Martin gegen ihn
und die Anwälte Groenewold und Hoffmann Ermittlungen eingeleitet. Klaus Croissant war der Anwalt, zu dem Ulrike Meinhof das
meiste Vertrauen hatte. Zwar schätzte sie auch Heinrich Hannover, dem sie ab und an im Streit das Mandat entzog. Sie hielt ihn
aber für einen bürgerlichen Anwalt mit linker Gesinnung, den sie
angesichts des Rechtsbruchs als Methode für überfordert hielt we-

gen seines Glaubens an den Rechtsstaat. Als es darum ging, eine Fernsehdiskussionsrunde mit einem der Anwälte zu besetzen, ließ Ulrike Meinhof Klaus Croissant wissen, es sei im Interesse der Gefangenen, dass er dort aufträte. Sein Argument, er stünde zu sehr in der Schusslinie, verwarf sie, da sie sich unter anderem deshalb von ihm die größere Wirkung versprach.

Meinhof hatte sich noch in Ossendorf ein striktes Arbeitsprogramm auferlegt: Sie arbeitete – nach einem Gruppenbeschluss – an einem Grundlagenwerk über das politische Konzept der RAF, dem Gudrun Ensslin in Erinnerung an den Widerstand gegen das Staudammprojekt Cabora Bassa in Mosambik den Arbeitstitel *Bassa* gegeben hatte. Ensslin sorgte auch dafür, dass Meinhof an genügend Materialien gelangte, und organisierte den Informationsaustausch mit den anderen Gefangenen. Die Verteidiger unterstützten sie dabei, schließlich ging es um die Vorbereitung auf den großen Prozess, bei dem das Werk den Angeklagten zur Verteidigung dienen sollte.

Verwandten war noch in Ossendorf aufgefallen, dass Ulrike Meinhof in Gesprächen immer direkter und fordernder wurde. Heidi Leonhardt: »Die Gespräche sind so ohne Konvention (das wäre Zeitvergeudung), so konzentriert auf das, was ihr im Kopf herumgeht. Heute waren es ihre Kinder, von denen sie kaum etwas hört.« – »Ich kann nicht einfach herumhängen«, sagte Ulrike Meinhof, »dann würde ich im Nichts versinken und verlöre alle Kraft, mich daraus zu befreien.« Sie empfahl Tante und Kusine mehrfach die Lektüre der Gefängnisbriefe des Black Panther George Jackson, damit die beiden Frauen sie besser verstünden. Jackson war nach jahrelanger Einzelhaft drei Tage vor seinem Prozess im kalifornischen Hochsicherheitstrakt von Gefängniswärtern getötet worden.

Inzwischen hatte Klaus Rainer Röhl *konkret* in die Pleite geführt. Klaus Hübotter kaufte sich seine Zeitschrift zurück und reichte den Titel »konkret« im Herbst 1973 an Hermann Gremliza weiter. Röhl wiederum, der in die SPD eintrat, gründete die neue Zeitschrift *Sprit*. Er hatte Schulden. Heidi Leonhardt beobachtete: »Röhl macht Publicity, jetzt wieder im Fernsehen mit den Zwillingen, und sagt dort: ›Es sind ja die Kinder von Ulrike Meinhof‹ [...] Der Mann sieht schon zu, mit allen Mitteln auf seinen Beinen stehen zu bleiben.«

Seit Dezember 1973 hatte Ulrike Meinhof ihre Kinder nicht mehr gesehen. Sie verdächtigte Röhl, den Kontakt zu unterbinden. Im Juni 1974 unternahm sie einen neuen Versuch, um ihre elfjährigen Töchter zu sehen. Aber Ulrike Meinhof sah ihre Kinder nicht mehr wieder.

Klaus Rainer Röhl vermarktete in seinem Buch *Fünf Finger sind keine Faust* (1974) auch seine Zeit mit Ulrike Meinhof. Eine zentrale Botschaft war: Diese tolle Frau hatte ihn einmal geliebt und er sie nicht. Als sei das nicht genug, veröffentlichte er 1975 einen Schlüsselloch-Roman über sie: *Die Genossin*. Zu diesem Zeitpunkt war sie seit drei Jahren im Gefängnis und brauchte ihre Kraft für ihren letzten großen Gerichtsprozess.

Um über die Kommunikation zwischen Anwälten und Mandanten bestens informiert zu sein, ließ Generalbundesanwalt Martin nun immer öfter die Verteidigerpost, Briefe der Gefangenen und sonstiges Schriftgut beschlagnahmen. Bei einer Durchsuchung am 7. Februar 1974 nahm das BKA allein aus Ulrike Meinhofs Zelle 48 Texte, Briefe von Anwälten und an Anwälte, Manuskripte, andere Briefe, Flugblätter und Arbeitspapiere mit.

In Ossendorf gab es sehr selten kleine Momente der Freude. Nach monatelangem Warten händigte man Ulrike Meinhof endlich die Armbanduhr aus, die ihr Wienke geschenkt hatte. Schon Monate im Voraus freute sie sich auf das Geburtstagspaket von Heidi Leonhardt und die Bärentatzen, eine Sorte Gebäck. Aber am 21. Dezember 1973 hatte man sie wieder in den toten Trakt gesperrt: »wegen kurzfristiger Schließung der psychiatrischen Abteilung«. Innerhalb von wenigen Stunden überschwemmten sie die Erinnerungen. Als man sie 14 Tage später in die Isolationshaft zurückverlegte, war sie nur noch ein bleicher Schatten, die Hände dunkelblau-rot, ihre Muskeln krampften. Sie bat um elastische Binden und war ausnahmsweise bereit, sich von einem Arzt untersuchen zu lassen. Während dieser Untersuchung schlug sie Dr. Goette ins Gesicht. Das musste sein, sie hielt ihn für verantwortlich, dass sie wieder in den toten Trakt gekommen war. Anstaltsleitung, Bundesanwaltschaft und Haftrichter bestraften sie mit vier Wochen Einkaufssperre.

Das nordrhein-westfälische Justizministerium behauptete Anfang 1974 gegenüber Journalisten, Ulrike Meinhof sei nicht isoliert, sie habe ein eigenes Radio, sie lese Zeitungen und sei im Besitz von Büchern. Aber kann man mit Büchern oder Radioapparaten sprechen? Zwischen dem 5. Februar und dem 14. März 1974 hatte sie nur alle neun Tage Besuch: zweimal Tante Tilla, einmal Heidi und einmal einen Vetter. Heidi Leonhardt beobachtete: »Die Isolierung hat zur Folge, dass Ulrike entsetzlich geräuschempfindlich geworden ist. Sosehr sie unter der Lautlosigkeit leidet, so sehr schmerzt sie nun einfach jedes Geräusch. Deshalb konnte sie nicht mal Radio ertragen.«

Am 5. Februar hatte die Anstaltsleitung Ulrike Meinhof zum dritten Mal in den toten Trakt verlegt – diesmal war sie dort Zelle an Zelle isoliert mit Gudrun Ensslin, die soeben aus Essen nach Ossendorf verlegt worden war. Heidi Leonhardt schrieb Ende März an die Journalistin Carola Stern: »Die totale Isolation zerstört den Menschen, folglich ist es Folter. Jetzt, nach sechs Wochen totem Trakt, beginnt wieder die Apathie spürbar zu werden, die Lähmung des eigenen Ich wird deutlich. Mit Schrecken sehen wir den Beginn der gleichen Veränderung wie vor einem Jahr. Gewiss, das stundenweise Zusammensein mit Gudrun Ensslin erleichtert beiden manches – aber im Grunde verzögert es nur den Veränderungsprozess.«

Die alte Tilla Hübner war verzweifelt, ihr Brief an den Haftrichter war zornig und gar nicht mehr »vornehm«: »Warum ist sie wieder im toten Trakt? Solch eine barbarische Folter kann sich nur eine zivilisierte Gesellschaft ausdenken.« Die Wut ihrer Tochter Heidi war so groß, dass sie es sogar wagte, an einer Versammlung der Anti-Folter-Komitees teilzunehmen, obwohl diese als extrem links abgestempelt waren. Der Vortrag von Klaus Croissant gefiel ihr und sie verstand auch, dass Gudrun Ensslin und Ulrike Meinhof den angebotenen gemeinsamen Umschluss inzwischen ablehnten, solange er nicht allen isolierten Gefangenen zustand. Nach dem Besuch einer Pressekonferenz der Komitees ein paar Wochen später war sie entsetzt darüber, wie viele Leute es gut fanden, dass die RAF-Gefangenen so schlecht behandelt wurden. Als Journalisten fragten, wer Ulrike Meinhof denn zuletzt gesehen habe, stand sie auf und beantwortete Fragen. Nach der Pressekonferenz sagte sie: »Langsam glaube ich, dass Rosa Luxemburg heute auch einfach um die Ecke gebracht werden könnte und viele das ganz normal fänden.«

Und an ihre Tochter schrieb sie: »Gestern bekam ich Besuchsgenehmigung mit dem Hinweis, nach dem 21. würde Ulrike nach Stuttgart verlegt. Also fuhr ich heute nach Köln. Dort wusste niemand was. Ach, und Ulrike war so verkrampft, zitterte am ganzen Körper [...]. Es war einfach schlimm, diesem Elend gegenüberzusitzen, ich hätte nur heulen mögen.« Ulrike Meinhof erklärte ihr: »Für den Kopf ist es schlimm, sich an Geräusche zu gewöhnen. Wie nach Hungerstreik, wo der Magen sich auch ganz langsam wieder an Essen gewöhnen muss. Nur kann der Kopf nicht kotzen. Der wird überspült von den Geräuschen.« Für Heidi Leonhardt war es ein Albtraum, sich vorzustellen, was ein Hubschrauberflug nach Stammheim für einen extrem geräuschempfindlichen Menschen bedeutete.

Im Januar 1974 hatte das Oberlandesgericht Stuttgart die gerichtlichen Voruntersuchungen gegen Baader, Ensslin, Meinhof, Meins und Raspe eröffnet. Sie wurden des – in einigen Fällen heimtückischen – Mordes an vier und des Mordversuchs an 54 Menschen beschuldigt. Hinzu kam der Vorwurf weiterer schwerer Straftaten: Raubüberfälle, Sprengstoffanschläge und die Gründung einer kriminellen Vereinigung. Man warf Ulrike Meinhof vor, Rädelsführerin zu sein. Im März wurde die Anklage gegen sie um einige Straftaten erweitert: »Zusammen mit Andreas Baader, Gudrun Ensslin und Horst Mahler bildete sie das Führungskollektiv. Zu ihren besonderen Aufgaben gehörte es, die Gewalttaten ideologisch zu rechtfertigen sowie ihr Ansehen und ihre Fähigkeiten als bekannte Journalistin in den Dienst der Bande zu stellen. Sie wirkte maßgeblich bei der Abfassung der drei RAF-Schriften [...] mit. Deren große Verbreitung erleichterte die Anwerbung neuer Mitglieder und das Ansprechen von Helfershelfern.« Aufgrund ihrer »überragenden Stellung und außergewöhnlichen Aktivität innerhalb der Bande und im Hinblick darauf, dass alle wesentlichen Aktionen von ihr mitgeplant und mitgetragen wurden, ist die Angeschuldigte Mittäterin aller von der Bande verübten Straftaten, und zwar unabhängig davon, ob sie sich im Einzelfall an der unmittelbaren Tatausführung selbst beteiligt« hat. »Insbesondere ist sie Mittäterin der durch die sechs Sprengstoffanschläge der Bande begangenen Morde und Mordversuche auch in den Fällen, in denen sie die Bomben nicht selbst zum Tatort gebracht hat.«

Nach Rücksprache mit der SED-Führung bot der prominente DDR-Anwalt Friedrich Karl Kaul Ulrike Meinhof an, sich ihrer Verteidigung in Stuttgart-Stammheim anzuschließen, ohne mehr zu verlangen, als einem Pflichtverteidiger zustand. Er würdigte, dass sie »in einer von persönlicher Ich-Sucht und materieller Besitzgier strotzenden Umwelt die menschliche Größe aufgebracht hat, für die Verwirklichung ihrer Idee alles zu opfern: Familie, Kinder, Beruf, und dass sie darüber hinaus sogar dafür ihr Leben aufs Spiel setzte«.[277] Aber Ulrike Meinhof war nicht mehr bereit, sich von einem Anwalt vertreten zu lassen, der im selben *Weltbühne*-Artikel kritisierte, dass sie »Ungeduld zum Maß ihres Handelns machte und nicht marxistische Erkenntnis« und dass sie die »politischen Realitäten« völlig verkenne.

Im Mai 1974, ein Jahr vor Beginn des großen Prozesses, gab es personelle Veränderungen in den staatlichen Spitzenfunktionen: Bundeskanzler Helmut Schmidt wurde Nachfolger von Willy Brandt, der wegen der Affäre Guillaume zurückgetreten war. Hans-Dietrich Genscher stieg zum Vizekanzler und Außenminister auf. Werner Maihofer (FDP) wurde neuer Innen- und Hans-Jochen Vogel (SPD) neuer Justizminister. Siegfried Buback löste Ludwig Martin als Generalbundesanwalt ab. Nur BKA-Chef Horst Herold blieb im Amt. Damit hatte sich ein politischer Ruck nach rechts vollzogen, der die ohnehin schon angespannte Situation weiter anheizte.

Ende Mai verabschiedete sich Ulrike Meinhof von Heidi Leonhardt und Tilla Hübner mit der Bitte, sie in diesem Jahr nicht mehr zu besuchen. Sie wolle das jetzt nicht erklären, vielleicht später. Auch ihre Schwester wollte sie eine Zeit lang nicht mehr sehen.

Am 30. Juli schloss Verwalter Miesterfeldt gegen elf Uhr morgens das erste Schloss der Zelle 719 auf, danach Oberwachtmeisterin R. das zweite. Als sie die Zelle betrat, um Ulrike Meinhof Zeitungen auszuhändigen, holte die hinter ihrem Rücken eine

Klobürste hervor, mit der sie ihr heftig auf den Kopf schlug. R. zog sich dabei eine Platzwunde zu, die mit zwei Stichen genäht werden musste. »Ich musste mir einfach Luft verschaffen«, sagte Ulrike Meinhof später. Sie hatte auch gegen Miesterfeldt einen Stuhl erhoben, doch die beiden Wachtmeister verschwanden schnell und schlossen die Tür hinter sich zu.

Für einen winzigen Moment war Ulrike Meinhof die Handelnde gewesen, nicht mehr Objekt, und das hatte ihr Spaß gemacht. Am Fenster rief sie nach Gudrun Ensslin und erzählte ihr den Vorfall. Gudrun Ensslin notierte: »Ulrikes Einschätzung: Die Rechnung der Bullen ist ein für alle Mal durchgestrichen. Die Bullen können das sehen (weil es Ulrike gut geht).« Als abends die Zellentüren der beiden einen Moment lang offen standen, weil das Essen ausgeteilt wurde, rief Gudrun Ensslin, wissend, dass das Gespräch aufgezeichnet würde: »Was war bei dir los?« – »Nicht so wichtig, aber ich brauchte das«, antwortete Ulrike Meinhof.

Die Anstaltsleitung bat die Bundesanwaltschaft um »strafrechtliche Schritte« wegen »gefährlicher Körperverletzung« und strich vorsorglich Meinhofs Hofgang sowie den Umschluss mit Gudrun Ensslin. Für die Gruppe formulierte Meinhof eine Selbstkritik, nur an sich gedacht zu haben und nicht daran, wie die Justiz das gegen die Gefangenen nützen könnte. Am 27. August 1974 wurde Ulrike Meinhof aus Stammheim nach Westberlin geflogen. Auf Anweisung von Bundesanwalt Zeis erfuhren ihre Anwälte erst nachträglich von der Verlegung. Dieses Mal wurde sie nicht als Zeugin vernommen, sondern es ging um den Prozess zur Baader-Befreiung: Angeklagt waren sie, Horst Mahler – von dem sich die RAF längst getrennt hatte – und andere. Noch einige Wochen zuvor war Meinhof davon ausgegangen, dass das große Stammheimer Verfahren zuerst geführt würde.

Über der Männerhaftanstalt Moabit befand sich ein neu aufgestockter Zellentrakt mit fünf Zellen, der sogenannte Turm, der nur über eine schmale Treppe zu erreichen war. Vier Zellen hatten doppelt vergitterte Fenster, eine davon wurde Ulrike Meinhofs Zelle, in den drei anderen saßen Verena Becker von der RAF sowie Ingrid (Ina) Siepmann und eine weitere Gefangene von der Bewegung 2. Juni ein. Die fünfte Zelle wurde von den Wärterinnen genutzt. Meinhof hatte einmal täglich mit einer ihrer Mitgefangenen Hofgang. Einen Umschluss oder die Teilnahme an Gemeinschaftsveranstaltungen gab es anfangs nicht.

Am 10. September 1974 begann der Prozess vor dem Schwurgericht beim Landgericht Berlin. Rechtsanwalt Heinrich Senfft sah seine ehemalige Mandantin hier nach zwei Jahren wieder: »Ulrike Meinhof war ganz erleichtert und sagte, dieses Moabit sei ja fast wie ein Sanatorium für sie, man lasse sie mit den Mitgefangenen reden – die da umhergingen und miteinander redeten.«

Einer der Zeugen der Anklage war Peter Homann. Das Gericht hatte Ulrike Meinhof den Pflichtverteidiger Herbert Dulde zur Seite gestellt, wogegen nicht nur die Vereinigung Berliner Strafverteidiger protestierte, Hans-Christian Ströbele war ihr Wahlverteidiger. Dulde war nicht bereit, sein Mandat niederzulegen, wohingegen Mahlers Pflichtverteidiger den Gerichtssaal verließ und das Mandat los war. Ulrike Meinhof sprach kein Wort mit Dulde. In einem Artikel der *Frankfurter Allgemeinen Zeitung*, in dem die Verhandlung als die »Generalprobe« für den kommenden Stammheimer Prozess bezeichnet wurde, hieß es, die Pflichtverteidiger würden die Gewähr bieten, dass die Wahlverteidiger »den Mammutprozess« nicht aufhielten.[278]

Meinhof und B. waren des gemeinschaftlich versuchten Mordes, vollendeter Gefangenenbefreiung und unbefugten Waffenbesitzes angeklagt; Horst Mahler der Beihilfe und gleichfalls des unbefugten Waffenbesitzes. Fast alle Korrespondenten berichteten, dass Ulrike Meinhof in sehr schlechter Verfassung sei, krank, erschöpft, »deutlich gezeichnet« ähnele sie »kaum mehr der Ulrike Meinhof von 1970«.[279] Vor dem Gericht riefen etwa 60 Demonstranten: »Freiheit für Mahler, Meinhof und B.!«[280]

Während dieses Prozesses kam es immer wieder zu Tumulten. Die Angeklagten verweigerten die Angabe ihrer Personalien. »Ich will ausgeschlossen werden, damit ich dieses Staatstheater nicht anhören muss«, sagte Meinhof. Mahler störte so lange, bis er abgeführt wurde.[281] »Dieser Prozess hier«, so Ulrike Meinhof in ihrer langen Erklärung am zweiten Verhandlungstag, »ist ein taktisches Manöver der psychologischen Kriegsführung [...] Wir – RAF – werden uns an diesem Prozess nicht beteiligen.« Es sei an der Zeit, den Imperialismus militärisch, ökonomisch und politisch zu vernichten. Sie schlug einen Bogen von der Pariser Commune von 1871 bis zu den Roten Brigaden in Italien und äußerte sich auch zur Baader-Befreiung von 1970: »Es war die Befreiung eines Revolutionärs, eines Kaders, der für den Aufbau der Metropolenguerilla unentbehrlich war«, weil er über Eigenschaften verfüge, die die Guerilla brauche: Entschlossenheit, Handlungsfähigkeit, die selbstlose Unterwerfung unter das gemeinsame politische Ziel, die Fähigkeit zum kollektiven Lernprozess sowie zur kollektiven Führung. Ihre Stellungnahme beendete sie mit einem Aufruf zum Hungerstreik – gegen die »Vernichtungshaft«.[282]

Anschließend störte auch sie den Prozess so lange, bis sie von der Verhandlung ausgeschlossen wurde. Am dritten Verhandlungstag ließ der Richter sie zwangsvorführen. Sie blieb stumm, stampfte mit einem Stuhl mehrmals laut auf den Boden und wurde wieder abgeführt. Am selben Tag konnte die CDU im nordrhein-westfälischen Landtag erwirken, dass ein Text von Ulrike Meinhof aus einem Schulbuch entfernt wurde. Am fünften Verhandlungstag, Ende September 1974, erinnerte sich keiner der neun Zeugen an Einzelheiten der Baader-Befreiung, niemand wurde identifiziert. Ende November wurde Ulrike Meinhof – für die Befreiung Andreas Baaders – wegen »gemeinschaftlich versuchten Mordes in Tateinheit mit gemeinschaftlicher Gefangenenbefreiung (§§ 211, 120, 43, 47, 73 StGB)« zu acht Jahren Freiheitsstrafe verurteilt. Das Gericht erklärte sie für mitschuldig am Schuss auf den Institutsangestellten Georg Linke. Sie sei aufgrund des Tatplans bereit gewesen, »rücksichtslos von der Schusswaffe Gebrauch zu machen«. Spätere »Worte des Bedauerns« – gemeint war die entsprechende schriftliche Erklärung der RAF – änderten nichts an der ursprünglichen Absicht. Außerdem, so das Gericht, habe Meinhof die Schießerei »planvoll« genutzt, »um mit Andreas Baader aus dem Fenster zu flüchten«. Der BGH verwarf Meinhofs Revision im Oktober des darauffolgenden Jahres.

Zum Zeitpunkt der Urteilsverkündung befand sich Ulrike Meinhof bereits 77 Tage im Hungerstreik. Im Oktober war sie zeitweise mit Verena Becker in einer Zelle, zwischen dem 4. und 20. November wieder allein im »Turm«, denn die drei anderen Insassen wurden in das Haftkrankenhaus verlegt, wo man sie zwangsernährte. Als eine der Frauen den Hungerstreik abbrach, würdigte Ulrike Meinhof sie, als sie an der Zelle ihrer früheren Freundin vorbeiging, keines Blickes mehr. Dann schrieb sie ihr einen Brief, in dem sie sie beschwor, den Hungerstreik wieder aufzunehmen.

Ab dem 6. November wurde Meinhof – mit Genehmigung des Oberlandesgerichts Stuttgart – im »Turm« zwangsernährt. Sechs Tage später weigerte sich ihr Anwalt Hans-Christian Ströbele, in der Hauptverhandlung Zeugen zu befragen, weil das den Prozess hinausgezögert hätte und Ulrike Meinhof dann noch länger im »Turm« und »damit in totaler Isolation« hätte bleiben müssen. Ihre Mitgefangenen waren ja inzwischen alle verlegt. Am 20. November kam auch Ulrike Meinhof auf die Krankenstation der JVA Moabit, nach der Urteilsverkündung am 2. Dezember wurde sie wieder zurück nach Stammheim verlegt. Für das Stammheimer Verfahren hatten sich inzwischen fast 1800 Aktenordner angesammelt.

An dem dritten kollektiven Hungerstreik beteiligten sich etwa 40 Gefangene. Er dauerte 145 Tage und am Ende gab es einen Toten. Holger Meins war in der JVA Wittlich, von oben bis unten gefesselt, mit einem 12 Millimeter dicken Gummischlauch zwangsernährt worden. Die Anwälte Otto Schily und Klaus Croissant warfen daraufhin dem Anstaltsarzt vor, Meins würde auf sadistische Weise gequält, denn der Schlauch verletze jedes Mal Kehle und Speiseröhre. Es war damals längst möglich, die künstliche Ernährung über eine feine Kanüle durch die Nase oder als Tropfinfusion zu verabreichen – es gab also schon Techniken, die weniger schmerzhaft gewesen wären. Immer wieder machten Holger Meins' Anwälte im Oktober und Anfang November Theodor Prinzing, der als Vorsitzender Richter vom Strafsenat des Oberlandesgerichtes in Stuttgart-Stammheim seit Oktober die Hauptverantwortung für die Haftsituation der Gefangenen trug, energisch darauf aufmerksam, dass sich Meins in einem lebensgefährlichen Zustand befinde und offensichtlich auch noch dramatisch unterernährt sei. Immer wieder versuchten seine Anwälte zumindest die Verlegung ihres Mandanten aus der JVA

Wittlich nach Stammheim durchzusetzen. Als am 8. November Meins seinen Anwalt Haag um Hilfe rief, konnte er kaum noch sprechen. Der Anstaltsarzt war ins Wochenende gefahren. Prinzing verweigerte die Verlegung auf eine Intensivstation. Holger Meins starb am 9. November um 16 Uhr. Der 1,83 Meter große Mann wog nur noch 39 Kilogramm. Die RAF verstand den Tod von Holger Meins als Beleg dafür, dass man die physische Vernichtung der Gefangenen plane. Einen Tag später ermordete ein Kommando der Bewegung 2. Juni in Westberlin Günter von Drenkmann, den 64-jährigen Präsidenten des Kammergerichts.

Ein paar Wochen später schrieb der ehemalige Bundespräsident Gustav Heinemann einen offenen Brief an seine frühere Mandantin Ulrike Meinhof: »Mich erfüllt große Sorge. Sie und einige Ihrer Freunde [...] schweben in Lebensgefahr. [...] Die Beschwerden gegen Ihre Haftbedingungen [...] sind [...] zum großen Teil gegenstandslos [...] Es besteht kein Grund mehr, den [...] Hungerstreik [...] fortzusetzen. Wenn Sie sich anders entscheiden, so tun Sie es möglicherweise, um sich durch Verhandlungsunfähigkeit dem Prozess zu entziehen. [...] Wenn Sie aber vielleicht meinen, mit einer Selbstopferung Ihres Lebens politische Wirkungen in Ihrem Sinne außerhalb des Gefängnisses auszulösen, so sind Sie im Irrtum.«[283]

Ulrike Meinhof antwortete ihm: »Sie gehen [...] von zwei falschen Voraussetzungen aus. Die eine: Die Haftbedingungen [...] seien bereits [...] grundlegend verändert. [...] Die andere: Wir verfolgten mit unserem Hungerstreik [...] ein anderes Ziel als [...] [die] jahrelange Isolation gegen politische [...] Gefangene zu verhindern. [...] Beides ist nicht der Fall. Wir haben [...] einen Kompromissvorschlag gemacht: Konzentration aller politischen Gefangenen in der Anstalt bei vollständiger Aufhebung der Isolation zueinander. Die Vorstellung, wir könnten nach jahrelanger Isolation, jetzt über drei Monaten Hungerstreik, der zum Teil als nackte, brutale Folter durchgeführten Zwangsernährung, der Hinrichtung von Holger Meins [...] mit irgendeiner Modifikation von Sonderbehandlung noch abgespeist werden, ist [...] ein Hohn [...]«. Wenn ihm »tatsächlich daran« läge, von ihnen »akute Lebensgefahr und Tod abzuwenden«, so könne er sie im Gefängnis besuchen und sich über die tatsächlichen Haftbedingungen informieren.[284] Heinemann schrieb umgehend zurück und forderte sie auf, sie habe die Alternative, aufzugeben oder den Hungerstreik »bis zur akuten Lebensgefahr, ja – ich möchte hinzufügen – bis zu Ihrem Tode« fortzusetzen. Besuchen werde er sie nicht. Das tat keiner der verantwortlichen Politiker.

Weitere sieben Wochen später, nach 140 Tagen Hungerstreik, erreichten die Gefangenen, dass Ulrike Meinhof, Gudrun Ensslin, Andreas Baader und Jan-Carl Raspe im siebten Stockwerk von Stuttgart-Stammheim inhaftiert wurden und – getrennt nach Geschlecht – paarweise gemeinsam Umschluss hatten. Da sich der erste Stammheimer Prozess gegen Ulrike Meinhof, Gudrun Ensslin, Jan-Carl Raspe und Andreas Baader richtete, wären die beiden Männer allerdings ohnehin bald dorthin verlegt worden. Dem Ende des Hungerstreiks am 5. Februar war der Aufruf von RAF-Mitgliedern, die sich in Freiheit befanden, an die Gefangenen vorausgegangen, ihren Hungerstreik abzubrechen. In der Begründung war die Ankündigung eines Anschlages versteckt, der Überfall auf die Deutsche Botschaft in Stockholm am 24. April 1975: »Wir nehmen euch diese Waffe [den Hungerstreik], weil der Kampf um die Gefangenen [...] jetzt nur unsere Sache sein kann, mit unseren Waffen entschieden wird.«[285]

Angeklagte
Stuttgart-Stammheim, Mai bis Oktober 1975

Im April 1974 endeten mit der Revolution in Portugal die Kolonialkriege in Angola, Mosambik und Guinea-Bissau. Drei Monate später wurde das Militärregime in Griechenland gestürzt. Die meisten jungen Linken in der Bundesrepublik kannten den SDS und die APO nur noch aus Erzählungen. Neben neuen kommunistischen Gruppierungen hatten sich ab 1970 zahlreiche Basisgruppen und Initiativen in Schulen, Universitäten oder Betrieben gebildet. Eine neue Frauenbewegung war entstanden, deren Aktivistinnen größtenteils nicht wussten, welche Vorreiterrolle Ulrike Meinhof gespielt hatte. Im Südwesten der Republik keimte in der Folge der Proteste im schweizerischen Kaiseraugst und im französischen Marckolsheim die Anti-AKW-Bewegung, die sich rasch über die gesamte Bundesrepublik ausbreitete. Die RAF rekrutierte neue Mitglieder, die den »Stammheimern« nie begegnet waren.

Am 21. Mai 1975 legten die Gefängniswärter Ulrike Meinhof in Handschellen, brachten sie in den Hof der JVA, fuhren sie in einem Kleinbus über die Straße zum Mehrzweckgebäude und schlossen sie dort in eine fensterlose, weiß gestrichene Kellerzelle ein. »Gefesselt wie ein wildes Tier« (Rechtsanwalt Heldmann) brachte man sie anschließend in den Gerichtssaal des Oberlandesgerichts Stuttgart, eine ebenfalls fensterlose Halle mit nackten Betonwänden. Links von ihr auf der Anklagebank saßen Gudrun Ensslin, Andreas Baader und Jan-Carl Raspe. Manche Prozessbeobachter erschraken beim Anblick der Angeklagten, die ausgesehen hätten, als würden sie im nächsten Moment ohnmächtig werden, so blass, müde und mager seien sie gewesen. Der Mammutprozess mit insgesamt 187 Verhandlungstagen sollte sich über zwei Jahre hinziehen. Ulrike Meinhof saß seit drei Jahren in Untersuchungshaft.

Jedem Angeklagten standen nur noch drei Pflichtverteidiger zu. Ulrike Meinhof und Jan-Carl Raspe durften jeweils nur einen Pflichtverteidiger selbst auswählen – Meinhof entschied sich für Helmut Riedel aus Frankfurt am Main, Raspe für Rupert von Plottnitz –, Gudrun Ensslin hatte zwei: Marielouise Becker und Otto Schily. Andreas Baader hatte keinen Verteidiger seiner Wahl mehr, weil seine Anwälte Klaus Croissant und Hans-Christian Ströbele durch ein neues Sondergesetz »zum taktisch günstigsten Zeitpunkt« (Buback) von Baaders Verteidigung ausgeschlossen worden waren und zwei Tage vor Prozessbeginn sein dritter und letzter Anwalt Siegfried Haag verhaftet wurde. Bundesanwalt Zeis, der zwei Jahre zuvor die Szintigrafie von Meinhofs Kopf hatte durchsetzen wollen, ließ bei der Durchsuchung der Kanzleien und Wohnungen von Croissant und Ströbele auch alle dort befindlichen Unterlagen zur Verteidigung von Ulrike Meinhof konfiszieren.

Noch fünf Monate vor Prozessbeginn wäre ein solcher Verteidigerausschluss rechtswidrig gewesen. In Deutschland hatte es so etwas seit 1945 nicht gegeben. Doch Bundesregierung und Bundestag beschlossen in Windeseile im Dezember 1974 die sogenannte Lex RAF, ein Bündel von Änderungen der Strafprozessordnung (StPO), das jenes »Verteidigerausschlussgesetz« (Paragraf 138a StPO) und die – bisher unübliche – Beschränkung auf drei Wahlverteidiger enthielt. Rechtzeitig zum Stammheim-Prozess trat das Gesetzespaket am 1. Januar 1975 in Kraft.

Um auch linksliberale und sozialdemokratische Skeptiker im Vorfeld des Prozesses zu verunsichern, war eine beispiellose Hysterie geschürt worden. Am 26. November 1974 überzog ein Großaufgebot von Polizei und Bundesgrenzschutz im Rahmen der »Aktion Winterreise« die Bundesrepublik mit Hunderten von Durchsuchungen und Festnahmen. Keiner der angeblich 23 gesuchten Verdächtigen wurde gefasst. Aber linke Infrastruktur – Verlage, Buchhandlungen, Stadtteilprojekte, Wohngemeinschaften – wurde zerschlagen. Die »Winterreise« habe, so die dafür politisch Verantwortlichen, vor allem dem Image und dem Selbstbewusstsein der Polizei gedient (Bundesinnenminister Maihofer/ FDP) sowie der »Demonstration staatlicher Reaktionsfähigkeit« (ein Sprecher des Bundesinnenministeriums). BKA-Chef Horst Herold erklärte später, großen Razzien bliebe fast immer der durchschlagende Erfolg versagt, »die positive Beeindruckung der Bevölkerung« sei »aber messbar«.[286] Tatsächlich wurden die Stimmen der bürgerlichen Kritiker an den neuen Sondergesetzen immer leiser. Auch Bundestagsredner griffen Siegfried Bubacks Formulierung von der »gesinnungsmäßigen Solidarität« zwischen den Verteidigern und ihren Mandanten auf. Setzte sich ein Verteidiger für seinen RAF-Mandanten »parteilich« ein, was ja seine Aufgabe war, konnte das künftig Ausschluss vom Gerichtsverfahren, Durchsuchungen, Anklage und sogar Haft bedeuten. Dass ein Strafverteidiger seinen Mandanten als »Genosse« ansprach, genügte jetzt, um ihn der Komplizenschaft und der Mitgliedschaft in der kriminellen Vereinigung RAF zu verdächtigen.

Meinhof, Ensslin, Baader und Raspe hatten weitere Wahlverteidiger benannt, die das Gericht aber nicht verpflichtet hatte. So standen sie aus Kostengründen nur für den Notfall zur Verfügung. Für Meinhof waren dies Rainer Köncke (Hamburg) und Dieter Hoffmann (Westberlin). Alle vier Angeklagten lehnten die vom Gericht bestimmten Pflichtverteidiger, unter ihnen ein früherer Mitarbeiter des Vorsitzenden Richters Prinzing, scharf ab und sprachen kein Wort mit ihnen. Ulrike Meinhof äußerte: Die Zwangspflichtverteidiger seien prozessuale Attrappen, die der Bundesanwaltschaft helfen würden, das Institut der Wahlverteidigung zu vernichten und »Zweidrittel der Kohle« zu schlucken, die der Staat für die Gefangenen aus der Stadtguerilla ausspucke. Die Zwangsverteidiger saßen allesamt auf der Seite der Bundesanwaltschaft, während die Vertrauensanwälte vor den Angeklagten Platz genommen hatten.

Den Angeklagten gegenüber saßen vier Bundesanwälte in malvenfarbenen Roben: Bundesanwalt Dr. Heinrich Wunder, Regierungsdirektor Werner Widera, Staatsanwalt Klaus Holland und Oberstaatsanwalt Peter Zeis. Bundesanwalt Wunder hatte 1962 als Oberregierungsrat im Verteidigungsministerium unter Franz Josef Strauß gemeinsam mit Siegfried Buback, der damals Erster Staatsanwalt des Generalbundesanwalts war, veranlasst, Rudolf Augstein und seine *Spiegel*-Mitarbeiter festzunehmen.

Dem Vorsitzenden Richter Dr. Theodor Prinzing, einem ehrgeizigen, autoritären Mann, der, wie Otto Schily herausfand, durch taktische Beförderungen zweier anderer Juristen in diese Position gehievt worden war, standen vier beisitzende Richter zur Seite: Dr. Eberhard Foth, Hubert Maier, Dr. Ulrich Berroth und Dr. Kurt Breucker. Da die willkürliche Zuordnung eines Richters gegen die Strafprozessordnung, die Menschenrechtskonvention und das Gerichtsverfassungsgesetz verstieß, beantragte Schily, das Verfahren einzustellen. Sein Antrag wurde abgelehnt. An Nebentischen warteten vier Ergänzungsrichter auf ihren Einsatz. Drei Urkundsbeamte protokollierten das Verfahren und bedienten ein Tonband, das den Prozess mitschnitt. Der Stammheim-Prozess ist – neben dem Auschwitz-Prozess von 1965 – der einzige in der Bundesrepublik, von dem ein Tonbandmitschnitt und ein Wortprotokoll angefertigt wurde.

Für Prozessbeobachter, unter ihnen einige Polizeibeamte in Zivil, standen 200 fest montierte, gelbe Stühle zur Verfügung, 80 davon waren für die Presse reserviert. Außerdem waren 60 bis 80 Polizeibeamte im Gerichtssaal postiert, auf der Balkonbrüstung entdeckte ein niederländischer Korrespondent sogar Scharfschützen. Das Gericht bestritt später, dass sich Bewaffnete im Gerichtssaal befunden hätten, sogar Bundesanwalt Zeis habe vor Betreten des Gerichtssaals seine Waffe abgegeben. Richter Prinzing gab aber zu, zeitweilig den Überblick über die Zahl und Art der Polizeieinheiten verloren zu haben.

Das Gerichtsgebäude, eine Justizfestung aus Eisenbeton, war für einen zweistelligen Millionenbetrag eigens für diesen Prozess gebaut worden. Ein 2,50 Meter hoher und 580 Meter langer Zaun mit Spanischen Reitern und eine zwei Meter hohe Betonmauer umschlossen den Komplex. Über das Dach und den Innenhof wurden Stahlnetze gespannt. Mit 54 Scheinwerfern und 23 doppelten Neonlampen wurde das Gelände bei Dunkelheit ausgeleuchtet. Das Aufgebot des Sicherheitspersonals war enorm: Auf dem Dach standen bewaffnete Soldaten; Polizei und Geheimdienstagenten bewachten das Gebäude. MEK-Einsatzgruppen wurden in zivilen Pkws vor dem Gelände postiert. Berittene Polizei patrouillierte in Doppelstreifen. Den 400 Polizeibeamten wurde eine Hundertschaft des Bundesgrenzschutzes zur Seite gestellt. Helikopter bewachten den geschlossenen Luftraum. 400 Meter vor dem Gerichtsgebäude mussten Besucher die erste Polizeisperre passieren: Jeder musste sich dort ausweisen und sein Auto von allen Seiten fotografieren lassen. Die Kfz-Kennzeichen wurden notiert. Akkreditierte Berichterstatter mussten zunächst drei Identitätskontrollen über sich ergehen lassen, sich dann in einer Kabine nackt ausziehen und die Hände gegen die Wand stemmen, während zwei Justizbeamte sie rektal untersuchten.

Wer als Journalist Einlass in den Gerichtssaal bekam, durfte nur einen Schreibblock und einen Bleistift mit sich führen, alles andere, selbst Ausweise, wurde vorher konfisziert. Internationale Beobachter berichteten von einer erschreckend inhumanen Prozessatmosphäre. Die *London Times* etwa bezweifelte, dass unter den Bedingungen des Belagerungszustandes ein fairer Prozess möglich sei. Der *Spiegel* fragte angesichts dieser »Trutzburg«, ob die Justiz »anders befinden« könne »als gegen die Angeklagten, die das alles bewirkt« hätten.[287]

Nach zweijähriger »intensiver Ermittlungstätigkeit« habe die Bundesanwaltschaft, so der *Spiegel* 1974, bei »fast keinem der zahlreichen Tatkomplexe« exakt nachweisen können, »welche der einzelnen Täter jeweils an welchen Straftaten und auf welche Art beteiligt« gewesen seien. Als »Notbehelf« habe »sich die Bundesanwaltschaft deshalb – juristisch ebenso schlicht wie fragwürdig – für die ›Kern‹-Gruppenmitglieder eine Art Kollektivschuld-These zurechtgelegt«.[288] Zu Beginn der Hauptverhandlung im Mai 1975 war die Ausgangslage nicht viel besser. Abgesehen von den fragwürdigen Aussagen des Kronzeugen Karl-Heinz Ruhland, der Ulrike Meinhof der Teilnahme an einem Berliner Banküberfall bezichtigt hatte, gab es keine tragfähigen Beweise, dass sie für einen Sprengstoffanschlag, Mordversuch oder Mord verantwortlich war. Generalbundesanwalt Buback sagte noch 1976, die Bundesanwaltschaft habe es »mit Angeklagten zu tun, die keinerlei Erklärung zur Sache abgegeben« hätten, und sie sei in diesem »schwierigen Verfahren« daher »fast nur auf Indizien angewiesen«.[289] Das hieß, dass für eine individuelle Schuld der Angeklagten noch neun Monate nach Prozessbeginn weder ausreichende Beweise noch Geständnisse existierten. Die Angeklagten hätten wegen Hochverrats angeklagt werden können, aber dann hätten die Strafverfolgungsbehörden eingestanden, dass es sich um politische Angeklagte handelte. Mit der Konstruktion »kriminelle Vereinigung« flickte die Bundesanwaltschaft die Löcher in ihrer Anklage. Das führte dazu, dass Ulrike Meinhof auch des Mordes an dem Polizisten Norbert Schmidt angeklagt war, der eigentliche Täter Gerhard Müller aber im März 1976 von der Mordanklage freigesprochen wurde. Müller war Ende 1974 unter den Haftbedingungen und dem permanenten Druck des BKA zusammengebrochen. Er hatte kurz vor dem Stammheim-Prozess mit dem BKA zu reden begonnen und sich von der RAF distanziert. Das BKA hatte ihn, laut seiner Mitteilung an seinen Anwalt, mit Strafnachlass und Geld gelockt sowie mit der Vermarktung seiner Geschichte, zum Beispiel an den *Spiegel*.

Zur Lex RAF gehörte auch das Verbot der Mehrfachverteidigung: Obwohl Personen nun kollektiv angeklagt werden konnten, durften sie nicht mehr kollektiv verteidigt werden. Jeder Anwalt durfte nur noch einen Mandanten vertreten. Der sozialdemokratische Berichterstatter des Rechtsausschusses des Bundestages sagte 1977, dass ohne dieses Bündel von Sondergesetzen der Prozess in Stammheim »in noch größere Schwierigkeiten geraten wäre, ja, unter Umständen hätte abgebrochen werden müssen«. In *Stammheim. Der Prozess gegen die Rote Armee Fraktion* (1986) hat Pieter Bakker Schut die Parallelen dieser staatlichen Maßnahmen zu denen in der Weimarer Republik und im NS-Faschismus nachgewiesen. Unverhohlen äußerte der CDU-Bundestagsabgeordnete Lenz in einer Bundestagsdebatte im Juli 1975, man habe ein Sonderrecht gegen bestimmte Personen schaffen wollen: Eine kleine Gruppe von etwa zwei Dutzend Anwälten unterstütze eine revolutionäre Tätigkeit. Nur um die Bekämpfung dieser Anwälte handele es sich. Der Gerichtsreporter des *Spiegel* Gerhard Mauz schrieb rückblickend: »Endlich einmal wird in diesem Land wirklich verteidigt – und schon heißt es, es werde ›Missbrauch‹ getrieben. Endlich einmal wird in diesem Land in Anspruch genommen, was die Strafprozessordnung der Strafverteidigung zur Verfügung stellt – und schon muss die Strafprozessordnung demoliert werden, damit sie nicht ›missbraucht‹ werden kann.« Der Deutsche sei fähig, »ein Lied auf der

Lippe, für abstrakte Begriffe zu sterben. Doch das besonnene, taktisch bedachte Eintreten für einen anderen« liege ihm weniger, als anzuklagen und zu richten. Gerade wenn es – wie in Stammheim – leicht erscheine, Angeklagte »im Voraus zu verurteilen und ihre Schuld als erwiesen anzusehen«, müsse ein Strafverteidiger darauf bestehen, »dass alles geschieht – bzw. unterbleibt –, was das Gesetz zum Schutz *vor* dem Strafrecht vorsieht. Das Fundament unseres Strafprozesses (und wer das bestreitet, der möge bitte gleich ohne Federlesens füsilieren lassen)« sei »die Unschuldsvermutung« und die gelte bis zum Urteil.[290]

Bundesjustizminister Hans-Jochen Vogel (SPD) war stolz, dass keiner der westlichen Nachbarstaaten eine derartig weitgehende Regelung über die Ausschließung von Verteidigern kannte. Das Verteidigerausschlussgesetz war nicht einmal zehn Wochen alt, als Bundeskanzler Helmut Schmidt (SPD) im Bundestag nörgelte, dass erst ein einziger Anwalt ausgeschlossen worden sei. Das änderte sich schnell.

Klaus Croissant, Hans-Christian Ströbele und Kurt Groenewold waren, nach fast dreijähriger Vorbereitung auf diesen Prozess, die am besten eingearbeiteten Verteidiger der Stammheimer Angeklagten. Am zweiten Prozesstag verkündete Prinzing, dass der Erste Strafsenat des OLG Stuttgart die drei Anwälte nicht nur von Baaders Verteidigung, sondern vom gesamten Verfahren ausgeschlossen habe, also auch von der Verteidigung Ulrike Meinhofs. Ihre Vorbereitung, die ihren Kollegen und allen Angeklagten hatte zugutekommen sollen, wurde durchkreuzt. Rechtsanwalt von Plottnitz äußerte daraufhin: »Die Verteidigung der Gefangenen [ist] nicht nur geschwächt, sie ist zerschlagen«, den Gefangenen sei damit »jede ernst zu nehmende Möglichkeit verwehrt, sich auf die Hauptverhandlung, in der sie sich kollektiv erhobenen Anklagevorwürfen gegenübersehen, gemeinsam vorzubereiten«. Der Austausch von Büchern wurde verboten, der von anwaltlichen Schriftsätzen auch. Alles wurde mit »Sicherheitsbelangen« begründet, die nicht bewiesen werden mussten, denn – so Richter Foth – die (uneinlösbare) Beweislast, dass keine Flucht- oder Verdunkelungsgefahr bestehe, liege bei den Angeklagten.

Baader fand erst am vierten Verhandlungstag wieder einen

neuen Vertrauensanwalt in der Person Hans-Heinz Heldmanns, dem Richter Prinzing keine Einarbeitungszeit gewährte. Generalbundesanwalt Siegfried Buback sagte dazu im *stern*, dass einer wie Baader kein Recht auf einen fairen Prozess habe.[291] Heldmann klagte Buback daraufhin als »Verfassungsfeind im öffentlichen Dienst« an. Ein britischer Generalstaatsanwalt hätte nach einer solchen Äußerung sofort zurücktreten müssen, denn der »Anspruch« eines Angeklagten »auf ein waffengleiches Verfahren hat Verfassungsrang«.

Die Mikrofonanlage im Gerichtssaal war so eingestellt, dass nur die Bundesanwälte ihr Mikrofon jederzeit selbst einschalten konnten, das ließ sie entspannter agieren als die Angeklagten oder die Vertrauensanwälte, die oft gezwungen waren, um ihr Rederecht zu kämpfen. Die Äußerungen der Bundesanwälte finden sich im 36 Aktenordner umfassenden Wortprotokoll meist vollständig wieder, während die Wortbeiträge der Angeklagten oder ihrer Anwälte oft ganz oder teilweise als »unverständlich« protokolliert wurden. Prinzing bestritt später, von der technischen Bevorzugung der Ankläger gewusst zu haben. Andreas Baader, auf dessen Mikrofon jemand am ersten Prozesstag, allen Sicherheitsvorkehrungen zum Trotz, »Kopf ab« geschrieben hatte, spottete am fünften Verhandlungstag: »Herr des Verfahrens, das ist die Bundesanwaltschaft, und es gibt den Herrn der Mikrofone, das ist Herr Prinzing«. Ulrike Meinhof sagte gleich am ersten Verhandlungstag laut, dass an den Mikrofonen der Angeklagten Manipulationen vorgenommen worden seien, »um das, was wir hier sprechen, abzuhören [...] Alles, was wir hier reden, [wird] abgehört«. Als die Angeklagten im Juli 1975 diesen Verdacht zum x-ten Mal wiederholten, stritt Bundesanwalt Wunder empört alles ab: »Nicht ein Wort (ist) wahr!« – Wir wissen, dass die Besuchszellen abgehört werden, beharrte Andreas Baader, ob es vielleicht sein könne, dass »befreundete Dienststellen« ohne Wissen der Bundesanwaltschaft lauschten? Darauf antwortete Wunder süffisant: »Herr Baader, dann hätte es doch gar keinen Sinn, Sie abzuhören!« Dieser Satz sollte ihm zwei Jahre später um die Ohren fliegen. 1977 kam ans Licht, dass das Bundesamt für Verfassungsschutz rund zwei Monate vor Prozessbeginn, also in der heißesten Phase der Vorbereitung des Stammheim-Prozesses, Abhörgeräte in den Besuchszellen der Angeklagten eingebaut hatte. Eng kooperiert hatten der Bundesnachrichtendienst (BND), das baden-württembergische Landeskriminalamt (LKA) und das Innenministerium. Das Bundeskanzleramt unter Leitung des Staatssekretärs und Koordinators der Geheimdienste Manfred Schüler (SPD) hatte dem BND seinen Segen gegeben. Gerechtfertigt wurde die Sache damit, dass die Gefangenen mithilfe ihrer Anwälte ihre Befreiung planten. Natürlich bestritten die Bundesanwälte in Stammheim, dass sie über die Abhörmaßnahme informiert gewesen seien, aber Landesinnenminister Schieß gab schließlich zu, dass Generalbundesanwalt Buback »womöglich« etwas gewusst habe.

Bereits am ersten Verhandlungstag erhielt Ulrike Meinhofs Zwangsverteidiger König das Wort an ihrer Stelle. Sie protestierte, daraufhin stellte das Gericht ihr Mikrofon ab. Ulrike Meinhofs Vertrauensanwalt Riedel legte Protest ein. In »geheimer Umfrage« – fünf Männer in schwarzen Roben tuschelten miteinander – beschloss der Senat, König zuerst zu hören. Er hob an zu reden. Andreas Baader protestierte, worauf König herablassend sagte: »Um Herrn Baader zu beruhigen: Ich spreche nicht für ihn, ich verteidige Frau Meinhof.« Aber genau dagegen wehrte die sich.

Nach einigem Hin und Her gestattete Prinzing Ulrike Meinhof, ihren Protest gegen den Zwangsverteidiger zu Protokoll zu geben. Sie setzte an, um nach wenigen Worten von Prinzing unterbrochen zu werden. Sie begann von Neuem, wieder fiel er ihr ins Wort. Dann gab es Probleme mit ihrem Mikrofon. Nach beinahe 30 Minuten konnte sie, zuerst etwas unsicher, drei Sätze am Stück formulieren. Langsam, mit demonstrativ großen Pausen sagte sie: »Es handelt sich – bei den Verteidigern – um Zwangsverteidiger, – die als Instrument der Bundesanwaltschaft – ohne jede Kompetenz – abhängige Staatsschutzverteidiger sind – das heißt ihrer Funktion in diesem Prozess nach – Vertreter der Anklagebehörden und der Staatsschutzabteilung. – Keiner von ihnen ist legitimiert, – auch nur ein Wort – in unserem Namen und – in unserem Auftrag zu sagen. – Sie haben dazu keine Legitimation.« Und am Ende mit fast mädchenhaftem Trotz: »So!« Rich-

ter Prinzing fragte den Protokollanten:»Bitte, wenn Sie es mitbe-
kommen haben, verlesen Sie.«Protokollführer:»Der Schluss
fehlt mir.«Weitere 16 Wortbeiträge später schließlich hatte der
Urkundsbeamte Meinhofs Sätze vollständig aufgezeichnet.

Keiner der Zwangsverteidiger legte wie Wolfram Hübner im
Berliner Prozess 1974 sein Mandat nieder. Mahlers Zwangsverteidiger Hübner erklärte damals:»Durch die Auseinandersetzungen [...] wurde mir offenbar, welche unerträgliche Rolle mir als
Pflichtverteidiger zugespielt worden war. Ich bedaure außerordentlich, dies nicht rechtzeitig erkannt zu haben.«Durch Unkenntnis könne selbst»eine scheinbar nebensächliche Frage eine
Verteidigungskonzeption zu Fall bringen«, und so müsse er,
bliebe er gezwungen, sich am Verfahren zu beteiligen, die Interessen seines Mandanten und seiner Verteidigung»zwangsläufig
[...] schwer verletzen«. Von Plottnitz beantragte, dass kein
Zwangsverteidiger mehr die Gelegenheit bekommen solle,»auch
nur ein Wort zu den Vorgängen, die hier ablaufen, zu sagen«,
denn»alles, was sie tun, alles, was sie sagen oder in rechtlich
relevanter Weise unterlassen, widerspricht den Interessen der
Mandanten und ist gegen deren ausdrücklichen Willen gerichtet«.

Nach drei Jahren Isolationshaft war keiner der vier Stammheimer Angeklagten noch in der psychischen oder physischen Verfassung, einen Verhandlungstag lang konzentriert zuzuhören
und, wenn nötig, mit ganzer Kraft für die eigenen Interessen einzutreten.

Vom 21. Mai bis zum 30. September 1975, 40 Verhandlungs-
tage und 3000 Seiten Wortprotokoll lang, ging es im Stammheim-Prozess vor allem um die Verteidigerausschlüsse, um die
Befangenheit der Richter und um die Verhandlungsunfähigkeit
der Angeklagten. Viele Journalisten kamen nur ein- oder zweimal
nach Stammheim und schrieben dennoch über den Prozess. Damit wuchs der Einfluss des Gerichts und der Bundesanwaltschaft
auf die Medien und auf die Wahrnehmung der Öffentlichkeit, da
es eine Reihe einflussreicher Journalisten gab, die ihre Informationen ausschließlich von der Justiz bezogen. Auch die kontinuierlichen Pressegespräche der Bundesanwaltschaft erwiesen sich als
wirksamer Weg der Beeinflussung der öffentlichen Meinung. Ei-

nige Journalisten waren zudem aus Karrieregründen besorgt, in den Ruch zu kommen, für die Argumente von Verteidigern Verständnis zu haben, die doch immer wieder der Unterstützung einer kriminellen Vereinigung verdächtigt wurden.

Nach wie vor wurden die Angeklagten gefesselt in den Gerichtssaal geführt. Ihre Pausen verbrachten sie getrennt voneinander in den fensterlosen Kellerräumen bei künstlichem Licht. Nur an den verhandlungsfreien Tagen durften sie in den »Dachkäfig«. Am dritten Verhandlungstag wurde Meinhof unter einem Vorwand in eine Kellerzelle, die von denen ihrer Mitgefangenen weiter entfernt lag, verlegt, sodass sie den anderen nicht einmal mehr etwas zurufen konnte. Sie protestierte und verlangte, dass alle vier Angeklagten vor der Verhandlung und in den Pausen zusammen sein durften. Am fünften Verhandlungstag brach sie zusammen. Trotz des Protests der Anwälte verlängerte Prinzing die Sitzung über den vereinbarten Schlusszeitpunkt von 16 Uhr hinaus. Wütend verließen Schily, Plottnitz und Heldmann, denen Prinzing prompt mit ihrer Entpflichtung drohte, den Gerichtssaal. Nach einiger Zeit durften die Angeklagten mit ihren Anwälten während der Verhandlungspausen im Gerichtssaal bleiben und mussten nicht jedes Mal in die fensterlose Kellerzelle.

Immer wieder wiesen die Verteidiger das Gericht auf die Verhandlungsunfähigkeit ihrer Mandanten hin und versuchten das Gericht dazu zu bringen, externe Ärzte heranzuziehen, die die Angeklagten untersuchen sollten. Dies lehnten die Bundesanwälte und das Gericht jedoch mit der Begründung ab, die Angeklagten hätten sich planvoll verhandlungs*un*fähig gehungert. Die Vertrauensanwälte boten an, mithilfe unabhängiger Ärzte nachzuweisen, dass die Angeklagten schon vor dem großen Hungerstreik vom Winter 1974/75 weder haft- noch verhandlungsfähig gewesen seien, und argumentierten, dass der Hungerstreik, nachdem alle juristischen Initiativen gescheitert seien, die einzige Möglichkeit gewesen sei, gegen die unerträglichen Haftbedingungen zu protestieren.

Am 12. Juni wurde der Stammheimer Anstaltsarzt Dr. Helmut Henck mit dem Hubschrauber aus seinem Urlaub eingeflogen, um vor Gericht auszusagen. Der 55-jährige Facharzt für Nerven- und Gemütskrankheiten hatte die vier Angeklagten nie untersucht, weil sie auf Ärzten ihres Vertrauens bestanden hatten. Zur Therapie der Schwindelerscheinungen hatte er ihnen täglich vier Dragees des Medikaments Monotrean verordnet, »damit wir hier in der Verhandlung nicht umfallen« (Andreas Baader). Dr. Henck beschrieb, dass er die Gefangenen nach »modernen ernährungswissenschaftlichen Erkenntnissen« zwangsernährt und dass sich ihr Allgemeinbefinden nach Ende des Hunger- und Durststreiks allmählich gebessert habe. Ihre »Verhandlungsfähigkeit« meinte er an ihrer lebhaften Kommunikation untereinander ablesen zu können, dabei berücksichtigte er nicht, dass die Angeklagten zu jener Zeit fast nur im Gerichtssaal miteinander sprechen konnten. Richter Prinzing verbot den Angeklagten und ihren Anwälten, den Arzt nach den Haftbedingungen zu befragen. Aber ihre hartnäckigen Fragen lockten aus Dr. Henck einiges heraus, was die Öffentlichkeit nach Auffassung der Bundesanwaltschaft nicht hören sollte: Er befürwortete, dass die Gefangenen Ärzte ihres Vertrauens hinzuziehen dürften, und bestätigte, dass vor allem die Haftbedingungen für ihren Gesundheitszustand ausschlaggebend seien. Ja, das Ziel des Hungerstreiks sei nicht die Haftentlassung gewesen, sondern nur Hafterleichterung. Nein, es liege nicht in seiner Macht, die Isolation aufzuheben, sagte er. Haben Sie, fragte Andreas Baader, in Ihrer 20-jährigen Berufspraxis als Gefängnisarzt jemals Haftbedingungen erlebt wie die im siebten Stock von Stammheim? – »Nein«, antwortete Dr. Henck.

Die Bundesanwälte wurden nervös, als Otto Schily den Arzt auch noch fragte, ob nicht die Isolation hätte aufgehoben werden müssen, um »die Gefangenen nicht gesundheitlich zu ruinieren«. Bundesanwalt Widera unterbrach hastig: »Ich bitte, die Frage nicht zuzulassen.« Prinzing erteilte daraufhin das Verbot. Schily beschimpfte den Richter: »Wenn Sie nicht mehr begreifen können, dass Folterung von Gefangenen etwa eine Tatsache ist – etwa ein Indiz sein kann – und muss – für die Beurteilung ihres heutigen körperlichen und psychischen Zustands, ja, dann weiß ich nicht mehr. Wissen Sie, Sie kennen ja in der Tat offenbar nur die konventionellen Foltermethoden.« Prinzing spöttisch: »Verzeihen Sie, Sie engagieren sich jetzt.« Schily: »Ja, ich engagiere mich jetzt.« Prinzing: »Aber umsonst.«

Als Nächstes stellte die Strafverteidigerin Marielouise Becker einen umfassenden Antrag, dem sich alle Anwälte anschlossen: Die Angeklagten seien nicht mehr verhandlungsfähig, das Verfahren sei einzustellen. Zur Begründung des Antrags zitierte Becker aus der Strafanzeige von Ulrich K. Preuß vom Juni 1973 und aus Forschungsberichten über die lebensgefährliche Wirkung der Isolation; sie erinnerte an den Brief von 77 Pastoren und Theologen vom März 1974, in dem die Haftbedingungen mit der Isolationsfolter von Sozialdemokraten unter der Gestapo verglichen wurden; sie las aus den Verfügungen der Anstaltsleitungen für die Gefangenen vor und zitierte schließlich aus einem Forschungsbericht der Isolationsforscher Jan Gross und Ludwig Svab von 1967. Das war deshalb brisant, weil Jan Gross der wissenschaftliche Leiter des Sonderforschungsbereichs 115 an der Uniklinik Hamburg-Eppendorf war. Sie sagte: »Der Mensch ist ein soziales Wesen [...] soziale Kommunikation [ist] ein elementares und unverzichtbares menschliches Lebensbedürfnis«; wird sie »in der Haft vollständig unterbunden oder auf ein nicht mehr erträgliches Minimum reduziert, geht der Gefangene zugrunde, nicht anders, als wenn ihm die Nahrung verweigert oder auf ein nicht mehr ausreichendes Maß verringert wird.« Langzeitisolation zehre »die Wahrnehmungs-, Denk- und Gefühlskräfte des Gefangenen« aus, sie vernichte »die Persönlichkeit des Gefangenen« und verursache »zugleich den vollständigen körperlichen Verfall«.

Bei seiner nächsten Vernehmung Anfang Juli wurde Dr. Henck noch deutlicher: Je nach Dauer und Grad der sensorischen Deprivation könnten deren Folgen reversibel oder irreversibel sein. Aber »jede sensorische Deprivation« wirke »selbstverständlich« in den weiteren »Schicksalsverlauf eines jeden Menschen« hinein. Und er wiederholte: Er habe eine solche »Haftsituation« wie in der JVA Stammheim bisher »noch nie erlebt«.

Wenn es in einem Strafverfahren Anhaltspunkte dafür gibt, dass ein Angeklagter verhandlungsunfähig sein könnte, beruft ein Gericht üblicherweise auf Antrag der Verteidiger einen unabhängigen Sachverständigen. Das entspräche auch den UNO-Mindestanforderungen für Untersuchungshäftlinge. Nicht so in Stammheim. Bundesanwalt Widera behauptete, weder Herr Baader noch Frau Meinhof hätten »erkennen lassen, dass schwere körperliche oder seelische Mängel vorliegen, oder gar Krankheiten«. Dabei hatte Ulrike Meinhof mehrfach erklärt, dass sie »verhandlungsunfähig« sei. Und Andreas Baader stellte fest: Posser sei »gar nicht erst auf Umerziehung aus [gewesen], sondern auf die Zerstörung Ulrikes und auf die reibungslose propagandistische Verwertung des zerstörten Gefangenen im Prozess«, auf ihr »Geständnis« und ihren »Zusammenbruch«. Als dieses Ziel bei Ulrike Meinhof durch die Isolationshaft nicht habe erreicht werden können, so Baader, auf die Szintigrafie anspielend, »kam das Projekt der Bundesanwaltschaft, Ulrike den Kopf aufzumachen, um festzustellen, [...] woher die Gedanken der Menschen kommen«.

Ulrike Meinhof sagte: Ausgerechnet Dr. Henck, der für die zerstörerischen Haftbedingungen in Stammheim mitverantwortlich sei, habe diese Haftbedingungen unmenschlich genannt. »Prinzing weiß, dass wir verhandlungsunfähig sind.« Er lasse keine weiteren Gutachter zu, weil er wisse, dass jeder unabhängige Gutachter das feststellen würde. Er wolle die Offenlegung ihrer Verhandlungsunfähigkeit mit allen Mitteln verhindern, weil sich aus ihr die Frage aufdrängen würde, wie sie in diesen Zustand der Verhandlungsunfähigkeit gekommen seien.

Nur wenn die vier Angeklagten einer Untersuchung durch den Anstaltsarzt zustimmten, räumte nun das Gericht ein, wolle der Senat »über den Antrag, unabhängige Ärzte zuzulassen, nachdenken«. Doch die Gefangenen misstrauten den Anstaltsärzten.

Kurz vor dem neunten Prozesstag, am 23. Juni, wurden die bereits ausgeschlossenen Anwälte Klaus Croissant und Hans-Christian Ströbele verhaftet und Raspes Anwältin Marielouise Becker vorübergehend festgenommen. Das lenkte von der immer unangenehmer werdenden Diskussion über den Gesundheitszustand der Gefangenen ab. Die Privat- und Kanzleiräume der Anwälte in Stuttgart, Hamburg, Westberlin und Heidelberg wurden erneut durchsucht und wieder Unmengen von Akten, auch den Stammheim-Prozess betreffend, beschlagnahmt. Auch die Kanzleiräume von Meinhofs Wahlverteidiger Köncke wurden durchsucht. Anwalt Heldmann sagte in Stammheim: Das sei »eine von langer Hand vorbereitete Kampagne der Bundesanwaltschaft zur Dezimierung oder gar völligen Eliminierung der Verteidigung«. Der verhaftete Strafverteidiger Klaus Croissant meinte rückblickend: »Stammheim ist der Ort, an dem zum ersten Mal in der Justizgeschichte der BRD die Grundsätze der präventiven Konterrevolution wissenschaftlich erprobt wurden: Von den Isolationshaftprogrammen made in USA bis hin zum Bau eines Prozessbunkers auf Gefängnisgelände, vom auf seinen Stuhl manipulierten Gerichtsvorsitzenden bis hin zum offenen Gesetzesbruch durch Abhören der Verteidigergespräche und der Gefängniszellen, von der Zerschlagung der Verteidigung durch Sondergesetze, Verteidigerausschlüsse, Verhaftungen und Berufsverbote bis hin zur Verhängung totaler Kontaktsperren.«

Ströbele saß rund vier Wochen in Untersuchungshaft, bis ein Berliner Amtsgericht ihn entließ. Croissant blieb etwa acht Wochen in Haft. Ende August befand das Oberlandesgericht Stuttgart: Zwar seien alle Croissant zur Last gelegten Taten »für sich allein keine strafbaren Handlungen«, aber »einbezogen in den Gesamtplan der Vereinigung, durch strafbare Gewalthandlungen die freiheitliche demokratische Grundordnung in der Bundesrepublik zu zerstören«. Es gebe einen »schwerwiegenden Verdacht«, dass sich der Strafverteidiger im Sinne des Paragrafen 129 StGB (»kriminelle Vereinigung«) betätigt habe. Gegen eine Kaution in Höhe von 80 000 D-Mark, die Verpflichtung, sich zweimal pro Woche bei der Polizei zu melden, und die Hinterlegung sowohl des Reisepasses als auch des Personalausweises wurde er aus der Untersuchungshaft entlassen. Hätte Croissant die behaupteten Kontakte zum kriminellen Untergrund gehabt, wäre es ihm ein Leichtes gewesen, einen neuen Ausweis, Geld und Flucht zu organisieren. Man wollte ihn demütigen und seine Mandanten gleich mit.

Die Verhaftung der Anwälte führte zu einem heftigen Streit vor Gericht. Die Bundesanwälte behaupteten, sie hätten mit den Verhaftungen und Beschlagnahmungen nichts zu tun, aber sie kannten den Inhalt der beschlagnahmten Akten. Die Vertrauensanwälte forderten, den Prozess zu unterbrechen, bis alle Verteidigerunterlagen zurückgegeben worden seien. Ein Teil der Akten fand den Weg so langsam zurück, dass die Verteidiger annahmen, dass die Unterlagen zuvor kopiert worden waren.

Ulrike Meinhof fühlte sich dem Ausmaß an Willkür zunehmend schutzlos ausgeliefert. Sie seien stets entschlossen gewesen, sagte sie, »uns von den Morddrohungen der Bundesanwaltschaft, die wir kannten, nicht erpressen zu lassen«. Die Behörde habe sich »genug Material« beschafft, auf das sie ihre »Lügen« stütze, indem sie es fälsche und verdrehe. Ulrike Meinhof meinte den angeblichen Befreiungsplan, der – so behauptete Baader – während seiner stundenlangen Aussperrung aus seiner Zelle vom Staatsschutz auf Baaders Schreibmaschine getippt und dann »gefunden« worden sei. Mit diesem Fluchtplan waren weitere Verschärfungen der Haftbedingungen gerechtfertigt worden.

Seit 1973 brachte sich die Bundesanwaltschaft mit Razzien in Gefängniszellen, Kanzleien und Wohnungen regelmäßig in den Besitz von vertraulichen Verteidigungsunterlagen: Notizen, Briefe, Reflexionen, Analysen – kurzum alles, was Ulrike Meinhof aufschrieb, war beschlagnahmt worden oder konnte jederzeit beschlagnahmt werden. Es kostete sie sehr viel Disziplin, den Mitgefangenen und Anwälten zu schreiben und an »Bassa« weiterzuarbeiten. Es gab für sie und die anderen kein »Draußen« mehr, keine Freunde, keinen offenen Himmel, keine Natur. Es gab auch »drinnen« keinen noch so winzigen Raum mehr, an dem sie privat sein konnten. »Unser Boden ist das Kollektiv«, sagte Gudrun Ensslin. Menschen zerbrechen daran, oder sie werden, wenn sie keine Verräter werden, aber überleben wollen, hart. Die Vorstellung, dass die Angeklagten unter diesen Lebensumständen mit Personen außerhalb des Gefängnisses eine freie, vielleicht auch selbstkritische Diskussion über Theorie und Praxis der RAF hätten führen können, war absurd. Es ging ums Überleben.

Richter Theodor Prinzing lehnte die Hinzuziehung externer Ärzte weiterhin ab, beauftragte aber ohne Wissen der Verteidigung Dr. Rauschke, den Professor für Rechtsmedizin in Stuttgart, sich ins Publikum zu setzen und die Angeklagten zu beobachten. Am 14. Verhandlungstag, dem 8. Juli, zog Prinzing den Gutachter aus dem Hut. Dessen Ferndiagnose lautete: Die Gefangenen seien blass, weil sie »nicht oder kaum noch mit der Sonne und der freien Luft in Berührung kommen«, die »eingefallenen Wangen« seien mit Untergewicht zu erklären, die Blauverfärbung der

Hände und der Finger könnten ein »Hinweis auf Kreislaufstörungen sein« oder auf eine »individuelle Veranlagung«. Zur Überraschung der Verteidigung und vermutlich auch des Gerichts schlug er vor, externe Ärzte hinzuzuziehen, mindestens einen Internisten und einen Psychiater. Mit einen Mal schien auch Prinzing nicht mehr abgeneigt, diese Forderung endlich umzusetzen.

Die Anwälte wiederholten ihren Antrag, auch Ärzte hinzuzuziehen, die Erfahrung mit den Folgen von Isolation und sensorischer Deprivation hätten, aber keinen Arzt lehnte das Gericht so vehement ab wie den niederländischen Professor Sjef Teuns, den sogar Anstaltsarzt Dr. Henck für eine »Kapazität« der Isolationsforschung hielt. Teuns hatte sich den Zorn von Justiz und Politik zugezogen, weil er – in Hans Magnus Enzensbergers *Kursbuch 32* – die westdeutschen Haftbedingungen als »programmierte Folter« bezeichnet und seine Kritik ausführlich begründet hatte. Richter Prinzing sagte jetzt: Wir brauchen keinen Fachmann, weil »von einer vollständigen Isolation, wie sie für die Deprivationsforschung wohl der Ausgangspunkt ist, keine Rede sein« kann, »in der ganzen Zeit nicht, die drei Jahre. Und in der Zeit, in der der Senat die Haftbedingungen bestimmt hat, erst recht nicht«. Anwalt Heldmann entgegnete kopfschüttelnd: »Frau Meinhof weiß das besser.«

Die Angeklagten akzeptierten die beiden vom Gericht beauftragten Internisten, Professor Schröder und Professor Müller, aber die Psychiater Professor Erhardt und Professor Mende lehnten sie ab. Als die umfassenden internistischen Untersuchungen begannen, wurde die Verhandlung nicht wie üblich unterbrochen, sondern das Gericht ließ sich telefonisch von den Internisten die »vorläufige« Verhandlungsfähigkeit der Angeklagten bestätigen – die Wahlverteidiger erhielten keine Möglichkeit, die Gutachter zu befragen – und machte weiter, bis zu vier volle Prozesstage in der Woche.

Ulrike Meinhofs Kraftreserven waren aufgebraucht. Sie könne, sagte sie, vor Gericht nicht mehr länger als zehn Minuten am Stück reden, dann rutsche ihr alles weg. Sie wollte um keinen Preis im Gerichtssaal zusammenbrechen. Sobald sie befürchtete, ohnmächtig zu werden, verlangte sie, zurück in ihre Zelle gebracht zu werden. Das lehnte Richter Prinzing so entschieden ab wie ihren Antrag auf Erholungspausen. Der einzige Weg zu einer Atempause war, so fanden die Angeklagten heraus, Prinzing so zu beleidigen, dass er sie ausschloss. Natürlich bestimmten die Beschimpfungen das Bild der Angeklagten in den Medien.

Einmal zwang Prinzing Ulrike Meinhof aus einer Pause zurück in den Gerichtssaal. Als sie sich weigerte, wurde sie von vier Männern an Händen und Füßen gepackt und in den Gerichtssaal getragen. Prinzing: »Frau Meinhof, nehmen Sie bitte Platz.« Meinhof: »Ich denke nicht daran.« Prinzing: »Sie denken nicht daran. [...] Würden Sie wenigstens das Mikrofon benutzen.« Meinhof: »Ich will das gar nicht hören. Ich bin nicht in der Lage, mich zu verteidigen.« Prinzing: »Hören Sie jetzt aber zunächst mal zu [...] Ist es richtig, dass Sie bis heute früh um 5 Uhr 30 mit der Schreibmaschine gearbeitet haben?« Meinhof: »Was?«

Sieben Wortbeiträge später Prinzing: »Wir haben ihren Ausschluss rückgängig gemacht, weil wir zur Vernehmung der Person kommen.« Meinhof versuchte den Saal zu verlassen und wurde vom Wachpersonal daran gehindert. Prinzing: »Wollen Sie sich zur Person äußern?« Meinhof: »Unter diesen Umständen äußere ich mich nicht zur Person.« Es folgten weitere Ermahnungen des Richters. Meinhof: »Also jetzt hör doch auf, ich will ja wieder gehen.« Prinzing: »[...] hierzubleiben. Was sagten Sie eben?« Meinhof: »Ich will gehen.« Prinzing: »Sie wollen gehen.« Meinhof: »Ja.« Prinzing: »Sie haben die Pflicht, als Angeklagte hierzubleiben. Sie müssen der Verhandlung folgen. Sie wissen ganz genau [...]« Meinhof: »Ich lass mich doch nicht zwingen, du Arschloch.« Prinzing: »Ich stelle fest, dass Sie mich eben mit ›Arschloch‹, mit ›du Arschloch‹ angesprochen haben [...]« Meinhof: »Nimmst du vielleicht mal zur Kenntnis [...]« Prinzing: »Sie wissen, zu welchen Konsequenzen das führen kann!« Ja, das wusste und das wollte sie. Das Gericht tuschelte. Prinzing: »Die Angeklagte wird für den heutigen Verhandlungstag ausgeschlossen, weil sie den Vorsitzenden ›du Arschloch‹ genannt hat.« Auch diesmal fand nur die Beschimpfung ihren Weg in die Medien.

An den Verhandlungstagen, an denen etablierte Prozessbeobachter oder die ärztlichen Gutachter im Gerichtssaal saßen, änderte Richter Prinzing den Umgang mit den Angeklagten. Ulrike Meinhof war überrascht, wenn sie etwas sagen durfte und nicht unterbrochen wurde. »Wenn jetzt Professor Schröder nicht hier säße, hätten Sie mir längst das Wort entzogen«, sagte sie. »Das wird nicht bestritten«, antwortete Prinzing kühl, »Herr Professor Schröder soll durchaus Beobachtungen machen können, also dürfen Sie ruhig reden.« Ulrike Meinhof schnappte nach Luft und versuchte weiterzureden, aber der Richter hatte ihr das Mikrofon abgeschaltet. Die Zuschauer hörten noch, wie sie rief: »[...] es geht Ihnen nur darum [...] uns durch das Verfahren zu hetzen.« Anwalt Heldmann rief, die Angeklagten seien für sie nur noch »Objekte«, die »zur Vorführung« reden dürfen, sie täuschten ihre »Prozesssubjekteigenschaft« nur dann vor, wenn sie sie benutzen wollen.

Es war eine unnötige Quälerei, denn am darauffolgenden Tag, dem 20. August, gab das Gericht das Ergebnis des vorläufigen Gutachtens der Internisten bekannt: Ulrike Meinhof, Andreas Baader, Gudrun Ensslin, Jan-Carl Raspe seien nicht mehr verhandlungsfähig. Sie seien nicht in der Lage, »mehr als drei Stunden pro Tag die Verteidigung in verständiger und verständlicher Weise zu führen und Prozesserklärungen abzugeben oder entgegenzunehmen«. Seit Monaten hätten sie versucht, dem Gericht dies klarzumachen, sagten die Anwälte. Schily stellte den Antrag, das Verfahren einzustellen. Er wurde abgelehnt.

Die vom Gericht ausgewählten Psychiater Erhardt und Mende gehörten – wie Witter – zum rechtskonservativen Flügel ihrer Zunft. Außerdem stellten sie, so die Anwälte, stets die Interessen der Justiz über die Bedürfnisse ihrer Patienten. Erhardt arbeitete seit Langem mit dem BKA zusammen. Als überzeugter Positivist übertrug er Erkenntnisse »aus der Tierverhaltensforschung« auf »die sozialpädagogische Behandlung asozialer und krimineller Psychopathen«. Dem hessischen Generalstaatsanwalt Fritz Bauer, ohne den es den Auschwitz-Prozess niemals gegeben hätte, hatte er vorgeworfen, es sei »peinlich«, mit wie viel »Eifer und Kostenaufwand« dieser die Verfolgung von NS-Verbrechern betreibe. Es verwundert nicht, dass Erhardt jede Beteiligung seines psychiatrischen Verbandes am NS-Euthanasieprogramm leugnete.

Professor Mende befürwortete unter gewissen Umständen »die Zwangssterilisation von Subproletariern« und hatte, wie Witter, öffentlich gegen die Rentenzahlung für NS-Opfer, die »besonders schwere KZ-Schicksale« erlitten hatten, Stellung bezogen. Auch er wusste nichts über Isolationsforschung und äußerte den Angeklagten gegenüber, dass er sich nicht an seine ärztliche Schweigepflicht gebunden fühle.

Ulrike Meinhof erklärte, sie ließen sich nicht von »Faschisten« untersuchen, die dem Gericht helfen sollen, seine »Isolationsbeschlüsse propagandistisch zu legitimieren«. Die Gutachter würden »international geächtete, grundgesetz- und menschenrechtswidrige« Verhörmethoden befürworten und »politische Opposition« als »Krankheit« deuten. Sie würden das Verfahren entpolitisieren und die Ursachen der politischen Opposition, die »ihre Bedingungen in den sozialen Verhältnissen« habe, »in die Biologie« verlegen. Meinhof: »Da trifft sich Erhardt übrigens mit der sowjetischen Psychiatrie«. Der Vorsitzende entzog ihr das Wort.

Die Angeklagten akzeptierten allerdings den dritten vom Gericht vorgeschlagenen Psychiater, Professor Wilfried Rasch, der Leiter des Instituts für forensische Psychiatrie an der Freien Universität Berlin war. Die abschließenden Gutachten der Professoren Mende, Rasch, Müller und Schröder bestätigten alles, was die Angeklagten vorgetragen hatten.

Die Internisten Müller und Schröder stellten für alle Angeklagten deutliche Störungen des vegetativen Nervensystems, Wahrnehmungs- und Artikulationsstörungen, erhebliches Untergewicht, Übermüdung, ernsthafte Kreislaufstörungen und ausgeprägte Konzentrationsstörungen fest. Der letzte Hungerstreik habe dafür keine große Rolle gespielt. »Klar ist, dass die Angeklagten sich seit Jahren in einer sozialen Isolation befinden.« Die Angeklagten dürften künftig nicht länger als drei Stunden am Tag, einschließlich kürzerer Pausen, der Verhandlung ausgesetzt werden. Für »eine wirksame Genesung« jedoch, sagten die Internisten, bedürfe es einer »Veränderung [...] der Gesamtsituation der Angeklagten«.

Psychiater Erhardt erstellte kein Gutachten, weil die Angeklagten sich geweigert hatten, mit ihm zu reden. Psychiater Mende hielt dies nicht von einer Beurteilung ab. Aber auch er überraschte Gericht und Angeklagte. Mende kritisierte die »Länge der Untersuchungshaft«, die mit der Belastung durch das Strafverfahren für den offensichtlichen psychophysischen Erschöp-

fungszustand von Meinhof, Ensslin, Baader und Raspe verantwortlich sei. Er empfahl, die Begrenzung der Verhandlungszeit
auf drei Stunden und »die Haftbedingungen [...] zu lockern«.
Das Gutachten von Psychiater Rasch fiel noch deutlicher aus.
Die Häftlinge litten an Wahrnehmungs-, Koordinations-, Orien-
tierungsproblemen, an Kopfschmerzen und vermindertem Leis-
tungsvermögen. »Bei jedem der Untersuchten besteht ein ausge-
prägter Zustand psychophysischer Reduktion mit vegetativer
Disregulation und Verminderung der körperlichen und geistigen
Leistungsfähigkeit.« Er könne nicht mehr feststellen, wie viel
dem Hungerstreik und wie viel den Haftbedingungen zuzurech-
nen sei, betonte aber, dass »die Isolierung eines Menschen allein
geeignet [ist], tief greifende Beeinträchtigungen seiner psychischen und physischen Verfassung zu erzeugen«. Dann stellte
auch er fest, dass er noch nie solche Haftbedingungen vorgefun-
den habe wie die, unter denen die Angeklagten in den vergangenen Jahren gelebt hätten. Auch die sogenannten »Privilegien«
und Kontaktmöglichkeiten [nur untereinander] würden die »völlig ungewöhnlichen Haftbedingungen [...] nicht in ihrem Kern
verändern«. Die kleine Gruppe lebe unter »Extrembedingungen«. Die Beziehungen der Angeklagten seien »weiterhin streng
kanalisiert, die Angeklagten blieben abgeschirmt von normalen
oder quasinormalen Interaktionen, sie lebten »außerhalb der in-
formellen Infrastruktur der Anstalt, durch die der Häftling im
Allgemeinen eine psychische Abstützung« erfahre. Der Psychiater empfahl: »Entscheidende Behandlungsmaßnahmen auf psy-
chiatrischem Gebiet liegen in einer Änderung der Haftbedingungen mit Ermöglichung größerer sozialer Interaktionen.« Der
Prozess müsse mehrere Monate unterbrochen werden, weil es
lange dauere, den erheblich angegriffenen Gesundheitszustand
der Angeklagten wieder zu normalisieren. Die Gefangenen
bräuchten eine »interaktionsfähige Gruppe« von zehn bis 15 Personen. Aus dieser dringenden ärztlichen Empfehlung des gerichtlich bestellten Gutachters stammt die Forderung nach »Zusammenlegung in interaktionsfähige Gruppen«.
Die Gutachten wurden nicht verlesen, die Anwälte durften
nichts daraus öffentlich machen, sie durften nicht einmal die
Gutachter befragen.

So dauerte die Verhandlung am 23. September, dem 39. Prozesstag, nur drei Minuten. Der Vorsitzende Richter Prinzing verkündete: Die Angeklagten seien nur zeitlich beschränkt verhandlungsfähig und behandlungsbedürftig.

Eigentlich hätte der Prozess spätestens zu diesem Zeitpunkt unterbrochen werden müssen. Aber der Erste Strafsenat des Oberlandesgerichts Stammheim und die Bundesanwaltschaft sahen es anders. Das Gericht könne, so der Vorsitzende Richter Theodor Prinzing, zwischen drei Möglichkeiten wählen: unbefristete Vertagung, Fortführung mit beschränkter Sitzungsdauer oder – sofern die Angeklagten selbst für ihren Zustand verantwortlich seien – Verhandlung in Abwesenheit der Angeklagten gemäß dem frisch geänderten Paragrafen 231 StPO aus dem Lex RAF.

Die Justiz entschied, was bis dahin undenkbar war, künftig ohne die Angeklagten weiterzuverhandeln.

Letzte Offensive
Stuttgart-Stammheim, Oktober 1975 bis Mai 1976

Ulrike Meinhof saß in Zelle 719 und schrieb an ihre ehemalige
Lieblingslehrerin, die Nonne Maria Ambrosine, und erinnerte
sich an ihre Zeit in der Liebfrauenschule in Oldenburg als der
besten Phase ihrer insgesamt finsteren Schulzeit. Dass die Nonnen gegen die Nazis gewesen waren, hatte ihr viel bedeutet. Der
Brief der Nonne, auf den sie am 14. Oktober 1975 antwortete,
ist nicht erhalten oder lagert in den Archiven der Bundesanwaltschaft. Sie erinnerte an jenen Satz aus Brechts *Heilige Johanna
der Schlachthöfe*, »Es hilft nur Gewalt, wo Gewalt herrscht, und
es helfen nur Menschen, wo Menschen sind«, und stellte Betrachtungen darüber an, welche Brutalität gegen sich und andere da-
zugehört, um in diesem System ein Bürger zu bleiben. Meinhof
kritzelte in ihrer weichen, kleinen Schrift an den Briefrand: Briefe
aus dem Gefängnis sind doppelt zensierte Briefe – sie meinte damit von der Schreiberin und vom Zensor. Sie steckte den Brief in
ein kleines Kuvert, auf das sie den Namen der Nonne schrieb,
keine Adresse. Es war vielleicht der letzte Brief, den sie aus
Stammheim an einen Menschen schrieb, der weder mit ihr verwandt noch ein Jurist war. Der »Kassiber« fand seinen Weg.

Die Anwälte konnten es nicht fassen, dass der Richter sie in der
Hauptverhandlung am 30. September auch noch zum Schweigen
verdammte. Als Andreas Baader eine Beratungspause verlangte,
wurde er mit Gewalt abgeführt. Es wurde laut. »Ihre Aufgabe ist
es«, rief Gudrun Ensslin, »unsere Reihen zu lichten!« Und Jan-
Carl Raspe schimpfte: »Was Sie jetzt hier erklären, stand schon
gestern bei Springer. Sie schließen uns auf Befehl Bubacks aus!«
Anwalt Heldmann tobte: »Diese Justiz hat die Angeklagten durch
die Haftbedingungen erst verhandlungsunfähig gemacht!« Ulrike

Meinhof sprang aufgeregt auf: »Wir werden nicht vergessen, was Sie hier abziehen. Und es wird Ihnen auch nicht gelingen, hier einen Prozess durchzuziehen, mit falschen Zeugen, mit falschen Polizeikonstruktionen und mit dem ganzen Desaster. Und Sie werden nicht vermeiden, dass wir verhandlungsunfähig sind, weil wir seit dreieinhalb Jahren gefoltert werden. Das werden Sie nicht vom Tisch kriegen!« Der Senat tuschelte, dann verkündete Prinzing: »Frau Meinhof ist vom weiteren Ablauf des heutigen Verhandlungstages ausgeschlossen.«

Alle vier Angeklagten wurden schließlich abgeführt. Prinzing sagte: »Die weitere Anwesenheit der Angeklagten« sei »nicht unerlässlich«. »Heil, Prinzing!«, rief Rupert von Plottnitz. Der Vorsitzende achtete darauf, dass diese Beleidigung zu Protokoll genommen wurde. Otto Schily gratulierte dem Gericht: »Sie haben den Rechtsstaat wirklich ruiniert. Herzlichen Glückwunsch!«

Einen Monat später, am 28. Oktober, ließ Prinzing die Angeklagten noch einmal vorführen. Er sagte: »Den Angeklagten steht es frei, an der Verhandlung teilzunehmen, solange sie sich dazu imstande fühlen.« – »Das ist eine Kriegserklärung an die Gefangenen«, konstatierte von Plottnitz und stellte den x-ten Befangenheitsantrag gegen den Richter.

Der Dritte Senat des Bundesgerichtshofs wies die Beschwerde der Verteidigung gegen den faktischen Ausschluss der Gefangenen am 22. Oktober 1975 ab. Er erkannte zwar die »isolierenden Haftbedingungen« als Hauptursache des gesundheitlichen Zustands der Gefangenen an, zog sich aber, weil mitverantwortlich für die Haftbedingungen, aus der Affäre: »Die Gefährlichkeit der Beschwerdeführer ließ den für die Gestaltung der Untersuchungshaft verantwortlichen Stellen keine andere Wahl als die, dem durch eine entsprechende Verschärfung der Haftbedingungen Rechnung zu tragen.« Die Haftbedingungen als »menschenvernichtende Isolationsfolter« zu bezeichnen sei eine »agitatorische Verleumdung [...] zumal die Haftbedingungen in ihrem Ausmaß und ihrer Dauer den Behörden erst durch das Verhalten der Angeklagten aufgezwungen worden sind«. Die Beschuldigten seien sich nun »der nachteiligen Wirkung der Haftbedingungen bewusst« geworden. »Es kann nicht ernstlich bezweifelt werden, dass sie angesichts ihrer überdurchschnittlichen Intelligenz auch die Auswirkungen der isolierenden Haftbedingungen auf ihre Verhandlungsfähigkeit, die durch das äußere Bild ihrer außergewöhnlichen Aktivität für die mit dem Vollzug und dem Strafverfahren befassten Stellen zunächst verdeckt blieben, seit Langem erkannt haben.«

»Zunächst verdeckt«? Astrid Proll war wegen massiver Gesundheitsprobleme vorzeitig aus der Haft entlassen worden; Siegfried Hausner, Holger Meins und Katharina Hammerschmidt waren in der Haft oder kurz nach ihrer Entlassung gestorben; viele waren ernsthaft krank – nichts war verdeckt. Laien wie Tante Tilla und Kusine Heidi hatten sofort erkannt, welche zerstörerischen Folgen die Haftbedingungen hatten, warum nicht Vollzugsbeamte, Anstaltsärzte, Anstaltsleiter, Bundeskriminalbeamte und BGH-Richter?

Der BGH machte die vier »Stammheimer« dafür verantwortlich, aus der Haft heraus an der Entführung des CDU-Politikers Peter Lorenz am 27. Februar 1975 und an dem Anschlag auf die Deutsche Botschaft in Stockholm am 25. April 1975 beteiligt gewesen zu sein. Aber es konnte nie nachgewiesen werden, dass sie im Vorfeld vom Angriff auf die Botschaft gewusst oder ihn gar, auf welchem Wege auch immer, in Auftrag gegeben hätten. Die Lorenz-Entführer in Westberlin, Mitglieder der Bewegung 2. Juni, hatten die Freilassung ihrer Gefangenen (Verena Becker, Gabriele Kröcher-Tiedemann, Ingrid Siepmann, Rolf Heißler und Rolf Pohle) erpressen wollen und die Namen der »Stammheimer« nicht einmal genannt. Als einziger »Beweis« für die Verantwortlichkeit der Inhaftierten diente dem BGH die Befreiung Andreas Baaders aus der Haft im Mai 1970, die eine Wiederholung befürchten ließe. Der geänderte Paragraf 231a StPO verlangte zwar den Nachweis, dass Gefangene schuldhaft gehandelt hätten, aber das kümmerte den Bundesgerichtshof nicht. Er unterstellte Ulrike Meinhof die Absicht, sich freipressen lassen zu wollen, oder – bei der Verlegung in den Normalvollzug – die Absicht, andere Gefangene politisch agitieren zu wollen. Es reichte für ihren Ausschluss vom Prozess aus, sie als gefährlich einzuschätzen, weil sie »rückhaltlos« an ihrer »politischen Identität« festhalte und damit gleichsam aus dem Gefängnis heraus jene »kriminelle Vereinigung« unterstütze. Hätte die Justiz jemals den ernsthaften Beweis für schuldhafte Handlungen im Gefängnis antreten müssen, hätte sie nur solche aufführen können, die sich aus der Gegenwehr gegen die unerträglichen Haftbedingungen ergaben.

Das Gericht war die Angeklagten los, jetzt störten noch die Wahlverteidiger. Während die Anwälte ihren Befangenheitsantrag gegen den Vorsitzenden Richter Prinzing begründeten, entzog dieser einem Anwalt nach dem anderen das Wort. Aber auch als er – auf Antrag der Bundesanwälte – ihre Mikrofone ausgeschaltet hatte, redeten die Wahlverteidiger lautstark weiter. Prinzing drohte ihnen mit Ausschluss und Gefängnisstrafen (wegen Nötigung des Gerichts in Verbindung mit Strafvereitelung). Ulrike Meinhofs Anwalt Gerd Temming befand schließlich: »Die Gefangenen können von diesem Senat und diesen Richtern nichts mehr erwarten, außer langfristig ihren Tod.«

Am 7. November wurde Anwalt von Plottnitz entpflichtet, weil er in einem seiner Befangenheitsanträge den Vorwurf der Folter erhoben hatte und deshalb – so die Behauptung – ein »politischer« Verteidiger sei. Heldmann durfte bleiben. Meinhofs Verteidigung brach zusammen, als Temmings Zulassung aufgehoben wurde. Schily wurde nicht entpflichtet, vielleicht weil das Gericht um die politischen Differenzen zwischen ihm und den Gefangenen wusste. Ulrike Meinhof schrieb am 7. Dezember einem Anwalt, dem sie vertraute, nach Bubacks Kalkül sei Otto Schilys Rolle die der Zersetzung der Verteidigung von innen. Die »Stammheimer« behielten ihn trotzdem, denn es gab nicht mehr viele qualifizierte Anwälte, die bereit gewesen wären, sich für sie einzusetzen, und die sich in diesem Prozess zurechtfanden. Es gab aber auch Anwälte, die die Angeklagten wegen ihrer politischen Zugehörigkeit beispielsweise zum KBW ablehnten, während sie solche, die der SPD nahestanden, in einzelnen Fällen akzeptierten.

Im Januar 1976 bestätigte das Bundesverfassungsgericht – die Verfassungsrichter werden vom Bundesrat und Bundestag gewählt –, dass der Prozess ohne die Angeklagten stattfinden könne. »Angeklagte, die nur zeitlich begrenzt verhandlungsfähig sind«, könnten »unter Umständen als verhandlungsunfähig im Sinn von § 231a StPO« betrachtet werden, wenn anderenfalls nicht von einer »ordnungsgemäßen Durchführung oder Fortsetzung der Hauptverhandlung« ausgegangen werden könne. Das »Gebot des Rechtsstaatsprinzips« verlange »die Aufrechterhaltung einer funktionstüchtigen Strafrechtspflege«. Der gesundheitliche Zustand der Angeklagten und die Frage, wie es dazu gekommen war, spielten nun keine Rolle mehr. Bundeskanzler Helmut Schmidt hatte am 13. März 1975 im Bundestag erklärt: »Wir haben seit Beginn dieses Jahres dafür gesorgt, dass gegen Angeklagte auch dann verhandelt werden kann, wenn sie sich selbst absichtlich [...] verhandlungsunfähig machen.«

Ulrike Meinhofs Wortmeldung vom 28. Oktober 1975 zu ihrem Ausschluss und den Stammheimer Haftbedingungen ist von interessierter Seite gelegentlich als Vorbereitung eines »Ausstiegs« interpretiert worden. Dabei hat sie nur die Bedeutung des Urteils über ihren Ausschluss und den Zweck ihrer Haftbedingungen noch einmal klarzumachen versucht: »Wie kann ein isolierter Gefangener den Justizbehörden zu erkennen geben, angenommen, dass er es wollte, dass er sein Verhalten geändert hat? Wie? Wie kann er das in einer Situation, in der bereits jede, absolut jede Lebensäußerung unterbunden ist? Ihm bleibt, das heißt dem Gefangenen in der Isolation bleibt, um zu signalisieren, dass sich sein Verhalten geändert hat, überhaupt nur eine Möglichkeit, und das ist der Verrat. Eine andere Möglichkeit, sein Verhalten zu ändern, aufgrund [*unverständliche Aufzeichnung*], auf das der BGH [sich] stützt, dass wir isoliert werden, hat der isolierte Gefangene nicht. Das heißt, es gibt in der Isolation exakt zwei Möglichkeiten: Entweder«, Prinzing unterbrach sie, Meinhof sprach weiter, »... entweder Sie bringen einen Gefangenen zum Schweigen ...«, der Richter sagte etwas, »... das heißt, man stirbt daran ...« Erneut Prinzing. Meinhof, konzentriert fortfahrend: »... oder Sie bringen einen zum Reden. Und das ist das Geständnis und der Verrat, und so, an der Realität gemessen, hat der BGH-Beschluss eine klare und definitive Aussage. Das ist Folter, exakt Folter durch Isolation, definiert an diesem Zweck, Geständnisse zu erpressen, den Gefangenen einzuschüchtern, um ihn zu bestrafen und um ihn zu verwirren. Das ist das Eingeständnis des BGH-Beschlusses.« Prinzing entzog ihr das Wort.

Im Spätherbst 1975 war bis auf Otto Schily und Hans-Heinz

Heldmann die Verteidigung zerschlagen. Rechtsanwältin Marie-louise Becker war krank. Helmut Riedel »schien dem in Stamm-heim herrschenden Prozessklima nicht mehr gewachsen zu sein«. Er hatte noch nicht einen einzigen Antrag gestellt und ließ sich »regelmäßig von anderen Rechtsanwälten oder Referendaren vertreten«. Meinhofs neue Anwälte waren am 28. Oktober Ar-min Golzem aus Frankfur am Main und Rechtsanwalt Rainer Köncke aus Hamburg. Köncke war seit dem Frühjahr ihr Wahl-verteidiger auf Abruf, auch seine Kanzlei war längst durchsucht worden. Aber offensichtlich gab es erst Ausschlussgründe gegen ihn, als er für Ulrike Meinhof vor Gericht auftrat, denn am Ende ihres ersten Prozesstages waren auch die beiden neuen Meinhof-Anwälte ausgeschlossen.

Die Vernehmung der Zeugen der Anklage begann. In den Pau-sen ließ das BKA sie – widerrechtlich – die Protokolle ihrer frü-heren Aussagen lesen, manche Zeugenaussage belastete anschlie-ßend die Beschuldigten plötzlich stärker. Das Gericht habe von dieser »unglücklichen« Angelegenheit nichts gewusst, beteuerte der Vorsitzende Richter später.

An einem Novembertag betrat Ulrike Meinhof die Besuchszelle und traf dort auf einen kleinen Mann mit Bart. Er hieß Axel Az-zola, war Professor für öffentliches Recht an der Technischen Hochschule Darmstadt und ein strikter Anhänger des Rechts-staats. Deshalb störte ihn sehr, dass den Stammheimer Angeklag-ten das Grundrecht auf einen Anwalt ihres Vertrauens nicht ge-währt wurde. Ulrike Meinhof schaute ihn von oben bis unten an und sagte: »Das also bist du. Wie hast du dir meine Verteidigung vorgestellt?« Azzola antwortete: »Du bist des mehrfachen Mor-des, der Mitgliedschaft in einer kriminellen Vereinigung und der Rädelsführerschaft angeklagt. Aber ich bin der Meinung, was du getan hast, war Hochverrat.« Meinhof reagierte scharf: »Du bist also gekommen, um mir zu zeigen, wie man mich richtig verur-teilen kann? Darauf kann ich verzichten. Ich will einen Frei-spruch.« Azzola versuchte sie davon zu überzeugen, dass sich ihre Lage durch die Aussage des Kronzeugen Gerd Müller ver-schlechtert habe. Dieser habe inzwischen Meinhofs Beteiligung am Anschlag auf das Springer-Hochhaus in Hamburg bezeugt. »Ich will dich vom Mordvorwurf und von der kriminellen Vereinigung wegkriegen, hin zum Anklagevorwurf des Hochverrats, wo die Höchstgrenze beim Strafmaß niedriger ist und die Chance, früher entlassen zu werden, größer. Du hast gegen die Verfassung der Bundesrepublik Deutschland als Ausdruck der gesellschaftlichen Verhältnisse dieses Staates und anderer vergleichbarer Staaten verstoßen. Das ist eine politisch begründete Tat!«

Ein paar Tage später antwortete Ulrike Meinhof Axel Azzola und kritisierte seine Strategie des Hochverrats mit anschließender Amnestie als Verrat und als Angebot an die Bundesanwaltschaft, an ihrer Vernichtung mitzuwirken. Hochverrat war für sie der falsche Vorwurf, weil dieser die Eroberung der Staatsmacht für eine andere Politik voraussetze. Hochverrat sei keine Alternative zu einer Anklage nach Paragraf 129. Sie beschimpfte ihn als zerstreuten Professor, vom Universitätsbetrieb »versaut«, und außerdem als Sozialdemokrat. Aber das Mandat entzog sie ihm nicht.

Am 3. Dezember 1975 trat Azzola zum ersten Mal in Stammheim auf. Da das Gericht ihm eine Verfahrensunterbrechung zur Vorbereitung verweigerte, wurde Meinhof wieder durch einen Anwalt vertreten, der – ohne eigene Schuld – die umfangreichen Prozessakten nicht kannte. Azzola geriet mit den anderen Anwälten aneinander, als er ablehnte, sich am »info«-System zu beteiligen, also »Kassiber« in und aus dem Gefängnis zu transportieren. Er glaubte ungebrochen an die Existenz eines bürgerlich-demokratischen Rechtsstaates, an dem er in diesem Verfahren allerdings bald verzweifeln sollte. Um der Rechtsordnung willen seien die Regeln des Rechtsstaates pedantisch und genau einzuhalten, war seine Auffassung. Von seiner Mandantin war er tief beeindruckt, sie war »die intelligenteste Frau«, die ihm je begegnet sei, »sie war ein Denker«. Trotzdem stritten sie sich viel. Vielleicht war die intellektuelle Auseinandersetzung mit ihm der Grund, warum Meinhof ihn zur Verwunderung ihrer Mitangeklagten als Anwalt behielt.

Prinzing regelte die Haftbedingungen per Verfügung vom 28. November 1975 »abschließend«: »Der Senat kann nur hoffen, dass die Angeklagten und ihre Verteidiger aus der selbstschädigenden, ja selbstzerstörerischen Wirkung von Hungerstreiks die richtigen Folgerungen gezogen haben und davon absehen, aus der ›Krankheit eine Waffe machen‹ zu wollen«; dabei spielte er auf eine Parole des Sozialistischen Patientenkollektivs an. Ulrike Meinhof krititisierte die Herabsetzung des Viererumschlusses von acht Stunden in der Woche auf fünf entgegen den Empfehlungen der Gutachter. Die Wiederherstellung der Verhandlungsfähigkeit war dadurch ausgeschlossen.

Trotz der Warnungen der Gutachter lebten die vier Gefangenen weiterhin unter Extrembedingungen. Prinzing hatte zwar den täglichen Hofgang mit einer begrenzten Anzahl Mitgefangener gestattet. Aber die Gefahr, bespitzelt zu werden, war zu groß. So standen sie nur im Kontakt mit ihren Anwälten und den Vollzugsbeamten. Mit Letzteren sprachen sie aber nicht mehr als das Notwendigste. Psychiater Rasch sagte: »Diese vier Leute leben gleichwohl unter einer Art Glassturz … Insofern ist diese Isolation, obwohl sie eine Gruppenisolation ist, geradezu perfekt.«[292]

Die Angeklagten arbeiteten an ihrer Prozesserklärung. Meinhof schrieb. Sie diskutierten, kritisierten, ergänzten. In Bruchsal wurde ein neues Gefängnis mit einem toten Trakt gebaut, mit schallgedämpften Einzelzellen, die vollständig überwachbar waren. Den Angeklagten war klar, dass sie längst zu lebenslänglich verurteilt waren. Sie hatten gehört, dass ihre Verteidiger – ihr einziger vertrauenswürdiger Kontakt zur Außenwelt – nach einer Verurteilung nicht mehr zu ihnen gelassen werden würden. Sie würden wohl bis ans Ende ihrer Haft keinen Menschen mehr sprechen und umarmen dürfen, den sie liebten oder dem sie freundschaftlich vertrauten. Sie würden sich künftig nicht mehr mit der Welt da draußen austauschen können. Es kam ihnen vor, als seien sie lebendig begraben.

Ulrike Meinhof ließ sich nur noch einmal, im März 1976, von ihrer Schwester besuchen. Zu ihr sagte sie, nur solange einer lebe, könne er aufstehen und kämpfen. »Wenn du hörst, ich hätte mich umgebracht, dann kannst du sicher sein, es war Mord!«

Der Prozess lief während des Spätherbstes 1975 »ungestört« weiter. Laut Anklageschrift gab es rund 100 Sachverständige und 1000 Zeugen, die meisten Polizeibeamte, von denen 300 im Prozess auftraten. Manchmal wurden Vernehmungen von Belastungszeugen durch das Verlesen ihrer früheren Aussagen ersetzt, sodass die Verteidigung die Zeugen nicht einmal befragen konnte.

Ulrike Meinhof ließ sich berichten, dass die Polizisten, die sie vor dreieinhalb Jahren festgenommen hatten, aussagten, dass sie sich bei der Festnahme zwar gewehrt, aber nicht geschossen habe. Es interessierte sie kaum. Sie versuchte mithilfe ihrer Anwälte, die Verteidigung zu rekonstruieren. Die Verteidiger Heldmann und Temming versuchten, mit linken und mit nicht explizit linken, aber ansprechbaren Kanzleien ins Gespräch zu kommen.

Am 13. und 14. Januar 1976 verlasen die Angeklagten im Gerichtssaal ihre etwa 200 Seiten umfassende Prozesserklärung, die als »Erklärung zur Sache« ins Protokoll aufgenommen wurde. Sie analysierten die Rolle des Imperialismus, seinen Kampf gegen die Befreiungsbewegungen in den Ländern der »Dritten Welt« und beschrieben den Prozess der Faschisierung in der Bundesrepublik und die Aufgaben des bewaffneten Kampfes einer Guerilla in den Metropolen. Sie übernahmen die politische Verantwortung für ihre Sprengstoffanschläge, äußerten sich aber nicht zu Details. Anschließend beantragte die Verteidigung, das Verfahren einzustellen und die Angeklagten unmittelbar in »Kriegsgefangenschaft« zu überführen.

Anwalt Azzola erinnert sich, dass Ulrike Meinhof, nachdem sie vom Umfang der Aussagen Müllers erfahren hatte, nicht mehr so aufgebracht gewesen sei über seinen Vorschlag. Er stellte ihr seine überarbeitete Konzeption vor und er weiß noch, dass sie die Nuancen seines Konzeptes verstand. Sie dachte nach und sagte: »Nein, kein Hochverrat, aber den politischen Gefangenenstatus, gefangen in der Kriegsgefangenschaft.« Nach intensiver Diskussion unter den Angeklagten bekamen alle Anwälte den Auftrag, die Position »Kriegsgefangene« juristisch zu entwickeln.

Der Völkerrechtsexperte Azzola quälte sich an seiner Schreibmaschine und kam auf die zündende Idee: »In Zukunft werden keine Staaten mehr einander den Krieg erklären. In den sozialen Kriegen der Zukunft werden Gruppen wie die RAF auftreten, mit einer ganz anderen Logik, die das Völkerrecht, neue gesellschaftliche Verhältnisse aufnehmend, in sich birgt. Ulrike und die RAF haben nie etwas anderes gesagt, als dass sie dem System der Bundesrepublik Deutschland, stellvertretend für kapitalistische Herrschaftsverhältnisse und den Imperialismus, den Krieg erklären. Das ist ihre Begründung für ihren Kampf, für ihre Texte und Aktionen, und davon lässt sich tatsächlich der Kriegsgefangenenstatus ableiten.« Von nun an fiel es Azzola leicht, eine tragfähige Rechtskonstruktion zu entwickeln. Er erinnert sich: »Ulrike war überzeugt, Krieg zu führen. Im Rechtsstaat mildert ein möglicher Irrtum unter Umständen die Schuld. Sie konnte aber nicht für sich in Anspruch nehmen, unter gar keinen Umständen gewusst zu haben, dass das, was sie getan hatte, falsch war. Aber da gab es noch den *vorwerfbaren* Verbotsirrtum, der strafmildernd wirkte.«

Der war Azzolas Ziel, um den Mordvorwurf loszuwerden. Ein »Freund in einer hohen Position im Sicherheitsapparat«, so Azzola, habe ihm bestätigt, dass diese Strategie klug gewesen sei, weil es angeblich auch an unbenannter Stelle im Sicherheitsapparat das Interesse gab, dass Ulrike Meinhof nicht auf immer im Gefängnis verschwand. Seine Mandantin, erinnert er sich, habe sich gefreut, dass ausgerechnet ihr Anwalt, der von Baader, Ensslin und Raspe als »bürgerlicher Anwalt« abgetan worden war, den Antrag auf einen Kriegsgefangenenstatus zustande gebracht hatte.

Professor Azzola entwickelte umfangreiche historische, völkerrechtliche Ideen zum Verhältnis von Aufständischen, Freischärlern, Partisanen und Guerilleros zu Nationalstaaten und ihren regulären Armeen, die es erlaubten, das Verhältnis zwischen der RAF und dem Staat anders zu betrachten. »Die Gefangenen«, so Azzola, »befanden sich nach ihrer eigenen Erklärung im Kriegszustand mit den imperialistischen Kräften des Kapitals auf dem Boden der BRD als Verbündete nationaler Befreiungsbewegungen [...] darum wurden sie auch von der Regierung der BRD und dem reaktionären Teil der Öffentlichkeit dieser Gesellschaft zum Staatsfeind Nummer 1 erklärt und mit allen zur Verfügung stehenden militärischen und quasi-militärischen Mitteln bekämpft.« – »Meinhofs Antrag«, meinte Strafverteidiger Pieter Bakker Schut, »markierte eine grundsätzlich veränderte Haltung der Angeklagten gegenüber ihren Haftbedingungen. Bis zu diesem Zeitpunkt hatten sie stets gefordert, wie alle anderen Gefangenen behandelt zu werden.«[293] Wäre ihr Antrag durchgekommen, hätten sie in einem speziellen Lager unter internationaler Kontrolle einquartiert werden müssen. Das erschien ihnen leichter erträglich als bundesdeutsche Isolationshaft. Schily und Heldmann schlossen sich Azzolas Antrag nicht an. Sie teilten mit, dass sie zu gegebener Zeit »einen ähnlichen Antrag« einreichen wollten. Andere Anwälte meinten, dass die Forderung, wie Kriegsgefangene behandelt zu werden, die Behörden zu »einer noch härteren Gangart« veranlassen könnte.

Ulrike Meinhof wusste, dass der Antrag keine Chance hatte. Die Bundesrepublik hätte erstens eingestanden, dass sie sich, auf die eine oder andere Weise, in einem Krieg befände, und hätte zweitens den Gefangenen auf einen Schlag einen spektakulären Status verschafft. Worum ging es Ulrike Meinhof dann? Vielleicht war es ein letzter verzweifelter Versuch, an eine kritische, demokratische Öffentlichkeit zu appellieren. In den folgenden Jahren wurde immer mal wieder von politischen Gefangenen der »Kriegsgefangenenstatus« gefordert. Sie machten aber deutlich, »dass sie diese Forderung als erfüllt betrachten würden, wenn sie in Gruppen von mindestens 15 Gefangenen aus der Stadtguerilla« zusammengeführt werden würden.

Der Prozess, an dem die Angeklagten nicht teilnahmen, lief weiter, die umfangreiche Zeugenvernehmung wurde fortgesetzt. Bekennerbriefe wurden verlesen und Schriften begutachtet. Zeugen äußerten sich zur »Mai-Offensive«. Es ging um Bomben und Waffenlager, um konspirative Wohnungen und Spuren. Schließlich, am 20. April 1976, sagten die Opfer des Anschlags auf das Springer-Hochhaus aus, für den Ulrike Meinhof mitverantwortlich war.

Das zentrale Element der Prozessoffensive der Angeklagten waren die Vietnam-Beweisanträge von Ulrike Meinhof, Gudrun Ensslin, Andreas Baader und Jan-Carl Raspe vom 4. Mai 1976. Alle vier »Stammheimer« waren durch den Vietnamkrieg radikalisiert worden. Sie beharrten auf einem Widerstandsrecht auch in der Bundesrepublik Deutschland gegen die völkerrechtswidrigen Verbrechen der USA, umso mehr, als die USA ihren Krieg gegen Vietnam auch von deutschem Boden aus geführt hatten und die BRD mit den USA kollaboriert hatte.

In diesem Krieg waren vier Millionen Vietnamesen umgekommen und zwei Millionen verstümmelt worden. Mindestens zwei Millionen Menschen litten an den Folgen des Einsatzes chemischer Kampfstoffe. 58 000 US-amerikanische Soldaten waren gefallen. Die Niederlage und die Toten führten in den USA zum »Vietnam-Trauma«.

Ulrike Meinhof war von Richter Prinzing vom 10. März bis zum 10. April 1976 vom Prozess ausgeschlossen worden und danach nicht mehr im Gericht aufgetaucht. Erst als die Beweisanträge zum Vietnamkrieg gestellt wurden, erschien sie wieder – zum letzten Mal und auch nur für 15 Minuten.

Meinhof, Ensslin, Raspe und Baader beantragten die Anhörung der Zeugen Richard Nixon, Melvin Laird, Willy Brandt, Helmut Schmidt, Ludwig Erhard, Kurt Georg Kiesinger und Gustav Heinemann. Es folgten weitere Beweisanträge zu den Praktiken der USA und zur Vernehmung von ehemaligen CIA-Agenten, die tatsächlich aussagebereit waren. Als alle Anträge abgewiesen wurden, gaben vier ehemalige US-Geheimdienstagenten am 23. Juni 1976 auf einer Pressekonferenz der Verteidigung ihre Stellungnahme ab – da war Ulrike Meinhof schon 45 Tage tot. Der 29-jährige ehemalige NSA-Agent (National Security Agency) Winslow Peck bezeugte, dass das europäische Hauptquartier der NSA im IG-Farben-Haus eine zentrale Rolle für die Kriegsführung der USA in Vietnam gespielt habe. Die Rote Armee Fraktion sei die »Antwort auf die kriminelle Aggression der US-Regierung in Indochina und die Beihilfe der deutschen Regierung [...] Die wahren Terroristen, das war meine Regierung« (Winslow Peck[294]). Der 31-jährige K. Barton Osborn, ein ehemaliger CIA-Agentenführer, der am »CIA-Mordprogramm Phoenix« beteiligt gewesen war, dem 20 000 unschuldige Vietnamesen zum Opfer gefallen waren, wie der Untersuchungsausschuss des US-Kongresses später herausfand, sagte, dass im US-Headquarter in Heidelberg die Computer gestanden hätten, über die der »Bombennachschub für die gewaltigen Flächenbombardierungen« von Nord- und Südvietnam organisiert wurde, und dass im IG-Farben-Haus in Frankfurt am Main das Hauptquartier für geheime Mordprogramme wie »Phoenix« eingerichtet gewesen sei. Der 27-jährige Gary P. Thomas, der einige Jahre dem US-Militärgeheimdienst angehörte, sagte umfassend über die gemeinsamen Operationen von bundesdeutschen und US-Geheimdiensten in Osteuropa aus. Er hatte den Stammheim-Prozess besucht und erinnerte sich an einen CIA-Dozenten, der lehrte, wie man einen Mord wie einen Selbstmord aussehen ließ.

Auch der erfahrene CIA-Offizier Philip Agee, der einige Jahre später für die westdeutsche Friedensbewegung bedeutend werden würde, bestätigte die Aussagen der anderen.

Axel Azzola hatte sich Ende April 1976 große Sorgen um seine Mandantin gemacht und hinter ihrem Rücken den Vorsitzenden Richter um ein Gespräch unter vier Augen gebeten, nachdem sein Antrag zur Verbesserung der Haftbedingungen abgelehnt worden war. Er schilderte Theodor Prinzing den elenden Gesundheitszustand von Ulrike Meinhof und sagte dann: »Ich fürchte um ihr Leben. Lockern Sie die Haftbedingungen, damit sie sich erholen kann!« Prinzing lehnte ab.

Im Juli 1976 spielte Prinzing dem Bundesrichter Albrecht Mayer heimlich polizeiliche Vernehmungsprotokolle und andere Akten aus dem Stammheim-Prozess zu. Mayer gehörte zum Dritten Strafsenat des Bundesgerichtshofs, der zuständig für die Beschwerden der Verteidigung im Stammheim-Verfahren war und sie regelmäßig ablehnte. Er reichte die Unterlagen samt publizistischen Empfehlungen an Herbert Kremp weiter, den damaligen Chefredakteur der Tageszeitung *Die Welt*, ein guter Bekannter von Franz Josef Strauß. Diese Affäre bestätigte in den Augen der Verteidiger den Verdacht der kontinuierlichen und unerlaubten Absprache zwischen dem Stammheimer Oberlandesgericht und dem übergeordneten BGH und erklärte, warum die Gefangenen nie eine Chance hatten, sich juristisch zu wehren.

Zur Überraschung des Gerichts stellte nun Zwangsverteidiger Künzel einen Befangenheitsantrag gegen Prinzing, der aber vom Gericht zurückgewiesen wurde. Prinzing versuchte, den Zwangsverteidiger unter Druck zu setzen, aber Künzel informierte die Vertrauensanwälte auch darüber. Das war die Grundlage für den 85. Ablehnungsantrag, den Heldmann stellte. Am 20. Januar 1977 trat Prinzing zurück. Bundesrichter Mayer wurde vom Dritten zum Vierten Strafsenat versetzt. Das Verfahren müsse, plädierte die Verteidigung, eingestellt werden, denn »ungesetzliche« Richter hätten »ungesetzliche« Beschlüsse gefasst. Aber der Prozess wurde mit Eberhard Foth als neuem Vorsitzenden Richter fortgeführt.

Prinzings Abgang war ein Pyrrhus-Sieg. Oberflächlich gesehen war der Prozess »von allem Übel gereinigt worden«, tatsächlich aber wurden sowohl die Haft- als auch die Arbeitsbedingungen unter dem neuen Vorsitzenden Richter verschärft. Die neuen »Anti-Terror-Gesetze« halfen dabei.

Anfang Mai 1976 telefonierten Ulrike Meinhof und Axel Azzola. Sie sprühte vor Ideen. Beflügelt von den Möglichkeiten, die die neue Strategie zu bieten schien, berieten sie gemeinsam, wie sie weiter vorgehen sollten. Eine Delegation von Anwälten mehrerer westeuropäischer Staaten sollte zu einer Völkerrechtskonferenz nach Genf reisen und dort dazu beitragen, die Isolationshaftbedingungen zu ächten. Da Ulrike Meinhof eine von 26 Gefangenen war, die durch den RAF-Anschlag in Stockholm hätten befreit werden sollen, würde sie als Zeugin in dem dazu stattfindenden Prozess vor dem Oberlandesgericht Düsseldorf auch über ihre Haftbedingungen aussagen können. Sie bereitete sich außerdem auf die Auseinandersetzung um die Vietnam-Beweisanträge im Stammheimer Prozess vor, als könne es gelingen, Willy Brandt vorzuladen. Und es stand der Auftritt des »Kronzeugen« Gerhard Müller bevor, dessen Mord an dem Polizisten Norbert Schmidt die Bundesanwaltschaft den vier Stammheim-Angeklagten in die Schuhe geschoben hatte. Meinhof plante, seine fragwürdige Rolle in diesem Prozess zu zerpflücken.

Der italienische Rechtsanwalt Giovanni Capelli, Verteidiger von Mitgliedern der Brigate Rosse (BR, Roten Brigaden), besuchte Ulrike Meinhof am Freitag, den 7. Mai, in Stammheim und blieb eine Stunde. Er überbrachte ihr den Wunsch der BR nach Kommunikation, erzählte ihr von den Haftbedingungen in Italien, wo Gefangene nicht isoliert würden und in den Gefängnissen politisierten. Nur Renato Curcio, der (vermutliche) Gründer der BR, würde in einer Einzelzelle sitzen. Sie besprachen auch die Gründung internationaler Anwaltskomitees zur Verteidigung der RAF. Durch die Diskussion in Englisch und angesichts der politischen

Bewacher lief das Gespräch stellenweise etwas zäh. Aber Ulrike Meinhof habe einen »lebhaften« Eindruck gemacht, sie sei »aufgeschlossen [gewesen] für alle Themen«. »Wir verabredeten, dass wir uns bald wiedersehen. Sie hat sich verhalten wie jemand, der leben will.«[295]

Capelli war ihr letzter Besucher.

Tod
Stuttgart-Stammheim, Mai 1976

Ulrike Meinhof kam nicht wie sonst an ihre Zellentür, um ihren Frühstückskaffee in Empfang zu nehmen. Der Vollzugsbeamte Großmann schaute in den Raum. Ihr Körper hing leblos in einer Schlinge am Fenstergitter. Der Knoten kniff in ihren Hals. Das Gesicht war blass und schmal, die braunen Augen waren halb geöffnet. Die Ärmel der hellgrauen Hemdbluse waren hochgekrempelt, die Bluse steckte in einer schwarzen Cordhose. Sie hatte schwarze Socken an den Füßen. Ihr rechter Fuß hing in der Luft, die linke Ferse berührte einen Stuhl, dessen Lehne zur Tür zeigte. Ulrike Meinhofs Körper war kalt und steif. Ihre Arme wiesen bereits Leichenflecken auf.

Der Wachtmeister verschloss die Zelle und verständigte die Anstaltsleitung sowie den Arzt. Es war 7:34 Uhr am Sonntag, den 9. Mai 1976. Sechs Minuten später diagnostizierte Dr. Henck: Tod durch Strangulation.

Die Tage zuvor waren heiß gewesen. Die vier Gefangenen hatten vereinbart, endlich eine gute zahnärztliche Versorgung durchzusetzen. Ulrike Meinhof und Jan-Carl Raspe sollten zuerst behandelt werden. Ihre gemeinsamen kurzen Umschlüsse – etwa zweimal täglich eine halbe Stunde – verbrachten die vier in einer Ecke des Flurs, oft auf dem Boden sitzend. Sie diskutierten über Gramsci und Lenin und das Verhältnis von politischem Bewusstsein und revolutionärer Identität. Ein Aufsichtsbeamter notierte, dass die Gefangenen gelacht hätten. Ulrike Meinhof stieg am Samstagnachmittag nicht mit den anderen in den Dachkäfig. Es war ihr zu warm und sie zog sich in ihre Zelle zurück.

Am Samstagabend verständigten sich Ulrike Meinhof und

433

Gudrun Ensslin mit Rufen aus ihren Zellenfenstern und machten sich gegenseitig auf einen Hubschrauber aufmerksam, der Stammheim anflog. Kurz nach 22 Uhr ließen sich die Vollzugsbeamten Frede, W. und E. wie üblich von Ulrike Meinhof die Neonröhre und die Glühbirne aushändigen. Das war die Bedingung dafür, dass der Strom nachts eingeschaltet blieb. Denn die Gefangenen benutzten elektrische Heizdecken, da die Zellen sogar im Sommer nachts oft zu kalt waren. Die drei Vollzugsbeamten trennten sich wieder. W. arbeitete im Erdgeschoss, E. im abgetrennten Männerflur bei Raspe und Baader. Renate Frede tat allein Dienst im Frauentrakt des siebten Obergeschosses.

Später hörte Gudrun Ensslin aus Ulrike Meinhofs Zelle Schreibmaschinengeklapper, dann Musik. Irgendwann nach Mitternacht starb Ulrike Meinhof.

Um 8:15 Uhr, etwa 40 Minuten nach dem Fund der Toten, füllte sich die Zelle 719 mit 13 Personen: LKA-Beamten, Beamten der Kripo Stuttgart, dem stellvertretenden Anstaltsleiter, einem Polizeifotografen, dem Referenten der Stuttgarter Staatsanwaltschaft, dem Leiter der Vollzugsabteilung des Landesjustizministeriums, dem Anstaltsarzt, zwei Vollzugsbeamten und einer Vollzugsbeamtin. Mögliche Spuren wurden zerstört. Ulrike Meinhof hing noch am Fenster, schmal und leicht.

Ihr Schreibtisch war voller Bücher und Zeitschriften. Auf dem Tisch lag Ludwig Wittgensteins *Philosophische Grammatik*, aufgeschlagen die Seiten 84/85. Links neben dem Tisch stand eine Kofferschreibmaschine, in die kein Papier eingespannt war. Rechts auf dem Boden befanden sich ein tragbares Fernseh- und ein Radiogerät. Am Fenstergriff hing ein Gymnastikband. An den Wänden klebten Dutzende von politischen Zeitungsartikeln. Das offene Klo war schwarz verrußt, weil Ulrike Meinhof manches, was sie aufschrieb oder erhielt, lieber verbrannt hatte, bevor es beschlagnahmt werden konnte.

Um 9 Uhr brachten Wärter Gudrun Ensslin zu Jan-Carl Raspe und Andreas Baader in den Männerflur. Dort hörten die drei Gefangenen wachsenden Lärm und Unruhe aus dem Frauentrakt. Ein Vollzugsbeamter informierte sie schließlich. Der Anstaltsarzt Dr. Henck kam. Er sprach von Selbstmord als Kurzschlusshandlung und sagte, dass die Gruppe zu klein sei, was notwendigerweise zu Spannungen führe. Die Gefangenen widersprachen heftig. Ob ihm nicht aufgefallen sei, dass sich Ulrikes Zustand verbessert habe? Dr. Henck meinte daraufhin, sie seien Leute, die zu größter Selbstdisziplin fähig seien. Er habe so etwas noch nie gesehen.

Ensslin, Baader und Raspe durften ihre Freundin nicht mehr sehen. Sie verlangten, dass die Leiche in der JVA verbleibe, bis die Anwälte kämen. Aber als um elf Uhr der erste Anwalt eintraf, war kurz zuvor »die Blechwanne hastig aus dem Trakt geschafft« worden (Ensslin).

Das baden-württembergische Justizministerium – Staatssekretär Horn und Ministerialdirektor Kurt Rebmann waren, so will es das Büro Croissant vom Süddeutschen Rundfunk erfahren haben, die Informanten der Medien – verbreitete um 9:20 Uhr, dass Ulrike Meinhof sich selbst getötet habe. Dabei hatte erst um 9:25 Uhr Professor Joachim Rauschke, der Leiter des Instituts für Rechtsmedizin am Gesundheitsamt der Stadt Stuttgart, mit der Untersuchung der Leiche begonnen. Die meisten Medien reagierten wie gewünscht. Die Deutsche Presseagentur (dpa) meldete um 9:34 Uhr: »Selbstmord durch Erhängen«.

Bundesanwalt Felix Kaul, der mit dem Stammheimer Verfahren und den Gefangenen nichts zu tun hatte, sprach fünf Stunden nach dem Leichenfund von »gewissen Spannungen«, »tief greifenden Auseinandersetzungen« und einer »gewissen Entfremdung« zwischen den Gefangenen, die ursächlich für den Selbstmord von Ulrike Meinhof gewesen seien. Ulrike Meinhof habe erkannt, dass es sich bei Baader um einen »reinen Kriminellen« handele, das habe »die Chefideologin der RAF [...] in den Tod getrieben«. Den Konflikt zwischen Ensslin und Meinhof versuchte er mit Briefen zu beweisen, die aber, wie sich später herausstellte, älteren Datums waren und keinen Grund für einen Selbstmord lieferten.

Spätestens im März 1976, zwei Monate vor Ulrikes Tod, hatten Ulrike Meinhof und Gudrun Ensslin ihren heftigen Konflikt beendet und konnten ihn so den anderen Gefangenen in Briefen für das »info« vermitteln. Wir haben selbst nicht begriffen, was mit uns gemacht wird, schrieb Ulrike Meinhof,[296] und Gudrun

Ensslin ergänzte am 14. März, dass ihnen die Ursache ihres Streits, »wo einer den andern fast schon umgebracht hatte«, selbst erst »rätselhaft« gewesen sei, ehe sie endlich »getickt« hätten, was mit ihnen geschehen sei.[297] Spätestens zwei Monate vor Meinhofs Tod war der Konflikt beigelegt. Auszüge aus 13 Briefen von Ulrike Meinhof, Gudrun Ensslin und Jan-Carl Raspe, bei früheren Zellendurchsuchungen beschlagnahmt, wurden den Medien zugespielt. Nur drei Briefe stammten von Ulrike Meinhof.

Auf merkwürdige Weise ähnelten die hastigen Presseberichte vom Mai 1976 denen vom April 1972, als fälschlicherweise Ulrike Meinhofs Tod gemeldet worden war. Auch da war sofort Selbstmord unterstellt worden. Jetzt, 1976, wusste wieder jeder Journalist genau, was in ihrem Kopf vorgegangen war: Sie schrieben von ihrer vermeintlichen »Erkenntnis [...] total in die Irre gegangen zu sein« (*Frankfurter Rundschau*[298]), »alles falsch gemacht zu haben« (*Die Zeit*[299]), die »Sinnlosigkeit [...] vor Augen« (*Der Spiegel*[300]), sei sie »an Resignation gestorben« (*stern*[301]).

Der Gutachter des Stuttgarter Gerichts, der Psychiater Wilfried Rasch, sagte am 20. Mai 1976, kurz nach Meinhofs Tod: »Mit Sicherheit ist die Haftsituation in Stammheim selbstmordfördernd«, sie war »untragbar«. Bücher, Fernsehen oder Zeitungen hätten eine lebendige soziale Kommunikation nicht ersetzen können, entscheidend sei die Aufhebung der strengen Isolation, »mindestens 15 bis 20 politische Häftlinge« sollten gemeinsam untergebracht werden, damit »zumindest die schlimmsten Folgen der Isolation [...] abgebaut werden«.[302]

Über die Nacht vom 8. auf den 9. Mai 1976 gibt es widersprüchliche Darstellungen. Die gesamte Justiz, vom Anstaltsarzt bis zum Justizministerium, von der Anstaltsleitung bis zur Bundesanwaltschaft, behauptete, dass Ulrike Meinhof sich selbst getötet habe. Dass sie einen Streifen von einem Handtuch abgetrennt habe, auf einen Stuhl gestiegen sei, den 4 Zentimeter breiten Stoffstreifen zusammengerollt, durch den Maschendraht mit 9 Millimetern Maschen gesteckt, den Stoffstreifen dann wieder – ohne Werkzeug! – zurückgefädelt, zu einer Schlinge gebunden und diese sich um den Hals gelegt habe; dass sie dann vom Stuhl gesprungen sei, obwohl noch ein Fuß mit der Ferse diesen berührte, wie die Polizeifotos bezeugen. Kann sich ein nur noch 40 bis 45 Kilogramm wiegender Mensch – so die Gewichtsangabe der Erstobduzenten – auf diese Weise erhängen?

Im Gegensatz zu Justiz und Bundesregierung waren Angehörige, Wahlverteidiger, einige Ärzte und eine internationale Untersuchungskommission davon überzeugt – oder teilten zumindest den schwerwiegenden Verdacht –, dass Ulrike Meinhof nachts von Unbekannten in ihrer Zelle aufgesucht, gewürgt und dann lebend, vielleicht bewusstlos, aufgehängt worden ist. Vielleicht in einer zu großen Schlaufe, sodass ihr Körper mit einem Stuhl unter ihren Füßen stabilisiert werden musste.

1977 kam heraus, dass es ein unkontrolliertes, zweites Treppenhaus mit einem eigenen Zugang gab, der direkt neben Ulrike Meinhofs Zelle in den siebten Stock mündete. Wer mit eigenen Schlüsseln in dieses Treppenhaus gelangt wäre, hätte ihre Zelle erreichen können, ohne von dem Wachhabenden gesehen zu werden. So entwickelte sich die Vorstellung, dass diese »Fremden« mit jenem Hubschrauber gekommen seien, über dessen Fracht man nichts erfuhr. Die Gegenthese zur Behauptung, Ulrike Meinhof habe sich resigniert selbst getötet, war: ein inszenierter Selbstmord an einer Frau, deren revolutionärer Elan, allen Haftschäden zum Trotz, neue Ziele hatte.

Professor Rauschke ordnete eine sofortige Leichenöffnung an und folgte dem Leichenwagen ins Stuttgarter Bürgerhospital, in dem er gemeinsam mit Professor Hans Joachim Mallach, dem Direktor des Instituts für Gerichtliche Medizin der Universität Tübingen, Ulrike Meinhof von 11:45 Uhr bis 13:45 Uhr obduzierte. Richter Baier, Staatsanwalt Heissler, ein Kriminalhauptkommissar vom LKA, zwei Kommissare und ein Angestellter von der Kriminalpolizei der Landespolizeidienststelle Stuttgart II schauten zu. Anwälte der Toten oder ein Arzt des Vertrauens waren nicht zugelassen. Das Ergebnis: »zweifelsfrei« Tod durch Strangulation.

Professor Rauschke hatte 1975 bei der Obduktion von Siegfried Hausner die durch schwere Kolbenschläge verursachten Verletzungen auf dem Schädel übersehen und im selben Jahr die vier Stammheimer Angeklagten auf einige Meter Entfernung für

»verhandlungsfähig« erklärt. Professor Mallach (NSDAP-Mitgliedsnummer 915 49 86) war Mitglied der Waffen-SS, der Leibstandarte Adolf Hitler, dann Unterscharführer der SS-Panzerdivision »Hitlerjugend« gewesen. Er hielt auch nach 1945 Kontakt zu seinen faschistischen Kameraden und verachtete, laut Aussage seiner Söhne, alles, was in der Bundesrepublik demokratisch war. Als Mallach sich über die tote Ulrike Meinhof beugte, trug er an seinem Arm eine Narbe an der Stelle, an der er sich nach dem Krieg seine Blutgruppe, das Erkennungszeichen der SS, hatte entfernen lassen. Es war ein Triumph für ihn, die Staatsfeindin Nummer eins tot vor sich liegen zu sehen. 1977 fertigte er heimlich Totenmasken von Ensslin, Baader und Raspe an, die er in seinem Safe lagerte.[303]

Um 17 Uhr wurde die Leiche von Ulrike Meinhof zum Stuttgarter Pragfriedhof gebracht, wo sie von Beamten der Schutzpolizei vom 16. Polizeirevier bewacht wurde. Zur gleichen Zeit kämpften Meinhofs Anwälte Axel Azzola und Michael Oberwinder sowie Wienke darum, die Tote sehen zu dürfen, und um das Recht auf die Kontrolle der Obduktion.

Zwei Kriminalkommissare hatten inzwischen Baader, Ensslin und Raspe aufgesucht. Andreas Baader warf sie aus seiner Zelle: »Mit Ihnen habe ich nichts zu besprechen. Hauen Sie ab!« Jan-Carl Raspe antwortete auf die Frage, ob Frau Meinhof jemals Selbstmordabsichten geäußert habe: »Nie. Mehr habe ich dazu nicht zu sagen.« Gudrun Ensslin weigerte sich, aus ihrer Zelle zu kommen.

Noch am Todestag hielten die Rechtsanwälte Croissant, Heldmann, Oberwinder, Schily, Ströbele und Azzola, drei ausländische Rechtsanwälte, ein Arzt und Wienke in Stuttgart eine Pressekonferenz ab, auf der sie öffentlich die Selbstmordthese der Bundesanwaltschaft bezweifelten. Otto Schily meinte: Wegen der Erfahrung mit den Staatsschutzbehörden sei »äußerste Wachsamkeit« angesagt. Es sei »alarmierend«, dass die Bundesanwaltschaft so früh Gerüchte streue. Die Eile bei der Obduktion sei »verdächtig«, zwischen dem Zeitpunkt des Todes und den inhaltlichen Beweisanträgen gebe es einen »bedeutungsvollen Zusammenhang«. Es sei »ein übler, propagandistischer Trick«, die Mitgefangenen für Meinhofs Tod verantwortlich zu machen. Er finde es bemerkenswert, dass Meinhof genau zu dem Zeitpunkt gestorben sei, zu dem die Verteidigung inhaltlich offensiv wurde. Klaus Croissant kündigte an, er werde die Aufklärung der wirklichen Umstände und Ursachen des Todes von Ulrike Meinhof betreiben und wolle eine internationale Untersuchungskommission gründen. Hans-Heinz Heldmann sagte: »Es gab keine grundsätzlichen Widersprüche, auch keinen Ärger oder irgend so was wie Spannung, vielmehr waren die Beziehungen in der Gruppe intensiv, liebevoll, diszipliniert, frei.«

Es hatte auch inhaltlich keine grundsätzlichen Differenzen unter den vier Gefangenen gegeben. Vier Tage vor ihrem Tod hatte sich Ulrike Meinhof mit Rechtsanwalt Oberwinder über die Beweisanträge und die Strategie der Verteidigung auseinandergesetzt. Sie hatte ihm in einer »scharfen Diskussion den Standpunkt der Gruppe« dargelegt, von dem sie völlig überzeugt war. Oberwinder: »Es bestand nicht das geringste Anzeichen, dass sich Frau Meinhof von der Politik der Gruppe absetzen oder distanzieren wollte.«

Von wem hätte die Bundesanwaltschaft von aktuellen zerrütteten Beziehungen erfahren können, wenn nicht von denjenigen, die täglich im Gefängnis waren, dem Anstaltsarzt und den Wärtern? Aber die gaben in ihren ersten Vernehmungen nichts dergleichen zu Protokoll. Ein stern-Reporter fragte den baden-württembergischen Justizminister Traugott Bender: »Wenn man von Karlsruhe [von der Bundesanwaltschaft; d. A.] schon Spannungen erkennt, dann müsste man sie ja in der Anstalt auch sehen?« Worauf der Minister antwortete: »Wenn die Spannungen da waren, und soweit sie da waren, waren sie ja sicher schon älterer und länger zurückliegender Natur und haben ja bisher auch nicht zu der Reaktion geführt, mit der wir uns heute beschäftigen.« Und auf die Frage, ob sich Meinhof von den übrigen Gefangenen zurückgezogen habe, antwortete er: »Mir sind darüber keine Erkenntnisse bekannt.«

Die Vollzugsbeamtin Renate Frede wurde vernommen und äußerte: »Ich habe noch zu keinem Zeitpunkt etwas von irgendwelchen Selbstmordabsichten der Frau Meinhof gehört.« Horst Bubeck, der stellvertretende Beamte in der Aufsichtsdienststelle, sagte bei seiner Vernehmung: »In den drei Jahren, seit Frau Meinhof hier einsitzt, habe ich mit ihr bzw. sie mit mir kein persönliches Wort gewechselt.« Über Spannungen zwischen Meinhof und Baader sei ihm nichts bekannt, obgleich er die Gefangenen dienstlich sicher häufiger sehe als die anderen Aufseher. Dass Baader Meinhof »des Öfteren angeschrien« haben soll, treffe zu, aber das habe Baader mit allen anderen auch gemacht, mit Ensslin, den Rechtsanwälten und dem Richter.

Am Tag nach Ulrike Meinhofs Tod wurde die Zelle 719 fünf Stunden lang von der Kripo durchsucht. Morgens waren Wienke Zitzlaff, Anja Röhl, Michael Oberwinder und Klaus Croissant gekommen und wollten Ulrike Meinhofs Leiche und die Zelle sehen sowie deren Habe in Sicherheit bringen. Oberwinder durfte nur bis auf den Flur vor der Zelle, die anderen wurden abgewiesen. Wie das LKA erklärte, diente die Durchsuchung nicht nur der – späten – Suche nach einem Abschiedsbrief, sondern auch der Suche nach Papieren, die gegen Rechtsanwalt Croissant einsetzbar wären. Es wurde nie ein Abschiedsbrief gefunden. Beschlagnahmt wurden Ulrike Meinhofs Schreibmaschine, eine Glühbirne, Briefe, Papiere, Kohlepapier, Zeitungsartikel mit und ohne Notizen, Kopien aus Büchern, Flugblätter, aber auch Akten und Briefe anderer Gefangener und von Anwälten;[304] des Weiteren eine kleine, etwa 10 Zentimeter lange Papierschere, ein 21 Zentimeter langes Besteckmesser, ein 2 Meter langes schwarzrotes Deuser-Band und das blau karierte Küchenhandtuch, von dem der Streifen abgeschnitten worden war. Mitgefangene behaupteten, Manuskripte seien verschwunden, die Ulrike Meinhof stets in einem schwarzen Aktendeckel bei sich getragen hatte.

Offiziell war ihre Leiche seit Sonntagnachmittag freigegeben. Aber erst am Montag unterrichtete man die Angehörigen und Anwälte darüber, wo sie sich befand. Wienke, Anja Röhl und Klaus Croissant fuhren zum Pragfriedhof. Fast 30 Stunden nach dem Leichenfund durften sie die tote Ulrike Meinhof im Kühlhaus des Leichenhauses sehen. Der erste »Besuch« ohne Bewacher seit vier Jahren.

Am 11. Mai wurde Ulrikes Leiche im Auftrag von Wienke Zitzlaff nachobduziert. Professor Dr. Werner Jansen, Direktor des Instituts für Rechtsmedizin der Universität Hamburg, klärte darüber auf, dass eine Nachobduktion »ganz wesentlich verminderte Erkenntnismöglichkeiten« biete. Er und sein leitender Oberarzt Professor Dr. Jürgen Schröder untersuchten die Leiche äußerlich und öffneten dann die 65 Zentimeter lange Rumpfnaht der Erstobduzenten. Sie fanden im Brust- und Bauchraum deren Hinterlassenschaften, blutige und feuchte Zellstoffstücke. Wie bei einer Nachsektion üblich, fehlten der Leiche das Gehirn sowie etliche Organe, Organ- und Gewebeteile. Die Fingernägel waren abgeschnitten. Ob Spuren daran gefunden worden waren, erfuhr Jansen so wenig wie andere Ergebnisse. Da schon zu viel Zeit verstrichen war, konnten bestimmte Untersuchungen überhaupt nicht mehr durchgeführt werden. Professor Jansen urteilte zurückhaltend: »Nach den verwertbaren Befunden der Nachsektion handelt es sich bei Frau Meinhof um einen Tod durch Erhängen. [...] Zur Zeit des Erhängens« habe Ulrike Meinhof noch gelebt. Das schließe Bewusstlosigkeit bei Erhängen nicht aus. »Abschließend« könne er die Todesursache nur bewerten, sagte er weiter, wenn er über die Ergebnisse der Erstobduktion und die nachfolgenden Laboruntersuchungen informiert werde. Das geschah nie. Staatsanwalt Heissler verbot Mallach und Rauschke sogar, Jansens Fragen zu beantworten. Jansens Untersuchungsergebnis wurde in den Medien als Bestätigung der Erstobduktion interpretiert.

Nur zwei Tage nach ihrem Tod wurde Ulrike Meinhofs Zelle geweißt, obwohl der Raum erst im September 1975 renoviert worden war. Nicht nur Erich Fried wunderte sich, warum die Zelle nicht verschlossen worden war: »damit keine Spur verwischt werden kann / Denn so fangen Untersuchungen an: Beweismaterial wird sorgsam bewacht / [...] Wie hätte das Brecht auf die Bühne gebracht / und gezeigt, diese Zelle wird schön gemacht / und alles gewaschen und alles geweißt. – / Da ist keine Spur mehr geblieben.«

Viele offene Fragen bleiben. Warum hatte der stellvertretende JVA-Leiter Schreitmüller, der um 8:30 Uhr als einer der Ersten die Zelle betreten hatte, gesagt, es habe kein Stuhl unter der erhängten Meinhof gestanden? Warum stand der Stuhl, der auf den Polizeifotos zu sehen ist, instabil auf der weichen Matratze – keine ideale Konstruktion, um sich zu erhängen? Weshalb schrieben die Erstobduzenten, dass Meinhof »frei am Fenstergitter hing«, wo sie doch mit einem Fuß auf dem Stuhl gestanden haben soll?

Den Fernseher soll Ulrike Meinhof als Lichtquelle genutzt haben, aber er war abgeschaltet, als die Leiche gefunden wurde. Auch die Lampe war aus. Auf der angeblich von Meinhof heimlich aufbewahrten Glühbirne waren keine Fingerabdrücke von ihr. Wieso gab es verschiedene Angaben über die Länge der Schlinge? Was bedeuteten die unterschiedlichen Aussagen über den Zustand der inneren Halsorgane? Woher kamen die Druckstellen an Meinhofs Unterschenkeln und die Schürfwunden am Gesäß? Es ging um Blutstauungen, die Durchfeuchtung der Lungen, den Zustand von Knorpeln und um Muskelblutungen. Warum waren bestimmte Untersuchungen bei der Erstobduktion unterlassen worden? Warum wurde kein Histamin-Test gemacht, mit dem man am ehesten hätte feststellen können, ob Ulrike Meinhof noch lebte, als sich die Schlinge um ihren Hals schloss? Wie konnte Meinhof einen Streifen Stoff von einem Handtuch abschneiden, ohne dass die einzigen scharfen Werkzeuge in ihrer Zelle, eine Schere und ein Messer, Spuren des Textils aufwiesen?

Klaus Croissant und das »Internationale Komitee zur Verteidigung politischer Gefangener« forderten eine Internationale Untersuchungskommission, die die Ungereimtheiten der Ermittlungs- und Obduktionsergebnisse prüfen sollte, denn die deutschen Behörden weigerten sich, unabhängige deutsche und ausländische Ärzte heranzuziehen, so wie sie sich dagegen sperrten, die Ermittlungsergebnisse rasch und vollständig zur Verfügung zu stellen. Eine der Reaktionen war, dass Croissant am 16. Juli 1976, zwei Monate nach Meinhofs Tod, zum zweiten Mal verhaftet wurde. Staatsanwalt Heissler, dessen enge Beziehungen zur Bundesanwaltschaft gerühmt wurden, hatte es so eilig, dass er ihn beim Abendessen in einem Restaurant aufgreifen ließ.

Die Staatsanwaltschaft Stuttgart stellte am 10. Juni 1976 das Ermittlungsverfahren zum Tod von Ulrike Meinhof ein. »Tief greifende Meinungsverschiedenheiten« mit ihren Mitgefangenen seien der mögliche Grund für Meinhofs »zweifelsfreien« Selbstmord. Es gab wütende Proteste. Professor Axel Azzola sagte: Die Bundesanwaltschaft und der Zweite Strafsenat des Stuttgarter

Oberlandesgerichts seien schuld an Meinhofs Tod, »es gibt keinen Selbstmord, es gibt nur Treiber und Getriebene!«

Das »Internationale Komitee zur Verteidigung politischer Gefangener« gründete schließlich eine eigene »Internationale Untersuchungskommission«. Die Kommission wurde von einem Juristen, einem Soziologen, einem Psychiater, drei Schriftstellern und Journalisten, einem Physiker und einem Theologen aus Frankreich, Dänemark, Griechenland, Nordirland und der Bundesrepublik repräsentiert. Sie gab eine Untersuchung zum Tod von Ulrike Meinhof in Auftrag. Die Arbeit der Kommission wurde von Juristen wie Denis Payot, Generalsekretär der Internationalen Vereinigung für Menschenrechte bei der UNO in Genf, und Lelio Basso, Professor für Völkerrecht in Rom, unterstützt. Auch andere westdeutsche und internationale Wissenschaftler, deren Namen ungenannt blieben, arbeiteten ihr zu. Von den deutschen Behörden hingegen erhielt sie nie die vollständigen Todesermittlungsergebnisse. Und die Obduzenten Mallach, Rauschke und Peiffer beriefen sich auf das Aussageverbot ihrer Auftraggeber. Nur Anstaltsarzt Dr. Henck schien es zu bedauern, dass er der Kommission keine Auskunft geben durfte. Erst Ende 1978 veröffentlichte die ihren Bericht zum Tod Ulrike Meinhofs. Sie kam zu dem Schluss: »Die Behauptung der staatlichen Behörden, Ulrike Meinhof habe sich durch Erhängen selbst getötet, ist nicht bewiesen, und die Ergebnisse der Untersuchungen der Kommission legen den Schluss nahe, dass sich Ulrike Meinhof nicht selber erhängen konnte«, sondern vielmehr, »dass Ulrike Meinhof tot war, als man sie aufhängte, und dass es beunruhigende Indizien gibt, die auf das Eingreifen eines Dritten im Zusammenhang mit diesem Tode hinweisen«.[305]

Die Situation in der Bundesrepublik war weiter eskaliert. Am 7. April 1977 tötete ein RAF-Kommando »Ulrike Meinhof« Generalbundesanwalt Siegfried Buback und seine Fahrer Wolfgang Göbel und Georg Wurster. Das deutsche Büro des Komitees, Croissants Kanzlei, wurde zeitweilig als deutsche »Schaltstelle« der Terroristenszene denunziert und schließlich sogar mit der Erschießung von Arbeitgeberpräsident Hanns-Martin Schleyer in Verbindung gebracht. Klaus Croissant, der die Aufklärung der Todesursache von Ulrike Meinhof besonders hartnäckig betrieb und schließlich versuchte, die Einsicht in sämtliche Unterlagen zum Tod Ulrike Meinhofs gerichtlich durchzusetzen, erhielt 1977 Berufsverbot. Wegen Verdachts auf Mitgliedschaft in einer kriminellen Vereinigung nach Paragraf 129 Strafgesetzbuch – konkret wurden ihm die Unterstützung seiner Mandanten und Öffentlichkeitsarbeit vorgeworfen – drohte seine dritte Verhaftung. Im Juli 1977 bat Croissant in Frankreich um politisches Asyl. Aber im Herbst lieferte Frankreich ihn, auf großen Druck der Bundesregierung und nach heftigen innerfranzösischen Kontroversen, an die Bundesrepublik aus. Am 17. November 1977, einen Monat nach dem Tod von Gudrun Ensslin, Andreas Bader und Jan-Carl Raspe und 18 Monate nach Ulrike Meinhofs Tod, saß ihr Anwalt Klaus Croissant in Stammheim – als Gefangener.

Das »Internationale Komitee zur Verteidigung politischer Gefangener«, unterstützt von einigen Dutzend Juristen, Wissenschaftlern und Publizisten aus mehreren westeuropäischen Staaten, äußerte sich in seiner Anklageschrift gegen die Bundesrepublik Deutschland wegen Mordes an Ulrike Meinhof im März 1977 ausführlich über den neuesten Stand der US-amerikanischen Aufstandsbekämpfung (»Counter-Insurgency«). Ulrike Meinhofs Tod könne, so das Komitee, das Produkt der Zusammenarbeit verschiedener Geheimdienste gewesen sein. Es könne sich »in das Konzept einer geheimdienstlich strukturierten Strategie zur Bekämpfung der RAF« einfügen.

Mord oder Selbstmord? Eigentlich ist schon die Selbstmord-Variante erschreckend genug. Das Grundgesetz kennt weder die Todesstrafe noch das Recht des Staates auf systematische Gesundheitszerstörung von Gefangenen, es kennt keine Rache. Dass der Verdacht, Ulrike Meinhof könne ermordet worden sein, sich bis heute hält, hat auch damit zu tun, mit welch leichtfertiger Arroganz, Unprofessionalität und Hast die zuständigen Behörden mit der Leiche verfuhren. Die Erklärungen, die Bundesregierung, Generalbundesanwalt und BKA von sich gaben, brachten nun selbst Menschen, die dem bundesrepublikanischen Staat so etwas nie zugetraut hätten, dazu, nachdenklich zu werden. Aussagen höchster Staatsvertreter aus der jüngsten Vergangenheit bekamen in den Augen mancher eine besondere Bedeutung: Bundesjustizminister Hans-Jochen Vogel hatte im Dezember 1974 geäußert: »Auch das Grundrecht auf Leben gilt nicht absolut. Wäre das anders, wäre der Rechtsstaat in einem essenziellen Punkt lahmgelegt.« Bundeskanzler Helmut Schmidt im März 1975 im Bundestag: Es gelte »härtestes Durchgreifen eines Staates, der sich nicht scheuen kann, selbst zu töten«. Generalbundesanwalt Siegfried Buback im Februar 1976: »Wir brauchen keine Zuständigkeitsregelung, der Staatsschutz lebt davon, dass er von Leuten wahrgenommen wird, die sich dafür engagieren, wie [BKA-Präsident] Herold und ich, die finden immer einen Weg.«[306]

Am Todestag von Ulrike Meinhof versammelten sich 55 Gefangene im Hof der Justizanstalt Stammheim und weigerten sich nach dem Freigang, in ihre Zellen zurückzukehren. Vor Gefängnissen und Gerichten wie in Stammheim, Hamm und Moabit kam es zu Demonstrationen, in Berlin, München, Frankfurt am Main und an vielen anderen westdeutschen Orten zu Auseinandersetzungen mit der Polizei. In Frankfurt wurde dabei ein Polizist lebensgefährlich durch einen Molotowcocktail verletzt. In Rom, Mailand, Barcelona, Zürich, Lille, Toulouse, Kopenhagen und vielen anderen Städten wurden Farbbeutel geworfen. Aber mancherorts kam es auch zu Sprengstoffanschlägen auf die Filialen deutscher Konzerne wie Hoechst, Bosch und Volkswagen sowie auf Einrichtungen der Deutschen Botschaft. Proteste und Solidaritätsbekundungen gab es sogar in Lateinamerika.

14 französische Schriftsteller und Intellektuelle, unter ihnen Simone de Beauvoir, Jean-Paul Sartre, Gilles Deleuze und Marguerite Duras, bekundeten ihr »Entsetzen über die tragischen Ereignisse« und fühlten sich durch derartige Praktiken, die eines Regimes »unwürdig« waren, das »vorgab demokratisch zu sein«, sehr »an den Nazismus« erinnert. Sie verlangten vollständige Aufklärung des Todes von Ulrike Meinhof und die »Beendigung der barbarischen Behandlung der übrigen Beschuldigten«.

Am 11. Mai 1976, dem 109. Verhandlungstag, stellte der Vorsitzende Richter Theodor Prinzing lapidar fest: »Das Verfahren gegen Frau Meinhof ist infolge ihres Todes beendet; die Verteidigeraufträge sind damit erledigt.« Laut *Le Monde* fügte er noch an, dass die drei Gefangenen genug Zeit gehabt hätten, »sich an den Tod« ihrer Genossin »zu gewöhnen«.[307]

Rechtsanwalt Heldmann verlangte, die Hauptverhandlung für zehn Tage zu unterbrechen, es sei »eine Frage des schlichten Anstands«, eine Verhandlungspause bis nach der Beerdigung einzulegen. Außerdem hätten die Verteidiger »erhebliche Zweifel an der amtlichen Version, Ulrike Meinhof habe sich selbst getötet«.

Dann sprach Jan-Carl Raspe für die Gefangenen: »Wir glauben, dass Ulrike hingerichtet worden ist. Hätte sich Ulrike entschlossen zu sterben, weil sie als letzte Möglichkeit sah, sich – revolutionäre Identität – gegen die langsame Zerstörung des Willens in der Agonie der Isolation zu behaupten, hätte sie es uns gesagt, auf jeden Fall Andreas. So war die Beziehung. [...] Es war eine Beziehung, wie sie sich zwischen Geschwistern entwickeln kann, orientiert am politischen Ziel. Aus der Möglichkeit dieser Politik war diese Beziehung Funktion der Politik. Das heißt, darin war sie frei, wie Freiheit nur möglich ist im Kampf um Befreiung. Jetzt Spannungen, Entfremdung zwischen Ulrike und uns zu behaupten, um mit dieser primitiven und dunklen Infamie das Projekt der Hinrichtung Ulrikes der psychologischen Kriegsführung verfügbar zu machen, das ist Buback, und das ist Bubacks Dummheit ...«

Der Richter unterbrach ihn: Es sei »kein Platz« für eine »Gedenkrede«, er lehne es ab, eine Verhandlungspause einzulegen. Andreas Baader erwiderte wütend, er denke nicht daran, »vor diesem Gericht, vor diesem Rattenhaufen hier, Anträge zu stellen«, und verließ den Gerichtssaal. Die Angeklagten erklärten, sie würden künftig nicht mehr am Verfahren teilnehmen.

Zur Überraschung der Wahlverteidiger schloss sich Zwangsverteidiger Künzel zum ersten Mal einem Antrag der Wahlverteidiger an: Der Sachverhalt sei aufzuklären, und so etwas »wie Pietät im Strafprozess« verlange, dass die Verhandlung bis nach der Beerdigung unterbrochen werde. Der Antrag wurde abgelehnt. Auch die Wahlverteidiger verließen das Gericht. Das Gericht, die Bundesanwaltschaft und die Zwangsverteidiger verhandelten unter sich.

Manche Leute jubelten über Ulrike Meinhofs Tod. Es gab

Glückwunschanzeigen in Zeitungen, die anstandslos abgedruckt wurden. Einem überraschten Untersuchungsausschuss des baden-württembergischen Landtags bestätigte der Aufsichtsbeamte Horst Bubeck später ungerührt, dass das Gericht »Kälberstricke« mit den entsprechenden Selbstmordaufrufen an die drei anderen Gefangenen weitergeleitet habe.

Es war schwer, einen Friedhof für Ulrike Meinhof in Westberlin zu finden. Nur eine einzige Pfarrei ließ sich erweichen. Am 15. Mai 1976 wurde sie auf dem Friedhof der Dreifaltigkeitskirche in der Eisenacher Straße 61 im Berliner Stadtteil Alt-Mariendorf in einer nicht-kirchlichen Zeremonie beerdigt. Die Bedingung war, dass ihr Grab – Nummer 19, Abteilung A, Reihe 12 – in einigen Metern Abstand lag von den anderen. Noch nach ihrem Tod wurde sie isoliert. Die Friedhofsverwaltung verbot Wienke Zitzlaff, in den Grabstein ihrer Schwester ein Zitat von Lenin eingravieren zu lassen: »Freiheit ist nur im Kampf um Befreiung möglich.« Irgendwann schrieb ein Unbekannter den Satz doch noch auf den Stein, die Buchstaben verwitterten.

Mehr als 4000 Menschen kamen am 15. Mai 1976 zur Beerdigung. Viele linke und revolutionäre Gruppen schickten Telegramme, unter ihnen die sozialistische iranische Studentenorganisation CISNU und die nordirische IRA. Helmut Gollwitzer, Klaus Wagenbach, Otto Schily, Hans-Heinz Heldmann, Klaus Croissant und Erich Fried hielten Grabreden.

Gollwitzer fragte, ob Ulrike Meinhof eine andere Entwicklung genommen hätte, wenn sich »mehr Menschen gefunden hätten, bereit mitzukämpfen für eine menschlichere Gesellschaft«. Sie habe sich das Leben schwer gemacht, indem sie »das Elend anderer Menschen sich so nahegehen ließ«. Als er aber dann erklärte: »Ich sehe Ulrike jetzt im Frieden Gottes«, gab es Buhrufe. Klaus Wagenbach sagte: »Was Ulrike Meinhof umgebracht hat, waren die deutschen Verhältnisse.« Das Zitat fand seinen Weg in die *New York Times*. Hans-Heinz Heldmann stellte fest: »Aus Solidarität zum leidenden Mitmenschen wuchs die Solidarität zum antiimperialistischen Kampf. [...] Ein System, das vom Mythos der legalen Gewalt lebt, lässt für Ulrike Meinhof keinen Raum.« Klaus Croissant sagte: »Wir haben versagt, weil es uns nicht gelungen ist, den Tod von Ulrike zu verhindern.« Der Dichter Erich Fried sprach: »Als ich aus Hitlers Drittem Reich floh, nahm ich mir vor, immer gegen diese Barbarei zu kämpfen. Die neue Barbarei, die Ulrike zu Tode gehetzt hat, kroch aus dem gleichen noch fruchtbaren Schoß.« Er erinnerte an das wohlfeile Versprechen des nordrhein-westfälischen Justizministers Posser, der, entrüstet über Heinrich Bölls Kritik, 1972 versprochen hatte, dass Meinhof einen »fairen Prozess« bekommen werde, »ohne Willkür und Rache und nicht gnadenlos«. Ulrike Meinhof war, sagte Fried, »nicht nur die beste Journalistin in der BRD, sondern ich glaube, auch die bedeutendste deutsche Frau seit Rosa Luxemburg«.

Am 9. Mai 1976 hatten die Gerichtsmediziner Mallach und Rauschke im Bürgerhospital Ulrike Meinhofs Gehirn aus ihrem Kopf entfernt. Die Staatsanwaltschaft Stuttgart ordnete seine Untersuchung an. Der Tübinger Neurologe Professor Jürgen Peiffer meinte, eine Schädigung des Hirns zu erkennen, die Meinhofs Persönlichkeit verändert haben könnte. Andere Fachleute widersprachen: Die beschriebenen Veränderungen seien allenfalls der Beginn einer Folgeerscheinung von Vitaminmangel.

Peiffer gab nach der Untersuchung den restlichen Teil des Gehirns nicht etwa zurück an den Staat oder an die Erben, sondern hob es in seinem Institut auf. 1997 begegnete er dem Magdeburger Professor Bernhard Bogerts, Direktor der psychiatrischen Universitätsklinik Magdeburg, der das Gehirn eines Massenmörders untersuchte. Professor Peiffer, längst emeritiert, holte Meinhofs Gehirn aus dem Institut, wo er es all die Jahre aufbewahrt hatte, und schenkte es Bogerts, der ab 2001 weitere Untersuchungen daran vornahm. Nach öffentlichen Protesten wurde das, was von Ulrike Meinhofs Gehirn noch übrig war, bestattet. Da war sie bereits 26 Jahre tot.

Anhang

Anmerkungen

1 Bertolt Brecht: *Werke*. Große kommentierte Berliner und Frankfurter Ausgabe. Frankfurt am Main: Suhrkamp 1988ff.

2 Ulrike Meinhof: »Rede zu der Befreiung von Andreas«, Westberlin-Moabit am 13. 9. 1974, in: RAF/BRD c/o Internationales Komitee zur Verteidigung Politischer Gefangener in Westeuropa – Sektion BRD, Stuttgart (Hg.) *texte: der RAF*. Malmö (Schweden): Bo Cavefors 1977, S. 62–74

3 Hildegard Brenner: *Die Kunstpolitik des Nationalsozialismus*. Reinbek: Rowohlt 1963, S. 31; dies., »Die Kunst im politischen Machtkampf der Jahre 1933/34«, in: *Vierteljahreshefte für Zeitgeschichte*, 1/1962,S. 17

4 Zit. nach: »Ich will, dass meine Bilder heiter sind«. Begegnung mit Zeitzeugen. Gespräch von Peter-Alexander Fiedler mit Otto Hofmann, in: *Treffpunkt*. Wochenendbeilage der *Thüringischen Zeitung* vom 24. 4. 1993

5 Renate Riemeck: *Ich bin ein Mensch für mich. Aus einem unbequemen Leben*. Stuttgart: Urachhaus 1992 (2. Auflage 1994), S. 23

6 Ebd., S. 68–70

7 Vgl. das Protokoll der Historikerin Katrin Stiefel über ihr Gespräch mit Renate Riemeck vom April 1999 in Alsbach/Bergstraße (unveröffentlicht)

8 Riemeck, a.a.O., S. 78–81

9 Charlotte Wieczorek: *Erlebnisbericht*, in: Traditionskabinett Zeiss. Stadtmuseum Jena, ohne Datum

10 Riemeck, a.a.O., S. 93–94

11 Olaf Reichert: »*Wir müssen doch in die Zukunft sehen ...*«. *Die Entnazifizierung in der Stadt Oldenburg unter britischer Besatzungshoheit 1945-1947*, hg. von der Stadt Oldenburg, Kulturdezernat. Oldenburg: Isensee 1998, S. 179

12 Riemeck, a.a.O., S. 113

13 Reichert (Hg.), a.a.O., S. 152

14 Riemeck, a.a.O., S. 123

15 Ebd., S. 114

16 Ulrike Meinhof: »Das spektrum oder wer ich bin und was ich will«, in: *spektrum*, Schulzeitung am Gymnasium Philippinum, Nr. 1, September 1953

17 Interview mit Wolfgang Abendroth, in: *Marburger Blätter* 4/1972, S. 8–15

18 Vgl. Ullrich Amlung: »›Zwischen den Kriegen‹. Ulrike Meinhof«, in: Markus Bauer: *Passage Marburg. Ausschnitte aus vierundzwanzig Lebenswegen.* Marburg: Jonas 1994, S. 249, Anm. 2

19 Vgl. ebd., S. 242ff.

20 Ulrike Meinhof: »Die Würde des Menschen«, 1962, in: *Freibeuter* 62/1994, S. 153–155

21 Wolfram Wette: »Neue Form, alter Geist«, in: *Die Zeit* 12/1999

22 Konrad Adenauer: Presseerklärung vom 5. 4. 1957; zit. nach: *Der Spiegel* vom 17. 4. 1957

23 Robert Jungk: *Heller als tausend Sonnen.* Reinbek: Rowohlt 1964, S. 313f.

24 Riemeck, a.a.O., S. 99

25 Ulrike Meinhof: »Brief an die Studentenschaft«, Flugblatt vom 15. 5. 1958, hg. vom Studentischen Arbeitskreis für ein kernwaffenfreies Deutschland Münster (Westf.)

26 Heinrich Heine: *Deutschland. Ein Wintermärchen,* zit. nach: http://www.duesseldorf.de/heineinstitut

27 Ulrike Meinhof: »Heimkinder in der Bundesrepublik. Aufgehoben oder abgeschoben?«, in: *Frankfurter Hefte* 9/1966, S. 616

28 Ulrike Meinhof und Jürgen Seifert: »Unruhe in der Studentenschaft«, in: *Blätter für deutsche und internationale Politik* 7/1958, S. 524–526

29 Ulrike Meinhof an Reinhard Opitz, Brief vom 6. 8. 1958, zit. bei Bettina Röhl: *So macht Kommunismus Spaß! Ulrike Meinhof, Klaus Rainer Röhl und die Akte konkret.* Hamburg: Europäische Verlagsanstalt 2006, S. 227

30 Ulrike Meinhof an Jürgen Seifert, Brief vom 15. 9. 1958, zit. bei: B. Röhl, a.a.O., S. 230

31 Ulrike Meinhof an Klaus Rainer Röhl, Brief vom 16. 9. 1958, zit. bei: B. Röhl, a.a.O., S. 232

32 Richard Kumpf: *Alarmtauchen im Krieg – Untertauchen im Kalten Krieg. Ein Kommunist berichtet über sein Leben.* Bonn: Pahl-Rugenstein 2000, S. 149–150

33 Ulrike Meinhof an Reinhard Opitz, Brief vom 19. 11. 1958, zit. bei B. Röhl, a.a.O., S. 245

34 Ulrike Meinhof (verantw. Redakteurin): »Entspannung trotz Berlin?«, in: *argument* 9/1958, hg. vom Studentischen Arbeitskreis für ein kernwaffenfreies Deutschland, Münster (Westf.) und der Studentischen Gruppe für Politik der Entspannung

35 Ulrike Meinhof: »Der Studentenkongress gegen Atomrüstung in Berlin«, in: *Blätter für deutsche und internationale Politik* vom 25. 1. 1959, S. 57

36 Ebd.

37 Ebd.

38 Hartmut Soell: *Helmut Schmidt 1918–1969. Vernunft und Leidenschaft.* München: Deutsche Verlags-Anstalt 2003, S. 315

39 Vgl. Helmut Schmidt: »Soll man mit Pankow reden oder soll man es nicht?«, in: *Hamburger Echo* vom 8. 1. 1959; zit. nach: Soell, a.a.O., S. 316 und 896, Anm. 111

40 *Bulletin des Presse- und Informationsamtes der Bundesregierung* 40 vom 28. 2. 1959, S. 379

41 Ebd.

42 Erich Kuby: »Was war in Berlin wirklich los?«, Leserbrief in: *Vorwärts* vom 23. 1. 1958

43 Kai Hermann: *Die Revolte der Studenten.* Hamburg: Wegner 1967, S. 26

44 Klaus Hübotter: *Stoppelfeld-Zeit. Ende 1994 – Mitte 1996* (Tagebuchverse III). Bremen: Selbstverlag o. J., S. 66

45 Klaus Rainer Röhl: *Fünf Finger sind keine Faust. Eine Abrechnung.* München: Universitas Verlag 1998 (3. vollständig durchgesehene und kommentierte Auflage), S. 82; Richard Kumpf: Aktennotiz. Betrifft: Aussprache mit Klaus-Rainer Röhl am 11. 9. 1956, in: SAPMO-BArch BY 1/KPD unbearb. (Abt. Jugend)

46 Kumpf: *Alarmtauchen,* a.a.O., S. 150

47 *Bulletin,* a.a.O.

48 Jürgen Seifert: »Vom 58er zum 68er. Ein biografischer Rückblick«, in: *Vorgänge 124* 4/1993, S. 1–6

49 Ulrike Meinhof an Klaus Rainer Röhl, Brief vom 7. 3. 1959, zit. bei: B. Röhl, a.a.O., S. 288–289

50 Ulrike Meinhof an Klaus Rainer Röhl, Brief von Ende April 1959, zit. bei: B. Röhl, a.a.O., S. 291

51 Ulrike Meinhof an Klaus Rainer Röhl, Brief von Ende April 1959, zit. bei: B. Röhl, a.a.O., S. 292

52 Ulrike Meinhof an Klaus Rainer Röhl, Brief vom 5. 5. 1959, zit. bei: B. Röhl, a.a.O., S. 296

53 Ulrike Meinhof an Klaus Rainer Röhl, Brief zwischen dem 5. und 13. 5. 1959, zit. bei: B. Röhl, a.a.O., S. 298

54 Ulrike Meinhof an Klaus Rainer Röhl, Brief vom 13. 5. 1959, zit. bei: B. Röhl, a.a.O., S. 299

55 Zit. nach: Wolfgang Kraushaar (Hg.): *Frankfurter Schule und Studentenbewegung. Von der Flaschenpost zum Molotowcocktail 1946 bis 1995*. Band 1: Chronik. Hamburg: Rogner & Bernhard 1998, S. 149

56 Ebd., S. 150

57 Ulrike Meinhof: »Der Frieden macht Geschichte«, in: *konkret* 19-20/1959, S. 1

58 *konkret* 18/1960, S. 11

59 K. R. Röhl: *Fünf Finger*, (1998), a.a.O., S. 118

60 *Westdeutsche Rundschau* vom 10. 8. 1960

61 *Westdeutsche Rundschau* vom 22. 12. 1960; *Neue Rhein Zeitung* vom 22. 12. 1960

62 Ulrike Meinhof: »Geschichten von Herrn Schütz«, in: *konkret* 15/1960 (Beilage)

63 K. R. Röhl: *Fünf Finger*, (1998), a.a.O., S. 117–118

64 O-Ton Ulrike Meinhof, in: Timon Koulmasis: *Ulrike Meinhof: »Lettre a sa fille - Brief an ihre Tochter«*, Les Films du Village, La Sept/Arte, La RTBF und Lichtblickfilmproduktion, 1994

65 Ulrike Meinhof: »Der Hitler in Euch«, in: *konkret* 10/1961, S. 8

66 K. R. Röhl: *Fünf Finger*, (1998), a.a.O., S. 124

67 Vgl. Abb. in: Koulmasis, a.a.O.

68 Akte Hansulrich Röhl, Akte DF 688-35, OPG, Bundesarchiv Berlin (Barch)

69 Ulrike Meinhof: »Eine Neue Linke«, in: *konkret* 6/1962, S. 9

70 Ulrike Meinhof: »Die Würde des Menschen«, in: *konkret* 10/1962, S. 4

71 K. R. Röhl: *Fünf Finger*, (1998), a.a.O., S. 137

72 Bertolt Brecht: »Die Ballade von der Hanna Cash«, zit. nach: Bertolt Brecht: *Legenden - Lieder - Balladen 1925-1934*. Ostberlin: Aurora-Schallplatten, ca. 1967

73 K. R. Röhl: *Fünf Finger,* (1998), a.a.O., S. 138

74 Gesprächsnotiz von »Wilhelm« [vermutl. Jupp Angenfort] am 12. 6. 1964, zit. bei: B. Röhl, a.a.O., S. 409

75 Ebd.

76 Gesprächsnotiz [vermutlich von Jupp Angenfort] am 20. 6. 1964, zit. bei: B. Röhl, a.a.O., S. 412

77 »Wilhelm« notiert hier, was »Walter M.« ihm berichtet. Gesprächsnotiz [vermutl. von Jupp Angenfort] am 20. 6. 1964, zit. bei: B. Röhl, a.a.O., S. 412

78 Ulrike Meinhof: »Ein Mann mit guten Manieren. Ein Tag im Karl-Wolff-Prozess«, in: *konkret* 9/1964, S. 15–17

79 Marcel Reich-Ranicki: *Mein Leben.* München: Deutscher Taschenbuch Verlag 2000, S. 459–460

80 Ulrike Meinhof: »Koalitionskrise«, in: *konkret* 10/1964, S. 3

81 Rudolf Augstein: »Showbusiness«, in: *Der Spiegel* 40/1964 und 42/1964

82 BGH-Urteil vom 11. 5. 1965, VI ZR 16/64, S. 8 der Urteilsgründe; zit. nach: Hans Heinz Heldmann, Schriftsatz in der Privatklagesache Franz Josef Strauß gegen Ulrike Marie Röhl, geb. Meinhof, vom 5. 8. 1965

83 Christa Rotzoll: *Frauen und Zeiten.* Stuttgart: Engelhorn 1987, S. 114–115

84 Mario Krebs: *Ulrike Meinhof. Ein Leben im Widerspruch.* Reinbek: Rowohlt Taschenbuch 1988, S. 122

85 Ulrike Meinhof: »Lohnkampf«, in: *konkret* 2/1966, S. 2–3

86 zit. nach: *konkret* vom Mai 1966, S. 23

87 Ulrike Meinhof: »Joachim Fest oder Die Gleichschaltung«, in: *konkret* 8/1966, S. 2

88 *stern* vom 31. 7. 1966

89 Ulrike Meinhof: »Joachim Fest«, a.a.O.

90 Dieter Schenk: *Auf dem rechten Auge blind. Die braunen Wurzeln des BKA.* Köln: Kiepenheuer & Witsch 2001, S. 289

91 Heinrich Böll anlässlich der Verabschiedung der Notstandsgesetze 1968: »Im Hintergrund immer noch die beiden Undiskutablen, die beiden Untragbaren und Unerträglichen: Lübke und Kiesinger«, zit. nach: Klaus Hartung: »Die Mörder sind noch unter uns«, in: Eckhard Siepmann u.a. (Red.): *The Roaring Sixties. Der Aufbruch in eine neue Zeit.* Amsterdam: Sonderdruck für Time-Life-Books 1993 (1. Ausgabe: Elefanten Press 1984), S. 293

92 Ulrike Meinhof: »Demokratie spielen«, in: *konkret* 4/1968, S. 4/5
93 Ulrike Meinhof: »Große Koalition«, in: *konkret* 12/1966, S. 2–3
94 Interview mit Peter Rühmkorf, in: Koulmasis, a.a.O.
95 Peter Rühmkorf: *Die Jahre die ihr kennt. Anfälle und Erinnerungen.* Reinbek: Rowohlt Taschenbuch 1972, S. 223
96 Rotzoll: *Frauen,* a.a.O., S. 113
97 Ulrike Meinhof: »Falsches Bewusstsein«, in: Christa Rotzoll: *Emanzipation und Ehe,* München: Delp'sche Verlagsbuchhandlung 1968, S. 33–50
98 Rotzoll: *Frauen,* a.a.O., S. 114–115
99 Ulrike Meinhof, zit. nach: Rotzoll; *Emanzipation,* a.a.O., S. 9
100 Ulrike Meinhof: »Falsches Bewusstsein«, a.a.O., S. 49
101 Ulrike Meinhof: »Schlusslicht Hilfsschule. Ein Bericht über Hilfsschulkinder«, in: Radio Bremen (Hg.) *Hausbuch 1967,* gekürztes Manuskript. Bremen: Carl Schünemann 1967, S. 117
102 Ebd., S. 125
103 Ebd., S. 126
104 Maria Dericum: »Ulrike Meinhof 1934-1976«, in: Klaus Wagenbach, Barbara Sichtermann u. a. (Hg.): *Freibeuter 67.* Berlin: Wagenbach 1996, S. 2–8
105 Herbert Marcuse: »Repressive Toleranz«, in: Robert Paul Wolff/Barrington Moore/Herbert Marcuse: *Kritik der reinen Toleranz.* Frankfurt am Main: Suhrkamp 1966, S. 127f.
106 Ulrike Meinhof: »Napalm und Pudding«, in: *konkret* 5/1967, S. 2–3
107 Ebd.
108 Ulrike Meinhof: »Der Putsch – ein Lehrstück«, in: *konkret* 6/1967, S. 2–3
109 Ulrike Meinhof: »Offener Brief an Farah Diba«, in: *konkret* 6/1967, S. 21–22 (auch verteilt als Flugblatt)
110 Vgl. *konkret* 7/1967, S. 6
111 Sebastian Haffner: »Die Nacht der langen Knüppel«, *stern* 26/1967, nachgedruckt in: ders.: *Zwischen den Kriegen. Essays zur Zeitgeschichte.* München: Droemersche Verlagsanstalt Th. Knaur, Nachf. 2001, S. 298–301
112 Rühmkorf: *Die Jahre,* a.a.O., S. 216–217
113 *Welt am Sonntag* vom 4. 6. 1967

114 K. R. Röhl: *Fünf Finger,* (1998), a.a.O., S. 274

115 Vgl. Koulmasis, a.a.O.

116 O-Ton Ulrike Meinhof, in: Koulmasis, a.a.O.

117 Ulrike Meinhof an Anni und Klaus Gelbhaar, Brief vom Sommer 1967; zit. bei: B. Röhl, a.a.O., S. 581

118 Christa Rotzoll: *Frauen,* a.a.O., S. 116

119 zit. nach: Tilman Fichter/Siegward Lönnendonker: *Kleine Geschichte des SDS. Der Sozialistische Studentenbund von 1946 bis zur Selbstauflösung.* Berlin: Rotbuch 1979 (2.Auflage), S. 107

120 Ebd., S. 107–108

121 Rudi Dutschke/Hans-Jürgen Krahl: »Organisationsreferat« [verbreitet unter dem Titel: »Das Sich-Verweigern erfordert Guerilla-Mentalität«], vorgetragen am 5. 9. 1967 auf der 22. Delegiertenkonferenz des SDS in Frankfurt am Main. [Der Text basiert auf einer Tonbandabschrift. Einige kurze unverständliche Passagen sind ausgelassen.] Quelle: http://www. infopartisan.net/archive/1967/266716.html (26. 3. 2005)

122 Zit. nach: K. R. Röhl: *Fünf Finger,* a.a.O., S. 285–286

123 Klaus Rainer Röhl: *Die Genossin.* Wien/München/Zürich: Fritz Molden 1975, S. 216

124 Interview mit Klaus Rainer Röhl, in: Koulmasis, a.a.O.

125 Interview mit Peter Coulmas, in: Koulmasis, a.a.O.

126 Zit. bei: B. Röhl, a.a.O., S. 588

127 Koulmasis, a.a.O.

128 *Süddeutsche Zeitung* vom 27./28. 1. 2001

129 Repräsentative Umfrage der Emnid/Ifak-Institute im Auftrag des *Spiegel,* in: *Der Spiegel* 7/1968, S. 31, zit. nach: Fichter/ Lönnendonker, a.a.O., S. 123

130 Tariq Ali: *Street Fighting Years. Autobiographie eines '68ers.* Köln: Neuer ISP Verlag 1998, S. 192

131 Wolfgang Dreßen/Sibylle Plogstedt/Gerhart Rott: Vorwort in: *Der Internationale Vietnamkongress 1968. Redebeiträge und Erklärungen.* Berlin: Verlag kommunistischer Kampf 1998, S. 5

132 Zit. nach: Gretchen Dutschke: *Wir hatten ein barbarisches, schönes Leben. Rudi Dutschke. Eine Biografie.* Köln: Kiepenheuer & Witsch 1996, S. 181

133 Ebd., S. 182

134 *Der Internationale Vietnamkongress 1968,* a.a.O., S. 173–174

135 Wilhelm Bittorf: »Träume im Kopf, Sturm auf den Straßen«, in: *Spiegel Spezial* »Die wilden 68er«. Hamburg 1988, S. 5

136 G. Dutschke: *Wir hatten ein barbarisches*, a.a.O., S. 489, Anm. 93

137 Klaus Steffens: »SDS-Vietnamkongress West-Berlin« vom 17./18. 2. 1968 SAPMO, a.a.O.

138 Zit. nach: Tariq Ali, a.a.O., S. 187–188

139 Hans Magnus Enzensberger: »Eine neue Phase des Kampfes«, in: *konkret 5/1967*, S. 11

140 *Bild*, Mitte Februar 1968

141 Fichter/Lönnendonker, a.a.O., S. 126

142 Werner Balsen/Karl Rössel: *Hoch die internationale Solidarität. Zur Geschichte der Dritten-Welt-Bewegung in der Bundesrepublik.* Köln: Kölner Volksblatt Verlag, S. 208–209

143 Wolfgang Kraushaar: *1968. Das Jahr, das alles verändert hat.* München: Piper 1998, S. 82

144 Gudrun Ensslin, zitiert nach Aust, a.a.O., S. 75

145 Vgl. Britta Waldschmidt-Nelson: *Martin Luther King – Malcolm X: Gegenspieler*, Frankfurt am Main: Fischer Taschenbuch 2000, S. 142

146 Pressemitteilung des SDS Westberlin vom 11. 4. 1968, zit. nach: Fichter/Lönnendonker, a.a.O., S. 127

147 Stefan Aust: *Der Baader-Meinhof-Komplex.* München: Goldmann 1998 (erweiterte und aktualisierte Auflage), S. 71–72; Interview mit Stefan Aust; in: *Tagesspiegel* vom 24. 8. 2003

148 Rudi Dutschke: *Aufrecht gehen. Eine fragmentarische Autobiografie.* Westberlin 1981: Olle & Wolter, S. 199

149 http://www2.hu-berlin.de/fachdidaktik

150 Aust (1998), a.a.O., S. 72

151 Fichter/Lönnendonker, a.a.O., S. 127

152 Vgl. *Im Fadenkreuz. Deutschland und die RAF.* Teil 1: Die Täter. Fernsehfeature, NDR 1997

153 Zit. nach: Aust, (1998), a.a.O., S. 73

154 *Der Spiegel* 17/1968

155 Vgl. Fichter/Lönnendonker, a.a.O., S. 128

156 Jürgen Miermeister/Jochen Staadt (Hg.): *Provokationen. Die Studenten- und Jugendrevolte in ihren Flugblättern 1965-1971.* Darmstadt-Neuwied: Luchterhand 1980, S. 198

157 Klaus Rainer Röhl: *Fünf Finger sind keine Faust. Eine Abrechnung.* München: Universitas Verlag in der F. A. Herbig Ver-

lagsbuchhandlung 1998 (3. vollständig durchgesehene und kommentierte Auflage, 1. Auflage 1974), S. 239

158 Helke Sander: »Nicht Opfer sein, sondern Macht haben«, in: Ute Kätzel: *Die 68erinnen. Porträt einer rebellischen Frauengeneration.* Berlin: Rowohlt 2002, S. 170

159 Klaus Rainer Röhl: *Fünf Finger sind keine Faust.* Köln: Kiepenheuer & Witsch 1974, S. 331–332

160 Ulrike Meinhof: »*Jynette, Irene, Monika*« – *Fürsorgeerziehung aus der Sicht von drei ehemaligen Berliner Heimmädchen*, Hörfunkfeature. WDR III, 2. und 8. 12. 1969, Manuskript, S. 37–38

161 Ebd., S. 11

162 Ulrike Meinhof: »Der Schock muss aufgearbeitet werden«, in: *konkret* Extra (geschrieben am 21. August 1968 für das Prag-Flugblatt von *konkret*), in: N. Weißenborn (Hg.): *Prag und die Linke.* Hamburg: konkret Verlag Klaus Rainer Röhl 1968, S. 58-60

163 Erich Kuby: »Hoffnung Prag«, in: *konkret* Extra (geschrieben am 21. August 1968 für das Prag-Flugblatt von *konkret*), in: N. Weißenborn (Hg.): *Prag*, a.a.O., S. 12

164 Ulrike Meinhof: »Der Schock«, a.a.O., S. 58-60

165 K. R. Röhl: *Fünf Finger*, (1998), a.a.O., S. 310–311

166 Helke Sander: »Rede des ›Aktionsrates zur Befreiung der Frauen‹«, 23. Delegiertenkonferenz des SDS vom 12.-16. 9. 1968 in Frankfurt am Main, in: Eckhard Siepmann (Red.): *Heiss und kalt. Die Jahre 1945-69.* Westberlin: Elefanten Press 1988 (3. Auflage), S. 624–627

167 Ulrike Meinhof: »Falsches Bewusstsein«, in: Christa Rotzoll: *Emanzipation*, a.a.O., S. 33-50

168 Helke Sander: »Rede des ›Aktionsrates‹«, a.a.O., S. 624–627

169 Alle Zitate: Stefan Aust, (1998), a.a.O., S. 75

170 Ebd., S. 77

171 Strategiedebatte am 6. 12. 1968 im Republikanischen Club Westberlin. Vgl. Protokoll, in: Extra-Dienst vom 11. und 14. 12. 1968; http://www.infopartisan.net/archive/1967/266799.html (26. 3. 2005)

172 *Bild* (Hamburg) vom 14. 10. 1969

173 Ebd.

174 Peter Weiss, zit. nach: Peter Brückner: *Ulrike Meinhof und die deutschen Verhältnisse.* Berlin 1976, S. 138

175 Vgl. K. R. Röhl: *Fünf Finger* (1988), a.a.O., S. 258

176 Ulrike Meinhof: »Kolumnismus«, in: *konkret* 2/1969, S. 2
177 Klaus Rainer Röhl: »Lieber konkret-Leser!«, in: *konkret* 2/1969, S. 6
178 Ebd.
179 K. R. Röhl: *Fünf Finger*, (1998), a.a.O., S. 264
180 Ulrike Meinhof/Peter Homann/Reinhard Kahl/Jürgen Holt-kamp/Karl Heinz Roth: »Zur Situation von konkret«, in: *Rote Presse Korrespondenz* [der Studenten-, Schüler und Arbeiter-bewegung], Nr. 11 vom 1. Mai 1969, S. 5–6
181 Ebd.
182 Ebd.
183 Ulrike Meinhof: »Ich will durch meine Mitarbeit nicht ver-schleiern«, in: *Frankfurter Rundschau* vom 26. April 1969
184 Ebd.
185 Meinhof/Homann u.a., a.a.O.
186 Rühmkorf: *Die Jahre*, a.a.O., S. 229; und: K. R. Röhl *Fünf Finger* (1998), a.a.O., S. 274–275
187 zit. nach K. R. Röhl *Fünf Finger* (1998), a.a.O., S. 276
188 Interview mit Freimut Duve, in: Koulmasis, a.a.O.
189 Alle Angaben aus Sicht der *konkret*-Eigentümer und die Fotos stammen aus: Wolfgang Röhl »›Der Laden wird zerkrümelt!‹ Chronik einer missglückten Eroberung«, in: *konkret* 11/1969, S. 48–49
190 Ulrike Meinhof: »Koalitionskrise«, in: *konkret* vom Oktober 1964, S. 3
191 Sebastian Haffner: »Falsche Solidarität«, in: *stern* 9/1972, nachgedruckt in: ders.: *Zwischen den Kriegen,* a.a.O., S. 331
192 Zit. nach: Mario Krebs, a.a.O., S. 183
193 Ulrike Helwerth: »Sie war mir nah wie eine Schwester. Ulrike Marie Meinhof und die Frauen«, Radio-Feature, Erstsendung Saarländischer Rundfunk 5. 5. 1996
194 Koulmasis, a.a.O.
195 B. Röhl, a.a.O., S. 639
196 *Welt am Sonntag* vom 23. 11. 1969
197 *Berliner Morgenpost* vom 18. 11. 1969
198 ZUZ vom 4. 12. 1969
199 Hans-Jürgen Krahl: *Autoritäten und Revolution. Dialektik von bürgerlicher Emanzipation und proletarischer Revolution (1966-1970).* Frankfurt am Main: Neue Kritik 1971, S. 256–259

200 *Berliner Zeitung* vom 15. 5. 1970

201 Eberhard von Itzenplitz: »Über die Filmarbeit mit Ulrike Meinhof«, in: Ulrike Meinhof: *Bambule. Fürsorge – für wen?* Westberlin: Wagenbach 1987 (Neuausgabe), S. 125

202 Ulrike Meinhof, zit. nach: Stefan Aust, (1998), a.a.O., S. 113

203 Ebd.

204 Franz Barsig, SFB-Intendant, an Senator Horst Korber, Brief vom 10. 2. 1970, in: LArch B Rep. 013 Nr. 559-562

205 Zit. nach: Franz Osterroth/Dieter Schuster: *Chronik der deutschen Sozialdemokratie*, 1978, in: http://library.fes.de

206 Christiane Ensslin/Gottfried Ensslin (Hg.): Gudrun Ensslin. »Zieht den Trennungsstrich jede Minute«. Briefe an ihre Schwester Christiane und ihren Bruder Gottfried aus dem Gefängnis 1972-1973. Hamburg: Konkret Literatur Verlag 2005, S. 10

207 Gudrun Ensslin in: Ensslin/Ensslin, a.a.O., S. 67

208 K. R. Röhl an das Amtsgericht Charlottenburg, Antrag vom 16. 5. 1970

209 *Focus* 19/2001

210 »Der Blitzkrieg Israels«, Kommentar, *Frankfurter Allgemeine Zeitung* vom 7. 6. 1967

211 *Die Zeit* vom 9. 6. 1967

212 *Der Spiegel* vom 12. 6. 1967

213 Ulrike Meinhof: »Drei Freunde Israels«, Vorwort in: Isaac Deutscher: *Der israelisch-arabische Konflikt*. Voltaire Flugschriften Nr. 21. Frankfurt am Main: Edition Voltaire 1968, S. 3

214 Interview mit Peter Homann in: *Der Spiegel* 48/1971

215 Peter Homann: »Volksgericht im Wüstensand«, in: *Der Spiegel* 21/1997

216 Peter Homann: »›Aber nicht andere nur, auch uns töten wir‹«, in: *Der Spiegel* 43/2002

217 *Der Spiegel* 25/1970

218 RAF [Co-Autorin bzw. Autorin nach kollektiver Diskussion Ulrike Meinhof]: »Das Konzept Stadtguerilla«, April 1971, in: Rote Armee Fraktion: *Texte und Materialien zur Geschichte der RAF*. Berlin: ID-Verlag 1997, S. 27, 30

219 Aust (1998), a.a.O., S. 134

220 Ebd., S. 136

221 RAF »Das Konzept Stadtguerilla«, in: *RAF Texte: der RAF*, Internationales Komitee zur Verteidigung politisches Gefange-

ner in Westeuropa/Sektion BRD Stuttgart (Hrsg.), Malmö (Schweden): Verlag Bo Cavefors 1977, S. 27 ff

222 Heinrich Böll: »Verfolgt war nicht nur Paulus«. Eine Erwiderung auf den Kommentar von Diether Posser, in: *Der Spiegel* 6/1972

223 *Der Spiegel* 29/1995

224 RAF: »Dem Volke dienen. Stadtguerilla und Klassenkampf«, April 1972, in: Rote Armee Fraktion: *Texte*, a.a.O., S. 140

225 Margrit Schiller: *Es war ein harter Kampf um meine Erinnerung. Ein Lebensbericht aus der RAF.* München: Piper 2001, S. 40

226 Ebd., S. 41f.

227 *Der Spiegel* 9/1971

228 Schiller: *Es war ein harter Kampf*, a.a.O., S. 51

229 RAF: »Das Konzept Stadtguerilla«, April 1971, in: Rote Armee Fraktion: *Texte*, a.a.O., S. 27–48

230 RAF: »Über den bewaffneten Kampf in Westeuropa«, Mai 1971, in: Rote Armee Fraktion: *Texte*, a.a.O., S. 49–111

231 *Der Spiegel* 30/1971

232 *Der Spiegel* 9/1971

233 *Kritische Justiz*, zit. nach: *Der Spiegel* 9/1971

234 Zit. nach: *Der Spiegel* 9/1971

235 Klaus Jünschke: *Spätlese*. Frankfurt am Main: Neue Kritik 1988, S. 153–154

236 Ralf Reinders: *Die Bewegung 2. Juni*, Chronologie S. 169

237 Renate Riemeck: »Gib auf Ulrike«, *konkret* vom November 1971

238 Aust (1998), a.a.O., S. 209f.

239 Heinrich Böll: »Will Ulrike Gnade oder freies Geleit?«, in: Frank Grützbach (Red.): Heinrich Böll: *Freies Geleit für Ulrike Meinhof. Ein Artikel und seine Folgen.* Köln: Kiepenheuer & Witsch 1972, S. 28

240 Helmut Gollwitzer: »Gnade und Freistatt«, in: Grützbach, a.a.O., S. 7

241 RAF: »Dem Volke dienen. Stadtguerilla und Klassenkampf«, April 1972, in: Rote Armee Fraktion: *Texte*, a.a.O., S. 112–144

242 Schiller: *Es war ein harter Kampf*, a.a.O., S. 72

243 RAF: »Dem Volke dienen. Stadtguerilla und Klassenkampf«, April 1972, in: Rote Armee Fraktion: *Texte*, a.a.O., S. 138–139

244 Ebd., S. 139

245 Heinrich Hannover: *Terroristenprozesse. Erfahrungen und Erkenntnisse eines Strafverteidigers,* Terroristen & Richter – Band 1, Hamburg: VSA 1991, S. 140

246 RAF-Kommando Petra Schelm, Erklärung vom 14. 5. 1972 zum Anschlag auf das Hauptquartier der US-Army in Frankfurt am Main am 11. 5. 1972, in: Rote Armee Fraktion: *Texte,* a.a.O., S. 145

247 RAF-Kommando Thomas Weisbecker, Erklärung vom 16. 5. 1972 zu den Anschlägen in Augsburg und München am 12. 5. 1972, in: Rote Armee Fraktion: *Texte,* a.a.O., S. 145

248 RAF-Kommando Manfred Grashof, Erklärung vom 20. 5. 1972 zum Anschlag auf den BGH-Richter Buddenberg am 15. 5. 1972 [Aust: 16.5.], in: Rote Armee Fraktion: *Texte,* a.a.O., S. 146

249 RAF-Kommando 15. Juli, Erklärung vom 25. 5. 1972 zum Anschlag auf das Hauptquartier der US-Army in Europa in Heidelberg am 24. 5. 1972, in: Rote Armee Fraktion: *Texte,* a.a.O., S. 147

250 Aussage des ehemaligen Ex-CIA-Agenten K. Barton Osborne auf einer Pressekonferenz der Verteidiger am 23. 7. 1976 in Frankfurt am Main, in: *texte: der RAF,* a.a.O., S. 503-505

251 RAF-Kommando 2. Juni, Erklärung vom 20. 5. 1972 zum Anschlag auf das Springer-Hochhaus in Hamburg am 19. 5. 1972, in: Rote Armee Fraktion: *Texte,* a.a.O., S. 147

252 Zit. nach Aust(1998), a.a.O., S. 248

253 RAF-Kommando 2. Juni, Erklärung vom 20. 5. 1972 zum Anschlag auf das Springer-Hochhaus in Hamburg am 19. 5. 1972, in: Rote Armee Fraktion: *Texte,* a.a.O., S. 147

254 RAF, Erklärung vom 31. 5. 1972, laut Tonbandprotokoll von dem Teach-In der Roten Hilfe, Frankfurt am Main, in: Rote Armee Fraktion: *Texte,* a.a.O., S. 148–150

255 *Der Spiegel* 27/1972, S. 62

256 *Bild* vom 22. 6. 1972

257 Jewgenija Semjonowna Ginsburg: *Marschroute eines Lebens.* Reinbek: Rowohlt 1967, S. 179–180, 190, 208ff.

258 Ulrike Meinhof an Regine und Bettina Röhl, Brief vom 12. 8. 1972, zit. bei: B. Röhl, *Spiegel* 29/1995

259 Ulrike Meinhof an Heinrich Hannover, Brief vom 24. 10. 1972, zit. bei: B. Röhl, a.a.O., S. 614

260 Aust (1998), a.a.O., S. 279

261 Ebd., S. 280; B. Röhl in: *Der Spiegel*, a.a.O.

262 *stern* 2/1973

263 Ebd.

264 Ebd.

265 Aust (1998), a.a.O., S. 270

266 Presseerklärung der hungerstreikenden Anwälte, zit. nach: Pieter Bakker Schut: *Stammheim. Der Prozess gegen die Rote Armee Fraktion. Die notwendige Korrektur der herrschenden Meinung*, hg. von der Roten Hilfe e.V. Bonn: Pahl-Rugenstein 1997, S. 90

267 Heidi Leonhardt an Christiane Leonhardt, Brief vom 14. 2. 1973

268 *Bild* vom 5. 6. 1972

269 Ulrike Meinhof: »Justizskandal Weigand«, in: *konkret* 2/1965

270 RAF „Hungerstreik-Erklärung vom 8.5.1973", in: *RAF Texte*, a.a.O, S. 187 f.

271 Dieckmann laut *Deutsches Ärzteblatt* vom 29. 4. 1976, zit. nach: Internationales Komitee zur Verteidigung Politischer Gefangener in Westeuropa – Sektion BRD, Erklärung »Zur Meldung im *Observer* vom 15. 8. 1976 stellen wir fest«, Erklärung vom [ohne Datum], S. 3

272 Die Professoren Sch[o]rsch, Meyer, Sigusch und Schmidt an das Bundesjustizministerium, in: *Stuttgarter Zeitung* vom 23.4.1976, zit. nach: Internationales Komitee zur Verteidigung Politischer Gefangener in Westeuropa – Sektion BRD, Erklärung »Zur Meldung im *Observer*«, a.a.O., S. 3

273 Gudrun Ensslin an Anwälte und Mitgefangene, Brief vom 31.5. 1973

274 Bakker Schut, a.a.O., S. 112

275 H. Finkemeyer/R. Kautzky: »Das Kavernom des Sinus carvernosus«, in: *Zentralblatt für Neurochirurgie* 1/1968, Leipzig/DDR, S. 26

276 Bakker Schut, a.a.O., S. 115 ff.

277 ap-Meldung vom 17. 4. 1974

278 *Frankfurter Allgemeine Zeitung* vom 11. 9. 1974

279 Ebd.; *Die Welt* vom 11. 9. 1974; *Münchner Abendzeitung* vom 11. 9. 1974; *Süddeutsche Zeitung* vom 11. 9. 1974; *Deutsche Zeitung* vom 13. 9. 1974; *stern* 39/1974; *Die Zeit* 38/1974

280 *Deutsche Zeitung* vom 13. 9. 1974

281 *Hannoversche Allgemeine Zeitung* vom 14. 9. 1974; *Süddeutsche Zeitung* vom 14./15. 9. 1974; *Frankfurter Allgemeine Zeitung* vom 16. 9. 1974; *Berliner Extradienst* vom 17. 9. 1974; *stern* 39/1974

282 Ulrike Meinhof: Rede im Prozess zur Befreiung von Andreas Baader am 13. 9. 1974 vor dem Kriminalgericht Moabit, in: *texte: der RAF*, a.a.O., S. 62-74

283 Gustav Heinemann: Brief an Ulrike Meinhof, zit. nach: *Süddeutsche Zeitung* vom 17. 12. 1974; *Frankfurter Rundschau* vom 15. 5. 1976; *Frankfurter Rundschau* vom 18. 12. 1974

284 Ulrike Meinhof: Brief an Gustav Heinemann, zit. nach *Frankfurter Rundschau* vom 18. 12. 1974

285 Brief der RAF an die Gefangenen aus der RAF vom 5. 2. 1975, in: Rote Armee Fraktion: *Texte*, a.a.O., S. 192–193

286 Horst Herold laut *Frankfurter Rundschau* vom 3. 5. 1979, zit. nach: Bakker Schut: *Stammheim*, a.a.O., S. 569, Anm. 3

287 *Der Spiegel* vom 19. 5. 1976

288 *Der Spiegel* vom 24. 6. 1974

289 Interview mit Generalbundesanwalt Siegfried Buback, in: *Der Spiegel* 8/1976

290 Gerhard Mauz: »Es ist nicht immer Haarmann, der kommt ...«, in: Wolfgang Dreßen/Klaus Croissant u.a. (Hg.): *Politische Prozesse ohne Verteidigung?* Westberlin: Wagenbach 1976, S. 7–11

291 Generalbundesanwalt Buback: Interview, in: *stern* 24/1975

292 Prof. Wilfried Rasch: Interview, in: *stern* vom 20. 5. 1976

293 Bakker Schut: *Stammheim*, a.a.O., S. 329

294 Winslow Peck: Erklärung, Pressekonferenz vom 23. 6. 1976 in Frankfurt am Main, zit. nach: *texte: der RAF*, a.a.O., S. 496-503

295 Capelli, zit. nach: *stern* vom 20. 5. 1976

296 Ulrike Meinhof: Brief Nr. 96 vom März 1976, in: Pieter Bakker Schut (Hg.): *das info. Briefe der Gefangenen aus der RAF. Dokumente.* Kiel: Neuer Malik Verlag 1987, S. 255–256

297 Gudrun Ensslin: Brief Nr. 98 vom 14. 3. 1976, in: Bakker Schut (Hg.): *das info*, a.a.O., S. 260

298 *Frankfurter Rundschau* vom 15. 5. 1976

299 *Die Zeit* vom 14. 5. 1976

300 *Der Spiegel* vom 17. 5. 1976

301 *stern* vom 20. 5. 1976

302 Prof. Wilfried Rasch: Interview, *stern* vom 20. 5. 1976. Siehe

auch: Justizminister Traugott Bender (CDU), Stuttgart, 10. 5. 1976, Tonbandabschrift

303 Jürgen Dahlkamp: »Trophäen für den Panzerschrank«, in: *Der Spiegel* 42/2002

304 LKA BW Az.: 811/3, Durchsuchungsbericht, Stuttgart-Stammheim, 10. 5. 1976

305 Internationale Untersuchungskommission (Hg.): *Der Tod Ulrike Meinhofs. Bericht der Internationalen Untersuchungskommission.* Tübingen: iva-Verlag bernd polke 1979 (2. überarbeitete Auflage) [Original: *la mort d'Ulrike Meinhof. rapport de la commission internationale d'enquête.* Paris: Francois Maspero 1979], S. 5–6

306 Generalbundesanwalt Siegfried Buback, Interview, in: *Der Spiegel* vom 16. 2. 1976

307 *Le Monde* vom 13. 5. 1976

Literaturverzeichnis (Auswahl)

Abendroth, Wolfgang/Ridder, Helmut/Schönfeldt, Otto (Hg.): *KPD-Verbot oder Mit Kommunisten leben?* Reinbek: Rowohlt Taschenbuch 1968

Adler, Dieter/Biskamp, Elard/Brandt, Ute u.a. (Hg.): *Dokumentation zu den Haftbedingungen der Gefangenen aus der RAF und aus dem Widerstand.* Hannover 1985

Ali, Tariq: *Street Fighting Years. Autobiografie eines '68ers.* Köln: Neuer ISP Verlag 1998

Angehörige von politischen Gefangenen in der BRD: *Initiative der Angehörigen beim UNO-Menschenrechtsausschuss in New York.* Selbstverlag 1986

Arning, Matthias: *Späte Abrechnung. Über Zwangsarbeiter, Schlussstriche und Berliner Verständigungen.* Frankfurt am Main: Fischer Taschenbuch 2001

Aust, Stefan: *Der Baader-Meinhof-Komplex.* München: Goldmann 1998 (erweiterte und aktualisierte Auflage)

Baader, Andreas/Ensslin, Gudrun/Proll, Thorwald/Söhnlein, Horst: »Vor einer solchen Justiz verteidigen wir uns nicht!« Schlusswort im Kaufhausbrandprozess. Mit einem Nachwort von Bernward Vesper und einer Erklärung des SDS Berlin, in: Bernward Vesper (Hg.): *VoltaireFlugschrift* 27, 1968

Bakker Schut, Pieter (Hg.): *das info. Briefe der Gefangenen aus der RAF. Dokumente.* Kiel: Neuer Malik Verlag 1987

Bakker Schut, Pieter: *Stammheim. Der Prozess gegen die Rote Armee Fraktion. Die notwendige Korrektur der herrschenden Meinung.* Hg. von der Roten Hilfe. Kiel: Neuer Malik Verlag 1986

Bakker Schut, Pieter u.a. (Hg.): *Todesschüsse, Isolationshaft, Eingriffe ins Verteidigungsrecht.* Hamburg: Libertäre Assoziation 1988 (Neuauflage)

Balsen, Werner/Rössel, Karl: *Hoch die internationale Solidarität. Zur Geschichte der Dritte-Welt-Bewegung in der Bundesrepublik.* Köln: Kölner Volksblatt Verlag 1986

Bauer, Markus: *Passage Marburg. Ausschnitte aus vierundzwanzig Lebenswegen.* Marburg: Jonas 1994

Becker, Jillian: *Hitlers Kinder? Der Baader-Meinhof-Terrorismus.* Frankfurt am Main: Fischer Taschenbuch 1978

Berberich, Monika/Jansen, Ali u. a.: *Ulrike Meinhof 20. Todestag.*

Podiumsgespräch am 3. Mai 1996, TU Berlin Audimax. Abschrift der Beiträge, unveröffentlicht

Berberich, Monika/Rosenkötter, Irene (Hg.): *Aber wir haben immer auf das Leben gesetzt.* Hamburg: Libertäre Assoziation 1998

Bick, Martina/Proll, Thorwald (Hg.): *»Die schönste Jugend ist gefangen«. Freiheit für Irmgard Möller in Lyrik und Prosa.* Hamburg: Verlag auf Hoher See 1994

Böhler, Jochen: *Auftakt zum Vernichtungskrieg. Die Wehrmacht in Polen 1939.* Frankfurt am Main: Fischer Taschenbuch 2006

Böll, Heinrich/Dutschke, Rudi/Fried, Erich u. a. (Hg.): *Die Erschießung des Georg v. Rauch.* Berlin: Wagenbach 1976

Brand, Enno: *Staatsgewalt. Politische Unterdrückung und Innere Sicherheit in der Bundesrepublik.* Göttingen: Verlag Die Werkstatt 1988

Brenner, Hildegard: *Die Kunstpolitik des Nationalsozialismus.* Reinbek: Rowohlt 1963

Brosch, Peter: *Fürsorgeerziehung. Heimterror und Gegenwehr.* Frankfurt am Main: Fischer Taschenbuch 1971

Brückner, Peter/Krovoza, Alfred: *Staatsfeinde. Innerstaatliche Feinderklärung in der BRD.* Westberlin: Wagenbach 1972

Brückner, Peter: *Ulrike Meinhof und die deutschen Verhältnisse.* Westberlin: Wagenbach 1976

Bundesministerium des Innern (Hg.): *Auseinandersetzung mit dem Terrorismus. Möglichkeiten der politischen Bildungsarbeit.* Bericht über ein Seminar für Träger der politischen Bildung. Bonn 1981

Bundesministerium des Innern (Hg.): *Geistig-politische Auseinandersetzung mit dem Terrorismus. Protokoll einer Modelltagung.* Bonn 1979

Bundesministerium des Innern, Arbeitsstab »Öffentlichkeitsarbeit gegen Terrorismus« (Hg.): *Hat sich die Republik verändert? Terrorismus im Spiegel der Presse.* Bonn 1978

Burmester, Siegfried: *Ein Leben zwischen Irrtum und Hoffnung. Eine politische Biografie.* Sangerhausen: Edition Neue Wege 2002

Cabral, Amilcar: *Die Revolution der Verdammten. Der Befreiungskampf in Guinea-Bissao.* Westberlin: Rotbuch 1974

Carini, Marco: *Fritz Teufel. Wenn's der Wahrheitsfindung dient.* Hamburg: Konkret Literatur Verlag 2003

Croissant, Klaus u.a.: *Politische Prozesse ohne Verteidigung?*, hg. von Wolfgang Dreßen. Westberlin: Wagenbach 1976

Curcio, Renato: *Mit offenem Blick. Ein Gespräch zur Geschichte der Roten Brigaden in Italien mit Mario Scialoja.* Berlin: ID Verlag 1997

Dede, Klaus: *Antisemitismus in Oldenburg.* Oldenburg: Eigenverlag o. J.

Delius, Friedrich Christian: *Mein Jahr als Mörder.* Berlin: Rowohlt 2004

Der Baader-Meinhof-Report. Dokumente-Analysen-Zusammenhänge. Aus den Akten des Bundeskriminalamts, der »Sonderkommission, Bonn« und dem Bundesamt für Verfassungsschutz. Mainz: Hase & Koehler 1972

Dericum, Christa: »Ulrike Marie Meinhof 1934-1976«, in: Wagenbach, Klaus/Sichtermann, Barbara u. a (Hg.): *Freibeuter* 67/1996, S. 2–8

Dethloff, Klaus/Golzem, Armin/Hannover, Heinrich/Heiermann, Wolfgang/Niepel, Frank/Otto, Roland/Roth, Karl Heinz (Hg.): *Ein ganz gewöhnlicher Mordprozess. Das politische Umfeld des Prozesses gegen Roland Otto, Karl Heinz Roth und Werner Sauber.* Berlin: Rotbuch 1978

Deutscher, Isaac: *Die ungelöste Judenfrage. Die Dialektik von Antisemitismus und Zionismus.* Westberlin: Rotbuch 1977

Dieter Goertz: *Juden in Oldenburg 1930-1938. Struktur, Integration und Verfolgung.* Oldenburg: Isensee 1995

Dollinger, Hans (Hg.): *Revolution gegen den Staat? Die außerparlamentarische Opposition - die neue Linke.* Bern/München/Wien: Rütten & Loening 1968

Dreßen, Wolfgang/Plogstedt, Sibylle/Rott, Gerhart (Hg.): *Der Internationale Vietnamkongress 1968. Redebeiträge und Erklärungen.* Berlin: Verlag kommunistischer Kampf 1998

Dreßen, Wolfgang: *Betrifft: »Aktion 3«. Deutsche verwerten jüdische Nachbarn. Dokumente zur Arisierung.* Berlin: Aufbau 1998

Duhnke, Horst: *Die KPD von 1933 bis 1945.* Wiener Neustadt: Räteverlag 1974

Dutschke, Rudi: *Jeder hat sein Leben ganz zu leben. Die Tagebücher 1963-1979,* hg. von Gretchen Dutschke. Köln: Kiepenheuer & Witsch 2003

Ensslin, Christiane/Ensslin, Gottfried (Hg.): *Gudrun Ensslin. »Zieht den Trennungsstrich jede Minute«. Briefe an ihre Schwester Christiane und ihren Bruder Gottfried aus dem Gefängnis 1972-1973.* Hamburg: Konkret Literatur Verlag 2005

Enzensberger, Hans Magnus/Michel, Karl Markus (Hg.): *Folter in der BRD. Zur Situation der Politischen Gefangenen.* Kursbuch 32. Berlin: Rotbuch 1973

Feltrinelli, Carlo: *Senior Service. Das Leben meines Vaters.* München/Wien: Carl Hanser 2001

Fest, Joachim: *Begegnungen. Über nahe und ferne Freunde.* Reinbek: Rowohlt 2004

Fichter, Tilman/Lönnendonker, Siegward: *Kleine Geschichte des SDS. Der Sozialistische Studentenbund von 1946 bis zur Selbstauflösung.* Westberlin: Rotbuch 1979 (2. Auflage)

Gaus, Günter: *Widersprüche. Erinnerungen eines linken Konservativen.* Berlin: Propyläen/Ullstein 2004

Gedenkstätte Buchenwald (Hg.): *Konzentrationslager Buchenwald 1937-1945.* Begleitband zur ständigen historischen Ausstellung. Göttingen: Wallstein 1999

Geronimo: *Feuer und Flamme. Zur Geschichte der Autonomen.* Berlin: Edition ID-Archiv 1990

Ginsburg, Jewgenija Semjonowa: *Marschroute eines Lebens.* Reinbek: Rowohlt 1967

Görres Agnoli, Barbara: *Johannes Agnoli. Eine biografische Skizze.* Hamburg: Konkret Literatur Verlag 2004

Gössner, Rolf: *Das Anti-Terror-System. Politische Justiz im präventiven Sicherheitsstaat.* Terroristen & Richter – Band 2. Hamburg: VSA 1991

Gottwald, Herbert: »Die Jenaer Geschichtswissenschaft in der Zeit des Nationalsozialismus«, in: Haßfeld, Uwe/John, Jürgen/Lemuth, Oliver/Stutz, Rüdiger (Hg.): »Kämpferische Wissenschaft«. Studien zur Jenaer Universität im Nationalsozialismus. Weimar: Böhlau 2003 (Manuskriptfassung)

Dutschke, Gretchen: *Rudi Dutschke. Wir hatten ein barbarisches, schönes Leben. Eine Biografie.* Köln: Kiepenheuer & Witsch 1996

Grimmer, Reinhard/Irmler, Werner/Opitz, Willi/Schwanitz, Wolfgang (Hg.): *Die Sicherheit. Zur Abwehrarbeit des MfS.* 2 Bände. Edition Ost/Verlag Das Neue Berlin 2003

Groll, Petra/Gottschlich, Jürgen: *Wir waren so unheimlich konsequent ... Ein Gespräch zur Geschichte der RAF mit Stefan Wisniewski.* Berlin: ID Verlag 1997

Grützbach, Frank (Red.): *Heinrich Böll: Freies Geleit für Ulrike Meinhof. Ein Artikel und seine Folgen.* Köln: Kiepenheuer & Witsch 1972

Günther-Arndt, Hilke: »Oldenburgische Schulen und Hochschulen in den Nachkriegsjahren«, in: Albrecht Eckhardt (Hg.): *Oldenburg um 1950. Eine nordwestdeutsche Region im ersten Nachkriegsjahrzehnt.* Oldenburg: Isensee 2000

Haffner, Sebastian: *Zwischen den Kriegen. Essays zur Zeitgeschichte.* München: Droemersche Verlagsanstalt Th. Knaur Nachf. 2001

Halm, Evelyn/Ballhorn, Margitta (Hg.): *Ausländische Zivilarbeiter in Jena 1940 bis 1945.* Stadtarchiv Jena 1995

Hannover, Heinrich: *Die Republik vor Gericht 1954-1974. Erinnerungen eines unbequemen Rechtsanwalts.* Berlin: Aufbau Taschenbuch 2000

Hannover, Heinrich: *Terroristenprozesse. Erfahrungen und Erkenntnisse eines Strafverteidigers.* Terroristen & Richter – Band 1. Hamburg: VSA 1991

Hauser, Dorothea: *Baader und Herold – Beschreibung eines Kampfes.* Berlin: Alexander Fest 1997

Hellmann, Birgit: »›... nach so einem Leben hat man überhaupt keine Lebensangst mehr und keinerlei Besitzverhältnisse zur Welt‹. Johanna Hofmann Stirnemann – die erste Museumsdirektorin Deutschlands«, in: Gisela Horn (Hg.): *Entwurf und Wirklichkeit. Frauen in Jena 1900 bis 1933.* Rudolstadt: Hain 2001, S. 325-338

Helwerth, Ulrike: »Sie war mir nah wie eine große Schwester« – Ulrike Meinhof und die Frauen. Radio-Feature, SR 5. 5. 1996, DeutschlandRadio Köln 7. 5. 1996

Hermann, Kai: *Die Revolte der Studenten.* Hamburg: Christian Wegner 1967

Herms, Michael/Popp, Karla (Institut für zeitgeschichtliche Jugendforschung) (Hg.): *Westarbeit der FDJ. 1946 bis 1989.* Berlin: Metropol 1997

Herzog, Marianne: *Nicht den Hunger verlieren.* Westberlin: Rotbuch 1980

Hirsch, Joachim: *Der Sicherheitsstaat. Das Modell Deutschland, seine Krise und die neuen sozialen Bewegungen.* Frankfurt am Main: Europäische Verlagsanstalt 1980

Hübotter, Klaus: »HLG 1990«, in: ders.: *Stoppelfeld-Zeit. Ende 1994–Mitte 1996* (Tagebuchverse III). Bremen: Selbstverlag o. J.

Internationale Untersuchungskommission (Hg.): *Zum Tode Ulrike Meinhofs. Bericht der Internationalen Untersuchungskommission.* Paris/Tübingen 1979 (2. überarbeitete Auflage)

Internationaler Vietnamkongress Februar 1968 in Berlin. Redebeiträge und Erklärungen. Berlin: Verlag kommunistischer Kampf 1998 (Reprint)

Jenaer Arbeitskreis Judentum (Hg.): *Juden in Jena. Eine Spurensuche.* Jena: Glaux 1998

Jünschke, Klaus: *Spätlese. Texte zu RAF und Knast.* Frankfurt am Main: Neue Kritik 1988

Kätzel, Ute: *Die 68erinnen. Porträt einer rebellischen Frauengeneration.* Berlin: Rowohlt 2002

Kitson, Frank: *Im Vorfeld des Krieges. Abwehr von Subversion und Aufruhr.* Stuttgart: Seewald 1974

Klee, Ernst (Hg.): *Dokumente zur »Euthanasie«.* Frankfurt am Main: Fischer Taschenbuch 2001

Klee, Ernst: *Deutsche Medizin im Dritten Reich. Karrieren vor und nach 1945.* Frankfurt am Main: S. Fischer 2001

Knorr, Lorenz: *Geschichte der Friedensbewegung in der Bundesrepublik.* Köln: Pahl-Rugenstein 1993

Kogon, Eugen u.a.: *Der totale Notstandsstaat.* Frankfurt am Main: Stimme-Verlag 1964

Koulmasis, Timon: *Ulrike Meinhof: »Lettre a sa fille - Brief an ihre Tochter«.* Fernsehfilm. Les Films du Village, La Sept/Arte, La RTBF und Lichtblickfilmproduktion, 1994

Krahl, Hans-Jürgen: *Autoritäten und Revolution. Dialektik von bürgerlicher Emanzipation und proletarischer Revolution (1966-1970).* Frankfurt am Main: Neue Kritik 1971

Kraushaar, Wolfgang (Hg.): *Frankfurter Schule und Studentenbewegung. Von der Flaschenpost zum Molotowcocktail 1946 bis 1995.* Band 1: Chronik. Hamburg: Rogner & Bernhard 1998

Kraushaar, Wolfgang: *1968. Das Jahr, das alles verändert hat.* München: Piper 1998

Krebs, Mario: *Ulrike Meinhof. Ein Leben im Widerspruch*, Reinbek: Rowohlt Taschenbuch 1989

Krüger, Dieter/Wagner, Armin (Hg.): *Konspiration als Beruf. Deutsche Geheimdienstchefs im Kalten Krieg.* Berlin: Christoph Links 2003

Kuby, Erich: *Aus schöner Zeit. Vom Carepaket zur Nachrüstung. Der kurze deutsche Urlaub.* Hamburg: Rasch und Röhring 1984

Kuhlbrodt, Dietrich: *Nazis immer besser. Deutsches Filmwunder.* Hamburg: Konkret Literatur Verlag 2006

Kumpf, Richard: *Alarmtauchen im Krieg – Untertauchen im Kal-*

ten Krieg. Ein Kommunist berichtet über sein Leben. Bonn: Pahl-Rugenstein 2000

Marcuse, Herbert/Popper, Karl: *Revolution oder Form? Eine Konfrontation,* hg. von Franz Stark. München: Kösel 1971

Marcuse, Herbert: »Repressive Toleranz«, in: Wolff, Robert Paul/Moore, Barrington/Marcuse, Herbert: *Kritik der reinen Toleranz.* Frankfurt am Main: Suhrkamp 1970

Marcuse, Herbert: *Der eindimensionale Mensch. Studien zur Ideologie der fortgeschrittenen Industriegesellschaft.* Neuwied/Berlin: Luchterhand 1968

Massing, Paul W.: *Vorgeschichte des politischen Antisemitismus.* Frankfurt am Main: Europäische Verlagsanstalt 1986

Meinhof, Ulrike: »Drei Freunde Israels«, Vorwort in: Isaac Deutscher: *Der israelisch-arabische Konflikt.* Voltaire Flugschriften 21, 1968, S. 3-5

Meinhof, Ulrike: »Der Schock muss aufgearbeitet werden«, in: N. Weißenborn (Hg.): *Prag und die Linke.* Hamburg: konkret Verlag Klaus Rainer Röhl 1968

Meinhof, Ulrike: »Falsches Bewusstsein«, in: Christa Rotzoll: *Emanzipation und Ehe.* München: Delp 1968, S. 33-50

Meinhof, Ulrike: *Bambule. Fürsorge – Sorge für wen?* Berlin: Wagenbach 1971, 1972, 1975, 1976, 1980, 1987, Neuausgabe und erweiterte Ausgabe 1987, Neuausgabe 1994 (alle erwähnen?)

Meinhof, Ulrike: Briefe 1972-1976 an Anwälte und Mitgefangene, u.a. in: Pieter Bakker Schut (Hg.): *das info. Briefe der Gefangenen aus der RAF. Dokumente.* Kiel: Neuer Malik Verlag 1987

Meinhof, Ulrike: »Rede für die Gefangenen aus der RAF im Baaderbefreiungsprozess am 13. Sept. 1974«, in: RAF *Texte: der RAF,* hg. von RAF/BRD, Internationales Komitee zur Verteidigung politischer Gefangener in Westeuropa/Sektion BRD Stuttgart. Malmö (Schweden): Bo Cavefors 1977, S. 62-74

Meinhof, Ulrike: *Die Würde des Menschen ist antastbar. Aufsätze und Polemiken.* Berlin: Wagenbach 1980, 1988, 1992, 1994

Meinhof, Ulrike: *Deutschland Deutschland unter anderm.* Aufsätze und Polemiken. Berlin: Wagenbach 1995

Meinhof, Ulrike: »Die Aktion des Schwarzen September in München. Zur Strategie des antiimperialistischen Kampfes«, November 1972, in: ID-Verlag (Hg.): *Rote Armee Fraktion. Texte und Materialien zur Geschichte der RAF.* Westberlin: ID-Verlag 1997, S. 151-177

Meyer, Lioba (Hg.): *Zuhause war anderswo. Flüchtlinge und Vertriebene in Oldenburg.* Oldenburg: Isensee 1997

Michaltscheff, Theodor: *Die unverwüstliche Opposition. Geschichte der bundesdeutschen Friedensbewegung 1945-1960.* Oldenburg: Bibliotheks- und Informationssystem der Carl von Ossietzky Universität Oldenburg 1994

Mohr, Cora/Seekamp, Doris: »Lesben im Nationalsozialismus - Abweichen von der Norm und der Umgang damit«. Studienkreis Deutscher Widerstand 1933-1945 e.V., informationen Nr. 51, 2000

Moser, Tilman: *Repressive Kriminalpsychiatrie. Vom Elend einer Wissenschaft. Eine Streitschrift.* Frankfurt am Main: Suhrkamp Jahr?

Mosse, George L.: *Der nationalsozialistische Alltag.* Frankfurt am Main: Anton Hain 1993

Müller, Helmut-Gerhard: »*Die Christin und Pädagogik-Studentin Ulrike Marie Meinhof in Marburg*«, in: DGB Kreis Mittelhessen/ Büro Marburg in Zusammenarbeit mit der Frauenbeauftragten der Stadt Marburg (Hg.): *Frauen in Marburg. Ein Lauf- und Lesebuch.* Marburg: BdWi-Verlag 1996

Müller, Peter F./Mueller, Michael mit Erich Schmidt-Eenboom: *Gegen Freund und Feind. Der BND. Geheime Politik und schmutzige Geschäfte.* Reinbek: Rowohlt 2002

Nationalrat der Nationalen Front der DDR/Dokumentationszentrum der Staatlichen Archivverwaltung der DDR (Hg.): *Braunbuch. Kriegs- und Naziverbrecher in der Bundesrepublik. Staat, Wirtschaft, Armee, Verwaltung, Justiz, Wissenschaft.* Westberlin: Staatsverlag der DDR (2. 7.) 1965, korrigierte Ausgabe vom Oktober 1965 und von 1968

Nirumand, Bahman: *Persien. Modell eines Entwicklungslandes oder die Diktatur der Freien Welt.* Reinbek: Rowohlt Taschenbuch 1967

Ohrt, Roberto/Müller-Lobeck, Christiane/Fanizadeh, Andreas: »›Wir meinten es ernst‹. Gespräch mit Irmgard Möller über Entstehung, Bedeutung und Fehler der RAF«, in: *Die Beute. Politik und Verbrechen* 1/1996, S. 8ff.

Otto, Karl A. (Hg.): *APO. Außerparlamentarische Opposition in Quellen und Dokumenten (1960-1970).* Köln: Pahl-Rugenstein 1989

Overath, Margot: *Drachenzähne. Gespräche, Dokumente und Recherchen aus der Wirklichkeit der Hochsicherheitsjustiz.* Terroristen & Richter – Band 3. Hamburg: VSA 1991

Parczyk, Stefanie: *Frauen im Terrorismus. Am Beispiel der Roten Armee Fraktion.* Marburg: Tectum 1998

Peters, Butz: *RAF. Terrorismus in Deutschland.* München: Droemersche Verlagsanstalt Th. Knaur Nachf. 1993

Podewin, Norbert: *Der Rabbinersohn im Politbüro. Albert Norden – Stationen eines ungewöhnlichen Lebens.* Berlin: Edition Ost 2003

Pohle, Rolf: *Mein Name ist Mensch. Das Interview.* Athen: Schwarze Liste 1999

Posser, Diether: *Anwalt im Kalten Krieg. Ein Stück deutscher Geschichte in politischen Prozessen 1951-1968.* München: C. Bertelsmann 1991

Proll, Thorwald/Dubbe, Daniel: *Wir kamen vom anderen Stern. Über 1968, Andreas Baader und ein Kaufhaus.* Hamburg: Edition Nautilus 2003

RAF: »Die Rote Armee aufbauen. Erklärung zur Befreiung Andreas Baaders« [14. 5. 1970] vom 5. 6. 1970, in: ID-Verlag (Hg.): *Rote Armee Fraktion. Texte ...* , a.a.O., S. 24-26

RAF: »Das Konzept Stadtguerilla«, April 1971, in: ID-Verlag (Hg.): *Rote Armee Fraktion. Texte ...,* a.a.O., S. 27-48

RAF: »Über den bewaffneten Kampf in Westeuropa«, Mai 1971, in: ID-Verlag (Hg.): *Rote Armee Fraktion. Texte ...,* a.a.O., S. 49-111

RAF: »Dem Volke dienen. Stadtguerilla und Klassenkampf«, April 1972, in: ID-Verlag (Hg.): *Rote Armee Fraktion. Texte ...,* a.a.O., S. 112-144

RAF: Erklärung zum Sprengstoffanschlag auf das Springer-Hochhaus in Hamburg, Erklärung vom 20. 5. 1975, in: ID-Verlag (Hg.): *Rote Armee Fraktion. Texte ...,* a.a.O., S. 147

Rave, Paul Ortwin: *Kunstdiktatur im Dritten Reich.* Hamburg: Gebrüder Mann 1949

Reichert, Olaf: *»Wir müssen doch in die Zukunft sehen ...«. Die Entnazifizierung in der Stadt Oldenburg unter britischer Besatzungshoheit 1945-1947,* hg. vom Kulturdezernat der Stadt Oldenburg. Oldenburg: Isensee 1998

Reich-Ranicki, Marcel: *Mein Leben.* Stuttgart: Deutsche Verlags-Anstalt 1999

Reinders, Ralf/Fritzsch, Ronald: *Die Bewegung 2. Juni. Gespräche über Haschrebellen, Lorenzentführung, Knast.* Berlin: Edition ID Archiv 1999

Riemeck, Renate: *Ich bin ein Mensch für mich. Aus einem unbequemen Leben.* Stuttgart: Urachhaus 1992

Röhl, Bettina: »Meine Mutter Ulrike Meinhof – Staatsfeindin Nr.

1«, in: Anne Jüssen (Hg.): *Frauensichten. POLITEIA 2000. Essays zur Zeitgeschichte.* Hamburg: Konkret Literatur Verlag 2000

Röhl, Bettina: *So macht Kommunismus Spaß! Ulrike Meinhof, Klaus Rainer Röhl und die Akte konkret.* Hamburg: Europäische Verlagsanstalt 2006

Röhl, Klaus Rainer: *Die Genossin.* Wien/München/Zürich: Fritz Molden 1975

Röhl, Klaus Rainer: *Fünf Finger sind keine Faust.* Köln: Kiepenheuer & Witsch 1974 (1. Auflage); und: *Fünf Finger sind keine Faust. Eine Abrechnung.* München: Universitas 1998 (3. Auflage)

Rollnik, Gabriele/Dubbe, Daniel: *Keine Angst vor niemand. Über die Siebziger, die Bewegung 2. Juni und die RAF.* Hamburg: Edition Nautilus 2003

Roth, Karl Heinz: *Die »andere« Arbeiterbewegung und die Entwicklung der kapitalistischen Repression von 1880 bis zur Gegenwart. Ein Beitrag zum Neuverständnis der Klassengeschichte in Deutschland.* München: Trikont 1976

Rotzoll, Christa: *Frauen und Zeiten.* Stuttgart: Engelhorn 1987

Rühmkorf, Peter: *Die Jahre die ihr kennt. Anfälle und Erinnerungen.* Reinbek: Rowohlt Taschenbuch 1972

Rupp, Hans Karl: *Außerparlamentarische Opposition in der Ära Adenauer. Der Kampf gegen die Atombewaffnung in den fünfziger Jahren. Eine Studie zur innenpolitischen Entwicklung der BRD.* Köln: Pahl-Rugenstein 1984 (3. Auflage)

Russell, Bertrand/Sartre, Jean-Paul: *Das Vietnamtribunal oder Amerika vor Gericht.* Reinbek: Rowohlt Taschenbuch 1968

Sander, Helke: »Rede des ›Aktionsrates zur Befreiung der Frauen‹«, 23. Delegiertenkonferenz des SDS vom 12.-16. 9. 1968 in Frankfurt am Main, in: Eckhard Siepmann (Red.): *Heiß und kalt. Die Jahre 1945-69.* Westberlin: Elefanten-Press 1988 (3. Auflage), S. 624 bis 627

Sanders-Brahms, Helma: »Ulrike«, in: Landgrebe, Christiane/Plath, Jörg (Hg.): *'68 und die Folgen. Ein unvollständiges Lexikon.* Berlin: Argon 1998

Schaab, Klaus: *Oldenburgs Weg ins »Dritte Reich«.* Quellen zur Regionalgeschichte Nordwest-Niedersachsens, Heft 1. Oldenburg: Holzberg 1983

Schenk, Dieter: *Auf dem rechten Auge blind. Die braunen Wurzeln des BKA.* Köln: Kiepenheuer & Witsch 2001

Schiller, Margrit: *Es war ein harter Kampf um meine Erinnerung. Ein Lebensbericht aus der RAF.* Hamburg: Konkret Literatur Verlag 1999

Schmidt, Ute/Fichter, Tilman: *Der erzwungene Kapitalismus. Klassenkämpfe in den Westzonen 1945-48.* Rotbuch 27. Berlin: Wagenbach 1971

Schöllgen, Gregor: *Willy Brandt. Die Biografie.* Berlin/München: Propyläen 2001 (3. Auflage)

Schoppmann, Claudia: *Verbotene Verhältnisse. Frauenliebe 1938-1945.* Berlin: Querverlag 1999

Schultze, Thomas/Gross, Almut: *Die Autonomen. Ursprünge, Entwicklung und Profil der Autonomen Bewegung.* Hamburg: Konkret Literatur Verlag 1997

Schultze-Naumburg, Paul: *Kunst und Rasse.* München: Lehmann 1928

Seifert, Jürgen: *Der Notstandsausschuss.* Frankfurt am Main: Europäische Verlagsanstalt 1968

Seyfried, Gerhard: *Der Schwarze Stern der Tupamaros.* Frankfurt am Main: Eichborn 2004

Soell, Hartmut: *Helmut Schmidt 1918-1969. Vernunft und Leidenschaft.* München: Deutsche Verlags-Anstalt 2003

Stiefel, Katrin: Protokoll eines Gesprächs mit Renate Riemeck vom April 1999 (unveröffentlicht)

Stuberger, Ulf G. (Hg.): *In der Strafsache geg. Andreas Baader, Ulrike Meinhof, Jan-Carl Raspe, Gudrun Ensslin wegen Mordes u. a. – Dokumente aus dem Prozess.* Frankfurt: Syndikat 1977

Teuns, Sjef: »Isolation/Sensorische Deprivation: die programmierte Folter«, in: Enzensberger, Hans Magnus/Michel, Karl Markus (Hg.): Kursbuch 32, a.a.O., S. 118-128

Thüringer Verband der Verfolgten des Naziregimes – Bund der Antifaschisten und Studienkreis deutscher Widerstand 1933-1945 (Hg.): *Thüringen. Heimatgeschichtlicher Wegweiser zu Stätten des Widerstandes und der Verfolgung 1933-1945,* Band 8. Frankfurt am Main: VAS – Verlag für Akademische Schriften 2003

Tolmein, Oliver: »*RAF– Das war für uns Befreiung*«. Ein Gespräch mit Irmgard Möller über bewaffneten Kampf, Knast und die Linke. Hamburg: Konkret Literatur Verlag 1997

Tolmein, Oliver: *Stammheim vergessen. Deutschlands Aufbruch und die RAF.* Hamburg: Konkret Literatur Verlag 1992

Van Dyke, James A.: »Franz Radziwill. ›Die Gemeinschaft‹ und die nationalsozialistische ›Revolution‹ in der Kunst«, in: Kunstgeschichtliches Seminar der Universität Zürich: *Georges-Bloch-Jahrbuch* Band 4, 1997, S. 141

Viett, Inge: *Nie war ich furchtloser. Autobiografie.* Hamburg: Edition Nautilus 1996

von Paczensky, Susanne (Hg.): *Frauen und Terror. Versuche, die Beteiligung von Frauen an Gewalttaten zu erklären.* Reinbek: Rowohlt Taschenbuch 1978

Weber, Hermann (Hg.): *Die KPD-SED an der Macht. Dokumente.* Berlin/Köln: Kiepenheuer & Witsch 1963

Weidenhammer, Karl-Heinz: *Selbstmord oder Mord? Das Todesermittlungsverfahren: Baader/Ensslin/Raspe.* Kiel: Neuer Malik Verlag 1988

Wensierski, Peter: *Schläge im Namen des Herrn. Die verdrängte Geschichte der Heimkinder in der Bundesrepublik.* DVA 2006

Werkstattfilm e.V (Hg.): *Ein offenes Geheimnis.* »Arisierung« in *Alltag und Wirtschaft in Oldenburg zwischen 1933 und 1945.* Katalog zur Ausstellung. Oldenburg: Isensee 2001

Wisnewski, Gerhard/Landgraeber, Wolfgang/Sieker, Ekkehard: *Das RAF-Phantom. Wozu Politik und Wirtschaft Terroristen brauchen.* München: Droemersche Verlagsanstalt Th. Knaur Nachf. 1992

Wisniewski, Stefan: *Wir waren so unheimlich konsequent ... Ein Gespräch zur Geschichte der RAF.* Berlin: ID-Verlag 2001

Wortprotokoll der öffentlichen Sitzung des Oberlandesgerichtes Stuttgart in Stuttgart-Stammheim, AZ StE (OLG Stgt.), 36 Aktenordner

Zimmermann, Susanne: *Die Medizinische Fakultät der Universität Jena während der Zeit des Nationalsozialismus.* Berlin: VWB – Verlag für Wissenschaft und Bildung 2000

Zuckermann, Moshe (Hg.): *Zwischen Politik und Kultur. Juden in der DDR.* Göttingen: Wallstein 2002

Hinweis: Das vollständige Literaturverzeichnis und eine Bibliografie aller Texte von Ulrike Meinhof finden sich auf: www.jutta-ditfurth.de sowie auf www.oekolinx-arl.de.

Archive

Nachlässe, Ermittlungs- und Gerichtsakten, Personalakten, NS-Akten, Korrespondenzen und vielfältige andere Dokumente wurden unter anderem in folgenden Archiven gefunden:

Archiv Cäcilienschule Oldenburg; Archiv der Sozialen Demokratie (FES) Bonn; Archiv Gymnasium Philippinum Weilburg; Archiv Liebfrauenschule Oldenburg; Archiv Weilburger Tagblatt; Axel Springer Verlag Infopool; Berlin Document Center (BDC), Bundesarchiv; Bundesarchiv, Berlin; Deutsche Bibliothek, Frankfurt am Main; Deutsches Institut für Internationale Pädagogische Forschung Berlin; Die Bundesbeauftragte für die Unterlagen des Staatssicherheitsdienstes der ehemaligen Deutschen Demokratischen Republik (BStU), Berlin; Hamburger Institut für Sozialforschung (HIS); Internationaal Instituut voor Sociale Geschiedenis (IISG), Amsterdam; Kunsthistorisches Institut in Florenz (MPI); Landesarchiv Berlin; Landeseinwohneramt Berlin; Landesmuseum für Kunst- und Kulturgeschichte Oldenburg (LMO); Niedersächsisches Hauptstaatsarchiv Hannover; Staatsarchiv Oldenburg; Staatsarchiv Zielona Gora (Polen); Staats- und Universitätsarchiv Hamburg; Stadtarchiv Braunschweig; Stadtarchiv Halle; Stadtarchiv Heidelberg; Stadtarchiv Jena; Stadtarchiv Marburg; Stadtarchiv Münster; Stadtarchiv Oldenburg; Stadtarchiv Torgau; Stadtarchiv Weilburg; Stadtarchiv Wuppertal; Stadtmuseum Jena; Stiftung Archiv der Parteien und Massenorganisationen der DDR (SAPMO), Bundesarchiv; Universitätsarchiv Jena (UAJ); Thüringisches Hauptstaatsarchiv Weimar; Universitätsarchiv der Freien Universität Berlin; Universitätsarchiv Münster.

Verwendet wurden des Weiteren Archivalien, die auf Wunsch der Eigentümer hier nicht genannt werden.

Dank

Bücher schreiben ist eine einsame Angelegenheit und zugleich ein sozialer Prozess. In den sechs Jahren der Arbeit an diesem Buch haben mir viele Menschen auf sehr unterschiedliche Weise geholfen, ihnen möchte ich herzlich danken:

Jürgen Abel, Barbara Agnoli Görres, Elmar Altvater, Carlos Antoniazzi, Charles Antoniazzi, Marianne Baumann, Rainer Beck, Bettina Becker, Dorothea Becker, Holde Bischoff, Frank Boblenz, Rudolf Boch, Manfred von Boetticher, H.-Jürgen Borowsky, Peter Braun, Siegfried Burmester, Andrea Capitain, Frank de Jung, Ulf Diederichs, Heilwig von Ditfurth, Jan Dix, Marianne Dorn, Gretchen Dutschke, Tineke Faber, Heinrich Fink, Götz Fitjer, Heinrich Frick, Roland Fritsch, Christel Fröhlich, Josefa Game, Wolfgang Gehrcke, Annie und Klaus Gelbhaar, Traude Günther, Norbert Hackbusch, Jochen Hahn, Alice Haidinger, Hans Halter, Ulrike Helwerth, Marga Hermannsdörfer, Kirsten Hoffmann, Marit Hofmann, Hans-Hellmut Hoos, Klaus Hübotter, Eberhard von Itzenplitz, Mieke Ijzermanns, Ralf Jacobs, Jürgen John, Klaus Jünschke, Manfred Kapluck, Arno Klönne, Mario Krebs, Marion Kretzschmar, Heinz-Georg Kuck, Jan Kuhnert, Richard Kumpf, Jutta Lack-Strecker, Wim Leendertse, Thomas Lenk, Werner Link, Gertraute Lutz, Elke Malorny, Klaus Malorny, Klaus Mehner, Friedrich Meinhof, Sibilla Melega-Feltrinelli, Barbara Morawiecz, Peggy Parnass, Heinz Pfeiffer, Gerhard Plomann, Norbert Podewin, Christoph Preuschoff, Ulrich K. Preuß, Ludwig Quaas, Fritz J. Raddatz, Marcel Reich-Ranicki, Michael Reinbold, Ralf Reinders, Maria Ried, Claus Ritzler, Angelika Rode, Anne Rothschenk, Eva-Maria Rühmkorf, Otto Salmen, Margit Schiller, Helga Schmidt, Dietrich Schubert, Wolfgang Schuler, Schwester Maria Ambrosine, Werner Seger, Jürgen Seifert, Heinrich Senfft, Wolfgang Simgen, Dieter Skiba, Katrin Stiefel, Christine Stiegeler, Peter Strauß, Uli Tost, Justus H. Ulbricht, Jürgen Voigt, Klaus Wagenbach, Volker Wahl, Lothar Wallek, Magda Wallek, Ruth Waltz, Ellen Weber, Marion Wegner, Irmela Wiemann, Markus Wolf, Michael Zabel, Josef Zentner, Günter Zint, Sabine Zurmühl und Christoph Zuschlag.

Meine Arbeit in ungewöhnlichem Maß unterstützt haben: Ellen Olms, Robert Focke, Bernd Küster (Direktor des Landesmuseums für Kunst- und Kulturgeschichte Oldenburg/LMO), Götz Langkau

(Institut für Sozialgeschichte Amsterdam), Margit Hartleb (Universitätsarchiv Jena – UAJ), Birgitt Hellmann (Kuratorin im Stadtmuseum Jena), Reinhart Schwarz (Hamburger Institut für Sozialforschung) sowie Heinz Fehlhauer, Babette Heusterberg, Andreas Horn, Torsten Zarwel vom Bundesarchiv. Mein herzlicher Dank gilt den Zeitzeugen Brigitte Asdonk, Axel Azzola, Monika Berberich, Christiane Ensslin, Eva-Maria Frick, Irene G., Heinrich Hannover, Marianne H., Lilli Holtkamp, Ali Jansen, Christiane Leonhardt, Irmgard Möller, Anja Röhl, Karl Heinz Roth, Pieter Bakker Schut – und vor allem Wienke Zitzlaff. Mein Agent Lionel von dem Knesebeck öffnete dem Buch Türen und half, wie immer, auf andere Weise, herzlichen Dank. Ohne meine ersten Kritiker Christa Geissler und Manfred Zieran gäbe es diese Biografie nicht.

Einige Gesprächspartner möchten nicht genannt werden, natürlich bin ich auch ihnen sehr dankbar.

Ich freue mich über Kritik und Informationen, entweder per Post: Jutta Ditfurth c/o ÖkoLinX-ARL im Römer (Rathaus), Bethmannstraße 3, 60311 Frankfurt am Main, oder via e-mail: jutta.ditfurth@t-online.de.

Jutta Ditfurth, im Oktober 2007